世紀心理學叢書

台灣東華書局（繁體字版）
浙江教育出版社（簡體字版）

願爲兩岸心理科學發展盡點心力

——世紀心理學叢書總序——

五年前一個虛幻的夢想，五年後竟然成爲具體的事實；此一由海峽兩岸合作出版一套心理學叢書以促進兩岸心理科學發展的心願，如今竟然得以初步實現。當此叢書問世之際，除與參與其事的朋友們分享辛苦耕耘終獲成果的喜悅之外，在回憶五年來所思所歷的一切時，我個人更是多著一份感激心情。

本於一九八九年三月，應聯合國文教組織世界師範教育協會之邀，決定出席該年度七月十七至二十二日在北京舉行的世界年會，後因故年會延期並易地舉辦而未曾成行。迨於次年六月，復應北京師範大學之邀，我與內子周慧强教授，專程赴北京與上海濟南等地訪問。在此訪問期間，除會晤多位心理學界學者先進之外，也參觀了多所著名學術機構的心理學藏書及研究教學設備。綜合訪問期間所聞所見，有兩件事令我感觸深刻：其一，當時的心理學界，經過了撥亂反正，終於跨越了禁忌，衝出了谷底，但仍處於劫後餘生的局面。在各大學從事心理科學研究與教學的學者們，雖仍舊過著清苦的生活，然卻在摧殘殆盡的心理科學廢墟上，孜孜不息地奮力重建。他們在專業精神上所表現的學術衷誠與歷史使命感，令人感佩不已。其二，當時心理科學的書籍資料甚爲貧乏，高水平學術性著作之取得尤爲不易；因而教師缺乏新資訊，學生難以求得新知識。在學術困境中，一心爲心理科學發展竭盡心力的學者先生們，無不深具無力感與無奈感。特別是有些畢生努力，研究有成的著名心理學家，他們多年來的心血結晶若無法得以著述保存，勢將大不利於學術文化的薪火相傳。

返台後，心中感觸久久不得或釋。反覆思考，終於萌生如下心願：何不結合兩岸人力物力資源，由兩岸學者執筆撰寫，兩岸出版家投資合作，出版一套包括心理科學領域中各科新知且具學術水平的叢書。如此一方面可使大陸著名心理學家的心血結晶得以流傳，促使中國心理科學在承先啟後的路上繼續發展，另方面經由繁簡兩種字體印刷，在海峽兩岸同步發行，以便雙邊心理學界人士閱讀，而利於學術文化之交流。

顯然，此一心願近似癡人說夢；僅在一岸本已推行不易，事關兩岸必將更形困難。在計畫尚未具體化之前，我曾假訪問之便與大陸出版社負責人提及兩岸合作出版的可能。當時得到的回應是，原則可行，但先決條件是台灣方面須先向大陸出版社投資。在此情形下，只得將大陸方面合作出版事宜暫且擱置，而全心思考如何解決兩個先決問題。問題之一是如何取得台灣方面出版社的信任與支持。按初步構想，整套叢書所涵蓋的範圍，計畫包括現代心理科學領域內理論、應用、方法等各種科目。在叢書的內容與形式上力求臻於學術水平，符合國際體例，不採普通教科用書形式。在市場取向的現實情況下，一般出版社往往對純學術性書籍素缺意願，全套叢書所需百萬美元以上的投資，誰人肯做不賺錢的生意？另一問題是如何邀請大陸學者參與撰寫。按我的構想，台灣出版事業發達，也較易引進新的資訊。將來本叢書的使用對象將以大陸爲主，是以叢書的作者原則也以大陸學者爲優先考慮。問題是大陸的著名心理學者分散各地，他們在不同的生活環境與工作條件之下，是否對此計畫具有共識而樂於參與？

對第一個問題的解決，我必須感謝多年好友台灣東華書局負責人卓鑫淼先生。卓先生對叢書細節及經濟效益並未深切考量，只就學術價值與朋友道義的角度，欣然同意全力支持。至於尋求大陸合作出版對象一事，迨至叢書撰寫工作開始後，始由北京師範大學教授林崇德先生與杭州大學教授朱祖祥先生介紹浙江教育出版社社長曹成章先生。經聯繫後，曹先生幾乎與卓先生持同樣態度，僅憑促進中國心理科學發展和加强兩岸學術交流之理念，迅即慨允合作。這兩位出版界先進所表現的重視文化事業而不計投資報酬的出版家風範，令人敬佩之至。

至於邀請大陸作者執筆撰寫一事，正式開始是我與內子一九九一年清明節第二次北京之行。提及此事之開始，我必須感謝北京師範大學教授章志光先生。章教授在四十多年前曾在台灣師範大學求學，是高我兩屆的學長。由章教授推荐北京師範大學教授張必隱先生負責聯繫，邀請了中國科學院、北京大學及北京師範大學多位心理學界知名教授晤談；初步研議兩岸合作出版叢書之事的應行性與可行性。令人鼓舞的是，與會學者咸認此事非僅爲學術界創舉，對將來全中國心理科學的發展意義深遠，而且對我所提高水平學術著作的理念，皆表贊同。當時我所提的理念，係指高水平的心理學著作應具備五個條件：(1) 在撰寫體例上必須符合心理學國際通用規範；(2) 在組織架構上必須涵蓋所屬學科最新的理論和方法；(3) 在資料選取上必須注重其權威性和時近性，且須翔實註明其來源；(4) 在撰寫取向上必須兼顧學理和實用；(5) 在內容的廣度、深度、新度三方面必須超越到目前爲止國內已出版的所有同科目專書。至於執筆撰寫工作，與會學者均表示願排除困難，全力以赴。此事開始後，復承張必隱教授、林崇德教授、吉林大學車文博教授暨西南師範大學黃希庭教授等諸位先生費心多方聯繫，我與內子九次往返大陸，分赴各地著名學府訪問講學之外特專誠拜訪知名學者，邀請參與爲叢書撰稿。惟在此期間，一則因行程匆促，聯繫困難，二則因叢書學科所限，以致尚有多位傑出學者未能訪晤周遍，深有遺珠之憾。但願將來叢書範圍擴大時，能邀請更多學者參與。

心理科學是西方的產物，自十九世紀脫離哲學成爲一門獨立科學以來，其目的在採用科學方法研究人性並發揚人性中的優良品質，俾爲人類社會創造福祉。中國的傳統文化中，雖也蘊涵著豐富的哲學心理學思想，惟惜未能隨時代演變轉化爲現代的科學心理學理念；而二十世紀初西方心理學傳入中國之後，卻又未能受到應有的重視。在西方，包括心理學在內的社會及行爲科學是伴隨著自然科學一起發展的。從近代西方現代化發展過程的整體看，自然科學的亮麗花果，事實上是在社會及行爲科學思想的土壤中成長茁壯的；先由社會及行爲科學的發展提升了人的素質，使人的潛能與智慧得以發揮，而後才創造了現代的科學文明。回顧百餘年來中國現代化的過程，非但自始即狹隘地將“西學”之理念囿於自然科學；而且在科學教育之發展上也僅祇但求科學知識之“爲用”，從未强調科學精神之培養。因此，對自然科學發展具有滋養作用的社會科學，始終未能受到應有的重視。從清末新學制以後的近百年間，雖然心理學中若干有關科目被列入師範院校課程，且在大學中成立系所，而心理學的知識既未在國民生活中產生積極影響，心理學的功能更未在社會建設及經濟發展中發揮催化作用。國家能否現代化，人口素質因素重於物質條件。中國徒有衆多人口而欠缺優越素質，未能形成現代化動力，卻已構成社會沈重負擔。近年來兩岸不斷喊出同一口號，謂廿一世紀是中國人的世紀。中國人能否做爲未來世界文化的領導者，則端視中國人能否培養出具有優秀素質的下一代而定。

現代的心理科學已不再純屬虛玄學理的探討，而已發展到了理論、方法、實踐三者統合的地步。在國家現代化過程中，諸如教育建設中的培育優良師資與改進學校教學、社會建設中的改良社會風氣與建立社會秩序、經濟建設中的推行科學管理與增進生產效率、政治建設中的配合民意施政與提升行政績效、生活建設中的培養良好習慣與增進身心健康等，在在均與人口素質具有密切關係，而且也都是現代心理科學中各個不同專業學科研究的主題。基於此義，本叢書的出版除促進兩岸學術交流的近程目的之外，更希望達到兩個遠程目的：其一是促進中國心理科學教育的發展，從而提升心理科學研究的水平，並普及心理科學的知識。其二是推廣心理學的應用研究，期能在中國現代化的過程中，發揮其提升人口素質進而助益各方面建設的功能。

出版前幾經研議，最後決定以《世紀心理學叢書》作爲本叢書之名稱，用以表示其跨世紀的特殊意義。值玆叢書發行問世之際，特此謹向兩位出版社負責人、全體作者、對叢書工作曾直接或間接提供協助的人士以及台灣東華書局編審部工作同仁等，敬表謝忱。叢書之編輯印製雖力求完美，然出版之後，疏漏缺失之處仍恐難以避免，至祈學者先進不吝賜教，以匡正之。

張 春 興 謹識

一九九六年五月於台灣師範大學

世紀心理學叢書目錄

主編　張春興

台灣師範大學教授

心理學原理

張春興

台灣師範大學教授

中國心理學史

燕國材

上海師範大學教授

西方心理學史

車文博

吉林大學教授

精神分析心理學

沈德燦

北京大學教授

行為主義心理學

張厚粲

北京師範大學教授

人本主義心理學

車文博

吉林大學教授

認知心理學

彭聃齡

北京師範大學教授

張必隱

北京師範大學教授

發展心理學

林崇德

北京師範大學教授

人格心理學
黃希庭
西南師範大學教授

社會心理學
時蓉華
華東師範大學教授

學習心理學
張必隱
北京師範大學教授

教育心理學
張春興
台灣師範大學教授

輔導與諮商心理學
鄔佩麗
台灣師範大學副教授
陳秉華
台灣師範大學教授

體育運動心理學
馬啟偉
北京體育大學教授
張力爲
北京體育大學副教授

犯罪心理學
羅大華
中國政法大學教授
何爲民
中央司法警官學院教授

特殊兒童心理與教育
吳武典
台灣師範大學教授

工業心理學
朱祖祥
杭州大學教授

管理心理學
徐聯倉
中國科學院研究員
陳　龍
中國科學院研究員

消費者心理學
徐達光
輔仁大學副教授

實驗心理學
楊治良
華東師範大學教授

心理測量學
張厚粲
北京師範大學教授
龔耀先
湖南醫科大學教授

心理與教育研究法
董　奇
北京師範大學教授
申繼亮
北京師範大學教授

人格心理學

黃希庭

西南師範大學教授

東華書局印行

自　序

人格心理學是心理學中一個重要的分支學科。它研究現實的人，探求、描述和解釋個人的思想、情緒及行爲的獨特模式，並綜合諸多足以影響個人的各種與環境交互作用的過程，包括與生物學的、發展的、認知的、情緒的、動機的和社會的種種交互作用，進而對現實生活中的個人作整體性的解釋。人格心理學所要探討的問題涉及層面極爲廣濶且十分令人神往：諸如人的本性是善的、惡的，還是非善非惡的；人的意志是自由的，還是由某種控制不了的原因所決定的；人的性格是一成不變的，還是可以改變的；人的行爲是主動的，還是被動的；以及什麼是健康人格、怎樣測量人格、怎樣改變異常行爲等等。這些問題持續地吸引著學者們不倦地探索。其研究成果也已不斷地被廣泛應用於生活實踐之中。

本書是一本導論性質的著作。任何一本導論性著作都不宜試圖包羅萬象，但卻又應當完整地代表該學科領域。本書的目的是爲讀者提供一本結構清晰，易於理解，反映當代新近研究成果，以多維度和多層次的研究視野對人格基本問題進行探討的著作。爲此，著者嘗試著在以下三個方面作了一些努力：

第一，在結構體系上，力求兼容人格研究範型和研究專題的內容。當前人格心理學專書的結構體系有三種取向：第一種仍繼承霍爾和林賽 (Hall & Lindzey, 1957) 的傳統撰寫模式，以人格研究範型(或人格理論)來作爲架構。第二種以人格研究專題如性別差別、年齡差異、攻擊性、自我概念等主題來組織內容；第三種則是兼容人格研究範型和人格研究專題的內容。本書即採取第三種取向：第一編人格研究導言，第二編人格研究範型，第三編人格研究專題。這種結構體系既可以使讀者了解到每一種人格研究範型對人格基本問題的某種詮釋及其預測效度，也可以使讀者了解到某些專題的研究現狀和新近發展，可以從更寬廣的研究視野來考察人格問題，而不致於把人格心理學的內容僅僅局限在人格研究範型或某些研究專題之上。

第二，在觀點評價上力求公允，以符合當代人格心理學的綜合研究取向。人格心理學是一門多範型的學科。無論哪一個研究範型都有其優點和缺點。無論是對整體人格的探討或是對某項人格專題的論述，沒有一個研究範型能統攝所有的層面且能爲所有心理學家所贊同和肯定。對各種理論觀點，本書堅持用實證資料進行分析，肯定其合理因素，揚棄其不合理因素，力求做到評價公允，使讀者明確了解對人格進行綜合研究的必要性。

第三，在資料選取上，力求反映新近的研究成果。所有本書引用過的研究資料都列入參考文獻。人格心理學在國人的研究中還相當薄弱，目前尚難以撰寫出具有中國特色的人格心理學專書。但本書也收納了若干國人的研究成果，期盼著不久的將來能有深具中國特色的人格心理學專書面世。

《世紀心理學叢書》的成功出版，首先要感謝台灣師範大學教授張春興先生與台灣東華書局負責人卓鑫淼先生。張教授花費五年多的時間與心力，邀集兩岸心理學者共同努力，合作撰寫；卓先生鼎力資助由繁簡兩種字體分別在兩岸出版發行。這種爲推進兩岸文化學術交流，促進中國心理科學發展的崇高精神，令人敬佩之至！本人有幸受邀撰寫叢書中之《人格心理學》一書，感到十分榮幸，使我得以將 1985 年起就開始著手研究，準備進行的工作，實際付諸實現。在本書的撰寫過程中，還得到主編張教授的熱心關懷和幫助。李宏翰碩士爲本書第十三章提供部分資料，東華書局編審部同仁對本書的校對編輯付出了許多辛勞。本書採用了許多先行者的研究成果，没有他們的辛勤努力，本書也無法完成。在此一併表示衷心感謝！

兩年多來，本人雖然爭分奪秒地投入本書撰寫工作，但人格問題畢竟是太複雜、太龐大了，加之教務繁忙，水平所限，書中的問題、缺點乃至錯誤，在所難免，敬請專家和讀者不吝指教。

黃 希 庭 謹識
一九九八年八月於西南師範大學

目　次

第三編 人格研究的專題

第十二章 能 力

第十三章 利他行爲

第十四章 攻 擊

第十五章 性別與人格

第十六章 人格與健康

索 引

第一編

人格研究導言

開宗明義，是本書第一編的內容。本編共有兩章，將主要討論本學科中具有普遍意義的兩個基本問題：人格心理學的研究對象，認識人格的途徑。讀者學完這一編之後，將會對人格的性質和特徵，人格的決定因素，人格心理學的研究領域以及人格理論、人格研究和人格評鑑三者之間的關係有初步的了解。

人格是一個有多種不同含義和多種屬性的模糊概念。人們在日常生活中經常使用人格這個詞，許多學科的學者也都在使用這個詞，但是其含義往往很不相同。即使在心理學界，似乎每一位心理學家對人格都有不同的定義。在第一章中，首先考察了人格的詞源含義和一些著名的心理學家對人格作的定義，分析了各家的人格定義之所以各不相同的原因，在綜合各家定義的基礎上，得出了本書對人格的定義。**人格** (personality) 是個體在行為上的內部傾向，它表現為個體適應環境時在能力、情緒、需要、動機、價值觀、氣質、性格和體質等方面的整合，是具有動力一致性和連續性的自我，是個體在社會化過程中形成的給人以特色的心身組織。以此作為本書進一步討論的基礎，並從這個定義出發，分析了人格的基本特徵和人格的決定因素。所謂人格的基本特徵，是相對於個別心理機能來說的，作為一個現實生活的人，人格具有整體性、穩定性、獨特性和社會性。人格的決定因素包括遺傳生物因素和環境因素。人格是基因型和環境動力交互作用的結果。這種交互作用是十分複雜的。人格的內涵非常豐富，心理學家、哲學家、社會學家、倫理學家和法學家等都在研究人格。他們的研究既有聯繫又有區別。心理學家對人格研究的主要領域是：人格結構、人格動力、人格發展、人格適應以及人格研究和評鑑。人格心理學的知識將有助於我們對個人行為的評鑑和預測，完善我們的人格，促進人格健康。

第二章討論認識人格的途徑，即討論人格理論、人格研究、人格評鑑及其相互關係。現代人格心理學是從西方開始發展起來的。如果從弗洛伊德發表他的早期人格結構論，即〈潛意識〉一文算起 (Freud, 1915)，已有 80 餘年的歷史了。人格心理學家在人格領域辛勤耕耘，逐漸形成了一套認識人格的途徑，即人格的理論、研究和評鑑。由於人格現象的極端複雜性，各學派的心理學家關於人格的理論各不相同。人格理論實際上是心理學家對人的一套假設系統。人格理論與人格研究方法、評鑑技術是密切聯繫的。因此，我們在考察研究方法和評鑑技術時要注意它們與人格理論的聯繫；人格理論中主要的爭議問題，以及理論觀點上的不同如何導致研究方法和評鑑技術上的差異。關於這些問題是第二章的一個重點，本書第二編中還將詳細討論。在人格心理學中，主要的研究方法有：觀察法、個案研究法、實驗法、相關法和單個被試研究等；主要的評鑑技術有：晤談法、自陳測驗、投射測驗、行為評鑑、心理生理學方法和隱測量等。這些研究方法和評鑑技術各有其優缺點。在對人格進行研究時，不僅要根據研究的需要選用適當的方法和評鑑技術，更要注意發展我們自己的人格理論，並將幾種方法和評鑑技術結合起來使用，以便取長補短、互相驗證。這對我國發展人格心理學尤為重要。

在當代，心理學家已對人格進行著十分廣泛的研究，有著重變量的研究也有著重個人的研究。而這些研究，從對人格的具體特徵 (如行為反應) 到對抽象的特徵 (如獨特的行為傾向和風格)，根據迪格曼 (Digman, 1990) 的觀點可以分為四個層面：(1) 在特定情境下發生的特殊行為和交互作用；(2) 在典型情境下發生的典型反應 (如習慣)；(3) 量表因素或特徵；(4) 特質 (如外傾、內傾)。不論是著重變量的研究、著重個人的研究，抑或從哪一層面的研究，當代心理學家對人格的研究大多持綜合的觀點。這也是現代心理學發展的基本趨向。

第一章

緒　論

本章內容細目

人係超然萬物之上而最為天下貴。理解人、尊重人和關心人，是我們這一時代的要求。怎樣才能做到理解人、尊重人和關心人？實是文江學海，這當中，人格心理學的知識將有莫大的助益。

人格是一個含義極為豐富的概念。譬如說“某某人格高尚，某某人格卑鄙”，這是從道德或倫理的角度給人的評價。或說“老板對雇員虐待欺凌，污辱人格”，這是從法律的角度陳述老板對雇員的尊嚴和人身的侵犯。在國外，人格這個詞還有容貌、儀表、給人印象的意思。一些化妝品的廣告上所謂“增進你的人格”，那是指經過化妝後使你的外表更吸引人。這些說法與心理學上所謂人格的含義相同嗎？心理學上的人格的含義是什麼呢？

人格是現實生活中個人心理傾向的總和，具有許多屬性，可以從不同的側面來進行分析。人格心理學注重個別差異和整體的個人。在本章中，我們將首先分析人格的諸多定義、人格的基本特徵 (整體性、穩定性、獨特性和社會性) 以及個性、氣質和性格三個容易與人格概念相混淆的術語。接著，討論人格的決定因素，分析遺傳生物因素如遺傳基因、神經系統的特點、體內的生化物質和身體外貌在人格成因中的作用，環境因素如胎內環境、家庭環境、學校教育、社會階層和社會文化在人格成因中的作用，以及個體與環境動力交互作用的方式。人格心理學以完整的人為研究對象，它涉及的面很廣，是心理學中包含內容最龐雜的分支學科，而且與許多學科相交叉。在本章的最後，討論了人格心理學與哲學、社會學、倫理學、法學在研究對象方面的區別與聯繫，進而討論了人格心理學的主要研究領域及其應用前景。

本章的主要內容是：

1. 什麼是人格，它有哪些基本特徵。
2. 人格與個性、氣質、性格有何區別與聯繫。
3. 怎樣理解人格是基因型與環境交互作用的結果。
4. 人格心理學與哲學、社會學、倫理學和法學等學科在研究人的問題上有何關係。
5. 人格心理學有哪些主要研究領域。
6. 人格心理學的應用前景何在。

第一節 人格的概念

人格是一個極為抽象的模糊概念 (Peterson, 1992)。這裏，我們將從人格一詞的來源、人格的諸多定義、人格的基本特徵以及幾個易與人格一詞相混淆的概念進行分析，來闡述人格這個概念的內涵。

一、什麼是人格

要回答什麼是人格？可以從辭源的含義和人格理論家對人格的定義兩方面來考察。

(一) 人格一詞的來源

從字源上看，我國古代漢語中沒有"人格"這個詞，但是有"人性"、"人品"、"品格"等詞。例如，最早講到"人性"的孔子曾說過："性相近也，習相遠也"(論語・陽貨)，他認為素質是基礎，個體差異來自環境和教育。人性、人品、品格等詞雖然與人格一詞在內容上有聯繫，但它們畢竟是不同的術語。中文中的"人格"這個術語是現代從日文中引入的；而日文中的"人格"一詞則來自對英文"personality"一詞的意譯。

英語中的"personality"一詞源於拉丁文的"persona"，本意是指面具。所謂**面具** (mask)，就是演戲時應劇情的需要所戴的臉譜，它表現劇中人物的角色和身分。例如，我國京劇有大花臉、小花臉等各種臉譜，表現各種性格和角色。把面具指義為人格，實際上包含著兩層意思：一是指個人在生活舞台上表演出的各種行為，表現於外給人印象的特點或公開的自我；二是指個人蘊藏於內、外部未露的特點，即被遮蔽起來的真實的自我。因此，從字源上來看，人格就是我國古代學者所說的"蘊蓄於中，形諸於外"。

(二) 人格的定義

人格是一個有著頗多歧義，頗多界說的概念。不同的研究者對人格理解

補充討論 1-1

人格的一些定義

根據發表時間的先後，下面列出一些學者對人格所下的定義。**人格**是：

1. 欺騙的假裝或模仿。
2. 外表的吸引力。
3. 社會-刺激價值。
4. 個人在所有發展階段的全部組織。
5. 個人的談話、記憶、思維或喜愛的方式。
6. 個體內在心理物理系統中的動力組織；它決定一個人對環境獨特的適應方式。
   (以上均引自 Allport, 1937, pp.25～48)
7. 對個人在特定情境中的行爲的預測。(Cattell, 1950, p.2)
8. 某科學家一次能給出的關於個人行爲細節的最適當的理論解釋。(McClelland, 1951, p.69)
9. 對個體環境 (包括其自身) 的實際方面或感知方面的體驗、分辨或操縱的相對持久的傾向系統。(Bronfenbrenner, 1951, p.158)
10. 一個人特質的獨特模式。(Guilford, 1959, p.5)
11. 一個由各個部分或元素 (子系統) 組成的有機的整體 (系統)，因其內部活動以某種方式而從環境中分離開來。(Sanford, 1963, p.489)
12. 個人的性格、氣質、智力和體格的相對穩定而持久的組織，它決定著個人適應環境的獨特性。(Eysenck, 1970, p.2)
13. 能加以測量的個體差異的所有相對持久的維度的總和。(Byrne, 1974, p.26)
14. 代表個人或人們的一般特徵，說明對情境的反應何以是持久的模式。(Pervin, 1980, p.6)
15. 個人心理特徵的統一，這些特徵決定人的外顯行爲和內隱行爲，並使它們與別人的行爲有穩定的差異。(Mischel, 1986, p.4)
16. 個體內在的在行爲上的傾向性，它表現一個人在不斷變化中的全體和綜合，是具有動力一致性和連續性的持久的自我，是人在社會化過程中形成的給予人特色的身心組織。(陳仲庚等，1986)
17. 一個人區別於另一個人並保持恆定的具有特徵性的思想、情感和行爲的模式。(Phares, 1991, p.4)

人格的內涵極其豐富，其主要特徵可以概括為：(1) 整體性：認為人格是行為的有機整體；(2) 結構性：認為人格具有按一定原則建構起來的組織結構；(3) 獨特性：認為人格反映人們適應環境的個別差異；(4) 持久性：認為人格是持久而穩定的行為模式；(5) 社會性：認為人格是在社會化過程中形成的。

不同，對人格所下的定義也很不相同。奧爾波特 (Allport, 1937) 最早對人格的定義做過綜述，考察了 50 個定義。自奧爾波特之後還有不少心理學家綜述或分析過人格的定義，又提出新的定義。例如，有人把人格看作是習慣化的行為模式，有人則把人格看成是一種控制行為的內部機制 (如自我、特質等)，還有人把人格看成是個人在社會中所扮演的角色等等 (參見補充討論 1-1)。迄今為止，沒有一個人格定義是為學者們一致認可的。

人格定義的不同，反映了心理學家們對人格研究的側重點的不同以及他們所採用的研究方法的不同。例如，如果以個體的生物和生理方面的操作來界定人格，那麼他們所關注的便是個體的生物和生理方面的特點，採用適合於該領域的研究方法。如果以直接觀察到的個人特徵來界定人格，那麼他們所關注的便是個體行為的差異性，採用的是對外顯行為的觀察方法。如果以潛意識過程來界定人格，那麼他們所關注的便是個人的潛意識過程，採用根據有關行為進行間接推論的方法。例如，對**壓抑** (repression) 的研究，人們不能直接觀察到事件因回憶起來感到痛苦而被遺忘，一些心理學家便通過間接推論的方法來研究這一過程的發生。因此，人格的定義實際上是心理學家用來界定自己從事研究的某一個範圍。

人格定義的多樣性，反映了人格的內涵的豐富性。從歷史上和現今的人格定義來看，有的把人格定義為個人行為的全部品質，有的則認為是經驗的主體；有的把人格定義為給人印象的特點，有的則認為是持久的、主觀感覺到的自我；有的把人格定義為由個人所有行為而獲得的理論解釋，有的則認為是個人特質的獨特形式等等。其實，人格是一個複雜的系統。任何系統都可以作多種描述。人格定義的不同，反映了心理學家從不同的側面對人格系統所作的描述。

從歷史的觀點來看，心理學家對人格的衆多探討與盲人摸象頗為相似，抓住尾巴的説大象和繩子一樣，摸著腿的説大象像棵樹，見仁見智，莫衷一是。心理學家正是從各個不同的方位向人格這一領域靠攏，按照自己的一孔之見給人格下定義。因此，所有各家的見解對於我們認識人格都是有益的。雖然，目前在人格研究領域中仍然存在著各種研究範型或研究取向，一時難以統一；但是各種觀點走向融合的趨勢同樣是存在的。心理學家畢竟不同於摸象的盲人，他們的眼睛是明亮的並力求以科學方法論作指導。我們認為，人格是一個複雜的**開放系統** (open system)，只有對這個系統進行全方位的認識，才能對人格這個概念下一個科學的定義。

綜合各家的定義，可以認為，**人格** (personality) 是個體在行為上的內部傾向，它表現為個體適應環境時在能力、情緒、需要、動機、興趣、態度、價值觀、氣質、性格和體質等方面的整合，是具有動力一致性和連續性的自我，是個體在社會化過程中形成的給人以特色的心身組織。在這個定義中，我們強調了人格的四個主要方面：整體的人，穩定的自我，獨特性的個人，具有心身組織的社會化的對象。

二、人格的基本特性

根據前文所述，人格具有整體性、穩定性、獨特性及社會性等四個基本特性：

(一) 人格的整體性

人格的整體性 (unity of personality) 是指人格雖有多種成分和特質，如能力、氣質、性格、情感、意志、認知、需要、動機、態度、價值觀、行為習慣等等，但在真實的人身上它們並不是孤立存在的，而是密切聯繫，綜合成一個**有機組織** (organic organization)。人的行為不僅是某個特定部分運作的結果，而且總是與其他部分緊密聯繫、協調一致進行活動的結果。正像汽車那樣，它要順利運行，各部分必須協調一致朝著一定的目標，作為一個整體而運作。

精神分裂症是一種最常見的精神病，布萊勒 (Bleuler, 1911) 在提出精神分裂症這個術語時便認為，**精神分裂症** (schizophrenia) 是精神內部的分裂，他將統一性的喪失、精神的內部分裂視為此病的本質。可以將精神分裂症患者的心理和行為比喻為一個失去指揮的管弦樂團。得了這種病，患者的感覺、記憶、思維和習慣這類心理機能雖不致喪失，但已是亂七八糟的了。由此可以充分地證明正常人的心理是多樣性的統一，是有機的整體。

人的心理和行為的統一性和組織性是由於**自我** (self) 的協調和監控的結果。由於自我的調節和監控作用，個人的心理和行為才能作為一個整體與其生活環境保持一致。而精神分裂症患者與外部環境的關係也是分裂的。一旦得了這種病，便不能與周圍認同，也不能在環境中生活。因此，正常人的自我維持著個人心理和行為的整體性，使個人保持與現實環境的協調一致。

(二)　人格的穩定性

人格的穩定性 (stability of personality) 表現為兩個方面：一是人格的跨時間的持續性；一是人格的跨情境的一致性。這兩個方面是密切聯繫的。

在人生的不同時期，**人格持續性** (continuity of personality) 首先表現為"自我"的持久性。每個人的"自我"，即這一個的"我"，在世界上不會存在於其他地方，也不會變成其他東西。昨天的我是今天的我，也是明天的我。一個人可以失去一部分肉體，改變自己的職業，變窮或變富，幸福或不幸，但是他仍然認為自己是同一個人。這就是自我的持續性。持續的自我是人格穩定性的一個重要方面。

人格的穩定性還表現在人格特徵跨情境的一致性。例如，一個外傾的學生不僅在學校裏善於交際，喜歡交朋友，在校外活動中也喜歡交際，喜歡聚會。而且不僅在中學時如此，在大學時也是如此。所謂人格特徵是指一個人經常表現出來的穩定的心理和行為特徵，那些暫時的、偶爾表現出來的行為則不屬於人格特徵。例如，一個外傾的人經常表現出來善交際，喜歡聚會和言談，但他偶爾也會表現出安靜，與他人保持一定距離。在這裏善交際、喜歡聚會和言談是他的人格特徵，而安靜、與他人保持一定距離則不算是他的人格特徵。關於這一點，艾森克 (Eysenck, 1983) 曾指出，古希臘哲學家西賽羅 (Marcus Tullius Cicero, 106～43 B.C.) 就曾把焦慮氣質與焦慮狀態加以區分，把易怒特徵和發怒狀態加以區分；前者是個體穩定的行為方式，後者則是個體在一定情境中的短暫表現。

人格特徵的穩定性源於孕育期，它經歷出生、嬰兒期、童年期、青少年期、成人以至老年。隨著年齡的增長，兒童時代的人格特徵變得愈益鞏固。由於人格的持續性，因而我們可以從一個人在兒童時期的人格特徵來推測其成人時的人格特徵以及將來的適應情況。同樣也可以從成人的人格中來推論其早年的人格特徵。

人格的穩定性並不排除其發展和變化。人格的穩定性並不意味著人格是一成不變的，而是指較為持久的一再出現的定型的東西。人格變化有兩種情況；第一，人格特徵隨著年齡增長，其表現方式亦有所不同。如同是**特質焦慮** (trait anxiety)，在少年時代表現為對即將參加的考試或即將考入的新學校而心神不定，憂心忡忡；在成年時表現為對即將從事的一項新工作而憂慮煩惱，缺乏信心；在老年時則表現為對死亡和疾病的極度恐懼。也就是說人格特性以不同行為方式表現出來的內在秉性的持續性是有其年齡特點的。第二，對個人有決定性影響的環境因素和機體因素，例如，移民異地、嚴重疾病等都有可能影響人格的某些特徵，例如自我觀念、價值觀、信仰等的改變。不過，應當注意，人格改變與行為改變是有區別的。行為改變往往是表面的變化，是由不同情景引起的，不一定都是人格改變的表現。人格的改變則是比行為更深層的內在特質的改變。

(三) 人格的獨特性

人格的獨特性 (uniqueness of personality) 是指人與人之間的心理和行為是不相同的。由於人格結構組合的多樣性，使每個人的人格都有其自己的特點。人心不同，各如其面。在日常生活中，我們隨時隨地都可以觀察到每個人的行動都異於他人，每個人各有其能力、愛好、認知方式、情緒表現和價值觀。

從人格的形成和發展來看人格的獨特性。每個人都從其父母身上繼承了特定的基因素質，遺傳學上把這些基因素質稱為**基因型** (或**遺傳型**) (genotype)。基因型是人身上遺傳下來的發展潛力，在成長過程中它形成人的體質和行為特點。但基因型僅是一個遺傳藍圖，它與形成後的特點並不是一一對應的。人格的形成和發展是環境與基因型交互作用的結果，屬於一種**表現型** (**或現象型**) (phenotype)。表現型不是基因型的複製，非常相同的基因型在不同環境作用下所表現出來的表現型是不同的。人的遺傳特性只提供潛在的發展範圍，通過遺傳和環境交互作用，在這個潛在範圍內形成和發展出行為的特點。換言之，人的遺傳素質限定了發展的界限，環境只能在這個界限範圍內發揮作用，決定表現型的發展結果。總之，除同卵孿生子外每個人的基因型都是獨特的；每個人所處的環境又都是千變萬化的；他們都以各自獨特的方式與環境相互作用。因此，每個人的表現型都是獨特的，世界上每個人都是不相同的。

我們強調人格的獨特性，並不排除人們之間在心理和行為上的共同性。正如克盧克洪和默里所說："每一個人就某方面來說，a 屬性就像其他所有人一樣，b 屬性像其他某些人一樣，c 屬性不像其他任何人" (Kluckhohn &

Murray, 1953)。人類文化造就了人性。同一民族、同一階級、同一群體的人們具有相似的人格特徵，文化人類學家把同一種文化陶冶出的共同的人格特徵稱為**群體人格** (group personality) 或**衆數人格** (modal personality)。例如，許多研究表明，由於受傳統儒家文化的影響，不論是大陸的華人或是台灣、新加坡等地的華人都有不少相同的人格特徵 (李亦園、楊國樞，1972；沙蓮香，1989；張世富等譯，1990)。但是，人格心理學家更重視的是人的獨特性，雖然他們也研究人們的共同性。

(四) 人格的社會性

人格的社會性 (sociality of personality) 是指社會化把人這樣的動物變成社會的成員，人格是社會的人所特有的。所謂**社會化** (socialization) 是個人在與他人交往中掌握社會經驗和行為規範、獲得自我的過程。

人類的嬰兒不同於其他動物的幼兒，具有一種與生俱來的對社會生活的需要和適應此種社會生活的能力。如學會使用語言，用概念進行思維，將學得的經驗加以抽象、溝通和傳遞的能力。但是，如果出生後由於某種原因，嬰兒的社會接觸被剝奪，就不可能形成真正的人。印度有一位牧師辛格在狼窩裏發現兩個小女孩。小的約 2 歲，很快死去了，大的約 8 歲，取名卡瑪拉。卡瑪拉以四肢爬行，像狼一樣生活。經辛格的悉心照料與教育，她兩年學會了站立，四年學會了 6 個單詞，六年學會直立行走，能講出 40 個單詞，到了 17 歲臨死時，她僅具有相當於正常兒童 4 歲時的心理發展水平 (Squires, 1927)。**社會剝奪 (或社會性剝奪)** (social deprivation) 將會使人喪失人性，不能形成人格。

社會化的內容，就像人類社會本身那樣複雜多樣。愛斯基摩 (Eskimo) 兒童要學習對付北極嚴寒的生活方式；布須曼人 (Bushmen) 要學習應付非洲沙漠酷暑的生活方式。社會化與個人所處的文化傳統、社會制度、種族、民族、階級地位、家庭有密切的關係。通過社會化，個人獲得了從裝飾習慣到價值觀和自我觀念等人格特徵。人格既是社會化的對象，而且也是社會化的結果。

人格的社會性並不排除人格的自然性，即人格受個體生物特性的制約。人格是在個體的遺傳和生物性基礎上形成的。從這個意義上也可以說，人格是個體的自然性和社會性的綜合。但是人的本質並不是所有屬性相加的混合物，或者是幾種屬性相加的混合物。構成人的本質的東西，是那種為人所特有的，失去了它人就不能成為人的因素，而這種因素就是人的社會性。即使是人的生物性需要和本能，也是受人的社會性制約的。例如人滿足食物需要的內容和方式也是受具體的社會歷史條件制約的。

因此，可以做這樣的概括：人格是個人各種穩定特徵或特質的綜合體，它顯示出個人的能力、思想、情緒和行為的獨特模式。這種獨特模式是社會化的產物同時又影響著他 (或她) 與環境的交互作用。

三、與人格有關的幾個概念

個性、氣質、性格這三個概念與人格概念關係密切且容易混淆。為了進一步理解人格概念，有必要對這些概念加以簡要的闡釋。

(一) 個 性

如果把**個性** (individuality) 理解為一個人區別於他人的穩定的、獨特的整體特性，那麼個性這個術語往往作為人格的同義詞來使用。例如，吳增芥認為，“對個性的全面理解是：個性包括許多因素，它們是智力、動機、情緒活動、態度、信仰和對道德的評價。由於這些因素的不同組合，產生不同的個性 (個別差異)”(吳增芥，1983)。顯然，這裏是將個性與人格混同起來使用的。造成這種混同的原因，除了詞義的接近外，翻譯上的問題也是一個原因。1949 年以來，我國心理學界從俄文中翻譯了大量的心理學文獻，把“人格”意義上的俄文單詞都譯為“個性”。例如，魯賓斯坦關於個性這一概念歷史的論述 (趙璧如譯，1965)，其實這裏所說的個性就是人格，即英語中的“personality”。

個性與人格是有區別的。這兩個概念的主要區別在於：其一，個性是指人的**個別差異** (individual difference)，從差別的角度來看一個人不同於他人的特點。人的各種心理現象，從反應時到價值觀，從感知到思維以及人格等，都有個別差異。人格則是對一個人的總的描述或本質的描述。它既能表現這個人，又力圖解釋這個人的行為，闡明其心理傾向。從這個意義上講，個性僅表達人格的獨特性，但人格還有整體性等特點。其二，個性是相對於**共性** (generality) 而言的，世界上的萬事萬物都有個性，人自然也有個性。

但人格只是對人而言的，對其他事物和動物顯然不能用人格來描述。人格就是一個真實的人。人是由某些其他人共同的，或相似的特徵以及完全不同的特徵複雜地交織而成的，其中既有個人所獨有的，也有與他人相似的或共同的。人格這個概念比個性具有更多的內涵和外延。因此，應當把個性和人格這兩個概念加以區分。

(二) 氣 質

氣質是個人生來就具有的心理活動的動力特徵，也就是我們平常所說的“稟性”、“脾氣”。例如，有人暴躁易怒，有人溫柔和順等。氣質是一種人格特徵，即依賴於生理素質或身體特點的人格特徵。古希臘醫生希波克拉底 (Hippocrates, 460？～377？ B.C.) 認為氣質取決於人體內的四種液體，即血液 (harma)、黏液 (phlegma)、黄膽汁 (chole xanthe)、黑膽汁 (chole melania) 的混合比例。後來羅馬醫生蓋倫 (Galen, 130？～200？) 將四種體液作種種配合而產生 13 種氣質類型，並用拉丁語“temperameteum”一詞來表示氣質這種現象。這便是近代**氣質** (temperament) 這一術語的來源。現在看來，用四種體液來解釋氣質是缺乏科學依據的。但希氏對氣質分類的術語“**多血質** (sanguine temperament)、**黏液質** (phlegmatic temperament)、**膽汁質** (choleric temperament)、**抑鬱質** (melancholic temperament)”仍被一些心理學家用來說明自己的學術觀點。

巴甫洛夫 (Ivan Petrovich Pavlov, 1849～1936) 用條件反射實驗探討過高級神經活動的基本過程 (興奮和抑制) 的三個特性：**强度** (strength)、**均衡性** (equability) 和**靈活性** (mobility)，認為有四種典型的高級神經活動類型分別與希波克拉底確定的氣質類型相對應；氣質類型就是高級神經活動類型的行為表現。後來巴甫洛夫學派的後繼者對巴氏觀點作了一定的修改。捷普洛夫 (許淑蓮、匡培梓譯，1963) 和涅貝利岑 (魏明庠譯，1984) 等主張研究神經系統的各種特性是主要的任務，而劃分類型是次要的，並對神經系統特性的判定指標做了大量的工作。梅爾林 (1964) 則集中探討神經系統特性與氣質的關係，強調神經系統的幾種特性的組織是氣質產生的基礎，認為氣質包括下列特點：焦慮、內外傾、行動僵化、衝動、情緒激動性和情緒穩定性。這些研究大都採用實驗心理學和生理心理學的方法，對氣質的機制作了有益的探討。此外，還有人將氣質歸因於體質、內分泌腺或血型的差異所致等。

氣質與人格有密切的聯繫。氣質是先天稟賦，是人格形成的原始材料之一，人格的形成不可能離開氣質。氣質作為人格形成的一項變量在新生兒階段就表現出來。有些嬰兒安靜，有些好動好哭，這些氣質特徵必然會影響其父母或哺育者與嬰兒的互動關係，因而影響其人格的形成。氣質不僅表現在一個人的情緒活動中，而且也表現在包括智力活動等各種心理活動中。它彷彿使個人的全部心理活動都染上了獨特的色彩。氣質與人格的區別在於，人格的形成除了氣質、體質等先天稟賦作基礎外，社會環境的影響起著決定性的作用；而氣質僅屬於人格中的先天傾向。

(三) 性 格

性格 **(或品格)** (character)，是指個人的品行道德和風格。它是人格結構的一個重要組成部分，是個人有關社會規範、倫理道德方面的各種習性的總稱，是不易改變的、穩定的心理品質。如誠實、堅貞、奸險、乖戾等可作善惡、好壞、是非等價值評價的心理品質。

英語 character 一詞源於希臘語 Kharaktér，意為“印記”、“雕刻”或“雕成之物”。後來轉意為“繪圖”、“標誌”和“特徵”，意指由外界環境所造成的、深層的、固定的人格結構。我國古代思想家對於性格有過不少描述。孔子曰：“質勝文則野，文勝質則史；文質彬彬，然後君子”(論語・雍也)。“君子懷德，小人懷土；君子懷刑；小人懷惠”(論語・里仁)。孟子曰：“君子所以異於人者，以其存心也。君子以仁存心，以禮存心。仁者愛人，有禮者敬人。愛人者，人恆愛之；敬人者，人恆敬之”。又曰：“大人者，言不必信，行不必果，惟義所在”(孟子・離婁下)。20 世紀初期美國心理學家羅巴克 (Roback, 1927) 曾對性格做過系統的研究。他把性格定義為依據某種價值原則對衝動和狹隘的自私加以禁止的傾向。在這個定義中包含了價值觀、意志品質、對未來目標追求，以及自制、自律等心理品質。這些內容都表現了一個人的品行道德與風格。說明性格是就個人的道德行為特徵而言的。但也有的心理學家主張在探討人格問題時要劃清心理學與倫理學各自研究的重點。這種主張雖然有其合理性，但在實際生活中將性格與評價截然分開是很難做到的。我們總是以日常生活中的道德標準對一個人的性格進行評價的。誠實、堅貞是正面特徵，而奸險，乖戾是負面特徵。一般說來，性格特徵都具有社會道德含義。

當代美國心理學文獻中不常用"character"這一術語。在西歐的心理學文獻中"character"這個術語常與"personality"混同使用。在我國的心理學文獻中，性格與人格是兩個不同的概念：**性格**包含於**人格**之中，它是人格結構的一個主要成分。但在日常生活中，人們常常把人格和性格混同起來，如說"他天生是個懦夫和壞蛋"，或說"陰險刻薄是他的天性"。有的人格特徵 (如氣質) 是生而具有的，但性格卻是後天形成的。因此，我們有必要把性格和人格這兩個概念區別開來。

總之，個性是指人格的獨特性，氣質是人格發展的先天基礎，性格乃是個人後天形成的道德行為特徵。因此，這些術語的概念是有區別的。個性、氣質、性格都屬於人格所包含的內容。

第二節 人格的決定因素

一個人的人格必定具有兩個基礎，一是遺傳生物基礎，一是環境基礎。性別、神經系統、內分泌系統和體型等因素是由遺傳決定的。沒有與生俱來的生物性的個體 (包括它的生理器官和系統)，人格便無從產生。環境基礎是個體所處的外部世界，凡能引起行為的各種事物和情景都包括在內。沒有環境基礎，人格也不能產生。人格是遺傳和環境交互作用結果。如果要進一步追問在這種交互作用中兩者孰輕孰重？正確的回答是：要看情況而定。人格包含許多特質和特徵。如像喜歡看越劇甚於看平劇的戲劇愛好，顯然主要是受文化環境和學習影響的結果。而像攻擊則可能生物因素的影響大，一個塊頭大的人對他人的攻擊就容易得多。關於這個問題，在本書第十四章將詳細討論。下面讓我們來討論人格的遺傳生物基礎和環境基礎。

一、人格的遺傳生物基礎

人格的形成離不開個體的遺傳生物基礎。個體的神經系統 (特別是腦)

的特性、體內的生化物質是人格形成的基礎；身體外貌對人格的形成也有一定的影響。

(一) 遺傳因素的影響

1. 染色體和基因 人格的形成離不開個體的遺傳基礎。一個獨特的個體是父方的**精子** (**或精細胞**) (sperm) 成功地與母方的**卵子** (**或卵細胞**) (ovum) 相結合形成**受精卵** (zygote) 之後產生的。父母親各給予受精卵 23 對遺傳的基本單位，即**染色體** (chromosome)。這些染色體中，每一對都含有 2 萬個**基因** (gene)，它們是決定和影響個體特徵的物質。染色體與染色體結合，基因與基因結合，按數學上的概率計算，總的可能組合數為 16,777,216 種不同形式。因此，兩個人要具有相同遺傳因素是不大可能的，即使是同父母的兄弟姊妹也很不相同。唯一的例外是**同卵孿生** (identical twins)，他們是由同一受精卵發育而來，具有相同染色體和基因，遺傳稟賦相同；而**異卵孿生** (fraternal twins) 發育於不同的受精卵，遺傳稟賦是不同的。

染色體的主要成分**脫氧核糖核酸** (**或去氧核糖核酸**) (deoxyribonucleic acid，簡稱 DNA) 和蛋白質，其中去氧核糖核酸是遺傳信息的保存者和傳遞者。在去氧核糖核酸分子結構中，基本構成單位是核甘酸；而每個核甘酸都由一個脫氧核糖，一個磷酸和一個碱基構成。核甘酸彼此相連而成多核甘酸鏈，兩條多核甘酸鏈以右手旋轉方式圍繞著同一中心軸盤旋，結果形成了少則數千，多則數百萬個碱基對的雙螺旋結構。去氧核糖核酸分子中不同的碱基對排列順序蘊藏著遺傳信息。在一定條件下，去氧核糖核酸能夠**自我複製** (self-reproduction)。這樣，兩個複本的去氧核糖核酸分子隨著它所在的染色體分別進入兩個新細胞，就把兩份完全相同的遺傳信息傳遞給了後代。去氧核糖核酸還可讓**信使核糖核酸** (messenger ribonucleic acid 簡稱 mRNA) 像錄音機一樣，把它的指令錄下來，從細胞核帶到細胞質裏按照去氧核糖核酸的指示，準確又迅速地製造出特定的蛋白質和酶，從而使親代的性狀能在子代表現出來。每個基因存在於去氧核糖核酸分子內都有固定的位置。它是控制生物性狀的遺傳單位。就是這些基因決定了人的各種遺傳特徵，如身高、體重、膚色、內臟器官的結構和機能、細胞的數目和形狀，以及某些酶的含量等等。

基因的一種重要屬性是**顯性** (dominance) 或**隱性** (recessiveness)。凡是**顯性基因** (dominant gene) (A) 控制的性狀或疾病，其遺傳方式稱為**顯性遺傳** (dominant inheritance)；**隱性基因** (recessive gene) (a) 控制的性狀或疾病，其遺傳方式稱為**隱性遺傳** (recessive inheritance)。例如，人的耳朵，有的有耳垂，受顯性基因 (A) 控制；有的無耳垂，受隱性基因 (a) 控制。基因型 AA 或 Aa 的個體都是有耳垂的，屬顯性遺傳；基因型 aa 的個體是無耳垂的屬隱性遺傳。人類的一些特性像頭髮的直曲和一些異常現象如超短的手指和腳趾、**白化病** (albinism)、**鐮狀細胞貧血症** (sickle cell anemia)、**苯酮尿症** (phenylketonuria) 等是單基因遺傳的；但人類的大多數特性是多基因共同作用的結果，而不是由單一的一對基因所決定的。

2. 性染色體和性別決定　人的 23 對染色體中有一對是決定性別的染色體即第 23 對，男性為 XY，女性為 XX，稱為**性染色體** (sex-chromosome)，其餘的 22 對都是**常染色體** (autosome)。X 染色體和 Y 染色體無論在大小和功能上都不一樣。Y 染色體只有 X 染色體大小的五分之一，男性是由它決定的；而 X 染色體則帶有其他許多遺傳信息。男性能產生兩種精子，即 X 精子和 Y 精子；而女性只產生一種卵子，即 X 卵子。受孕時，Y 精子和 X 卵子結合形成帶 XY 的受精卵，發育成男性；X 精子與 X 卵子結合形成帶 XX 的受精卵，發育成女性。男性與女性的比例在理論上是1：1，生男生女概率是相同的。這一情況如圖 1-1 所示。

正常人的染色體是 46 個 (23對)，但也有人的性染色體異常，從而導致性別畸型。性別畸型有以下幾種：

(1) **睪丸退化症** (**或克林非氏徵候群**) (Klinefelter's syndrome)：患者有 22 對常染色體和 3 個性染色體，即 XXY，比一般男人的 XY 染色體之外多了一個 X 染色體。由於有 Y 染色體，其外貌是男性，有陰莖睪丸，但睪丸很小，發育不全，不能形成精子，並帶有明顯的女性的乳房。智能一般較差。

(2) **卵巢退化症** (**或杜氏徵候群**) (Turner's syndrome)：患者有 22 對常染色體但性染色體只有一個 X 染色體。没有 Y 染色體，外貌為女性，但**第二性徵** (**或次性徵**) (secondary sex characteristics) 發育不良，卵巢缺如或僅有少量的結締組織，原發性閉經，無生育能力。患者身材矮小，具頸蹼、盾胸、肘外翻，對人特別是對異性較淡漠；部分患者發育遲緩。

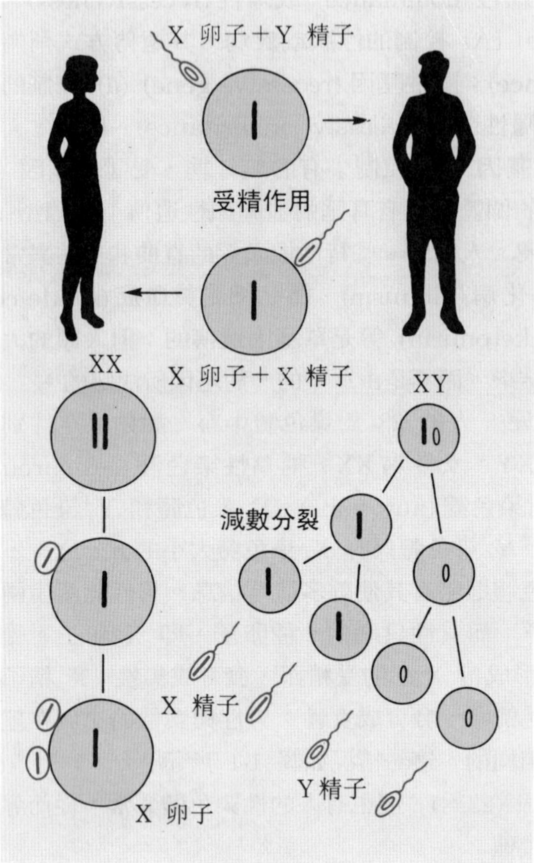

圖 1-1
人的 XY 型性別決定
(採自黃希庭，1991)

(3) **XYY 徵候群** (XYY syndrome)：它比正常男人多了一個 Y 染色體，又稱**超雄體 (或過度男性化)** (supermale)。此種患者，身體比正常同齡男性高大，好鬥，凶暴，皮膚多有結節狀態，性腺機能減退，多數不育。

(4) **三 X 徵候群** (XXX syndrome)：X 染色體多至 3 個以上，又稱**超雌體 (或過度女性化)** (superfemale)。體型正常，除智力較差和有心理變態外，有月經、能生育，子女中除個別出現 XXY 個體外，一般均正常。

(5) **多 X 男性徵候群** (poly-X-male syndrome)：是克林非氏徵候群的一種。表現男性，睪丸退化，染色體組型為 XXXY。智力發育不良，常有斜視，眼間距寬，鼻梁扁平，凸頦，有先天性心臟病，生殖器官發育不良，小陰莖、小睪丸、隱睪症。

3. **行爲遺傳學研究** **行爲遺傳學** (behavior genetics) 也稱**心理遺傳學** (psychogenetics)，是結合心理學和遺傳學兩方面知識，對個體身心變化進行系統解釋的學科。有多種行為遺傳學研究方法 (見補充討論 1-2)。就遺傳對人格影響的研究途徑來看，大致可分為兩種研究取向：**遺傳中心研究** (gene centered approach) 和**特質中心研究** (trait centered approach)；前者是從已知的遺傳條件出發來探討其行為的結果是什麼；後者是從有關的行為變量出發來探討是什麼遺傳在影響著這些變量 (Loehlin, 1977)。

目前，從已知的遺傳因素來探討其行為後果的研究尚不多，主要散見於臨床文獻，即從已知的遺傳缺陷再系統地研究人格改變的情況。如果已知某一個體的性染色體 X 和 Y 數量上發生了變化，那就可以系統地考察其人格特質改變的情況。也可以利用那些不帶社會烙印的遺傳特性 (如血型) 來考察它對人格特質的影響。例如，卡特爾等 (Cattell, Young & Hundleby, 1964) 曾用**高中生人格問卷** (High School Personality Questionnaire，簡稱 HSPQ) 對已知血型的 481 名美國和義大利的男生做過研究，結果發現高中生人格問卷 (HSPQ) 中的因子 I (感受性-倔強性) 可能與血型有聯繫。當然是否具有這種聯繫則尚需進行重復驗證才能確定。

探索遺傳對人格影響的主要途徑是特質中心研究，即測量人格特質，並用**數量遺傳學** (quantitative genetics) 方法來分解遺傳和環境所起的作用。遺傳力是數量遺傳學中的一個重要概念。所謂**遺傳力** (herilability) 是用來測量一個群體內某種由遺傳原因 (相對環境影響而言) 引起的變異在表現型變異中所占的比重。例如，在孿生子研究中估計遺傳力，通常是根據同卵孿生和異卵孿生間的相關差而作出的。表 1-1 列出的是利用各種人格問卷對美國和歐洲的許多孿生子研究所得出的組內相關。所給出的值都是每個研究中被試在人格量表上得分相關的平均值。同卵孿生相關的平均值從 0.26 到 0.60，均值為 0.48；而異卵孿生相關的平均值從 0.00 到 0.37，均值為 0.24，表明在人格問卷上同卵孿生子的平均相關值均大於異卵孿生子的平均相關值，說明同卵孿生子比異卵孿生子在人格特徵上有更高的遺傳力。有人 (Atkinson, Atkinson, Hilgard, 1983) 甚至報導過，一對同卵雙生子出生後即被分開撫養，從未見過面；到了 40 多歲重聚時，竟然兩人穿著極相似、髮型相似、職業、嗜好也相似。

補充討論 1-2

行爲遺傳學方法

為了探討遺傳對人格特質的影響，通常使用下列幾種行為遺傳學方法：

1. 家譜法 (pedigree method)　就是通過對某一家族成員的調查，將所得的有關某種特質或生理特性發生情況的資料，按一定格式，繪製成系譜圖 (pedigree chart)，再對它進行分析，以確定所研究的特質或生理特性在該家族中是否有遺傳因素和可能的遺傳方式。高爾登 (Galton, 1869) 曾根據名家傳記和其他資料對 977 位名人的家系進行調查，他發現天才的出現是優秀家系遺傳特質集結的結果。有的心理學家運用這種方法曾對有問題的家系分析過遺傳病發生的特點。

2. 孿生子法 (twin method)　同卵孿生子具有相同的基因型；異卵孿生子的基因型是不同的。通過同卵孿生子可以研究不同環境因素對表現型的影響。通過異卵孿生子在相似環境中的生長、發育，可以研究不同基因型的表現型效應。通過比較同卵孿生子與異卵孿生子某一人格特質或生理特性發生的一致性，可以看出遺傳因素和環境因素在這些特性發生中的比重。研究表明，在開始坐起的行為，同卵孿生與異卵孿生無明顯差異，說明這種行為與遺傳無關。畸形足、原發性癲癇等，同卵孿生子性狀的一致性顯著地高於異卵孿生子，說明這些特性與遺傳因素有關。

3. 群體調查分析法 (analysis of population investigation)　就是調查某種異常現象在一般群體中的出現率和患者親屬的出現率，測驗其顯著性，以確定這種異常現象是否與遺傳有關的方法。例如，根據杭州市精神病院 (1973) 統計，我國各地精神分裂症的一般群體發病率，最高的是 5.3‰ (205/38564)，最低的是 4.8‰ (234/48912)。上海市精神病院 (1964) 調查了 1196 名精神分裂症患者的父母雙方上、下五代親屬的發病率，發現在男性親屬 29636 人中，精神病患者 541 人 (占 18.2‰)，女性親屬 24940 人中，精神病患者 415 人 (占 16.7‰)。這 956 (541＋415) 名病人中，精神分裂症患者為 562 人。此外，上海市精神病院還調查了 91 名與正常人婚配的精神分裂症患者，婚後所生子女的發病情況。他 (她) 們共生男孩 220 名，其中患精神分裂症的 77 人，發病率為 350‰；共生女孩 195 人，其中患精神分裂症的 41 人，發病率為 210‰。根據上述資料，在精神分裂症患者的家屬中，該病的發病率顯著高於一般群體發病率，說明該病與遺傳因素有關。

4. 細胞遺傳學方法 (cytogenetic method)　就是把染色體技術和人類性染色質的研究結果應用於因染色體異常疾病而產生的行為異常等方面。這方面，醫學遺傳學的研究為行為遺傳積累了不少資料。

表 1-1 同卵孿生子和異卵孿生子在人格量表上得分的組內相關

研究者	對數		平均相關		量表數	使用的問卷
	同卵孿生	異卵孿生	同卵孿生	異卵孿生		
卡特 (Carter, 1935)	40	43	.60	.33	4	本羅伊特問卷
紐曼，弗里曼，霍爾津格 (Newman, Freeman, & Holzinger, 1937)	50	50	.56	.37	1	武德沃斯問卷
范登堡 (Vandenberg, 1962)	45	35	.55	.00	7	瑟斯頓問卷
戈特斯曼 (Gottesman, 1963)	34	34	.45	.21	31	高中生人格問卷及明尼蘇達多相人格問卷
懷爾德 (Wilde, 1964)	88	42	.50	.34	4	阿姆斯特丹傳記問卷
戈特斯曼 (Gottesman, 1966)	79	68	.48	.31	18	加利福尼亞心理問卷
帕特內，布魯恩，馬克內 (Partanen, Bruun, & Markkanen, 1966)	157	189	.26	.18	4	特殊問卷
尼科爾斯 (Nichols, 1965)						
男	207	126	.53	.25	24	加利福尼亞心理問卷
女	291	193	.50	.35	24	加利福尼亞心理問卷
范登堡等 (Vandenberg et al., 1967)	111	92	.47	.24	12	科姆里問卷
舍恩非爾德 (Schoenfeldt, 1968)						
男	150	53	.40	.36	7	因素式問卷
女	187	103	.49	.33	7	因素式問卷
坎特爾 (Canter)	39	44	.37	.15	31	艾森克人格問卷，16 種人格因素問卷
埃弗斯，艾森克 (Eaves & Eysenck, 1975)						
男	120	59	.42	.21	2	精神質外傾神經質問卷
女	331	198	.42	.15	2	精神質外傾神經質問卷
霍恩，帕洛明，羅森曼 (Horn, Plomin, & Rosenman, 1976)	99	99	.46	.18	18	加利福尼亞心理問卷
平均數			.48	.24		

(採自 Loehlin, 1977)

綜觀這類研究，總的來說，遺傳因素的重要性是隨著人格特徵不同而異的。像氣質和智力之類特徵，遺傳影響大；而像價值觀、信念等特徵，遺傳影響甚小。

(二) 生理因素的影響

身體生理因素是人格形成和發展的必要條件。身體器官的構造和機能，身體的外表都直接或間接地影響著人格的形成和定型。

1. 腦與人格 一個人的人格和行為，無論多麼複雜，都是腦工作的產物。個人的大腦是人格的主要物質基礎。有一個著名的病例，很能說明這個問題。

> 在 1848 年 9 月 1 日美國佛蒙特州的一個小鎮附近修築路基時，工頭蓋奇在施工的過程中鐵杵從他的左眼下邊穿入，從額頂穿出。據爲他治療的醫生報告，從此之後蓋奇的人格發生了變化。在受傷之前，他有本領又能幹，是一位和善可愛的人。現在蓋奇動靜無常、無禮，有時愛說最粗俗的下流話 (他以往沒有這種習慣)，對夥伴很少尊重，不能容忍約束或勸告，如果違反了他的願望的話，時而極端頑固卻又反覆無常而猶豫不決；他爲將來的工作設計許多方案，但由於其他似乎更爲切實可行的方案而很快又都放棄了……他的心完全變了，因此他的朋友和熟人說他不再是蓋奇了。(趙以炳等譯，1974，423 頁)

後來的許多研究表明，腦的局部受傷會導致人格和行為的改變。

巴甫洛夫學派認為，神經系統的類型特點是人格的生物學基礎 (見補充討論 6-1)。人格特徵與個體的大腦皮質細胞群配置特點，以及細胞層結構的個體特點有關。這些特點既影響個體的高級神經活動特點，也影響個體的氣質、性格和能力的特點 (魏明庠譯，1984)。艾森克 (Eysenck, 1967) 則認為，外傾者與內傾者，其神經系統是不相同的，神經質的人與正常人的神經系統也不相同，其理由是他發現外傾者的大腦皮質的**覺醒水平** (或**激發水準**) (arousal levels) 較低，因而比內傾者的抑制速度較慢 (詳見第六章第三節)。

2. 生化物質與人格 人體內的**生物化學物質** (biochemical matter)

的變化，例如**內分泌腺** (endocrine gland) 分泌的**激素** (hormone) 過多或過少，**神經介質** (neurotransmitter) 分泌的異常都會影響一個人的行為模式或人格特徵。臨床上因幼年時患**腦垂體** (pituitary gland) 疾病分泌**生長激素** (growth hormone，簡稱 GH) 過多或缺乏在成年後身材變成異常高大的巨人或身材異常矮小的侏儒。**甲狀腺** (thyroid) 分泌**甲狀腺素** (thyroxine) 亢進，會導致神經系統興奮性增高，表現為易緊張、失眠、煩躁、多言、情緒不穩定；而甲狀腺素分泌缺乏則導致智力減退、記憶力下降、聯想和言語活動減少、嗜睡、性欲減退。如果**胰腺** (pancreas) 分泌**胰島素** (insulin) 的過程受到干擾則導致精神狀態的混亂。有研究表明，精神分裂症是由於神經介質**多巴胺** (dopamine) 分泌過量所致，某種治療精神分裂症的有效藥可以降低多巴胺的分泌；而過低的多巴胺的分泌量則會引起**巴金森氏綜合症 (或震顫麻痺)** (Parkinson's disease)，其特徵是嚴重的肌肉顫抖和行動失調等。接受多巴胺治療的精神分裂症患者也常出現巴金森氏綜合症的副作用 (Davison & Neale, 1990)。這些都表明生化物質會影響人格。

但是，人體內的生化物質是否會直接導致某種人格特徵呢？這種因果關係的推論，宜應謹慎。在腦內和機體大部分組織中有一種**單胺氧化酶** (monoamine oxidase，簡稱 MAO)，如果使用藥物抑制單胺氧化酶的活動，則常會產生如欣快情緒、攻擊、煩躁和幻覺等行為。許多研究 (Zuckerman, Buchsbaum & Murphy, 1980) 證實單胺氧化酶與感覺尋求分數呈負相關。感覺尋求分數就是被試在**感覺尋求量表** (Sensation Seeking Scale，簡稱 SSS) (見第七章第二節) 上的得分。感覺尋求分數高的人傾向於高生理冒險，強烈地追求新異經驗和快樂刺激而厭惡例行的活動，其單胺氧化酶含量則較低。假設這種發現是可信的，這兩者之間的關係意味著什麼？什麼是原因？什麼是結果？單胺氧化酶的多少與感覺尋求傾向之間的關係是否還有第三個因素在起中介作用？這些問題，都尚需研究才能回答。

3. 身體外貌與人格　身體外貌與人格特徵的聯繫，古今中外都有人做過推測。成書於春秋戰國時期的《內經》就對身體外形與人格特徵的聯繫做過描述。它把人分為金、木、水、火、土五種類型：金型之人，臉方膚白、頭小肩背小、腹小手足小、足跟堅厚大，為人清廉，急躁剛強，辦事認真果斷；木型之人，膚色蒼白、頭小臉長、兩肩廣闊、背挺直、身體弱小，多憂慮而勤勞；水型之人，膚黑頭大、臉不光整、頰腮清瘦、兩肩狹小、腹大、尻骨和脊背很長，稟性無所畏懼，但不夠廉潔；火型之人，膚赤臉長、脊背肌肉寬厚、肩背髀腹勻稱，理解敏捷，真誠樸實，多氣輕財。土型之人，膚黃、頭大臉圓、肩背豐厚、腹大，內心安定，樂於助人，誠懇忠實。在 20 世紀上半葉，德國精神病學家克雷奇默爾 (Kretschmer, 1925) 和美國心理學家謝爾頓等 (Sheldon & Stevens, 1942)，也把人格特徵與體型聯繫起來 (詳見第六章第四節)。現在看來，這些猜測是缺乏科學依據的。

不過，膚色、臉形、身高、體重等身體外貌的特點，具有社會適應的意義，有的符合文化的社會價值，有的則不符合，並經常受到人們的品評，因而也會影響一個人的人格。例如，符合社會期望的身體外貌可能使人形成自信、自尊的特點，而有生理缺陷的人 (跛子、啞巴、兔唇、身材矮小等) 往往被人們譏笑或憐憫，則容易產生自卑感。但是生理缺陷也會激發人去追求優越，以補償身體的缺陷 (參見第四章第二節)。因此，身體外貌與人格特徵的聯繫主要是依個人如何對待自己的身體特點而定的。

二、人格的環境基礎

人格的形成和表現，離不開個體生存的環境。人所處的環境包羅宇宙間的一切現象。在一定場合下能被個體感覺器官感知的那一部分環境稱為**情境** (situation)。有些環境因素影響著所有個體，有些則僅影響特定的個體或某些個體。人格的形成和表現都是人與環境交互作用的結果。這種交互作用是個體在發展的每個階段都影響著環境，同時又受環境的影響。

(一) 胎內環境的影響

每一個嬰兒都是遺傳與環境的共同產物。從受孕的那一時刻起，環境因素就對人格的形成起作用。最早的環境是子宮，嬰兒生長在充滿羊水的胎盤裏，通過臍帶從母親那裏得到養料。不同母體的**子宮** (womb) 環境是不一樣的。有的母親很健康，有的則營養不良或受藥物影響。母親健康上的差異會深刻地影響子宮的環境，從而影響新生兒的某些特徵。例如，母親血清中的鋅含量嚴重偏低會導致嬰兒患各種先天性畸形；有毒癮的孕婦會使嬰兒天生染上毒癮。這些特徵雖然出生時便已存在，但卻不是由遺傳決定的。

(二) 家庭環境的影響

出生後，個體最早接觸的環境是**家庭** (family)。家庭的各種因素，例如家庭結構的類型 (如殘缺家庭、寄養家庭等)，家庭的氣氛，父母的教養方式，家庭子女的多少等都會對兒童人格的形成起著重要的作用。

從小與父母之一分開，或從小失去了父母或其中之一，會對兒童的人格和行為有重大的影響。有研究 (Provence & Lipton, 1962) 比較過育嬰院的嬰兒和在自己家中的嬰兒，發現一歲時育嬰院的孩子與成人的關係有障礙，很少對成人依附，並且言語落後，情緒冷漠等。還有研究 (Burnstein, 1981) 發現，棄兒有更多的心理疾病，較可能變得攻擊、反叛和難以處理。孩子生活在殘缺家庭或寄養家庭中往往得不到父 (母) 愛，很可能對人格的早期發展產生許多負面的影響。

不少研究表明，體貼、溫暖的家庭環境能促進兒童成熟、獨立、友好、自控和自主等特徵的發展。家庭氣氛近乎無形，卻能從各種不同角度向兒童傳遞信息，對兒童的人格發展起著潛移默化的作用 (黃希庭，1992)。父母的教養方式對兒童人格的影響不可低估。研究表明，過度焦慮的孩子常有過度保護、對子女反應十分幼稚化的母親。只要不惹麻煩，父母便漠不關心的孩子，其成就動機和自我價值感都較低。受父母溺愛的孩子，常缺乏愛心、耐性和挫折容忍力。經常受到體罰，孩子會變得難以管教、而且會發生更多的攻擊行為。

一項對精神分裂症患者的家庭溝通方式的研究結果表明，與正常家庭相比較，患者的家庭成員之間在交談方式上較少彼此感應並且缺乏人際感受性；成員之間不願意傾聽對方的話語，很少有訊息交往。在有退縮性的青少年家庭中發現成員間較無法預測彼此在一個測試情境中的反應 (Goldstein & Rodnick, 1975)。

(三) 學校教育的影響

學校教育對人格形成和定型有深遠的影響。學校**德育** (moral education) 使學生形成一定的思想品德，樹立正確的人生觀和價值觀。**智育** (intellectual education) 使學生掌握系統的科學文化知識與技能，促進智力的發展。課堂教育是學校教學的主要環節。在傳授知識的過程中，訓練學生習慣於系統地、有明確目的地學習，克服學習中的困難，可以培養堅定、頑強等性格特徵。**體育** (physical education) 不僅使學生掌握運動技能，也能培養意志力和勇敢精神。**美育** (aesthetic education) 使學生掌握審美知識，形成一定的審美能力，通過對美的理解和欣賞，正確區分美與醜，真與假，高尚與低級，文明與野蠻，形成審美情操。**勞動教育** (labour education) 使學生形成正確的勞動觀點和勞動態度，建立良好的勞動習慣。

校風 (school climate) 也影響學生人格的形成。良好的校風、班風促使學生養成勤奮好學、追求上進和自覺遵守紀律等人格特徵；不好的校風會使學生形成懶散、無組織、無紀律等特性。

教師是學生的一面鏡子，是學生經常學習的榜樣。學生往往以各種情感和猜測，盯著教師。教師的言行對學生的人格的形成會產生潛移默化的作用。有威信的教師，學生言聽計從，他的高尚品格，淵博的知識，強烈的事業心和責任感，富於同情心，謙虛樸素等，都會對學生產生深刻的影響。沒有威信、缺乏責任心的教師，學生不願接受其教育，但他的消極性格，如粗暴、偏心、神經質等，可能對學生產生自暴自棄，不求上進等不良的影響。

(四) 社會階層的影響

差不多每個社會都存在**社會階層 (或社會階級)** (social class)。較高階層的人比較低階層的人擁有較多的物質財富和個人聲譽，享受較多的教育並較能控制自己的命運。已經發現心理疾病與社會階層有顯著相關。例如，就整體而言，在美國，心理疾病較多地發生在較低的社會階層的人們之中。這是因為社會階層較低者的生活中有引起心理疾病的很多壓力，例如貧窮、歧視、失業、缺乏醫療服務等 (Kohn, 1973)。

布羅芬布納 (Bronfenbrenner, 1958) 曾研究過中產階級和工人階級家庭培養孩子的方法，結果發現，中產階級的父母對待孩子比較隨和靈活，喜歡和孩子根據事實講清道理，並在一些規矩上往往向孩子妥協；而工人階級的父母則傾向於不准孩子提問，只要求服從和遵命，還常常施行體罰。在培養孩子方法上的階級差別，很大程度上可能是由於他們在社會生活中所處的地位、所受的教育和在工作中所擔當的角色不同之故。這肯定會給他們的下一代的人格打下深刻的烙印。

(五) 社會文化的影響

人類創造了自己的文化，又把自己置身於一定類型的文化環境中。人類文化是指全人類創造的文化，它是形成人性的決定性條件。一個身體健全的兒童，雖然有繼承文化財富的可能性，但是，如果出生後由於某種原因，被剝奪了與人類文化環境接觸的機會，就不可能形成人的心理和行為及人性。**狼孩 (或狼童)** (wolf children) 的事例，便充分說明了這一點。

民族文化是一個民族經過世世代代而積累起來的。民族文化陶冶著一個人的民族性。**民族性 (或國民性)** (national character) 是指一個民族或一個國家的國民的常見的獨特的性格，並且是異於其他民族或其他國民的。例如，說德國人冷靜、法國人熱情、日本人勤奮等，就是指民族性而言。文崇一 (1972) 分析了我國的儒家文化傳統，認為這種文化傳統形成了中國人的權威性格和順從、勤儉、保守、謙讓等性格。中國的文化傳統與中國民族性關係研究，還可見補充討論 1-3。

每一文化都試圖塑造它所崇尚的人格特徵。每一文化為了使自己延續和發展起來，都崇尚它所需要的人格特徵。巴里等人 (Barry, Child & Bacon, 1959) 的研究表明，愛斯基摩人生活在冰天雪地的北極，以漁獵為生，需要堅定、獨立、敢於冒險的性格。他們以仁慈寬大的方式管教孩子並鼓勵其個性化，以培養出成人所具備的人格特徵。而生活在西班牙南部山脈的塞姆人 (Themne)，以種植糧食為生，需要老實、服從、保守的性格。他們對孩子的關愛似乎只在斷乳期之前，之後便嚴厲管教，甚至排泄也嚴苛訓練，不允許有任何個性化，以便造就出農家所需要的人格特徵。巴利等人還考察了六個不同社會中教養孩子的特點與糧食貯存程度之間的關係 (農業社會貯存食物多；狩獵社會很少貯存食物)。如表 1-2 所示，高食物貯存社會教養孩子時注意責任和服從；低食物貯存社會則強調成就，自信和獨立。

為了檢驗不同社會文化是否真正塑造了其成員的人格特徵，巴里還對來自兩種文化的被試呈現一種視覺服從作業，要求他們從幾條長短不一的線段中辨認出一條與標準線段相等的線段。在判斷之前告知被試哪一條線段經常為其相同文化成員者所選擇的，在某些場合這些線段明顯地與標準線段不相匹配。結果表明，農業社會的塞姆人比漁獵社會的愛斯基摩人，更傾向於服從其他人的判斷，即使其他人的判斷明顯是錯的。

補充討論 1-3

中國民族性

孫本文 (1946) 在他的《社會心理學》中把中國人的民族性格，歸納為下列四項。中國人的民族性格是我國傳統文化的結晶。他的主要觀點摘錄如下：

尊理性　我國人民最尊重理性，凡事必求其合乎理性。所謂理性，就是是非之心、曲直之心、義利之心、善惡之心，以及邪正之心。能依此等區別者，就是理性的表現。孟子所謂“良知”，就是理性的自覺。現代語所謂“正義感”，就是良知，也就是理性的感覺。中國人自古以來，最富有理性，最富有“正義感”。中國社會因注重“理性”之故，寧可犧牲“利害”關係。這真可說是中國社會的特長。

主中庸　中國人極重中庸之道，所謂中庸就是不偏不倚無過不及的意思。中庸篇稱舜“執其兩端，用其中於民”。最能説明中庸的意義。孟子稱“子莫執中，執中爲近之”。執中就是執兩者之中，是中庸之道。中庸除上述一義外，還有因時地制宜的意思。所謂“君子之中庸也，君子而時中”。時中便是因時適中的意思。關於這點，《論語》及《孟子》二書，均有極透徹的説明。總之，中庸實包含“執中”與“適中”二義，而爲我國社會自古及今崇高的思想行爲的準繩。我國人所以愛好和平，實由於中庸之德的表現。

重自治　中國人向重自治。所謂自治，就是自己管束自己的意思。自己管束自己，所以需要克己修身。古人所謂：“躬自厚而薄責於人”，所謂：“其責己也重以周，其責人也輕以約”。都是表明做人之道，首重自治。由個人克己修身，養成謹慎小心，俯仰無愧，光明磊落的人格。古代儒家以及後世社會稱爲“君子”。中國社會自古迄今，以“君子”爲一種公認的標準人格，鼓勵一般人由修身自治以養成這樣的人格。

崇德化　所謂德化，就是道德感化的意思。中國人對己重自治，對人——無論是個人或社會團體——重道德感化。《尚書》上説：“惟德動天，無遠弗屆”。只要有道德，不畏人家不感服。所以日常生活，注重“以身作則”。可見中國社會在思想與行事方面，都注重以道德去感化別人。(孫本文，1946)

沙蓮香 (1990) 參照歷史上有關中國人研究的基本觀點和現實中常見的中國人的人格特點，以仁愛、氣節、俠義、忠孝、理智、中庸、私德、功利、勤儉、進取、實用、嫉妒、屈從和欺瞞 14 種特質對全國 13 個省市的 1815 名被試進行了測試，結果表明，被試對於 14 項人格特質，評價最高者是氣節，最低者是欺瞞。其序列依次是：氣節、仁愛、忠孝、理智、勤儉、進取、俠義、中庸、實用、功利、私德、屈從、嫉妒、欺瞞。這表明中國的傳統文化對人格的深刻影響。

表 1-2 教養特點與食物貯存的相關

教養孩子所强調的特點	與食物貯存的相關	
	男 孩	女 孩
責 任	+.74	+.62
服 從	+.50	+.59
關 懷	−.01	+.10
成 就	−.60	−.62
自 信	−.21	−.46
獨 立	−.41	−.11

(採自 Barry, Child & Bacon, 1959)

三、個體與環境的交互作用

在個體的發展進程中，環境不斷地在影響著人格和行為。人格的形成離不開環境的影響。但是個體對環境的影響並非被動地加以接受，而是能主動地作用於環境。個體與環境的動力交互作用隨時隨地在進行著。人格的發展和表現是個體與環境不斷交互作用的結果。個體的基因型與環境的交互作用有多種方式，這裏只討論三種交互作用方式，即反應的交互作用、喚起的交互作用和超前的交互作用。

反應的交互作用 (reactive interaction) 是指面對同樣的環境，不同的個體會以不同的方式感受，體驗和解釋來反應這一環境。敏感的、神經質的孩子與和順的、適應性強的孩子對於父母的體貼關懷，其反應是不同的。一起聽同樣的故事，聰明的孩子比不太聰明的孩子從中能獲得更多的知識。處於同樣的人際環境中，外傾的孩子比內傾的孩子與周圍的人和事的聯繫更多、反應頻繁。每一個兒童的人格都能從客觀環境中選取主觀的心理環境。這種主觀心理環境便構成了其以後的人格發展。即便是父母為其孩子們所提供的環境完全相同 (實際上是做不到的)，孩子們在心理上所感受、體驗到的環境是各不相同的，因而其反應也各不相同。

喚起的交互作用 (evocative interaction) 是指個體的人格特徵和行為會引起周圍的人對他的特異反應。易哄、愛笑的嬰兒比煩躁不安、大哭大叫的嬰兒自然會得到父母和周圍人們更多的關懷。温順的孩子比惹是生非的孩子自然會受到父母較少的限制和訓斥。父母的教養方式往往是由孩子的人格特徵和行為所喚起的。有人說父母的某種教養方式塑造了兒童的某種人格特徵，例如說，父母民主、寬容的教養方式造就了有領導能力的兒童或權威的父母塑造了自我肯定的兒童。這種說法欠全面。因為實際上，兒童的人格特徵也在形成父母的教養方式，而這種教養方式又塑造了兒童的人格。這種喚起的交互作用，自始至終貫穿於人格發展的全部過程。

超前的交互作用 (proactive interaction) 是指個體主動選擇和建構自己所喜愛的環境，而這些環境反過來又進一步塑造其人格。隨著孩子的長大，有了一定的主動性之後，便產生了超前的交互作用。一個攻擊性強的兒童常選擇與小夥伴們在一起打架鬧事的地方，而不會獨自一個人待在家裏，這一環境反過來又強化和維持了他的攻擊性的人格特點。如果不允許他外出到惹是生非的地方去找小夥伴們，那麼他將創造條件，例如把小夥伴們邀請到家裏來，主動地促成有利於攻擊性發展的環境。

在人格發展的過程中，上述三種個體與環境交互作用方式在不同階段其表現強度是不同的。幼小兒童僅限於在父母所提供的環境中活動的時候，其基因型與環境的內在相關最為強烈。隨著兒童的成長，開始選擇和建構他們自己的環境時，基因型與環境的最初相關逐漸為超前的交互作用所代替。而反應的交互作用和喚起的交互作用在生活中仍經常起作用 (Scarr, 1988；Scarr & McCartney, 1983)。環境不會滿足人。個人能夠有意識有目的地選擇和建構環境，使之滿足自己的需要。一方面環境影響著、制約著個人，同時個人也選擇著、改造著環境。個人與環境的動態交互作用造就了一個人的人格。

第三節　人格心理學的概念

人格是許多學科的研究對象。本節將討論人格心理學是從哪一個角度來研究人格的，它的主要研究領域及其應用前景。

一、人格是心理學的研究對象

人格是一個真實的人，是一個整體統一的人。人的心理，複雜多變；人的行為，千姿百態；人與世界的聯繫，千絲萬縷。人格是心理學的研究對象，也是哲學、社會學、倫理學、法學等衆多學科的研究對象。它們從不同的側面研究人格，既有區別又有聯繫。這裏我們先討論哲學、社會學、倫理學、法學等學科是從哪些側面來研究人格的，然後再討論心理學是怎樣研究人格的。

人格的問題，一直是哲學家所關注的問題。雖然，在我國“人格”一詞是現代才有的，但是，對人或人格的探討則源遠流長。遠在先秦時期，我國古代思想家孟子就提出了“人之所以異於禽獸者”和荀子“人之所以為人者”的觀念。從先秦開始，諸子百家議論的中心問題是闡述社會和國家的理想形式。儒家主張定禮儀，道家主張等性適道，陰陽家主張觀天象與四時，墨家主張君民並耕，縱橫家主張合縱連横，雜家摘取各家之説，主張完善國家和政府等，形式不一，但其中心卻是人，闡述人之所以為人之理、成人之道。在以後的西漢經學、魏晉玄學、隋唐佛學、宋明理學、明清實學中始終也以人為中心，闡述人及其與社會和國家的關係。中國哲學強調，人是群體的人，個人應服從家庭和國家，通過“修身、齊家、治國、平天下”(禮記·大同) 的途徑達到人格的完善。在西方哲學中的人本主義哲學就是以研究人為中心，並以抽象的人為基礎去解釋一切問題的哲學學説。從古希臘普羅塔哥拉 (Protagoras, 490？～420？B.C.) 的“人是萬物的尺度”開始，到法國哲學家薩特 (Jean-Paul Sartre, 1905～1980) 的存在主義的人生哲學，都是探討人的。西方哲學強調，人是獨立的個體，“上帝面前人人平等”，社會不可侵犯個人的權利，通過**自我實現** (self-actualization) 以達到人格的完善。總之，作為世界觀的哲學，對人格的探討，是從人與外部世界 (自然界、社會) 關係的角度，對人的本質進行抽象概括的。因此，在怎樣看待人的問題上，哲學和心理學是密切聯繫的。心理學家對人看法的哲學觀點必然影響著他們對人格的心理學研究。但他們對人格所提出的問題和尋求答案的方法則是不同的。

社會學研究人類的社會生活。它把社會生活的分析分為人際的、群體的和全社會的三個層次。社會學也研究人格，研究個體社會化問題。但社會學主要是從社會的角度來研究個體社會化的問題。從社會的角度來看，社會化是使新生的個人適應有組織的生活方式並教給他們社會的文化傳統的過程。通過社會化，大多數幼兒成長為完全的社會人，能夠使用其父母的語言，能夠適應他們的社會和文化。而心理學則主要是從個體的角度來研究個體社會化的問題。從個體的角度來看，社會化是發展自我的過程。通過社會化，個人形成自我意識、興趣、愛好、價值觀和各種能力。社會學和心理學在研究人格，研究個體的社會化問題上是有聯繫的，但它們研究的側重點和途徑卻是不同的。

倫理學是從道德評價的角度來研究人格的。張岱年說

> 一個人的人格亦即一個人的"爲人"。《論語》記載："葉公問孔子於子路，子路不對。子曰：汝奚不曰：其爲人也，憤發忘食，樂以忘憂，不知老之將至云爾"。孔子的"爲人"即是孔子的人格。一個人的人格包含一個人的心情胸懷和德行事業。(張岱年，1992)

張岱年這裏講的人格是指為人品格，即心理學上所說的**性格**。如前所述，性格屬於人格的一部分，並不等於人格。因此，倫理學和心理學對人格的研究是有聯繫的，但也不相同。

從法學上看，人格被認為包括兩個基本內容：(1) 享有法律地位的、並且享有權利和承擔義務的個體；(2) 享有權利和承擔義務的法人。與此相應，法律上有人格權的概念，即法律給予保護的、個人的人格不受侵犯的權利。這些權利包括生命權、健康權、姓名權、肖像權、名譽權、榮譽權等。顯然，一個人如果沒有法律上的人格權，心理學也就無從對他的人格進行研究。但法學與心理學對人格的研究側面則是截然不同的。

人格是心理學的研究對象。心理學家以自己的理論框架、研究程序和方法以及搜集資料的手段，在人格這個領域進行了大量的研究，包括理論研究和應用研究的各個方面，形成了人格心理學。**人格心理學** (psychology of personality) 是以心理學的範型來研究人格的結構、動力、發展和適應等領域中的事實和規律的一個心理學分支學科。所謂心理學的範型是指按照心理學中某一比較公認的路線或觀點所採取的研究方向或研究步驟。例如，對於

某種人格特徵 (如吝嗇、慷慨) 形成的研究，心理學家可以採用某種範型來對它進行研究。心理學的範型有精神分析的、學習論的、特質論的等等。如果採用精神分析範型來研究某種人格特徵的形成，就是指用精神分析的理論觀點和研究方法 (如自由聯想，分析早期經驗資料等) 來研究這個問題。如果採用學習論的範型研究某種人格特徵的形成，就是指用學習論的理論觀點和研究方法 (例如通過可測量的刺激和可測量的行為之間的函數分析) 來研究這個問題。不論人格心理學家對人格研究採用何種範型，當代大多數心理學家對人格的研究都強調必須進行科學的研究和概括，把研究置於可測量和可驗證的基礎上。他們的研究都側重於人格的結構、人格動力、人格發展和人格適應等領域中的事實和規律，也就是說，人格心理學的研究重點是人的心理品質和行為傾向。因此，雖然心理學在研究人格的問題上與哲學、社會學、倫理學和法學等學科有密切的聯繫，但它們的研究途徑和方法以及研究的側重點則是不同的。

二、人格心理學的主要研究領域

人格心理學的主要任務一是尋求描述和解釋個別差異，即構成個體彼此不同的種種表現方式；二是綜合眾多影響個體與環境交互作用的過程，以便綜合地描述完整的人。具體地說，人格心理學的主要研究領域包括人格結構、人格動力、人格發展、人格適應以及人格評鑑和研究六個方面。

(一) 人格結構

結構這個術語是從物理學、化學中借用來的。**人格結構** (personality structure) 是人格心理學家用來解釋個別差異的假設性概念。大多數人格理論家都認為人們在心理特徵和行為傾向上存在著穩定的個別差異。但他們解釋這種個別差異所提出的人格結構的觀點並不一致。一些人格理論家用**特質** (trait) 或**類型** (type) 來解釋人們穩定的個別差異，而另一些人格理論家則用**自我** (self) 或**需要** (need) 來解釋人們穩定的個別差異。但也有的心理學家如斯肯納 (Burrhus Frederick Skinner, 1904～1990) 則完全拒絕人格結構 (如特質、類型、自我、需要等) 的概念。在他看來，人格只不過是一些反應組合而成的行為模式。不過，這種觀點現在在人格心理學中已較少受

補充討論 1-4

人格結構的五因素模型

根據人格特質形容詞建立人格結構的因素分類工作，近 10 年來已取得了長足的進展，被稱為是人格心理學中的“一場靜悄悄的革命”(Goldberg, 1992)。一系列採用特質術語的研究，無論是以這些術語進行自我描述，對它們進行語意判斷，或是應用於臨床研究，大多數結果都得出了相似的五個主要因素。表 1-3 列出的是自 1949 年至 1990 年學者們對人格的五個主要維度的命名。迪格曼 (Digman, 1990) 對這些資料進行了分析，把這五個主要維度概括為：**外傾-內傾** (extraversion-introversion)，**友善-敵意** (friendliness-hostility)，**謹慎性** (conscientiousness)，**神經質-情緒穩定性** (neuroticism-emotional stability)，**才智** (intellect)。這五個維度又分為四個層次，如圖 1-2 所示，水平 1 (即基礎水平) 是對特定情境的特定反應，稱為反應；水平 2 是對典型情境的典型反應，這種反應稱為習慣。水平 3 是指一類行為的聚合或對量表中的某特定項目的穩定反應，稱為品質或量表因素。水平 4 是 5 個廣義的人格結構。從圖 1-2 中我們可以看到人格是一個複雜的多維度多層次的結構系統。用圖示來描述人格結構，看起來很抽象。這是一種比擬的表示方式。而把人格設想為一個複雜的系統，則是當代心理學研究的一個方向。

目前人格的五因素模型仍有不少爭議。例如，這種研究結果主要是從英語國家獲得的，非英語國家的詞彙研究能否獲得相同的人格因素？為什麼人格結構是由五個維度構成的？五因素是從成人研究中獲得的，它能否用來描述兒童的人格？該模型的應用價值何在？對於這些問題，研究者目前正在探究之中。

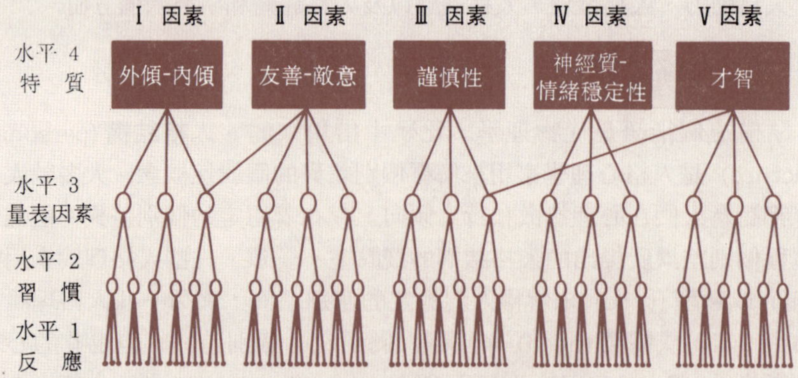

圖 1-2 人格結構的五因素模型

(採自 Digman, 1990)

表 1-3 自 1949 至 1990 年以來學者們對人格五個主要維度命名

學 者	維度 I	維度 II	維度 III	維度 IV	維度 V
非斯克 (Fiske, 1949)	社會適應性	順從性	成就願望	情緒控制	探究性才智
艾森克 (Eysenck, 1952)	外傾性	精神質		神經質	
圖普斯和克里斯特爾 (Tupes & Christal, 1961)	感情起伏	宜人性	可靠性	情緒性	文化
諾曼 (Norman, 1963)	感情起伏	宜人性	謹慎性	情緒穩定性	文化
博格大 (Borgatta, 1975)	過分自信	可愛性	工作興趣	情緒性	智力
卡特爾 (Cattell, 1957)	外傾性	友善	超我強度	焦慮	智力
吉爾福特 (Guilford, 1975)	社會活動性	偏執狂偏向	思維內傾性	情緒穩定	
楊國樞和彭邁克 (1984)	精明幹練	善良誠樸		衝動任性	智慧文雅
迪格曼 (Digman, 1988)	外傾性	順從朋友	成就願望	神經症	才智
霍根 (Hogan, 1986)	好交和野心	可愛性	智慮謹慎	適應性	智慧
麥克雷和科斯塔 (McCrae & Casta, 1987)	外傾性	宜人性	謹慎性	神經質	開放性
皮博迪和戈登堡 (Peabody & Goldberg, 1989)	權力	愛	工作	感情	才智
巴斯和普洛明 (Buss & Plomin, 1984)	活動性	社會能力	易衝動性	情緒性	
特爾根 (Tellegen, 1985)	積極情緒		拘束	消極情緒	
洛爾 (Lorr, 1986)	人際捲入	社會化水平	自我控制	情緒穩定	獨立性
約翰 (John, 1990)	外傾	愉快、利他	公正克制拘謹	神經質	率直創造性思路新
戈德堡 (Goldberg, 1990)	外傾性	宜人性	謹慎性	情緒穩定性	才智

(採自 John, 1990；Digman, 1990 等資料綜合)

到注意。

人格結構的性質怎樣？它由什麼要素構成？人格結構是否包含諸種要素？諸要素是怎樣組織的？是否有某些要素高於 (或控制著) 其他的要素？這些問題是人格心理學的一個研究領域，也是人格理論的一個重要內容。人格理論家對人格結構的闡述，見解不一。**人格的五因素模型** (five-factor model of personality) 是近年來為不少學者所推崇的一種人格結構理論。從該理論 (詳見補充討論 1-4) 中，我們可以看出人格理論家是怎麼理解和使用人格結構這一術語的。

(二) 人格動力

人是積極能動的主體，從事著各種各樣的活動。是什麼力量促使人去從事各種各樣的活動？人格動力就是要解答這個問題的。所謂**人格動力** (personality dynamic) 係指個體特徵性行為的內在原因。一些人格理論家認為人的一切行為，包括社會行為，都是由內在的本能衝動所驅動；另一些人格理論家認為人格動力源於有機體的**驅力降低** (drive reduction)；還有人格理論家把人格動力歸於**自我效能** (self-efficacy)，即個人對自己從事某種工作所具有的能力及對該工作可能達成的一種主觀評價。早期的理論家曾推崇人格動力的**驅力降低說 (或驅力減降論)** (drive-reduction theory)，認為生理缺失 (需要) 促使有機體產生某種恢復體內平衡的緊張驅力，而驅力的降低則表示個體的需要獲得了滿足。後來，人們又發現，在生理需要獲得滿足之後，人們還有尋求刺激、追求好奇的需要。感覺剝奪的研究表明，在沒有任何刺激的情況下人是難以忍受的。動物的研究也表明，猴子會解決複雜的問題而無需給予外部的獎賞；引入外部獎賞反而會降低其作業成績。根據這些研究，懷特 (White, 1959) 提出一個概念叫**能力動機** (competence motivation)。他認為能力動機是一種重要的人格動力。所謂能力動機是指個人能勝任某項工作的動機。此種觀點稱為**能力動機理論** (competence motivation theory)。有人可能會問：人格動力是用驅力降減理論還是用能力動機理論來解釋好呢？抑或是將這兩種理論綜合起來解釋好呢？看來，這種提法是不恰當的。因為人類的行為動機是十分複雜多樣的，除了上述提到的之外，還有哪些人格動力機制呢？人格動力是怎樣形成的？其表現形式如何？這些問題構成了人格心理學研究的第二個領域。

一些人格理論家用**人格過程** (personality process) 來代替人格動力這一術語。其用意一是與弗洛伊德的動力心理學相區別；二是與人格結構相區別。人格過程是動態性的，而人格結構是穩定性的。不過，近年來，人格過程這個術語所包含的內容又擴大了，除了通常所說的動機外，有的心理學家還把智力、焦慮、攻擊行為、利他行為、自覺控制力、性別角色化等都包含在內 (Phares, 1991)。因此，人格過程也是人格心理學的研究領域。

(三) 人格發展

人格發展 (personality development) 是指個體自出生至老年死亡的整個生命全程中人格特徵的表現，隨著年齡和習得經驗增加逐漸改變的過程。一些理論家認為人格是人生而俱有的；另一些理論家認為人格有一個形成和發展的過程；還有的理論家則認為人格是由嬰幼兒時期的早期經驗決定的。對人格發展的研究是與對人格結構、人格動力的研究相聯繫的。因為研究人格的發展必然要涉及從嬰兒到成人人格結構、人格動力的變化。在上一節中我們已經討論過，人格的發展是由遺傳和環境的許多因素交互作用的結果。有一種觀點認為，遺傳規定了人格特徵發展變化的範圍；在這個範圍內，人格特徵是由環境因素所決定的。例如精神分裂症發病情況研究表明，兩人遺傳基因越相似，其發病的可能性越大；文化背景與該病的外顯症狀有顯著相關；就家庭因素而言，一些證據表明，生活在權威的母親、被動的父親以及家庭成員衝突不斷、對孩子的要求不一致家庭中的兒童易患精神分裂症。對於人格發展，有兩種研究取向，一種是**著重變量的研究** (variable-centered approach) 另一種是**著重個人的研究** (person-centered approach)。前者是在不同的時間測量同一變量或特徵，比較跨時間的測量分數，以考察這一變量或特徵的變化情況；後者是在不同的時間測量個體不同的行為特徵，比較各種行為特徵跨時間的測量分數，以考察這一個體**人格剖析圖** (personality profile) 的變化情況。人格是如何發展的？發展是否有階段性？如果有階段性那麼經歷哪些階段？遺傳和環境如何具體的交互作用從而產生各種人格特徵的？嬰幼兒時期的經驗對人格的發展有何意義？等等，這些問題構成了人格心理學的第三個研究領域。

(四) 人格適應

人格適應 (personality adjustment) 是指個體與其生活環境保持和諧狀態所表現出來的行為反應。人類能夠通過對環境採取主動的改造而與其環境相適應。因此，人格適應與動植物對環境的被動順應 (adaptation) 具有本質的區別。個人與環境保持和諧狀態，心情愉快，情緒積極有助於形成健康人格；而不能與環境保持和諧狀態則表現為**適應障礙** (adjustment disorder)。適應障礙可能是暫時性的，也可能是持久性。持久性的適應障礙屬於**人格障礙** (personality disorder)。人格障礙表現形式不一，其顯著特點是行為怪癖異常，對工作環境與人際關係均難適應，但又無明顯的精神症狀。人格障礙往往給周圍的人們和患者自己帶來痛苦和不幸。人格心理學家不僅研究適應良好的正常人格，而且研究適應不良的人格，研究心理疾病的形成並從事診治工作。人們都希望過幸福的生活，都希望與自己的生活環境保持和諧狀態，也都希望有一個適應良好的人格。那麼，人格適應的本質是什麼？怎樣才能有適應良好的人格？心理疾病是如何形成的？採用哪些方法來治療心理疾病？等等，這些問題構成了人格心理學的第四個研究領域。

(五) 人格評鑑和研究

人格心理學家究竟是從哪些方面來獲取信息使他們能夠對一個人的人格特徵進行描述和解釋的呢？這就需要用各種測量方法來搜集資料。**人格評鑑** (personality assessment) 可以採用多種方法，如自陳測驗、投射測驗、行為評鑑等 (見第二章第三節)。沒有研究，就無法確定我們對某個人格課題的了解程度。大多數人格心理學家都主張探討人格問題應進行實證研究，以擺脱描述和思辯的困境。但也有不少人格心理學家認為用實驗法研究人格是不合適的，對人格的研究應尋求不同資料來源和研究取向。從現已發表的許多人格研究報告來看，有實驗的，有非實驗的；有採用一種方法的，有綜合幾種方法的；有只對個人進行幾分鐘的測驗，也有長達數年、數十年的追踪研究等等。除了已有的評鑑技術和研究方法外，尋求新的評鑑技術和研究方法，是人格領域的極重要課題。人格評鑑和人格研究是人格心理學研究的兩個重要領域。這兩個領域的研究進展對人格心理學的科學化起著十分重要的作用。這個問題我們將在第二章中詳細加以討論。

上述六個領域的研究，既是理論探討，也能廣泛地應用於我們的工作和生活之中。因此，人格絕不是一個“象牙塔”裏的概念，人格心理學的研究成果不僅具有重要的理論意義而且具有重要的應用價值，對人們的生活實踐產生巨大的影響。

三、人格心理學的應用方面

人格心理學是心理學的基礎學科之一，但它也可以應用於人們的社會生活的許多方面。概括地講，人格心理學的應用方面有二：一是評鑑和預測，二是完善個人的人格。

(一) 評鑑和預測

由於人格心理學家力求以科學研究的程序來研究人格，其理論觀點具有可測量性和可驗證性。人格心理學的研究成果能應用於對一個人的人格評鑑和預測。例如，在人事決策過程中對員工甄選預測，人格評鑑就頗有幫助。管理人員的作用常常與他人打交道，或通過他人來發現問題和解決問題，因此一定程度的外傾性格對管理成功是十分必要的。而極端內傾性格者則不適合於擔任管理工作。利用**艾森克人格問卷** (Eysenck Personality Questionnaire) 就可以作這方面的甄選。人格測驗對員工甄選上的另一項重大貢獻是測出情緒不穩定、行為適應不良、態度傾向偏頗等現象，以免他們危害企業或公司的安全與發展。使用如**明尼蘇達多相人格問卷** (見第七章第二節)、**貝爾適應量表** (Bell Adjustment Inventory)、**瑟斯頓氣質量表** (Thurstone Temperament Schedule)、**司氏職業興趣量表** (Strong Vocational Interest Blank，簡稱 SVIB)、價值觀問卷 (見第七章第二節)、態度量表等，可以進行這方面的甄選和預測，從而做到人適其職，職得其人，人盡其才，才盡其用。

在臨床和諮詢工作中，人格心理學的研究成果對疾病的防治亦頗有應用價值，例如，人格與疾病關係的研究表明，**癌症傾向人格** (cancer prone personality) 中的“喪失-抑鬱-無望”特質是導致癌症的危險因子；**冠心病傾向人格** (CHD-prone personality) 中的敵意、憤怒和攻擊特質是導致冠心病的危險因子 (見第十六章第四節)。這就可以為醫生和研究者找出高危險人群，為研究提供信息。

在教育工作中，人格心理學的研究成果將有助於教師對學生進行因材施教，進行個別指導，使他們學會為人處世，發展其健康人格。例如，懷特利(朱深潮等譯，1993) 曾連續多年對美國加州大學歐文分校的大學生的人格發展和人格教育做過系統研究，專門用一幢學生宿舍樓招收男女學生進行實驗，對這些學生開設按照人格理論而設計出的一系列課程 (例如為了發展集體意識，發展討論衝突價值和觀點的技能和學會取得成功的技能，而安排了生存技能、集體建設、解決衝突、同理心和社會觀確立等單元的課程)，有一系列相應的教育活動 (例如由高年級學生承擔授課，做社會模擬遊戲，並對社會模擬遊戲進行評價和討論等)，並定期進行專項 (例如對學生的焦慮、人際關係特點、解決衝突的技能、成就動機等) 測試，再根據這些專項測試信息進行有針對性的教育訓練。這種綜合性的養成教育取得了較好的成效。

(二) 完善個人的人格

有關人格的知識有助人們自我修養，完善個人的人格，例如，清代林則徐認識到自己有時發怒會影響工作和人際關係，就在堂上寫著“制怒”兩字以控制情緒，加強自我修養。

人格心理學的知識還有助於人們對受挫折後的情緒調節。人生逆境，十之八九。小到在公共汽車上自己的腳被人踩了一下，有事打不通電話，大到不善於交際，找不到知心朋友，乃至高考落榜，招工無名，情場失意，家庭變故，事業失敗，病魔纏身等等，這各種挫折會使人產生焦慮、憂鬱、壓抑、沮喪等負面情緒，從而使學習和工作效率降低，甚至引起身心疾病，導致行為失常。人格心理學的知識將告訴人們心理健康標準、心理障礙的根源，如何對待挫折、保持心理健康，如何擺脱事業上的困境，如何發展獨立和完善的自我、提高生活質量等等。

本章摘要

1. **人格**一詞有多種含義，多種定義。在心理學上，人格是指個體在行為上的內部傾向，它表現為個體適應環境時在智力、情緒、需要、興趣、態度、價值觀、氣質、性格和體質等方面的整合，是具有動力一致性和連續性的自我，是個體在社會化過程中形成個人特色的心身組織。
2. 整體性，穩定性，獨特性和社會性是人格的基本特徵。
3. **人格的整體性**是指人格雖然有多種成分和特質，但它們並非孤立地存在，而是密切聯繫，整合成一個有機的組織。
4. **人格的穩定性**包含兩層意思：一是指人格特質跨時間的持續性，一是指人格特質跨情境的一致性。當然，人格也是發展變化的。人格的變化有兩種情況：一是表現方式發生變化但深層的內在特性卻沒有變化；二是深層的內在特性發生了變化。
5. **人格的獨特性**是指人與人之間在心理和行為傾向上各不相同。強調人格的獨特性並不排斥人們在心理和行為上的共同性。
6. **人格的社會性**是指社會化把人類的嬰兒變成社會的成員。人格是社會的人所特有的。
7. **個性**是指人格的獨特性。**氣質**是個人生來就有的心理活動的動力特徵，是人格發展的基礎。**性格**即品格，是指個人的品行和風格，是後天形成的。個性、氣質和性格雖與人格有聯繫，但不等同於人格。
9. **染色體**和**基因**是決定個體遺傳的基本物質。除同卵孿生子具有相同的染色體和基因，其遺傳基礎相同外；任何兩個個體的遺傳基礎均不相同，個體差異均有其遺傳基礎。
10. 一個人的性別差異是由**性染色體**決定的。受孕時如果精子和卵子結合形成帶 XY 的受精卵便發育成男性；如果 X 精子和 X 卵子結合形成帶 XX 的受精卵便發育成女性。性別畸型均由於染色體異常所致。
11. 研究遺傳對人格的影響有兩種研究取向：**遺傳中心研究**和**特質中心研究**。一般認為，遺傳因素的重要性因人格特質的不同而異。例如氣質、能力等特質，受遺傳的影響較大；而價值觀、信念等特質，受遺傳的影響甚小。

12. 神經系統的特點是人格的生物學基礎。機體內的生物化學物質也會對人格產生影響。而膚色、臉型、身高、體重等外貌特徵對人格的影響則是依社會評價和個人如何對待自己的這些身體特點而定的。

13. 人格的發展離不開個體的生存環境。個體的胎內環境、家庭環境、學校教育、社會階層和社會文化背景都會對人格的發展產生深刻的影響。

14. 個體人對環境的影響不是消極被動地接受，而是積極能動地反作用於環境。人格是個體與環境交互作用的結果；主要的交互作用方式有：**反應的交互作用**、**喚起的交互作用**和**超前的交互作用**。

15. 人格心理學是以心理學的範型來研究人格結構、人格過程 (動力)、人格發展和人格適應等領域中的事實和規律的一個心理學分支學科。人格心理學與哲學、社會學、倫理學和法學等學科雖然都研究人格，但側重點卻有所不同。

16. **人格結構**是人格理論家用來解釋個別差異的假設性的概念，所描述的是個體內在的穩定的人格層面。

17. **人格動力**係指個體特徵性行為產生的內在原因。一些人格理論家用**人格過程**這一術語來概括人格動力機制方面的內容。

18. **人格發展**是指個體自出生至衰老死亡整個生命全程中人格特徵的表現，隨著年齡和習得經驗的增加而逐漸改變的過程。

19. **人格適應**是指個體與其生活環境保持和諧狀態所表現出來的行為反應。人格適應與動植物對環境的被動順應有本質的區別。

20. 人格心理學的主要研究領域包括**人格結構**、**人格過程**、**人格發展**、**人格適應**以及**人格研究**和**人格評鑑**六個方面。這些研究既是理論探討，也有廣泛的應用價值。

21. 人格研究的應用前景包括兩個方面：一是評鑑和預測，二是完善個人的人格。

建議參考資料

1. 余 昭 (1981)：人格心理學。台北市：三民書局。
2. 高玉祥 (1989)：個性心理學。北京市：北京師範大學出版社。
3. 高覺敷 (主編) (1995)：西方心理學史論。合肥市：安徽教育出版社。
4. 陳仲庚、張雨新 (編著) (1986)：人格心理學。瀋陽市：遼寧人民出版社。
5. 黃希庭 (1991)：心理學導論。北京市：人民教育出版社。
6. 張春興 (1991)：現代心理學。台北市：東華書局 (繁體字版)。上海市：上海人民出版社 (1994) (簡體字版)。
7. Aiken, L. R. (1993). *Personality: Theories, research, and applications.* Englewood Cliffs, Prentice-Hall.
8. Allport, G.W. (1937). *Personality: A psychological interpretation.* New York: Holt.
9. Magnusson, D. (1990). Personality development form an interactional perspective. In L.A. Pervin (Ed.), *Handbook of personality: Theory and research,* pp.193～224. New York: The Guilford Press.
10. McCrae, R. R., & John, O. P. (1992). An introduction to the five-factor model and its applications. *Journal of Personality,* 60, 175～215.
11. Pervin, L.A. (1990). A brief history of modern personality theory. In L.A. Pervin. (Ed.), *Handbook of personality: Theory and research*, pp.3～20. New York: The Guilford Press.
12. Peterson, C. (1992). *Personality* (2nd ed). Ft Worth TX: Harcourt Brace Jovanovich.
13. Revelle, W. (1995). Personality processes. *Annual Review of Psychology,* 46, 295～329.

第二章

認識人格的途徑

本章內容細目

第一節　人格理論

一、人格理論的性質　47
二、人格理論的價值　49
三、人格理論中爭議的問題　49
　㈠ 如何看待人性
　㈡ 行為由內部決定或由外部決定
　㈢ 人格的整體性和自我概念
　㈣ 如何看待潛意識
　㈤ 時間對行為的影響
四、如何評價人格理論　53
　㈠ 人格理論與科學發展階段
　㈡ 評價人格理論的標準

第二節　人格研究

一、人格研究的重要性　55

補充討論 2-1：關於自覺控制力的研究

二、科學研究的基本程序　57
三、特殊規律研究和共同規律研究　58
四、人格研究方法　59
　㈠ 觀察法
　㈡ 個案研究法
　㈢ 實驗法
　㈣ 相關法
　㈤ 單個被試研究

第三節　人格評鑑

一、人格評鑑概述　66
　㈠ 何謂人格評鑑
　㈡ 人格評鑑的困難
二、信度和效度　68
　㈠ 信　度
　㈡ 效　度
三、人格評鑑方法　70
　㈠ 晤　談
　㈡ 自陳量表
　㈢ 投射測驗
　㈣ 行為評鑑
　㈤ 心理生理學技術
　㈥ 隱測量

本章摘要

建議參考資料

人格心理學的研究目標是綜合地描述完整的人，描述和解釋人的個別差異，即構成個體彼此不同的種種表現方式。以完整的人作為研究目標是很有價值的。但是，實際做起來卻困難重重。因為完整的人有許多特性，我們往往只看到其中的某種或某些特性，哪些特性是主要的？哪些特性是次要的？如何進行綜合？要正確地把握複雜的人格，做起來十分困難。心理學家們一直在尋求能夠充分認識人格的有效途徑。認識人格的途徑便是人格的理論、研究和評鑑。

人格理論是心理學家們對人的一些看法。但他們的看法並不一致，分歧很多，提出了各種陳述來描述和解釋人格結構、人格動力、人格發展、人格適應等問題。在這些描述和解釋中，人格理論必然要闡述某些現象之間的關係。所闡述的各種現象之間的關係也並不都是以事實為依據的，有的以一定的事實為依據，有的甚至完全缺乏事實依據。人格研究就是運用收集到的事實資料來分析有關現象，並採用**研究設計** (research design) 來決定現象之間的關係是否確實存在。而人格評鑑也就是以一定的步驟來搜集有關個人資料的方法。因此，人格理論、人格研究和人格評鑑是密切聯繫的、三位一體的，是我們認識人格的途徑。顯然，理論如果沒有研究，那必定流於臆測；而只作研究，不建立理論，或沒有以一定的理論作指導，那也只是無意義地搜集資料，成了資料的堆積。本章將討論人格理論、人格研究、人格評鑑三者之間的關係。

本章的主要內容是：

1. 人格理論是一種什麼性質的理論。
2. 哪些爭議的問題困擾著人格研究的進展。
3. 人格理論與人格研究有什麼關係。
4. 什麼是科學研究的基本程序。
5. 人格領域中的特殊規律研究和共同規律研究的側重點何在。
6. 可以用哪些方法來研究人格，它們各具有哪些優缺點。
7. 什麼叫人格評鑑，為什麼說人格評鑑是很困難的。
8. 什麼是測驗的信度和效度，如何檢驗測驗的信度和效度。
9. 有哪些評鑑人格的方法。

第一節　人格理論

從弗洛伊德 (Freud, 1915) 發表〈潛意識〉一文至今，心理學家提出了許多人格理論。人格理論是一種什麼性質的理論？其價值何在？人格理論中有哪些頗具爭議的問題？如何評價人格理論？在這一節裏我們將討論這些問題。

一、人格理論的性質

初次接觸人格心理學的學生，常常感到迷惑不解，為什麼人格竟然可以用這麼多的方式來描述？難道不能用一種正確的方法來進行闡述嗎？要回答這個問題，還是讓我們先看看下面這個例子：

> 假設有三個人：房地產商人、農夫和藝術家。他們在一個小山頭上看著腳下未開墾的土地。對於房地產商人來說，這片景色預示著發展一個新的房地產計畫的機會。對於農夫來說，這片景色暗示著獲得可耕地生產糧食的機會。對於藝術家來說，這片景色正是自然美的體現。在下山的路上，房地產商人會詢問土地的價格，市政公共事業中心在何處以及建築工人的提供情況等等。農夫則會把土地樣品帶回去檢驗。藝術家則取出畫架，回到山頂開始作畫。這三個人都"看到"同樣的東西，然而每一個人卻按照個人的參照系進行反應，按照對自己的意義體驗做出反應。(Shoben, 1954, pp.42～43)

人們對人或物的理解是受其經驗、興趣、期望和目的所制約的。人格心理學同房地產商人、農夫和藝術家一樣都是如此。以三位著名的人格心理學家弗洛伊德 (Sigmund Freud, 1856～1939)、羅杰斯 (Carl Ransom Rogers, 1902～1987) 和斯肯納 (Burrhus Frederick Skinner, 1904～1990) 為例，他們都在人格領域探索並以其自己的方式作出貢獻，但他們的理論卻截然不同。弗洛伊德把人看成是受性和攻擊衝動支配的，而這些衝動總要竭力表現出來。羅杰斯則認為人的內心有自我提升和成長的需要。斯肯納卻認為從人們對獎懲的反應來看，人與動物其實沒有什麼區別。如果我們再考察一下這三位理論家的個人背景和所研究的對象，就不難理解其理論對立的原因。弗洛伊德的工作開展於 19 世紀晚期，其研究對象是奧地利社會禁欲主義所引起的精神病患者，在他所接受的教育中特別強調本能對行為的控制作用。羅杰斯的研究對象不是嚴重的精神病患者而是年輕的大學生，他們有知識，生活對他們來說還剛剛開始。而斯肯納則是在嚴密控制的實驗條件下用動物進行實驗的。因此，從某種意義上來說，這三位心理學家的人格理論也就是他們的個人背景、經驗和研究目的的產物。

人格理論 (theories of personality) 是人格心理學家用來描述或解釋人的心理和行為的一套假設系統或參考框架。由於人的心理和行為的複雜性以及人格心理學家對人看法的不同，因而便產生了各不相同的人格理論。這與每個人對他人的看法有某些類似性。在日常生活中，每個人經常對他人的人格特徵進行判斷或把他人看成什麼樣的人做出假設。例如有人以為三角眼的人奸詐，或者說矮子聰明，也有人以為漂亮的人是不可靠的。這類想法被稱為**內隱人格理論** (implicit personality theory)。內隱人格理論並非依據他人的外顯特質的分類也不是以某種人格理論所進行的有意識推論，而是不知不覺所形成的印象。它有助於我們理解這個世界。但這類對他人的印象通常是很片面的、表面的。

雖說心理學家的人格理論與普通人的內隱人格理論有某些相似性，但心理學家的人格理論畢竟是一套用來描述或解釋人類心理和行為的假設系統而不是某一個別的觀念。它與內隱人格理論的區別主要表現在以下三個方面：它力求對人類的大部分行為做出一致性的解釋，對不同的行為做出恰當的說明；它不僅想要說明一個人現時的或過去的行為，而且還力求預測其未來；它不僅停留於推測，而且力求以實證資料加以檢驗，禁得起實踐的驗證。而每一個人的內隱人格理論的知識則是混亂的、直覺的、很難解釋的。

當然，並不是人格心理學中的各種人格理論在上述三方面的性質是完全相同的。例如有的人格理論的一套假設很有系統性，而有的人格理論的一些假設卻相當隨便，看起來像一堆聲明的鬆散組合。有的人格理論概括了不少實證資料，而有的人格理論則很少，甚至完全不以實證資料而建立。因此，人格理論也就是人格心理學家對人的看法的一套尚需證實的假設系統。

二、人格理論的價值

儘管人格理論是人格理論家用來描述和解釋人的心理特徵和行為傾向的一套假設系統，但它們仍具有相當的價值。

首先，人格理論有助於人們之間的溝通。雖然每個人都有其內隱的人格理論，但這些知識畢竟是零散、不系統和難以解釋的，只有當事人明白。而人格心理學中的人格理論，其假設、主張和推論是相當系統化和有組織的，其理論含義是清楚的，因而便於人們就每種人格理論進行交流和討論。

其次，人格理論為我們了解人類的行為提供了某種解釋框架。各種人格理論實際上是從各種不同的側面和水平，例如從生物學的角度，從外部獎勵和懲罰的角度，從認知的角度等，對人格現象提出的描述和解釋，力求回答某種人格現象的“什麼”、“為什麼”、“怎樣”的問題。雖然這些描述和解釋都有其局限性，但仍不失為了解人類行為的解釋框架。

最後，人格理論可為我們擴展知識。人格心理學家發展人格理論的一個目的是預測在某種情況下人的行為。例如，根據測驗得知某人屬於外傾型，那麼據此可以預測此人在車站候車室或在娛樂場所一定是喜歡言談，善交際的。預測是對新事實的提示，是指向未知的。雖然不少人格理論陳述空泛，**預測效度** (predictive validity) 低，但是一個好的人格理論卻能為我們探索未知提供思路和研究假說，從而有助於擴展或加深我們對人格的認識。

三、人格理論中爭議的問題

人為萬物之靈。人格心理學家以發展理論來解釋和預測人的心理品質和行為，必然會遇到一些棘手的問題。在人格理論中，人格心理學家經常遇到一些頗具爭議的問題。如何解決這些問題將決定人格理論的性質。因此，在討論人格理論時，必須牢記這些爭議的問題，並以此來考察人格心理學家是否關注這些問題以及如何加以解決的。

(一) 如何看待人性

所有的人格理論，都會探討應如何看待人性這個基本的哲學觀念。人是由本能驅動的動物還是社會性的人？人對自己的行為是隨心所欲的還是由某種已知的、未知的原因或力量所激起的？人的行為是簡單的機械式的還是複雜的具有動力性的？人是有理性的個體還是受非理性力量所支配的？人像機器那樣對外界刺激進行自動反應還是像計算機那樣進行信息加工？抑或什麼都不像，人不能與機器或計算機相類比？上述觀點在人格理論中各有表現，至今仍在爭論。

那麼，為什麼人格理論都無一例外地要從不同的側面涉及人性這個問題呢？首先是因為人格心理學的研究對象是人，試圖對人的行為進行解釋和預測的理論不可能不涉及人的本性。其次，人格理論是由不同的哲學觀念的心理學家發展出來的。如前所述，他們有不同的生活經歷，受不同的文化傳統薰陶。因此，除了科學證據和事實以外，人格理論都會受到理論家的個人經驗、**時代精神** (Zeitgeist) 及其所持的哲學觀點的影響。雖然，理論是依據了觀察到的資料的；但各個理論家卻總是憑著自己的觀點和經歷，有選擇地強調某種觀察資料，並超出事實加以概括的。因而從某種意義上講，人格理論就是人格理論家在闡述他自己。這樣說也不無道理。從內省的角度來看，人格理論家分析自己的人格也無可厚非。但是，作為一種理論，如果把個人的經驗變得比實證材料還重要，那就有失客觀了。

影響人格理論的，除人格理論家的個人因素外，時代精神的影響也不可低估。在心理學研究的各分支學科中往往在一個時期內強調一種理論觀點，例如在人格研究中有一個時期強調人格的生物學基礎 (內驅力、需要) 的重要性，最近一個時期又強調認知的重要性。這種時代精神也反映到人格理論中來。不同時期的人格理論家所收集的資料，所強調的實證材料，甚至研究路線也都受到時代精神的影響而有所不同。

(二) 行爲由內部決定或由外部決定

行為是由內部決定的還是由外部決定的？人格理論家對這個問題的答案是不同的。例如，弗洛伊德的理論認為人是受不可知的內部因素控制的；斯肯納則認為“個人不作用於世界，而是世界作用於人”(Skinner, 1971, p. 211)。弗洛伊德旳理論認為有機體是主動的並對行為負責的；斯肯納的理論則認為有機體是由環境事件所控制的被動的犧牲品。弗洛伊德的理論主張我們應當集中注意於個人的內部事件上；斯肯納的理論卻認為這種努力是徒勞的，我們應當明智地將注意集中於環境變量上。弗洛伊德的理論和斯肯納的理論代表著對這個問題回答的兩個極端。而大多數心理學家則在這兩個極端間權衡。有時重視這個答案，有時又重視另一個答案。例如 20 世紀 40 年代，有的心理學家反對當時盛行的高估內部因素而低估外部因素的重要性。到了 70 年代，有的心理學家則高喊"人格研究中的人到哪裏去了？"(Carlson, 1971)。這個問題依然是：行為是由內部決定的還是由外部決定的？

該問題的另一種提法是，人格特徵是由**遺傳** (heredity) 決定的還是由環境決定的。一些理論主張人格特徵取決於遺傳，強調用**遺傳特徵** (heredity trait)、**體格** (body build) 或**生理結構** (biological structure) 來解釋人格特徵；另一些理論則認為人格特徵是由於環境影響而形成的，是人在社會中學會的反應的總和。現在上述提法已經過時。大多數心理學家都承認，人格特徵是遺傳與環境交互作用的結果，但爭論並沒有結束。遺傳的哪些方面與環境的哪些方面交互作用以及如何交互作用才產生某種人格特徵的呢？這些問題現在仍在探討之中。因此，在考察各種人格理論時我們仍然要關注這個問題。

(三)　人格的整體性和自我概念

大多數心理學家都贊同，人類的行為不僅是特定部分運作的結果，而且也是與其他部分相互聯繫、協調一致的結果。人的種種心理機能是以協調的方式與其他的心理機能聯繫起來進行活動的。人格是個人的心理和行為的綜合整體。如果一個人的心理和行為變得無組織和非一體化，我們就會懷疑這個人的精神是有問題了。那麼是什麼原因使人格具有整體性的呢？或者說，人的行為的整合作用是如何產生的呢？為了回答這個問題，心理學家常常運用"自我"這個概念。對於自我這個概念，有些人格理論十分重視，而另一些人格理論則根本不予以考慮。

自我 (self) 之所以被強調，從歷史上來看，大致有三方面的原因：(1) 我們對自己的認知是我們的主觀經驗的一個重要方面；(2) 不少研究表明，在許多情境下人的行為是受其自我感受所影響的；(3) 自我這個概念能用來解釋人格的組織和綜合的功能。在心理學史上，是否有必要運用自我這個概念曾經歷過激烈的論爭。在一個時期，由於沒有運用自我這個概念，使得心理學家無法解釋人格的綜合性、組織性和統一性。例如，行為主義心理學家否認自我，因而他們就無法將人作為一個整體來研究。他們之所以拒絕這個概念，是因為他們無法理解人的行為怎麼是由一個奇怪的內部的自我來控制的。其實，如果沒有自我這個概念，那麼理論家們也必然會發展出其他的概念或原理來表達人類行為的一致性、綜合性和目標指向性的。

現在，自我這個概念已被運用於人格心理學中，並用這個概念來解釋人格的整體性。但是，自我怎樣使人格具有整體性的呢？其機制又是什麼？這些問題仍然困擾著人格心理學家。

(四) 如何看待潛意識

除行為主義心理學家之外，大多數的其他心理學家都贊同人有不同的意識狀態。藥物的作用、對**入靜** (samadhi)、**冥思** (meditation) 的興趣，提高了人格心理學家對不同的意識狀態的關注。但是，不少心理學家都對弗洛伊德的**潛意識** (**或無意識**) (unconscious) 理論反感，認為潛意識不能進行實證研究，像弗洛伊德那樣用潛意識來解釋人類的各種行為是難以令人信服的。那麼，我們又怎樣解釋如夢、口誤、筆誤以及在某種情況下不能憶起往事等現象呢？這些都是相關的現象還是不同的現象？除了用潛意識來解釋之外是否可以用別的來解釋呢？這個有異議的問題不僅與人格理論有關而且還與人格評鑑技術有關。如果人的行為是由潛意識動機驅使的，那麼被試的自陳報告到底有多大的可信性？我們能否避開自我防衛來測量被試的潛意識動機等等。這些問題也困擾著人格心理學家。

(五) 時間對行爲的影響

時間如行雲流水，永遠不會停歇。從過去經現在，直指未來，一去不復返。時間無處不在，無事不在，它對人類行為的影響不可低估。在時間維度上，人們對過去、現在和未來的關心程度是不同的，因而也就表現出不同的人格特徵。同樣，人格理論家也因為他們是把過去還是現在或者是將來，看作是行為的決定因素而不同，其理論取向也不同。精神分析理論家強調人的過去，強調早期經驗對行為的決定作用，這是一個極端。認知理論強調個體對未來的計畫，這是另一個極端。行為主義者推崇獎懲的作用，強調現在因素對行為的決定作用。在這個頗具異議的問題上，人格理論家能否把自己的觀點與現實生活中的人在對待時間問題上的態度統一起來呢？

四、如何評價人格理論

對於人格理論的評價，我們應把人格理論在科學發展史的地位和對人格理論的評價標準結合起來加以考慮。

(一)　人格理論與科學發展階段

從科學發展史的角度來考察人格理論將會加深我們對人格理論的性質的理解。當代科學哲學家庫恩 (Kuhn, 1962) 認為，科學的發展經歷三個截然不同的階段：早期發展階段、**規範科學** (normative science) 階段、科學進化時期。在早期發展階段，科學活動的特徵是：對自然界持有不同觀點的許多學派，森嚴壁壘，不斷競爭；每一個學派都相信科學和觀察的作用。但事實上，各學派的差異不在於對科學方法的忠誠程度而在於不同的世界觀和科學實踐方法。在早期發展階段，沒有系統的資料和一致的信念；各學派都從它自己的基礎上建立起新的領域並且選擇有利於本學派的觀察和實驗資料；收集的資料是隨機的，很少有知識的系統積累；沒有一致公認的**範型** (或**範式**) (paradigm)。

規範科學階段開始於對一種範型的接受並以明確的科學成就為基礎。在這一階段，一個公認的範型被普遍地接受，它確定了需要研究解決的問題領域和進行研究的方法；研究領域更嚴格，研究更集中，觀察更受限制，積累的知識也更多。所獲得的每一點知識都為今後的知識積累奠定基礎。在這一時期，學派對立和相互競爭的局面結束了，科學家們都按照一種範型從事科學研究。

但是，没有任何一個範型是能夠解釋所有事實的。在規範科學階段還會存在一些與範型不相符合的觀察結果。這些觀察結果或“異常資料”會危及傳統。當一個範型受到另一個新範型的挑戰時，就會產生不同的學派，出現科學危機。這時便會爆發一場科學革命，最後新的範型成為主導思想，並指導下一時代的科學研究，這就是科學進化時期。哥白尼 (Nicolaus Copernicus, 1473～1543) 時代的物理學屬於早期發展階段。牛頓 (Sir Isaac Newton, 1642～1727) 時代的物理學，其範型是經典力學原理和經典的時間、空間觀念。到了愛因斯坦 (Albert Einstein, 1879～1955) 時代，經典的時空觀念又為相對論的範型所取代。

今天，在人格研究領域，心理學家對待一些重大問題(例如，什麼是人格，如何看待人性，什麼是行為的決定因素等)上仍然意見分歧，導致各學派對立。這種學派紛爭的局面，也不可能由辯論或實證證據增多而很快消除。人格心理學不屬於規範科學，而是處於科學的早期發展階段(荊其誠，1990)。如果這種論斷是正確的，那麼我們就不應當為人格理論家的種種分歧意見而感到驚異。應當說，人格研究的不同範型都有可能對該領域的發展做出自己的貢獻。

(二) 評價人格理論的標準

在人格心理學中，有許多理論。那麼，哪一個或哪一些理論較好些呢？綜合許多人格心理學家的意見，評價人格理論的主要標準是：

1. **重要性** 即能夠處理重要的、範圍較廣的事件，而不只限於處理範圍狹小的事件。
2. **簡潔性** 即儘可能用較少的假設 (或概念) 來解釋人格，也不過分依靠比喻。
3. **可操作性** 即利用可觀察和可度量的形式去敘述有關人格的概念，使這些概念能夠被操縱、控制和檢驗。
4. **激發性** 即能夠激起研究者的熱情、興趣和激情去從事人格研究。

人格理論對於我們理解和解釋人類行為是十分重要的。但是，目前的人格理論存在的問題較多，關鍵是理論家們對人性的理解分歧甚大。人性確實是很複雜的。下面是克雷克和克瑞奇菲爾德的一段話：

> 事實上，人既是生物學上的動物也是社會的產物，既是命運的主宰者也是命運的奴隸，既是理性的也是非理性的，既是驅動者也是被驅動者。只有將每一方面的行爲放在它適當的位置上，人的行爲才得以完全解釋清楚。在構成宇宙的一切動態物質系統中，人是最複雜的。(Krech & Crutchfield, 1958, p.272)

對於已經提出的理論，我們可以對它們進行批判，也可以將它們拋棄一邊而潛心於具體問題的研究，正如許多心理學家正在做的那樣。但不論怎樣做，對人格的研究必然要涉及對人性的看法，即便是研究具體的問題，在最後的分析階段，理論還是必需的，而且一個好的人格理論將得到進一步的發展。因此我們評價理論的目的不是在這些理論之間作非此即彼的選擇，而是吸取它們當中的合理的因素進一步導出對許多問題的嚴謹的科學研究。

第二節　人格研究

在上一節中我們討論了人格理論的性質，它所爭論的問題以及如何評價人格理論。但是如果人格理論沒有人格研究的支撐，那麼這種理論便只是一種玄想。在這一節裏，我們將討論研究的重要性，科學研究的基本程序，人格的特殊規律研究和共同規律研究以及幾種主要的人格研究方法。

一、人格研究的重要性

所謂**研究** (research) 是為了探索迄今為止人類對該門學科中尚未掌握的知識，是對現今思想和行動所依據的理論和原理進行檢驗的一種活動。人格理論和人格研究是密切聯繫的。研究不僅有助於我們發展和修正已經提出的理論，而且也檢驗著理論的相對有效性。人格理論是心理學家對人格的結構、過程、發展、適應等問題的描述和解釋。這些描述和解釋帶有假設的性質，它們是否符合客觀實際，只有通過研究才能確定。從這個意義上來講，理論既是啟發研究者進行研究的思路而且也有助於研究者對研究中搜集到的各種事實資料整理成有意義的形式。理論如果沒有研究作基礎，則這種理論是空洞的、思辯的；而如果僅僅進行研究而不建立理論，那研究便限於搜集零散的事實而已。

在人格領域中，研究將使我們擺脱純思辯的爭論和對權威的迷信。事實

補充討論 2-1

關於自覺控制力的研究

為了保持對環境的**自覺控制力** (perceived control)，人類在不斷地奮鬥。缺乏自覺的控制力可能會導致各種反應，包括抑鬱、冷漠以致憤怒、攻擊，進而產生壓力和焦慮。如果完全喪失自覺控制力則會導致一連串的悲劇結果，有時甚至導致死亡 (Seligman, 1975)。缺乏和喪失自覺控制力會影響心身健康。怎樣來證實這一理論假設呢？

有人以老年人為研究對象試圖驗證上述理論假設。他們認為，老年人之所以被視為年老體衰的許多現象是由於他們喪失了對環境的自覺控制力所作出的反應。為此，蘭格和羅丁 (Langer & Rodin, 1976) 做了一個研究，他們以居住在新英格蘭某養老院中的兩組老人為對象，其年齡由 65 歲至 90 歲。實驗組的成員被詳細告知他們對自己的日常生活要擔當起相當大的責任，即他們可以決定佈置自己的房間和會客的地方，安排自己的時間 (閱讀、看電視、訪友等)，向管理員提出有關居住情況的各種要求，以便盡速加以改善，還可以選擇某個晚上去看電影，並且每人負責照管一株盆景。對照組則得到包含相同要點的指示語，但給他們的印象卻是所有事情大多是工作人員應該做的事，他們只是由工作人員更好的照顧，包括照顧他們的那株盆景。在此項實驗中，研究者用指導語所操縱的**自變量** (或**自變項**) (independent variable) 是自覺控制力，即被試對自已的日常生活要擔當起或不用擔當起相當大的責任；而被試的行為反應和情緒變化是**因變量** (或**因變項**) (dependent variable)。

該實驗使用兩個問卷，每個問卷施測時間分別在進行上述溝通前一週和三週之後。第一個問卷問及這些院民的個人控制感和他們的快樂、主動的情況。第二個問卷由養老院中的護士填寫，題目內容是對每個院民的快樂、警覺、依賴、社交和主動性進行評鑑等，還詢問院民每週的活動內容和時間。此外，還要求工作人員做一些行為評定，如每個院民看電影，到治療室，參與團體活動的次數及主動性情況。無論是工作人員和護士都不知道這是實驗的一部分。

當然，在實驗開初，兩組就各變量 (如健康) 進行了配對，但三週後的結果表明，實驗組比對照組更為敏捷、快樂，而且情緒也較好，工作人員所作的有關進步與活動水平的評定也得到類似的結果。

羅丁和蘭格 (Rodin & Langer, 1977) 在18個月後所作的追踪研究發現：實驗組中死亡的人數 (47人中有7人死亡) 只為對照組死亡人數的一半 (44人中13人死亡)，兩組之間的差異達到統計顯著性的邊緣。這說明，有意提高自覺控制力可以產生長達18個月之久的正面效果，雖然兩組中都出現了某種衰退。但這些衰退乃是一般老年人的常見現象。因此，實驗已經證明，對自己生活中某些重要事件擁有控制力可以減緩老年人的衰退速度；而缺乏和喪失自覺控制力不利於心身健康。通過類似的實驗研究，我們就可以對人格心理學中的理論假設進行驗證。

勝於雄辯。各種假設所引起的無休止的爭論將為實證的檢驗所取代。這就是說，通過研究我們就能對理論假設進行檢驗 (參見補充討論 2-1)。同時，研究是以系統的，可信的程序進行的，這樣，他人就能按照研究者的方法和程序進行驗證。能重復進行驗證，這是科學研究的精華。因此，人格研究對人格心理學的發展至關重要。它將加深或澄清我們對人格本質的認識。

二、科學研究的基本程序

科學研究 (scientific research) 是一種創造性的活動。它沒有一成不變的法則，不能把科學研究看成是科學家簡單地奉行某種常規的活動。儘管如此，但從大量的科學文獻中，我們仍然能夠分析出科學研究通常遵循著一個基本的邏輯程序，這個基本程序包括 (1) 提出問題和假說；(2) 設計研究方案；(3) 搜集資料；(4) 整理與分析資料；(5) 解釋結果並檢驗假說。

任何研究都開始於試圖回答某個問題。問題通常以假說的形式來陳述，**假說 (或假設)** (hypothesis) 中闡明所要預期的兩個或兩個以上變量之間有什麼關係。所謂**變量 (或變項)** (variable) 就是人類行為中變異的來源，是研究者用以研究的對象。在設計實驗方案時，研究者都必須決定如何測量或評估假說中的自變量和因變量，選擇怎樣的被試作為研究對象，考慮如何控制或排除無關因素的干擾。所謂**自變量 (或自變項)** (independent variable) 是指由研究者做有系統的操縱而造成的改變，而**因變量 (或依變項)** (dependent variable) 則是假定由操縱自變量而引起的變異 (如：反應的正確率、速度和頻率、言語報告的內容等)。有了一個研究方案之後，研究者便根據此方案，用適當的工具或評量技術來觀測和搜集資料。將搜集到的資料加以整理、分類、使之系統化和簡約化以便於統計分析。經統計分析之後，研究者接下來的工作是將研究結果與已知的事實或理論聯繫起來，並加以解釋，說明研究結果是否證實了原先提出的假說。如果假說得到了證實，這個假說的可信度便提高了。如果研究結果不能或只能部分地證實假說，那麼研究者就必須回到先前的研究階段，對所獲得的資料進行認真的分析，或重新提出假說或對假設作必要的修正。有時假說是正確的，只是由於在研究的某一步驟上出了差錯而導致研究的失敗。在這種情況下則需要找出發生錯誤的環節加以糾正，再對假說進行檢驗。

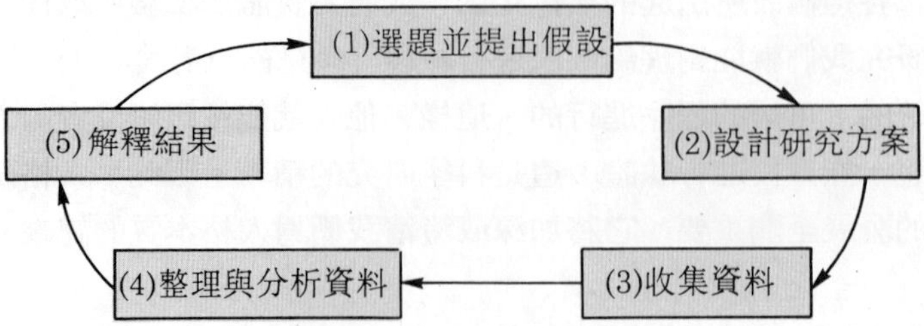

圖 2-1 科學研究的基本程序
(採自黃希庭，1991)

總之，科學研究的上述五個步驟是互相聯繫的，我們可以把這五個步驟看成螺旋式上升的循環過程 (見圖 2-1)。每完成一個循環，人們對人格現象的認識就向真理接近了一步。

雖然，有系統的人格研究的基本程序通常遵循的是上述五個步驟，但是由於人格心理學家對人格理解的不同，他們對人格的研究取向也不相同。因此，在研究的基本程序上也不盡相同。

三、特殊規律研究和共同規律研究

在人格研究領域中一直存在著**特殊規律研究 (或個人記述研究)** (idiographic research) 與**共同規律研究 (或建立法則研究)** (nomothetic research) 的對立。在 20 世紀 50～80 年代，這兩種研究取向的論爭相當激烈，以後曾停息了一段時間，80 年代以來這種論爭又有了新的發展。

從本質上看，特殊規律研究與共同規律研究的論爭是由於持這兩種研究取向的學者們對人格的理解各不相同，從而導致如何進行研究和研究的目的等方面的不同。概括地說，特殊規律研究與共同規律研究至少有下列四個方面的不同：

1. 從研究出發點來看，特殊規律研究取向認為每一個人都是獨特的，強調研究人格的獨特性；共同規律研究取向則認為人與人之間有共同性，強調研究所有人共同的特質。

2. 從研究方法上來看，特殊規律研究取向由於主張對每個人單獨地進行研究，因而特別重視個人的書信、日記、傳記、生平事實和個案記錄等材料。因為要了解一個特定的人，最重要的是要研究這個人本身。共同規律研究取向則主張對個體資料的測定、團體資料的平均以及組間的比較，注重客觀精確的測量，用統計分析方法對群體間進行比較，找出共同規律。

3. 從預測方法來看，特殊規律研究取向主張用臨床法如直覺和設身處地地著想，對個人的人格進行預測；而共同規律研究取向主張用統計分析來進行預測。

4. 從對人格心理學的性質來看，特殊規律研究取向強調個人法則，以及由於機遇、自由意志和個人的獨特性，認為不可能找到適合於衆人的共同規律，人格心理學就像歷史和自傳那樣的學科；共同規律研究取向則強調研究某個團體或所有人的共同規律，一旦找到了共同規律，那麼對人類行為的預測就能提高，機遇之類因素也就會逐步消失。

自 20 世紀 80 年代以來，特殊規律研究與共同規律研究的論爭有了新的發展。其主要表現在：(1) 現在已經排除了過去那種對特殊規律研究和共同規律研究爭論的性質的錯誤提法。例如，過去不少人認為這種論爭是科學與非科學、**還原論** (reductionism) 與**非還原論** (irreductionism)、主觀與客觀之爭。這種提法，已不再有人提了。(2) 特殊規律研究和共同規律研究中都取得了成果。前者如對潛意識的實證研究有了新的進展 (參見補充討論 3-1)；後者如人格領域中對認知變量的研究也取得了新成果。其實，特殊規律研究和共同規律研究都以自己的方式對人格心理學建設作出了貢獻；這兩種研究取向有互補作用。正如赫曼斯 (Hermans, 1988) 指出，心理學能夠從特殊規律研究和共同規律研究兩方面的綜合中得到益處。這也是當前人格研究的一種趨向。

四、人格研究方法

研究人格的主要方法有觀察法、個案研究法、實驗法、相關法和單個被試研究等。這些方法，各有其優缺點。在確定使用何種方法來研究人格時，應考察到其適用性及限制。最佳的辦法是將幾種方法結合起來運用，做到取長補短。

(一) 觀察法

觀察法 (observational method) 是搜集科學事實，獲取經驗資料進行科學研究最基本的方法。觀察法被廣泛用於對人格的研究，無論是實驗或是個案研究都要使用觀察法。觀察法可分成非系統觀察和系統觀察。

非系統觀察 (unsystematic observation) 是日常生活中人們常用的一種方法。許多研究的觀點源於非系統觀察。只要觀察自己和別人的反應就有可能產生某個假設。例如，當我們幾次看到某個學生在校園裏打架，後來又發現該生喜歡看暴力電影，是不是看暴力電影造成這個學生的攻擊行為呢？這樣，非系統的觀察就有可能激發我們進一步做系統的研究。

系統觀察 (systematic observation) 是指觀察和測量方法結合起來，記錄被試的自然行為的觀察。在自然狀態下不借助於攝像 (攝影) 機等儀器要把被試的所有行為都記錄下來是很困難的。系統的自然觀察必須首先建立起一個記錄各種行為的等級量表，並且要設計出記錄的方法。只有這樣，不同的觀察者才會對所發現的事情有一致的看法。例如，僅規定要記錄“友好行為”，記錄就會遇到困難。如果把“友好行為”界定為“對別人微笑”、“願意與別人一起玩玩具”、“扶起跌倒的人”等，這樣的觀察記錄就比較客觀一致。

觀察法是在科學研究中應用最廣的一種方法，其主要優點是被試在自然情況下的行為反應真實自然。其缺點是：(1) 觀察資料的質量往往受觀察者的能力和其他心理因素的影響；(2) 希望觀察到的行為通常是不能預先測知的，因而很費時間且枯燥乏味；(3) 能觀察到的人或事十分有限，研究者往往難以做出概括性的結論。

為了處理這些缺點，有些研究者使用了**控制的實地觀察** (controlled field observation)，即在自然情境下加上適當的實驗控制所進行的觀察。例如，有人 (Matthews & Canon, 1975) 做過環境噪聲對**助人行爲** (helping behavior) 的研究。一位觀察者隱藏於角落，並記錄進入研究情境中被試的行為表現。當一位設定的被試走到街上，一位研究的合作者在人行道上灑落了一箱書，另一位合作者在附近做出兩種動作：(1) 操作割草機發出很吵雜的聲音；(2) 趴在一台没有聲音的割草機上。觀察的結果是，在没有割草機噪聲時有 50% 的被試去幫助撿書，而有噪聲時則只有 12.5% 的被試去幫助撿書。這樣的研究由於操縱了有關變量且有定量分析，因而有較高的科學價值。

(二)　個案研究法

個案研究法 (case study method) 是搜集單個被試各方面的資料並進行定性分析的方法。搜集資料的內容雖然根據研究問題而有所側重，但一般都很重視被試從出生到現在的生活史、家庭關係、生活環境及人際關係的特點等資料。根據需要，也常對被試作智力和人格測驗，從熟悉被試的親近者那裏了解情況，或者從被試的書信、日記、自傳或他人為被試寫的資料 (如傳記、病歷等) 進行分析。總之，這種方法就是圍繞著一定的目的，搜集單個被試過去和現在各個方面的資料，然後進行周密的分析。它不同於用同一種方法對許多被試進行調查、搜集資料然後用統計分析方法發現一般性傾向的研究。

個案研究法的優點是，能加深對特定個人的了解，因而被一些人格心理學家所推崇，並作為心理治療上的依據。此外，個案研究法也往往有助於研究者獲得某種假設，然後依據這個假設做進一步的研究。個案研究法的缺點是，所收集到的資料往往缺乏可靠性。例如，個人寫的日記和自傳往往因自我防衛而缺乏真實性。他人為被試寫的傳記也會因記憶誤差和情感上的好惡而失真。

(三)　實驗法

實驗法 (experimental method) 是指實驗者創設一定的情境，系統地操縱自變量的變化以觀測因變量的研究方法。例如，許多證據證明，**A 型行爲類型** (type A behavior pattern) 者和 **B 型行爲類型** (type B behavior pattern) 者對時間表現出明顯的行為上的差異。A 型者的時間緊迫感強，B 型者則不然。但有研究 (張伯源，1988) 表明，A 型與 B 型者對短時距的再現差異不顯著，梅傳強 (1991) 懷疑這是因為被試使用了內部時間量尺 (internal time scale)，如運用數數、數脈搏、唱一支歌等策略來計時之故。如果剝奪了被試使用內部時間量尺，不讓他使用某種策略來記時，A 型者和 B 型者對複製短時距的再現反應就會不同。他用修訂過的 **A 型行爲類型問卷** (Questionnaire of Type A Behaviors) 選擇出 A 型和 B

型行為類型者兩個組各 40 人，讓他們在自然狀態下和在剝奪內部時間量尺(即前者沒有要求被試完成分心作業而後者則要求被試完成分心作業狀態)的條件下再現短時距。結果發現，再現時距的平均值，在沒有做分心作業的自然狀態和自然狀態下 A 型組與 B 型組差異不顯著，而在剝奪使用內部時間量尺的條件下兩組間的差異十分顯著。從而證實了研究者開初提出的假設。實驗法的主要優點是能夠控制實驗條件，操縱自變量，觀測因變量，使我們能作出結論說，某個特殊的變量是某個特殊結果的原因，以驗明一個變量如何影響另一個變量的假設。

用實驗法對人格進行研究是從 20 世紀 60 年代開始流行，並取得了一定的成績。但也存在不少問題：(1) 實驗法的特點是排除無關因素的干擾，孤立地研究某種行為，如何將這種片段的行為在人格的框架中加以整合，目前仍是一個難題。(2) 由於實驗情境、實驗者的特徵以及被試的期望等因素的影響，實驗結果不能重復驗證也是常見的。(3) 將每個被試的結果總和起來，給出一個平均值的研究結果往往是不能用來預測單個被試的行為。

由於實驗研究存在著上述局限性，不少心理學家主張，人格研究應當走出實驗室，到現實生活中去，在真實的社會環境、學校環境和家庭環境中去進行生態學的研究。這也是導致特殊規律研究新發展的一個原因。

(四) 相關法

相關法 (correlational method) 是考察兩個變量共變關係的統計分析方法。如果一個變量值的增加伴隨著另一個變量值的增加，則這個關係稱為**正相關** (positive correlation)。同樣，如果一個變量值的下降伴隨著另一變量值的下降，則這個關係亦稱為正相關。即是說，正相關是兩個變量在同一方向上變化的相關。可是，如果一個變量值的增加伴隨著的是另一變量值的下降，則這種關係稱為**負相關** (negative correlation)。例如，如果教育程度的提高伴隨著的是對民主要求的增加，則這種關係是正相關。而如果教育程度的提高伴隨著的是盲從程度的下降，則該關係為負相關。兩個變量是正相關還是負相關以相關的符號＋或－來表示。

當證實了兩個變量確有相關之後，下一個問題是將如何確定它們的相關程度。如果在兩個變量之間進行預測，而不是判斷其伴生變化，那麼相關強度的概念便可以清楚地表達。如果變量 A 和 B 相關，則通過了解一個變量值，便能對另一變量值作較準確的預測。如果兩個變量不相關，則了解其中一個變量 (例如，變量 A) 的值無助於預測變量 B 的值。例如，如果擁擠程度與攻擊頻率相關，那麼，如果我們知道一個人居住的街道的擁擠程度便能準確地預測其攻擊頻率。預測的正確率通常高於 0 而低於 100%。這種預測正確的程度稱為**相關強度** (correlation strength)。測量相關強度用的一般統計稱為**相關係數** (correlation coefficient) 或**皮爾遜積矩相關係數** (或**皮爾遜積差相關係數**) (Pearson's product-moment correlation coefficient)。相關係數以希臘字母 γ 表示，在 -1.00 和 $+1.00$ 之間變化；0.00 表示不相關或預測為 0% 準確，$+1.00$ 表示在預測兩變量之間的正相關時為 100% 準確；而 -1.00 表示在預測兩變量之間的負相關時為 100% 準確。

相關法的主要優點是：(1) 它比實驗法能搜集到有關問題領域中的大量資料。例如，在許多人中，如果搜集到 16 種有關人格特徵的變化材料和 20 種不同行為的測量，那麼我們運用相關分析就可以在短時間內探明它們之間的大量聯繫。與此相反，如果用實驗法去研究每一種人格特徵對每一種行為的影響，那就會花很多時間，相當麻煩。(2) 相關法能用來研究實驗法不能研究的問題。例如，要考察已經發生的某事件 (如父母的教養方式) 對一個青年人格特徵的影響，顯然實驗法不能研究該問題。但如果我們能用一種人格量表和教養方式量表分別對這個被試及其父母進行測量，那麼我們就能對父母的教養方式與這個被試的人格特徵做相關研究。

相關法的缺點是：(1) 它只能表明兩個變量間的關係，但不能確定兩個變量間是否有因果關係存在。例如，如果我們發現父母的教養方式與這個青年的某種人格特徵有相關，那麼是否就可以判斷因父母的教養方式而導致該青年有某種人格特徵？這個問題尚需作進一步的研究才能確定。(2) 兩個變量之間的相關，也可能是不相關的。上例中，實際上，我們尚未考察的某個第三因素與父母教養方式及某種人格特徵兩者都有關係，從而導致這兩者一起發生變化。很可能是遺傳基因 (或教育程度) 同這對父母的教養方式與該青年某人格特徵都有高相關，從而導致這兩者看起來相關，而其實是不相關的。如圖 2-2 (a) 所示，變量 A 和變量 B 之間僅因一個第三變量 C 之故而似乎相關，這種關係稱為**偽相關** (或**假相關**) (spurious correlation)。兩個變量之間的相關也可能是由一個**中介變量** (或**中介變項**) (intervening variable) 導致的。即是說，變量 A 和變量 B 有高相關，僅僅是因為 A 導致了一個第三變量 C 的變化，而 C 又導致 B 的變化。在這種情況下，C 被稱為中介變量。圖 2-2 (b) 表示中介變量相關，變量 A 導致變量 C，C 又導致變量 B。在人格研究中相關分析方法應用範圍很廣，我們必須充分認識相關法的局限性。

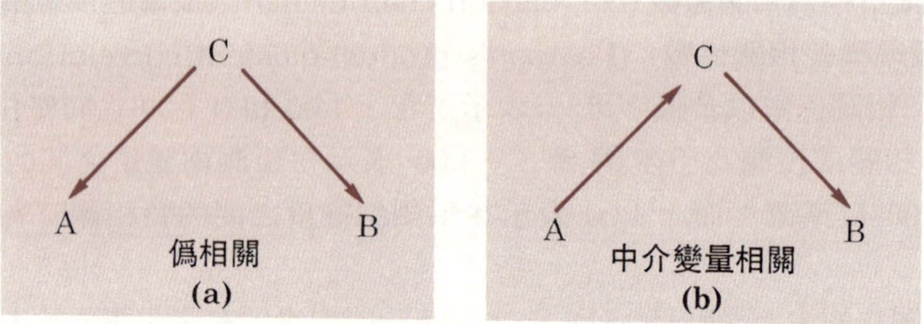

圖 2-2 僞相關和中介變量相關
(採自許真譯，1986)

(五) 單個被試研究

單個被試研究 (或單受試者研究) (single-subject research) 是一種兼有實驗法和個案法特點的研究方法。像實驗法那樣，這種方法允許對自變量進行操縱，實驗者在控制的條件下對被試的行為進行客觀的測量。它常被用來評價行為治療的效果。但是，由於這種方法只處理單個被試，因而又與個案法相似，不能由此項研究結果而導出一個可以應用於整個總體的原則。這種方法有助於研究個體的獨特性，同時也能為今後的實驗做些有益的探索。

例如，在一項研究 (Brown, McLaughlin & Harman, 1979) 中，被試是特殊教育班上一個 9 歲半的兒童。該兒童的行為障礙是塗改拼寫和數學作業中的字母和數字，因而影響其閱讀作業。研究者認為 (假設)，如果在作業之前給該童以某種指導，使他不塗改數字和字母，他的這種行為是可以加以矯正的。在這個研究的**基線** (base line) 階段，不給這個孩子以特殊指導；然後引入干預，即給予特殊指導使他不塗改數字和字母。研究者發現，這種特殊指導能夠消除塗改行為。如圖 2-3 所示，從上和中的兩組曲線可以看出，在給予特殊指導的干預期 (即中間虛線框內)，拼寫和數學的塗改行為都明顯少於基線期，而且塗改行為的明顯減少在不再給予特殊指導之後

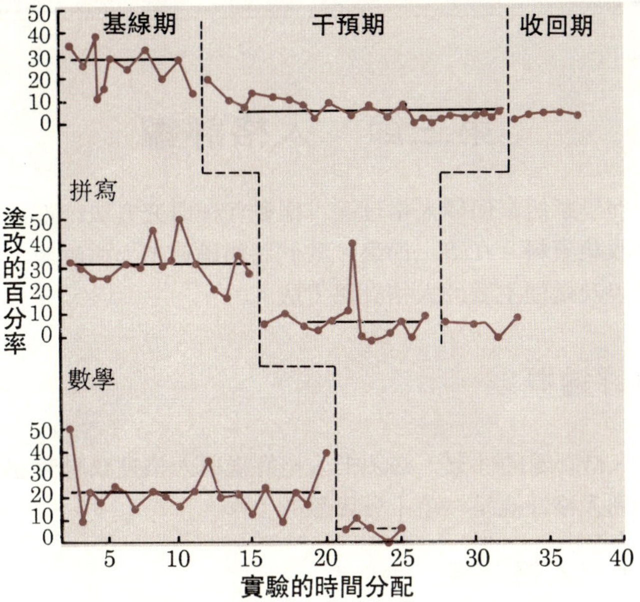

圖 2-3　塗改的百分數是實驗條件的函數

(採自Brown, McLaughlin & Harman, 1979)

說明：基線期：未給兒童指導；干預期：學習前給兒童以特殊指導；收回期：不給予特殊指導回到基線期的條件。

的收回期也保持下來，表明行為得到了矯正。圖 2-3 下面一組曲線是拼寫和數學兩項作業塗改百分數的綜合，分析的結果也表明塗改行為明顯減少。統計的結果也支持了上述的發現。從這項研究可以看出單個被試研究既具有個案研究的特點也具有實驗的特點。

需要指出的是，並非所有的運用單個被試研究的心理學家都是運用統計分析來檢驗自己的研究結果的。許多從事臨床治療的心理學家更喜歡用圖表來表示自己的研究結果。他們依據自己的專業經驗來判斷自己的治療結果是否達到顯著療效而不是依據統計技術，這種與統計顯著性檢驗相對的分析方法稱為**臨床顯著性** (clinical significance)。許多從事臨床治療的心理學家認為統計上的顯著並不等於臨床上的顯著。他們所關心的是行為上的治療效果。這種研究的主要價值是能為研究提供較多的假設來源，因為臨床顯著性所涉及的因果關係尚需加以探明。

第三節　人格評鑑

不論心理學家信奉何種人格理論，偏愛何種研究方法，都需要運用有系統的方式來收集資料。在這一節裏，我們將討論何謂人格評鑑，人格評鑑的信度和效度以及幾種主要的人格評鑑方法。

一、人格評鑑概述

要了解人格評鑑的性質，必須把人格評鑑與人格理論聯繫起來考察，同時還應認識到人格評鑑是一項十分困難的工作。

(一)　何謂人格評鑑

人格評鑑 (personality assessment) 是指在具體的條件下以有系統的方式來收集有關人格的資料。有系統的收集這個人或這些人的有關資料，涉及的變量很多。所要收集的資料最起碼要涉及下列四種變量：情境的性質、刺激的性質、指導語的性質和被試反應的性質。收集到資料之後，還要根據資料進行評分、分析和解釋，然後才有可能對一個人或許多人的人格特徵作出評定。人格評鑑是一項極其繁雜的工作，稍有不慎便會產生誤差。但是，如果我們對要評鑑的人格特徵的概念與某種人格理論聯繫起來加以界定，並進行系統的觀察，那麼就有可能對被試的人格特徵作出中肯的評定。相反，如果觀察缺乏系統性，又不能顯示與某種理論假設的聯繫，那麼收集到的資料便毫無價值。因此，人格理論與**評鑑技術** (assessment techniques) 總是密切聯繫的。一種人格理論如果不涉及收集有關人們資料的途徑和方法，那麼它就毫無用途；同樣，收集到的資料如果不能説明一種理論，那麼它們就與人格研究毫不相干，也毫無意義。

人格評鑑、評鑑技術、**測量** (measure) 或**測驗** (testing)，這些術語可以交替使用。它們都表示一種程序，即系統地獲得有關某個人或許多人的人格資料。測量這個述語表示對具體行為或行為片段的記錄。測驗是指用標準化工具來獲得更廣泛的人格資料。評鑑或評鑑技術是指收集有關個人的各種資料，以達到對其人格的了解。這些術語的使用是與心理學家對人格的探討途徑相聯繫的。臨床心理學家喜歡用評鑑這個術語，而在實驗室工作的研究者則喜歡用人格的測量。這是因為無論是人格評鑑，抑或測量、測驗，都具有某些共同的特徵；一是使心理學家對人格作出有價值的觀察；二是有著與這些觀察有關的某種科學目的，即證實或證偽某種理論假設。正是後者導致了不同的心理學家對這些術語的偏愛。

(二) 人格評鑑的困難

人格評鑑的困難很多，其中最大的難題是：

1. 怎樣評量完整的個人 目前人格心理學中所發展出來的人格測量都是以不同的人格維度來設計的。所評量的是個別的人格維度，例如評量價值觀。價值觀這個術語係指個人用來區分好壞標準並指導行為心理傾向。這種心理傾向既可以是相當廣泛的、整體的心理傾向，幾乎包含生活的各個方面例如理論的、經濟的、倫理的、人際的等。如果是這樣，量表所要測量的項目便是一套相當廣泛的生活情境樣本，而不是某一生活情境樣本。但也可以用一個或幾個生活情境樣本來測量價值觀，這通常是測量某一或某幾個特定情境中的行為表現 (例如經濟價值或人際價值觀)。無論是以一套相當廣泛的生活情境所發展出來的量表，還是以某一特定生活情境所發展出來的量表，對於評鑑個別差異是有助益的，但對於綜合地描述一個完整的人、解釋整體的人卻相當困難。因為即便是一個很廣泛的術語也難以反映完整的人的全貌。

2. 怎樣讓被試如實反應 在測量人格時，心理學家都希望被試能如實地進行反應。但這往往是做不到的。其原因是我們無法知曉被試以什麼樣的動機來接受測驗。即使是客觀測驗，例如，要求被試用“是”、“否”或是“不確定”來回答“我總是滿腔熱情地開始實施一項新的計畫”之類的題目，對自己的心理品質和行為傾向作出評定。被試往往按社會期望來回答。即使是投射測驗，呈現的刺激模棱兩可，被試較難決定哪一種反應是好的或不好的。但這裏仍有兩個問題有待解決，一是我們無知曉被試以什麼樣的動機來接受測驗；二是能否真正防止主試對被試的有意或無意的誤導，從而造成對測驗不誠實的回答。

3. 能否評量各種人格特徵 人格的內涵十分複雜。對於人格結構及其成分，心理學家們迄今未取得一致的結論。有時，往往有這樣的情況，理論家們提出的某種人格結構真不知如何下一個好的定義，因而測量也就遇到了困難。例如，有的理論家把人區分為發現自我的人和正在尋找自我的人，如何下定義？如何進行測量？已經發現自我的人在測驗中或在晤談中說些什麼和做些什麼，並與正在尋找自我的人相區別。像這類模糊的概念是無法用一個好測驗來評量的。又如，像**倔強性** (toughness)、**反省察性** (anti-intraception) 之類的人格特質，就難以對它們下一個好的操作性定義。

二、信度和效度

(一) 信 度

信度 (reliability) 係指一個測驗多次測得的結果的一致性程度。它是測驗的必備條件之一。如果測量方法不變，所要測量的概念在值上也保持不變，這種測驗是可信的。然而，所要測量的概念在值上發生了變化，那麼可信的測量法就會顯示出這種變化。一種測量手段怎麼可能是不可信的呢？舉例來說，如果你的體重是 75 公斤，但你用浴室裏的磅秤反復測量卻顯示出你的體重上下波動，這表明這種測量是缺乏信度的，很可能磅秤內的彈簧出了故障。一般說來，物理測量的信度都是高的，但心理測量要想幾次得到完全一致的結果是辦不到的。所以，心理學家十分重視測驗的信度。如果我們建立了一個可信的人格測驗，那麼不同研究者使用這個測驗就能得到同樣或相似的測量結果。當然，這些研究者必須觀測同樣的東西，並以同樣的方式評分，進行同樣的分析和解釋。換言之，如果一個研究者假設他所測量的人格特徵是相對穩定的，那他必定期望在不同的測驗場合觀測到的結果是一致的和穩定的。

測驗信度的高低，通常用**相關係數** (correlation coefficient) 來表示。由於相關係數求法的不同，因而有多種信度，最常用的有：(1) **重測信度** (或**復測信度**) (test-retest reliability)，就是同一種測驗前後施行兩次的測驗分數的相關係數。(2) **折半信度** (或**劈半信度**) (split-half reliability)，指採用分半法估計所得到的信度係數。這種方法估計信度係數只需用一種測驗施測一次，然後在測驗施測後將測驗分為等值的兩半，分別求出兩半測量上的分數，再求其相關係數。這個結果反映了該測驗本身的一致性，因而稱為**一致性係數** (consistent coefficient)。(3) **複本信度** (alternate-forms reliability)，即一種測驗和其另一種形式 (複本) 的測驗分數之間的相關係數。一個測驗可以有多個複本，但它們必須有相似的內容，同樣形式的題目和同樣的難易程度。(4) **評分者信度** (interjudge reliability)，由兩個評分者對被試反應進行獨立地評分，然後求出兩個分數的相關係數，即為評分者信度。在有些情況下，評分者也是誤差的來源之一。例如某些臨床評鑑工具，投射測驗等，都依賴於評分者的判斷，這種判斷往往造成評分很不一致。因此必須要考慮評分者信度。

(二) 效　度

對於任何一種測量，必須提出一些基本的問題：它測量什麼？它所提供的數據同我們所感興趣的特徵是否有關？記分值在何種程度上反映了我們正試圖測量的特徵的程度？它們在什麼程度上還反映其他因素的影響？所謂**效度** (validity) 是指所測量的與想要測量的兩者之間的相符合程度，是指一個測驗的準確性。

效度包含有兩個部分內容：一是指測量手段實際上正在測量所研究的概念，而不是其他概念；二是指該概念被準確測量的程度。很明顯，一個測驗可以有第一部分而無第二部分，但是不可能反過來只有第二部分而無第一部分。例如，假定我們想測量智力，某甲是聰明的 (譬如說，他的實際智力是 100 個單位)，我們用一個智力測驗測出他的智力是 85 個單位。這至少可以說該測驗測量了我們想測的概念 (智力)。但它有誤差，如果加以完善，則可能成為有效的智力測量工具。而如果用焦慮量表來測量某甲的智力，即使它測出的分數恰好是 100，那也不能說該測驗是有效度的。

可以用多種方法來鑑定效度，並且每一種都有其特殊的效用和缺點：

1. 內容效度　**內容效度** (content validity) 係指測驗項目的內容與欲測概念內容相符合的程度。例如，一個自信心測驗的項目內容與我們想測量的自信心的內容符合到何種程度。內容效度基本上是屬於**知識相關** (epistemic correlation) 的範疇。在下列情況下內容效度會出現問題：一是對所測量的概念的定義未能獲得一致的同意；二是所測量的概念是由幾個子概念組成的多維度概念。內容效度只比**表面效度** (face validity) 進了一步，後者是指一個測驗表面上看起來是有效的。

2. 效標效度　**效標效度 (或效度標準)** (criterion validity) 是指測驗分數與外在效標之間的符合程度。所謂**外在效標** (external criterion) 就是測驗所計畫測量的某些行為，或代表該行為的量數。例如，創造力測驗可用實際生活中的創造成就為效標；機械性向測驗可用熟練機工的作業表現為效標。由於效標效度是以經驗的方法，經統計分析測驗分數與外在效標之間的關係而建立的，因而稱為**實證效度** (empirical validity) 或**統計效度** (statistical validity)。效標效度有兩種，同時效度和預測效度。**同時效度** (concurrent validity) 是指測驗結果與現存的行為效標的相關程度，如智力測驗的分數與教師在同時測得的能力具有相關性，即表明該測驗具同時效度。**預測效度** (predictive validity) 指測驗能預測未來某種效標的能力，例如智力測驗能準確預測未來的學業分數時，即表明該測驗具有預測效度。

3. 構念效度　**構念效度** (construct validity) 是指測驗的結果能否證實或解釋某一理論的假設或概念，以及證實或解釋的程度如何。當我們想測的一個概念來自某種人格理論，或者我們想建立某人格理論中某概念的效用性時，就要用到構念效度。例如，艾森克 (Eysenck, 1967) 的人格理論中的**內外傾 (或內外向)** (introversion-extroversion) 概念認為，內傾的人較容易形成條件反應，因而內傾的人在所有的學習活動中總是較強的，他們開口較早，學校作業完成得較好，在學習游泳、溜冰、講法語、演奏小提琴等方面學得較快，並且還會較快地學會社會規則。如果所建構出的內外傾測驗確實測出定義了的概念之內容，那麼這個測驗就具有構念效度。構念效度是一種理論效度，測驗內的題目必須與所界定的某種行為相符合，否則便不合邏輯。因此，構念效度也稱為**邏輯效度** (logical validity)。

三、人格評鑑方法

主要的人格評鑑方法有晤談、自陳測驗、行為評鑑、心理生理學技術和隱測量。

(一) 晤 談

晤談 (interview) 是**訪員** (interviewer) 和**來訪者 (或受訪者)** (interviewee) 面對面的直接交談以獲取資料的過程。雖然晤談過程中談話者與聽話者的角色經常變換；但訪員主要是聽話者，來訪者主要是談話者，則是不變的。用晤談來收集資料的主要優點是它的靈活性。晤談可以探索具體的回答，如果來訪者的談話對所提問題有誤解或有疑慮，可以重提該問題或進行解釋。訪員還可以根據晤談情境提出適宜的問題；既可以在預定的晤談主題下搜集資料，也可以收集到來訪者的自發性談話，還可以現場觀察來訪者的非言語行為並評估其談話資料的有效性，從而了解到來訪者的人格特點，並進一步給予輔導與治療。

晤談有多種形式，主要的可分為三種：結構式晤談、非結構式晤談和半結構式晤談。**結構式晤談** (structured interview) 是按照一定程序，通常是根據問卷或**晤談表** (interview schedule) 進行的，因而也稱為**列表式晤談** (scheduled interview)。**半結構式晤談** (semi-structured interview) 是事先有一定的題目和假設，但實際問題事先並未具體化的晤談。例如在**臨床晤談** (clinical interview) 或**個人史晤談** (personal-history interview) 中訪員選擇來訪者個人生活史的某些方面向其提問題。這種提問完全是非結構式的。**非結構式晤談** (unstructured interview) 比個人史晤談更無結構，事先完全沒有一定的題目和假設，其中的試探提問也盡可能是中立的、很簡短的，譬如說些"為什麼？"或"啊哈"或"真有趣"之類的話，因而也稱為**非導向式晤談** (nondirective interview)。它通常應用於心理治療之中。

晤談被臨床心理學家廣泛用於人格評鑑中。晤談不僅需要科學而且也需要藝術。好的評鑑晤談是謹慎而有計畫的，並有整體性的目標取向。評鑑技術不是為了達成個人的滿足感或提高名氣，而是為了收集資料。因此，要使晤談在人格評鑑中發揮作用，訪員必須受過專門的訓練，掌握晤談的專門知識和技能，否則容易使晤談內容失真，產生**訪員偏差** (interviewer bias)。造成訪員偏差的原因主要是：(1) 訪員對來訪者抱有偏見；(2) 訪員想要來訪者作出某種回答所產生的期望效應；(3) 訪員採用暗示或誘導性提問。這種晤談所獲得的資料，便大大降低了評鑑的價值。

(二) 自陳量表

自陳測驗 (self-report inventory) 是一種由被試根據所列題目的敘述是否符合個人情況進行回答的問卷。它經常被人格心理學家用來要求被試提供有關動機、感情、行為或認知方面的資料。測驗中所列的題目陳述著一種思想、情感或行為特徵，被試則根據陳述的問題是否符合自己的情況——自己最贊同的或覺得最能反映自己實際情況的，作出相應的回答。回答的方式可以為是非式，也可以為選擇式。例如，**明尼蘇達多相人格問卷** (Minnesota Multiphasic Personality Inventory，簡稱 MMPI) 是一種常用的自陳量表 (見第七章第二節)。下列是明尼蘇達多相人格量表的一些問題，被試在每題的"是"、"否"或"？"(表示無法肯定) 三種答案中圈選一項。

(1) 我早上醒來覺得睡眠充足，精神爽快 ························ 是 否 ？
(2) 我易被聲音鬧醒···是 否 ？
(3) 我喜愛閱讀報上關於犯罪的文章 ··························· 是 否 ？

自陳量表可以測量一種人格特質，但更多的是用來測量多種人格特質。自陳量表的編製以人格特質論為基礎，建立有常模，編製時比較注重規範和標準化。

自陳量表的主要優點是：(1) 既可用於個別測驗也可用於團體測驗，並能用計算機進行測驗和評分，因而能取得大量的數據；(2) 測驗實施簡單，評分客觀，解釋比較容易，評分者的信度也較高。自陳量表的主要缺點是：(1) 測驗項目的意義是明確的，被試容易飾偽，只表現他想要的印象；(2) 被試只能報告自己意識到的，而不能報告自己的潛意識動機；(3) 由於這是客觀測驗，被試不能對自己的反應進行定性描述，難以對反應作進一步的分析。因為同樣的行為反應在不同人身上，其原因可能不同，因而導致測驗的效度較低。

(三) 投射測驗

投射測驗 (projective test) 是探索個體心理深處活動的一種人格測驗。其特點是，採用一種曖昧的刺激 (如墨漬、無結構的圖片)，讓被試在不受限制的條件下對其作出自由反應，通常被試不能察覺到測驗的真正目的，因而要做假就比較困難，然後心理學家以自己的理論假設對被試的自由反應作出解釋。投射法的基本假設是，個人內部深處的心理活動 (如動機、欲望、感情、價值觀等)，是不能靠外部刺激直接引出的，而只能以曖昧的刺激為線索，在不知不覺中投射出來。在投射測驗中最著名且應用最多的是**羅夏墨漬測驗**和**主題統覺測驗** (詳見第五章第二節)。

投射測驗通常應用於臨床治療中。其適用範圍廣，從兒童到成人，從有文化者至文盲均可使用。但這類測驗結果大多依臨床心理學家和精神病醫生的經驗加以解釋，其信度和效度都較低。

(四)　行爲評鑑

行爲評鑑 (behavioral assessment) 是指收集被試在具體情景中的具體行為，而比較不重視被試對自己的描述資料。行為評鑑借助於觀察法，觀察被試在特定情景中的行為。行為評鑑通常以**行爲取樣** (或**行爲抽樣**) (behavior sampling) 方式進行觀察。所謂行為取樣就是收集個體在某一時間或情景下的行為表現。行為取樣又可以有不同的形式。可以用**時距取樣** (或**時限抽樣**) (duration sampling)，即在一定的時限內記錄被試在一定情景下的行為表現 (例如在一個小時的遊戲中兒童的社會參與行為)；也可以用**事件取樣** (或**事項抽樣**) (event sampling) 即記錄完整的行為事件，而不以時間為限 (例如記錄兒童的一次完整的助人行為，而不以時間為限)。行為評鑑是行為論學者收集資料的方式。在行為論人格理論家看來，所有的行為都是由情境中的獎賞和懲罰來決定的。

行為論學者的行為評鑑主張只考察外顯行為和維持行為的特定刺激，而反對把行為反應作為**徵兆** (sign) 來分析行為的動機或內在的人格特質。雖然傳統的行為評鑑技術也相當借重傳統的自陳法。例如，要求患者監督自己的行為表現，並系統地記錄特殊行為或刺激情境的出現率，有時還採用寫日記的方法。但它強調的是外顯行為和行為發生時的情境，而不是個體內部的需要、自我概念或某種特質等。這樣的行為評鑑對評定一個人的人格，其可用性就很有限。因為人是有主觀能動性的。人的行為不是一義的，而往往是多義的。對不同的刺激情境，人可以有相同的行為；對同樣的刺激情境，人可以有不同的行為。對人的研究，對人格的研究，必須既要考察人在特定刺激情境下的行為反應也要考察其內部的心理結構和心理狀態，並且應當把這兩方面的考察緊密地聯繫起來。這樣，在評定一個人的人格時，行為評鑑才有價值。

(五) 心理生理學技術

心理生理學技術 (psychophysiological technique) 是收集與人格特質有關的生理因素的過程。例如，程莎、湯慈美等 (1990) 以**艾森克人格問卷** (EPQ) 為依據，測定了高、低神經質，內、外傾被試者考試時尿內兒茶酚胺的分泌量，並用**考試焦慮量表** (TAS) 對被試在考試中的緊張程度及主觀體驗進行評定。結果表明，高神經質組在緊張性刺激條件下尿內去甲腎上腺素、腎上腺素和多巴胺的分泌量均顯著高於低神經質組；在平靜狀態下高神經質組的去甲腎上腺素分泌量高於低神經質組；內傾組在緊張性刺激條件下，多巴胺的增加高於外傾組。另外，高神經質組的考試焦慮調查表分數顯著高於低神經質組，內傾組高於外傾組。上述結果提示，由於人格差異的存在，對同樣的緊張性刺激可產生不同的認知評價和主觀體驗，並引起尿內兒茶酚胺反應的差別，高神經質組的應激 (或壓力) 反應大於低神經質組，內傾組的應激反應大於外傾組，而以高神經質的應激反應尤為顯著。心理生理學技術有助於揭示人格特徵的生理機制。這方面的研究應值得重視。

(六) 隱測量

用上述方法對被試進行人格測量時，都存在著主試與被試的相互作用因而影響被試對測驗情境的反應。基於此，韋伯等人 (Webb, Campbell, Schwartz & Sechrest, 1966) 提出，搜集被試不知道要對其人格測量但卻多少反映其人格特徵的資料，以評鑑一個人的人格特徵，這種方法稱為**隱測量** (或**無干擾測量**) (unobtrusive measure)。所謂隱測量是指搜集間接反映人格特質的資料來推論個人人格特徵的評鑑方法。韋伯等人舉出的例子如：(1) 教授辦公室的地毯磨損的程度是測量該教授受學生喜愛的程度；因為地毯的磨損程度表示進出辦公室人的多少。(2) 根據圖書館的借書記錄以發現學生對課程的喜愛傾向。(3) 自殺遺言可以作出了解自殺的原因等。這種間接推論的方法有相當大的局限性，只能作為人格評鑑的一種輔助方法。

活動產品分析 (activity product analysis) 也可以說是一種隱測量。一個人的活動產品 (如書信、日記、文學作品及其草稿、手工製品等) 能反映其人格特點，例如對待自己、他人的人格特徵、能力、技能和創造性等。奧爾波特 (Allport, 1965) 曾對珍妮寫給她兒子的兩位朋友的 301 封信的內容做過分析，認為珍妮有好爭吵、多懷疑、自我中心、感覺用事等人格特徵 (見第七章第一節)。列維托夫認為，學生練習簿外表的情況如封面、書寫的情結性和工整性對判斷其性格具有不少的意義 (余增壽譯，1959)。

本章摘要

1. **人格理論**是人格心理學家用來描述完整的人，描述和解釋個體差異的一套假設系統。其目的是試圖解釋和預測人的心理品質和行為傾向。
2. 人格理論中頗具爭議的問題有：如何看待人性；行為由內部決定還是由外部決定，人格的整體性與自我概念的關係；如何看待潛意識；過去、現在和將來對行為的影響。人格心理學家如何解決這些問題將決定其人格理論的特點。
3. 人格心理學屬於科學早期發展階段，學派林立，一時難以統一。可以用重要性，簡潔性，可操作性和激發性來評價人格理論。
4. 人格研究有助於驗證理論，加深或澄清對人格本質的認識。一些人格理論家強調人格的獨特性，主張對各個人單獨進行研究，這種研究取向稱為**特殊規律研究**。另一些人格理論家則強調人格特點的共同性，主張對個體資料的測定、團體資料的平均以及組間的比較，這種研究取向稱為**共同規律研究**。這兩種研究取向對於正確認識人格是互補的。
5. 人格研究就是運用收集到的事實資料來分析有關人格現象並採用研究設計來決定現象之間的關係是否確實存在的過程。所有的研究方法，各有其優缺點。
6. 應用於人格研究的**觀察法**有**非系統觀察**、**系統觀察**和**控制的實地觀察**。其主要優點是被試反應真實自然；缺點是易受觀察者的主觀因素影響、費時、難以做出概括性的結論。

7. **個案研究法**是搜集單個被試各方面的資料並進行定性分析的方法。其優點是能加深對特定個人的了解，有助於研究者獲得某種假設；其缺點是可靠性較差。
8. **實驗法**是實驗者創設一定的情境，系統地操縱自變量的變化以觀測因變量的研究方法。其主要優點是能夠探明變量間的因果關係；主要缺點是人工環境下片段的研究成果難以在人格的框架中加以整合，難以預測單個被試的行為。基於實驗法的局限性，不少心理學家主張到現實生活中進行生態學的研究。
9. **相關法**是考察兩個變量共變關係的統計分析方法。其主要優點是比實驗法能收集到更多的資料，能用於實驗法不能研究的問題。其主要缺點是不能確定兩個變量間是否有因果關係存在，易被**偽相關**和**中介變量**相關所混擾。
10. **單個被試研究**兼有實驗和個案研究的特點，其主要價值是能為研究提供較多的假設來源。
11. **臨床顯著性**是臨床心理學家不依據統計技術而是依據自己的專業經驗來判斷行為治療效果是否達到顯著療效的一個術語。
12. **人格評鑑**是指在具體條件下系統地搜集個人資料的過程。評鑑、測量和測驗三個術語可以交替使用，都是指搜集個人資料的一種程序。
13. 人格評鑑的主要困難是 (1) 難以測量完整的人；(2) 難以消除被試答題時的飾偽；(3) 難以評量各種人格特徵。
14. **信度**是測驗的必備條件之一，是指測驗結果的穩定性和一致性。測驗信度的高低，通常由相關係數來表示。最常用的信度有：**重測信度**，**折半信度**，**複本信度**和**評分者信度**。
15. **效度**是指測驗的準確性。測驗的效度主要有三種：**內容效度**，**效標取向效度**和**構念效度**。
16. **晤談法**是**訪員**和**來訪者**面對面直接交談，以評鑑來訪者人格特徵的一種方法。
17. **自陳測驗**是指被試根據標準化測驗所列題目敘述是否符合個人情況的回答。這些測驗中的題目都是描述人格特質的。
18. **投射測驗**是探索個體心理深處活動的一種人格測驗。其特點是，採用一種曖昧的刺激情境，讓被試在不受限制的條件下自由反應；然後心理學家以自己的理論假設對被試的自由反應作出解釋。

19. **行爲評鑑**是指評估被試在具體情景中的具體行為，而不以被試自己的描述為依據來推斷其人格特徵。

20. 對人格的評鑑，可以從人格特質與生理因素關係的角度來進行探討，這種評鑑方法稱為**心理生理學技術**。。

21. **隱測量**是一種搜集間接反映人格特質的資料，來推論個人人格特徵的評鑑方法。**活動產品分析**也是一種隱測量。

建議參考資料

1. 黄希庭 (主編) (1988)：心理學實驗指導。北京市：人民教育出版社。
2. 董　奇 (1992)：心理與教育研究方法。廣州市：廣東教育出版社。
3. 楊國樞、文崇一等 (1988)：社會及行為科學研究法 (上、下册)。台北市：東華書局。
4. 鄭日昌 (1987)：心理測量。長沙市：湖南教育出版社。
5. Alexander, I. E. (1990). *Personality: Method and content in personality assessment and psychobiography*. Durham: Duke University Press.
6. Carver, C. S. (1988). *Perspective on personality*. Boston: Allyn & Bacon.
7. Kline, P. (1993). *The handbook of psychological testing*. London: Routledge.
8. Maddi, S. R. (1989). *Personality theories: A comparative analysis* (5th ed.). Chicago: Dorsey Press.
9. Pervin, L. A. (1996). *The science of personality*. New York: John Wiley & Sons.
10. Phares, E. J. (1991). *Introduction to personality* (3rd ed.). New York: Haper Collins.

第二編

人格研究範型

人格心理學是一門多範型的科學。所謂**範型**(或**範式**) (paradigm) 其實就是一套科學習慣，是某 科學共同體公認它在一定時期裏作為進一步研究的基礎，並為以後幾代的工作者暗暗地規定了一個領域裏應當研究什麼問題，採用什麼方法 (Kuhn, 1962)。在人格心理學領域存在著多種研究範型。在這一編中，將討論四種主要的研究範型：精神分析論範型 (包括經典精神分析論和新精神分析論)、特質論範型、學習論範型和現象學範型。

精神分析論範型 (psychoanalytic paradigm) 是由弗洛伊德 (Sigmund Freud, 1856～1939) 創立的，其內容十分龐雜。簡而言之，該學派強調潛意識、性本能等人格動力的重要性；其研究的主要問題集中在焦慮、防衛機制、早期經驗對日後人格發展的重要性以及個人發展出來處理內部驅力和外部刺激的自我適應功能。該學派的研究方法是臨床的個案研究，其評鑑技術主要採用夢的分析、自由聯想和投射測驗等。新精神分析論雖然反對弗洛伊德以泛性論為動力的生物主義和對人的悲觀主義，強調自我的重要性以及社會和文化因素對人類行為的重大影響，但新精神分析論在一些基本概念、研究的主要問題以及研究方法和評鑑技術上並沒有脫離弗洛伊德所創立的經典精神分析論。在這一編中將用三章篇幅討論精神分析範型，其中第三章和第四章分別討論經典精神分析論和新精神分析論的人格理論；第五章討論精神分析論的研究方法、評鑑技術和簡評。

特質論範型 (trait paradigm) 強調人的個別差異和個體的整體功能，以特質的概念來假定行為的跨情境的一致性和跨時間的持續性。雖然特質與類型這一術語經常有聯繫，但特質論並不把人格分為絕對的類型，而通常認為存在一些特質維度；人們之間的差異，就在於他們在這些特質維度上表現程度的不同所形成的不同特質構型。特質論研究的主要問題是特質的分類和表現以及特質產生的基礎。特質論者主要採用因素分析、多變量分析研究以及自陳測驗的人格評鑑技術。在這一編中用兩章篇幅討論特質論：第六章討論特質論的人格理論 (包含若干類型論的觀點)；第七章討論特質論的研究方法、評鑑技術和簡評。

學習論範型 (learning paradigm) 強調個體的外部力量而忽視個體的內部動力，認為個體行為的差異來自或主要來自個體在成長過程中所面臨的學習經驗的差異；其研究的主要問題是行為是如何習得的。這一學派所採用的研究方法是嚴格的實驗法，即強調提出可驗證性的假設，操縱實驗變量，控制無關變量，以觀測行為反應的變化。在這一編中以兩章的篇幅討論人格研究的學習論範型：第八章討論學習論的基本理論觀點；第九章討論學習論範型的治療、評鑑技術和簡評。

現象學範型 (phenomenological paradigm) 關注人的主觀經驗、關注個人對世界的看法，通常不關心人的動機、特質、強化史或對行為的預測。現象學範型包括人本主義的人格理論、存在主義的人格理論和認知論的人格理論。這些人格理論家既反對以精神疾患為基礎的精神分析論，又反對以動物與幼兒簡單行為研究為基礎的行為主義。他們主張以正常人為研究對象，研究人的經驗、自我、自我實現、生命的意義等重要問題。在研究方法上他們主張觀察當前經驗並且不加解釋地予以描述，反對**還原分析法 (或簡化分析法)** (reductive-analytic method)，採用訪談和自我報告等評鑑技術。在這一編中也以兩章篇幅討論現象學範型：其中第十章討論現象學範型的人格理論；第十一章討論現象學派的研究、評鑑和簡評。

上述四個主要範型都不是團結一致的學派，每個範型中的心理學家除了在“應當研究什麼，採用什麼方法”這個問題上具有一致或相近的觀點外，他們之間還存在著不少的分歧。讀者在學習時不僅要注意每一人格研究範型的共同點，還應注意同一範型中不同的理論家在理論、研究方法和評鑑技術的差異點。每一種人格研究範型都是探討人格的一條途徑。讀者在學習時還應注意吸收其合理的因素摒棄其不合理的因素，並將合理的因素綜合起來，對人格做全面的理解。

第三章

經典精神分析論

本章內容細目

第一節　弗洛伊德生平及其對人的看法

一、弗洛伊德略傳　83
二、弗洛伊德的人性觀　86

第二節　人格結構和人格動力

一、人格結構　89
　㈠ 意識與前意識和潛意識
補充討論 3-1：潛意識的概念
　㈡ 本我與自我和超我
二、人格動力　93
　㈠ 本　能
　㈡ 焦慮和自我防禦機制
補充討論 3-2：壓抑的實驗研究

第三節　人格發展和人格適應

一、人格發展　100
　㈠ 口腔期
　㈡ 肛門期
　㈢ 性器期
補充討論 3-3：早期經驗與日後人格發展
　㈣ 潛伏期
　㈤ 生殖期
二、人格適應　104
　㈠ 適應的性質
　㈡ 治療的目的和方法

本章摘要

建議參考資料

精神分析(或精神分析論)(psychoanalysis) 是一種治療神經病 (neurosis) 的方法，也是一種重要的心理學理論，同時還是一種研究人格的範型。精神分析論的創始人弗洛伊德是奧地利著名的精神病學家。他根據自己的臨床治療實踐，精心地建立了一個龐大的理論體系，試圖解釋人格的結構、人格的動力、人格的發展、人格的變態以及如何治療改變人格。弗洛伊德創建的精神分析的人格理論是在所有的人格理論中內容最豐富，影響最大的人格理論。他的著作不僅影響心理學，而且幾乎影響現代人類文化的各個方面。弗洛伊德不僅自己享有世界性的盛譽，而且還培養了許多頗有名望的弟子。但這些弗洛伊德的弟子們在許多方面卻修正乃至改變了弗洛伊德的經典性理論的宗旨和信條。所以弗洛伊德的理論也被稱為**經典精神分析論** (classical psychoanalysis)，而他的弟子們的精神分析則稱為**新精神分析論** (neo-psychoanalysis)。

雖然波林 (高覺敷譯，1981) 在其《實驗心理學史》中把弗洛伊德列為世界上四大心理學家之一，但是弗洛伊德的理論剛出現的時候，並不受人們的歡迎。當時心理學家們所熟悉的是馮德 (Wilhelm Wundt, 1832～1920) 的觀點。這位科學心理學的創始人把對意識的分析視為心理學的研究任務；而弗洛伊德卻反其道而行之，提出潛意識動機的重要性。弗洛伊德的著作完成於 19 世紀歐洲禁欲主義的維多利亞時代。不難想見他當時的處境，因為他強調性本能和攻擊本能是人類行為的主要動機。從弗洛伊德創建精神分析論至今，經歷近一個世紀風風雨雨的磨難，有些人把它捧上了天，也有人把它貶在腳底下。無論人們怎樣評說，不可否認的事實是：這個理論在人格領域影響很大。

弗洛伊德的精神分析論規模十分龐大，本章將介紹他的人格理論中的一些重要概念。其主要內容如下：

1. 弗洛伊德是一位怎樣的學者。
2. 弗洛伊德是怎樣看待人的本性。
3. 弗洛伊德是怎樣描述人格結構的。
4. 弗洛伊德是怎樣論述人格的動力過程的。
5. 弗洛伊德是怎樣論證童年早期在人格發展中的意義的。
6. 弗洛伊德認為人格不適應的根源是什麼，怎樣進行心理治療。

第一節　弗洛伊德生平及其對人的看法

一、弗洛伊德略傳

弗洛伊德 1856 年五月六日生於摩拉維亞的弗萊堡 (現屬捷克)，四歲時隨全家遷居維也納，在那裏一直生活了 78 年。他的父親杰克布・弗洛伊德，是個無所成就的猶太皮毛商人，對人十分嚴厲。弗洛伊德出生時，其父已 40 歲，而其母 (其父第二個妻子) 才 20 歲。弗洛伊德的母親阿瑪莉婭生有六個孩子，弗洛伊德是老大。弗洛伊德父親的前妻生過兩個兒子，當弗洛伊德出世時，他父親同時也當上了祖父。弗洛伊德與其同父異母的哥哥菲利浦關係很不好。菲利浦比弗洛伊德大 20 歲，比他母親小一歲，弗洛伊德非常厭惡他。據說，在弗洛伊德一次關鍵性的自我分析中，發現自己一直相信菲利浦可能是他的生父。因而他妒嫉他所愛的母親和菲利浦的關係，

圖 3-1　弗洛伊德

(Sigmund Freud, 1856～1939) 精神分析論創始人弗洛伊德，1856 年生於摩拉維亞(現屬捷克)。1881 年獲得醫學博士學位以後，即私人開業治療精神疾病。1896 年正式提出精神分析的觀念，1909 年應邀去美國講學。1938 年因逃避納粹迫害，舉家亡命倫敦，次年去世。

進而由嫉生恨。弗洛伊德與其母親有深厚的感情。他一生始終熱愛和尊敬他的母親。

弗洛伊德智力超衆，勤奮好學，興趣廣泛，17 歲時便以優異成績被保送進入維也納大學醫學院。在當時的奧地利，行醫是猶太人可供選擇的幾種職業之一。弗洛伊德進入醫學院並沒有對醫學真正感到興趣，而只是把醫學作為從事科學研究的一種手段。由於他在幾方面的興趣與其醫學訓練沒有直接關係，他用了近八年時間才學完四年的醫學課程。最初，他專注於生物學並解剖了四百多條雄鱔研究睪丸的精細結構，發表了關於鱔魚性腺結構的論文。這是他第一次致力於性的研究。在維也納大學近八年的學習期間，他有六年左右時間是在著名生理學家布呂克 (Ernst Wilhelm von Brücke, 1819～1892) 指導下從事神經生理學研究，深受其學術思想的影響。在大學期間，他堅持不盲從，勇於獨創的治學精神。弗洛伊德發現可卡因的止痛特性，但是他卻没能使自己成為眼科手術中第一個使用可卡因的內科醫生。對於錯過這次成名的機會，他非常後悔。此外，他還連續三年聽了布倫塔諾 (Franz Brentano, 1838～1917) 的哲學課。

弗洛伊德在戀愛和婚姻問題上是既嚴肅又認真的。他與瑪莎在 1882 年訂婚，但直到 1886 年才完婚。在這四年多的漫長戀愛期間，他們幾乎每天都相互寫信，甚至一天寫兩三封信。每封信短至 4 頁長至 22 頁。弗洛伊德給瑪莎寫了 900 多封情書。他們白頭偕老，生有三男三女。女兒安娜 (Anna Freud, 1895～1982) 後來在倫敦繼承父業，成為知名的精神分析家。

弗洛伊德曾希望在大學裏從事科學研究，並發表過一些受到高度評價的論文。但他發現，作為一個猶太人在學術研究方面晉升甚少，從事學術研究不能賺到更多的錢，而這時他正與瑪莎戀愛，準備結婚，需要有較多的錢，於是他便放棄了從事學術研究。1881 年弗洛伊德獲得醫學博士學位後，次年，他便以一名臨床神經病醫生的身分開始私人營業。在行醫初期，弗洛伊德和布魯爾 (Josef Breuer, 1842～1925) 有著一種非常重要的友誼。

布魯爾是一位有高度成就的醫生。他幫助窮困而年輕的弗洛伊德排憂解難，並借錢接濟。他們經常討論布魯爾的某些病人，其中有一名叫安娜 (註 3-1) 的病人在精神分析的發展中起著極重要的作用。

註 3-1：安娜的真名是 Bertha Pappenheim，她後來成為德國的一個社會工作者。

安娜患癔病，有多種症狀：癱瘓，記憶缺失，精神頹廢，厭惡感以及視覺和言語紊亂等。**癔病 (或歇斯底里症)** (hysteria) 這個詞是從希臘文 hystera 衍生而來的，意為"子宮"。傳統的觀點是把癔病作為婦女特有的一種疾病。布魯爾發現，在催眠情況下，只要病人談出引起某些症狀的有關經驗，這些症狀就消失了。安娜說，她和布魯爾的談話就像"掃烟囪"一樣，這種"談話療法"治好了她的病。這種程序後來稱為**疏導法 (或宣洩)** (catharsis)。由於病人的病情有好轉，布魯爾深感興趣，在一年多的時間裏他幾乎每天都花幾個小時去看望安娜，而安娜開始把自己對待父親的感情轉移到布魯爾身上。安娜所表示出的那種情感後來被稱為對布魯爾的**正移情** (見第五章第三節)。在弗洛伊德看來，這是治療過程的一種必不可少的部分。但是布魯爾認為，這種情境是對他的事業的一種威脅，因而決定停止對她的治療。安娜為此受到強烈刺激，以致突然爆發歇斯底里分娩症狀。布魯爾用催眠治好了她的這個幻想後，就和他的妻子逃到維也納去度第二次蜜月了。

在 1885 年，弗洛伊德得到一筆小額研究補助金，使他有機會跟隨法國著名精神病家沙科 (Jean Charcot, 1825～1893) 學習四個半月。這對弗洛伊德產生了巨大影響：(1) 從沙科那裏他學到把癔病作為心理失調而不是作為器官失調來治療是可能的。(2) 在一次晚宴上，弗洛伊德聽到沙科充滿激情地斷言他的一位病人的障礙有重要的性原因；使他頓開茅塞，引起他後來對病人性問題的特別注意。

弗洛伊德從巴黎回到維也納繼續與布魯爾合作。他試用了一段時間的催眠術，但效果不佳。最後弗洛伊德放棄了催眠術，保留了所謂談話療法或疏導法，逐漸發展出他所謂的"精神分析法基本法則"——**自由聯想** (free association)。弗洛伊德的工作大致可分為下述三個時期。

第一個時期是 1895 年布魯爾與弗洛伊德出版了《癔病研究》一書。此書通常被認為是精神分析論的開端。書中包含他們一起治癒的包括安娜在內的五個個案史。此書的出版，當時遭到不少非議。出版後十三年中僅銷售 626 冊。由於弗洛伊德堅持性衝突是癔病的根源，1898 年前後，這對極親密的朋友終於分手了。

弗洛伊德工作的第二個時期以《夢的解釋》(Freud, 1900) 一書出版為標誌，進一步擴展其理論。該書被許多人推崇為弗洛伊德最偉大的著作。但當時，此書也遭到了大量的批評，八年間只售出 600冊。但是該書後來在全世界廣泛流傳。《夢的解釋》出版之後，精神分析運動逐步發展起來。1909 年他應美國著名心理學家克拉克大學校長霍爾 (Granville Stanley Hall, 1844～1924) 的邀請，參加克拉克大學 20 周年校慶，並作五次連續講演，會上被授予名譽博士學位。他會見了許多著名的心理學家，如詹姆斯 (William James, 1842～1910)、鐵欽納 (Edward Bradford Titchener, 1867～1927)、卡特爾 (James Mckeen Cattell, 1860～1944) 等。他的五次講演，題名為〈精神分析的起源和發展〉，第二年發表在《美國心理學雜誌》上。這次訪問使他獲得了很高的榮譽。他認為克拉克大學之行對於精神分析運動的發展有著極其重要的意義。

弗洛伊德工作的第三個時期以《超越快樂原則》(Freud, 1920) 一書出版為開始，直至他去世。這一時期他的工作包括進一步發展和修改理論，並試圖將其理論應用於社會問題。1923 年弗洛伊德患了口腔癌，這與他每天抽 20 支雪茄的習慣有關。在生命最後的 16 年中，他幾乎都在痛苦中度過，期間他接受了 33 次手術。雖然非常痛苦，但他堅持拒絕用止痛藥，因而頭腦仍十分清醒，並一直工作到生命的最後一息。

至 1933 年希特勒上台，納粹政權視精神分析為大逆不道，對弗洛伊德也進行了迫害。他們公開焚燒弗洛伊德的著作。納粹於 1938 年三月入侵奧國，弗洛伊德的家遭到匪徒的蹂躪。一週之後，他的女兒被捕，他不得不決定離開奧國。但納粹政權提出，在他未把當時還沒有售出的書從瑞士帶回燒毀以前，不許他離開。通過駐法國的美國大使調停，納粹才同意弗洛伊德去英國。在英國，他受到了優厚的待遇。1939 年 12 月 23 日弗洛伊德在倫敦逝世，享年 83 歲。

弗洛伊德一生都在不停地寫作，幾乎每年都有一本重要著作或一篇重要文章發表。現在出版的他的標準英文版全集，就有 24 大卷。我們之所以較詳細地介紹弗洛伊德的生平，是因為他是一個很有爭議的人物，同時其理論與其生平經歷密切相關。

二、弗洛伊德的人性觀

弗洛伊德對人的一個基本看法是：人是一個能量系統；就像一個水力系統，能量由這裏流出，在這裏轉換，或以水壩攔阻起來。從整體上看，能量是有限的，如果以某種方式釋放了能量，那麼以另一種方式釋放的能量就會相對地減少。一個人用於文化目的的能量是從用於性目的的能量中抽取出來的。一個人用於文化方面的能量增多，那麼用於性目的的能量就相對地會減少；反之亦然。如果釋放能量的某一途徑受阻，它就尋找阻力最小的另一條途徑釋放。雖然，人類的行為多種多樣，但所有的行為都可以簡化到共同的能量形式，並且人類的所有行為都是按照**快樂原則**(或**唯樂原則**) (pleasure principle) 行事的，即尋求緊張的減弱或能量的釋放。他認為，像物理事件那樣，人的所有心理和行為甚至口誤和夢都是被決定的；沒有任何行為會由於機遇或由於自由意志而發生。每一個動作、每一種動機都有某種原因，而這些原因多數是潛意識的。

弗洛伊德關於人的機械論觀念顯然是受赫爾姆霍茨 (Hermann von Helmholtz, 1821～1894) 及其師布呂克的影響。19 世紀中葉赫爾姆霍茨提出**能量守恆定律** (conservation law of energy)：能量可以轉換形式，但不能被消滅。當能量在一個系統的某部分裏消失時，它就一定會在該系統的其他地方出現。能量守恆定律對當時學術界的影響很大。前已述及，弗洛伊德在醫學院的八年學習中有六年是跟隨著名生理學家布呂克學習。布呂克認為人的各種力是根據能量守恆定律來推動的。這種觀點被弗洛伊德用來解釋人的心理和行為。在弗洛伊德的著作中可以看到，他常常使用動力學、電學和力學的術語，仿照物理學來解釋人的行為，營造他的心理學。

弗洛伊德把人看作和其他動物一樣是受**本能** (instinct) 所驅動的。各種本能歸根結柢可分為兩類：生的本能和死的本能。所謂**生的本能** (life instinct) 是指一切與保存生命有關的本能。與生的本能有關的心理能量統稱為**力必多** (**或欲力**) (libido)。在弗洛伊德早期著作中，力必多和性欲是等同的。但後來由於來自各方面的嚴厲批評，他把這一概念擴展為所有與生的本能有聯繫的能量形式，包括性欲、飢餓和口渴。弗洛伊德最後的結論是，力必多是用於延長生命的能量。它驅使人去追求快樂。生的本能也稱為厄洛斯 (Eros)，即希臘神話中的愛神。**死的本能** (death instinct)驅使人回到有生命之前的無機物狀態。死亡就是這種最終極的穩定狀態。死的本能也稱為塞納托斯 (Thanatos)，即希臘神話中的死神。由死的本能衍生出最重要的本能是**攻擊** (aggression)。弗洛伊德認為，攻擊是指向外部對象而不是指向自身的一種自我毀滅的需要。在弗氏看來，人性是惡的。他在《文明及其不滿》一書中對人性作了如下的評價：

> 人們急於否認，在這一切背後的一點真理是人並非仁慈、友善、追求愛情的動物，也並非遭到攻擊被動防禦的動物，而是懷著强大的攻擊欲，這種攻擊性可以看作是人的天賦本能的一部分。(Freud, 1930/1961, p.85)

弗洛伊德甚至認為，人類的科學活動、文學藝術、乃至於全部文化的產物，都是本能 (特別是性和攻擊) 能量的表現，是由於性和攻擊本能不能直接表現的一種結果。他說：

> 本能的昇華是文化進化的特別突出的特徵；正是由於昇華才有可能使較高級的心理操作，使科學的、藝術的和意識形態的活動在文明生活中起到如此重要的作用。(Freud, 1930/1961, p.63)

而本能能量的釋放與社會限制衝突的另一種結果則導致人的痛苦和精神病。在弗洛伊德看來，文明進步的代價是人類的痛苦、快樂的喪失和罪惡感的增多，甚至值得放棄文明而返回到原始狀態。

總之，弗洛伊德認為，人是一個能量系統，由性和攻擊的本能所驅動，根據快樂原則傾向於把緊張減弱至恆定的較低水平；人的所有行為不僅是被決定的，而且多數行為是由意識之外的潛意識力量所決定的。

第二節　人格結構和人格動力

弗洛伊德對人格結構的描述在不同的時期有不同的說法。早期他用潛意識、前意識和意識來描述人的精神生活的性質，後期他認為人格是由本我、自我和超我三部分組成。不論弗洛伊德對人格結構的描述如何發展變化，他始終認為，意識並不重要，它只代表整個人格的外表方面，而深藏在意識背後的潛意識則包含著種種力量，這些力量即本能乃是個人人格的動力。在這一節裏將概要介紹弗洛伊德關於人格結構和人格動力的理論。

一、人格結構

在弗洛伊德的理論中，人格也稱為精神或心理生活。他把精神劃分為潛意識、前意識和意識的理論，被稱為"地形觀"(topographical view)；而把心理生活劃分為本我、自我和超我的理論，被稱為"結構觀"(structural view)。有人以形象圖示的方式來表示弗洛伊德對人格結構的這兩種描述，見圖 3-2。

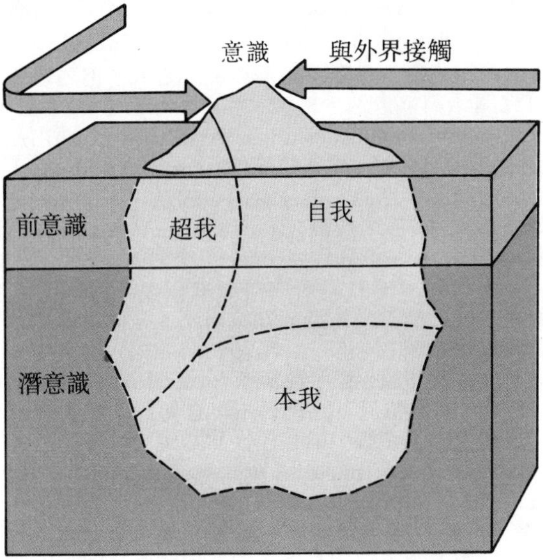

圖 3-2　弗洛伊德的人格結構示意圖
(根據 Healy, Bronner & Bowers, 1930 資料繪製)

(一)　意識與前意識和潛意識

意識 (conscious) 是由個人當前覺知到的心理內容所組成。人的心理就像漂浮於海上的冰山，露在水面上的一小部分，是各種意識到的心理活動；而藏在海水底下無法意識到的絕大部分屬於潛意識領域。意識的內容是不斷改變的，有些意識是從外部世界得來的，而大多數則是從底層升上來的。

補充討論 3-1

潛意識的概念

在心理學中對潛意識有兩種研究取向：認知取向和心理動力學取向。

在 19 世紀的心理學中，詹姆斯也許是最早提倡研究潛意識的學者。他認為，心理狀態可以是潛意識的；這至少包含兩種含義：(1) 某個心理事件處於注意或意識的範圍之外；(2) 他對癔病和多重人格的個案研究後認為意識能分為**初級意識** (primary consciousnesses) 和**次級意識** (secondary consciousnesses)，但只有其中之一是任何時候都能作為現象被知覺到的。為了避免否定意識的矛盾修飾詞，詹姆斯更喜歡用 "subconscious" (可譯為**下意識**) 來表示**潛意識** (unconscious) 心理狀態。

後來，行為主義的統治，中斷了對潛意識的研究。但隨著認知心理學的興起，潛意識的研究開始興盛起來。例如，經典的**信息加工多儲存模型** (multi-store model of information processing) (Atkinson & Shiffrin, 1968) 實際上是將意識、注意和**初級記憶** (或**原初記憶**) (primary memory) 聯繫起來；而潛意識的精神生活則與早期的、前注意的心理過程，例如**特徵檢測** (feature detection) 和**模式識別** (或**形之辨識**) (pattern recognition) 相聯繫。**思維的適應性控制模型** (model of adaptive control of thought)，簡稱 **ACT 模型** (ACT model) (Anderson, 1983) 為研究潛意識心理活動提供了新的視野。該模型認為人類的知識由兩種不同類型的知識構成，一種是陳述性知識，另一種是程序性知識。**陳述性知識** (declarative knowledge) 主要指那些可以言傳的知識，包括我們所知道的事實。**程序性知識** (procedural knowledge) 是關於怎樣去做的知識。在絕大多數情況下它們是不可言傳的，如我們的各種技能。根據思維的適應性控制模型，頭腦中的程序性知識絕大多數是潛意識的。晚近的**平行分布加工模型** (model of parallel distributed processing)，簡稱 **PDP 模型** (PDP model) (McClelland, Rummelhart & The PDP Research Group, 1986) 為潛意識結構和過程提供更寬廣的視野。該模型認為，人腦對信息是平行加工的而不是系列加工的。這就是說，在任何時候，同時處於激活狀態的加工單元的數量是大量的，它們通過信息的速度遠遠超過了意識的範圍。因此，在 PDP 模型看來，大多數信息加工 (不僅是感知覺，也包括記憶、言語、思維等) 都是潛意識的。

弗洛伊德認為，潛意識是生物性本能能量的倉庫，是人類一切活動的動力源泉。一些研究具有明確的心理動力學傾向，例如早期麥金尼斯 (McGinnes, 1949) 曾做過這方面的實驗。他以速示器將中性詞和惡感詞隨機地呈現給被試看，先以很快速度呈現，繼之逐漸降低速度；並記錄被試辨認出每一個詞的速度及辨認前、後的皮膚電反應 (GSR)。結果發現，被試辨認惡感詞的時間比辨認中性詞的時間長，辨認惡感詞之前的皮膚電反應比中性詞的大。麥金尼斯認為這表明被試對這些惡感詞在口頭表示認出之前，早已有情緒反應，由於防衛機制而抗拒對這些詞的知覺。

前意識 (preconscious) 是我們加以注意便能覺察到的心理內容。從整體來講，前意識更像意識而不像潛意識，然而前意識的內容變為意識的難度不同，它一方面由於聯想強度不同所致，另一方面則視**稽查者** (**或省察**) (censorship) 將阻止多少成分的痛苦潛意識觀念進入意識。前意識在一定意義上充當稽查者，其工作是除去不合適的潛意識內容，並把它們壓抑回到潛意識中去。

潛意識 (unconscious) 是精神分析論的一個主要概念，是指個人不可能覺察的心理現象，但它對個人的思想和行為影響極大。潛意識不是弗洛伊德首先提出的，但它在弗洛伊德的理論中有特殊的含義。弗洛伊德是最先詳細研究潛意識的本質並強調它的重要性的心理學家，這也說明精神分析與在它之前所有的心理學理論之間的主要區別。他根據對夢的分析、失言、精神官能症、藝術作品等來研究潛意識的本質，並勾畫出它在行為中的重要性。弗洛伊德認為，潛意識是人的精神機構中最初級、最簡單、最低級、最基本的因素，也是一種被壓抑的強大的內驅力，具有一種努力進入意識狀態的衝動。它"充滿了本能所提供的能量，但是沒有組織，也不產生共同的意志，它只是遵循快樂原則，力求實現對本能需要的滿足"(蘇曉離等譯，1987，82頁)。它沒有時間感、地點感和是非感，就像一個不受管教的孩子一樣，只知道千方百計立即滿足自己的需求，而不顧及其他。潛意識的內容主要是以性為中心的各種本能衝動，其來源少部分是由意識壓入的，絕大部分是從未意識到的。弗洛伊德認為，雖然意識屬於我們人格的一部分，但潛意識在人們的人格上卻占著優勢，它有力地操縱著我們的思想和行為。儘管人們的行為看來似乎出自意識，然而真正起作用的卻是潛意識。

(二)　本我與自我和超我

於 1923 年，弗洛伊德建立了精神分析論中更為正式的結構模式，用本我、自我和超我來描述成年人的人格結構。

本我 (id) 是人生下來時的心理狀況，它由原始的本能能量組成，是生和死兩種本能的儲藏庫，並且完全處於潛意識之中。本我不能忍受同肉體需要有關的緊張狀態，要求立即消除緊張，立即滿足肉體的需要，並且是根據快樂原則而行事的。本我消除緊張的途徑有兩種：反射作用和願望滿足。**反射作用** (reflex action) 是感官受刺激釋放出身體能量以達到本能的滿足。

例如，嬰兒打噴嚏對鼻腔中的刺激物作出反應，以便消除這種刺激。或通過小便以解除膀胱來自體內的壓力。在這兩種情況下，反射作用對消除緊張是很有效的。願望滿足比較複雜。當有機體缺乏滿足某種生理需要時，本我便產生一種滿足這種需要的物體或事件**意象** (image)，從而降低與這種需要有關的緊張。例如，對食物的需要會自動在本我中觸發與食物有關的意象，這種意象可以暫時降低對食物需要的緊張狀態；這就稱為**願望滿足** (wish fulfillment)。既然本我過去、將來都是完全潛意識的，那麼本我怎麼會被觸發起何種意象以反應各種需要呢？弗洛伊德的答案是：本我可獲得從前輩那裏遺傳得來的體驗殘餘，產生滿足人類需要的那些事物的意象。這種觀點與榮格的集體潛意識概念十分接近。本我企圖通過幻覺 (能滿足需要的事物的心理圖象) 降低 (或抑制) 需要引起的緊張，被稱為**原始過程** (或**原始歷程**) (primary process)，但是本我的原始過程不能最終消除由需要而產生的緊張。它不能區分意象和外界現實間的差異。因為對本我而言，它的意象就是唯一的現實。

自我 (ego) 是由本我分化出來的，其能量也來自本我。它一部分位於意識，一部分位於潛意識之中。自我在嬰兒期小而弱，由於與現實接觸，借助於**認同作用**，模仿其父母而逐漸成長。自我是理智的，遵循**現實原則** (reality principle) 的，只有在現實允許快樂的情況下它才允許降低緊張狀態。自我的存在是為了使個人與能真正滿足其需要的經驗發生聯繫。當人感到飢餓時，自我就去尋找食物；當人感到乾渴時，自我就去尋找水。自我遵循現實原則來尋找合適對象。由於自我意識到本我的意象和外部的現實的區別，並使事物的主觀意象與外界的事物等同一致起來，以滿足本能的需要。自我產生真正生物需要滿足的努力過程稱為**次級過程** (或**次級歷程**) (secondary process)。由於自我使本我的願望得到滿足，這樣本我的能量便逐漸轉入自我。當自我從本我那裡取得足夠的能量時，它可以用於消除滿足本能之外的其他目的，發展如感知、注意、學習、記憶、判斷、推理和想像等。此外自我能量還用於阻止本我能量的立刻釋放，整合超我、自我和本我三個系統，使之融合為一個統一的、組織良好的整體，從而對環境作有效的適應。

超我 (superego) 從自我分化而來，是父母向兒童灌輸的傳統價值觀和社會理想的一個人格結構。弗洛伊德認為，超我的產生約在五歲時因反對本我，特別是**戀母情結** (Oedipus complex)，而發展起來的。它是兒童在模仿父母的道德觀的過程中形成的。超我大部分屬於人格的潛意識部分。它是人格道德的維護者。這個結構告訴人什麼是合乎道德，什麼是不道德的。它像一個監督者或警戒者，設法引導自我走向更高尚的途徑。充分發展的超我有**良心** (conscience) 和**自我理想** (ego-ideal) 兩個部分，分別掌管獎與罰。良心是兒童受懲罰而內化了的經驗。如果這個人再次產生這些行為，或甚至想要實行這些行為，他就會感到內疚或羞愧。自我理想是兒童受獎賞時內化了的經驗。如果這個人再次產生這些行為，甚至想要產生這些行為，他就會感到驕傲和自豪。

超我追求至善至美，所以，它同本我一樣是非現實的。超我的主要功能是用良心和自豪感等去指導自我，限制本我的衝動。弗洛伊德曾幽默地說，有一句諺語說，一僕不二主。可憐的自我，日子更不好過，它要服侍三個嚴厲的主人，還要盡力調和三位主人的要求。這些要求總是背道而馳，而且常常是水火不容的；這就無怪自我常因任務太重而被壓垮。這三個暴虐的主人是外部世界、超我和本我。正因為如此，自我也被稱為人格的實際執行者。

總之，在弗洛伊德看來，整個人格中的能量是一定的，如果自我得到了能量，那麼本我或超我就會失去能量。人格中某一系統獲得能量後，即意味著其他系統已喪失了能量。一個人的行為取決於能量在三個系統中的不同分布。如果大部分能量被超我控制，這個人的行為就是很有道德的；如果大部分能量為自我所支配，這個人的行為就顯得很實際；如果大部分能量還停留在本我，這個人的行為就表現出原始衝動性。一個人的人格特點取決於能量在其人格結構中的分布狀況。

二、人格動力

前已述及，弗洛伊德把人看作是一個複雜的能量系統。該系統的能量源泉均來自於本能。而本能總是尋求立即解除緊張，求得滿足，求得快樂。但是現實世界不可能讓本能立即獲得滿足，因而便產生了焦慮。在弗洛伊德看來，人格動力過程的核心概念是本能和焦慮。

(一) 本 能

1. 本能的性質及特點 關於本能的性質，在弗洛伊德的著作中有很多表述，歸納起來，本能的性質有三層基本含義：(1) 本能是精神結構中固有的動力能量，而不是一種暫時的衝擊；(2) 這種力是不斷來自生物體內部，源於肉體組織，表現為一種“肉體欲求”；(3) 這種肉體欲求是作用於心靈時所表現的力。總之，在弗洛伊德看來，本能是來自生物體內部的一種固有的驅力，並通過心理器官決定著人的心身活動的態勢。本能是人的所有活動的最終原因。

弗洛伊德認為，任何本能都有其根源、目的、對象和動量四個特點。

本能的**根源** (source) 是人體的需要或衝動。一種需要或衝動表現為人體的某個組織器官的興奮過程，而這一興奮過程必將儲存在體內的能量釋放出來。例如，飢餓的內部狀態使體內腸胃器官組織的興奮所釋放的能量，就激活了飢餓本能的衝動。

本能的最終**目的** (aim) 是消除該本能刺激的根源，即滿足體內需要或解除由此產生的興奮和緊張過程。例如，飢餓本能的目的是消除體內飢餓的生理狀態。除了最終目的外，弗洛伊德指出本能還有其他從屬的目的，這些目的實現必須先於最終目的，飢餓消除前，必須先找到食物並送進口。找到和吞吃食物從屬於消除飢餓這一最終目的。弗洛伊德把本能的最終目的稱為**內在目的** (internal aim)，把從屬目的稱為**外在目的** (external aim)。

本能的**對象**(object) 是指本能行為為達到目的所利用的對象以及所採取的手段。飢餓本能的對象就是吞吃食物；性欲本能的對象就是性結合；攻擊本能的對象就是拼搏。在本能中，最容易產生變化的是其對象或手段，因為本能可以對不同的對象並採取多種方式來達到目的。

本能的**動量** (impetus) 是指本能所具有的力或強度，其大小由本能擁有的心理能量多少來決定。飢餓越甚，對精神所產生的衝動就越強。可以根據一個人在尋求本能目的時能克服阻礙的多少來觀察本能能量的強弱。

總之，本能的根源是來自體內的一種興奮或緊張狀態；本能的目的是釋放或消除這一緊張狀態；但從根源到它的目的達成過程中，則需要借助本能的對象和採取的手段，這種行為機制則取決於本能所擁有的能量的大小。這就是弗洛伊德關於本能特點的論述。

2. 能量的投注和反投注 在弗洛伊德看來，每一種行為都可以用能量的投注和反投注來描述。所謂**投注** (cathexis) 是指能量或力必多傾注於某種對象而使需要得到滿足的過程。投注的對象有三種：(1) **自我投注** (ego cathexis)：把力必多傾注於自己，例如自戀者。(2) **幻想投注** (fantasy cathexis)：把力必多傾注於虛無的幻想中，例如白日夢者。(3) **對象投注** (object cathexis)：把力必多傾注於某人、某物或某些團體活動上。所謂**反投注** (anti-cathexis) 是指自我或超我對能量或力比多傾注的抑制。例如，如果本我產生性欲需要，即它要求立即給予滿足。但在大多數情況下，超我的反投注則全力阻止這種能量的釋放。自我的反投注將以某種延遲策略，產生使本我和超我雙方都滿意的行為。因此，本我只有能量投注，而自我和超我則同時具有能量投注和反投注。

從功能的動力來看，一個人的本能可能會暫時受阻而不表現出來，也可能不加修飾地表現出來，最大的可能是改變本能的方向或性質而表現出來。例如，有的本能只有部分而不是全部表現出來：情感可能是性本能的部分表現而抑制了原來的目的；諷刺可能是攻擊本能的部分表現。有的本能可能是曲折地表現出來；對母親的愛可能轉移為對妻子的愛；對老板的怒氣可能轉移到向其他人和物的發洩怒氣。每一種本能都可以轉移或加以修飾，幾種本能也可能融合為一種本能。例如，足球能滿足性和攻擊的兩種本能，而醫生動手術則可能是愛和破壞的融合。總之，在弗洛伊德看來，人的一切活動都是由本能能量的投注和反投注決定的。本能在行為中的表現可能是曲折的、偏離正道的，或喬裝假借的，也可能是直接的。相同的本能可以許多方式來滿足，而相同的行為對不同的人可以達到不同的滿足，或者對同一個人達到多重的滿足。因此，本能能量的投注和反投注的交互作用，便成了精神分析論的動力過程的重點。

(二) 焦慮和自我防禦機制

1. 焦　慮　**焦慮** (anxiety) 是一種由緊張、不安、焦急、憂慮、驚恐等感受交織在一起的情緒體驗。焦慮與恐懼雖然都是個體面臨威脅或危險情境時產生的反應，但恐懼多因明確的對象引起，而焦慮則是原因模糊的，只覺惶悚不安，但卻不了解所怕的是什麼。弗洛伊德說：

> 我以爲焦慮是就情緒而言，不問對象；恐懼則集中注意於對象；至於驚悸似乎有其特殊的含義——它也是就情境而言，但危險突然而來，没有焦慮的準備。(高覺敷譯，1986，316 頁)

根據弗洛伊德的理論，嬰兒出生時與母體分離，是人類體驗到的最大焦慮。這種體驗被稱為**出生創傷(或產傷)** (birth trauma)，這時嬰兒從一個非常安全與滿意的環境突然進入一個對需要的滿足很少能預知的環境。弗洛伊德認為，由出生所產生的分離感是一切後來出現焦慮的基礎。

依據對自我造成威脅的根源來自外界環境、本我和超我三種情況，弗洛伊德把焦慮分為三類：

(1) **現實性焦慮** (reality anxiety)：是感知到環境中真實的、客觀的危險所引起的情緒反應。這些危險如：毒蛇、野獸、火災、考試等。這種焦慮主要是害怕。如果威脅的來源消除了，現實性焦慮就會減輕或消失。

(2) **神經性焦慮** (neurotic anxiety)：是擔心本我的衝動會戰勝自我時所引起的恐懼感。霍爾 (陳維正譯，1985) 寫道，這種焦慮在神經質的人身上尤為顯著，他們總是杞人憂天地擔心著什麼可怕的事情要發生。實際上他們所害怕的是本我不斷向自我施加壓力並可能控制住自我。也就是說，感到自己的本能可能導致某種危險而產生的焦慮。弗洛伊德認為自我對付本我的威脅主要用兩種方式：第一是壓制衝動使其不表現為有意識行為；第二則為干擾本我衝動原來的強度，使其明顯減弱或轉向他方。這是防衛機制的主要形式。

(3) **道德性焦慮** (moral anxiety)：是個人良心上的不安所產生的罪惡感和羞恥感。例如，如果一個人已經確信尊老愛幼是件好事，那麼他想不照顧自己年邁的父母就會產生道德性焦慮。道德性焦慮是個人害怕做違背超我的事情而產生的痛苦體驗。將內化了的價值觀、道德觀付諸行動就可以避免道德性焦慮。

2. 自我防禦機制 焦慮是一種相當痛苦的情緒，當自我用正常的和理性的方法來降低和解除焦慮而不起作用時，它就轉向採用非理性的自我防禦機制。所謂**自我防禦機制(或自我防衛作用)** (ego-defense mechanisms) 是指一些為保護自我免受衝突、內疚或焦慮之累的潛意識反應。防禦機制有多種方式，但所有的自我防禦機制一般都具有下列兩個特點：(1) 它們都是潛意識的，即個人通常是不知不覺地加以運用的；(2) 它們都是偽造或曲解現實的，以防止本我的衝動。弗洛伊德的女兒安娜・弗洛伊德 (Anna Freud, 1895～1982) 在其《自我與防禦機制》一書中，對其父提出的防禦機制做了補充和系統化的工作。主要的防禦機制有：

(1) **壓抑** (repression)：是指自我阻止激起焦慮的那些念頭、情感和衝動達到意識水平。這些不愉快的東西，可能來自本我中的遺傳部分；也可能來自個人的痛苦記憶。對前一種情況的壓抑稱為**原始的壓抑** (primal repression)；對後一種情況的壓抑稱為**真正的壓抑** (repression proper)。壓抑是最基本的防禦機制，因為只有發生壓抑，其他的防禦機制才能發生。

(2) **否認** (denial)：是指個人潛意識地阻止有關自己痛苦的事實進入意識。這樣可以逃避現實，不必面對生活中那些無法解決的困難和無法達成的願望，從而減低內心的焦慮。例如，一位失去丈夫的寡婦在吃飯時總是給丈夫擺上一個座位和一套餐具，經常幻想與丈夫談話等。安娜認為她實際上在否認她的丈夫已經去世。

(3) **移置** (displacement)：是指將一種引起焦慮的衝動投注改換為另一種不引起焦慮的衝動投注。對某一對象的情感或願望無法對其直接表現時，有時會轉移到其他較安全的對象上，以便減輕個體精神上的負擔。例如一個人受老板責備後，就向自己的妻子、孩子、貓或餐具出氣。有時能量的移置也可以指向自己本身，這時就會出現抑鬱或自我輕視的思想和行為。例如一個人受老板責備後，就打自己的耳光，罵自己不中用等行為。

(4) **認同作用 (或自居作用)** (identification)：是指個體潛意識地向別人模仿的過程。弗洛伊德提出有四種認同作用：一是**自戀認同** (narcissistic identification)，是指個人對那些與他自己有相同特點的人的認同。例如，一個男孩如果喜愛自己的男性特徵，那麼他就很可能以讚賞的目光去看待其他男人的男性特徵。自戀認同導致同一團體中成員之間的緊密結合。二是**目標定向認同** (goal-oriented identification)，是指個人對某個成功者或偉人的認同。它對人格的發展有重大影響。如果一位父親被他的兒子作為渴求的目標，那麼這個兒子便會越來越像他的父親。三是**對象喪失認同** (object-loss identification)，是指個人為了恢復某一失去的對象而去認同他。這種認同作用在被父母厭棄的兒童中較為常見。他們為了重新得到父母的愛撫而按照父母所希望的那樣去做。四是**強制性認同** (identification with an aggressor)，指個人同權威者的禁令保持一致，其目的是通過順從潛在敵人的要求以避免懲罰。前三種認同作用是出於愛，強制性認同作用不是出於愛而是出於恐懼。弗洛伊德認為，正是這種認同作用奠定了個人良心

補充討論 3-2

壓抑的實驗研究

關於壓抑的性質，安娜·弗洛伊德認為，壓抑首先是一種有目的遺忘，而這種目的和動機又是在潛意識作用下不知不覺將某些令人不愉快的情形忘掉。其次，這些被壓抑的念頭、感情或衝動，雖然不被人意識到，卻不知不覺地影響著人的日常生活，對人格發生影響。第三，區分出**壓抑** (repression) 和**壓制** (suppression)。壓制不同於壓抑，是指有意識地抑制自己認為不該有的衝動和欲望，即將其壓抑在前意識之中。她認為：

> 壓抑能够控制强有力的本能衝動……壓抑不僅是最有效的機制，也是最危險的機制。意識從全部本能生活和感情生活中退出所造成的自我的分裂會永久地毀壞人格的完整。因此壓抑便成爲折衷作用和神經症的基礎。(Anna Freud, 1936, p.54)

由於壓抑的重要性，因而它在精神分析論中是被研究得最多的一個概念。在早期的一項研究 (Meltzer, 1930) 中，讓大學生在聖誕假日後回憶其假期經歷，分為愉快和不愉快兩類。六週後再讓他們回憶，結果發現愉快經驗比不愉快經驗回憶得多。在晚近的一項研究 (Morokoff, 1985) 中，讓高性罪惡感和低性罪惡感的婦女觀看一部色情錄像片，要求她們報告自己的性欲喚醒水平，同時記錄其生理反應。結果是，高性罪惡感的婦女報告自己的性欲喚醒水平都低於低性罪惡感的婦女所報告的性欲喚醒水平，但她們卻顯示出高生理喚醒水平。研究者認為，與性欲喚醒有關的罪惡感使高性罪惡感的婦女產生了壓抑，或阻礙了對自己的生理喚醒的意識。但是，這個分析是有疑問的。因為高性罪惡感的被試也可能採用壓制的結果，而不是壓抑。在另一項研究 (Davis & Schwartz, 1987) 中，要求被試回憶自己的童年，說出所有能憶起的經歷或情景，並回憶與高興、悲哀、憤怒、懼怕、困惑五種情緒有關的經歷，指出每種情緒的最早經歷。通過被試在**顯性焦慮量表** (Manifest Anxiety Scale) 和**馬洛-克朗社會優點量表** (Marlowe-Crown Social Desirability Scale) 上的反應分數，將被試分為壓抑者和非壓抑者。研究發現，壓抑者回憶的消極經歷較少，回憶出最早的消極經歷的出現時間也明顯晚得多。研究者認為，這一結果證明了壓抑包含著對消極情緒記憶的不可獲得性的假設，並進一步認為壓抑還以某些方式同對一般的情緒經歷的壓制或**抑制** (inhibition) 有聯繫。因此，壓抑包含著對消極情緒記憶的不可獲得性的假設，是有一定的限度的。

霍姆斯 (Holmes, 1974) 曾對有關壓抑的研究文獻做過綜述。其結論是，極少有證據支持壓抑這個概念的預測效應。雖然許多研究提到與威脅有關聯的材料不能很好地被回憶出來，但這些結果通常能以其他假設作更好的解釋。

的基礎。懂得如何在社會中遵守規矩，從而避苦求樂。

(5) **昇華作用** (sublimation)：是指將本能（包括性本能和攻擊本能）的衝動或欲望轉移到為社會許可的目標或對象上去。例如，性衝動的能量可以昇華為詩歌、音樂、藝術創作；攻擊衝動可以昇華為拳擊運動等。

(6) **投射作用** (projection)：指把自己內心不被允許的態度、行為和欲望推給別人或其他事物。這種自我防禦機制可以把自己的錯誤、失誤歸咎於他人，也可以把自己的欲望、態度加諸於他人。因此，在表現上可能是“借題發揮”，也可能是“以小人之心度君子之腹”，還可能是“以五十步笑百步”。

(7) **合理化作用（或文飾作用）** (rationalization)：是指用一種自我能接受、超我能寬恕的理由來代替自己行為的真實動機或理由。這是一種採用錯誤的推理使不合理的行為合理化。但合理化作用並不是欺騙，因為個體本人相信這是真的。合理化作用可分為兩種：一是**酸葡萄機制（或酸葡萄作用）** (sour grapes mechanism)，指希望達到某種目的而未能達到時便否認該目的價值和意義。《伊索寓言》中狐狸想吃葡萄但又吃不著，便說葡萄是酸的。二是**甜檸檬機制（或甜檸檬作用）** (sweet lemon mechanism)，指因未達到預定目的，便苟且偷安，抬高現狀的價值。狐狸吃不著葡萄，只好吃檸檬，便認定檸檬是甜的。

(8) **反向作用** (reaction formation)：是指為了掩藏某種欲念而採取與此欲念相反的行為。這種防禦過程分兩步進行：一是壓抑不得體的欲念；二是將其反面顯露於意識水平。“矯枉過正”、“此地無銀三百兩”都可視為反向作用的表現。

(9) **固著作用（或固著）** (fixation)：是指行為方式發展的停滯和反應方式的刻板化。固著作用分兩種情況：一是個人習得行為不能隨年齡的增長而變得漸趨成熟的現象。二是個體一再遇到同樣的挫折而學習到一種一成不變的反應方式，以後情況發生變化，這種刻板的反應方式仍盲目地繼續出現。

(10) **退化作用（或退化）** (regression)：指個人遇到挫折時以其年齡較幼稚的行為來應付現實的困境。例如，四至五歲的兒童大小便、穿衣、吃飯等日常生活習慣已經形成，但這時如果家裡又添一個新生兒，他可能會出現尿床、吮手指、動輒啼哭、要人餵飯穿衣等幼稚行為，藉以博得父母的關注。退化和固著是同時發生的，因為一旦某個人發生退化時，總是退化到他曾被固著的那個發展階段。

第三節　人格發展和人格適應

弗洛伊德認為，所有的人的人格之發展都源於嬰幼兒時期心理性欲發展的變態。性欲的發展就是力必多能量投注於人體有關部位的變化和發展的過程。人類的性欲起源於嬰兒期，並經歷著不同的發展階段，最後才進入成熟期。一個人的人格適應程度可以追溯至通過心理性欲發展各階段所經歷的挫折的多少。在弗洛伊德的理論中，一個人人格的發展和適應都源於力必多能量的變化和發展。在這一節裏將概要介紹弗洛伊德關於人格發展和人格適應的理論。

一、人格發展

弗洛伊德認為，**人格發展** (personality development) 是沿著所有人從出生到成人所經歷的若干先後有序的階段而前進的。這些階段都有一個身體的相應部位成為力必多興奮和投注的中心，這些部位稱為**性感區** (erogenous zone)，對人格的發展有獨特的意義。因為它們不僅是緊張和快樂體驗的最重要的根源，而且對性感區的操作活動使兒童與父母發生衝突，產生焦慮，從而刺激了兒童人格的發展。

每一個性感區都與一個特殊的衝突相聯繫，必須解決這一衝突，兒童才能進入下一階段，如當前的需要没有得到適當的滿足，兒童就會產生挫折，因而仍突出地存在於人格結構中。如果需要得到過多的滿足，兒童就不願離開這個階段，產生固著，結果代表那個階段特徵的行為將繼續存在。因此，過多的挫折或過多的滿足，都會造成兒童在某一階段的固著和退化，雖然其實際年齡已經超過了它。弗洛伊德認為，成人的人格特徵是由各種嬰幼期經驗決定的，五歲時人格業已形成。

弗洛伊德把人格的發展階段命名為**心理性欲階段**(**或性心理發展期**)(psychosexual stages)，以便強調性本能活動在人格形成中的重要性。他認為，性本能在嬰兒出生前就已存在，出生後立刻開始活動。個人都將經歷下列發展有序的心理性欲階段。

(一)　口腔期

口腔期(**或口唇期**)(oral stage) 是指從出生到一歲左右，嬰兒的大部分活動在口腔，其性感區是口腔。口腔主要有五種活動方式：(1) 攝入，(2) 吸吮，(3) 撕咬，(4) 吐出，(5) 緊閉。每一種活動方式都將成為某種人格特徵的**原型**(prototype)。口腔的攝入是獲取的原型；吸吮是堅韌和決定心的原型；撕咬是破壞的原型；吐出是排斥和蔑視的原型；緊閉是拒絕和抗拒的原型。這些特徵是否將發展成為個人的人格特徵取決於人在與這些原型相關的經驗上所遇到的挫折。如果遇到挫折就會固著於某種原型。

口腔期分初期和晚期。口腔初期 (不滿八個月)，快感主要來自嘴唇與舌的吸吮和吞嚥活動。根據弗洛伊德的觀點，一個人固著在口腔初期的成人會從事大量的口腔活動如沈溺於吃、喝、抽烟與接吻，以及對愛情、知識、金錢、權力和財產的貪婪和獲取。這種人被稱為**口欲含合型性格**(oral-incorporative character)。所謂**口欲含合**(**或口腔併合**)(oral incorporation) 是指通過口腔把周圍的東西與自己合併，成為自我的一部分。在口腔晚期 (從八個月到一歲半)，快感來自如咬和吞嚼等活動。一個固著在口腔晚期的成人會咬指甲、貪吃，以及與撕咬相類似的行為，如挖苦、諷刺與嘲弄他人。這種人稱為**口欲施虐型性格**(oral-sadistic character)。

(二)　肛門期

肛門期(anal stage)，一歲至三歲幼兒的性感區在消化道的底端——肛門。在這一時期，幼兒應當學會控制排泄過程，使之符合於社會的要求。因此，便溺訓練便成為這一時期的關鍵。如果排泄嚴格訓練，幼兒情緒受挫折產生反向作用，就會形成過分整潔、吝嗇、小氣、極端守規矩、對時間和金錢嚴格預算以及其他過分控制的行為。這種人稱為**肛門滯留型性格**(anal-retentive character)。如果幼兒的大便受到母親的過分誇獎，那麼他就會像解大便來討母親的歡心一樣，形成慷慨大方、喜贈禮物、樂善好施和慈善

補充討論 3-3

早期經驗與日後人格發展

哈洛 (Harlow, 1958, 1962) 以猴子為實驗對象，來證明早期經驗影響日後行為的重要性。他製作了一些假母猴，有些是用鋼絲編製而成的；有些是在木架上覆蓋著海綿狀橡皮和毛巾布而做成的。這些假母猴以暖氣加温，用奶瓶授乳。將一些剛出生的小猴放在一些各有一個鋼絲母猴和一個布母猴的籠子裏。其中半數幼猴由鋼絲母猴餵奶，另一半則由布母猴餵奶。它們可以自由地在任一假母猴跟前停留。結果發現，在幼猴的情緒反應發展上，布母猴的接觸舒適感十分重要，甚至比授乳還重要。無論由哪個假母猴授乳，這些動物幾乎全部時間都依偎在布母猴跟前，只在餵食時才離開她。此外還發現，從小由假母猴哺育長大的小猴，長大後表現出異常的社會反應。包括不合作、攻擊行為、性反應缺失、刻板動作和自我毀傷等。這一研究結果似乎支持了精神分析論的發生說。

在一項研究 (Lewis, Feiring, McGuffog & Jaskir, 1984) 中考察了兒童早期的**依附** (attachment) 與日後精神症狀的關係。研究者先按標準來觀察一歲的男、女幼兒的依附行為，觀察內容包括在非結構情境中的母子交往，然後在遊戲活動室裏幼兒的單獨活動，以及第二次非結構情境的母子交往。對兒童的三類依附行為 (安全的、迴避的和無所適從的) 進行評分。然後在六歲時，由母親以兒童行為剖析圖對兒童的行為進行評估。母親的評分同教師的評分相參照。根據剖析圖的評分，將兒童分為正常組、危險組和臨床失調組。早期依附行為與日後症狀的關係有兩方面的結果較引人注目：(1) 男童與女童的結果是不同的。男童一歲時的依附分類同日後症狀有顯著相關。缺乏安全依附的男童比有安全依附的男童在六歲時有較多的症狀，而女童則無此種結果。(2) 從早期依附的資料來預測症狀，其結果不同於從日後的症狀來理解早期的依附類型。六歲時被評定為危險組和臨床失調組的兒童中有 80% 屬於一歲時的迴避組和無所適從組中，相反，一歲時被評定為迴避組和無所適從組的兒童，到六歲時只有 40% 屬於危險組或臨床失調組。這表明，日後行為症狀與早期經驗之間有明顯關係。但從預測的角度看，這種關係則不明顯。這是因為其中有許多其他變量在起作用。研究者的結論是，雖然兒童的依附關係在症狀發展中是一個很重要的因素，但是兒童不會因為早期的安全依附關係而免疫，也不會因為缺乏安全依附關係而注定有某種症狀。

早期經驗對日後人格的影響是很複雜的。尋求解決這個問題的方法應是多樣化的，而不是簡單的有或無的回答。例如，我們應如何定義發展的一致性、穩定性和連續性？成人的人格是怎樣從兒童期發展而來的？或者成人的人格表現了兒童期哪些明顯特徵？此外，還應就某種具體的早期經驗對日後人格影響的重要性進行研究。例如，在考察失去母親對兒童的影響時，就應考慮失去母親的時間有多長？是如何失去的？失去母親前後有什麼樣的經驗？等等。這樣才有可能較準確地闡明早期經驗對日後人格可能帶來的影響。

博愛等行為。這種人稱為**肛門排出型性格** (anal-expulsive character)。

(三)　性器期

性器期 (phallic stage)，約 3～5 歲之間的兒童從換衣和淋浴中知道兩性器官上的差異，摸生殖器 (手淫) 可產生快感。此一時期的性感區在生殖器。弗洛伊德認為，這一時期的衝突是兒童占有雙親中異性一方的性欲，以及對來自雙親中同性一方的報復所引起的焦慮。

在這一時期，男孩有**戀母情結**企圖殺父娶母，產生**閹割焦慮** (castration anxiety)。這種焦慮使他放棄對母親的性渴求，並通過對父親的認同作用，產生了超我，從而使戀母情結消失。男孩在認同父親的過程中獲得了許多與父親相同的價值觀，形成自強、自誇和攻擊性等男性性格；而裸露和攻擊行為則是掩蓋閹割焦慮的反向作用，也可以由昇華作用變得像母親一樣柔情。

在這一時期，女孩因有所謂**陰莖妒羨 (或陽具妒羨)** (penis envy) 而產生**戀父情結** (Electra complex) 企圖殺母嫁父。由於陰莖妒羨，她可能仿效父親，變成“假小子”性格。如果女性衝動占優勢，她就更傾向於模仿母親，形成女性性格。

口腔期、肛門期和性器期合稱為**前生殖期** (pregenital period)，相當於五歲以前。這一時期，性欲以自己身體為對象，吮吸拇指、排便和閉便、手淫是快樂的源泉。所以，這一時期也稱為**自戀期** (narcissism period)。同時這一時期也包含對同性和異性成人即父母的性欲。

(四)　潛伏期

潛伏期 (latency stage)，約從 6 歲到 12 歲左右。一方面由於超我的發展，另一方面由於活動範圍的擴大，兒童的性欲被移置為替代性的活動，例如學習和體育等。其性欲對象為年齡相似的同性别者，並有排斥異性的傾向。因此，這一時期也稱為**同性戀期** (homosexual stage)。

(五)　生殖期

生殖期 (或兩性期) (genital stage) 是性本能發展的最後階段。個體經過一段潛伏期之後，青年男女已進入青春期，隨著性成熟，兩性之間在身體上的差異日益明顯。生殖器成為主要的性感區，此時已擺脫兒童時期的性對象，並以異性為性對象。力必多方向的改變也是逐漸形成的。弗洛伊德說，這一發展期的明顯回音就是青年男子第一次嚴肅愛情常常是對一位成熟的婦女；而少女則常常是對一位有威望的長者。這一時期持續時間最長，從青春期直至走向衰老為止。到那時，人又開始向前生殖期退化。弗洛伊德認為，潛伏期和生殖期對於人格基本結構的發展是無關緊要的。

二、人格適應

弗洛伊德根據他的人格理論提出了對人格適應的性質的看法及心理治療的目的和方法。

(一) 適應的性質

弗洛伊德認為，個人的完善和人格的健康，取決於人格各部分關係的和諧一致，以及個人與他必須生存於其中的現實世界的協調。故在弗洛伊德精神分析觀點下的適應乃在於自我必須調節本我、超我和外界，為滿足本我的本能要求而發覺和選擇機會，但又不違反超我所要求的準則。

另一方面如果外界是不適宜的，沒有提供任何這樣的機會，那將導致痛苦。然而甚至當環境是適宜有利的時候，如果人格的各部分之間存在內在的衝突，那也會產生精神失調。弗洛伊德以為適應不良的產生源於心理性欲發展階段的過程中遭遇過多或過少的挫折，導致力必多能量投注不均，而產生心理疾病。在弗洛伊德看來，如果挫折是適度的，那麼個人的人格便循著正常的過程發展。能在愛和工作中體驗快樂是人格適應的標誌。弗洛伊德還進一步分析了如果在心理性欲發展階段中的某一階段，遇到過多或過少挫折在成人的人格中留有該階段特定的印跡和容易產生的適應問題。

因此成人的人格特徵乃是童年時期性本能活動受到壓抑、昇華、反向作用、固著、退化等的結果。表 3-1 表示心理性欲階段與成人性格特徵的一些潛在關係。

在力必多能量投注方面，弗洛伊德則指出由於人的潛意識本能活動一直都停留在嬰兒水平，所以在潛意識中，人仍然以嬰兒的方式尋求性和攻擊的滿足。當自我覺察到這些本能活動時，就加以壓抑。如果自我是強大的，那

表 3-1　心理性欲階段與成人性格特徵的潛在關係

性心理發展期	成人時的表現	昇　　華	反向作用
口　腔　期	吸烟，貪吃，接吻，貪喝，注重口腔衛生，嚼口香糖	渴求知識，幽默，諷刺，機警，成為食品或酒類品嚐專家	說話小心謹慎，飲食追求時尚，禁飲酒，不喝牛奶
肛　門　期	喜歡解大便，極端骯髒	喜愛繪畫或雕塑，慷慨大方，樂善好施，精打細算	極度恐懼污物，整潔癖，近乎慳吝的節儉，過分規矩，脾氣暴躁
性　器　期	經常手淫，愛調情，男子氣的表現	喜愛詩歌，鍾情，喜歡表演，追求成功	對性的清教徒式的態度，過分羞怯

(採自 Phares, 1991)

麼這種威脅就會不嚴重。但是如果心理性欲發展不完全，自我很弱小，那麼就會採用一個或多個自我防禦機制。自我防禦機制運用的多少可以度量本能衝動或自我的強度。如果自我長時間地、經常地運用防禦機制，就會過多消耗能量，導致內在人格結構的不平衡，進而產生適應不良。而這些能量原本可以更好地花費在適應的、健康的活動上。

(二)　治療的目的和方法

前已述及，在弗洛伊德看來，成人的神經官能症狀是內在的，是患者在兒童期沒有解決的創傷和“本我”與“超我”之間衝突的外在顯露。因此，治療的目的就在於建立內在心靈的協調，以擴展個人對本我力量的覺知，減少對超我要求的過分順從並加強自我的力量，從而達到本我、自我和超我的動力平衡。分析師的治療就是要了解患者怎樣以壓抑來處理衝突，把不被接受的欲望壓入潛意識中，從而幫助患者把壓抑的想法帶到意識層面來，使患者能洞察現有症狀與長期壓抑的衝突之間的關係。一旦患者能夠從壓抑（大部分是童年期形成的）中解脫出來，就表示治療已發揮了功效，心理疾患已得到治癒。由於此種治療的目的是引導患者洞察對現有症狀與過去起源之間的關係，因此精神分析的治療也被稱為**洞察力療法** (insight therapy)。此種療法與我們將要討論的其他療法不同。其他的療法通常強調現時存在的問題，注重行為層面並主張對患者給予直接的建議。

精神分析的治療聽起來是很有抱負的。它不僅要消除個別症狀，而且對整個人格也要進行重組，從而達到像弗洛伊德所說的提高個人的愛和工作能力。傳統的精神分析由於試著重建患者長期被壓抑的記憶，以便尋找到一條疏通痛苦的有效途徑，因而治療要花很長時間 (至少好幾年，每週一至五次晤談)。而患者也必須要有流利的言語能力、很強的治療動機以及能支付昂貴治療費的經濟實力。而新的精神分析治療則在時間上要短得多。不論是傳統的或新式的精神分析治療的目的都是幫助患者把被壓抑的衝突帶到意識層面，然後幫助患者解決這些衝突。精神分析的治療方法主要有**自由聯想**、**夢的解釋**以及**移情技術**。關於這些治療方法，我們將在第五章中討論。

本章摘要

1. 弗洛伊德的工作生涯可分為三個階段，反映了弗氏人格理論的產生、成熟和進一步的擴展的情況。
2. 弗洛伊德認為，人是一個能量系統，由本能所驅動。人類的科學文化也是本能能量的表現。人的所有行為都是有動機的，是由**潛意識**決定的。
3. 弗洛伊德把**本能**區分為**生的本能** (它驅使人去追求快樂) 和**死的本能** (它驅使人回到無機物狀態)。在弗洛伊德看來，人性是惡的。
4. 弗洛伊德把個人精神分為**意識**、**前意識**和**潛意識**。意識是人格的外表，前意識充當**稽查者**的作用，潛意識是正在被壓抑的或從未變成意識的本能衝動。個人的人格是由潛意識決定的。
5. 在弗洛伊德的後期理論中，成人的人格結構由**本我**、**自我**和**超我**三個系統構成。
6. 本我包括所有追求直接滿足的本能欲望；超我包括**良心**和**自我理想**。自我調節本我、超我和外界現實之間相互衝突的要求，是人格的執行者。

一個人的人格特點取決於能量在本我、自我、超我中的分布狀況。

7. 弗洛伊德認為任何本能都有其**根源**、**目的**、**對象**和**動量**四個特點。它源於身體的需要或衝動，朝著立即求得滿足以獲得快樂的目的，而滿足本能的對象和手段是變化的。每一種行為都可以用本能能量的**投注**和**反投注**來描述。
8. 在弗洛伊德看來，**焦慮**在人格動力和發展中都起著重要的作用。根據對自我造成威脅的根源來自外界環境、本我和超我三種情況，把焦慮分為**現實性焦慮**、**神經性焦慮**和**道德性焦慮**。
9. **自我防禦機制**的特點是，它們都是潛意識的、偽造的或歪曲現實的，其功能是防止本我的衝動。
10. 自我防禦機制有很多，其中主要有：**壓制**、**否認**、**移置**、**認同作用**、**昇華作用**、**投射作用**、**合理化作用**、**反向作用**、**固著作用**、**退化作用**。
11. 弗洛伊德認為，人格的發展是沿著先後有序的**心理性欲階段**而前進的。如果某個階段中受到過多的滿足或挫折就會形成成人的某種人格特徵。
12. 心理性欲的發展階段分為**口腔期**、**肛門期**、**性器期**、**潛伏期**和**生殖期**。成人的人格特徵是由五歲前嬰幼期經驗決定的。潛伏期和生殖期對人格基本結構的發展是無關緊要的。
13. 在弗洛伊德看來，人格的健康取決於人格結構中的本我、自我和超我之間的和諧一致，以及個人與其外部世界的協調。人格適應者能在愛和工作中體驗到快樂。
14. 弗氏治療心理疾病的主要方法是**自由聯想**、**夢的解釋**和**移情技術**。其特點是強調通過對以前經驗的再分析來解除壓抑，使潛意識欲望化為意識並在情緒上有所領悟。

建議參考資料

1. 弗洛伊德 (林　塵等譯，1986)：弗洛伊德後期著作選。上海市：上海譯文出版社。
2. 弗洛伊德 (高覺敷譯，1986)：精神分析引論。北京市：商務印書館。
3. 弗洛伊德 (顧　聞譯，1987)：弗洛伊德自傳。上海市：上海人民出版社。
4. 車文博 (主編) (1989)：弗洛伊德原著選輯 (上)。瀋陽市：遼寧人民出版社。
5. 車文博 (主編) (1992)：弗洛伊德主義論評。長春市：吉林教育出版社。
6. 霍　爾 (陳維正譯，1985)：弗洛伊德心理學入門。北京市：商務印書館。
7. Cloninger, S. C. (1993). *Theories of personality: Understanding persons*. Englewood Cliffs, NJ: Prentice Hall.
8. Maddi, S. R. (1989). *Personality theories: A comparative analysis* (5th ed.). Chicago: The Dorsey Press.
9. Ryckman, R. M. (1989). *Theories of personality* (4th. ed.). Pacific Grove, CA: Brooks / Cole.

第四章

新精神分析論

本章內容細目

第一節　榮格的分析心理學
一、人格結構　112
㈠ 意　識
㈡ 個人潛意識
㈢ 集體潛意識

補充討論 4-1：曼荼羅

二、人格動力　117
㈠ 力必多
㈡ 等值原理和熵原理
三、心理類型　118
四、人格發展　119

第二節　阿德勒的個人心理學
一、自卑感與補償　121
二、追求優越與生活格調　122
㈠ 追求優越
㈡ 生活格調

補充討論 4-2：最初記憶事件與個人的生活格調

三、創造性自我與社會興趣　125
㈠ 創造性自我
㈡ 社會興趣
四、人格適應　126
㈠ 適應的性質
㈡ 治療的目的和方法

第三節　精神分析的社會文化論
一、霍妮的神經症文化決定論　128
㈠ 神經症的起因
㈡ 控制基本焦慮的策略
㈢ 神經質的三大類型
二、沙利文的人際關係理論　132
㈠ 人格的性質
㈡ 人格動力
三、弗洛姆的人本主義精神分析論　135
㈠ 人的心理需要
㈡ 社會性格

第四節　埃里克森的自我發展理論
一、自我心理學　139
二、人生八個階段　139
㈠ 信任對不信任
㈡ 自主性對羞怯和疑慮
㈢ 主動性對罪疚感
㈣ 勤奮對自卑
㈤ 同一性對角色混淆

補充討論 4-3：我是誰？——對青少年同一性危機的一種看法

㈥ 親密對孤獨
㈦ 繁殖對停滯
㈧ 自我整合對失望

本章摘要

建議參考資料

新精神分析論 (neo-psychoanalysis) 是西方現代的一個哲學思潮，也是西方現代人格心理學的一個學派。它主要是在 20 世紀 30 年代後從經典精神分析論中 (除弗洛姆外) 分化出來的。新精神分析論有廣義和狹義之分。就廣義而言，新精神分析論是指在一些基本概念、原理和方法方面並沒有脱離弗洛伊德的體系，而同時又對經典精神分析論有所變通、修正和擴充的理論；主要包括 1911 年從弗洛伊德體系中分化出來的阿德勒的**個人心理學** (individual psychology)，1914 年離開弗洛伊德的圈子而獨立的榮格的**分析心理學** (analytical psychology)，和霍妮、沙利文和弗洛姆的精神分析社會文化學派，以及埃里克森的自我發展理論等。就狹義而言，阿德勒的個人心理學和榮格的分析心理學是經典精神分析論轉向新精神分析論的過渡階段。而美國的**社會文化派** (social-cultural psychoanalysis) 則屬於新精神分析論的特有範疇。本章論述的新精神分析論是就廣義而言的。

新精神分析論並不是一個統一的整體。雖然這個學派的代表人物們在理論上的側重點各不相同，但他們反對弗洛伊德的精神分析論中的四個論點卻是共同的特徵：(1) 弗洛伊德堅持**本能論** (instinctive theory) 和**泛性論** (pansexualism)，新精神分析論反對這種主張，強調社會文化因素對人格形成的重要作用。(2) 弗洛伊德堅持先天本我的作用，新精神分析論則強調後天自我的作用。(3) 弗洛伊德堅持先天生物決定論的悲觀主義態度，而新精神分析論相信人自己有能力克服衝突和挫折，不斷地向積極方向發展，對未來持樂觀主義態度。(4) 弗洛伊德堅持早期經驗的決定性作用，新精神分析論認為不僅要重視兒童的早期經驗，而且要探討人的一生發展。新精神分析學派的人格理論內容十分廣泛，本章將主要討論：

1. 榮格分析心理學的人格理論的基本要點。
2. 阿德勒個人心理學的人格理論的基本要點。
3. 霍妮的精神病的文化決定論的基本要點。
4. 沙利文的人際關係理論的人格觀。
5. 弗洛姆的人本主義精神分析論對人格的分析。
6. 埃里克森的自我發展論對人格的分析。

第一節 榮格的分析心理學

榮格 (Carl Gustav Jung, 1875～1961) 是瑞士精神分析學家和分析心理學的創始人。他出生於瑞士的開斯威爾的一個宗教家庭。宗教信仰是榮格早年生活中的一個重要的主題。於 1900 年獲巴賽爾大學醫學博士學位，接著到蘇黎士大學精神病診所任職。弗洛伊德的《夢的解釋》一書出版後，他開始在實踐中運用弗洛伊德的觀點，並將應用效果寫成《早發性痴呆心理學》(1907) 一書。1906 年榮格與弗洛伊德有了通訊聯繫，次年他倆在維也納首次會面，傾談足足持續了 13 個小時之久，很快成為摯友。1909 年榮格陪同弗洛伊德訪問美國克拉克大學，在此期間兩人都發表了演講。1911 年榮格在弗洛伊德的全力支持下出任國際精神分析協會第一任主席。但是，榮格對精神分析、潛意識、和力必多的理解與弗洛伊德是不同的。在榮格出版了《潛意識心理學》(1912) 之後，他與弗洛伊德之間的矛盾不斷加劇。1914 年榮格辭去國際精神分析協會主席並退出該協會，兩人關係決裂。此後，榮格不再支持精神分析論，轉而大力倡導**分析心理學**。他在去世那年出

圖 4-1 榮 格

(Carl Gustav Jung, 1875～1961) 分析心理學創始人榮格，1875 年生於瑞士開斯威爾，獲得醫學博士學位後，在蘇里克大學研究精神分裂症。1906 年起開業行醫，並與弗洛伊德交往密切。倆人 1909 年應邀去美國講學，但 1914 年他與弗氏關係決裂，此後轉而倡導分析心理學。

版的一本自傳《回憶、夢、反思》中的第一句話："我的一生就是潛意識自我實現的故事" (Jung, 1963)，道出了他的心理學特點。榮格的分析心理學在研究方法和許多基本論點上，大體上還沿襲了經典精神分析論，同時也有不少修正和發展。

一、人格結構

在榮格心理學中，人格作為一個整體被稱為**精神** (或**心靈**) (psyche)。精神包括所有的思想、感情和行為，無論是意識到的或是潛意識的。它的作用是調節和控制個體，使之與環境相適應。人生來就有一個完整的人格。他在一生中應該做的是，在這種固有的完整人格基礎上，最大限度地發展其多樣化、連貫性和和諧性，警惕不讓它破裂為彼此分散的、相互衝突的系統。分裂的人格是一種病態人格。

精神由意識、個人潛意識和集體潛意識三個相互作用的系統所組成。在榮格看來，人格是一個極其複雜的結構。這一結構不僅由無數要素所組成，而且這些要素之間的相互作用也是錯綜複雜的。同時這個結構還受到外部環境和來自身體內部的不斷刺激。對於榮格的人格結構理論，有人用圖示的方式作了生動的描述，見圖 4-2。

(一) 意 識

對榮格而言，**意識**是人心中唯一能夠被個人直接知曉的部分。它在生命過程中出現較早，很可能在出生之前就已經有了。這種自覺意識，通過**個性化**的過程，產生出了一種新要素，榮格將其稱為自我。**自我** (ego) 就是我們能夠意識到的一切心理活動。自我是意識的中心。儘管自我在整個心理中只占一小部分，但它作為意識的門衛卻擔負著極為重要的任務。某種觀念、情感、記憶和知覺，如果不被自我所承認，就永遠也不會進入意識。它像過濾器那樣，具有高度的選擇性。正是由於自我的這種重要功能，才保證了人格的同一性和持續性。對自我的理解上，榮格與弗洛伊德的觀點頗為相似。

(二) 個人潛意識

個人潛意識 (personal unconscious) 是由曾經被意識到但又被壓抑或

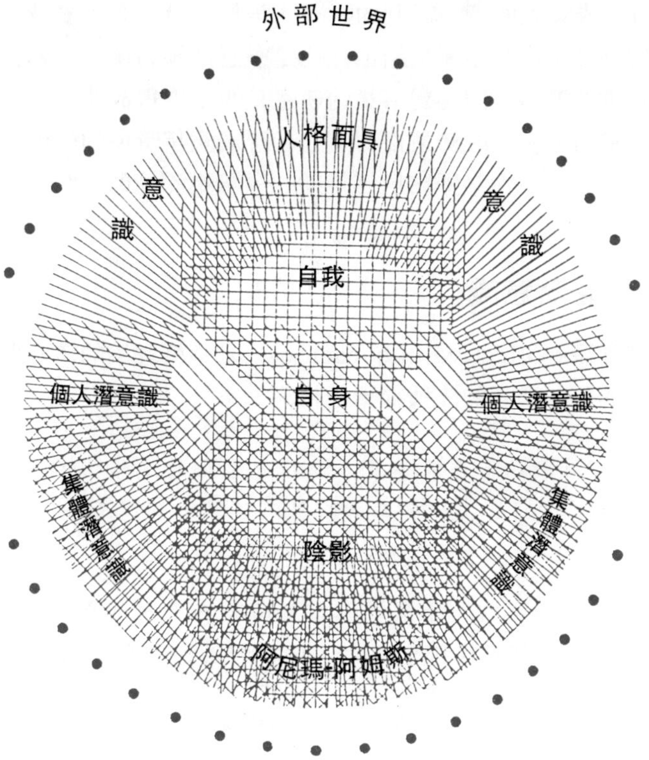

圖 4-2　精神的結構要素
(採自 Jacobi, 1962)

遺忘，或在一開始就沒有形成有意識的印象的內容所構成。榮格的個人潛意識概念與弗洛伊德的前意識概念相似。個人潛意識的內容對個人來說是極易獲得的，它與自我是相互作用的。

在個人的潛意識中有一種對個人生活至關重要的特性，榮格稱之為**情結**(complex)，即富有情緒色彩的一連串的觀念或思想。當說某人具有某種情結時，意思是指他執意沈溺於某種東西而不能自拔，像是上了“癮”。情結對人們行為的影響是不同的。有戀母情結的人會把大量的時間和精力花在與母親這個概念有關的活動中。有戀父情結、性愛情結、權力情結、金錢情結或其他類型情結的人，情況也是如此。

情結可以成為人的調節機制的障礙。榮格認為，有許多情結深深植根於他的病人的神經病症狀中。情結也往往是靈感的動力源泉，對在事業上取得顯著成就有重要意義。因為對事業的迷戀是事業取得成功的關鍵。

關於情結的形成，最初榮格認為它起源於童年時期的創傷經驗。後來他認為情結起源於人性中某種比童年時期的經驗更深邃的東西，即他所謂的集體潛意識。

(三) 集體潛意識

集體潛意識 (collective unconscious) 是榮格理論的核心概念。它是人類種系發展的整個過程的沈積物，榮格認為：

> 一種不可計數的千百億年來人類祖先經驗的沈積物，一種每一世紀僅增加極小極少變化和差異的史前社會生活經歷的回聲。(Jung, 1928, p.162)

> 與個人潛意識不同，集體潛意識對所有人來説都是共同的，因爲它的內容到處都能找到。(Jung, 1917/1953, p.66)

這些鏤刻在人腦中的祖先經驗，榮格稱之為原型。**原型** (archetype) 是由那些經歷許多世代一直保持不變的經驗累積於心中的結果，是一種對世界某些方面進行反應的先天傾向。例如，自從人類誕生以來，每天看著太陽東升西落，這種深刻印象，最後凝結在集體潛意識中成為一種太陽神或上帝的原型。我們對太陽神或上帝的崇拜，是千萬年來的經驗鏤刻在人腦的結果。每一個時代中每一個成員所經歷過的經驗，都有相應的原型，例如出生、死亡、上帝、太陽、男人、母親、英雄等。人生中有多少典型情境就有多少原型。它們代代遺傳，決定著個人對世界反應的傾向性。榮格認為，有一些原型對形成個人的人格和行為特別重要，並作了詳細的描述。這些原型是人格面具、阿尼瑪、阿尼姆斯、陰影、自身。

1. 人格面具 (或人物) (persona) 這是一個人公開展示的一面或**精神的外部形象 (outward face of psyche)**。其目的是給人一個好的印象以便得到社會的承認。它是人在社會中扮演某種角色而發展起來的，是別人據以了解那個人的那部分精神。人格面具只是個人精神的一部分。一個人如果過份偏重人格面具，必然會犧牲人格結構中其他組成部分的發展。

2. 阿尼瑪 (或陰性基質) (anima)　這是男性精神中所帶有的女性特徵。陰性基質是男人在漫長歲月中與女人交往時所獲得的經驗的沈積。其作用是：(1) 使男人具有女性特徵；(2) 為男人在男女交往 (包括母子交往、朋友和愛人間的交往) 時提供參照系。這種原型的第一個投射對象差不多總是自己的母親。它會極大地影響男人對女人的選擇，影響他對某個女人是喜歡還是討厭。

3. 阿尼姆斯 (或陽性基質) (animus)　這是女性精神中所帶有的男性特徵。陽性基質是女人在漫長歲月中與男人交往所獲得的經驗的沈積。其作用是：(1) 使女人具有男性特徵；(2) 為女人在男女交往中提供參照系。這種原型的第一個投射對象差不多總是自己的父親。它會極大地影響女人對男人的選擇。

相對於人格面具，榮格把阿尼瑪和阿尼姆斯稱為**精神的內部形象** (inward face of psyche)。它們的心象總是投射到異性身上，並決定兩性關係的性質。

4. 陰影 (或陰暗自我) (shadow)　這是代表一個人自己的性別，並影響這個人與其同性別的人的關係的原型。它是精神中最黑暗、最深入的部分，比任何其他原型都更多地容納人的最基本的動物性。它很可能是一切原型中最強大最危險的一個，是人身上所有那些最好和最壞的東西的發源地。在榮格看來，陰影的動物本性是生命力、自發性和創造性的源泉。他認為，不利用自己陰影的人容易變成憂鬱的毫無生命力的人。像一切原型一樣，陰影也尋求外部的表現形式。它的象徵如妖魔鬼怪等形象並投射於世界。

5. 自身 (self)　這是集體潛意識中的一個核心原型。它把所有別的原型都吸引到它的周圍，使它們處於和諧狀態，即把人格統一起來，導致人格的統一、平衡和穩定。榮格認為，自身可以用**曼荼羅** (見補充討論 4-1) 一詞表示。自身就像曼荼羅一樣，位於構成精神的許多對立部分的中間位置，使精神和諧而均衡。榮格認為，要達到自身充分完善的境界，只有極少數人能夠做到。

補充討論 4-1

曼荼羅

曼荼羅 (mandala) 是印度教密宗與佛教密宗所用的象徵性圖形，供舉行宗教儀式和修習禪定時使用。曼荼羅表徵宇宙諸神聚會的聖地和宇宙力量的聚焦點。作為宇宙縮影的人的精神上“進入”曼荼羅並向其中心“前進”，象徵經歷宇宙的分解與復合。在日本和我國西藏地區，曼荼羅基本上分為兩類，分別代表宇宙的胎藏界和金剛界，前者的運動是從一到多，後者則是從多到一。西藏的唐喀 (卷軸) 曼荼羅繪有外圈，其內側有一個或幾個同心圓，圍繞一方框，有線條從中心延伸到四角，將方框內部隔成四個三角形，每一三角形的中央和中部繪有五個圓圈，內有神的象徵物或神像，最常見的是五尊自生佛。榮格認為，作為最古老的宗教象徵的曼荼羅，在全世界任何一個地方都能找到。一個曼荼羅常以回環的環狀出現，但有時它也可能是一個正方形或圓形，甚至還包括其他的幾何形狀。最早的曼荼羅是太陽光輪。在西方，曼荼羅常是十字形，三位一體的象徵性標記，哥德式大教堂的玫瑰窗上的彩色玻璃等。自然界也有許多曼荼羅，如原子結構和雪花。不論其結構形式如何，它們都有一個中心。在榮格看來，這個中心就像精神中的自身原型。因此，個人的曼荼羅便體現了他的人格。

榮格認為，曼荼羅象徵常常自發地出現在患者的夢和想像中。他相信，曼荼羅是一個整體性的原型符號，它把人格統一起來，給它以穩定感和一體感。因此，他強調，每個人都有必要創造出一個自己的曼荼羅。榮格的學說中充滿了神秘主義的思想。他的這一原型概念後來不曾有回響，没有引出相關的研究。

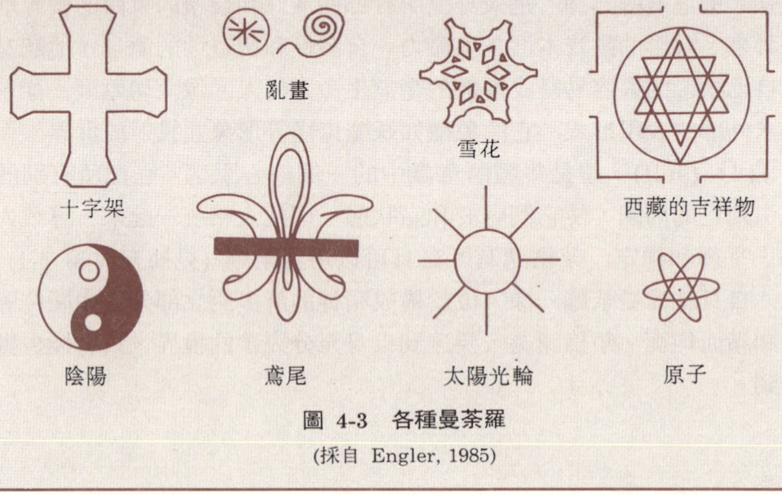

圖 4-3　各種曼荼羅

(採自 Engler, 1985)

二、人格動力

人的精神並不是像岩石那樣堅固不變的，而是不斷變化的動力系統。榮格認為，人的整個人格或精神是一個相對的封閉系統，其動力源泉則是**心理能**。心理能在整個精神系統中的分配是由等值原理和熵原理決定的。

(一)　力必多

人格的動力是**心理能** (或**心理能量**) (psychic energy)，榮格用力必多來稱呼這種心理能。但是，榮格所說的力必多與弗洛伊德把力必多僅限於性欲是不同的。他把**力必多** (或**欲力**) (libido) 定義為一般生物的生命能量。它從身體新陳代謝過程中產生，為個人的心理發展提供能源，是人格的動力。不同量的心理能被分配到不同的心理活動中去。被分配給不同心理活動的心理能，在量上是隨時發生變化的。

(二)　等值原理和熵原理

在榮格看來，人格系統中的能量分配是由兩條原理決定的。第一條原理稱為**等值原理** (principle of equivalence)，即是說：每一個人能應用的力必多是固定的，如果它被投入人格系統的某個結構，那麼就會在其他結構中顯示出來。如果在意識中集中了較多的力必多能量，那麼潛意識活動中的力必多能量就會減少。力必多能量是守恆的。第二條原理稱為**熵原理** (principle of entropy)。熵是熱力學上的一個概念，意思是說能量是依據均衡原則分布的。熵原理說明：心理能總是傾向於從高能量的心理結構向低能量的心理結構轉移，直到能量趨於均衡。例如，一個人的人格面具過分發展而陰影呈低度發展，那麼心理能就會從人格面具原型流入陰影原型之中。

榮格以為，人生的生活目標就是按照熵原理，尋求人格系統中的能量分配達到平衡。雖然力必多是完全被用於維持人格系統的，但仍有一定的能量閒置未用。力必多有這種剩餘，是由於人格系統不能成功地在系統內部平衡能量強度所致。例如，如果心理能由人格面具輸送到阿尼姆斯原型，而阿尼姆斯原型又不能吸收其全部能量，就會有一些能量剩餘出來。這些剩餘能量既可能使阿尼姆斯原型膨脹起來，也可能被疏導轉移來創造新的象徵或類似物。這些新創造出來的象徵將引導我們從事新的活動、產生新的興趣、獲得新的發現和走向新的生活方式。

三、心理類型

榮格認為，在與世界的聯繫中，人的精神有兩種態度 (attitude)。一種態度是指向個人內部的主觀世界，稱為**內傾 (或內向)** (introversion)；另一種態度則是指向外部環境，稱為**外傾 (或外向)** (extroversion)。前者性格遲疑、愛思考、孤癖、退縮、常提防戒備、不願拋頭露面；後者性格開朗、愛交際、坦率、隨和、樂於助人、常做無把握的冒險。一個人只是或多或少地屬於外傾型或內傾型，而並非整個都是外傾的或整個都是內傾的。"只有當外傾機制占優勢時，我們才把一種行爲模式稱爲外傾的" (Jung, 1921/1971, p.575)。

榮格還提出四種**思想功能** (functions of thought)，即：(1) **感覺** (sensing)：指明事物存在於什麼地方，但不說明它是什麼事物；(2) **思維** (thinking)：指明感覺到的客體為何物，並給它命名；(3) **情感** (feeling)：反映事物是否為個體所接受，決定事物對個體有何種價值，與喜歡和厭惡有關；(4) **直覺** (intuiting)：在沒有實際資料可以利用時，對於過去和將來事件的預感。

榮格認為，思維與情感對立，兩者屬於理性的功能；感覺與直覺對立屬於非理性的功能。按照兩種態度與四種思想功能的組合，榮格描述了人格的八種類型：

思維外傾型 (thinking extrovert type)：按固定規則行事，客觀冷靜；善於思考問題但固執己見；感情受壓抑。

情感外傾型 (feeling extrovert type)：極易動感情，外界的細小變化都可能導致情緒波動，多愁善感；尋求與外界的和諧，愛交際；思維受壓抑。

感覺外傾型 (sensing extrovert type)：尋求享樂，無憂無慮，社會適應性強；不斷追求新異感覺經驗，情感淺薄，耽溺於各種嗜好；直覺受壓抑。

直覺外傾型 (intuiting extrovert type)：做決定不是根據事實，而是憑預感；異想天開，喜怒無常，好改變主意；富於創造性，對自己許多潛意識的東西了解很多；感覺受壓抑。

思維內傾型 (thinking introvert type)：離群索居，沈溺於玄想；實際判斷力缺乏，社會適應性差；智力高，忽視日常實際生活；情感受壓抑。

情感內傾型 (feeling introvert type)：安靜，有思想，感覺敏感；情感深藏在內心，沈默寡言，態度既隨和又冷淡；屬於那種所謂"水靜則深"的人；思維受壓抑。

感覺內傾型 (sensing introvert type)：沈浸於自己的主觀感覺之中，對外界世界淡漠寡味，了無生趣；不關心人類的事業，只顧身旁剛發生的東西；直覺受壓抑。

直覺內傾型 (intuiting introvert type)：偏執而喜歡做白日夢，觀點新穎但稀奇古怪；苦思冥想，很少為人理解，但不為此煩惱；以內部經驗指導生活。

榮格認為，一個人的態度和思想功能的模式是由兒童身上的先天因素決定的。這種先天固有的模式由於受到父母和社會的影響可能會發生改變。但是他強調，對一個人天性的任何強制性改變都是有害的。

四、人格發展

榮格有關人格發展問題的關鍵概念是**個性化 (或個別化)** (individualization)。所謂個性化是指個人的精神的各種成分經歷完全分化並充分發展的過程。個性化的過程就是逐步認識諸如阿尼瑪、阿尼姆斯、陰影、人格面具、思維的四種功能以及精神的其他組成部分。只有當這些以前是渾沌的、未分化的精神組成部分都被認識、被分化，它們才能找到表現的機會。一旦個性化過程出現後，**超越功能** (transcendent function) 就發揮效力。超越功能是一種對人格中所有對立傾向和趨向加以統一、完善和整合的能力。人格發展中的個性化和**整合作用 (或統整)** (integration) 總是相互交織在一起的。它們都是人生而固有的。個人的精神從一種渾沌的、未分化的統一狀態開始，逐漸發展為一個充分分化了的、平衡和統一的人格。雖然發展的這個目標很難達到 (榮格認為，只有耶穌和佛祖才達到了這種水平)，但卻是人格自我實現的努力方向。

榮格以力必多能量的聚散為依據來劃分發展階段。他把人生劃分為四個階段，人生的第一階段稱為**前性欲期** (presexual stage)；從兒童期後幾年到青春期稱為**前青春期** (prepuberal stage)；從青春期到成年期稱為**成熟期** (maturational stage)；以後還有一個**老年期** (aging stage) (Jung, 1913/1961)。榮格他認為，從 40 歲左右至晚年，是人追求生命意義的最關鍵時期。人格的發展受到許多條件，包括遺傳和父母的影響，以及教育、宗教、社會、年齡等積極或消極的影響。

第二節　阿德勒的個人心理學

阿德勒 (Alfred Adler, 1870～1937) 是奧地利的精神分析家，個人心理學的創始人，人本心理學的先驅。他出生於維也納的一個猶太人家庭，1895 年獲得維也納大學醫學博士學位，後來成為一名精神科醫生。1902

圖 4-4　阿德勒

(Alfred Adler, 1870～1937) 個人心理學創始人阿德勒，1870 年生於奧地利維也納，獲得醫學博士學位後成了一名精神科醫生，因仰慕弗洛伊德而加入精神分析行列，不久因意見不合，1911 年兩人關係決裂。1935 年定居美國，任長島醫學院教授，1937 年病逝。

年，當他寫了一篇評論弗洛伊德《夢的解釋》的文章後，弗洛伊德邀請他加入**維也納精神分析協會** (Vienna Psychoanalytical Society)。阿德勒接受了這一邀請，成為弗洛伊德最早的同事之一。1910 年，阿德勒出任該協會主席，但由於在很多觀點上與弗洛伊德有很大的分歧，僅隔一年他就正式從弗洛伊德派中分裂出來。此後，他另組成他所謂的個人心理學學會，吸引了許多追隨者。1926 年他離開歐洲大陸赴美擔任哥倫比亞大學的客座教授，後來定居美國。早在人們提出精神分裂症是一種社會心理現象之前，阿德勒就將精神病視為一種文化現象進行深入的探討。他說："社會生活的適應不良，是由……社會原因引起的" (Adler, 1929/1969, p.104)。

阿德勒把自己的理論體系稱為**個人心理學** (individual psychology)，以區別於弗洛伊德的理論。他所說的個人是一個整體的人，是一個與他人和社會和睦相處，選擇和追求與社會理想相一致的人；而不是一切為"性"的動物。弗洛伊德推崇潛意識的本能決定論；阿德勒強調意識的作用，認為人格的動力是社會動機 (**自卑感**和**追求優越**)，並提出**創造性自我**的概念。弗洛伊德主張治療的目的是發掘受壓抑的早年記憶；阿德勒認為治療的目的是鼓勵將**生活格調**置於社會利益之上。下面討論阿德勒人格理論的基本概念。

一、自卑感與補償

阿德勒反對弗洛伊德把性本能作為人格的動力，認為**自卑感** (feelings of inferiority) 是人格發展的動力。自卑感驅使人產生對優越的渴望。在他的早期理論中，他把自卑感與身體的缺陷聯繫起來。如果一個人的某種器官功能不足或有缺陷，就會遇到許多生活困難，產生自卑感，因而想變得更有力量。在他看來，變得更有力量就是具有更多的男性品質，而更少帶有女性品質。他把這種追求更多的男性品質稱為**男性反抗** (或**男性欽羨**) (masculine protest)。在他看來，男性反抗、爭取權力以**補償** (compensation) 機體之不足在生命開始時即已具有。由於有機體是作為一個整體單位進行活動的，因而補償可有兩條基本途徑：(1) 覺知到自己的生理缺陷後，集中力量在低劣的器官上發展其功能。例如體弱者通過持久的體育鍛鍊以增強體質。(2) 承認自己的某種缺陷，發展自己的其他機能以彌補有缺陷的機能。例如失明者通過發展聽覺或觸覺來進行彌補。有時，人通過極大的努力把原先的弱點改變成為自己的優勢。例如古希臘名人狄摩西尼 (Demosthenes, 384～322 B.C.) 原有口吃毛病；他口含一石子對著大海演講，經過艱苦卓絕的努力而成為一位偉大的演說家。這種補償，阿德勒稱為**超補償** (overcompensation)。所謂超補償是指個人通過極大的努力使原先的缺陷成為優勢的過程。

後來，阿德勒擴大了自卑感這個概念的範圍，認為自卑感起源於個人生活中所有不完全或不完美的感覺，包括身體的、心理的和社會的障礙，不管是真實的障礙或是想像的障礙。補償或超補償就是直接指向於個人真實的或想像的自卑感。

阿德勒認為，個人的自卑感起源於嬰幼時期的無力、無能和無知。嬰幼兒完全依賴成人才能生存，所以生命之初就有自卑感。有了自卑感，人也就有了補償的需要；不斷地補償又不斷地發現新的自卑，於是又向新的優越努力。一方面感到自卑，一方面又有優越目標的引導，這種一推一拉的過程持續不止，這就是一個人發展的基本動力。自卑感不僅不說明一個人是不正常的，而且它也是全部人類文化的基礎。阿德勒說："自卑感並不是變態的。……依我看來，我們人類的全部文化都是以自卑感爲基礎的" (黃光國譯，1984，109 頁)。

那麼，是不是自卑感越重，人就越力爭上游呢？阿德勒認為，自卑感一方面是積極的驅動力，同時也可能導致精神病。沈重的自卑感可能使人束手無策，灰心意懶，甚至導致萬念俱滅，萬事皆休的地步。在這種情況下，自卑感便成了阻礙個人積極成長的障礙力量和破壞力量，阿德勒稱這種情況為**自卑情結** (inferiority complex)。總之，在阿德勒看來，自卑和補償是人格發展的動力。每個人都有不同程度的自卑感。它可以是力爭上游的動力，也可以導致精神病。

二、追求優越與生活格調

阿德勒認為，每一個人生來就有的基本動機是追求優越。為了克服自卑感，個人便以其生活格調來獲得優越感。

(一) 追求優越

一個人從嬰幼兒時期就開始不斷產生自卑感，同時又不斷進行補償，他或她所要達到的目的是什麼呢？阿德勒認為，每個人奮力追求的目標就是**優越** (superiority)，包含更加完美的發展、成就、滿足和自我實現。他把追求優越稱為“我們生活的基本事實” (Adler, 1930, p.399)。在阿德勒的早期觀點中，**追求優越 (或追求卓越)** (striving for superiority) 就是追求更多的攻擊、力量或男性品質。但後來，他把追求個人優越改為追求一種優越而完善的社會。

在阿德勒看來，追求優越是人的本性，是先天遺傳的。正是這種與生俱來的本性使所有人對優越和完美的追求。不僅是個人而且整個人類都永遠在追求優越。

同自卑感一樣，追求優越既能導致積極的發展，但是也可能引起**優越情結** (superiority complex)。如果一個人一心一意只追求自己的優越而忽視其他人和社會的需要，那麼這個人就產生了一種優越情結。有優越情結的人表現為專橫跋扈、愛虛榮、言過飾非、驕傲自大、自以為是。這種人缺乏社會興趣，令人討厭。

(二)　生活格調

所有人的最終目標是追求優越，但是怎樣去追求優越則取決於個人獨特的條件。每個人試圖獲得優越的獨特手段被稱為**生活格調 (或生活方式)** (style of life)。生活格調是一種管轄結構，它決定了個人重視和忽視生活的哪些方面和如何重視和忽視，以及個人的未來目標和以何種手段和方式去追求目標。生活格調表現了一個人人格的整體性和獨特性。

個人的生活格調是在什麼時候形成的？在這個問題上阿德勒與弗洛伊德的觀點是一致的。他認為，個人的生活格調在 4～5 歲時就已完全定型。一個兒童形成怎樣的生活格調取決於他個人的條件。如果一個兒童由於某種原因產生自卑感 (無論是真實的或想像的)，他的生活格調就會針對這種自卑感進行補償和超補償。如果一個兒童把他的母親或父親當作強者來模仿，他就會形成與其母親或父親類似的生活格調。因此，可以認為，獲得一種生活格調也就是獲得一種**同一性** (identity)。在本章第四節中我們還可以看到埃里克森也是用同一性概念來描述個人如何整合生活統一主題的另一位人格理論家。他們在這個問題上的主要分歧是，阿德勒認為這種同一性 (生活格調) 在五歲時已形成，而埃里克森則認為它是在青春晚期才形成的。

補充討論 4-2

最初記憶事件與個人的生活格調

在阿德勒看來，每個人追求優越的目標是不同的，個人所處的環境也千差萬別，因而導致每個人試圖獲得優越的方法也迥然不同。阿德勒把個人追求優越目標的方式稱為生活格調。既然生活格調是在一個人追求優越的奮鬥過程中建立起來的，那麼，通過童年生活的回憶，便可以發現過去的記憶與現在行為之間的關係。由於人的記憶帶有主觀選擇性，具有想像和創造的成分，因此，通過最初記憶，可以發現個人所感興趣的東西，使我們找到通往其人格的一條線索。阿德勒對於用個人能回憶起的最初往事來發現個人生活格調的起源曾說過這樣一段話：

> "偶然的記憶"是不存在的：個人從自己碰到的數以千計的印記中選擇記憶的僅是與他所處的情境中最有聯繫，卻是模糊的事情。因此他的記憶表徵著他的"生活經歷"；爲了警告和安慰自己，爲了使自己致力於奮鬥目標，爲了用過去的經歷培養自己用一種經受考驗的行動風格來迎接未來，他常常對自己多次復述這個經歷。(Adler, 1931, p.73)

阿德勒曾談到他自己的最初記憶 (Adler, 1924)，所回憶出的是，他五歲時在上學的路上要穿過一個墓地總感到十分害怕。每次上學時，他都很害怕，但是其他同學似乎一點也不在乎墓地，這使他更感到不安和害怕，增強了自卑感。有一天他決定不再害怕了。他將書包放在地上，然後來回 12 次穿過墓地，直到克服了恐懼感為止。從那天起，他上學時再也不害怕墓地了。阿德勒認為，這個最初記憶似乎表明他個人人格的某些東西。他從很小的時候起，就努力克服自卑感和恐懼感，以勇敢的行為進行補償，使自己堅強起來而不是低人一等。

三十年之後，阿德勒同一位老同學交談時，詢問那塊墓地是否現在還在？他的那位同學十分驚異地說，那裏從來就沒有什麼墓地。阿德勒自己也十分吃驚。他的回憶是那樣生動清晰。後來，他還詢問過其他老同學，都說從來就沒有墓地。最後，阿德勒認識到，雖然他回憶的事情是錯誤的，但是它反映了他童年時的瘦弱、自卑以及戰勝它們的勇氣和努力。他認為這些就成了他一生的特點。最初記憶揭示了他的生活格調的一個重要方面。

阿德勒以最初記憶事件來探討個人的生活格調，也反映了他的人性觀。在阿德勒看來，認識和理解某個人的生活格調，就意味著把握了這個人的本質。阿德勒認為，人類是由自卑感和不完善推動的，以其獨特的生活格調作為達到某種未來目標的手段，而朝著完美發展而奮鬥的。在理解人類的行為上，他注重未來，但並不忽視過去的作用。最初記憶的事件，即使是虛構的目的，對於個人企圖解決生存中的問題也十分有用。

阿德勒把生活格調分為健康的和錯誤的。**健康的生活格調** (healthy style of life) 使個人趨於完美，使他與他人和睦相處，有利於社會目標的實現。**錯誤的生活格調** (mistaken style of life) 是建立在自私自利基礎上的，是與社會目標相違背的。

三、創造性自我與社會興趣

阿德勒用創造性自我的概念來說明每個人都有決定自己生活的自由。雖說他把社會興趣視為人類的天性，但他認為，只有在社會生活中才能得到發展，並強烈主張發展為人類謀福利的社會興趣。

(一)　創造性自我

霍爾和林賽把阿德勒的創造性自我稱為是他“作爲人格理論家所取得的最輝煌的成就”(Hall & Lindzey, 1978, p.165)。**創造性自我** (creative self) 指人格中的自由成分，它使得個體能在可供選擇的生活格調和追求目標之間進行選擇。阿德勒認為，人類不是環境或遺傳的簡單被動的接受者。相反，每一個人都自由地作用於這些影響，按照個人自己“創造”的方式將它們加以組合。因此，即使兩個人的遺傳與環境相似，個人的人格結構成分相似，但決不會存在兩個完全相同的人。正像前已述及的，某些有生理自卑的人經過補償，成為對社會有益的人；但另一些人卻因生理缺陷形成了自卑情結，卻一事無成。在阿德勒看來，差別就在於選擇，即創造性自我上的不同。

阿德勒確信，每一個人都能自由地選擇自己的生活格調和追求目標。對生活的許多可能的解釋展現在人們的面前，個人完全可以從中自由選擇對自己最有效用、最適合的一種。某個特定的個體都有其生物遺傳因素和環境影響，但是，正是創造性自我對這些變量的作用和解釋決定了這個人的人格。阿德勒的這種觀點為後來的存在主義人格論 (見補充討論 10-4) 所繼承。

(二)　社會興趣

阿德勒認為，人是社會動物，在本性上人具有天生的**社會興趣** (social interest)。社會興趣是全人類和諧生活、友好相處、渴望建立美好社會的天生需求。“社會興趣不僅是一種情感，而且也是一種對生活的評價態度”，一種“用他人的眼睛去看的能力”(Adler, 1956, p.135)。

雖然社會興趣是遺傳而來的，但它必須加以認識才能得到發展，並且只有當兒童處在社會生活中才能得到發展。如果這種潛能沒有被認識，社會興趣得不到充分的發展，這樣的人就會過著最不幸的生活。阿德勒認為：

> 所有失敗者——神經病患、精神病患、罪犯、酗酒者、問題少年、自殺者、墮落者、娼妓——之所以失敗，就是因爲他們缺乏從屬感和社會興趣。(黃光國譯，1984，11 頁)

阿德勒認為，在社會生活中，每個人在其一生中都必須解決三個重大問題：職業任務、社會任務、愛情和婚姻任務，這些問題的解決都需要有充分發展的社會興趣。阿德勒提倡，我們生活的意義“應該是：奉獻、對別人發生興趣和互助合作”(黃光國譯，1984，13 頁)。

阿德勒從人格早期決定論的觀點出發；認為母子相互作用的性質決定了兒童社會興趣的程度。根據人們所具有的社會興趣的程度，他把人分為四種類型：(1) **統治支配型** (ruling-dominant type)：這種人傾向於統治支配他人。(2) **索取依賴型** (getting-learning type)：這種人總是竭力從別人那裏獲得他想要的一切。(3) **躲避型** (avoiding type)：這種人以碌碌無為、回避問題的方式在人生中避免失敗。(4) **社會有益型** (socially useful type)：這類人正視問題，試圖以一種有益於社會的方式加以解決。前三種人的生活格調是錯誤的，因為他們缺乏社會興趣；只有社會有益型者才有充實而有意義的生活，因為他們是為人類謀取更多福利的人。

四、人格適應

從追求優越和社會興趣等概念出發，阿德勒闡述了人格適應的性質。在人格適應和治療方法問題上，如何對待潛意識和性本能的角色，阿德勒與弗洛伊德有明顯的分歧。

(一) 適應的性質

阿德勒認為，適應良好的個人有勇氣面對問題，追求優越和完美，形成健康的生活格調和社會興趣。適應不良的個人只追求個人的優越而缺乏足夠的社會興趣。各種心理疾病都是由錯誤的生活格調所導致的。無論是健康的或是錯誤的生活格調都是在童年期形成。阿德勒認為，生理缺陷、嬌寵、被忽視等童年條件都可能產生錯誤的生活格調。

(二)　治療的目的和方法

在阿德勒看來，如果不健康的人對自己的生活格調缺乏理解，那麼即使他有最多的痛苦經驗也不會改變其生活格調。因此，治療的目的是讓患者對自己的生活格調全貌有透徹的了解，把自己的生活格調置於社會利益之上。而要對患者進行治療首先要評鑑其生活格調。阿德勒評鑑一個人的生活格調的主要方法是出生順序、最初記憶和夢的解釋。

1. 出生順序 (birth order)　兒童在家庭中的排行會使他們在家庭中的地位不同，因而在他們的生活格調上留下了無法拭去的印記。阿德勒曾研究過長子、次子、幼子和獨生子的各種生活格調，認為出生順序決定著一個人的生活格調。其實，出生順序對一個人人格形成的影響，還與兒童如何對待這種影響密切相關。兒童有可能把不利因素變為有利因素，也可能把有利因素變為不利因素。

2. 最初記憶 (first memories)　阿德勒認為，診斷患者生活格調的一種最佳方法是要求他說出他能夠記住的最早事件。回憶出的事件無論是真實的或是幻想的，都無關緊要。因為在這兩種情況下個人生活的主要興趣都圍繞著他所記住的事件上，而最初記住的事件乃表現了這個人的生活格調。關於這個問題，請參閱補充討論 4-2。

3. 夢的解釋 (dream interpretation)　阿德勒贊同弗洛伊德關於夢在理解人格中的重要價值的觀點，但不贊同弗洛伊德的解釋。他認為夢是個人生活格調的反映，它定向於現在和未來，即指向目標，而不是願望的滿足或反映深層的衝突。因此，對夢的解釋是在於確定個人的生活格調。

在了解患者生活格調的基礎上，為了使患者面對自己的自卑感，阿德勒學派的治療主要是採取鼓勵和肯定，以幫助患者提高克服困難的勇氣。阿德勒總是力圖使患者打破自我偏見，鼓勵他們在應付生活中的問題時做出有意義的選擇。此外，阿德勒的治療不像弗洛伊德那樣只是被動地聽、問或作些解釋，他除了解釋之外還把主要時間用於對患者的勸告。雖然他也同患者談及過去經驗，但更強調改變現狀，選擇和追求未來行為的目標。他治療兒童問題行為的方法，最著名的是採用直接指示，改變兒童生活中有顯著影響的成人 (父母或教師) 的行為。阿德勒的治療方法與當代的行為療法、認知療法有相當大的共同性。

第三節　精神分析的社會文化論

精神分析的**社會文化學派** (sociocultural school) 的主要代表人物有：霍妮 (Karen Horney, 1885～1952)、沙利文 (Harry Stack Sullivan, 1892～1949)、弗洛姆 (Erich Fromm, 1900～1980)。其共同特點是修改和拋棄了弗洛伊德的本能論和泛性論，把文化、社會條件和人際關係等因素提到了精神分析的人格理論和治療原則的首位。下面介紹他們的觀點。

一、霍妮的神經症文化決定論

德裔美籍精神分析學家霍妮的許多概念是對弗洛伊德學說的進一步闡釋和修正。她特別反對弗洛伊德漠視文化因素，把神經症視為由生物因素決定的觀點；主張**文化決定論** (cultural determinism)，認為文化因素對常態行為和神經症行為的形成都起著決定性的作用。霍妮除強調人格發展的社會文化因素外，還提出了**基本焦慮論** (basic anxiety theory) 用來解釋人格的發展和異常。

(一)　神經症的起因

霍妮認為，神經症是由紊亂的人際關係而產生的；神經症行為的萌芽起源於早期的親子關係。兒童期有兩種基本需要，即**安全** (safety) 和**滿足** (satisfaction)。兒童的這兩種需要要得到滿足完全依賴於父母。但父母對

圖 4-5 霍　妮
(Karen Horney, 1885～1952)
基本焦慮的創始人霍妮，1885 年出生於德國的漢堡，畢業於柏林大學醫學院，隨後執教於柏林精神分析研究所。1932 年赴美，任芝加哥精神分析研究所副所長。1934 年任教於紐約精神分析研究所，直至 1952 年逝世。

待兒童的需要則有兩種類型：(1) 給兒童以真正的愛和温暖，滿足其安全需要；(2) 對兒童冷漠，厭惡甚至憎恨兒童，使兒童的安全需要受挫。在前一種情況下，兒童正常發展；而在後一種情況下則會引起神經症。因此，霍妮認為，父母對待孩子的態度是決定人格健康與否的重要因素。"在全部環境因素中，涉及性格形成的最主要的因素是一個孩子成長於其中的人際關係" (Horney, 1939, p.78)。

霍妮把父母損害兒童安全需要的行為稱之為**基本罪惡** (basic evil)。例如，如果父母以漠視、遺棄、厭惡、偏愛、懲罰不公等行為來對待孩子，他們對其父母就會產生**基本敵意** (basic hostility)。這樣，一方面孩子依賴父母，另一方面又對父母抱有敵意，生理衝突便由此產生。由於無能為力而壓抑敵意的兒童似乎在說："因爲我需要你們，所以不得不壓抑我對你們的敵意" (Horney, 1937, p.86)。由於恐懼而壓抑敵意的兒童似乎在說："因爲我怕你們，所以我必須壓抑我的敵意" (Horney, 1937, p.86)。

那麼，什麼是基本焦慮呢？霍妮認為，**基本焦慮** (basic anxiety) 就是兒童覺得自己生活在這個潛伏著敵意的世界上所體驗到的孤獨和無能的感情。

總之，照霍妮的觀點，神經症源於兒童與父母的相互關係。如果兒童真正得到父母的慈愛與家庭的温暖，就會感到安全，人格就正常發展。如果他從小就沒有享受父母的關懷與愛護，就會產生不安全感，對父母抱有敵意，這種態度最後又泛化到周圍的所有事物和人身上，進而轉變為基本焦慮。一個具有基本焦慮情緒的兒童很容易在成年時表現出神經症。

(二) 控制基本焦慮的策略

既然基本焦慮的根源是無助感和恐懼感，那麼體驗到這種焦慮的人總是想方設法使其減弱到最低的程度。霍妮提出了十種控制基本焦慮的策略，其實也是十種**神經症傾向** (neurotic trends) 或**神經症需要** (neurotic needs) (Horney, 1942, p.54～60)：

1. 感情和讚賞的神經質需要 這類人的行動常取悅於他人和迎合於他人，他們所關心的是使他人對自己有良好的印象。他們對被拒絕或失去朋友極為敏感。

2. 尋求能夠照管他生活夥伴的神經質需要 這種人常尋求和別人生活在一起，要別人保護他，使他免於危險，並滿足其需要。他們通常極害怕孤獨、被棄之不顧。

3. 把自己拘限於狹小生活領域內的神經質需要 這種人的生活空間極為狹小並且盡可能不去惹人注目。他們特別謹慎、小心，以免他人對自己的注意。

4. 權力的神經質需要 這種人為了尋求權力常不惜去傷害他人，他們唯一關心的是他人的馴從性，以為有了權力就可以隨心所欲，為所欲為。

5. 利用他人的神經質需要 這種人生怕別人沾自己的光，他們總是利用別人以達到個人自己的利益。

6. 獲得聲望的神經質需要 這種人的自我評價是由社會認可的程度來決定的。

7. 尋求別人讚美的神經質需要 這種人常誇張自己的形象並期望別人對自己的吹捧和恭維。

8. 獲得個人成就的神經質需要 由於本質上的不安全感，這類人對名望、財富或舉足輕重的作用懷有強烈的興趣，常迫使自己尋求更高的成就而不顧及後果。

9. 自負和不依靠他人的神經質需要 這類人當他們試圖去尋求滿意

的人際關係而失敗時，就會拒絕與他人往來，而變成孤獨寂寞的人。

10. 尋求完美無疵的神經質需要 這類人由於害怕犯錯誤而受到他人的批評，總是力求完美。他們會盡力搜尋自身的弱點，在別人未發現前加以掩飾或改正。

事實上，正常人也有上述需要。但是正常人的需要是適當的，或適可而止的，不像神經症病患者那樣，一種強烈的需要完全排斥了其他的需要。正常人不會把自己的生活完全局限於一種需要；當條件發生變化時，他們也會改變自己的需要。

(三) 神經質的三大類型

霍妮將上述十種神經質需要歸為三大類型：第一類是接近衆人，第二類是遠離衆人，第三類是反對衆人，描述了神經質者對其他人的適應情況。

1. 接近衆人 (moving toward people) 這種適應模式包括感情和讚賞的需要，尋求能夠照管他生活夥伴的神經質需要，以及將自己拘限於狹小生活領域內的神經質需要。霍妮把這種類型的人稱之為**依從型** (compliant type)。這種人可能會說“如果我依從，那我就不會受到傷害”(Horney, 1937, p.97)。

2. 遠離衆人 (moving away from people) 這種適應模式包括自負、不依靠他人以及尋求完美無疵的需要。霍妮把這種人稱為**超脫型** (detached type)。這種人可能會說：“如果我隱退，那什麼也不會傷害我”(Horney, 1937, p.99)。他們不以任何方式在感情上與他人發生聯繫，在自己周圍築起一道任何人都無法穿透的魔圈。

3. 反對衆人 (moving against people) 這種適應模式包括權力、利用別人、獲得聲望、尋求讚美、獲得個人成就等神經質需要。在許多方面，這種類型的人與依從型相反。霍妮把這種人稱為**敵意型** (hostile type)。這種人可能會說：“如果我有權力，那誰也不能傷害我”(Horney, 1937, p.98)。

十種神經質傾向或簡化了的三種神經質類型被霍妮看作是為消除基本焦慮而採取的**原級防衛** (primal defense)，神經質者會將其當作必不可少的生活方式，他們不是去駕馭這些需要，而是受其駕馭。這就給患者帶來許多生活的問題和內心的缺陷。

總之，霍妮拋棄了弗洛伊德的生物本能論和泛性論，強調社會文化因素對人格形成的決定作用。她提出的神經症傾向，其實就是個人的自我障礙以及個人、與他人關係的障礙而導致的人格障礙。心理學家沃爾曼認為：

> 霍妮對心理學理論的貢獻是相當大的，這是由於她引進了一種強調社會因素的人格模式，很少或者根本就不把人格模式歸因於內在因素。(沈德燦等譯，1981，376 頁)

二、沙利文的人際關係理論

沙利文 (或譯蘇利文) (Harry Stack Sullivan, 1892～1949) 是美國著名的精神病學家，也是精神分析社會文化學派的主要代表之一。他的心理學理論被稱為**人際理論 (或人際關係論)** (interpersonal theory)。他認為，精神障礙源於人際關係或社會關係，因此富有成效的心理治療方法就必須從人際關係入手。他關於人格的性質人格動力的論述頗具特點，下面介紹沙利文這方面的觀點。

圖 4-6 沙利文
(Harry Stack Sullivan, 1892～1949) 精神病的人際理論創始人沙利文 1892 年生於紐約市郊，獲得芝加哥大學醫學博士學位後在軍中服兵役。1922 年任職華盛頓一醫院，1923 年任教於馬里蘭大學醫學院並從事精神分裂症研究。1949 年在參加國際性會議後，逝世於巴黎。

(一) 人格的性質

與霍妮一樣，沙利文也反對弗洛伊德的本能論和泛性論，認為人格的形成和發展是人與人之間相互作用的結果。他對人格的定義是：

> 人格是重復的人際情境的相對持久的模式，重復的人際情境是一個人生活的特性。(Sullivan, 1953a, p.111)
>
> 人格可以看作是假設的存在，它是在人際關係中表現出自身的。人際關係包括與真實的或想像的他人的相互作用，與其直接或間接地一體化爲動能的復合，還包括與人創造的傳統、習俗、發明和制度的相互作用。(Sullivan, 1962, p.302)

在沙利文看來，人格作為假設的存在是從造成行為的基本人際關係中抽象出來的。我們只能根據個人的人際關係才能了解人格，除了人與人之間所傳達的內容之外，便無法了解個人的人格。實際上他是把人格化解在人際關係和社會關係中。他說："每個人有多少種人際關係，他就有多少種人格" (Sullivan, 1950, p.329)。此外，他不同意弗洛伊德關於人格早期定型這一觀點，認為，人格發展可持續到 10 歲以後。人格是在人際相互作用過程中發展的，不能說人格是固定的，因為它依賴於被一體化了的社會環境。

(二) 人格動力

沙利文認為，人格發展的動力是個體和他人之間的人際關係，同時人格通過人與人之間的相互交往而表現出來；沒有社會上其他人的影響，人格是不存在的。他提出**重要他人** (significant others) 的概念，用來說明影響人格發展的人不僅是現實生活中的人，也可能是記憶、想像、文學作品中的或理想化的人物形象。沙利文認為，人格的形成與發展最初源於個體生理和心理上的緊張感，造成緊張的原因是生理需要 (對食物、空氣、水和性等的需要) 和社會不安全感 (主要為人際焦慮)。嬰兒為了滿足自己的生理需要，獲得安全感，就必須和母親建立最初的人際關係。他特別強調母-嬰之間的相互關係，認為嬰兒生理需要的滿足和安全感的獲得，都有賴於母親的行為和態度，而嬰兒對母親的行為態度是非常敏感的。如果母親在滿足嬰兒需要時行為粗暴或流露出緊張、憤怒和不愉快，那麼嬰兒就會感覺到這些情緒，產生焦慮和不安全感。焦慮影響其生理需要的滿足，影響母-嬰之間的正常關係，而嬰兒卻無力回避或擺脫它，這種焦慮會在兒童以後的成長中進一步擴散，影響個體正常的人際關係和人格的發展。在沙利文看來，生理需要的滿足是人格發展的基礎，而出現較晚的、更複雜的安全感的需要，則是重要的人格發展動力。

他還創造了動能的概念來闡述人格能量的轉換。所謂**動能** (dynamism) 是指在人際交往過程中產生的使個體人際關係特徵化的能量轉換結構，也指個體生理或心理上重復持續的行為習慣或整體性的人格傾向。它控制個體的生理能量，根據需要而對能量進行轉換，以此決定人際關係的特徵，引導人格發展的方向。因此，動能也是沙利文分析人格的基本單位，動能的種類很多，主要可分為生理的和人際的，其中最重要的是自我動能。**生理區域動能** (zonal dynamism) 是指個體與某些環境有關的軀體生理部位的能量轉換結構。它與吃、喝、性等行為活動密切相聯，是一種與生俱來的動能。其活動主要是為滿足生理需要。**人際動能** (interpersonal dynamism) 是指個體從人際交往的經驗中所獲得的一種能量轉換結構，表現為個體對自己與他人之間人際關係的意識，對人際行為的調節和改變等能力。其活動主要是為滿足人際交往的需要。**自我動能** (self-dynamism) 也稱**自我系統** (self-system)，是指以個體的人際經驗為基礎所建立起來的一種自我印象。最初源於母-嬰之間的焦慮，即嬰兒為了滿足生理需要，獲得安全感而竭力愉悅母親，並逐步服從母親所代表的社會規則，因獎勵和懲罰而區分出“好的我”與“壞的我”。自我系統是社會道德規範和文化的產物，其活動主要是為減輕焦慮，認識外界環境中的種種人際關係，並加以對付和適應。

在沙利文看來，個體以人際經驗為基礎便形成了對自己和對他人的習慣性印象 (包括情感、態度和思維等)，這一過程，他稱為**人格化** (personification)。但這種印象受個體自我系統特徵的影響，並不一定是個體或他人的真實表徵。同時在人格發展的不同階段中，人們感知和認識外部世界的經驗模式 (mode of experience) 也不同，從而使個體表現出對己、對人、對事的不同人格特點。

關於心理疾患，沙利文認為不只涉及受創傷的內在精神核心，而且也涉及不安的社會關係，甚至強大的社會壓力。在心理疾病的治療方面，沙利文認為精神病醫生的工作是尊重患者，通過精神分析的方法引導病人正確認識自己，樹立起對前途的信心。

三、弗洛姆的人本主義精神分析論

德裔美籍著名人格心理學家弗洛姆和霍妮一樣，弗洛姆也反對弗洛伊德的本能論和泛性論，強調社會文化因素對人格發展和神經症致病的作用。但弗洛姆將社會影響從家庭的直接影響擴大到社會關係和社會制度的影響，並從歷史發展的角度說明社會文化對人格的影響。他說："無論是人類最醜惡的還是最美好的傾向，都不是人類固有的、由生物因素決定的本性，相反，它們是人類自己創造的社會過程的產物"(Fromm, 1941, p.12)。弗洛姆的著作甚豐，內容廣泛。其主要特點是從人本主義出發，將精神分析揭示的病態問題與對資本主義的道德批判結合起來。其中，他對於人的心理需要和性格類型的論述頗具特色。

(一)　人的心理需要

弗洛姆認為，人作為一個動物，他具有與動物相同的生理需要；而作為

圖 4-7　弗洛姆

(Erich Fromm, 1900～1980)
弗洛姆 1900 年生於德國法蘭克福。獲海德堡大學博士學位後，在柏林精神分析學院接受訓練。1933 年移居美國，先在芝加哥精神分析學院講學，而後自行開業，1951 年任墨西哥國立大學教授，1974 年遷居瑞士，1980 年逝世。

一個人，他具有覺知、推理和想像能力。這兩方面構成了人類生存的基本條件。弗洛姆所說的人的需要就是指人的獨特的心理需要。他認為人性的最基本的特徵是自我實現的傾向，要使這種傾向得以實現就得發揮自我覺知和理性的能力，以充分滿足人的心理需要。這種源於人類生存基本條件的需要，如果不能以某種方式得到滿足，人就會精神失常以至患神經症。他在《健全社會》(1955) 一書中提出了人的五種獨特的心理需要：

1. **關聯的需要**(或**相屬需求**) (need for relatedness) 指與別人發生關聯的需要，即需要去愛和關心他人。愛既是一種歸屬，也是一種結合。

2. **超越的需要** (need for transcendence) 指人期望自己能超越動物的被動性而成為創造者的需要。

3. **歸根的需要**(或**生根需求**) (need for rootedness) 指人總有尋求歸宿感的需要，即與別人建立手足情誼，謀求團結，以擺脱孤獨和不安全感的需要。

4. **同一性的需要**(或**獨立需求**) (need for identity) 指人追求自己掌握自己的命運，自己做出決定，真正感受到自身生活的需要。

5. **定向框架的需要**(或**定向需求**) (need for a frame of orientation) 指人對環境有一種形成穩定的、一致的認知結構的需要。為此他應用理性的方法替自己樹立一個忠誠的對象、一個目標甚至一個上帝，以寄託生命的價值和意義。

這些需要與特定的社會結構遙相呼應，對個人作用的結果便形成了每個社會方式的社會性格。

(二) 社會性格

弗洛姆認為，性格存在於人的潛意識之中，是左右行為的內在機制。每個人的性格均可分為個人性格和社會性格兩個部分。**個人性格** (personal character) 用以區分人與人之間的差異，是一個人在其文化中的經歷同氣質、生理結構等因素共同作用的結果。**社會性格** (social character) 是同一文化中所有成員的共同特徵，是人格結構中的核心部分，源於群體的基本和共同的經驗。弗洛姆在《為自己的人》(孫依依譯，1988) 和《人心》

(1964) 兩部書中提出了五種基本的性格類型：

1. 接納性格（或依賴性格）(receptive character)　這種性格類型的人以被動、屈從、怯懦、貪婪、輕信和傷感為特徵，凡事依賴他人，生活靠別人供給，行動聽別人支配，其人生格言是一切依賴外界。他們只是接受者而不是施予者。

2. 囤積性格 (hoarding character)　這種性格類型的人以吝嗇、多疑、迂腐、頑固、懶惰和占有為特徵。他們視消費為威脅，把安全感建立在囤積和擁有物的基礎上。其人生信條是“世上沒有新東西”。

3. 剝削性格（或掠奪性格）(exploitative character)　這種性格類型的人以敵意、挑釁、利己、強占、竊取、粗魯和傲慢為特徵。他們以強力或狡詐奪取他人的物質財富和精神財富，其人生信條是“獲取我所需要的”。

4. 市場性格 (marketing character)　這種性格類型的人以投機、應變、空想、虛無、冷漠和浪費為特徵。他們把自己當作可出售的商品，所關心的不是自己的生命和幸福，而是他自己的銷路。其人生信條是“買賣主義至高無上”。

5. 生產性格 (productive character)　這種性格類型的人以獨立、自主、完整、自發、愛和創造為特徵。他們能運用自身的力量去實現自己的潛在能力，能把自身與他人、與宇宙融為一體，能體驗到生活的幸福和人生的意義。

以上前四種性格屬**非生產性取向** (nonproductive orientations) 是不健康的性格類型，主要是由當代資本主義經濟制度的既定狀況所造成的。第五種屬**生產性取向** (productive orientation)，是健康的性格類型，這也是弗洛姆寄予人類的希望。弗洛姆還認為，性格類型並沒有純粹的形式。一個人心理健康與否，端視他身上的消極和積極性格特性的比例而定。積極的性格占優勢，人的心理健康；反之，其心理就不健康。

第四節 埃里克森的自我發展理論

埃里克森 (Erik Homburger Erikson, 1902～1994) 在精神分析中的主要貢獻是他的**自我發展理論** (theory of ego development) 或**心理社會同一性理論** (theory of psychosocial identity)。他出生於德國法蘭克福，父親為丹麥人，但在他出生後不久，父母就離了婚。母親在他三歲時嫁給了一位曾給他治過病的兒科醫生，他倆都是猶太人，而埃里克森看起來卻更像丹麥人。念完高中後他在歐洲漫遊一年之久，試圖尋找自己人生的道路。最後決定要做個藝術家並從事藝術教學工作。25 歲時他應聘到維也納一所由安娜· 弗洛伊德等人創辦的學校任教，從此結識了弗洛伊德一家，並開始跟隨安娜從事分析工作。1933 年他和家人遷居美國，成為波士頓第一位兒童精神分析家。1939～1944 年，他參加了加利福尼亞大學兒童福利學院著名的縱向“兒童指導研究”，他的人格發展漸成說就是在這一時期形成的。1950

圖 4-8 埃里克森

(Erik Homburger Erikson, 1902～1994) 心理社會發展論創始人埃里克森，1902 年生於德國法蘭克福，唸完高中後在歐洲浪跡一年，後跟隨安娜·弗洛伊德學習精神分析。1933 年赴美，在波斯頓開設兒童精神分析診所，同時任職於哈佛醫學院，接受耶魯大學委託從事專題研究。1960 年起任哈佛大學教授，1994 年去世。

年他離開加州轉往馬薩諸塞州的歐斯汀雷格中心擔任高級會診醫生，這是一所著名的精神障礙青少年治療中心。1960～1970 年，他在哈佛大學任人類發展學和精神病學教授。埃里克森因其工作和著作而享譽學界。他的《少年路德：一個精神分析和歷史的研究》(1958) 和《甘地的真理：論好戰的非暴力根源》(1969) 兩書的出版使他在心理傳記領域中也有重要貢獻。埃里克森的理論中最馳名的是也的自我心理學和人格發展的八個階段的理論，本節將討論這兩個主題。

一、自我心理學

埃里克森經常稱自己為弗洛伊德理論的熱忱擁護者，把弗洛伊德的著作比作“磐石”，認為一切有關人格的理論都是建基於其上。他的確也接受了弗洛伊德的人格結構理論，也承認人格結構的形成源於力必多。但是，埃里克森與弗洛伊德的側重點和賦予自我的功能是大不相同的。

在弗洛伊德看來，自我的功能是在不侵犯超我的道德要求情況下來尋求滿足本我衝動的現實途徑。自我只是“本我的雇傭”，它沒有自己的需要。整個人格的能量由本我供給。個人做的所有事情，其根本目的是降低本我的需求。但是，埃里克森則賦予自我以特徵和它自身的需要。他認為，自我以為本我服務作出發點，但在為本我服務的過程中發展出它自身的各種功能。例如，自我能夠組織個人的生活，保證個體生理環境和社會環境的和諧一致等。他強調自我對健康成長和適應的影響，同時自我也是個人**自我覺察** (self-awareness) 和同一性的根源。由於埃里克森強調自我的自主性，而與弗洛伊德早期把自我僅作為降低本我引起不安的觀點形成鮮明的對照，因而他被譽為**自我心理學** (ego psychology) 的創始人之一。埃里克森關於人生八個階段的描述，其實就是闡述自我如何獲得或喪失力量的發展變化過程。

二、人生八個階段

在有關精神分析人格發展理論的各種進展中，沒有人能比埃里克森作出更具實質性進展的。他不僅增添了三個成人期的新階段，還將弗洛伊德的每一個階段的內涵擴大，給出了新的解釋。埃里克森認為，人格的發展包括有機體成熟、自我成長和社會關係三個不可分割的過程，經受著內外部的一切衝突，其發展按漸成的固定順序分為八個階段。每一發展階段都存在著一種**發展危機** (developmental crisis)。危機的解決標誌著前一階段向後一階段的轉化。順利地渡過危機是一種成功的解決，反之是一種不成功的解決。成功的解決有助於自我力量的增強和對環境的適應；不成功的解決則會削弱自我的力量，阻礙對環境的適應。前一階段危機的成功的解決將為以後的發展發揮良好的基礎作用；不成功的解決會造成發展障礙，累積起來，將導致人格適應能力的喪失。發展危機的解決不是按全或無方式進行的。每一發展危機的解決都存在著成功和不成功的兩種成分。所謂成功的解決只是在這種解決中成功的成分占優勢，反之亦然。雖然八個階段產生的時間是由生物基礎決定的，但與某一特定階段相聯繫的發展危機能否得到成功的解決則是由自我成長和社會環境決定的。基於此，埃里克森把人生八個階段稱為**心理社會發展階段** (psychosocial stages of development) 以區別於弗洛伊德的心理性欲階段。埃里克森的心理社會發展階段如下：

(一) 信任對不信任

第一階段的年齡是從出生到一歲半，這相當於弗洛伊德的口唇期。這一階段的嬰兒是用口部來接觸社會的。此外還通過雙眼、觸覺去接受外界的刺激。在母親給予照料和嬰兒接受照料的相互作用中形成本階段的發展危機：**信任對不信任** (trust vs. mistrust)。如果母親對嬰兒給予愛撫和有規律的照料，嬰兒將產生信任感；反之，如果母親的愛撫和照料有缺陷、反復無常，嬰兒就會產生不信任感。

埃里克森説，如果嬰兒發展的信任感居多，就達到了他的第一項社會成就。這時他不會因母親離開而焦慮和哭鬧，因為嬰兒內心已發展出即使母親離開了視線，如果自己需要母親，她自會到場。這種恆定的、連續的、一致的體驗使嬰兒有了**自我同一性 (或自我統合)** (ego identity) 的最初感覺。埃里克森認為，自我同一性的最初形成是兒童內心記憶中的、可預見到的感覺和心象，與外界已熟悉的、可預見到的事物及人物的統合。

在這一階段，嬰兒既產生信任感也產生不信任感，如果信任感比率居多時，就成功地解決了發展危機。埃里克森認為，一定比率的不信任感有利於人的健康發展，但是信任感應當超過不信任感。這一原則也適用於其他發展階段。隨著成功地解決了發展危機人格中便形成了**希望的品質** (virtue of hope)。這種兒童敢於冒險、不怕挫折和失敗。而如果不成功地解決發展危機則在人格中形成**恐懼** (fear) 的特質。

(二)　自主性對羞怯和疑慮

第二階段的年齡從一歲半到三歲左右，相當於弗洛伊德的肛門期。埃里克森同意弗洛伊德的觀點，認為這一階段活動的基本方式是保持和排除、堅持和放棄。但是，他指出，這些方式不只包括肛門區，還包括堅持用自己的雙手和雙腳的活動。這一時期的兒童反復用“我”、“我的”和“不”等詞來表示自己的自主性。但父母則不允許自己的孩子為所欲為，而要按照社會的要求來訓練他們，控制他們的行為。埃里克森把這一階段的危機界説為**自主性對羞怯和疑慮** (**或自主行動對羞怯懷疑**) (autonomy vs. shame and doubt) 的衝突。自主性意味著一個人能按照自己的意願行事的能力，例如控制自己的括約肌，用自己的雙足站立行走，用自己的雙手等等。羞怯和疑慮感則來自社會的期待和壓力。如果父母訓練過嚴和不公正的體罰會使兒童產生羞怯和疑慮。因此，明智的父母對本階段兒童的態度要注意掌握分寸，既給予適度的自由，同時也要在某些方面加以有節制的控制。

如果自主性對羞怯和疑慮的危機得到成功的解決，在兒童的人格中就形成**意志品質** (virtue of will)。埃里克森把意志解釋為“進行自由選擇和自我抑制的不屈不撓的決心，儘管在幼兒期不可避免地要體驗到羞怯和疑慮”(Erikson, 1964, p.119)。埃里克森認為，若不成功的解決危機則在人格中形成**自我懷疑** (self-doubt)。無論是成功的解決或不成功的解決，其結果都會影響一個人如何生活。

(三)　主動性對罪疚感

第三階段的年齡從三歲至六歲左右，相當於弗洛伊德的性器期。這一階段的兒童表現出制訂計畫，訂立目標，並積極保持以達到目標。他們對性別差別有特別的好奇心和求知欲。本階段的發展危機為**主動性對罪疚感** (**或自動自發對退縮愧疚**) (initiative vs. guilt)。

埃里克森認為，順利渡過前兩個階段的兒童已認識到自己是人，在這一階段中，他們面臨的問題是他們能成為什麼樣的人。他們檢驗各種限制，以便確定什麼是允許的，什麼是不允許的。如果父母鼓勵兒童的主動性和想像力，他們便會獲得創新精神離開這一階段。如果父母嘲笑或挖苦兒童的創造性和想像力，兒童會喪失自信心。當他們回想起自己被父母譏笑的行為時，就容易產生罪疚感，因而只能過著別人為其安排好的狹隘的生活圈子中。

如果在這一階段中兒童發展了較多的主動性或進取精神，就會在人格中形成**目的的品質** (virtue of purpose)。埃里克森把目的定義為："正視和追求有價值的目的的勇氣，儘管這種目的曾被幼兒期的幻想、被罪疚、被懲罰的失魂落魄的恐懼所阻止" (Erikson, 1964, p.122)。若不成功地解決本階段的發展危機則在人格中形成**無價值感** (unworthiness)。

(四) 勤奮對自卑

第四階段從六歲至十二歲，相當於弗洛伊德的潛伏期。在本階段，兒童轉向學習各種必要的謀生技能和使自己成為社會生產者所具備的專業技能。在這一階段從兒童所要學的課程中，兒童產生了一種勤奮感，這種感情將使兒童滿懷信心地在社會中尋找自己的工作。如果兒童不能發展出勤奮感，就可能產生自卑感。因此，本階段的發展危機是**勤奮感對自卑感 (或勤奮進取對自貶自卑)** (industry vs. inferiority)。

勤奮感占優勢的兒童，其人格中就形成了**能力的品質** (virtue of competence)。埃里克森說："能力……就是靈巧和智力在完成任務時的自如運用，它不爲兒童時期的自卑感所削弱" (Erikson, 1964, p.124)。若不能成功地解決本階段的發展危機則在人格中形成**無能感** (incompetency)。

埃里克森認為，好的教師在這一階段對兒童的影響很大。他說："不止一次，我觀察到在那些獨具天賦和富有靈感的人們生活中，大多是教師燃起了一個未被發現的天才的內心火焰" (Erikson, 1959, p.87)。

(五) 同一性對角色混淆

第五階段從 12 歲至 18 歲左右，相當於弗洛伊德的生殖期。埃里克森贊同弗洛伊德的說法，承認青年期驅力的增加是破壞性的，但他認為問題的另一方面：青年還因新的社會衝突和要求而變得困擾和混亂。埃里克森強調，青春期的主要任務是建立一種新的自我同一性，其發展危機是**同一性對角色混淆 (或自我統合對角色混亂)** (identity vs. role confusion)。

什麼是自我同一性？埃里克森曾有不同的解説，例如：“一種熟悉自身的感覺”；“一種知道自己將會怎樣生活的感覺”；“在說明被預期的事物時出現的一種內在的自信”(Erikson, 1959, p.118)。自我同一性這個詞含義非常廣泛，包括社會與個人的統合、個人的主體方面與客體方面的統合、自己的歷史任務的認識與個人願望的統合，等等。

雖然，同一性的形成是個終生過程，但這個問題在青春期出現了危機。其原因是：(1) 各種本能衝動的高漲助長了青年同一性危機。青年人突然覺得彷彿他們的那些衝動已受自己意志的約束，不再任其為所欲為了。(2) 青春期身體的急劇變化導致了青少年急切地要認識自己。也許正是這個緣故，這一時期的青少年總是花很多時間對鏡左顧右盼，或者耗費不少時間整理自己的儀容。(3) 承擔社會義務壓力的青年急切地想了解自己在他人心目中的印象，是否符合他人的心意，並為自己將在社會中占有什麼地位而苦惱。

如果青年在這一階段不能建立自我同一性，就會產生角色混淆和消極的同一性。**角色混淆** (role confusion) 是以不能選擇生活角色為特徵的，或者只是口頭上承擔一定的角色，但很快又改變角色。**消極的同一性** (**或反向認同**) (negative identity) 就是獲得為一定的社會文化所不予認可的、令人厭惡的角色。青年往往痛苦地感到他們沒有能力持久地承擔義務。他們感到要作出的決斷來得太多太快。為了避免同一性的提前完結，避免過早接納四分五裂的社會角色，他們有時就進入了一個**心理社會的合法延緩期** (psychosocial moratorium)。例如，有些青年人，在作出最後決斷之前，暫時離開大學去旅行，或者去經歷各種不同的工作。這是青年尋求某種同一性的時期。

隨著自我同一性的形成，青年就具備了**忠誠的品質** (virtue of fidelity)。忠誠就是“儘管價值體系有著不可避免的矛盾，仍能效忠發自內心誓言的能力”(Erikson, 1964, p.125)。如果不能成功地解決本階段的發展危機就會在兒童人格中留下**不確定感** (uncertainty)。

(六)　親密對孤獨

第六階段從 18 歲至 24 歲，也稱為成年早期。埃里克森所說的這個階段及以後兩個階段與弗洛伊德心理性欲發展論沒有相應階段。埃里克森認為，只有建立起良好同一性的青年才能擔當起成年早期的任務——與異性伴

補充討論 4-3

我是誰？——對青少年同一性危機的一種看法

也許你能記起當你在十幾歲的時候常常被“我是一個什麼樣的人？”“我為什麼是這樣的一個人？”“我將成為怎樣的一個人？”等問題所困擾。你還可能記起你自己是怎樣解決這些問題的？也可能你尚未解決這些問題哩！再請回憶一下：是什麼樣的角色經驗對你在大學生活裏的同一性形成起作用？

馬西婭 (Marcia, 1966) 曾仔細分析過埃里克森有關青少年同一性危機的看法，認為在任意給定的時間裏，所有青少年都可以歸為四種**同一性狀態** (或**統合狀態**) (identity statuses) 中的一種：

1. 同一性混淆 (或迷失型統合) (identity diffusion) 處於這種狀態的青少年既沒有從同一性危機中取得經驗，也沒有解決同一性危機。他們對未來方向彷徨迷惑，不知所措，沒有確定的目的、價值或打算。這是一種最不成熟的同一性狀態。

2. 同一性强閉 (或早閉型統合) (identity foreclosure) 這類青少年沒有從同一性危機取得任何經驗，但對特定的目標、價值觀和信仰和社會角色過早地接納許諾。例如，父母向青少年提出一種職業角色，而他或她沒有真正加以評價便接受了這種要求。

3. 合法延緩期 (或未定型統合) (identity moratorium) 處於這種狀態的青少年正經歷著同一性危機並積極探索自己的價值定向並努力發現能夠增強自身競爭力的穩定的同一性。

4. 同一性達成 (或定向型統合) (identity achievement) 處於這一狀態的青少年已解決了同一性危機，他們對職業、性別定向和/或政治、宗教觀念已有明確的定向。馬西婭和埃里克森都認為，在同一性達成之前都有同一性危機和合法延緩期。而從同一性混淆跳過同一性強閉而到達合法延緩期則是可能的。

埃里克森認為同一性危機大多發生在青春期，在 15 歲至 18 歲就已經解決。看來這種估計是太樂觀了些。默爾曼 (Meilman, 1979) 用**結構訪談法** (或**結構式晤談**) (structured interview) 對已定為入大學的 12 至 18 歲的男生、21 歲的男大學生和 24 歲的成年男子的同一性類型進行調查，結果顯示，只有 20% 的 18 歲男生、40% 的大學生和稍多於 50% 的 24 歲成年男子達成了成熟的同一性。近 25% 的 18 歲被試，尚處於合法延緩期。阿徹 (Archer, 1982) 在更大範圍內的取樣所作的研究結果與默爾曼的結果相似，而且還發現同一性形成過程也不是一致的。被試在職業選擇、性別角色態度、宗教信仰和政治觀念方面處於相同同一性狀態的僅占 5% 而在上述四個領域處於不同的同一性狀態的卻占90%。這說明，同一性的達成需要很長的時間，通常貫穿於整個青少年時期。

侶的親密關係。只有當一個人確保自己的同一性時，才能在與別人的真正共享中忘卻自己。例如，一個青年人只關注自己的男子漢氣慨，就不能成為一個最好的情人。他會過分注意自己，不能毫無牽掛地無私地而溫柔地對待異性伴侶，因而難以與異性情侶達到真正的感情共鳴。他所體驗到的是孤獨。本階段的發展危機是**親密對孤獨**(或**友愛親密對孤僻疏離**) (intimacy vs isolation)。

為了有益於個人和社會，埃里克森認為應當發展下列的親密關係：(1) 感情共鳴的情欲高潮；(2) 一個值得愛的伴侶；(3) 異性；(4) 能夠並樂意與他分享相互的信任；(5) 能夠並樂意與他嚴格遵守：a. 工作周期，b. 生殖周期，c. 娛樂周期；(6) 還應使後代在所有發展階段安全滿意地發展。在埃里克森看來，真正的親密感是兩個人都願意共享和互相調節他們生活中的一切重要方面 (Erikson, 1963, p.266)。

如果一個人在第五階段形成的友愛親密勝過孤僻疏離，那麼他就形成**愛的品質** (virtue of love)。埃里克森把愛定義為"永遠抑制內在分裂機能的互相獻身"(Erikson, 1964, p.129)。如果不能成功地解決本階段的發展危機就會導致青年**亂婚** (promiscuity)。

(七)　繁殖對停滯

第七階段為成年中期，從 25 歲至 65 歲。這一階段的男女成人已建立了家庭，他們的興趣開始擴展到下一代，生兒育女，關懷下一代的健康發展。用埃里克森的話來說，他們進入**繁殖對停滯** (或**精力充沛對頹廢遲滯**) (generativity vs. stagnation) 的階段。所謂"繁殖"具有廣泛的含義，不僅指對下一代的照料，而且指通過工作創造事物和思想。但埃里克森更側重於照料兒童。

沒有繁殖感的人是以"停滯和人際貧乏"為特徵的 (Erikson, 1963, p. 267)。如果一個人的繁殖感高於停滯感，那麼在其人格中就形成**關心的品質** (virtue of care)。具有這一品質的人，能自覺自願地關心他人的疾苦和需要，能給他人以溫暖和愛。反之，則形成**自私** (selfishness) 的品質。

(八)　自我整合對失望

第八階段為老年期，從 65 歲直至死亡。通常把老年看成是身心衰老時期。他們喪失了體力和健康，失去了工作，減少了收入，隨著時間的流逝，還喪失了配偶、親戚和朋友。埃里克森意識到老年人必須作出身體和社會的適應，但他側重於內心的鬥爭——即保住潛能，用以維繫生存甚至智慧的鬥爭。他把這種鬥爭稱之為**自我整合對失望**(**或完美無缺對悲觀沮喪**) (integrity vs. despair)。

埃里克森認為，前面七個階段都能夠順利渡過的人，是有幸福生活和有所貢獻的人，他們有完善感和充實感，而不怕死亡。這種人在這一階段回首往事時，自我是整合的，懷著充實的感情準備告別人間。而回首以往的失敗人生者則體驗到失望感。由於他們生活中的某一或某些主要目標尚未達到，因而不願匆匆離開人間，沒有面向死亡的準備。

在埃里克森看來，人生八個階段以循環的方式聯繫在一起。在第八個階段中，老年人對死亡的態度會直接影響下一代嬰兒期的信任感。如果一個人的自我整合勝過了失望，他就有了**智慧的品質** (virtue of wisdom)。所謂智慧也就是"以超脫的態度對待生活和死亡" (Erikson, 1964, p.133)；反之，則導致**無意義感** (meaninglessness) 和**失望** (despair)。表 4-1 是對埃里克森人格發展八個階段及其相應品質的概括。

表 4-1 埃里克森的人格發展八個階段及其相應的品質

人格發展階段	年齡(歲)	品質	
		成功的解決危機	不成功的解決危機
I 信任對不信任 (口唇期)*	0～1.5	希望	恐懼
II 自主性對羞怯與疑慮 (肛門期)*	1.5～3	意志力	自我懷疑
III 主動性對罪疚感 (性器期)*	3～6	有目的	無價值感
IV 勤奮對自卑 (潛伏期)*	6～12	能力	無能感
V 同一性對角色混淆 (生殖期)*	12～18	忠誠	不確定感
VI 親密對孤獨	18～24	愛	亂婚
VII 繁殖對停滯	25～65	關心他人	自私
VIII 自我整合對失望	65～死亡	智慧	無意義感和失望

*為弗洛伊德的階段

(採自 Phares, 1991)

本章摘要

1. 弗洛伊德弟子們對弗氏的**本能論**、**泛性論**、**先天生物決定論**和**早期經驗決定論**等觀念表示不滿，進行了修正，發展出一個強調社會文化和後天自我作用的**新精神分析論**。
2. 在榮格看來，人格是一個由**意識 (自我)**、**個人潛意識**和**集體潛意識**組成的極其複雜的結構。他特別強調人類祖先經驗沈積物——集體潛意識的作用。
3. 集體潛意識中的五種原型**人格面具**、**阿尼瑪**、**阿尼姆斯**、**陰影**、**自身**對每個人的人格和行為特別重要。它們之間的相互作用也極為複雜。
4. 榮格認為，人格是一個相對的封閉系統，其動力是**心理能 (力必多)**。人格系統中的能量分配是由**等值原理**和**熵原理**決定的。
5. 榮格的心理類型學包括**內傾**和**外傾**兩種態度和**感覺**、**思維**、**情感**、**直覺**四種思想功能。共有八種人格類型：**思維外傾型**、**情感外傾型**、**感覺外傾型**、**直覺外傾型**、**思維內傾型**、**情感內傾型**、**感覺內傾型**、**直覺內傾型**。
6. 榮格認為，人格的發展包括**個性化**和**整合作用**兩種過程的交互作用。他把人的一生劃分為**前性欲期**、**前青春期**、**成熟期**和**老年期**。
7. 在阿德勒看來，**自卑感**是人格發展的動力。人是以其獨特的**生活格調**作為達到某種未來目標的手段去**追求優越**的社會動物。
8. 阿德勒堅信，所有的人都有與他人和睦相處的先天需要，他稱這種需要為**社會興趣**。根據社會興趣的程度，把人分為四種類型：**統治支配型**、**索取依賴型**、**躲避型** (以上屬於錯誤生活格調的人) 和**社會有益型** (屬於健康生活格調的人)。
9. 阿德勒以為，健康的人具有完善發展的**社會興趣**，不健康的人缺乏這種社會興趣。人格適應就是要勇敢地面對問題。
10. 阿德勒用**出生順序**、**最初記憶**和**夢的解釋**來評定個人的生活格調。治療的目的是使患者了解其生活格調，促進社會興趣的發展。

11. 霍妮的**文化決定論**強調早期親子關係對人格發展的重要性。如果兒童的**基本需要**得不到滿足就會形成**基本焦慮**。他們對付基本焦慮便形成了三種人格類型：**依從型**、**超脫型**和**敵意型**。
12. 沙利文把人格定義為重復的人際情境的相對持久的模式。並用**動能**來說明在人際交往過程中使個體人際關係特徵化的能量轉換。
13. 弗洛姆認定人類的獨特的心理需要包括**關聯的需要**、**超越的需要**、**歸根的需要**、**同一性的需要**以及**定向框架的需要**。
14. 弗洛姆也強調社會文化對人格發展的重要性。他把社會性格區分為五種類型：**接納型**、**囤積型**、**剝削型**、**市場型**和**生產型**。前三種是不健康的性格類型；最後一種是健康的。
15. 埃里克森強調自我的自主性，與弗洛伊德把自我說成是本我的奴僕形成對照。
16. 埃里克森把人格的發展說成是發展危機的解決，按漸成的固定順序分為八個階段：(1) **信任對不信任**，(2) **自主性對羞怯和疑慮感**，(3) **主動性對罪疚感**，(4) **勤奮對自卑**，(5) **同一性對角色混淆**，(6) **親密對孤獨**，(7) **繁殖對停滯**，(8) **自我整合對失望**。
17. 在人格的形成過程中如果發展危機得到成功的解決，自我就獲得**希望**、**意志力**、**有目的**、**能力**、**忠誠**、**愛**、**關心他人**和**智慧**等品質；反之，就會使自我形成**恐懼**、**自我懷疑**、**無價值感**、**無能感**、**不確定感**、**亂婚**、**自私**、**無意義感**和**失望**等特質。
18. 埃里克森認為，雖然同一性的形成是一個終身過程，同一性問題卻在第五個階段 (青年期) 達到了它的危機。如果**自我同一性危機**沒有解決，那麼就會形成**角色混淆**和**消極的同一性**。

建議參考資料

1. 弗洛伊德 (李健鳴譯，1987)：愛的藝術。北京市：商務印書館。

2. 弗洛姆 (孫依依譯，1988)：為自己的人。北京市：生活、讀書、新知三聯書店。

3. 車文博 (1996)：西方心理學史。台北市：東華書局 (繁體字版)。杭州市：浙江教育出版社 (1998) (簡體字版)。

4. 車文博 (主編) (1989)：弗洛伊德原著選輯 (下)。瀋陽市：遼寧人民出版社。

5. 阿德勒 (黃光國譯，1984)：自卑與超越。台北市：志文出版社。

6. 高覺敷 (主編) (1987)：西方心理學的新發展。北京市：人民教育出版社。

7. 張述祖等 (編選，1983)：西方心理學家文選。北京市：人民教育出版社。

8. 榮　格 (黃奇銘譯，1987)：現代靈魂的自我拯救。北京市：工人出版社。

9. 榮　格 (劉國彬等譯，1988)：回憶、夢、思考。瀋陽市：遼寧人民出版社。

10. Erikson, E.H. (1968). *Identity, youth, and crisis.* New York: Norton.

11. Horney, K. (1945). *Our inner conflicts.* New York: Norton.

12. Jung, C. G. (1968). *Analytical psychology: Its theory and practice.* New York: Pantheon.

13. Sullivan, H. S. (1953b). *The interpersonal theory of psychiatry.* New York: Norton.

第五章

精神分析論的研究方法與評鑑技術

本章內容細目

第一節　精神分析論的研究方法

一、個案法　153

二、心理傳記法和心理歷史學方法　155

㈠ 心理傳記分析法

㈡ 心理歷史學分析法

補充討論 5-1：文獻研究法的優缺點

三、文化人類學方法　159

第二節　精神分析論的評鑑技術

一、自由聯想與夢的解釋和移情　163

㈠ 自由聯想

補充討論 5-2：自由聯想的一個實例

㈡ 夢的解釋

㈢ 移　情

二、日常生活中的過失分析　165

㈠ 舌誤和筆誤

㈡ 遺　忘

㈢ 誤放和動作失誤

三、投射技術　168

㈠ 單詞聯想法

㈡ 羅夏墨漬測驗

㈢ 主題統覺測驗

四、遊戲作為一種評鑑技術　172

五、邁爾斯-布里格斯類型指標　175

第三節　對精神分析論範型的評價

一、精神分析論的科學地位　175

㈠ 研究方法的科學性問題

㈡ 治療的效果問題

二、精神分析論的實證效度　178

㈠ 潛意識的實證研究

㈡ 夢的研究

㈢ 戀母情結的研究

㈣ 成人性格類型的研究

補充討論 5-3：弗洛伊德對實證研究的否定態度

三、精神分析論的貢獻　183

㈠ 開闢潛意識心理學的新研究領域

㈡ 創立心理治療的新理論和方法

㈢ 開創西方的人格心理學

本章摘要

建議參考資料

精神分析論包含的範圍很廣。它既是指與布魯爾合作時期的弗洛伊德理論，也指弗洛伊德經過不斷修改，直至後期系統化了的理論；既指正統弗洛伊德學派的理論，也指新精神分析學派從榮格至埃里克森的理論。精神分析理論是一個包含若干個小學派理論觀點的混合物。但它們的基本點是相同的，這就是潛意識理論。基於這個基本理論，精神分析學派在治療神經症人格時發展出了一套與傳統的實驗心理學迴然不同的研究方法。它們是個案法、心理傳記法、心理歷史學分析法和文化人類學方法。精神分析既是一種心理學理論也是一種評鑑技術。精神分析運動產生了像夢的解釋、自由聯想、移情等評鑑技術，這些評鑑技術也是這個學派的治療手段。此外，像日常生活的過失分析以及主題統覺測驗等投射技術也都是從精神分析論的基本理論中產生出來的。從本章中，我們將可以看到，精神分析學家們是怎樣用他們的研究方法和評鑑技術來解答他們感興趣的問題和論證其人格理論的。

從弗洛伊德開創精神分析論至今，精神分析論的科學地位問題一直是有爭議的。有人把它捧上了天，有人則視為詛咒的對象，那麼我們應當如何評價這個學說呢？鑒於新精神分析論的基本理論、研究方法和評鑑技術並沒有脫離弗洛伊德的體系，本章的評價將主要針對弗洛伊德的理論。通過本章的學習，希望讀者能明確以下問題：

1. 精神分析學家所用個案法的特點。
2. 心理傳記法的性質。
3. 心理歷史學分析法與個案法、心理傳記法的異同。
4. 精神分析學家使用文化人類學方法的特點。
5. 精神分析論的評鑑技術的特點。
6. 精神分析學的人格理論與研究方法、評鑑技術之間的關係。
7. 怎樣評價精神分析論。

第一節　精神分析論的研究方法

雖然弗洛伊德曾受過嚴格的科學訓練，從事過多年的生理學研究，並且肯定熟悉實驗心理學方法，但他從來不收集控制實驗的資料，也不對他的研究結果進行統計檢驗，而只是仔細地聆聽患者的敘述，從他自己對受分析的病人的敘述和行為的觀察中推導出他的理論，用他的**內在一致性標準** (criterion of internal consistency) 進行研究。所謂內在一致性標準是指“從材料中某部分所得出的推論，要由材料的其他部分得出的證據加以核對，以便從一個個案中獲得的最終結論建立在事實和推論的互相連結的網絡上” (Hall & Lindzey, 1978, p.59)。弗洛伊德就像偵探那樣，從患者的敘述和行為中不斷尋求一致性以證實自己的假設。只有當他發現一致的重復的主題時，他才對所做的解釋感到滿意。具體地説，精神分析論的主要研究方法有：個案法、心理傳記法和心理歷史學方法以及文化人類學方法等。

一、個案法

弗洛伊德採用**個案研究法 (或個案法)** (case study method)，不用實驗程序來收集患者的有關資料，而只是聆聽患者的敘述、觀察患者的行為，然後從這些明顯矛盾的、不連貫的言行中，推斷出其中的一致性的主題，即潛意識動機的支配。而他的患者的病態行為的減少，便是對他的結論的顯著性檢驗。不過弗洛伊德所做的個案研究並不多，其中最長久的個案研究卻是他自己。

下面讓我們來看看弗洛伊德對小漢斯 (Hans) 的個案研究程序 (Freud, 1909/1955)。這一研究一直受到精神分析學家們的稱讚，並已成為他們進行個案研究的榜樣。其實，弗洛伊德也只是根據小漢斯父親的來信進行分析的，他僅見過小男孩一次，並未直接參與治療過程。

在三歲的時候，小漢斯對自己的陰莖特別感到興趣，把它稱之為“小搖鈴”。他喜歡摸它，也經常注意別人的陰莖，還問他母親是否也有一個“小搖鈴”。他看到馬的陰莖很大，然後對母親說“我想，你 (母親) 這麼大，你的小搖鈴一定和馬的一樣大”。他發現動物有陰莖，而桌子、椅子沒有。他對許多事情都感到好奇。漢斯三歲半時，他的妹妹出生了，他說“她的小搖鈴太小了。等她長大後，反正就會變大”。後來，他母親告訴他不要摸自己的陰莖並威脅說要把它割掉。當漢斯四歲半時，在一次洗完澡，他母親在陰莖周圍撲痱子粉時，他問為什麼她不摸他的陰莖。他母親解釋說這裏髒，而漢斯卻笑著說它很好玩。

大約在六個月後的一天，漢斯同他的保姆一起外出散步。當一駕馬車駛過時，他大哭起來，要趕緊回家找母親。此後不久，他對馬十分恐懼，怕馬會咬他。在此之前，他常做惡夢，他母親常把他抱過來同自己一起睡。他開始怕馬會闖進他的房間，並很快發展成為典型的對馬恐懼症。他對馬嘴邊的黑圈和馬的眼罩感到恐懼；對拖著笨重貨車的馬以及馬跌倒了並跌壞了腿等都感到恐懼。

上述是小漢斯一些明顯症狀，在弗洛伊德的長篇個案研究中還可以找到更多的細節。弗洛伊德在考察了這一個案的詳細資料後，就小漢斯的馬恐懼症作了解釋。簡言之，小漢斯對他的陰莖很感興趣，他對母親有強烈的性依戀，想母親摸他的陰莖並同她一起睡覺。會咬人的馬象徵他父親，馬嘴的黑圈和眼罩象徵他父親的鬍子和眼鏡，馬會咬他，象徵被閹割。從這些要素及其他要素中，弗洛伊德認為小漢斯的戀母情結十分強烈，同時把父親看做他的情敵。他十分懼怕因這些欲望會受到父親閹割懲罰，因此他內心希望父親也像那匹馬一樣跌倒而死。他對馬的恐懼，在潛意識中是想避開父親、即避開馬，以減輕其對被閹割的焦慮。總之，小漢斯的恐懼症最主要的起因是戀母情結的衝突。

顯然，弗洛伊德對小漢斯的分析有許多問題，例如小漢斯的個案資料是由其父 (弗洛伊德理論的信徒) 提供的，他根據第二手資料進行解釋難免失之偏差。即使是第一手的資料，在用精神分析法治療神經病時也無法保證患者的報告不是揣摩醫生的要求，符合醫生的願望而作出的。批評家們指出，小漢斯對其母進行性窺探是由於受其父暗示的結果 (高覺敷譯，1986，225頁)。但是，這個個案卻能充分說明精神分析的研究程序。弗洛伊德的思維方法是，人的行為除具有它表面的應有意義外，它還有其他的隱義甚至有相反的含義。因此，必須尋找各種證據甚至相反的證據來建構自己的解釋，只有當找到了有關一致的、反復出現的主題的強有力的證據時，他才會滿意地認為，他發現了患者問題的關鍵之所在。如果他假設有某個一般性原則，那麼他會以同樣的方法從一個個的個案身上所得到的資料中來尋找證據，直到他相信此一原則能夠成立時為止。

二、心理傳記法和心理歷史學方法

精神分析學家為了證實自己的理論，還對歷史人物的個案史進行研究。在第二章中，已經論及個案史的研究對了解一個人的人格會有所幫助。但是精神分析學家所從事的心理傳記法和心理歷史學方法研究卻是另一種情景。

(一)　心理傳記分析法

心理傳記分析法 (method of psychobiographical analysis) 又稱為**傳記法** (biographical method)，是根據個案的傳記資料對其心理動力特徵進行分析以了解其人格的方法。許多精神分析學家都曾採用過這種方法。弗洛伊德曾經多次運用這種方法研究俄國小說家杜斯妥也夫斯基 (Dostoevsky, 1821～1881)、意大利文藝復興時期的藝術大師達芬奇 (Leonardo da Vinci, 1452～1519)，以及古代希伯來人的先知摩西 (Moses) 等歷史人物的生活，用來證實自己的理論並探討這些人物的心理動力 (Freud, 1909/1953, 1928/1961, 1939/1964)。

弗洛伊德對達芬奇的同性戀作過研究 (Freud, 1947)。相傳當達芬奇還是維羅卡奇 (Verrocchio) 的一名學徒的時候，就因與別的男孩發生被禁忌的性關係而受到指責。這一傳說一直流行到弗洛伊德生活的年代。根據有關的傳記，弗洛伊德重建了達芬奇的潛意識活動，並開始了他的研究。他堅信早期經驗是人格發展的關鍵，並把研究重點放在達芬奇唯一的一篇描寫自己早期生活的資料上。當達芬奇在繪畫兀鷹飛翔的時候，他突然打斷了自己的思路並道出了自己的一個早期記憶：

> 似乎命中註定我的思緒就會被這隻兀鷹占據，因爲它早已作爲一個早期記憶進入我的頭腦中，當我還在搖籃裏的時候，一隻兀鷹落在我的身邊，用尾巴弄開了我的嘴，還多次用它的尾巴來擊打我的唇。(Freud, 1947, pp.33～34)

弗洛伊德認為，若從達芬奇在這段幻想的內容方面來看，在意大利語中“尾巴”(tail) 或“尾”(coda) 是人們最熟悉的一個象徵，代表雄性性器官。幻想中兀鷹打開小孩的嘴，並用尾巴擊打他的唇，正好同將男性性器官放入另一個人的口中的性行為 (即口淫) 的意思相一致。他還認為達芬奇的這個幻想是完全被動的，幻想的性質同婦女所做的夢和幻想很相似，因此具有被動同性戀的性質，即在性關係中扮演女性角色 (Freud, 1947, p.38)。此外，他認為，在埃及的象形文字裡兀鷹代表“母親”，說明達芬奇記住了母親 (兀鷹) 緊抱著還是嬰兒的他，並動情地親吻他的嘴唇的情景。成年後，他將母親對待自己的行為投射到性對象的選擇上。於是，弗洛伊德認為他已經證明了達芬奇是一位同性戀者，他的正常性生活已通過他與母親的非常親密的關係而被壓抑。為了證實這一推論，弗洛伊德還用達芬奇曾嚴格挑選英俊男子作為自己的學徒作為佐證，認為他像自己的母親那樣愛護學徒，已將他自己被壓抑的性欲昇華了。

很明顯弗洛伊德的這種推論是十分牽強附會的。他只抓住一點，不及其餘，“旁徵博引”，無限誇大，以其潛意識決定論和泛性論來重建歷史人物的心理和行為。這是一種以偏概全，以點代面的主觀主義的思維方法。正如許多學者所指出，弗洛伊德的結論是不正確的。因為縱向的追踪研究才是研究兒童早期母子經驗與成年期行為發展關係的科學方法，而弗洛伊德的這種回溯性的象徵化解釋完全是從他的泛性論出發的主觀臆測。不過，心理傳記分析法也有一定的價值。在正確的、科學的方法論指導下並詳盡地占有有關資料，這種方法是可以對歷史人物的人格特徵進行分析的。

(二) 心理歷史學分析法

心理歷史學分析法 (method of psychohistorical analysis) 是指在更廣的歷史活動和歷史背景中對個人人格進行分析的研究方法。這種研究方法是由埃里克森創造的。他把這種方法定義為將精神分析學方法和歷史學方法結合起來對個體生活和集體生活所進行的研究 (Erikson, 1974)。他認為，歷史學家在研究歷史事件時經常忽視了個體活動在這些事件中所起的作用，而精神分析學家卻又過於看重個人的早期發展，在解釋個人行為時低估了歷史過程的作用。為了克服這種缺點，就需要將精神分析學的理論，特別是埃里克森自己的自我發展危機理論，同歷史人物的生活背景、社會文化背景結合起來對歷史人物進行分析。在埃里克森看來，對歷史上的重要人物進行心理歷史學分析，不僅能使我們理解歷史人物是如何克服自己的心理衝突、解決自身的問題，同時也有助於我們理解他是怎樣促使歷史事件的發生和如何改變世界歷史的。

埃里克森曾用心理歷史學分析法對甘地做過研究 (Erikson, 1969)。他十分看重同一性在甘地生活中的作用，認為甘地在不同時期的衣著反映了甘地為達成某種同一性的努力。當甘地在英國求學的時候，這位年輕的印度人完全模仿英國人的穿著：頭戴禮帽、身穿黑色大衣，目的是為了同英國人保持同一性；他甚至還參加了交際舞培訓班，學習上流社會的交際技能以加強此種同一性。但是，隨後在南非的兩次經歷，使他真正發現了自己的同一性危機。一次是一位南非白人法官因為討厭甘地模仿英國人的穿著而把他趕出了法庭；另一次是甘地也因同樣原因被趕下火車。正是這兩次令甘地十分痛心的經歷促使他反省，並決心解決自己的同一性危機。同時也使他在南非領導反種族歧視的運動之後，無論是在南非，還是回到印度領導反對英國殖民統治的“非暴力抵抗”運動中，甘地的穿著又同印度民眾完全一樣：戴方形披巾、穿纏腰布。埃里克森認為，這樣的穿著說明甘地找到並樹立起了自己的同一性，又重新返回到“印度的同一性”中了。

心理歷史學分析法和心理傳記分析法雖都是個案研究，但仍有不同。首先，心理歷史學分析法同精神分析學家對神經病患者所做的個案分析不同。精神分析學家對患者個案分析的目的是在於了解疾病產生的原因，通常以兒童期性欲壓抑作為疾病的根源。而在心理歷史學分析法中，分析的對象主要不是性欲問題，而是自我同一性危機對歷史人物的影響以及偉人性格對歷史進程的影響等。其次，心理歷史學分析法也不同於心理傳記分析法。心理傳記分析法很少考慮到個體生活的社會文化歷史背景，其重點也是分析神經病的成因，而心理歷史學分析法則正如埃里克森 (Erikson, 1974) 所指出的那樣，分析家們必須考慮政治、經濟、社會和文化等因素對個人的發展和人格的影響。但是，心理歷史學分析法和心理傳記分析法都屬於**文獻分析法** (analysis of documents)，其研究資料都來源於有關人物的傳記，其研究視角也都是回溯式的。關於文獻研究法的優缺點參見補充討論 5-1。

補充討論 5-1

文獻研究法的優缺點

心理傳記分析法和心理歷史學方法都屬於人格研究中的**文獻研究方法** (analysis of document)。所謂文獻，就是我們希望加以研究現象的信息的任何書面材料。文獻的內容多種多樣，例如日記、信函、自傳、家譜記錄、企圖自殺者的筆記以及小説或非小説 (如傳記、隨筆等) 文學作品等。目前在人格研究中文獻研究法也是一種常用的方法。例如我國心理學家胡寄南 (1985) 曾用這種方法研究過我國優秀人才的品質。結果表明，現代中國優秀人才具有下列人格品質：(1) 遠大的理想；(2) 高尚的情操；(3) 堅強的意志；(4) 才能與勤奮；(5) 待人接物的風度；(6) 自尊心和自信心特強。

文獻研究法的主要優點：(1) 可以研究不能接近的研究對象。除文獻研究法之外任何其他方法都不能對那些早已去世了的人的人格進行研究；(2) 無反應傾向。對文獻進行分析研究不會產生對人進行實驗時所產生的**實驗者效應** (experimental effect) 之類的反應傾向；(3) 適合於做長時期的研究。例如埃里克森對甘地自我同一性變化的研究即是；(4) 自發性。文獻研究法同觀察法一樣都是對自發的行動或感覺的記錄所進行的研究，而不是由研究者在特定的時間加以引發的研究。因而這種方法比問卷法具有較高的坦白程度。

文獻研究法的主要缺點：(1) 偏見：許多用於人格研究的文獻，原本不是為研究目的而撰寫的。撰寫文獻有各種目的意圖，可能以某種方式使文獻帶有偏見。(2) 不完全和不易獲得：文獻一般是用紙寫的，如果不注意維護，所獲得的文獻僅為損壞後的殘留部分。許多個人文獻如信件和日記，都不是為研究目的而是為私人撰寫的，甚至是保密的，因而不易獲得。(3) 取樣誤差：文獻分析所選取的樣本通常是受教育水準較高的和社會地位較高的人。這一點與個案研究極相似。(4) 缺乏標準形式，對文獻的分析易犯主觀性錯誤：各種文獻的形式和內容各異，通常只作定性分析，因而易犯主觀性錯誤。關於這一點，埃里克森曾對使用心理歷史學分析的分析家提出過一個忠告：必須時刻注意自己的價值觀、經驗以及自己所處的歷史背景會微妙地影響對歷史人物的分析 (Erikson, 1974)。這個忠告對使用文獻研究法的研究者來説，也是重要的。

對定量的假設檢驗方式感興趣的研究者不滿足於定性描述，而將非數量表示的文獻轉換為用數量表示的資料。這種結構式的文獻分析法稱為**內容分析** (content analysis)，即對文獻資料中的象徵行為做客觀的、系統的和數量的描述。要進行內容分析，首先應確立一套可用於分析文獻的相互排斥的和窮盡無遺的類別；然後以這些類別的觀點檢查文獻，記下文獻中每一類別的頻數。各類可用頻數或百分數圖示來表示。這種方法較系統，也較客觀。

不過，精神分析學家無論是弗洛伊德、榮格或是埃里克森都不用此種實驗的研究方法，而是運用釋義的方法，對文獻資料的象徵進行解釋，使人格中的潛意識動力顯現出來，使自己的推論得到論證。

三、文化人類學方法

對精神分析論而言，人類文化正像個人的直接生活資料，可以告訴我們許多有關潛意識的事情。弗洛伊德等人還用文化人類學方法來為自己的理論尋找證據。所謂**文化人類學方法** (method of cultural anthropology) 就是觀察並搜集自然地存在於世界不同地區、不同自然環境和不同歷史時期人類文化資料以創立並檢驗人格理論的一種研究方法。

弗洛伊德在《圖騰與禁忌》(1913) 一書中採用文化人類學的方法，推論原始民族與神經病患者之間有著明顯的相似性，並斷言，原始人對於亂倫的畏懼是其圖騰崇拜和族外婚的原因；強迫性神經病與源於禁忌的某些習俗非常相似。於是他推論史前人的心理和行為以及當前神經病患者被壓抑的欲望都可以從史前人類弒父之罪的角度來理解；從人類起源到現代，戀母情結一直是人類普遍存在的潛意識。所以，在弗洛伊德的戀母情結中包含圖騰崇拜、禁忌、現代神經病等問題，同時他還以某些人類學的資料來論證宗教、倫理、甚至藝術和社會本身都起源於戀母情結。

榮格關於集體潛意識內容的原型的概念，也是依據文化人類學的分析而得出的。榮格發現，某些表現在古代神話、部落傳說和原始藝術中的意象，反復出現在許多不同的文明民族和野蠻部落之中。例如，在許多民族的遠古神話中都有力大無比的巨人、預卜未來的先知、半人半獸的怪物和給人們帶來罪孽和災難的美女。從這些文化現象出發，結合臨床觀察，榮格推斷這些共同的原始意象就儲藏在集體潛意識中。此外，榮格還廣泛收集歷史傳說、神話和祭祀儀式等來發展自己的理論。

在衆多精神分析學家中，埃里克森是第一個走出診所和書齋，實地進行文化人類學考察的人格理論學家。1938 年，他剛到美國才四年，便離開耶魯大學人類關係研究所前往南達科他松脊居留地與當地蘇族印第安人住在一起，並對他們進行研究。40 年代初他還上溯加利福尼亞海濱去研究以捕魚為生的魯克族印第安人，探討弗洛伊德所未曾研究過的領域——正常兒童和在不同文化背景下成長的兒童的生活，結果發現社會文化因素對人格形成起著重要的作用。蘇族印第安人很鼓勵孩子自由活動，很晚才對他們的行為加以約束，並為兒童提供了一個漫長而溺愛的哺乳期，培養孩子大方慷慨、不計較財產、迴避競爭。他們教男孩子自信、勇敢、成為好獵手，教女孩子如何成為好妻子和好母親。這些教養方式顯然同白人教育者的教養方式不同，因此蘇族兒童很難接受白人的教育。而魯克族印第安人的兒童教養方式卻與蘇族不同。魯克族兒童的母親在六個月的時候就停止用母乳餵養嬰兒，他們鼓勵孩子自律，強調對擁有物的獲得和保留，強調節約、懷疑，教育兒童將自己的本能衝動服從於經濟上的考慮。由於他們的價值觀在許多方面同白人相似，他們同白人相處較好，容易接受白人的教育。總之，埃里克森沒有像弗洛伊德那樣，將蘇族印第安人和魯克族人分別簡單地描繪成“口唇人格”和“肛門人格”，而是從文化人類學的角度和同一性危機的概念出發，分析不同文化背景下兒童人格形成的特點 (Erikson, 1945)。

為了檢驗社會性格的理論，弗洛姆及其同事曾深入墨西哥城西南的一個小村莊對居住在那裏的西班牙－印第安血統的村民做過文化人類學研究。他們運用的測驗工具是：訪談、紙筆測驗、羅夏墨漬測驗等。該村居民除少數是漁夫和陶工外，大多數是農民。貧窮、挫折、難以維持生計是大多數村民的特點。研究發現，在村民中最多的性格是非生產性的接納型。他們主要是無耕地的、處於社會最低層的勞動者，其行為特點是屈從、被動。這種人認為不能控制自己的命運，除了依賴他人討好他人之外，別無他法。其次是囤積型，約占村民的 30%。他們擁有土地，在經濟和社會上是獨立的並有生產能力。只要有一點餘糧，他們便貯藏起來，以備不測。非生產性剝削型性格的村民很少，他們有破壞傾向，男人常常械鬥，女人則搬弄是非。但卻沒有發現有市場型性格的村民。弗洛姆等認為，這並不奇怪，因為市場型只有 20 世紀資本主義文化才普遍存在，在原始村落裡是不會有的 (Fromm & Maccoby, 1970)。總之，這次研究中發現的性格類型基本上同他的早期著作中對這些類型的描述一致。

後來，弗洛姆的同事麥柯比 (Maccoby, 1976) 在與墨西哥村截然不同的文化環境——美國的商業領域，對大公司的經理所做的研究發現了，與弗洛姆描述的市場型相似的性格類型，他稱之為**公司人** (company man)。他還發現這種人在不同的歷史時期具有不同的特點：60 年代美國社會動盪，這類人的特點是憤世嫉俗、反抗、超然、不守紀律、自我縱容、缺乏忠心、不關心他人。到了 80 年代，這類人把獨立和競爭視為最有價值，對他人的需要和問題不敏感，不喜歡官僚主義，把個人責任和自尊看得比高工資更有

價值 (Maccoby,1981, 1988)。這些研究表明，隨著社會文化的變遷，性格類型也會隨之發生變化。

從上述研究歷史來看，用文化人類學方法來研究人格與文化的關係正像盲人摸象似的，抓住尾巴的說大象和繩子一樣，摸著腿的說大象像棵樹，真是見仁見智，莫衷一是。精神分析學家從各種不同的角度探討人格本質，由弗洛伊德的本能決定論開始，然後轉向重視文化因素對人格的作用，強調文化與人格是相互影響、相互作用。應當說，對這個問題的認識是在不斷深化的。因此，在用文化人類學方法來研究人格與文化的關係時，關鍵是要以正確的科學方法論作指導。

第二節　精神分析論的評鑑技術

在精神分析師看來，人類的行為，無論是正常的或病態的，都是由潛意識動機決定的。而潛意識動機既不能通過他人的感知直接觀察，也不能通過個人的自我觀察或內省而捕捉。那麼，如何才能評鑑一個人的潛意識動機的特徵呢？總的來說，精神分析論的人格評鑑技術都具有以下一些特點：一是儘量排除外界情境的影響，使潛意識動機的運作在不受情境刺激的干擾下自然地顯露出來。二是利用象徵，通過解釋其意義來揭示潛意識的內容。這種方法是主觀的、直覺的而非客觀的或合乎規範的。在這裏，臨床直覺扮演著重要的角色。三是致力於探究病人行為的整體性。即使在測驗行為、會談反應和真實生活行為間有不一致性，但仍然認為它們在根本上是一致的。精神分析師的工作就是發現此種一致性的要素。下面讓我們來考察精神分析論的具體的評鑑技術。

補充討論 5-2

自由聯想的一個實例

下面的這個實例摘自精神分析學家沃爾伯格 (Wolberg, 1977, p.536) 對患者所做的自由聯想的記錄。

患者：……於是我開始出去走走，並決定散步到博物館後面然後穿到中央公園。於是我走著，穿過後面一片平地感到很激動和美妙。我看見灌木叢旁有一張公園椅子，於是走去坐下。有一陣沙沙聲在我背後，嚇了我一跳。猜想灌木叢裏藏有人。我想我曾經讀過中央公園裏有過性變態者。我想我後面的某個人會不會暴露自己。這個念頭令人反感，但它也令人興奮。我現在想到了我的父親並感到興奮。我想到了一個勃起的陰莖，這和我父親有關。我的思緒中好像有什麼關於這一點的東西就要出來了。我不知道它是什麼，好像是在記憶的邊緣 (停頓)。

分析師：嗯，嗯，(停頓) 在你的記憶邊緣上嗎？

患者：(呼吸急促，好像極其緊張) 當是個孩子的時候，我同父親睡在一起。我從我的皮膚上獲得一種古怪的感覺，像刺痛感。一種奇怪的感覺，像瞎了一樣，像看不見似的。我的頭腦模糊起來並傳遍了所有我看見的東西。我在公園裏散步時這種感覺一會兒有一會兒沒有。我的頭腦似乎空白一片，使我無法思想，也無法專注於任何事情。(這聽起來像壓抑的表現形式，智力功能被抑制，也許是對付因返回到被壓抑的念頭而產生焦慮的一種手段。)

分析師：你思緒模糊也許是在將你不想要的什麼東西推開 (把她的症狀解釋為抗拒)。

患者：我正好想起什麼。當我父親死的時候，他是裸體的。我看著他，但我什麼也不能看見。我不能清楚地思維。我被撫養成長的過程中不知道男人和女人的差別。我害怕父親，但我愛他。當我很小的時候，星期六和星期天同父親睡在一起。一種溫暖和安全的美妙感覺。没有任何東西更溫暖或更安全的了。極其快樂。現在我渾身震顫。當我被允許能同父親睡在一起的時候，那真是一個美妙的假日。我現在什麼也記不起來了。我的頭腦一片模糊。我感到緊張和害怕。

分析師：那一片模糊污染了你的生活。你害怕某些事或害怕記起某起事 (關注她的抗拒)。

在整個晤談過程中，患者被鼓勵表達出強烈的感覺 (通常發洩的對象是一些權威人物)，由於害怕被處罰或報復，患者一直在壓抑對這些人物的真正感覺。分析師除了關注患者的抗拒之外，極少向患者表露自己所想到的原因，讓患者不停的談話，談出她剛想到的每一件事。這時患者的潛意識感覺不斷地進入思想，在自由聯想過程中說了許多不同於尋常的話。這些話常給分析師找出患者潛藏的問題和提供了治療線索。

一、自由聯想與夢的解釋和移情

(一) 自由聯想

自由聯想 (free association) 是精神分析師常用來評鑑病人特徵的一種方法。從弗洛伊德到霍妮，這種技術不僅用於臨床診斷和治療，並且也成了他們創建和檢驗理論、搜集資料的方法。

自由聯想作為一種評鑑技術，是指在分析師的指導下患者說出在頭腦裏剛剛想到的所有一切，無論這些事件多麼猥褻、多麼零碎、多麼缺乏邏輯。自由聯想並不容易，患者常常需要一定的時間來學習。應當說明的是，英文的 free association 實際上是對德文 freier Einfall 的誤譯。德文 Einfall 原意為"突然想起"、"閃念"，也就是在放鬆的條件下自然產生的一些想法和念頭，並不是什麼"聯想"。在弗洛伊德看來，這些突然想起的閃念是潛意識力量的自然發展結果。這些閃念會引導出兒童早年的記憶，就像弗氏的自我分析之案例。這種長期被遺忘的早年記憶為精神分析師提供了患者的人格結構及其發展的線索，能幫助分析師重造患者的過去。補充討論 5-2 的例子可以說明自由聯想所導致的結果。從該例中也可以看出，患者的自由聯想總要受到自我防禦機制的干擾而產生**抗拒** (resistance)，因此分析師對這些抗拒的關注、化解和解釋就成了自由聯想技術的一項重要任務。

(二) 夢的解釋

弗洛伊德把**夢的解釋** (dream interpretation) 看作是"通往認識潛意識的捷徑"(Freud, 1900/1953, Vol. 5, p.608)。在他看來，所有的夢都是願望的滿足，夢裏充滿了用各種象徵偽裝起來的潛意識動機。夢的內容可分為兩類：**顯性夢境 (或顯性內容)** (manifest content)，它是夢者意識到的感覺形象 (通常是視覺的)；**潛性夢境 (或潛性內容)** (latent content)，它是夢者沒有意識到的、被壓抑的願望和動機。由於夢的潛意識願望屬於人性中的一些惡念，被自我和超我所禁止，因而只能以偽裝、歪曲的形式出現在夢中。弗洛伊德把歪曲夢的真實意義的各種機制稱之為**夢的工作 (或夢程)** (dream work)。

夢的工作包括以下幾個機制：(1) **壓縮** (condensation)：即將許多不同的思想凝縮並組成一個單一的整合思想。(2) **相反機制** (mechanism of opposites)：即不被自我接受的潛在內容以相反的形式在顯性夢境中表現出來。(3) **象徵化** (symbolization)：指潛性內容以象徵的方式出現在顯性夢境中。(4) **次級精緻化** (secondary elaboration)：即為了讓顯性內容更為完整、有序，夢者常在夢的主幹框架中添加一些要素形成某些有情節的部分，但是這些部分同潛性內容沒有關係。因此做夢好比製作謎語，用顯性夢境來掩蓋潛性內容，顯性內容相當於謎面，潛性內容相當於謎底。

夢的解釋就是從顯性夢境探尋其隱意，也就是剝掉顯性夢境的偽裝去了解潛性內容的含義。對於夢的解釋技術，弗洛伊德不僅對自己和患者的夢作過大量示範性分析，並且詳細說明過夢的解釋的原則和方法。歸納起來有以下幾條：

1. 要把夢的內容分析為各個部分，並以各個部分作為注意目標，不論它是否合理、是否明晰。

2. 要了解夢者的生活經歷、興趣愛好以及日常瑣事。因為夢只重現過去，只有了解夢者的過去經歷才能了解夢的各部分的隱意。

3. 要利用自由聯想。潛意識願望受到自我稽查機制的壓抑，不能進入意識領域。一旦自我防禦機制產生的抗拒化解，潛意識願望將會在意識中出現。因此需要通過自由聯想予以揭露。

4. 要充分利用象徵知識。對夢的解釋大部分時間用在探究夢的顯性內容的象徵上，以探明其潛意識含義。弗洛伊德認為夢裏的許多象徵對夢者來說是唯一的。但是，有幾類象徵對每個人來說是通用的，例如手杖、傘、竹竿、匕首等象徵為男性生殖器；坑、穴、箱子、口袋等象徵為女性生殖器，如此等等。

當然，並非所有精神分析學家對夢的解釋都持弗洛伊德一樣的觀點。例如，榮格認為夢不是偽裝，夢的內容正是它的表現形式。他更注重原型的作用，認為夢的含義源於集體潛意識。在技術上榮格更強調**放大作用** (amplification)，即要求治療師具有淵博的學識，來了解夢者的知識結構、夢者的提示和聯想，或通過歷史資料，人類學和考古學的發現，以及文學、藝術、神話、宗教等有關知識來分析夢的含義。

(三) 移　情

移情 (或移情作用) (transference) 幾乎是所有成功的精神分析的重要因素。有時患者將隱藏中對他人的愛慕、崇拜、依戀之情轉移到分析師身上，這種現象稱為**正移情** (positive transference)。如果分析師和患者是異性的話，正移情很容易被看成患者愛上了分析師 (如果患者是同性戀者，分析師與其同性，也會出現這種移情)。有時患者將隱藏中對他人的憎恨、抵抗和攻擊的情緒轉移到分析師身上，這種現象稱為**負移情** (negative transference)。通常，患者的態度是正負兩種感情交互並存的，可以說是一種包含有正向感覺和負向感覺的複合體。弗洛伊德認為，移情是患者在接受分析治療的過程中產生了他或她在童年時有過的對其父母的情感。他把這種對分析師形象的愛慕 (或憎恨) 的現象解釋為患者早年對父母愛戀 (或憎恨) 的重演。因此，對移情的分析使得患者重建其嬰兒時對其父母的態度成為可能。因為治療的主要意圖是發現或重建患者的早期童年。移情作用也可能產生在分析師本人身上，經過與患者相處，有的分析師將自己隱藏中對他人的情感轉移到患者身上。這種現象稱為**反移情 (或反移情作用)** (counter transference)，這種移情會導致治療的失敗。

總之，精神分析的人格評鑑貫穿於整個治療過程之中。通過自由聯想、夢的解釋、移情作用，患者把心理生活披露給分析師，而分析師則盡力捕捉潛意識動機的線索，從個別症狀追溯患者早年創傷經驗的整體意義，幫助患者意識到潛意識的致病因素。隨著治療的進程，不斷驗證對人格的評鑑。因此，精神分析的人格評鑑不是一種預先確定的程序，而是治療過程進行中的一種自然發展。

二、日常生活中的過失分析

在日常生活中人們難免要犯各式各樣的**過失 (或失誤)** (slip)，如舌誤、筆誤、暫時遺忘人名或約會，以及誤放物件等等。弗洛伊德 (Freud, 1901/1960) 認為這些過失都不是偶然的，“過失是兩種不同意向互相牽制的結果，其一可稱爲被牽制的意向，另一個可稱爲牽制的意向”(高覺敷譯，1986，

41 頁)。這些過失是深層潛意識願望的流露。它們看來細小，但往往具有十分重要的含義，不能用疲倦、興奮或不注意等來進行解釋。通過過失的觀察和分析可以發現個人心理生活隱情，揭示個人隱藏的真正動機。弗洛伊德把日常生活中的過失行為分為三類：(1) 舌誤、筆誤、讀誤及聽誤；(2) 遺忘(如忘記名字、外文詞、決心和印象以及預定要做的事)；(3) 誤放、誤取及失落物件等。

(一) 舌誤和筆誤

舌誤(或失言) (slip of the tongue) 就是說話走了嘴或失言。最常見的舌誤是把某一個詞說成另一個與它相似的詞，或把自己打算說的話說成了正好相反的話。弗洛伊德在《日常生活的心理奧祕》(1901) 一書中舉過一個例子："那個時代，澳洲衆議院議長在致開幕詞時説：諸位賢達先生們！我有幸介紹某某及某某先生來參加我們的會議，我就此宣布會議'閉幕'！"在哄堂大笑中，他發覺自己説錯了，才趕快改正 (林克明譯，1986，53 頁)。弗洛伊德認為，他的潛意識的牽制傾向是"閉會"意念，而意識中的被牽制傾向是"開會"意念，因而把本該說"開會"卻說成了"閉幕"。因此，通過口誤可以揭示潛意識的意念。

筆誤 (slip of the pen) 就是寫錯別字。弗洛伊德認為筆誤和口誤的內在機制是一致的。任何筆誤都是有意義的，都是行為者潛意識動機的流露。他舉過這樣一個例子。有一個殺人犯 H 冒充是細菌專家，從科學院裏騙取到危險病菌，用來殺人。有一次，他給某學院的職員寫信抱怨送給他的培養菌太無效力，卻把字寫錯了，本應寫："我在實驗老鼠和豚鼠時"，筆誤為"在我實驗人類時"(高覺敷譯，1986，48 頁)。這個筆誤無疑是這個殺人犯潛藏的殺人動機的反映。

總之，弗洛伊德認為，舌誤和筆誤都具有動力學的意義，都是兩種意圖相互干擾的結果。對舌誤、筆誤細緻深入的分析，其潛在的目的就會被揭示出來。

(二) 遺　忘

遺忘 (forgetting) 指在某種情況下，一個人把本來很熟悉的印象、決心、人名等以及預定好的計畫全然忘記的情形。弗洛伊德認為遺忘是壓抑之故，也具有動力學的意義。他曾舉過這樣兩個例子，第一個例子是：弗氏曾因為他的妻子在他所厭惡的人面前說了蠢話而大為光火。但後來當他向他的一位親戚抱怨他的妻子不懂事，說起了這件事的時候，卻再也想不起有關他妻子所說的蠢話。弗洛伊德認為他是個善於自我煩惱的人，不輕易忘記那些令人困惑的經歷。這次遺忘，無疑是他尊重其妻不願失她面子的結果。另一個例子是：物體失而復得。一位年輕人幾年前曾與妻子常鬧彆扭，討厭她的冷漠。有一次其妻帶了一本書回來送給他讀，年輕人當時殷勤致謝，保證好好讀。但一經放下，那本書就消失得無影無踪。其後的幾個月中，偶爾想起那本書，但無論如何總是記不起書放在何處。差不多六個月後，年輕人的母親病倒了，其妻精心服侍。某夜，年輕人想著妻的美德，懷著對妻子感激之情，走近書桌，打開抽屜，雖沒有什麼明確的用意，頗有幾分模糊的信心。那本消聲匿跡已達六個月之久的書竟呈現在他面前。書失而復得，其背後反映的是他對其妻感情上的轉變。動機既已消失，遺忘之物便可尋得 (高覺敷譯，1986，36 頁)。

(三)　誤放和動作失誤

弗洛伊德認為，誤放、熟悉的東西突然找不見了等行為，儘管有著不同的理由和目的，但都有一個共同失物的願望。一個人失物，也許是由於此物已破舊，或想藉此換一個好的，或對此物不喜愛，或對贈送禮物的人有不快感；或不願回憶起取得此物時的情境。失落或錯放物件，都是某種潛意識動機的作用，即利用過失並以各種方式來達到自己的目的。弗洛伊德舉過這樣一個例子。有一個青年遺忘了一枝他很喜愛的鉛筆。幾天前，他收到姐夫寄給他的一封信，他姐夫在信中責備了他，並且在信的結尾這樣寫道：“我現在可沒有時間和興緻鼓勵你浮薄遊盪”(高覺敷譯，1986，54 頁)。這枝鉛筆正是這位寫信的姐夫的贈品。弗洛伊德分析說，這位遺失鉛筆的青年正是由於在潛意識裏對姐夫有牴觸情緒，藉遺失鉛筆滿足此種願望。

總之，在弗洛伊德看來，透過對失誤行為的分析，發掘深層潛意識的動機，從而揭示出過失行為的目的意義。失誤行為的產生是由於內心中兩種不同意圖相互矛盾干擾的結果。這兩種相互矛盾的意圖表現為意識與潛意識的衝突。

三、投射技術

精神分析派心理學所呈現的評鑑問題，一般會使用**投射技術** (projective technique)。各種投射技術所呈現的問題都是模稜兩可的，被試能自由地以多種方式進行回答，減少了以有利的觀點或製造自己想要的印象來進行回答的可能性，從而可以反映出其人格核心決定因素的潛意識過程。而分析師對被試反應的判斷則是主觀、直覺的。

下面介紹榮格的單詞聯想法、羅夏墨漬測驗以及莫根和默里 (Morgan & Murray, 1935) 的主題統覺測驗。

(一) 單詞聯想法

單詞聯想法 (或**單字聯想測驗**) (word association technique) 最先由高爾登 (Galton, 1879) 提出，榮格 (Jung, 1910) 最早將它作為一種評鑑人格的技術加以實際運用。其基本做法是，根據某一刺激詞，要求被試立即說出或寫出在頭腦中最先聯想到的單詞。臨床上，選用的刺激詞可以是有情緒色彩的或與被試有特殊關係的，也可以是中性詞。對刺激詞的反應時間過長或產生異乎尋常的聯想則表明有情緒失調的症候。

榮格選擇了 100 個他認為可以誘發情緒的單詞，例如，綠色、水、唱歌、死亡、法律、陌生人等。除記錄對刺激詞的反應外，他還用秒錶記錄患者對每個刺激詞的反應時間，並測定患者對每個刺激詞的生理反應，如呼吸率和皮膚導電率，用以確定患者的情結。

榮格把下列指標當作**情結指示器** (或**情結指標**) (complex indicators)，即是說用來指示情緒的存在：

1. 對某個刺激詞的反應時間比平均反應時間長。
2. 以重復刺激詞作為反應。
3. 不作任何反應。
4. 用笑來表現機體反應，呼吸率或皮膚導電率增快。
5. 說話時口吃。
6. 以曾使用過的刺激詞繼續作反應。

7. 毫無意義的反應，如編造詞語。
8. 表面反應；例如用一個聽起來像刺激詞的單詞來反應。
9. 用多個單詞來反應。
10. 把刺激詞錯誤理解為其他的單詞。

榮格發現，同一家庭成員對刺激詞的反應十分相似；男性對刺激詞的反應快於女性；受過教育者比未受過教育者的反應快。表 5-1 是對部分刺激詞的正常反應和神經症反應。

表 5-1　單詞聯想測驗的正常反應和神經症反應

刺激詞	正常反應	神經症反應
藍色	可愛的	顏色
樹	綠色	自然
麵包	好	用來吃
燈	亮	用來照明
富有	美麗	錢－我不知道
犯罪	多	這個觀點完全和我的信仰相左，我不贊同
針	刺	用來縫衣
游泳	健康	水

(採自 Jung, 1910)

(二)　羅夏墨漬測驗

羅夏墨漬測驗 (Rorschach Inkblot Test) 是瑞士神經病學家羅夏 (Rorschach, 1921) 編製的一種**投射測驗** (projective test)。該測驗由 10 張對稱的不同墨漬圖形組成，其中五張為黑白圖片，墨漬的深淺不一；二張為黑色加紅色的墨漬圖片；另外三張為彩色的墨漬圖片。墨漬圖位於 7×10 平方英寸白底卡片的中央。圖 5-1 是羅夏墨漬測驗圖片示例。

測驗的實施通常分為兩個階段：第一階段為**自由聯想階段** (free association period)，主試說完指導語之後，按圖片規定的順序和方位交給被試

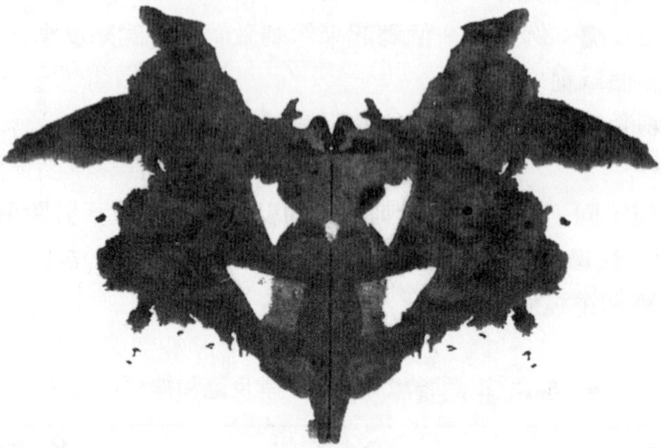

圖 5-1　羅夏墨漬測驗題目示例

一張圖片，被試自行說出看到了什麼。主試記錄其反應時間和反應內容。被試對 10 張圖片作答後，進入第二階段**詢問階段** (inquiry period)，主試再將各圖片逐一交與被試進行詢問："你是根據墨漬的那一部分引起這種反應的？" "引起這種反應的因素是什麼？是墨漬的形狀？色彩？還是幾種因素都起作用？" 主試記錄被試的反應和態度等。

墨漬測驗的計分方法目前尚不統一，常用的一種記分體系 (Klopfer & Davidson, 1962) 是以反應部位、決定因素和內容三方面來記分。反應部位 (location) 是指被試的反應包括墨漬哪些部位，例如是整體反應 (W)、明顯局部反應 (D)、細微局部反應 (d)、特殊局部反應 (Dd) 還是空白部分反應 (S)。反應的決定因素 (determinant) 是指被試作出各種反應的主要依據，是什麼促使他作出反應，例如墨漬的形狀 (F)、人的動作 (M)、彩色 (C) 或陰影 (K) 等。反應的內容 (content) 是指被試回答的內容，例如動物、人體、性器官、物品、自然景物、建築等，是**普遍的反應** (popular response，簡稱 P) 還是**獨創的反應** (original response，簡稱 O)。

主試則依據各類反應中所含反應的數目，一類反應數與另一類反應數之比例，及多種類別間的相互關係等方面進行分析。記分和解釋十分複雜。

雖然羅夏墨漬測驗從 1921 年到現在有了很大發展，運用的範圍也日益擴大，但是它仍存在許多問題，其主要的缺點是：(1) 再測信度低；(2) 缺乏內部一致性高的客觀記分體系；(3) 預測效度低；(4) 構思效度低；(5) 評分者的信度低；(6) 不能區分正常被試等 (Gamble, 1972；Jensen, 1972)。

由於羅夏墨漬測驗存在的問題較多，這種測驗在國外心理測驗中的地位近年來有下降的趨勢。有人 (Anastasi, 1976) 認為它在臨床診斷中只是一種輔助工具。針對羅夏墨漬測驗存在的缺點，霍爾玆曼等人 (Holtzman, Thorpe, Swartz, & Herron, 1961)，發展出了效度和信度較高、能將正常人與神經病患者區分開來的**霍爾玆曼墨漬測驗 (或賀茨曼墨跡測驗)** (Holtzman Inkblot Technique)。該測驗有下列幾個特點：(1) 圖片刺激豐富且多樣化，共計 90 張，其中有對稱的和非對稱的，彩色的和黑白的圖。(2) 對每一圖片都要求被試做出一個反應；原本有測驗項目的常模，評分和臨床診斷較客觀。(3) 有正本和複本兩種形式，有助於評鑑被試或患者的發展變化和治療效果。(4) 可應用於五歲至成人的各種被試，並對各年齡的正常人和各種神經症患者做了對比分析。雖然有學者 (Aiken,1991) 仍認為霍爾玆曼墨漬測驗的效度問題還沒有得到很好的解決，但是，它確是目前符合統計要求的一種好測驗。

(三)　主題統覺測驗

主題統覺測驗 (Thematic Apperception Test，簡稱 TAT) 是由美國心理學家默里和摩根 (Murray & Morgan, 1935) 編製的。全套測驗共有 30 張內容曖昧的圖片 (參見圖 5-2)，另有一張空白卡片。大多數圖片上畫著一或二個人物，他或他們都在某種重要的生活情節之中，有的畫面非常抽象。測驗時要求被試按照畫面編造故事，用講故事的形式敘述畫面中正在發生的事情。指導語很簡單，主試告訴被試："我要請你看一些圖片。並且要你根據每張圖片講一個故事，說明圖片中所表現的是怎麼回事，為什麼會造成那種情況，以後會有什麼結果。你可以隨意講，故事愈生動、愈戲劇化愈好"。主試將被試的行為反應加以記錄 (或用錄音設備)，然後進行分析。

按照默里 (Murray, 1938) 的原意，由主題統覺測驗所取得的故事應按**需要-壓力方法** (need-press method) 進行分析。主要是找出故事中主人翁表現的需要及其所遭受的壓力。不過，這項分析工作頗為繁難，要一句句地斟酌。這就要求測驗者從臨床的角度，應用自己所知道的一切，包括人類社會的一般知識、生活經驗和心理學知識來解釋故事，推論出被試的人格特徵

圖 5-2　　主題統覺測驗圖例

和某些潛在動機。當然，推論是否合理，這是有爭議的。因為這種推論既可能顯示被試的動力過程，也可能顯示解釋者的動力過程。其主觀臆斷性實難排除。

四、遊戲作爲一種評鑑技術

埃里克森把兒童的遊戲 (play) 作為評鑑人格的一種技術。他認為，遊戲能使兒童將某些他們所關心，而不能言傳的潛意識內容表露出來。於是他設計出一種標準化的桌面遊戲情景，讓兒童將桌面想像成舞台，玩具是演員和道具。然後指示兒童“在桌子上建構幻想的一場電影中激動人心的場面” (Erikson, 1963, p.80)。這種遊戲情景既有投射性質，又有客觀測量性質。要求兒童根據一些模稜兩可的刺激構成一個連貫的故事。同時它也有客觀的特徵，即所分析的對象是兒童行為的記錄。不僅分析兒童說出有關情節的內容，還分析遊戲最後一幕的成型以及達成最後這一幕的行為變化系列。埃里克森更重視對兒童的行為及其對行為的陳述，而不把注意力放在隱藏於行為後面的潛意識動機。

在早期的研究中，埃里克森發現，10 歲至 12 歲的男童和女童所建構的遊戲場景不同。一般說來，男孩傾向於建構的場景周圍往往設有高高的圍牆，還有許多其他的高聳於場景中的尖塔或加農炮筒等物體，而很少創設出圍攏的物體（如圍牆或籬笆）。男孩子創設的場景是動態的，並體現出這些建構物倒坍和推垮的某些幻想。而女孩子創設的遊戲場景典型地含有一個圍牆，有時圍牆還附設一處精緻的入口，圍牆內有人、動物等東西。女孩創設的場景傾向於靜態與和平的氣氛，儘管場景有時會被動物、男孩或男人的入侵所打擾（參見圖 5-3）。據此埃里克森斷言，兒童創設的遊戲場景是他們生

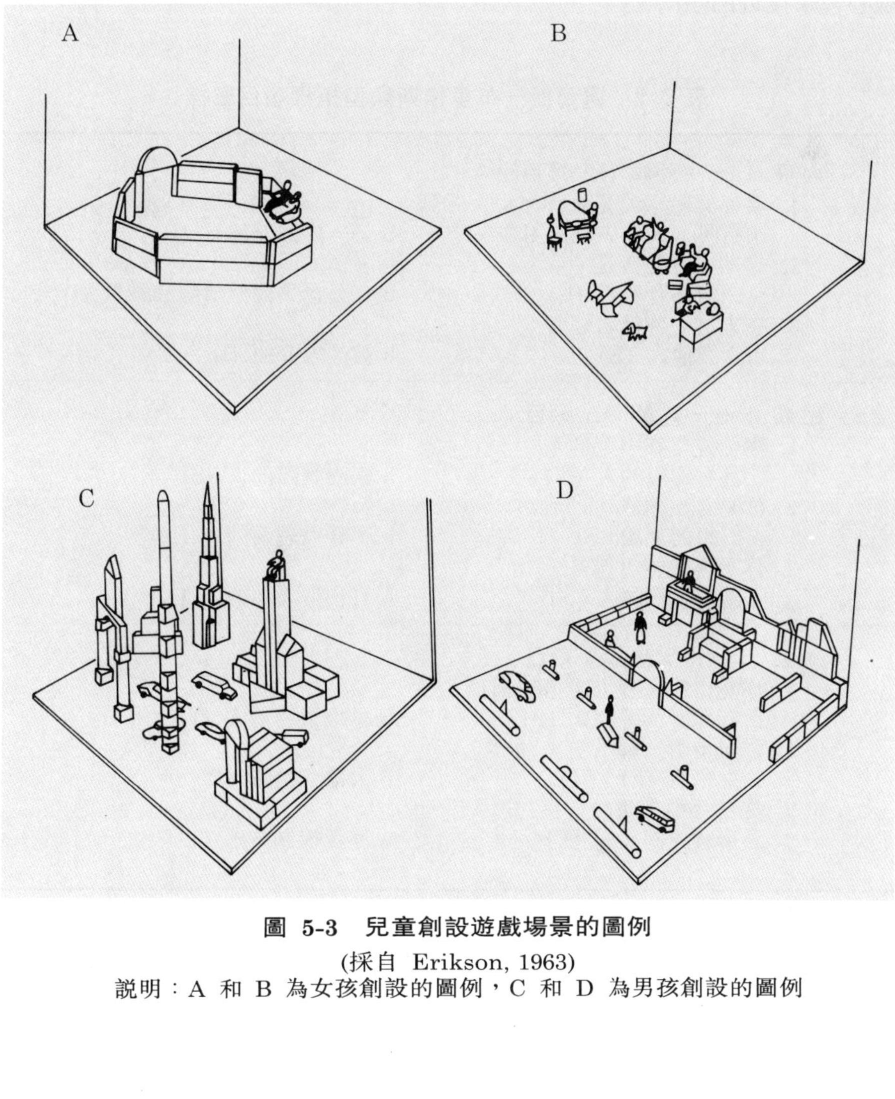

圖 5-3　兒童創設遊戲場景的圖例

(採自 Erikson, 1963)

說明：A 和 B 為女孩創設的圖例，C 和 D 為男孩創設的圖例

殖器的外部表現形式。他把這種現象稱為**身體的基本計畫** (ground plan of the body)。

但是，埃里克森 (Erikson, 1968) 很快就指出：生物學因素不是構造遊戲場景的性別差異的唯一決定因素。同樣重要的因素還有性角色的訓練、社會角色、以及兒童的志向。因此，兒童創設遊戲場景的不同是他們的生物學因素、文化因素以及心理諸因素的複雜相互作用的結果。顯然，這種解釋比他早期的生物學解釋較符合實際情況。同時這一研究也反映了精神分析向實驗心理學接近的傾向。

表 5-2 邁爾斯－布里格斯類型指標項目舉樣

內傾 (I)── 外傾 (E) 項目：	
1. 當你與陌生人見面時你是否感到	
a.高興，或至少是不困難 (E)	b.是一件困難的事 (I)
2. 你的本性是否是	
a.一個好合群者 (E)	b.在公司裏圖個清靜和緘默 (I)
3. 在人群中你是否經常	
a.介紹他人 (E)	b.被他人介紹 (I)
感覺 (S)──直覺 (N) 項目：	
1. 與你經常在一起的是	
a.富有幻想的人 (N)	b.崇尚實際的人 (S)
2. 你是否更討厭	
a.幻想的理論 (S)	b.不喜歡理論的人 (N)
3. 你更喜歡被看作是	
a.講求實際的人 (S)	b.有創造天才的人 (N)
思維 (T)──情感 (F) 項目：	
1. 你覺得哪一種人更值得稱讚	
a.有真實情感的人 (F)	b.思維嚴密的人 (T)
2. 你覺得哪一種人更差勁	
a.太熱情 (F)	b.太缺乏熱情 (T)
3. 你是否經常讓	
a.情感控制理智 (F)	b.理智控制情感 (T)

(採自 Ryckman, 1989)

五、邁爾斯-布里格斯類型指標

邁爾斯-布里格斯類型指標(Myers-Briggs Type Indicator，簡稱 MBTI) (Briggs & Myers, 1976) 是一套根據榮格的類型理論而發展起來的量表，分為 F 卷 (含 166 個二擇一式題項) 和 G 卷 (含 126 個二擇一式題項)。該量表適用於 10 歲至成人的各類被試，其項目舉樣見表 5-2。按照榮格的類型理論，MBTI 分為四個子量表：內傾型-外傾型 (I-E)，感覺型-直覺型 (S-N)，思維型-情感型 (T-F) (只在 F 卷中有)，以及判斷型-知覺型 (J-P)。因此共有 16 種可能的人格類型。例如，ENFS類型，就是指某人主要的類型是外傾型 (E)，直覺型 (N)，情感型 (F) 和感覺型 (S)。

邁爾斯－布里格斯類型指標實施手册中還給出了依據小樣本的中學生和大學生被試所得出的四個子量表的百分常模。邁爾斯-布里格斯類型指標中四個子量表的折半信度在 0.70～0.80 之間；也有該問卷的效度的研究，但結果不一。有人稱邁爾斯-布里格斯類型指標的最大缺點是不能測量參與測驗的態度，因此，會給診斷與檢查帶來誤差，有人對該測驗的實用性也提出了疑問 (McCrae & Costa, 1989)。

第三節　對精神分析論範型的評價

每種人格研究範型都有其優點和缺點。在本節中，我們將從精神分析論的科學地位以及精神分析論對人格研究的貢獻，對精神分析論範型做一個簡短的評價。

一、精神分析論的科學地位

精神分析論對正常人格研究的描述和對神經官能症患者的治療一直受到

各方面的批評。精神分析學家們宣稱，精神分析既是一門科學，又是一種療法，這裏我們僅就它的研究方法的科學性和療效問題進行討論。

(一) 研究方法的科學性問題

弗洛伊德的基本研究方法是個案法。個案法的缺點是在無控制的條件下非系統地獲得資料，個案研究的情景不能重復驗證。例如，我們不能系統地控制和改變父母教養兒童的條件；也不能在實驗室裏複製個人的生活環境加以重復研究。一般說來，臨床觀察也不能在有控制的實驗條件下加以重復。

弗洛伊德收集資料的性質存在著嚴重的問題。他在治療的時候不作記錄並告誡分析師們在治療時不要作記錄，因為這會分散他們的注意力。通常，弗洛伊德與患者晤談後幾個小時才作記錄。這樣的資料不可能是完整的，很可能只是他記住的，或只是有選擇地記住支持他自己理論的那些東西。這樣的資料也不可能是準確的。因而便無法將他的個案報告同他的患者實際陳述加以比較。

退一步說，即使在治療時加以記錄，我們也不能確定患者陳述的效度。弗洛伊德在治療時從不確證患者陳述內容的真實性。而作為科學研究，這是他應該做的，例如，他應當向患者的朋友、親人詢問患者陳述的事件是否發生過。然而從弗洛伊德的個案研究來看，他從不這樣做。因此，從科學研究的第一步來看，弗洛伊德所收集的資料是不全面的、不準確的。

弗洛伊德的研究對象太少，取樣缺乏代表性。從出版的弗洛伊德的著作中可以看到，弗洛伊德研究過的對象只限於他自己以及在他那裏接受過分析的人，總共約有 12 個個案。他們處於性全面壓抑的維多利亞時代，其中大多數是年輕、單身、受過良好教育的上層婦女。將這個特定時代如此小樣本的研究結果推廣到整個人類，顯然是不科學、不可信的。此外，弗洛伊德也從來沒有充分地解釋過他的研究程序，他的資料是不能量化的。

值得指出的是，弗洛伊德的治療記錄與他發表的個案報告有著明顯的差異。如果說這些個案報告就是他所進行治療的記錄，那麼這樣的研究也令人懷疑。一項研究比較了弗洛伊德的記錄與發表的一個著名的個案研究，結果發現兩者之間有許多差異：例如，分析期被虛構加長了，在分析中的事件順序有錯誤，無根據地宣稱分析導致痊癒 (Eagle, 1988；Mahoney, 1986)。人們懷疑，已出版的個案與每次分析之後幾小時弗洛伊德所作的記錄不同，這種歪曲事實的做法，是弗洛伊德有意用來支持其理論之所為還是他的潛意識能量的產物？是只在他的個案中有所表現還是在他的所有著作中都存在？這是一個謎，因為弗洛伊德在他完成寫作後不久便把他的患者檔案幾乎全部都銷毀了。

弗洛伊德宣稱，他的工作是科學的，並認定他有足夠的證據可以得出結論，只有使用同他一樣方法的分析家才能判斷其工作的科學價值。他寫道，精神分析依據了"無數的觀察和經驗，只有那些對自己和他人重復這些觀察的人才有資格作出自己的判斷"(Freud, 1940/1949, p.144)。如前所述，弗洛伊德的觀察是不能重復的，他收集資料、導出結論的方法都不符合現代科學研究的程序。因此，他的上述斷言是令人懷疑的。

(二)　治療的效果問題

從治療效果也可以用來考察精神分析的科學性問題。艾森克 (Eysenck, 1952a) 曾綜述過大量的臨床文獻，評定精神分析的治療效果。他對 7000 例患者的個案史進行了研究，認定精神分析治療不能顯著地加速神經病患者的痊癒。他發現，66% 的患者通過精神分析，病情有顯著好轉或痊癒，這似乎是很好的。但是，艾森克還發現，72% 的患者即便沒有用正規的治療方法治療，在發病兩年之內也有顯著的好轉或痊癒。因此，約三分之二的患者無論他們有無接受精神分析都在很大程度上有好轉或痊癒。這篇論文導致了一場持久的爭論。在隨後的幾年中，出現了對艾森克的重要批評，某些證據表明他的原始資料不準確。伯金和蘭巴特 (Bergin & Lambert, 1978) 總結了艾森克論文中的許多重大缺陷，並對艾森克的數據進行了再計算，他們認為自然緩解率是 43%，而不是艾森克所說的 72%，同時經過心理治療患者的痊癒時間要縮短很多。

還有許多研究證明心理治療是有效的。在一項研究中，史密斯和格拉斯 (Smith & Glass, 1977) 詳盡地評述了在此以前所有的心理治療研究，從 25000 名男女患者的治療結果中排除了個案報告，只對其中的 375 個在控制下的治療結果進行了分析，結果發現，無論用什麼樣的治療手段都獲得了改善的程度，其中精神分析治療也是有效果的。有的研究表明，心理治療對抑鬱症、恐怖症、神經病、心身疾病有更高的療效；各種心理治療手段的療效大致相似 (Garske & Lynn, 1985)。

儘管仍有綜述 (Rachman, 1971；Erwin, 1980) 證明艾森克的結論是有效的。但大多數學者認為，精神分析對治療心理疾病是有顯著的臨床實用價值的。

二、精神分析論的實證效度

實證研究向來不為精神分析家們所重視。從弗洛伊德開始，精神分析家普遍對實證研究持否定態度。他們認為臨床個案和自我分析才是發展、佐證精神分析理論的主要來源；而實驗、問卷調查等研究，都不能對精神分析的理論觀點進行分析 (見補充討論 5-3)。但是，仍有不少心理學家對精神分析的理論觀點做過實證研究。這裏將討論對弗洛伊德理論中的幾個重要概念的**實證效度** (empirical validity)。

(一) 潛意識的實證研究

補充討論 3-1 中已經論及對潛意識的研究有兩種取向，一是認知的研究取向，二是心理動力學的研究取向。已有許多研究證明認知活動中的信息加工大多是潛意識的 (Meichenbaum & Gilmore, 1984；Messer, 1986)。從 20 世紀 70 年代起，對潛意識的研究與日俱增。閾下知覺就是屬於這類研究。所謂**閾下知覺** (subliminal perception)，是指刺激強度極其微弱，被試幾乎無從感覺其存在，但它卻影響被試的意識過程和行為。例如，用攻擊性的言語和圖畫作為**閾下刺激** (subliminal stimulus) 向抑鬱的被試呈現後，讓被試用自我評定量表進行評量，結果發現他們比看中性刺激後更加抑鬱。這項研究 (Silverman, 1976)，支持了弗洛伊德關於抑鬱是由於潛意識的攻擊感造成的，即對他人的攻擊轉向內部並影響自我的觀點。

在另一項研究 (Shevrin, 1977) 中，以極短的時間向被試呈現一系列單詞和圖片，使被試不能有意識地知覺到它們，然後請其自由聯想。結果被試談到了那些呈現過而他們卻沒有真正看到的刺激。例如，呈現一幅一隻蜜蜂圖畫的閾下刺激後，被試自由聯想的內容中有“螫”和“蜂蜜”等單詞。雖然被試沒有真正看到它們，但其思想過程卻受到這些刺激的影響。

潛意識**啟動實驗** (priming experiment) 也證明潛意識的存在。實驗是這樣做的：兩種刺激 (詞、圖形等) 連續地 (從間隔數毫秒到數秒) 向被試呈現並要求其對第二種刺激作出反應，當兩種刺激具有某種聯繫 (形狀、聲音或意義上的聯繫) 時，被試作出反應的時間要比兩個刺激無聯繫時短。這種時間上的節省就稱為前一個刺激對後一個刺激的**啟動效應** (priming effect)。在一個實驗中先呈現給被試一幅畫作為啟動刺激，間隔一段時間後再呈現第二幅畫作為目標刺激，啟動刺激有的與目標刺激有關聯 (如先貓後狗的順序)，有的則無關聯。要求被試說出第二幅畫的名稱並測量被試的反應時間。啟動刺激與目標刺激之間的時間間隔是變化的，從能夠完全識別啟動物 (意識到) 到根本不能識別啟動物 (低於 1/3 零閾，完全意識不到)。結果發現，當啟動物的呈現時間低於 2/3 零閾時，儘管在這樣短的時間內被試並未認出啟動刺激，啟動效應仍為 30 毫秒；對比之下，完全識別啟動物時的啟動效應為 33 毫秒，與 30 毫秒無顯著差異。這表明，無意識的啟動對後來的加工具有和意識的啟動有同樣深刻的影響。

閾下知覺的許多研究表明，人們的許多認知活動是受潛意識影響的。大量的日常事件，即使我們沒有真正有意識地知覺到，也影響我們的行為 (Jacoby & Kelley, 1987)。潛意識是客觀存在的。但有關的實驗卻無論如何也沒有證實弗洛伊德所強調的潛意識中性本能衝動對人的心理和行為起決定性的作用。

(二)　夢的研究

弗洛伊德斷言，夢是願望的滿足。現代生理學研究表明，睡眠具有兩種不同的時相：一種是**淺睡眠** (light sleep) 也稱為**非快動眼睡眠** (或**非快速眼動睡眠**) (nonrapid eye movement sleep，簡稱 non-REM sleep)，另一種為**深睡眠** (deep sleep) 也稱為**快動眼睡眠** (或**快速眼動睡眠**) (rapid eye movement sleep，簡稱 REM sleep)。夢大多產生於快動眼睡眠的時相。有研究 (Aserinsky & Kleitman, 1953) 認為，眼睛的不停移動似乎正在注視夢中事件的發展。如果夢境是一場網球比賽，眼睛似乎隨著飛來飛去的網球而移動 (Dement & Kleitman, 1957)。

在檢驗弗洛伊德關於夢觀點的研究中，被試在快動眼睡眠時被叫醒，並詢問其夢的內容。結果並未發現像弗洛伊德所說的，夢代表願望的滿足 (Dement & Wolpert, 1958)。某些研究證實了阿德勒關於夢與我們解決當前問題有關的觀點。在這類研究，由主試給被試有意安排一些無法解決的難題。這些難題被認為是對**自我** (ego) 的威脅。然後讓被試睡眠，並在他們非快動眼睡眠和快動眼睡眠時被叫醒，結果發現，那些做夢的被試更多地回憶起解決問題時的失敗。研究者認為做夢能夠使被試更有效地對付那些威脅自我的情景。在另一項研究裏，兩組被試都報告了自己的夢。一組是參加壓力心理治療的大學生，另一組是馬上要進行大手術的患者。這兩組被試的夢都集中在他們意識到的擔心、懼怕和希望上，也就是說，被試夢到的都是目前所面臨的問題 (Breger, Hunter & Lane, 1971)。

於 70 年代以來，對夢的研究早已跨越了精神分析論的範疇，更多的研究採用生理學觀點。一些研究者認為做夢是右腦的功能。夢能降低焦慮，消除情緒衝突，還能將白天的情緒事件組合起來。這些假設傾向於強調作夢能為我們降低緊張，處理情感危機 (Cartwright, 1978ab；Cohen, 1979；McGrath & Cohen, 1978；Webb & Cartwright, 1978)。另一些研究者則認為夢是大腦神經細胞被激活所產生的認知內容拼合所創造出來的故事。即是說，腦幹中控制睡眠中樞的某些細胞在快波睡眠時被激活，其興奮便傳到鄰近掌管機體其他機能的細胞；這些細胞又將信息傳送到大腦皮質；被激活的大腦有關區域在處理腦幹傳來的互不相干甚至相互矛盾的信息時就按照以往的經驗，將強烈的神經活動賦予一定的意義。這一假設被稱為**激活-合成理論** (activation-synthesis theory) (Hobson & McCarley, 1977；McCarley & Hobson, 1977)。更多的研究者認為，現在對夢的性質下一個結論還為時過早 (Schumer, 1984)。

(三) 戀母情結的研究

有些研究者 (Hall & Van de Castle, 1965) 用夢境的內容來研究戀母情結，即他們想要確定男性的夢境是否有更多的閹割焦慮，女性的夢境是否有更多的陰莖妒羨和閹割願望。他們讓受過訓練的記分者對大學生的夢的內容就閹割焦慮、閹割願望和陰莖妒羨出現的情況進行評定。例如在夢中有類似於男性生殖器的物體或對男性身體特徵的妒羨，則被解釋為**陰莖妒羨** (或**陽具妒羨**) (penis envy) 的指標。痛、失落，或身體某部分受傷被看成是**閹割焦慮** (或**閹割恐懼**) (fear of castration) 的指標。研究者斷言，他們的結果是支持弗洛伊德觀點的，即大多數男性的夢反映了閹割焦慮，而大多數女性的夢反映了閹割願望和陰莖妒羨。

如果說四～五歲兒童能體驗到閹割焦慮和陰莖妒羨，那麼他們就必然了解男孩和女孩在解剖上的差異。在一項研究中要求兒童把從解剖角度被拆散了的玩具娃娃重新組裝成一個娃娃，其中主要是看他們將生殖器裝在娃娃哪一部位。例如，在娃娃的裸體軀幹的下部裝上生殖器，在軀幹上部裝上隆起的胸。結果發現，大多數四～五歲的兒童不能正確組裝玩具娃娃。甚至六歲兒童也常常出錯 (McGonaghy, 1979)。可想而知，在弗洛伊德時代的兒童就更加不知道兩性之間解剖上的差異了。

弗洛伊德認為，男孩只有通過對父親的**認同作用** (identification) 才能消除戀母情結。一項研究表明，如果父親對孩子的態度溫和並且關心，那麼四～六歲兒童就會形成對父親強烈的認同；如果父親嚴厲、懲罰，兒童就不容易與其父親認同 (Hetherington & Frankie, 1967)。這些研究都不能證明戀母情結的理論。

(四)　成人性格類型的研究

對弗洛伊德的性格類型的實證研究大多採用相關法而不是實驗法。研究一般分為兩個步驟，首先主試向被試提出一些與弗氏性格特徵有關的問題，要求被試回答；然後將被試的回答與理論上的性格特徵求相關，如果與口唇型性格特徵呈高相關，則該被試被確定為口唇型性格；如果與肛門型性格特徵呈高相關，則該被試就被評定為肛門型性格。評鑑的工具通常用**布萊克測驗** (Blacky Test) (Blum, 1949, 1962；Blum & Hunt, 1952)。這是一種投射測驗，專門用於研究精神分析論的性格類型。為了避免測驗內容引起被試的防衛反應，圖片上畫的是一條狗 (名叫布萊克)。該測驗由 12 張圖片組成，每幅畫面都與心理性欲發展有關的情境，例如餵奶、大便、一把大刀正威脅著狗的尾巴 (測量閹割焦慮) 等等 (見圖 5-4)。研究是這樣進行的，先要求被試"看圖說話"，即進行投射測驗，主試記錄故事內容並對其中有關口唇性格特徵和肛門性格特徵的內容進行評分，然後將被試分為口唇性格和肛門性格兩類。此後，還觀察被試的實際行為，考察測量結果與實際行為是否一致。結果表明，雖然測量結果與實際行為有不一致的，但一些研究發現被評定為口唇性格者易受暗示、易患肥胖症、有烟癮、愛吃冰淇淋 (Blum & Hunt, 1952) 等，而被測定為肛門性格者則表現出細節記憶能力強、愛整齊、不易受暗示 (Tribich & Messer, 1974) 等。

圖 5-4 布萊克測驗中的一張圖片
(採自 Blum, 1968)

但是總的説來，許多研究都表明，成人的性格特徵變化並不是弗洛伊德的心理性欲發展階段理論所能解釋的 (Fisher & Greenberg, 1977；Kline, 1972)。

弗洛伊德曾斷言，兒童到了五歲之後人格就已經形成，不能改變。人格畢生發展的研究卻發現，學前兒童人格的許多方面在隨後的六～七年有急劇的改變 (Kagan, Kearsley & Zelazo, 1978)。另一些研究強調指出，在形成成人人格方面，兒童中期 (約 7 至 12 歲) 比兒童早期更為重要 (Olweus, 1979)。即是説，人生最初的五年雖然對人格形成有影響，但五歲後對人格繼續發展的影響顯然超過五歲前所受的影響。

此外，還有對弗氏其他觀點的實證研究。例如，大量的研究表明，雖然挫折會引起攻擊，但挫折並不總是引起攻擊，攻擊可以通過訓練來調節。後一點支持了學習在攻擊中的作用。班杜拉 (Bandura, 1986) 的研究發現，攻擊可以像其他社會行為一樣通過學習而獲得。在現今心理學中，弗洛伊德的攻擊本能論已沒有多少市場；大多數心理學家相信攻擊行為是學會的，首先是在家庭中隨後是在他的同輩中學會的 (Singer, 1984)。

總的來説，精神分析論的許多概念是含糊不清的，有不少概念 (如生的本能、死的本能、本我、自我、超我等）是用生動的文學筆調或隱喻來描述的，缺乏操作性定義，也難加以實證研究。從現有的研究來看，得到的結果也很不一致。即使有的概念被某些研究證實，但它又可以作另外的解釋。例如，一項研究預測女人將比男人囤積較多的筆狀物，因為筆狀物是性器期的象徵，而女性又被認為具有陰莖妒羨。研究結果的確發現女性被試有較多的囤積行為（Johnson, 1966）；但根據弗洛伊德的理論，囤積也是肛門滯留型的性格特點。那麼以哪一種因素來解釋此種行為呢？由於精神分析的一些主要假設無法驗證其真偽，因此其科學地位普遍受到懷疑。

三、精神分析論的貢獻

如前所述，精神分析論不是一個科學的理論，它的許多概念和命題缺乏實證效度，所採用的研究方法也缺乏科學的嚴謹性。但這並不意味著這個理論是完全不正確的，精神分析論也有合理的因素。歷史上，精神分析論的主要貢獻是：

（一）　開闢潛意識心理學的新研究領域

儘管弗洛伊德把人的一切活動都歸因於潛意識性欲的觀點，使他完全陷入了泛性論和反理性主義的錯誤。但他確實喚醒了人們對於潛意識的研究興趣。在傳統的心理學中，除行為主義外，其他的如**意動心理學**（**或行動心理學**）(act psychology)、**構造心理學**（**或結構心理學**）(structural psychology)、**機能心理學**（**或功能心理學**）(functional psychology) 和**格式塔心理學**（**或完形心理學**）(Gestalt psychology) 等，都是研究意識經驗的，而不研究潛意識活動。弗洛伊德打破了傳統心理學的研究定向，把潛意識活動擺在人類精神生活中的首要位置進行系統的研究，這對於我們深入洞察人類的精神生活的豐富內涵，科學地揭示認識過程的整體機制，拓寬被傳統心理學限制了的研究領域，無疑都具有重要的意義。雖然，潛意識這個概念不是弗洛伊德最先提出的。但是，真正以潛意識為研究對象創建心理學體系則始自弗洛伊德。弗洛伊德為潛意識心理學體系的建立開創了新紀元。

傳統心理學注重對認知、行為的探索，往往忽視對情感、欲望的探討；弗洛伊德反其道而行之，把人看作是一個動力系統，把本能、欲望作為人格

補充討論 5-3

弗洛伊德對實證研究的否定態度

弗洛伊德對用實驗法來檢驗精神分析學的命題持否定的態度，可以從 1934 年 2 月 28 日他對一位青年心理學家的回信中看出來。年輕時代的羅森茨韋格曾給弗洛伊德寄去自己的兩篇研究報告：一篇是研究所謂從**快樂原則**向**現實原則**的轉化 (Rosenzweig, 1933)，另一篇是關於壓抑的實驗研究 (Rosenzweig & Mason, 1934)。弗洛伊德在簡短的回信中寫道："我津津有味地研讀了你對精神分析命題檢驗的實驗研究。我不能對這樣的證據給予多高的評價，因爲這些命題依據於大量可信的觀察，它們不依賴於實驗驗證。雖然實驗驗證不會有什麼損害" (Rosenzweig, 1985, pp.171～172)。1937 年羅森茨韋格寫信給弗洛伊德詢問有無必要創建一本實驗心理病理學雜誌時，他回信道："在我的定向領域中，我看不出創建一本專門雜誌直接面向心理病理學中的實驗研究的需要" (Rosenzweig, 1985, pp.174～175)。很明顯，弗洛伊德一向對實證研究持否定態度。

雖然 1914 年弗洛伊德曾把榮格的單詞聯想測驗視為把實驗心理學與精神分析學聯繫起來的第一座橋梁。但隨後他又拋棄了這種方法，並認為這種方法既不能對榮格自己也不會對精神分析帶來什麼好處。1937 年，即在弗洛伊德去世前兩年，他堅決表示了反對實驗心理病理學的態度，儘管大多數研究變態行為的學者都不贊同他的觀點。

很明顯，弗洛伊德對實證研究的否定態度與其臨床實踐及對人性的理解有關。弗洛伊德對人格的研究既不採用自然科學的實證方法也不採用探究人的意識確定無疑性的**現象學方法** (參見第十一章)，而是採用介於藝術和科學之間的詮釋學方法 (高覺敷，1995)。

詮釋學 (hermeneutics) 是一種對人類精神活動產品的理解和釋義的理論。這種理論早在古希臘時代就有思想萌芽了，最初是指阿波羅神廟中對神諭的詮釋，後經法國哲學家施萊爾馬赫 (Friedrich Erns Daniel Schleiermacher, 1768～1834) 和狄爾泰 (Wilhelm Dilthey, 1833～1911) 等人的發展，逐漸發展成與**實證主義** (positivism) 相對立的詮釋學方法論。詮釋學方法論的主要含義是：(1) 詮釋學的對象是人創造的、傳達一定意義的符號。但符號的象徵是不能直接觀察到的，需要加以解釋。精神分析對夢和病症的看法符合這一前提；(2) 詮釋包括重新體驗，即重建創作者的創作經驗，設身處地地同化創作者。一個詮釋者如果有足夠的歷史知識和語言知識，他就能比創作符號的本人更好地理解創作者，即是說，詮釋者可以通過創造性的重建來把握創作者没有意識到的心理活動。弗洛伊德對夢的解釋及整個治療過程都體現了這一思想；(3) 詮釋是從個別符號出發，擴展到整體意義，並聯繫整體的意義確立個別符號的地位。弗洛伊德所使用的方法也遵循這一原則。儘管弗洛伊德很少提及詮釋學，但他熟知德國的這一思想傳統，所採用的就是詮釋學的方法。

發展的動力，極力倡導對潛意識動機的研究。雖然，1914 年武德沃斯 (Robert Sessions Woodworth, 1869～1962) 開始應用**動力心理學** (dynamic psychology) 這一名詞，並以動力心理學為題發表了一系列講演 (Woodworth, 1918)，但是真正推進動力心理學研究的源頭是弗洛伊德。正如美國著名心理學史家波林所指出：

> 動力心理學的主要來源當然是弗洛伊德。……弗洛伊德之所以多年來似乎自外於心理學，是因爲他孜孜於動機探究，應用一套專門的術語，而對於忽視動機的正統心理學則是置之不理。(高覺敷譯，1981，797 頁)

> 正是這個弗洛伊德，他把動力概念引進了心理學，使心理學家們看到了它，又採用了它。(高覺敷譯，1981，814 頁)

精神分析論對人格領域中的動機和潛意識研究的推動作用，功不可沒。

(二)　創立心理治療的新理論和方法

傳統的生物醫學模式認為，人是一個生物體，任何疾病都可以找到組織器官、系統上的局部器質性病變。弗洛伊德異軍突起，提出“精神創傷”是引起精神疾病的主要原因，創立精神分析法挖掘患者的潛意識動機來治癒疾病。精神分析論破除了心理失調是妖魔作祟、上帝懲罰等的神話，指出所有稀奇古怪的變態行為同正常的適應行為一樣都源於同一根源，並且有相同的發展過程。正常行為和變態行為之間的區別只是程度上的差異而不是種類上的差異。這一觀點促使了心理健康新概念的誕生：心理健康是從適應到不適應的一個連續體，並不是“疾病”和“健康”的二分法概念。

弗洛伊德創立了精神分析技術，針對患者的潛意識，促使患者對自己的行為有更大的控制。但是弗洛伊德對現代心理治療的貢獻可能不在於正統的精神分析，這種正統的精神分析現已不常用了。他的貢獻在於許多治療方法都源於精神分析。例如，**家庭治療** (family therapy)、**婚姻治療** (marital therapy)、**團體治療** (group therapy) 以及所有高度靈活的一週一次或兩次的心理治療 (這是當今美國最流行的治療方式)，都是以精神分析論為基礎的。即使那些完全拒絕弗洛伊德理論的治療師在諮詢室裏也可以見到弗洛伊德的影響。一對一的患者與治療師的關係是目前流行的治療技術，其目的是促進患者對自我的認識。這一技術就隱含著弗洛伊德的理論。今天大多數心理治療都有弗洛伊德的烙印。

(三) 開創西方的人格心理學

弗洛伊德開創了西方的人格心理學。弗洛伊德以後的人格理論學家的觀點，我們都可以把它理解為主要是對弗洛伊德的反應。其中，有的理論支持和擴充了他的思想，另一些理論則是批駁他的思想。弗洛伊德的人格理論有一定的合理因素。例如弗洛伊德把人格看做為多維度、多層次的動力系統，已成為當代人格心理的一種重要觀點。儘管他的潛意識、本我、自我和超我等概念缺乏科學根據，但人格結構畢竟不是單一維度的心理構成物。又如，弗洛伊德認為人格的發展不是單純的量的積累，而是有質的變化過程 (強調早期經驗的重要性)；這種發展觀點也有合理性。儘管弗洛伊德對人格發展過程的具體闡述缺乏科學依據。現在，弗洛伊德的一些概念已得到廣泛的承認，並且被吸收到人格心理學之中。例如，潛意識動機的作用、童年經驗在形成成年人行為中的重要性和防衛機制的作用等。由於對這些領域有興趣，便引起了人們的許多研究。此外，精神分析學研究人格的方法和評鑑技術也已成為當代人格心理學的一種研究方法和評鑑技術，儘管它仍有缺點。精神分析是研究人格的一條途徑和方式。

本章摘要

1. 精神分析的主要研究方法是**個案法**，即從患者的口語表達和報告中不斷地尋求一致性的主題，以證實分析師的假設，找出針對性的處理辦法。
2. 為了分析歷史人物的潛意識動力，弗洛伊德使用了**心理傳記分析法**，即根據個人的傳記資料對其心理動力特徵進行分析。埃里克森進一步發展出**心理歷史學分析法**。這是一種在更廣的歷史活動和歷史背景中對個人人格進行分析的研究方法。

3. **文化人類學方法**是觀察和搜集自然地存在於世界不同地區、不同自然環境和不同歷史時期的人類文化資料以創立並檢驗人格理論的研究方法。弗洛伊德、榮格、埃里克森和弗洛姆都使用過此種方法。
4. **自由聯想**、**夢的解釋**和**移情**既是治療手段，也是精神分析的研究方法和評鑑人格的技術。通過自由聯想、夢的解釋和移情，使患者理解當前的問題和行為與潛意識根源的關係，從而達到治癒疾病，這也就是精神分析的結論顯著性的檢驗。
5. 在精神分析治療過程中，有時患者將隱藏對他人的愛慕轉移到分析師身上，稱為**正移情**；而將隱藏對他人的憎惡轉移到分析師身上，稱為**負移情**。**移情**有助於了解病因，有助於治療。有的分析師將自己隱藏對他人的情感轉移到患者身上，稱為**反移情**。反移情將導致治療的失敗。
6. 在弗洛伊德看來，在日常生活中**舌誤**、**筆誤**、**遺忘**、**誤放**和**動作錯誤**等失誤行為是被壓抑的牽制傾向與意識到的被牽制傾向之間衝突的結果，都是潛意識的產物。因此分析失誤行為可以評鑑潛意識動機。
7. **投射技術**是一種受精神分析論歡迎的評鑑工具。特點是：所用的刺激都是模稜兩可的，被試的反應是開放式的，記分主要是主觀的臨床判斷。
8. 榮格的**單詞聯想法**是投射測驗之一。該測驗要求被試根據某一刺激詞立即說出或寫出最先聯想到的單詞，研究者則根據被試對刺激詞的反應時間或是否產生不尋常的聯想詞來鑑定被試是否有情緒障礙。
9. **羅夏墨漬測驗**是投射測驗之一，由瑞士精神病學家羅夏於 1921 年編製成。使用時要求被試憑主觀知覺回答，研究者按其回答解釋可能投射出來的心理含義，診斷其人格特點。
10. **主題統覺測驗**是投射測驗之一，由美國心理學家默里和摩根於 1935 年編製成。使用時讓被試根據對圖片的知覺自由地編造故事。研究者則按其回答解釋可能投射出來的心理含義，診斷其人格特點。
11. 埃里克森把兒童的**遊戲**作為評鑑人格的一種技術。這種測驗既有投射性質又有客觀測量性質，表明精神分析向實驗心理學接近的傾向。
12. **邁爾斯-布里格斯類型指標**是布里格斯和邁爾斯根據榮格的類型理論而發展起來的量表。該量表適用於 10 歲至成人的各類被試，用以評定 16 種可能的人格類型。
13. 精神分析的研究方法缺乏科學的嚴謹性，許多概念和命題都缺乏實證效度。儘管精神分析學是不科學的理論，但它對人格結構、人格動力、人格發展和人格適應的探討具有開創性的意義，其中也有合理的因素。

14. 在創建精神分析人格理論的過程中，弗洛伊德既否定自然科學的實證方法也不採用現象學方法，他所採用的是詮釋學的方法。

建議參考資料

1. 車文博 (1992)：弗洛伊德主義論評。長春市：吉林教育出版社。
2. 波普爾 (傅季重等譯，1986)：猜想與反駁──科學知識的增長。上海市：上海譯文出版社。
3. 柯　克 (李　維譯，1988)：人格的層次。杭州市：浙江人民出版社。
4. 凌文輇、濱治世 (編著) (1988)：心理測驗法。北京市：科學出版社。
5. 高覺敷 (1986)：弗洛伊德及其精神分析的批判，見《高覺敷心理學文選》。南京市：江蘇教育出版社。
6. 鄭日昌 (編著) (1987)：心理測量。長沙市：湖南教育出版社。
7. Nanda, S. (1987). *Cultural anthropology*. Palo Alto, CA: Wadworth.
8. Pervin, L. A. (Ed.) (1990). *Handbook of personalily: Theory and research*. New York: Gulilford.
9. Peterson, C. (1992). *Personality*. San Diego: Harcourt Brace Jovanovich.
10. Phares, E. J. (1988). *Clinical psychology: Concepts, methods, and profession* (3rd ed.). Chicago: Dorsey.

第六章

特質論範型

本章內容細目

第一節　奧爾波特的特質理論

一、人格及其結構　192

㈠ 什麼是人格

㈡ 特質及其特點

㈢ 特質的種類

二、人格動力　195

三、人格發展　197

四、健康成熟的人格　199

第二節　卡特爾的特質因素理論

一、人格結構　202

㈠ 獨有特質和共同特質

㈡ 表面特質和潛源特質

㈢ 體質性特質和環境養成特質

㈣ 能力特質與氣質特質和動力特質

㈤ 團體特質

二、人格動力　205

㈠ 動機的成分

㈡ 動機的種類

㈢ 行為的成因

三、人格發展　209

㈠ 遺傳和環境的作用

㈡ 人格特質形成的年齡趨勢

四、心理疾病和治療　210

第三節　艾森克的人格維度理論

一、人格結構　212

㈠ 人格定義及其層次模型

㈡ 人格維度

補充討論 6-1：艾森克的人格維度與巴甫洛夫的類型學

二、人格發展　220

三、消除心理障礙的行為療法　222

第四節　類型論

一、體型類型論　224

㈠ 克雷奇默爾的體型類型論

㈡ 謝爾頓的胚葉起源人格類型論

二、認知類型論　227

㈠ 衝動型和思索型

㈡ 場依存型和場獨立型

補充討論 6-2：鑑定場依存型和場獨立型的測驗

本章摘要

建議參考資料

如果有人問你：你的某位朋友或你的某位同班同學是怎樣的一個人？你將如何回答呢？你大概會像大多數人那樣，一一列出符合於那個人的一些人格特質。例如，“某人勤奮、辦事認真、富於進取精神”；“某人懶惰、做事没精打采、意志薄弱”。**特質論** (trait theory) 是以特質概念為基礎建立起來的一種人格理論，該理論把人格看作是由許多不同特質所構成。但理論家們對特質的定義卻不一致。通常，**特質** (trait) 被看作是持久 (具有時間的延續性) 而穩定 (具有情境一致性) 的行為傾向。這種神經心理結構或先天的行為傾向，使個體以相對一貫的方式對刺激作出反應。因此，對一個人的人格特質的了解，便可以預測其行為反應。特質論者認為，人格特質是所有的人所共有的，但各人所具有的每一種特質則是因人而異，這就形成了人與人之間的人格差異。外傾、內傾、開朗、聰慧、穩定性、支配性、興奮性、敏感性、幻想性等等，都被認為是人格特質。特質論研究範型由美國和英國的學者開創和推廣，其代表人物是奧爾波特、卡特爾和艾森克。

對特質的研究可以追溯到古希臘時代。亞里士多德 (Aristotle，384～322 B.C.) 的朋友提奧夫拉斯塔 (Theophrastus，公元前 4 至 3 世紀) 曾從**性格學** (characterology) 的角度描述過 30 種特質，例如偽裝、諂媚，“枯燥無味的講述者” 等等 (奈增壽譯，1959)。不過這種觀點是以類型劃分為依據的。雖然特質與類型這一術語經常有聯繫，但特質論者一般不把人格分為非此即彼的類型，而通常認為存在著一些特質維度，每個人在這些連續性維度上的表現程度不同。對各種各樣的人進行概括和分類，會使我們對人的認識變得經濟而簡便。因而類型論的人格研究便發展起來。但是這種以少數的單一變量來解釋複雜的行為也有不少弊病。

本章將討論人格特質論和類型論的基本觀點，其主要內容包括：

1. 奧爾波特的特質理論。
2. 卡特爾的特質因素理論。
3. 艾森克的人格維度理論。
4. 幾種人格類型劃分的探討。

第一節　奧爾波特的特質理論

奧爾波特 (Gordon Willard Allport, 1897～1967) 是美國心理學家、人格特質理論的創始人。他出生於美國印第安那州的蒙地如滿。家中四兄弟中他排行最小。父親是內科醫生，自己開設家庭診所並以孩子充當助手。母親是教師，經常鼓勵孩子們進行哲學探索並強調宗教的重要性。奧爾波特形容他的家庭是一個清苦、勤勞、信任、博愛的家庭。1915 年奧爾波特中學畢業後就考入哈佛大學，由於第一次世界大戰曾一度中斷學業。1919 年獲得文學學士學位，隨即任教於土耳其伊斯坦布爾的羅伯特學院，講授英語和社會學。翌年回到哈佛大學，歸國途中得會晤精神分析大師弗洛伊德，對精神分析論在人格解釋上過分強調潛意識和童年經驗深為厭惡。他 24 歲時獲得心理學博士學位，其博士論文題目為《人格特質的實驗研究》。從 1922 年到 1924 年他得到獎學金的資助到德國和英國研究。1924 年返回哈佛大學，在美國最早開出有關人格的課程，課名為“人格：它是心理和社會的領域”。除了 1926 年至 1930 年在達特摩斯學院任職四年外，他的整個學術生涯都是在哈佛度過的，曾擔任該校心理學系系主任多年。1939 年曾當

圖 6-1　奧爾波特

(Gordon Willard Allport, 1897～1967) 人格特質論創造人奧爾波特，1897 年生於美國印地安那州，1921 和 1922 年先後獲得哈佛大學文學碩士和哲學博士學位。從 1922 年到 1924 年他到德國和英國研究，回到美國後任教於達特摩斯學院。1931 年轉入哈佛大學心理系任教而終其餘年，於 1967 年去世。

選為美國心理學會主席，1967 年 10 月 9 日去世，享年 70 歲。

奧爾波特的思想深受詹姆斯 (William James, 1842～1910) 的影響。兩人在寫作方式、折衷主義傾向、對自我的興趣和對人道主義的熱忱等方面都頗為相似。在他的一生中獲得了許多心理學家的專業性榮譽。他的著作頗豐，其中最重要的兩部著作是：《人格：心理學的解釋》(1937)，以及 24 年後的修訂本《人格類型和成長》(1961)。

一、人格及其結構

(一) 什麼是人格

奧爾波特在《人格：心理學的解釋》一書中，回顧了神學家、哲學家、法學家、詩人、社會學家和心理學家對人格的 48 種解釋，最後提出他自己的看法：人格就是“一個真實的人”，但又嫌太簡潔和含糊，於是提出一個更精確的著名定義：“人格是個體內在心理物理系統中的動力組織，它決定一個人對環境獨特的適應” (Allport, 1937, p.48)。後來，奧爾波特把“對環境獨特的適應”改為“獨有的行爲和思想” (Allport, 1961, p.28)。奧爾波特認為，他的人格定義是對大多數重要概念的綜合，並對這個定義作了如下的解釋：

1. 動力組織 (dynamic organization)　為了避免不勝枚舉的繁瑣定義列舉，強調人格是活動的組織，此組織是整體化的並且是不斷發展變化的，因而是動力性的。

2. 心理物理系統 (psychophysical systems)　即心理生理系統，表示人格既不是完全心理的，也不是完全生理的，它是“心”、“身”不可分割的統一體。

3. 決定傾向 (determine)　人格不是一種抽象或一種隨便的虛構，也不同於行為或活動，它是藏於活動之後的東西，是蘊藏於個人內部的東西。人格由大量的決定傾向構成，一旦給予適當的刺激就會喚起適應行為和體態表現，由此便可以了解一個人的人格。

4. 獨特性 (unique)　嚴格地講，每個人的適應無論是在時間、空間和性質方面都是獨特的、個性化的，因此提出獨特的表現看來似乎是多餘的；但是，在處理人的共同特質時卻很有意義，所以要指出來。

5. 獨有的行爲和思想 (characteristic behavior and thought)　前已述及，這一點是奧爾波特對 1937 年著作中的“對環境獨特的適應”的修改。改動的原因是由於過去的定義太強調生物需要的滿足。這一修改概括了全部的行為和思想，而不僅僅是與適當環境有關的問題。前後兩種提法都強調人格的獨特性。強調研究個別的人，而不強調研究制約全人類的規律，這是奧爾波特的人格理論的核心。他曾多次說過：沒有兩個完全相同的人。因此要了解一個特定的人的唯一途徑就是研究這個特定的人。

(二)　特質及其特點

什麼是特質？奧爾波特認為，完備的人格理論必須具有能夠代表**生活綜合** (living synthesis) 的測量單位。這種測量單位就是**特質** (trait)。他把特質定義為：

> 一種概括化的和聚焦的神經生理系統 (特定的個體)，它具有使許多刺激在機能上等值的能力，具有激發和引導適應性和表現性行爲一致的 (等同的) 形式” (Allport, 1937, p.295)

在奧爾波特看來，特質是一種神經生理結構，雖然我們看不見它，但可以通過觀察個人的行為的一貫表現而推斷其存在。特質除了反應刺激而產生行為外，還主動激發和引導行為使一個人的行動具有指向性。通過特質使許多刺激在機能上等值起來，而且反應也有了一致性。在刺激和反應的機能的變化上，特質是動力，是行為的原因。圖 6-2表示特質的一般操作方式。一個人的害羞特質，可以從他缺乏同輩的友誼、迴避社會聚會、喜愛如讀書、集郵等單獨活動、厭惡參加討論會等行為反應中推斷出來。總之，個人以特質來迎接外部世界，以特質來組織經驗。特質也就是每個人都具有的內在的一般行為傾向。

奧爾波特認為，特質並不是只與少數的特殊刺激或反應相聯繫。由於特質聯絡多數刺激於多數反應，因此特質在行為上會產生很廣泛的一致性，這樣行為就有持久性和跨情境的特點。但是同時，特質也有聚焦。例如，支配特質是在某些特殊場合和人群 (如同事、同學、家庭、孩子) 中出現，在其

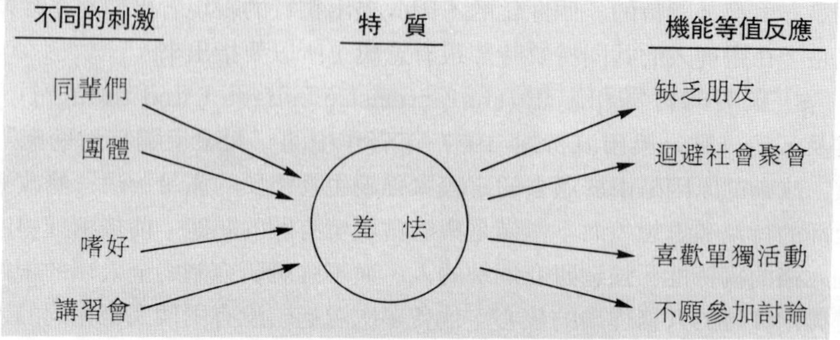

圖 6-2 羞怯特質對不同刺激所產生的機能等值反應
(採自 Ryckman, 1989)

他場合則出現其他特質。因此，不能將人格看成是固定不變的東西。

(三) 特質的種類

首先，奧爾波特區分出個人特質和共同特質。**個人特質** (individual trait) 是某個特定的個體所具有的那些特質，故而又稱**獨有特質** (unique trait)。**共同特質** (common trait) 是許多個體共有的那些特質。這兩種特質的區別主要取決於被說明的對象。任何群體都能用它的特質加以描述，例如，可以把一個群體描述為守舊的、懶惰的或勤勞的群體。同樣，任何個體也能用他或她所具有的特質加以描述，一個人可以被描述為守舊的、懶惰的或勤勞的個人。當特質被用來描述一個群體時就被稱為共同特質；而把它們用來描述個人時，便被稱為個人特質。雖然奧爾波特承認這兩種特質都是存在的，但他極力主張人格心理學家應該集中研究個人特質，而不是探討共同特質。人格心理學家應採用特殊規律研究法對特定的個人進行深入的研究，而應避免用共同規律方法來研究人格。因為共同規律研究方法是一種探討共性的方法。奧爾波特認為，共性僅是一種抽象，不能對任何個體進行真正精確的描述；而世界上就根本不存在兩個具有完全相同特質結構的人。

奧爾波特認為並非所有的個人特質都對人格起同樣的作用。因而他將特質又區分為首要特質、中心特質和次要特質。在奧爾波特後期的著作中，個人特質也稱為**個人傾向** (personal disposition)。

1. **首要特質 (或樞紐特質)** (cardinal trait) 是指個人生活中具有滲

透性占優勢的特質。如果一個人具有某種首要特質，它幾乎會影響這個人全部活動的所有方面。例如，如果一個人具有壓倒一切的權力欲望，這種權力欲望就會滲透到他生活的各個方面。他不僅奮力去獲得社會中的權力地位，並以類似的方式與他的球友、棋友、孩子、妻子爭強鬥勝。他會努力統治他的妻子，甚至盡力贏得與他的五歲女兒的一場乒乓賽。首要特質就是主要動機、優勢傾向、**顯著特質** (eminent trait) (Allport, 1961, p.365)。顯然，首要特質只有在少數人身上可以觀察到。

2. 中心特質 (或**核心特質**) (central trait)　是指滲透性稍差一些，但仍具有相當概括性的重要特徵。如果有人請你寫封推薦信忠實地介紹你所熟悉的人，你在信中扼要地羅列出你所熟悉的人的某些特徵，例如聰明、負責任、整潔、有創造性。你所列出的這些特徵就是中心特質。奧爾波特發現每個人的中心特質是很少的。他讓 93 名學生對自己熟悉的同性別者，以詞、短語、句子描寫其代表性特徵，結果發現，90% 的學生列出 5～10 個特徵，平均為 7.2 個 (Allport, 1961)。

3. 次要特質 (secondary trait)　是指不甚明顯的、一致性和概括性都較差的那些人格特質。與首要特質和中心特質相比，次要特質對刺激的適應範圍都窄。次要特質接近於習慣或態度，但比這兩者都更具有概括性。次要特質包括個人的獨特偏好 (例如偏好某種食品或服裝)、一些偏向看法以及其他由情境制約的特性。

奧爾波特認為，人格是一種網狀的、相互牽連的、重疊的特質結構。一種特質對另一些特質僅是相對獨立的，它們之間的區分沒有死板的界線。

二、人格動力

奧爾波特用機能自主這個概念來表達他對人的動機的看法 (Allport, 1937)。所謂**機能自主** (或**功能獨立**) (functional autonomy) 是指那些成為獨立的動機，即這些動機與它原先賴以產生的需要已沒有依賴關係。奧爾波特舉例說，一個人起先為謀生而當水手，後來產生了對航海的熱愛，即使他富有了，没有繼續航海的物質需要了，但仍喜愛航海活動。兒童開始是被迫練鋼琴而後來卻為自己的興趣愛好而練琴。在這些例子中手段已成為活動的動機；而這種動機的作用是與原來服務的目的和需要相獨立的，因而稱為機能自主。他認為一個好的動機理論應當回答下列問題：

1. 動機必須是現實的 奧爾波特不贊成精神分析學派所斷言的人格是由早期經驗決定的，兒童時代的動機決定他後來的行為。相反，他主張過去的動機只有在現在還存在才能解釋行為。動機作為行為的動力，必須是現實的。

2. 幾種動機可以同時存在 奧爾波特認為，把人的動機都歸結為一個因素，如驅力降減或追求優越，都是愚蠢的。他反對其他學派把所有的動機歸為一種類型的做法，認為"動機的種類是如此的廣泛以致難於發現普遍的公共特性"(Allport, 1961, p.221)，要了解人的動機必須採取多種動機並存的觀念。

3. 必須承認認知的重要性 奧爾波特認為，如果不了解一個人的計畫、價值觀和意圖，就不能真正了解他或她的動機。要了解一個人的人格結構，最好的辦法是問"你打算在五年內做什麼？"在奧爾波特以前從未有學者像他那樣注重個人認知過程的重要性。

4. 必須承認每一個人具有獨特的動機形式 正像沒有兩個人有相同的特質一樣，兩個人也不會有相同的動機結構。奧爾波特不像其他學者那樣強調人類共同的動機形式，他強調的是個人獨特的動機形式。

奧爾波特認為，他提出的機能自主的動機理論符合上述的四項要求。他說："動機自主認爲成人的動機是變化的，是自我維持的同時系統，由先前的系統發展而來但機能上又獨立於它們"(Allport, 1961, p.227)。在奧爾波特看來，一個成人的行為動機是變化的，他現在的行為動機不同於先前的行為動機。他們不再依靠父母，而是機能自主的。也就是說，他們的行為獨立於父母的願望，同時也不再需要使用防衛策略來保護其自我評價免受他人的攻擊。因為他們是獨立於其他人的，他們有能力靠**自我生成規則** (self-generated rule) 來判斷自己的行動。

針對行為主義的觀點，奧爾波特強調健康成人的動機是自行其事的自我維持系統，而不是依靠外部的鼓勵和獎賞的。把健康人對目標追求的原因說成是受到獎勵或強化是十分可笑的。他寫道：

> 這是多麼空洞可笑，說巴斯德 (註 6-1) 投身於他的工作的原因是由於想要獎賞、報酬，或是為了健康或食物、睡眠，或者是為了家庭等。從很長的時間起，所有這些他全部都已有了，而他仍然忘我地投身於工作之中。歷史上許多天才人物也用同樣的熱情，把他們的畢生貢獻於自己的事業而極少有或根本沒有獎勵。
> (Allport, 1961, p.235)

奧爾波特關於機能自主的概念已被當代心理學所接受。當代的動機理論認為，人的動機不一定與生理需要相聯繫，在個體發展的任何一個階段都存在著像好奇、探索、操縱、控制、感覺尋求、自我實現等動機。

三、人格發展

奧爾波特認為人格是一種動力組織，它由生物結構和心理結構 (例如個人傾向等) 所組成。人格的各個方面都是連續的並正在組織建構之中。這就意味著假設有一個人格組織機構使人格特質統一和整合成為一體。這一假設是合理的。這個組織機構，在古代被稱為靈魂，後來被稱為**自身** (self) 或**自我** (ego)。奧爾波特認為這些用語都太晦澀，因而他把人格的組織機構重新命名為統我。**統我** (proprium) 包括使個人具有獨特性的所有事實，“包括人格中導向內心統一的所有方面” (Allport , 1955, p.40)。統我不是天生的而是後天發展成的。他認為，完善的統我在個體發展中經歷了八個階段。

1. 軀體“我”的感覺階段　**軀體我的感覺** (sense of bodily self) 是指在一歲時嬰兒逐漸地認識到自己身體的存在。當我們飢餓、困倦和碰觸到物體時，我們認識到自己身體的局限性。軀體“我”的感覺為我們的自我覺知提供了一個**固著點** (**或憑據點**) (anchoring point)。我們在健康時幾乎不能注意到這些感覺；我們生病時才深刻地意識到我們的軀體 (Allport, 1961, p.114)。

2. 自我同一感階段　**自我同一感** (**或自我認同感**) (sense of self-identity) 是指兒童在二歲時認識到雖然他們的身體在長大，經驗在變化，但

註 6-1：巴斯德 (Louis Pasteur, 1822～1895) 法國化學家、細菌學家，近代微生物學的奠基人。

自己仍然是同一個人；即認識到自我在時間上的延續性。自我同一感的發展是與語言的發展密切聯繫的。當孩子學會自己的名字時，名字就成了他的自我同一感的支撐點。奧爾波特說“今天我記得我昨天的一些思想，明天我會記得我昨天和今天的一些想法；我敢肯定它們都是同一個人——我自己的想法”(Allport, 1961, p.114)。關於自我同一感的發展，精神分析學家埃里克森曾有詳細的論述，可參見補充討論 4-3。

3. 自尊感階段　自尊感 (sense of self-esteem) 是指三歲時兒童知道能獨立地做一些事情，在完成任務中所體驗到的自豪。奧爾波特認為，這一階段具有典型的否定性，兒童往往要尋求全面的獨立，並擺脫父母和其他成人的監護。

4. 自我擴展感階段　自我擴展感 (sense of self-extension) 是指四歲時兒童的自我意識被擴展到外部事物上。這時兒童不僅認識到自己的身體是屬於他自己的，而且玩具、寵物、房間、父母、兄弟姊妹也同樣屬於他自己的。自我擴展的最早發展階段是自私的，在以後的階段它不一定是自私的。

5. 自我意象感階段　自我意象感 (sense of self-image) 是指四至六歲兒童出現的按頭腦中自我意象行事的認識。奧爾波特認為，自我意象有兩種成分：要求兒童扮演習得角色的期待和尋求獲得對未來的某種熱望 (Allport, 1955, p.47)。在此階段兒童形成了“好的自我”和“壞的自我”道德感的參照系。這時兒童學習去做大人期望他們做的事，並避免遭致反對的行為。兒童開始為自己的未來提出願望，開始計畫未來，對未來有所打算。

6. 自我理智調適感階段　自我理智調適感 (sense of self as rational coper) 出現在六至十二歲，兒童開始逐漸覺察到自我是能夠克服外界，用理智思考來解決問題的。他們喜歡檢驗自己的智力技能。這個階段兒童還會武斷地相信自己的學校、家庭、同伴是對的、好的等等。

7. 統我追求顯露階段　統我追求 (propriate striving) 指經由生活目標的選擇以追求自我提昇的傾向。從十二歲起，兒童形成未來目標，開始以未來目標組織自己的生活，即顯露出統我追求。從治療的角度看，奧爾波特把人類的動機區分為統我動機和外周動機。**外周動機** (peripheral motives) 是指向基本需要 (如飲食、禦寒等) 獲得滿足的努力。這類動機要求立即得到滿足以降低緊張。這是一些簡單的自動行動。相反，**統我動機** (propriate motives) 則是**自我涉入** (ego-involved) 行為。這類動機要求我們對重要目標的緊張關注以及努力的提高和維持而不是降低。如果一個學生確定要攻讀碩士學位，他就要進行緊張的學習，有時甚至要付出個人的代價。當追求主要目標時，統我追求使整個人格特徵化，使人格獲得統一。所以，奧爾波特說："長遠目標的擁有，被視爲一個個人存在的中心，它使人類和動物相區別，成人和兒童相區別，健康者和病人相區別" (Allport, 1955, p.51)。統我追求的出現與意識的發展緊密關聯。這是兒童從"必須"的意識向"應該"的意識的過渡。這一過渡並不是自動的。不少人在年齡上已是成人但行動卻仍為兒童，他們按照父母和權威者的指令行事，而沒有學會依據自己的判斷並調整自己的行動去獲得競爭目標 (Allport, 1955, p.74)。

8. 知者自我的顯露階段　**知者自我的顯露** (emergence of the self as knower) 是人格發展的最後階段。當自我認識到已統一並超越了自我的前述七個方面時便出現了知者自我。知者自我綜合了所有的統我機能。統我就是自我這八個方面的綜合。雖然統我的前述的七個方面出現在生命的不同階段，但這時自我已能同時操縱它們，綜合地發揮作用。

四、健康成熟的人格

奧爾波特認為，成熟的人格有一個發展過程，僅在成年期才可能實現。健康的或成熟的人在性質上不同於病態的或不成熟者。因此，他強烈主張健康成熟的人格原則上是不能由動物、兒童或神經病的研究中引申出來的。奧爾波特為判斷一個人的人格是否健康成熟提出了六項標準 (Allport, 1961, p.288)。

1. 自我擴展能力　健康成熟的人會參加超越他們自己的各種不同的活動。他們不僅關心自己的福利而且也關心他人的福利。

2. 與他人熱情交往的能力　奧爾波特把熱情分之為愛和同情。他認為，健康成熟的人能夠與他人保持親密關係，而不侵犯他人的隱私和權利，也不抱怨、指責和諷刺他人。這種人富有同情心。他們能容忍自己與他人在價值和信仰上的差異。

3. 自我接納能力和安全感　健康成熟的人能接受自己，有安全感，有高的挫折容忍力。所謂**挫折容忍力** (frustration tolerance) 是指個人受到挫折時免於行為失常的能力。他們不衝動行事，不把自己的過錯歸咎於他人；他們有積極的自我意象，能經得起一切不幸的遭遇。

4. 實際的現實知覺 **實際的現實知覺** (realistic perception of reality) 是指健康成熟的人能真實地看待各種事物，而不歪曲事物。他們能有效地運用生活上所必需的知識的技能，進行忘我的工作。這種人是以問題為中心，而不是以自我為中心的。

5. 自我客觀化 **自我客觀化** (self-objectification) 是指健康成熟的人能夠客觀地了解他們自己，能洞察自己的能力與不足，與這種洞察力相關的是幽默感。他們能看出生活中的荒唐但不為其嚇倒；他們能夠以自己的過錯取樂而不以偽裝來欺騙。

6. 統一的人生哲學 奧爾波特認為，健康成熟的人生是"遵照和沿著某個或幾個經過選擇的目標前進。每個人都有一些爲之而生活的很特殊的東西，都有一種主要的意向" (Allport, 1961, pp.294～295)。他們有相當清晰的自我意象和一套指導其行動的標準。

從以上列舉的六個特點來看，奧爾波特關於心理健康的觀點與人本主義的自我實現的要求是十分相似的 (參見第八章)。

第二節　卡特爾的特質因素理論

卡特爾 (Raymond Bernard Cattell, 1905～　) 出生於英國的斯塔福郡。他的全部教育都是在英國完成的，16 歲考入倫敦大學，主修化學，但對社會問題極感興趣；到了研究生階段改學心理學，跟隨"因素分析之父"斯皮爾曼 (Charles Edward Spearman, 1863～1945) 研究因素分析法；於 1929 年獲倫敦大學哲學博士學位。從 1928 年到 1937 年曾擔任大學教授和心理中心主任。由於他在人格方面的研究貢獻，1937 年被倫敦大學授予科學博士學位，同年他接受桑戴克的邀請到哥倫比亞大學作桑氏的研究助理一年。從 1938 年到 1944 年，卡特爾擔任克拉克大學心理學教授和哈佛大學講師，1945 年轉往伊利諾斯大學擔任心理學研究教授兼人格與團體分析實驗室主任，直到 1973 年退休為止。

卡特爾的概念大都是由其研究結果發展出來的。他所採用的方法稱之為**多變量分析(或多變項分析)** (multivariate analysis)。這種方法就是在許多不同的測驗情境中去測量一個人或一群人的行為。測量的結果常有變異，因為大多數是紙筆測驗的分數，但也有行為評定量表、問卷和心理測量；然後再用**因素分析法** (factor analysis) 加以處理。除應用因素分析法外，他對人格研究的另一特點是強調採用自然科學的方法。他認為，對人格問題的探討，正像對其他心理學問題 (如知覺或學習) 的探討一樣，應採用極嚴格的探討途徑。卡特爾對人格研究的特點與其在大學和研究生期間所受的教育是分不開的。

圖 6-3 卡特爾
(Raymond Bernard Cattell, 1905～) 特質因素論創始人卡特爾，1905 年出生於英格蘭，1924 年和 1929 年先後獲得倫敦大學理學學士和哲學博士學位，1937 年應桑戴克邀請任教於哥倫比亞大學，1945 年起任伊利諾斯大學心理學教授兼人格與團體分析實驗室主任，直到 1973 年退休為止。

卡特爾一生勤奮工作，從不浪費時間，他寫過 300 多篇學術論文和 20 多部專著。他於 1928 年發表第一篇論文時是 23 歲，在此後的 50 年工作年齡中，平均每隔 1 個月就出版一部專著或一篇論文。他的著作，不僅數量驚人而且質量極高，堪稱世界公認的人格理論家。

一、人格結構

卡特爾是相當重視人格結構的。他認為人格的基本結構元素質是特質。所謂**特質**是指人在不同時間和情境中都保持的某種行為形式和一致性。這種人格結構可由個體表現在外的行為而推知。人格特質的種類很多，可以區分為如下幾類：

(一) 獨有特質和共同特質

與奧爾波特的觀點一樣，卡特爾認為，人類存在著所有社會成員所共同具有的特質以及個人所獨具的特質；前者為**共同特質** (common trait)，後者為**獨有特質** (unique trait)。卡特爾認為雖然社會所有成員都具有某些共同特質，但共同特質在每個人身上的強度是各不相同的。事實上，卡特爾等 (Cattell & Cross, 1952) 發現即使在同一個人身上的特質強度在不同時間也不相同。在一個研究的 44 天時間裏，對同一個人的八種特質進行了 80 次測量。被試在實驗期間每天寫日記。如圖 6-4 所示，縱坐標上標出了他的八種人格特質，橫坐標標出的是他的幾次主要活動感受。例如第 15 次測量時，在他生活中發生的事件是他擔任排演劇本的主角；第 28 次時得了感冒；第 53 次時他父親發生了車禍；第 57 次時因沒有幫家裏幹活而受到姑媽的批評；第 75 次因教師對他有意見使他感到煩惱。從圖 6-4 可見，一個人在不同時間裏由於情境的變化，其特質強度也發生變化。

(二) 表面特質和潛源特質

表面特質 (surface trait) 是指一群看上去是關聯的特徵或行為。例如一個人在街上跟人打招呼、微笑、向對方致意，看上去有一種友善的特質。表面特質不一種解釋的概念，而是一種觀察。同屬於一種表面特質的特徵或行為，其間的關係很複雜。這些特徵或行為雖然彼此有關聯，但不一定會一起變化，也非源於共同的原因。

潛源特質 (或根源特質) (source trait) 是指行為之間成為一種關聯，會一起變動，從而成為單一的、獨立的人格維度。它是內蘊的行為原因，因而具有解釋的含義。潛源特質是人格結構的最重要部分，控制著個人所有的

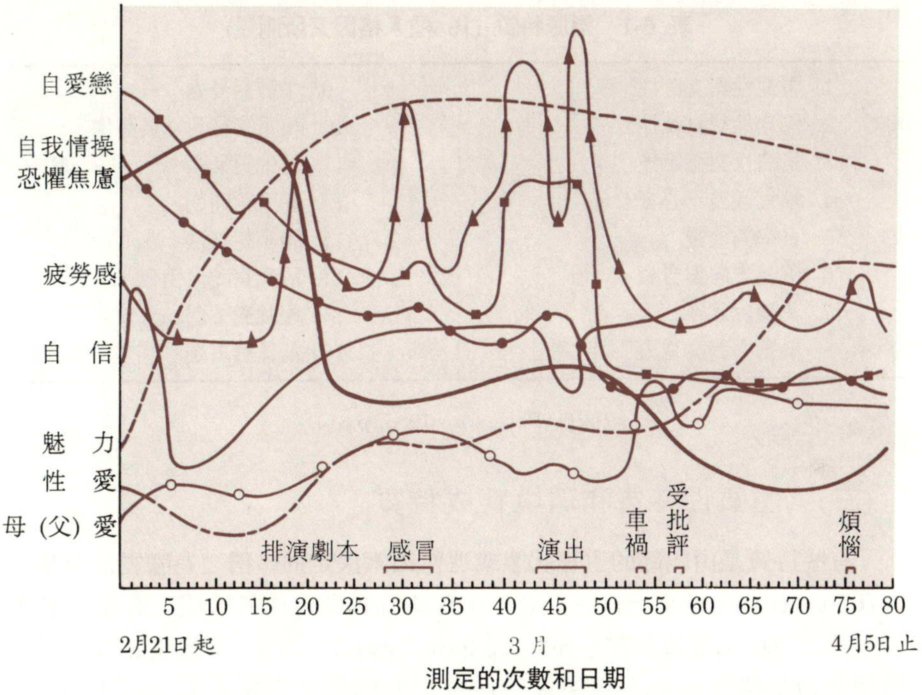

圖 6-4　個人的特質強度在不同時間裏因情境變化而異
(採自 Cattell, 1957,p.553)

慣常行為。例如，我們也許發現一個學生在語文、數學、化學等學科的表現上有某種關聯，但這種表面特質可以歸於兩種獨立的潛源特質——智力和受教育的年數。因此，表面特質是潛源特質的表現，潛源特質是表面特質的原因；每一種表面特質都來自一種或幾種潛源特質，而一種潛源特質則可以影響多種表面特質。每一個人所具有的潛源特質是相同的，但是它們在各人身上的程度則是不同的。

經過卡特爾及其同事在幾十年時間裏對不同年齡、職業和文化背景的人們的測量，發現差不多有 20 種基本的特質。後來又收集到更多的證據，確定為最基本的 16 種潛源特質 (見表 6-1)。

表 6-1 潛源特質 (16 種人格因素所測量)

1. 服從性對支配性	9. 平靜對憂慮
2. 保守性對試驗性	10. 注重實行對富於想像
3. 情緒性對穩定性	11. 鬆弛對緊張
4. 權宜性對真心實意	12. 緘默對開朗
5. 直率對機靈	13. 膽小對冒險
6. 團體志向對自負	14. 清醒對聽天由命
7. 恭謙對武斷	15. 堅強對柔弱
8. 低智力對高智力	16. 信任對多疑

(採自 Peterson, 1988, p.314)

(三) 體質性特質和環境養成特質

有些特質是由內部的生理狀態或遺傳因素決定的，稱之為**體質性潛源特質** (constitutional source trait)；而有些特質則是由於環境的影響而形成的，稱之為**環境養成特質** (environmental-mold trait)。卡特爾認為，環境的影響包括構成社會文化模式的社會制度和物質狀況等 (Cattell, 1950, pp.33～34)。因此，16 種潛源特質中有一些特質屬於體質性特質，而另一些則是環境養成特質。

(四) 能力特質與氣質特質和動力特質

有些特質是決定一個人處理問題或事情的成效的，稱為**能力特質** (ability trait)。最重要的一種能力特質是智力。卡特爾把智力區分為兩種：晶態智力和液態智力。他把**液態智力(或流動智力)** (fluid intelligence) 定義為“主要是先天的，能適應不同的材料並與先前經驗無關的一般的智力形式” (Cattell, 1965, p.369)。而**晶態智力(或固定智力)** (crystallized intelligence) 則是“一種一般的因素，大部分屬於從學校中學到的那種能力，代表了過去對液態智力應用的結果以及學校教育的數量和深度；它一般是在諸如詞彙和計算能力測量的那些測驗中呈現出來” (Cattell, 1965, p.369)。

氣質特質 (temperamental trait) 是由遺傳決定的，它們表現為一個人的風格，例如情緒性、速度、衝動性、支配性、敏感性和自信心等特徵。氣質特質屬於體質性潛源特質，通常不受特定情境因素的影響。

動力特質 (dynamic trait) 是一種啟動人格的特質，也是人格的動機因素。它推動個體朝著目標前進。關於這個問題，我們將在下面“人格動力”中詳細討論。

(五) 團體特質

正如同每個人都各具有某種人格一樣，**團體特質** (syntality trait) 是指某一個團體中所具有的某種特質結構。家庭、學校、職業、宗教以及民族等團體都具有某種特質群。團體特質的重要性在於它會直接影響團體成員的人格，特別是個人自己家庭中的團體特質很可能是塑造個人人格的最主要的影響因素。

二、人格動力

前已述及，動力特質是促使人朝著一定的目標行動的傾向，是人格的動機因素。動機是單成分的還是多種成分的？人有多少種動機？人的動機是怎樣起作用的？下面是卡特爾對這些問題的看法。

(一) 動機的成分

卡特爾對一種動機的多種測驗所得的分數進行因素分析的結果發現，任一動機均由許多不同的成分所構成，其中主要有五種成分。由於他的臨床經驗使他接收了許多精神分析論的概念。這五種主要成分是：(1) **意識的本我** (conscious id)：與精神分析論中的本我概念一樣，這一成分表示未統合的欲望。所表達的行為大多是“我想要做”或“我要得到”這類原始欲望的行為。(2) **自我表達** (ego expression)：與精神分析論中的自我概念一樣，這一成分表示一種成熟的成分，已與現實有聯繫。(3) **理想自我** (ideal self) 或**超我** (super ego)：這一成分中含有“我應該感興趣”的性質。超我的形成，可能在表示早期父母專權下僵化的不合理教育。(4) **生理需求表達** (physiological need expression)：這一成分表現在生理反應的測量和決定的快速上。(5) **壓抑情結** (repressed complexes)：這一動機成分表現為生理反應強而記憶差，顯示出由於某種衝突的結果而被壓抑到潛意識中去了。

這五種成分又可區分為統合成分和未統合成分。統合成分主要反映自我和超我因素，而未統合成分主要反映本我、生理需求和壓抑情結因素。此外，卡特爾還發現，動機的統合成分大半是意識的，而未統合的成分大半是潛意識的。雖然每一種動機都包含上述的數種成分，但不同的動機中各種成分所占的比例是不同的。

(二) 動機的種類

卡特爾把人格的動機歸為兩大類：能和外能。

1. 能 卡特爾所謂的能 (erg) 實際上是本能的同義詞。他認為本能一詞的意義含混，已為心理學家所濫用。因此他從希臘文中另選一個術語來代表這一概念。他把能定義為“一種先天的心理-生理傾向”(Cattell, 1950, p.199)。能是一種體質性動力潛源特質。它與原始內驅力、生理需求或本能很相似。

“能”具有四個方面的含義：(1) 它使個體產生選擇性感知，即引導個體注意某些事物而忽視另外的事物，例如飢餓者對於食物有關的事物就更能引起其注意。(2) 它能激起個體對某些事物的情緒反應，例如飢餓者想到吃或看見食物就有愉快的情緒反應。(3) 它指引個體趨向有目的的行為，例如飢餓者總是設法尋找食物。(4) 能的結果是完成或達到這些反應，例如找到食物進食。

根據卡特爾的研究，人具有多種“能”的型態，主要有下列十一種：好奇、性、合群、保護、自信 (包括自作主張)、安全、飢餓、憤怒、厭惡、吸引力、自我屈服。卡特爾的這一思想明顯是受社會行為本能論者麥獨孤 (William McDougall, 1871～1938) 的影響。麥獨孤試圖用衝動、好奇、逃避、好戰、自貶、自信和養育七種基本的本能來解釋人類的行為。把受社會動機支配的人類高級行為說成是由本能決定的，這顯然是不科學的。

2. 外能 外能 (metaerg) 也是一種動力潛源特質，但來自外界環境因素，屬於環境養成潛源特質。能和外能都是預先引起指向一定目標的動機傾向。它們的區別只在於來源的不同。前者為先天的，後者為習得的。外能又可分為情操和態度。

(1) **情操** (sentiment)：被卡特爾認為是學習得來的動力潛源特質。例

如宗教情操 (我想要崇信上帝)，事業情操 (我想要學習某種職業所需的技能)，自我情操 (我絕對不損害我的自尊) 等。情操使個體注意某種或某類事物，以固定的感受對待它們，並以一定的方式進行反應。例如，一個人的家庭情操可以從他對待妻子、孩子的態度，對待婚姻的一般看法，對家庭環境和室內外佈置的裝飾和修繕等方面看出來。情操是經過長時期學習而形成的，屬於環境養成的特質。卡特爾認為情操主要集中在一個人對待自己的職業、家庭、配偶、所屬的團體、宗教信仰以及自己的事情上。其中對待自己的**自我情操** (self-sentiment) 特別重要，是整個人格中所有的能和其他情操的基本統一結構。

(2) **態度** (attitude)：比情操更具有特異性，由情操衍生而來。而情操則衍生於能。態度是在特定情境下，對特定事物，以特定方式進行反應的一種傾向。在卡特爾看來，態度即是具有某種強度的興趣。或者說它表現了對某一特殊動作過程所具有的興趣強度。例如，人們對家庭、影片、職業、政治、宗教等方面的興趣強度是不同的。態度和興趣是人格動力結構元素。一個人的態度也就表示這個人在一定情境下將有某種行動。

(三)　行爲的成因

卡特爾用**動力格狀** (dynamic lattice) 的概念來解釋人類行為的成因。所謂動力格狀是指人格的態度、情操和能的錯綜複雜的關聯。在一個動力格狀裏 (見圖 6-5)，一個人可能表現出許多不同的態度，例如對一部影片、對妻子的髮型、或某項原則。這些態度可能和許多不同的情操有關聯，例如審美、宗教、政治和事業情操。最後，情操又和各種能有關聯，例如對妻子的情操可能和性、合群、保護、自信的能有關聯。從動力格狀的概念中可以看出卡特爾在努力表明人類動機的複雜性。他認為，行為在滿足當前和長遠的目標。一種行為可以表達許多態度，每一種態度都可能和許多情操以及許多能有關。由於動機的複雜性，因此不僅一種行為可能同時滿足幾種能，同時也會產生衝突——滿足了某一種能而使另一種能受到挫折。

卡特爾認為，在預測行為上很重要的幾種力量可以用“特徵公式”來表示。人格使人的行為具有一致性，因而能預測一個人在某種界定的情境下會做什麼。**特徵公式** (specification equation) 就是表示一個人的各種人格因素在某一特定情境中的行為表現。具體地說，卡特爾的特徵公式如下 (Cat-

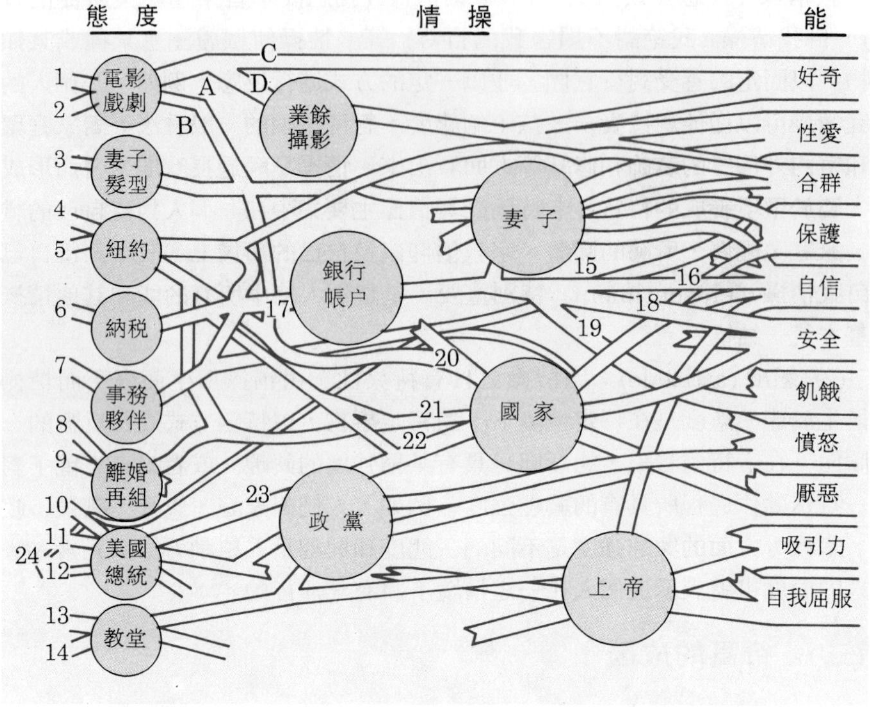

圖 6-5　說明能、情操和態度之間關係的一個動力格狀
(採自 Cattell, 1950, p.158)

tell, 1966, p.265)：

$$P_{j} = S_{jA}A \cdots + S_{jT}T \cdots + S_{jE}E \cdots + S_{jM}M \cdots + S_{jR}R \cdots + S_{jS}S$$

在此公式中

P_j	：在 j 情境中的表現	A	：能力特質
T	：氣質特質	E	：現時的'能'緊張
M	：外能 (情操和態度)	R	：在該情境中的作用

S ：當時的心境和身體狀態，例如焦慮、疲勞或疾病

S_j ：j 情境中上述各特質和狀態重要性的加權因素

如果我們知道了一個人有哪些特質，這些特質在特定情境中的重要

性，他當時的心境和身體狀態，當時的情境要求他起什麼作用，卡特爾認為只要測量可靠，人的行為無論多麼複雜都是可以預測的。因此，從特徵公式可以看出，卡特爾並不是只依據人格因素或情境因素來看行為，而是依據人格和情境因素的交互影響來看行為的。雖然卡特爾也承認影響行為的所有因素是難以全部測知的，但是他相信對於這些因素知道得越多，預測的行為就越準確。

三、人格發展

與大多數人格理論家一樣，卡特爾也主張遺傳與環境均為人格的決定因素，同時他還探討過人格特質形成的年齡趨勢。

(一) 遺傳和環境的作用

卡特爾在強調遺傳和學習在人格形成的重要性時，他與其他學者最大的不同是他並不停留於表面的抽象推論，他還創造一種統計方法，叫做**多重抽象變異數分析法** (multiple abstract variance analysis method) 來分析人格測量得到的數據，以確定遺傳與環境的影響在每一種特質中的確實比率。例如，他發現，遺傳對智力特質的影響約占 80% 至 90%，對神經質的影響也相當大，但只有在智力特質中所發現的一半。而整個人格約有三分之二決定於環境，三分之一決定於遺傳。

卡特爾認為在人格的形成中學習起著重要的作用。他認為學習有三種類型：**經典條件作用 (或古典制約學習)** (classical conditioning)、**操作條件作用 (或操作制約學習)** (operant conditioning) 和**整合學習** (integrative learning)。他把經典條件作用定義為這樣的一種學習：“一個新的刺激通過稍微發生在舊的刺激之前來與舊的反應相聯結” (Cattell, 1965, p.266)。操作條件作用也稱為**酬賞學習** (reward learning)，即一個反應 (通常是新反應) 的習得，是由於它給個體以酬賞。卡特爾認為，相對於整合學習，經典條件作用和操作條件作用對人格形成並不重要，因為這兩種傳統的學習一次只考慮一個刺激或一個反應，但整合學習“則是在學習一套有層次組織的反應或反應的組合，能給整個人格以最大的滿足，而不僅僅是滿足一種驅欲” (Cattell, 1965, p.30)。由於整合學習是影響整個人格結構的學習，因而也稱為**人格學習** (personality learning) 或**結構學習** (structured learning)。

卡特爾認為，人格的發展是遺傳和環境交互作用的結果。一個人的先天特性會影響他人對他的反應，影響他本身的學習方式，也限制了環境力量對他的人格的可變性。卡特爾所謂的**生物社會性均數的强制性原則** (principle of coercion to the biosocial mean)，即他發現遺傳造成的差異與環境造成的差異之間呈負相關，表明社會對先天不同的人所施加壓力是使他們均趨向於社會上的大多數人，例如，天生支配性強的人，社會鼓勵他不要那麼支配人；而對天生較服從的人，則鼓勵他表現得自我肯定一些。

(二) 人格特質形成的年齡趨勢

卡特爾研究過人格特質形成的年齡趨勢。他認為，自我和超我是在二歲至五歲發生的，並贊同弗洛伊德的觀點，認為這一時期有許多衝突，是人格發展的危機時期，這一時期的經驗對人格的形成特別重要。

在 6 歲至 13 歲階段，兒童開始是無憂無慮的，繼續發展其自我，並把愛擴展到對父母和其他人。到了青春期身體結構發生迅速變化，增加了情緒的不穩定性，對社會難以把握和對性的興趣，也產生了利他主義和對社會做貢獻的念頭。

從 25 歲至 55 歲是成熟階段，也是基本人格很少改變的時期。雖然這一時期生理機能 (如視、聽和新陳代謝方面) 有所下降，但由於經驗的積累，很可能創造力有增加。男女在情緒穩定性方面增加了。這一時期也是調節適應的時期。

卡特爾贊成現代精神醫學的一些觀點，認為老年人有下列典型的特點：擔心經濟狀況和健康狀況；感到無所希求，寂寞孤獨；多疑；興趣狹窄；記憶力減退；思想僵化，保守；多話，特別喜歡談論過去；喜歡收藏 (特別是瑣碎的東西)；感到身體功能不足，導致不安全感和焦慮感；自罪感，易激怒；性活動減少，但對性興趣增加 (特別是男性)；不整潔；對條件改變不能適應；社會聯繫和社交活動減少。

四、心理疾病和治療

卡特爾認為，**心理疾病** (mental disease) 是由於無法解決的衝突而造成的。因此治療心理疾病的技巧，依賴於對人格因素的評鑑，評鑑越客觀精確，治療也就越有效。因為客觀精確的測量在治療過程中可以幫助治療者做出更好的判斷，從而了解病人在治療前後行為改變量的不同。卡特爾認為，雖然所有的治療依賴於精確的測量，但敏銳的臨床觀察結果仍有價值，不過它應當與測驗相結合。他鄙視那些“愛空想的，先於測定、先於實驗就提出假想”的理論家。

在治療方法上，卡特爾持折衷主義的立場，採用各種有效的治療方法，而不拘泥於某一種治療方法。他既應用精神分析的個案分析法，認為治療者對患者早期創傷經驗的研究將有助於治療，因為重新提起這些經驗，患者可能會從較好的角度重新認識自己的情緒反應以改變其行為；他也應用直接條件作用如行為療法。卡特爾的治療觀點是：精神病人的整個人格機能都有障礙，測量和治療方法都必須針對其整體的人格結構，而不能僅針對其某些具體的行為方面。治療必須以可靠、有效的測量為基礎。

第三節　艾森克的人格維度理論

艾森克 (Hans Jurgen Eysenck, 1916～　) 是英國心理學家。1916 年出生於德國柏林，並在德國接受早期教育。1934 年遷居英國，1935 年入倫敦大學學習心理學，1938 年獲得學士學位，1940 年獲得博士學位。在他的生涯中，伯特 (Cyril Burt, 1883～1971) 的智力遺傳觀、斯皮爾曼的統計學、榮格和克雷奇默爾 (Ernst Kretschmer, 1888～1964) 的類型論以及赫爾 (Clark Leonard Hull, 1884～1952) 的學習論對他都有較深刻的影響。1955 年任倫敦大學心理學教授兼倫敦精神病研究院心理學部主任。艾森克的著作很多，寫了 45 本書，發表 600 篇論文。在倫敦大學退休後仍在繼續寫作和積極進行研究工作。

艾森克主張人格心理學和實驗心理學應緊密結合，而不應當各做各的。並認為，我們雖有許多“人格理論”，但卻沒有支持這些理論的具體事實

(Eysenck, 1967, p.27)。要克服這種可悲的現象，首先應辨明人格的主要維度，然後設計出測量，最後用實驗的定量程序把它們結合起來。這樣才可能建立一個完善的人格理論。艾森克的人格理論就是這樣建立起來的。

圖 6-6 艾森克

(Hans Jurgen Eysenck, 1916～) 人格三維特徵理論創始人艾森克是英國心理學家。1916 年生於德國柏林，1934 年移居英國，1938 年獲得倫敦大學心理學學士學位，1940 年獲得博士學位。自 1955 年起擔任倫敦大學心理學教授，迄退休為止。

一、人格結構

(一) 人格定義及其層次模型

艾森克把**人格**定義為一個人的性格、氣質、智力、體格穩定的持久的組織，它決定一個人對環境的獨特適應方式。**性格**是穩定持久的意動行為 (意志) 系統；**氣質** (temperamental) 是穩定持久的情感行為 (情緒) 系統；**智力** (intelligence) 是穩定持久的認知行為 (智力) 系統；**體格**是穩定持久的身體外貌和神經內分泌腺的稟賦系統 (Eysenck, 1970, p.2)。

艾森克的定義強調特質 (穩定持久的特點)，當這些特質群聚在一起時便組成一些類型。他主張人格結構受少數類型支配，這些基本的**人格維度** (personality dimension) 對行為有巨大的影響力。艾森克的人格理論主要是屬於層次性質的，它包括類型、特質、習慣反應和特殊反應四級水平 (見圖 6-7) 稱為**人格層次模型** (hierarchical model of personality)。**特殊反**

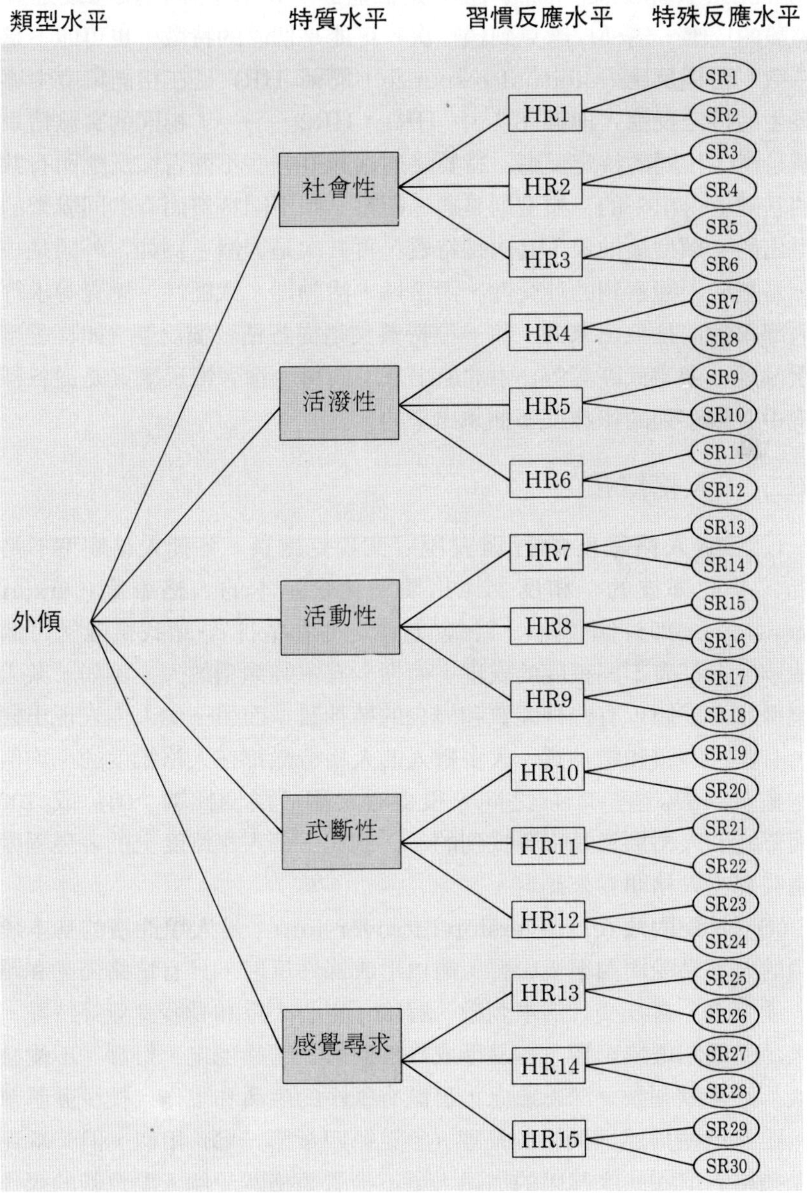

圖 6-7 人格的層次模型

(採自 Eysenck, 1967, p.37)

應 (specific response，簡稱 SR) 是個體對一次實驗中的反應或是日常生活經驗的反應，這種反應見到過一次，可能是個體的特徵，也可能不是個體的特徵。**習慣反應** (habitual response，簡稱 HR) 是在相同環境中導致再次發生的特定反應，即圖 6-7 中 HR1，HR2，……；相同的實驗情景和生活情景產生相同的特定反應。特質是通過觀察一些不同習慣反應而有共同聯繫的基礎上得出來的。類型則是通過觀察一些不同特質而有共同聯繫的基礎上得出的。類型最抽象，其次是特質，再其次是習慣。例如，外傾是一種類型，是基於對觀察到的社交性、活潑性、活動性、武斷性、感覺尋求等特質的內部聯繫而抽象出來的。每一種特質又是從各種習慣反應 (如喜愛聚會、活潑健談、辦事武斷等等) 中抽象出來；而每一種習慣反應又是從各種特殊情境中所觀察到的特殊反應抽象出來的。

(二) 人格維度

1. 三個人格維度的行爲表現 艾森克認為，各種人格類型不是相互排斥，非此即彼的；相反，人格類型包含基本的**人格維度** (personality dimension)，即外傾-內傾，神經質-穩定性和精神質-超我機能。每個人在這些維度上都有不同程度的表現，而極少有單純類型的人。例如，某人可能表現得非常外傾，有些神經質和極少的精神質；而另一個人則表現出極少外傾，有些神經質和精神質。大多數人的人格特徵都在人格維度的平均值範圍內，處於 16% 至 84% 之間，很少有人落於兩個極端：0% 或 100%，因而單純的人格類型是很難找到的。人們在三個人格維度上的表現程度可以通過艾森克人格問卷來測定。

(1) **外傾-內傾** (extraversion-introversion)：是人類性格的基本類型。外傾的人不易受周圍環境影響，難以形成條件反射，具有情緒衝動和難以控制、愛交際、喜社交、渴求刺激、冒險、粗心大意和愛發脾氣等特點。內傾的人易受周圍環境影響，容易形成條件反射，情緒穩定，好靜、不愛社交、冷淡、不喜歡刺激、深思熟慮，喜歡有秩序的生活和工作，極少發脾氣等特點。雖然這些描述與榮格的描述 (參見第四章第一節) 相似，但艾森克並不接受榮格對這些態度起因的描述，更不接受榮格關於個人潛意識的操作方式 (Eysenck & Eysenck, 1985, p.48)。

(2) **神經質-穩定性** (neuroticism-stability)：這一維度表明從異常到正

常的連續特徵。艾森克指出，情緒不穩定的人表現為高焦慮。這種人喜怒無常，容易激動。情緒穩定的人，情緒反應輕微而緩慢，並且容易恢復平靜。這種人不易焦慮，穩重溫和，容易自我克制。

(3) **精神質-超我機能** (psychoticism-superego functioning)：這一維度表明從異常到正常的連續特徵。高分精神質者具有倔強固執，凶殘強橫和鐵石心腸等特點，這種人有強烈愚弄和驚擾他人的需求。低分精神質者具有溫柔心腸的特點。艾森克認為所有精神質者的共性是思維和行為各方面都非常遲緩 (Eysenck, 1965, p.27)。

2. 三個人格維度的生理基礎

(1) **內外傾的生理基礎**：在早期，艾森克主要把大腦皮質的興奮和抑制過程看作是內外傾的生理基礎。他從巴甫洛夫 (中科院心理研究室譯，1954) 和捷普洛夫 (許淑蓮，匡培梓譯，1963) 的著作中得到借鑑，提出外傾者的大腦皮質抑制過程強而興奮過程弱，其神經系統屬於強型，因而忍受刺激的能力強。而內傾者的興奮過程強而抑制過程弱，其神經系統屬於弱型，因而其忍受刺激的能力弱。由於外傾者的大腦皮質的抑制過程較強，其反應慢且弱，他們渴求刺激，渴求接觸外界環境，參加聚會，交友和冒險等方式以尋求感覺刺激。而內傾者生來就有較高的興奮性，大腦皮質對刺激的反應既強又快，僅能忍受微弱的刺激。因此，他們總是避免從外界環境中獲得刺激，用很多時間沈思冥想，例如從事讀書、寫作和下棋等。這就是艾森克早期提出的**抑制理論** (inhibition theory)，用以解釋內外傾者在行為上的不同。

有不少實驗證實了抑制理論。例如，在一項痛覺忍受力的研究中，以同等強度的痛覺刺激 (電擊) 作用內傾者和外傾者，要求他們能忍受多久就忍受多久，結果艾森克發現，外傾者更能忍受痛覺刺激，感到疼痛的被試少於內傾者。他的解釋是外傾者的神經系統強更能抑制這些痛覺刺激 (Eysenck, 1965, p.83)。

在**感覺剝奪** (sensory deprivation) 實驗中，將被試單獨置於一個小隔音室裏，將其蒙住眼睛、堵塞耳朵、雙手戴上硬紙板手套一直戴到指尖以限制其接受任何刺激。一些研究表明，有強烈感覺刺激需求的外傾者比內傾者忍受這種環境的時間短，正如理論所預期的那樣 (Eysenck, 1965, p.84)。但另一些研究表明，外傾者比內傾者對這種情境的忍受時間更長。對於這種異常結果，艾森克的解釋是，外傾者在這一過程中比內傾者更早地討厭這種環境，於是他們就通過做白日夢或不停地躁動來提高覺醒水平，因此看起來忍受的持續時間較長。換言之，被試體驗到的感覺剝奪時間與實際的感覺剝奪時間是不相等的，外傾者感覺被剝奪的時間只是其中的一部分。艾森克認為情境剝奪的總時間不是感覺剝奪忍受力的一個合適的測量指標。

為了解釋內外傾者行為上的不同，艾森克還從霍爾 (Clark Leonard Hull, 1884～1952) 的學習理論中引進了反應抑制的概念。所謂**反應抑制** (或**反應性抑制**) (reactive inhibition，簡稱 I_R) 是指個體對某刺激重復多次反應之後，即使連續**强化** (reinforcement)，其反應強度也因多次反應而趨於降低。這是一種負內驅力，近似於組織的傷害、疲勞或是疼痛。艾森克把反應抑制與巴甫洛夫的抑制等同起來，斷言外傾者比內傾者的反應抑制更敏感，因而更易於對給定的活動感到厭倦而轉向另一項活動。

雖然抑制理論能解釋內外傾者的不同行為，但是對興奮和抑制卻極難測量，後來艾森克使用覺醒的概念來進行解釋。**覺醒** (arousal) 是指個體身心隨時準備反應的驚覺狀態，又稱為**激醒狀態** (或**激發狀態**) (arousal state)。一般認為覺醒狀態與中樞神經系統中的**上行網狀激活系統** (ascending reticular activating system) 有關。艾森克認為，內傾者的大腦皮質的覺醒水平天生比外傾者的高。因此，當同樣強度的客觀刺激作用於內傾者和外傾者時，內傾者所體驗到的強度就比外傾者要強 (Eysenck, 1976, p.113)。因為任何刺激都被內傾者的皮質高覺醒狀態而擴大，他們體驗到的強度都比外傾者強，因而對刺激更敏感。艾森克還進一步提出：①極弱和極強水平的刺激產生消極情調 (消極情感和經驗的消極評價)；②只有中等強度的刺激才產生積極的快樂情調 (積極情感和經驗的積極評價)。圖 6-8 表示刺激強度與內外傾者的快樂情調之間的關係。

覺醒理論不僅能解釋前述痛覺忍受力和感覺剝奪的實驗結果而且能解釋一些新事實，例如學生的學習習慣。在一項研究 (Campbell & Hawley, 1982) 中要求大學生填寫艾森克人格問卷並要求他們按照從 0 (少) 至 10 (多) 的等級量尺指出他們每小時“讀書分心”的多少，按照從 1 (低) 至 6 (高) 的量尺指出他們在圖書館學習時對噪聲、擁擠、社交的喜愛程度，還要求他們按照從 1 至 6 的等級量尺指出選擇學習地點時交際活動對於他們的重要性。結果表明，內傾者喜歡學習場所外面要安靜，喜歡不允許交談

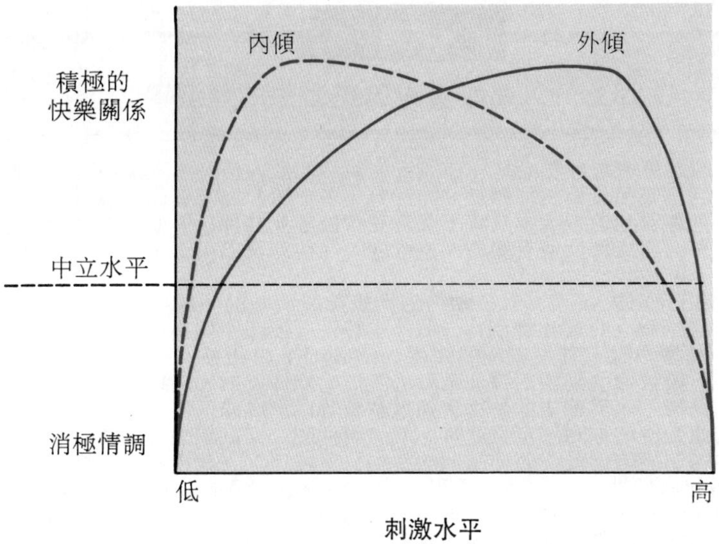

圖 6-8 刺激強度水平與內外傾者的快樂情調的關係
(Eysenck & Eysenck, 1985, p.249)

的個人學習室，讀書的分心次數少；而外傾者則喜歡學習場所有較多的視覺和聽覺刺激，喜歡擺設沙發椅進行交際的大閱覽室，讀書時分心次數多，更容易產生反應抑制 (疲勞)。根據艾森克的理論，內傾者比外傾者的網狀激活系統的覺醒閾值較低，因此對刺激的反應比外傾者來得更強烈。上述結果證實了覺醒理論的預期。

(2) **神經質的生理基礎**：開始時，艾森克把**自主神經系統** (autonomic nervous system，簡稱 ANS) 作為神經質的生理解剖基礎。因為自主神經系統是控制情緒的，包括恐懼和焦慮等。於是他預言，神經質維度上得高分者在心率、呼吸、皮膚電反應、肌肉張力、血壓、瞳孔放大，甚至在消化方面反應都更為強烈，並舉出一些例證來證明他的論斷。但評論家們認為，自主神經系統的測量由於缺乏相關，難以把自主神經系統的反應假設為一般的特質。後來艾森克又提出**內臟腦** (visceral brain) 即**邊緣系統** (limibic system) (包括海馬、杏仁核、扣帶回、中隔和下丘腦) 是神經質的解剖結構。邊緣系統與自主神經系統協同活動，與內外傾的生理基礎——**網狀系統** (reticular system) 相鄰，並與之聯繫。高神經質者的邊緣系統的激活閾值

補充討論 6-1

艾森克的人格維度與巴甫洛夫的類型學

艾森克的人格理論實際上是一種氣質理論。他的人格維度理論源於古希臘醫學家希波克拉底和蓋倫的抑鬱質、膽汁質、多血質和黏液質四種氣質。在探討內外傾、神經質和焦慮的本質時，艾森克曾以經典條件反射概念為基礎做過許多實驗。探討與條件反射有關的人格維度，往往涉及巴甫洛夫的神經系統類型學的研究。

1935 年巴甫洛夫在其〈人和動物的高級神經活動的一般類型〉一文中論述了他以神經過程 (興奮和抑制) 三個基本特性 (強度、均衡性和靈活性) 為分類標準的類型學說。神經過程的**強度** (strength) 是指整個神經系統的工作能力和界限。興奮強的動物對強烈刺激仍能形成條件反射，已經形成的條件反射也能繼續保持；而興奮弱的動物對強烈刺激難以形成條件反射，已形成的條件反射當刺激強度增加到一定限度時，就出現抑制。抑制較強的動物對於要求持續較久的抑制能夠忍受；而抑制弱的動物在這種情況下就可能導致抑制的破壞，甚至引起病理性反應。神經過程的**均衡性** (equability) 是指興奮和抑制兩者的相對關係。均衡的動物其興奮和抑制的強度是相近的。不均衡的動物表現為或興奮相對占優勢，抑制較弱；或抑制占優勢而興奮較弱。神經過程的**靈活性** (mobility) 是指興奮或抑制更迭的速率。它保證有機體能適應外界環境的迅速變化，表現在各種條件反射的更替速度上。

根據神經過程的強度，均衡性和靈活性，巴甫洛夫把動物和人類的高級神經活動類型劃分為四種並認為與傳統的氣質類型相當，如表 6-2所示。

表 6-2　氣質類型與神經類型的關係

神經類型 (氣質類型)	神經過程的強度	神經過程的均衡性	神經過程的靈活性	行爲特點
興奮型 (膽汁質)	強	不均衡		攻擊性強，易興奮，不易約束，不可抑制
活潑型 (多血質)	強	均　衡	靈　活	活潑好動，反應靈活，好交際。
安靜型 (黏液質)	強	均　衡	惰　性	安靜、堅定、遲緩、有節制、不好交際
抑制型 (抑鬱質)	弱			膽小畏縮，消極防禦反應強

(採自黃希庭，1991)

艾森克的人格維度與巴甫洛夫的類型學是怎樣的一種關係呢？波蘭心理學家斯特里勞 (閻軍譯，1987) 曾對內外傾、神經質、焦慮同神經系統特性的關係做過文獻綜述，其結論是興奮強度與外傾呈正相關，而與焦慮與神經質呈負相關；抑制強度與外傾無相關，與神經質和焦慮呈負相關；神經過程靈活性與外傾呈較高的正相關，而與神經質與焦慮呈較低的負相關；神經過程均衡性與焦慮和神經質無相關，與外傾的相關尚不明確 (一些研究證明呈正相關，而另一些研究結果相反)。艾森克在利用經典條件反射劃分人格維度時雖然没有參照巴甫洛夫的類型，但他提出的人格維度理論與巴甫洛夫類型學是有聯繫的。

較低，交感神經系統的反應性較強，因此他們對微弱的刺激作出典型的過度反應 (Eysenck & Eysenck, 1985, p.206)。圖 6-9 說明個體在穩定性-神經質和內外傾兩個維度上行為差異的生理解剖基礎。

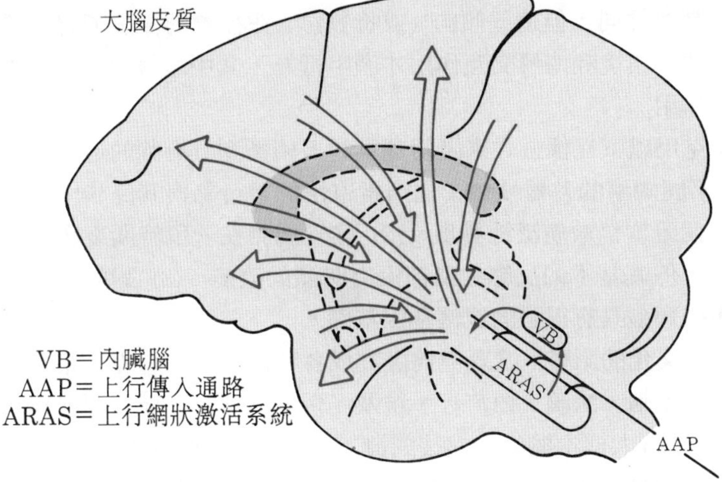

圖 6-9　邊緣系統、網狀系統與感覺通路、大腦皮質關係
(採自 Eysenck, 1967, p.231)

焦慮 (anxiety) 是一種條件性恐懼反應。艾森克認為神經質與焦慮有許多相似之處。焦慮源於神經質和內傾的混合物，它是在神經質量表中得分很高的內傾者的典型特徵。

(3) **精神質的生理基礎**：相對於前述兩個人格維度來說，精神質是艾森克人格維度理論中晚近提出的一個維度，至今尚未發現人腦中有關精神質的解剖結構。但是，男性在艾森克人格問卷中精神質維度上的得分總是高於女性。罪犯和精神病患在精神質維度上的得分高，這些人也往往是男性。女性 (至少在停經前的女性) 比男性較不易患精神分裂症。艾森克根據這些事實提出精神質可能與男性，特別與**雄性激素** (androgen) 分泌有關。精神質高分者，例如精神分裂症患者體內 5-羥色胺缺乏並有一定抗原的存在。這些事實暗示精神質與精神分裂症的高度相關。按照艾森克的說法，這是探討精神質生理基礎的關鍵。但不幸的是，目前還缺乏系統的有控制的研究證據來支持艾森克關於雄性激素與精神質聯繫的推測。

二、人格發展

在艾森克看來，人是生物社會性的動物。人與生俱有以特殊的方式對環境產生反應的傾向，但這些傾向 (或特質) 能在社會的要求下有某種程度的改變。因此，環境和遺傳交互作用才產生行為，其中遺傳的生物因素起著特殊的重要作用。

艾森克用以下三種方式來證明基本的人格類型具有強的遺傳基因基礎：(1) 儘管不同國家的各種社會文化因素迫使個體行為與其民族性相一致，但人格的三個維度仍被廣泛地發現。(2) 儘管個體在一段時間裏產生了各種各樣的經驗，但其基本的反應類型卻沒有明顯的改變。(3) 對雙生子的研究表明基本人格類型具有很強的遺傳基因基礎。

考慮到文化的影響，艾森克將翻譯成各種語言的艾森克人格問卷在許多國家，包括希臘、法國、西班牙、埃及、伊朗、冰島、斯里蘭卡和烏干達等 24 個國家進行大樣本測試，然後對測試結果進行因素分析。可以預期，如果環境和文化是決定人格的主要因素，那麼將會發現許多不同的因素；如果遺傳是主要因素，則不論文化如何不同，仍將會發現三個主要因素。結果表明，儘管有各種文化上的差異還有年齡和性別差異，仍得到三個主要因素：內外傾、神經質和精神質。此外，艾森克還綜述了用**青少年艾森克個性問卷** (Junior Eysenck Personality Questionnaire) (Eysenck, 1965) 對包括匈牙利、西班牙、日本、新加坡、希臘在內的不同國家的兒童所做的測量，其結果與成人的研究結果相同 (Eysenck & Eysenck, 1985)。

艾森克在報告中還指出，一系列縱向研究表明，從童年到成年三個人格維度仍保持穩定，儘管在兩次測量之間有較長的時間間隔，並有各種文化影響，但被試對問卷項目的回答仍保持一致。

艾森克對許多同卵雙生子和異卵雙生子以及一起撫養和分開撫養的雙生子的研究資料進行了分析，對這些兒童做同樣的測試以評定其內外傾和神經質。艾森克推斷，內外傾、神經質和精神質主要是遺傳的，在他的一項關於外傾項目得分的研究中，一起長大的同卵雙生子同類間相關為 0.42，分開長大的同卵雙生子間相關為 0.61，而異卵雙生子之間的相關僅為 0.17。這樣，無論是一起撫養還是分開撫養，同卵雙生子都比異卵雙生子在外傾上更

相似 (Eysenck & Eysenck, 1985, pp.93～95)。而在神經質方面，相關係數則為 0.38、0.53、0.11。儘管分開撫養的同卵雙生子的相關值比一起撫養的要大一些，與人們的直覺相反，但實驗再次證實了基因假說。關於雙生子在精神分裂症和躁狂抑鬱症的生理基礎方面，研究也同樣表明遺傳在這些疾病發生中的重要作用 (Eysenck, 1967)。

在談及社會經歷對行為的影響時，艾森克認為，社會化行為是由個人的“意識”促成的，也就是說，這時個人覺察到他所習得的反應總和。正確的反應是由父母、教師等權威人物諄諄教誨而習得的。為了避免受到這些人的懲罰，人們學會了與自己願望相反的行為方式，例如學會不隨地大小便、控制性和侵犯行為；還學會不撒謊，不偷盜等。因為這類行為會受到懲罰。後來，當他們想到這些行為也會產生不愉快的感情，因而就不再產生這類行為了。接著，同樣的情感反應還發生在類似的行為中，這樣這些繼發的行為也避免了。總之，在艾森克看來，通過對外界要求的適應，人們學會了不做有害於社會的事情。社會成員也獎勵揭發這種行為，用這種方式來塑造社會認可的行為方式。

個人學習社會準則的程度是不同的。艾森克認為，在學習社會規則時內傾者比外傾者較快且有效，並認為導致這種差異的基礎是遺傳。內傾者比外傾者的皮層覺醒水平較高。覺醒水平高，學習就較容易，因而內傾者比外傾者學得較多 (Eysenck & Eysenck, 1985, p.241)。由於外傾者學習社會規則較困難，他們有**社會化不足** (undersocialized) 傾向，而極度內傾者則有**超社會化** (oversocialized) 傾向。這樣，總的說來，內傾者比外傾者更成熟。即是說，內傾者能在更小的年齡就學會按社會要求行事；而外傾者在學會正確行為之前卻要經歷較多的撒謊、偷竊或其他行為而導致懲罰。外傾者學會正確行為的年齡一般要大一些。

由於難以形成條件反射，外傾者較少壓抑對反社會行為的崇拜，因而容易犯罪。艾森克寫道：外傾神經質者很容易犯罪，因為神經質傾向焦慮，而焦慮驅使人習得反社會行為。他的研究還表明精神質與反社會和犯罪行為的直接聯繫 (Eysenck & Eysenck, 1985, pp.330～332)。內傾者容易形成條件反射，已經形成的強烈意識使他們無論何時一想到違反社會準則就被犯罪感或焦慮所折磨，因而不易犯罪。

艾森克非常強調行為的遺傳基礎，認為內外傾、神經質和精神質維度，無論對兒童或是成人都是相對穩定的。例如，個體在童年時內傾，成年時也是內傾的。雖然人格具有持續性，但是艾森克還強調指出人格也是發展變化的。遺傳決定某些行為傾向，但環境也能使個體行為改變。例如，外傾者難以形成條件反射，但是，如果被父母或其他人進行長期嚴格的訓練，他們也能把社會規則學得很好，也不會做出反社會行為。相反，如果內傾者的父母不對他們進行恰當的訓練，他們也會做出犯罪行為。

三、消除心理障礙的行爲療法

艾森克提出消除心理障礙的三種行為療法：恐怖情境法，系統脱敏法和示範法。這三種方法能夠成功地治療多種心理障礙，包括恐懼症，特別是怕黑、怕高、怕封閉的場所、怕蛇、怕蜘蛛、怕狗、怕醫院、怕牙醫、遺尿、強迫症，以及學生的考試焦慮和當衆説話的焦慮等。在**示範法** (modeling technique) 中患者觀看電影或實際情境中他人有效控制恐怖的情況以達到減輕或消除恐懼症 (詳見第十二章社會學習論)。

恐怖情境法 (或氾濫治療法) (flooding technique) 就是讓患者長時間地暴露於恐懼的情境下以消除其恐懼症。對於減輕或消除恐懼症，長期暴露比短期暴露更有效。因為可怕的刺激出現開始引起強烈的消極情緒反應，而長時間的暴露則使這種恐懼減弱。恐懼一旦減弱，患者就會重新審查和評價環境，認識到不會有什麼可怕的事情發生 (O'Leary & Wilson, 1987；Marshall, 1985)。因此，在使用恐怖情境法時是禁止患者逃避反應的。

在一項用恐怖情境法治療恐高症的研究 (Marshall, 1985) 中，治療之前對恐高症患者進行行為測驗，要求他們盡量地攀登上消防梯。消防梯最高點離地 30 英尺。多數患者攀登到離地 6.5 英尺時就開始非常不安；他們停下來，不再上爬。然後，治療者把他們帶到一個四周有三英尺高護欄的高層建築的樓頂上。治療者指導患者走向護欄然後要求他們朝下面的街道看。患者無論多麼焦慮都必須留在那兒，直到治療者説時間到為止。一些患者只能在恐怖情境下待很短時間 (大約 9 分鐘)，而另一些則待得長些 (大約 30 分鐘)。隨後，所有患者再做攀登消防梯的試驗。結果是，長時間停留在恐怖情境下的絕大多數患者能爬到 20 英尺高，有些甚至爬到了 30 英尺高的頂部。恐怖情境下的停留時間短的患者行為改正不大，僅能爬到

7 或 8 英尺高，有的甚至更差。一個月後進行再測，恐怖情境下停留時間長的患者保持了他們的進步，而停留時間短的則毫無進步。

與恐怖情境法相反，**系統脫敏法** (systematic desensitization) 就是一步一步地逐漸消除神經症反應的方法。當患者面對引起較弱焦慮的情境下時，就讓患者產生一種在生理上抑制焦慮的放鬆狀態。當引起較弱焦慮情境能忍受之後，再逐漸增加刺激強度，直到最強的刺激情境也不會引發焦慮為止。系統脫敏法可以治療非人際關係方面的神經症，如恐懼症等。系統脫敏法一般包括四個步驟：(1) 深度的肌肉放鬆。放鬆的目的是對抗焦慮反應。(2) 建立焦慮的主觀量表。根據患者病史建立一些包括問題情境在內的焦慮主觀量表。(3) 建立焦慮反應的等級。根據患者對前面提到的情境的主觀評定，按**不愉快主觀單位** (subjective units dissatisfactory) 分數大小排出一個情節譜。(4) 重新學習，就是將焦慮等級中引發焦慮的事件與放鬆反應真正對應起來，進行放鬆訓練，直到消除神經症為止。

雷德 (Redd, 1980) 報導過用系統脫敏法治療一位癌症患者在成功地切除腫瘤後不能吃東西的病症。這位患者在癌症治癒後已開始吃東西但吞嚥時感到不適，她認為這是由癌症引起的，於是焦慮不安、吃東西就吐。這樣，她體重減輕了 25 磅，由於極度虛弱，又重新住進了醫院。在用系統脫敏法治療時，訓練患者學習放鬆，等放鬆後給她少量食物。她喝了一勺湯，沒有噎住也沒有反胃。然後給她一匙雞蛋，噎了一下，吃第二勺時便反胃了。她開始哭，並說知道自己再也不能吃東西了。治療者向她解釋後進入下一個療程，患者經歷了一些焦慮，但完成了放鬆任務。之後她開始能吃下一個雞蛋了。經過 14 個療程，漸漸地患者已完全能吃東西了，體重也增加了。出院後的追踪調查表明，治療是鞏固的，沒有出現新問題。

第四節 類型論

根據某種標準將具有相似人格特性的人加以歸類，歸類後即以該類最具代表性的特性加以命名的理論，稱為**人格類型論** (theories of personality type)。類型既不是指一般人的特性也不是個人的特性，而是一群人都具有的特性並與另一群人相區別。例如，我們已經討論過的古希臘學者根據所謂的四種體液的不同比例混合把人們區分為多血質類型、膽汁質類型、黏液質類型和抑鬱質類型；榮格根據力必多的指向把人區分為外傾型和內傾型；阿德勒根據社會興趣的性質把人區分為統治支配型、索取依賴型、躲避型和社會有益型；巴甫洛夫根據神經過程的特性區分出活潑型、興奮型、安靜型和抑制型等，都屬於人格類型論。從類型的角度出發，我們對於人的認識就顯得經濟而簡捷，但也容易產生以偏概全的弊病。下面簡要討論體型類型論和認知類型論。

一、體型類型論

在西方，克雷奇默爾 (Ernst Kretschmer, 1888～1964) 和謝爾頓 (William Herbert Sheldon, 1899～1977) 所提倡的人格體型論最為馳名。

(一) 克雷奇默爾的體型類型論

克雷奇默爾是德國精神病學家。他根據對精神病患者的臨床觀察於 1921 年出版了《體格和性格》一書，提出了體型類型說。以後此書數次修訂再版，是世界上頗有影響的性格心理學著作。他認為，體型與患某種精神病有一定的關係，而精神病患者與正常人只有量的差別，沒有質的區別。

他的測定和記述體型的指標是：身長，體重，身體各部位的長度和周圍的幅度，顏面和頭型，骨骼，筋肉，皮膚，脂肪，毛髮，腺體等。根據這些標誌的相互搭配，他把人分為四種類型：

1. 瘦長型　**瘦長型 (或虛弱型)** (asthenic type) 者身材高，體重輕，身體各部分幅度窄小，肋骨明顯，皮膚缺乏血色，高瘦纖弱。

2. 矮胖型　**矮胖型** (pyknic type) 者頭、胸、腹的周圍特別發達，四肢短小，軀幹蓄積著大量脂肪，尤其以腹部最為顯著。

3. 強壯型　**强壯型 (或健壯型)** (athletic type) 者骨骼、肌肉、皮膚都十分發達，肩寬，胸厚，體態與身高成比例。

4. 發育異常型　**發育異常型** (dysplasia type) 者屬於發育不全，也稱為**混合型** (mixed type)。

克雷奇默爾發現在躁狂抑鬱症患者中，矮胖型者占大多數，而瘦長型和強壯型則較少；在精神分裂症患者中，瘦長型，強壯型和發育異常型較多，矮胖型則較少。表 6-3 是克雷奇默爾的追隨者對世界各地 8099 例精神病患者所作的調查結果。從表 6-3 可以看出，精神分裂症患者的半數是瘦長型，躁狂抑鬱症患者的三分之二是矮胖型，癲癇患者屬強壯型和瘦長型，兩者相差無幾。

表 6-3　體型和精神病 (世界各國 8099 例)

	例數	矮胖型	瘦長型	强壯型	發育異常型	没有特徵
精神分裂症	5223	13.7%	50.3%	16.9%	10.5%	8.6%
躁狂抑鬱症	1361	64.6%	19.2%	6.7%	1.1%	8.4%
癲癇症	1515	5.5%	25.1%	28.9%	29.5%	11.0%

(採自高玉祥，1989)

克雷奇默爾的理論發表以後，許多學者曾在這方面作過研究，從積累的材料來看，目前尚不能説明精神分裂症和瘦長型有必然關係，躁狂抑鬱症雖和肥胖型有一定的關係，但也難以得出明確的結論。他把臨床觀察到體型與精神病症之間有某些一致性，作為規律推廣到正常人身上，那更是缺乏科學的依據。

(二)　謝爾頓的胚葉起源人格類型論

謝爾頓 (Willian Herbert Sheldon, 1899～1977) 是美國心理學家和醫

學家，曾經追隨榮格學習，也曾拜訪過弗洛伊德和克雷奇默爾，深受克雷奇默爾的影響。他與斯蒂文斯在 1942 年出版了《人類氣質的種類》一書，提出胚葉起源的人格類型論。他對 18 歲～21 歲的約 4000 名男大學生從前、後、側三個方面拍裸體照，並對身體的 17 個部位的測定進行計算，按其生理特徵把體型分為三類。他認為形成體型的基本成分是胚葉。胚葉的內、中、外三種成分的發育程度（分配的比例）決定三種體型：內胚葉型，中胚葉型、外胚葉型。與克雷奇默爾不同的是，謝爾頓沒有把人絶對地劃為某一類體型，而是用一個人在多大程度上表現出某種體型的特徵來説明其人格。他把**內胚葉型** (endomorphy type) 占主導體型的人劃為"內臟緊張型"，把**中胚葉型** (mesomorphy type) 占主導體型的人劃為"身體緊張型"，把**外胚葉型** (ectomorphy type) 占主導體型的人劃為"頭腦緊張型"。表 6-4 是三種體型與三種人格類型的相關程度和行為特徵。

表 6-4 謝爾頓的三種體型和三種人格類型的相關

胚葉的三種成分	依據胚葉各成分發達程度的差異特性	體型	人格類型	特　　徵
內胚葉(型)	消化器官特別發達	矮胖型	內臟緊張型* (＋0.79)	悠閒，多思慮，鎮靜，行為隨和，喜愛社交、美食和睡覺。
中胚葉(型)	骨骼肌肉和結締組織發達，皮膚厚，動脈粗。	筋骨型(強壯型)	身體緊張型* (＋0.82)	體格強壯，精力充沛，大膽坦率，好自作主張，有強烈權力欲，冒險，好鬥及缺乏自我洞察。
外胚葉(型)	神經系統，皮膚組織，感覺較發達，骨骼長而細。	瘦長型	頭腦緊張型* (＋0.83)	時而抑制時而神經過敏，思想靈敏，深思熟慮，內傾，不善社交，工作熱心負責，難以安眠，有疲勞感。

*表示體型和該種人格類型的相關

(採自高玉祥，1989)

雖然體型與人格有某種相關。例如，體型的差異受人們的社會態度的影響，因而造成個人行為表現上的不同。但這卻不能説明體型與人格之間存在著因果關係。這種理論對人格並没有多高的預測效度。我們不能從一個人的體型來預見其行為，判定其人格。這種理論只能助長人們的刻板觀念甚至偏見，因而未被科學界所接受。

二、認知類型論

認知 (或認識) (cognition) 是指通過感知、記憶、判斷和推理獲取信息和運用信息的操作過程。它包括感覺、知覺、注意、表象、學習記憶、思維和言語等。從周圍世界獲取信息，不僅與感官刺激有關，而且與個體內部的過去經驗或通過學習而形成的概念、表徵、圖式等心理結構有關。人們在認知活動中通過上述心理結構所表現出來的個體特徵，稱為**認知風格 (或認知類型)** (cognitive style)。心理學家已經發現有數十種之多，今略述兩兩相對的二組於後。

(一) 衝動型和思索型

衝動型 (impulsive style) 和**思索型 (或沈思型)** (reflective style) 這兩個概念是卡根等人 (Kangan, Rosman, Day, Albert & Phillips, 1964) 提出來的，通過**選配相同圖形測驗** (matching familiar figure test) 來測定，即給被試呈現六張看上去一樣但相互之間有極微小差異的圖形，同時又呈現一張標準圖形，讓被試從六張圖形中選出和標準圖形完全相同的那張來。很多研究表明，衝動型被試注意問題的大體情況，急於作答，解答問題快，常出錯；思索型被試注重答案的正確性，注意問題的細節，解答問題較慢，犯錯誤較少。例如在一項皮亞傑測題中，呈現一串含有三顆白珠子和五顆紅珠子的項鍊。問是紅珠子多還是珠子多時，5～6 歲兒童會回答錯，說是紅珠子多。他們犯錯誤的原因主要與認知風格有關 (急於回答而不注重答案的確實性，受某些局部信息的誤導所致)。

在周潤民 (1990) 的一項研究中對衝動型和思索型的兒童 (平均年齡為六歲七個月的小學一年級學生) 分別進行預試、啟發 (告知正確答案並加以解釋) 和再測，做性質相同的推理測驗。結果表明，認知風格在一定情況下影響了兒童的推理成績：預試時由於題的難度大，思索型和衝動型兒童的成績都不好；啟發階段兩組兒童的進步都很大；然而再測試時，衝動型兒童退步，而思索型兒童卻保持了啟發的水平。這就是說，在做一定難度的推理題時，思索型認知風格會有助於提高兒童的成績，而衝動型認知風格會掩蓋兒童的能力。如果對衝動型兒童隨時多提醒，讓其自主支配時間，鼓勵他們注重答案的準確性，那麼就有可能改變認知風格而提高判斷能力。

(二) 場依存型和場獨立型

場依存型(或**場地依賴型**) (field dependent style) 和**場獨立型**(或**場地獨立型**) (field independent style) 是威特金 (Witkin, 1949) 提出的。威特金認為，心理分化主要表現之一是自我從非我中的分裂。自我與非我分裂意味著個體已經形成內外界限，認識到自己具有與別人不同的特性。自我與非我分裂程度的差異導致一個人利用自我或外界作為行為參照程度的差異。場依存型者往往傾向於以外界的參照作為信息加工的依據，而場獨立型者則往往傾向於更多利用自我內部的參照。這兩種對立的信息加工方式通常用傾斜小屋傾斜椅子測驗、棒框測驗和鑲嵌圖形測驗等來鑑定 (參見補充討論 6-2)。大量研究表明，場依存型者和場獨立型者依靠自我和場 (外界) 的程度在上述鑑定測驗中表現都相當一致。這兩種認知加工方式也在人際交往中起作用。場依存型者比場獨立型者往往更多利用外在的社會參照確定自己的態度和行為，特別是在模棱兩可的情況下是這樣。他們的行為是社會定向的，比較注意別人提供的社會線索，優先注意他所參與的人際關係的情況，對其他人有較大的興趣，表現出善於與人交往的能力。而場獨立型者往往是非社會定向的，對社會線索不敏感，比較喜歡孤獨的與人無關的情況，比較關心概念和抽象原則，社交能力較差 (參見謝斯俊、張厚粲，1988)。

隨著年齡的增長，場依存型者和場獨立型者的行為特徵往往是穩定的。在威特金等 (Witkin, Moore, Oltman, Goodenough, Friedman, Owen, & Raskin, 1977) 的一項追踪 10 年的研究中，某大學學生 1584 人 (男女各半) 在入學時進行集體鑲嵌圖形測驗確定每人的認知風格。結果發現在大學入學初選中，在最後的大學選科中以及在研究院或專科學校中，場獨立型學生往往偏愛需要認知改組技能的、與人無關的學科 (如自然科學)，而場依存型學生則往往偏愛不重視這種技能而重視人際關係的學科領域 (如初等教育)。同時還發現，學生從事與他們認知風格相一致的學科學習，其成績比較好。這說明人們的這種認知風格的一致性和穩定性。

場依存型-場獨立型認知風格是一個獨立的人格維度還是某一人格維度

(如內外傾) 的反映，存在著兩種不同觀點。一種觀點認為場依存型-場獨立型與內外傾人格維度有一定的相關，另一種觀點則認為兩者没有相關。張厚粲、鄭日昌、李德偉 (1988) 的研究表明，場依存型-場獨立型的認知風格與內外傾人格特質是兩種不同的人格維度，但兩者又存在著某種程度的一致性。這可以從威特金對場依存型-場獨立型認知方式的描述與艾森克對內外傾的描述的比較中看出來，參見表 6-5。

表 6-5　威特金的描述與艾森克的描述的比較

威特金的描述	艾森克的描述
場依存型者特點	**外傾者特點**
1. 更多地利用外在的社會參照確定他的態度和行為。 2. 比較注意別人提供的社會線索。 3. 優先注意他所參與的人際關係的情況。 4. 對他人有興趣。 5. 善與人交往。	1. 老是注意外界所發生的事情；追求刺激，富於冒險。 2. 無憂無慮，隨和，樂觀，愛開玩笑，易怒也易平息，不加思考地行動。 3. 有與別人談話的需要，好為人師，喜歡衝動。 4. 喜歡變化，有許多朋友。 5. 善交際，不喜歡獨自學習。
場獨立型者的特點	**內傾者特點**
1. 對別人提供的社會線索不敏感。 2. 喜歡孤獨的與人無關的情況。 3. 對他人不感興趣，喜歡關心概念與抽象原則。 4. 行為是非社會定向的。 5. 不善與人交往。	1. 傾向於事先計畫，三思而後行，嚴格控制自己的感情，很少有攻擊行為。 2. 性情孤獨，內省，生活有規律。 3. 對書的愛好甚於對人，除親密朋友外，對人總是冷漠，保持一定距離。 4. 很重視道德標準，但有些悲觀。 5. 安靜，不喜歡刺激，不善交際。

(採自張厚粲、孟慶茂、鄭日昌，1981)

類型是全或無現象，非此即彼，兩者必居其一；以某一標準劃分出的不同類型之間不能交叉重合。這種觀點與人們的日常生活經驗和習慣認知最為接近，為人們觀察人提供了一個觀點。但是，人是非常複雜的，人的行為具有多種特性，人們之間有多方面的聯繫，因而，對人格分類的標準也應是多

補充討論 6-2

鑑定場依存型和場獨立型的測驗

鑑定一個人是屬於場依存型還是屬於場獨立型認知風格主要使用下列三種測驗。

1. 傾斜小屋傾斜椅子測驗 (tilting-room-tilting-chair test) 在一間小型的傾斜小屋內，讓被試坐在一把可以調整方位的椅子上。要求被試自己將身體調正。實驗結果表明，場依存型的被試，在確定身體的位置時，往往以傾斜的小屋為主要參照物，最終把自己的身體調整成與傾斜的小屋看齊。而場獨立型的被試在調整身體時，主要不是參照屋子的位置，而更多地以自己身體的內部經驗作為參照。

2. 棒框測驗 (rod and frame test) 早期的棒框測驗是在暗室中做的。後來設計出棒框測驗儀。儀器內裝面對著一個可調傾斜度的亮框，框中心安裝有一個能轉動的亮棒。實驗時被試端坐在儀器前，雙眼緊貼觀察孔。適應 5 分鐘後，要求被試把這條傾斜的亮棒調整到與地面垂直。結果表明，場依存型者往往把亮棒調整來與亮框看齊，即根據框的主軸來判斷垂直；而場獨立型者則利用所感覺的身體位置，把亮棒調成接近於垂直地面。

3. 鑲嵌圖形測驗 (embedded figure test) 要求被試把隱蔽於複雜圖形中的簡單圖形 (參見圖 6-10) 分離出來。這就需要被試對刺激進行認知改組，把一個項目從組織好的場中分離出來，這也稱為克服隱蔽的能力。研究表明，場依存型者在完成這項任務時較為困難，而場獨立型者容易從組織好的複雜圖形的影響中解脱出來，找到簡單圖形。

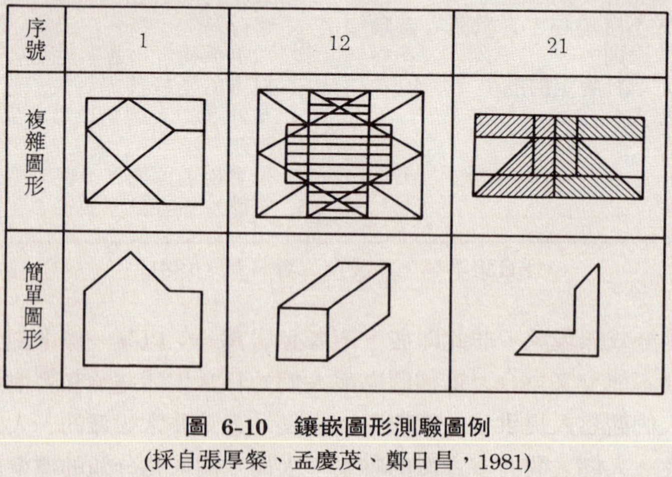

圖 6-10 鑲嵌圖形測驗圖例

(採自張厚粲、孟慶茂、鄭日昌，1981)

方面的。人們可以根據不同的標準對人格進行不同的分類。例如，除了前述的人格類型外，還可以根據人們的價值觀和生活方式對人格進行分類 (參見第十六章) 等等。人格是非常複雜的現象。各種類型之間有交叉、有滲透，兩種對立的類型之間還有中間類型等等。我們對人格的分類不能僅僅停留在根據人的行為的外部標誌或外部聯繫上 (如人格的體型論)，而應根據人的行為的本質特性或內部聯繫來進行分類。以行為的本質特性或內部聯繫所確定的類型才可能具有高的預測效度，我們應朝著這個方向努力。

本章摘要

1. 以**特質**概念為基礎建立起來的人格理論稱為**特質論**。特質理論家把特質視為持久而穩定的行為傾向。雖然特質與類型有聯繫，但特質論者一般不把人格分為非此即彼的類型。
2. 特質論創始人奧爾波特把人格定義為個體內在心理物理系統中的動力組織，它決定一個人獨有的行為和思想。特質是一種神經生理結構，它使刺激在機能上等值，在行為反應上具有一致性。
3. 奧爾波特主張人格心理學家應集中研究**個人特質**而不是探討**共同特質**。他把個人特質區分為**首要特質**、**中心特質**和**次要特質**。它們對行為影響的滲透程度是不同的。
4. 奧爾波特用**機能自主**來表達他對人類動機的看法，並提出一個好的動機理論應具備的四個條件。
5. 奧爾波特認為，個體人格發展經歷了下列八個階段：(1) **軀體我的感覺**；(2) **自我同一感**；(3) **自尊感**；(4) **自我擴展感**；(5) **自我意象感**；(6) **自我理智調適感**；(7) **統我追求的顯露**；(8) **知者自我的顯露**。**統我**就是自我這八個方面的綜合。
6. 在奧爾波特看來，健康成熟的人格應具有自我擴展能力、與他人熱情交往的能力、自我接納能力、實際的現實知覺、自我客觀化和統一的人生哲學等特徵。

7. 特質因素論創始人卡特爾把特質視為人格的基本結構元素。特質使行為具有跨時間和跨情境的一致性。
8. 卡特爾區分了**表面特質**和**潛源特質**。表面特質是一群外表看來似乎有某種特徵的有關行為；潛源特質是解釋行為的內在原因。受遺傳因素決定的潛源特質稱為**體質性特質**。從環境學習而獲得的潛源特質稱為**環境養成特質**。
9. 卡特爾還區分出能力特質、氣質特質和動力特質。**能力特質**決定個人解決問題成效。**氣質特質**決定個人的情緒特徵。**動力特質**驅使個人朝著某個目標行動，它決定個人的動機結構。
10. 卡特爾認為**智力**是最重要的能力特質。他把智力分為：**液態智力**和**晶態智力**。前者由遺傳因素決定，後者是後天習得的。
11. 卡特爾把人的動機歸為兩大類：**能**和**外能**。能是一種先天的心理-生理傾向，大致相當於**本能**。外能是習得的內驅力，分為**情操**和**態度**。
12. 卡特爾還用**動力格狀**的概念來表示能、情操和態度之間的複雜關係，說明動機的複雜性；並用**特徵公式**來表示個人的各種人格因素在某特定情景中的行為表現，試圖預測行為。
13. 卡特爾強調遺傳和學習在人格形成和發展中的重要性。認為人格特質是遺傳和環境複雜交互作用的結果，並與成熟因素有關。
14. 卡特爾認為**心理疾病**是源於無法解決的衝突，治療應依據對人格因素的客觀測量。因此在治療方法上他持折衷主義的立場。
15. 在艾森克的**人格層次模型**中包括**類型**、**特質**、**習慣反應**和**特殊反應**四級水平。類型最抽象，其次是特質，再其次是習慣和特殊反應。
16. 艾森克把人格類型視為包含**人格維度**的而不是非此即彼的類別。他認為每個人在**外傾-內傾**、**神經質-穩定性**和**精神質-超我機能**三個維度上都有不同程度的表現。
17. 艾森克猜想大腦皮質的**興奮**和**抑制過程**以及**覺醒**與內外傾有關，**自主神經系統**可能是神經質的生理解剖基礎，而精神質可能與**雄性激素**的分泌有關。這些探討都尚待實驗檢驗。
18. 艾森克十分強調行為的遺傳基礎，認為內外傾、神經質和精神質都是相對穩定的，雖然環境也能使行為有某種程度的改變。

19. 艾森克曾用**恐怖情境法**、**系統脫敏法**和**示範法**來治療心理疾病。
20. **人格類型論**是根據某種標準將有相似的人格特性的人進行歸類的理論。本章第四節介紹了**人格體型論**和**人格認知類型論**。

建議參考資料

1. 陳仲庚、張雨新 (編著) (1986)：人格心理學。瀋陽市：遼寧人民出版社。
2. 謝斯駿、張厚粲 (編) (1988)：認知方式——一個人格維度的實驗研究。北京市：北京師範大學出版社。
3. Allport, G. W. (1937). *Personality: A psychological interpretation*. New York: Holt, Rinehart & Winston.
4. Allport, G.W. (1961). *Pattern and growth in personality*. New York: Holt, Rinehart & Winston.
5. Allport, G.W. (1968). *The person in psychology: Selected essays*. Boston: Beacon Press.
6. Cattell, R.B. (1965). *The scientific analysis of personality*. Baltimore: Penguin.
7. Cattell, R.B. (1966). Psychological theory and scientific method. In R.B. Cattell (Ed.), *Handbook of multivariate experimental psychology*. Chicago: Rand McNally.
8. Cattell, R.B. (1990). Advances in Cattellian personality theory. In L.A.Pervin (Ed.), *Handbook of personality: Theory and research*. NewYork: The Guilford Press.
9. Eysenck, H.J. (1967). *The biological basis of personality*. Springfield, IL: Charles C. Thomas.
10. Eysenck, H. J., & Eysenck, M. W. (1985). *Personality and individual differences*. New York: Plenum Press.
11. Pervin, L. A. (1996). *The science of personality*. New York: John Wiley & Sons.

第七章

特質論的研究方法與評鑑技術

本章內容細目

第一節　特質論的研究方法

一、奧爾波特的研究方法　237

㈠ 珍妮的信件

㈡ 表現性行為

補充討論 7-1：人格研究方法概觀

二、卡特爾的研究方法　241

㈠ 歸納-假設-演繹法

㈡ 因素分析

㈢ 資料來源

補充討論 7-2：語言分析法

三、艾森克的研究方法　247

四、因素分析法存在的問題　249

第二節　特質論的評鑑技術

一、內容效度的人格問卷　250

㈠ 愛德華個人偏好量表

㈡ 感覺尋求量表

二、因素分析的人格問卷　253

㈠ 卡特爾 16 種人格因素問卷

㈡ 艾森克人格問卷

三、經驗效度的人格問卷　256

四、價值觀問卷　259

㈠ 奧爾波特等氏價值研究量表

㈡ 莫里斯氏生活方式問卷

㈢ 羅克奇氏價值調查表

㈣ 塞普爾氏職業價值觀量表

五、影響自陳測驗效度和信度的因素　262

第三節　對特質論範型的評價

一、特質論的科學地位問題　263

㈠ 米歇爾對特質論的批判

㈡ 特質論者的反駁

二、總的評價　269

本章摘要

建議參考資料

特質論的產生是與心理學中的個別差異研究、實驗趨向和心理測量的發展分不開的。由於對特質的理解不同和對特質研究的側重點的不同，因而特質論者的研究方法也各具特色。奧爾波特認為世上沒有兩個完全相同的人，強調人格的獨特性，認為一般規律只是一種抽象，不能對任何個體進行真正精確的描述，極力提倡特殊規律研究。卡特爾既注重個人特質也注重共同特質，其研究方法是儘可能以多種形式對個體和大量的個體進行測量，收集各種日常生活資料、問卷資料和客觀測量資料進行因素分析來探討人格特質。艾森克主要是從自然科學的角度從事內容十分廣泛的資料研究，其工作重點是人格維度或人格類型。與精神分析論的缺乏實證觀察和客觀測量的人格研究不同，特質論者對人格的研究是建立在嚴謹的科學測量和複雜的數學程序上的。

在評鑑技術上，與精神分析學者所採用的沒有明確結構和固定意義的測驗不同，特質論者所採用的是結構明確和意義確定的自陳測驗。人格問卷種類繁多，有的是建立在內容效度上，根據邏輯分析的方法來選擇題目編製成的問卷；有的是根據因素分析的方法編製成的問卷；也有的是根據經驗效標的方法編製成的問卷。本章中將介紹這些方面的人格問卷及其信度和效度。同時還介紹自奧爾波特等人編製的價值研究量表以來的其他幾種價值觀的測量工具。無論是奧爾波特、卡特爾、艾森克或是其他的特質理論家，總是強調基本的人格特質的穩定性不因時間、情境的改變而變化。但是 1968 年米歇爾對此種觀念提出了異議，認為人的行為幾乎沒有一致性，情境因素比人格特質對行為更具決定性。這就從根本上對特質論的科學性提出了挑戰。在本章中還將討論人格特質論的科學地位問題並對特質論範型作簡要評價。

本章將討論人格特質論的主要研究方法、評鑑技術，其主要內容包括：

1. 奧爾波特的研究方法。
2. 卡特爾的研究方法。
3. 艾森克的標準分析法。
4. 特質論的人格評鑑技術的特點。
5. 人的行為是由情境決定的還是由特質決定的。
6. 對人格特質論的簡評。

第一節　特質論的研究方法

由於特質理論家對特質理解的不同，他們的研究方法也各有特色。下面著重討論奧爾波特的特殊規律研究法 (或個人記述研究法)，卡特爾的因素分析法和艾森克的標準分析法。

一、奧爾波特的研究方法

奧爾波特認為人格是一個動力的相互聯繫的整體，只注意人格的一、兩個剖面是沒有什麼意義的。人格的複雜性，使他相信必須用“合理的方法”來研究它 (Allport, 1961, p.395)。所謂合理的方法就是在客觀系統地觀察研究對象的基礎上，運用信度和效度高的評鑑程序。奧爾波特認為可以用多種方法和途徑收集資料 (參見補充討論 7-1) 來研究人格。這些方法中有些是集中於研究典型的個案，有些則集中研究一般的人。但他關心的中心是人格的獨特性，極力主張人格心理學家應該集中研究個人特質，而不是探討群體的特質。他堅決反對當時美國心理學中普遍流行的觀點——人格科學應該尋求建立人類機能的一般規律的主張，強調人格心理學家必須進行特殊規律研究 (或個人記述研究)，即對單個個案做深入的研究；而應當避免進行共同規律研究 (或建立法則研究)，即避免對群體的一般規律進行研究、分析平均值和一般情況。他認為平均值和一般情況只是一種概括，實際上它不能對任何個人進行精確的描述。他對珍妮信件和表現性行為的研究，就是特殊規律研究的樣板。

(一)　珍妮的信件

奧爾波特認為，要了解現實的、特定的個人，唯一的辦法是研究這個人本身。怎樣才能研究某個特定個人的人格呢？他認為行之有效的方法是利用個人的忠實記載，如日記、自傳、信件、採訪報導等。為此他收集了珍妮・格若維・瑪斯特桑 (假名) 在 58 歲至 70 歲期間給她兒子羅斯的兩位朋友寫的 301 封信。這些信件為他提供了洞悉珍妮的人格以及她與羅斯劇烈的奇特關係的材料。

珍妮 1868 年生於愛爾蘭，五歲時移居加拿大。她有五個妹妹和一個弟弟，18 歲時父親去世，弟妹六人的生活全靠她掙錢來維持。當時她對這種家庭生活十分討厭，就同一位美國鐵路巡警結了婚。婚後她發現不適應整天呆在家裏無所事事的生活。她經常向她丈夫抱怨她的處境，但毫無用處。丈夫像生活在 19 世紀上半葉的絕大多數男人一樣，他強烈反對妻子尋找工作。在這件事尚未解決之前她的丈夫便去世了。一個月後她的兒子出生了，取名羅斯。

珍妮以其艱辛的勞動來維持母子倆的生活。她甘願守寡，拒絕了幾位求婚者，把自己全部的愛都傾注在兒子身上。她的親戚都說她過分寵愛羅斯，為了此事她與其親戚爭吵過幾次，並斷絕了與他們之間的親戚關係。羅斯 17 歲前往普林斯頓大學讀書時，母子倆仍親密無間。但當大學二年級的羅斯應徵入伍後，再從部隊返回家時，他前後已判若兩人，除了繼續完成學業外，他愛上了別的女人並與母親經常爭吵。最後羅斯瞞著母親結了婚，不久珍妮發現了這件事，十分氣憤，公開粗暴地指責羅斯並將他趕出了家門，還威脅說如果他膽敢再來就要向官方申告。幾年之後她動了惻隱之心，開始去看他並與其通信直至他過早地去世為止。下面是珍妮寫給羅斯兩位朋友幾封信的一些內容。

珍妮 1928 年寫的第一封信是羅斯拋棄了他的妻子並與另一女人有了關係之時，她感到失望，求助於羅斯的兩位朋友，信中解釋了她與羅斯之間衝突和對抗的原因。

> 但是在羅斯和我之間並不是爲了錢，絶對不是，是女人，更多是女人。(我字跡難看——我很神經過敏。) 有時我懷疑羅斯是否有點喪失常態——性狂。最初他高興地談著積蓄錢，讚揚生意上的特點這類事，我樂得像在天堂那樣。他存了錢，在銀行裏以我們共同的名義存有幾百美元。這就是我如此節儉的原因。但他一直與一個女人保持曖昧關係……，是很壞的曖昧關係，在他從那裏走出來之前，他是那樣怕動筆。我幫他解脫了出來……
>
> 現在，這個瑪麗，是托萊多的屠夫的女兒……在羅斯拋棄他妻子時他就給瑪麗寫信。〔現在〕瑪麗說今年冬天來紐約並租一間房子。

羅斯和我發生了口角——我拒絶那樣做。瑪麗永遠不能進我住的房子……

我並不打算說這麼多，但我心酸、患病了，真的失去了勇氣。羅斯絕對不關心我任何事情——我對他來說是一個巨大的障礙和負擔。(Allport, 1965, p.51～53)

在 1929 年的第二封信中，珍妮提到羅斯健康狀況很糟，耳朵感染動了手術，醫生發現他內耳的大片乳突炎和大腦表面有膿腫。在信中她把羅斯的女友稱之為娼婦。

羅斯上週說要見我——他仍在醫生手中。他看起來身體很差。我請他……與我吃飯，他來了……那是一流的午餐，看起來他很喜歡。

你知道……使羅斯醒悟的方法就是給他想要的東西然後別再管他。

現在我但願去年五月他把那娼婦帶到布朗克斯時我就離開他。但即使現在他娶了她 (她可以强迫他那樣)，他也不會與她共同生活很久。那是我的地方，我爲什麼要邀請他進午餐——這樣他可以不很孤獨直至他找到新的娼婦。真的，我知道我對他没有一點用處——他奚落我、鄙視我，但是血緣聯繫仍然存在，我相信他對此不是没有感情的。(Allport, 1965, p.70)

很不幸的是，羅斯没有康復，之後不久便死了。在 1929 年底的那封信中，珍妮對羅斯女友的敵意爆發了。

雖然這娼婦完全泡在淚水裏，當然心碎，但並不因悲傷流淚而忘了物質財富在這個塵世上的重要性，瞧！她說羅斯的衣服，和羅斯的車子……〔她聲稱她是羅斯最親密的親屬〕如果她是羅斯最親近的親屬，那她就會得到救濟金，那真是一場足以令人笑死的悲劇。她認識羅斯僅六個月。他們的“偉大羅曼史”是從二月開始的——他們的作爲骯髒下流——這下流卑鄙的街頭野狗。她在道德上和肉體上殺死了羅斯。(Allport, 1965, p.73～74)

羅斯死後，珍妮和羅斯的女友為不動產問題陷入了一系列的法律糾紛之中。在 1930 年羅斯生日這天珍妮寫的信中，回憶起上一年和羅斯在一起的快樂時光。

去年 10 月 16 日羅斯與我一起度過——我等了他整個上午，我的心都要跳出來了。然而下午他較早地來了，帶了一束可愛的紅玫瑰——我喜歡的東西。他總是給我紅玫瑰。我心裏樂開了花。他沒有忘記我——他選擇與我一起吃飯——沒有與那娼婦。他帶我到一個美好的地方……在百老匯，然後看了一場演出——一場精彩的演出——他來到我有屋頂的房間，在星星下吻〔我〕晚安——我好夢想第二年會再有這些！我總是想念著他……。(Allport, 1965, p.88)

奧爾波特請了 36 位鑑定者來閱讀珍妮的信件。他們與奧爾波特一起用了 198 個特質名稱來描述珍妮人格特徵。但把相同的特質歸併之後，發現只有八個主要特質。後來有人 (Baldwin, 1942) 從統計學的角度分析了奧爾波特的資料，進一步證實了這八個主要特質。佩奇 (Paige, 1966) 用計算機對珍妮信件進行複雜的因素分析得出八種因素特質 (見表 7-1)。對於佩奇的因素特質，奧爾波特認為，計算機的運用，除了使人們感到鑑定者的主觀印象成分更多外，並沒有得到什麼新東西。

表 7-1　由兩種方法分析出的珍妮的中心特質

常識特質 (奧爾波特)	因素特質 (佩奇)
1. 好爭吵的——多疑的；攻擊的	攻擊性
2. 自我中心的 (占有欲的)	占有欲
3. 感情用事的	歸屬需要；家庭認可需要
4. 獨立的——自主的	自主需要
5. 美學的——藝術的	感覺性
6. 自我中心的 (自我憐憫的)	殉道性
7. (無比較項)	性欲
8. 懷疑人生價值的——病態的	(無比較項)
9. 戲劇性的——緊張的	(“愛誇張”)

(採自 Allport, 1966)

雖然奧爾波特花了許多精力從事鑑定研究，但他認識到，鑑定研究並沒有揭示出人格的全部秘密。然而他認為這些研究將使我們與該門學科所提供的材料更接近了。

(二) 表現性行爲

與強調人格獨特性相一致，奧爾波特把所有行為區分為兩種成分：一種是**適應功能** (adaptational function)，即由行為所產生的影響；另一種是**表現性行爲** (expressive behaviors)，即代表行為特徵的風格。奧爾波特對表現性行為特別感興趣，他認為如果我們分析一個人的行為特徵風格，就有可能發現這個人的人格潛在結構。雖然一個人做某件事的原因可能僅僅反映了當時的短暫要求，但是執行行為的方式卻是由他的傾向性所導向的。他與弗農 (Allport & Vernon, 1933) 做過一項著名的研究，即對 25 名被試者在三種不同場合進行測試，所有的測試都被大約四週的時間間隔分開。測試的項目包括對重量的估計、走路的速度、握力、言語的風格以及筆跡等等。結果發現，各種行為在不同情境下具有相對的一致性和跨時間的穩定性。奧爾波特和弗農認為，表現性行為與個人的態度、特質、價值觀以及人格“內部的”其他傾向性是相一致的。

與對中心特質的強調相一致，奧爾波特強調我們需要一個統一的人生哲學和價值系統，他與他的合作者曾設計出一種量表，用來測定個人在生活中對六種價值的重視程度 (參見第本章第二節)。此外，他還研究過宗教、偏見和謠言。

二、卡特爾的研究方法

卡特爾認識到，人類行為的不明確性和易變性，對人格的研究會遇到重重困難。他認為必須排除空洞的哲學臆測，應將理論探討和科學測量結合起來，強烈主張採用歸納-假設-演繹法。由於人類行為的極端複雜性，並表現出多變量的交互作用，他認為傳統的二變量的實驗設計對人格的探討沒有多大意義，而強烈主張多變量的因素分析法。

(一) 歸納-假設-演繹法

在卡特爾看來，理論與測量之間、自由探討與假設求證之間具有十分複雜的相互作用過程。他批評某些教學計畫，使學生相信科學發現一定遵循一種程序——從假設到發現，到進一步的假設。這種説法忽視了科學研究中的

補充討論 7-1

人格研究方法概觀

奧爾波特認為對人格的研究，最基本的方法是觀察及其對意義的解釋。他列舉出了許多研究方法，其中大多為測試途徑和評鑑技術。這些研究方法可以列成圓形大致成為一個連續系統，其內容包括：從記錄個人的外部表現到內心活動，從某些個別特徵的記錄到對個人的總體評定。如表 7-2 所示，在 14 個大類下共包括 52 種人格心理學的分析方法，自第 1 至第 52 項。奧爾波特認為，心理學家為了全面了解人格也採納在其專業訓練之外的材料。每一種方法都不能單獨使用；實驗方法必須有統計處理結果；外表 (如表情) 記錄應附有深度分析的技術和理論，……這些方法都是圍繞著觀察與解釋這一中心進行的。當然，這一分類是大體而論的。

表 7-2 人格研究方法概觀

14 大類	52 種方法
1. 文化模式研究	1. 社會規範分析 2. 成語、格言、文藝作品分析 3. 語言分析 4. 心理描述 (形容詞核對、量表分析)
2. 生理記錄	5. 遺傳分析 6. 生物化學相關物 7. 內分泌學研究 8. 體型 9. 面型、動作分析
3. 社會記錄	10. 個人檔案記錄 (學校、醫院、工職、資歷、組織等) 11. 工作分析 12. 時間分配 13. 行為頻率 14. 社會測量學 15. 拓撲心理學 (對人、對阻礙物的反應)
4. 個人記錄	16. 日記 17. 自學系統指導 18. 個人信件 19. 主題寫作
5. 表情活動	20. 第一印象 21. 外表過細分析 (快速攝影分析) 22. 外表模式分析 23. 字相學 24. 風格分析
6. 量表	25. 等級量表 26. 記分量表 27. 心理圖示
7. 標準化測驗	28. 標準化問卷 29. 心理測量(動作測驗、迷津測驗、語言測驗等) 30. 行為量表 (想像、聯想、情境測驗等)
8. 統計分析	31. 差別心理學 32. 因素分析 33. 內部因素分析
9. 生活情境微型	34. 時間樣本 35. 職業微型 36. 欺騙性情境
10. 實驗室實驗	37. 一元記錄 38. 多元記錄
11. 預測	39. 外觀預報 40. 趨勢預報
12. 深層分析	41. 精神科晤談 42. 自由聯想 43. 夢的分析 44. 催眠術 45. 潛意識書寫 46. 幻想分析
13. 理想型	47. 理解的圖式 48. 文藝性格分類
14. 綜合法	49. 辨別法 50. 匹配法 51. 全過程分談 52. 個案分析

(採自陳仲庚、張雨新，1986，350 頁)

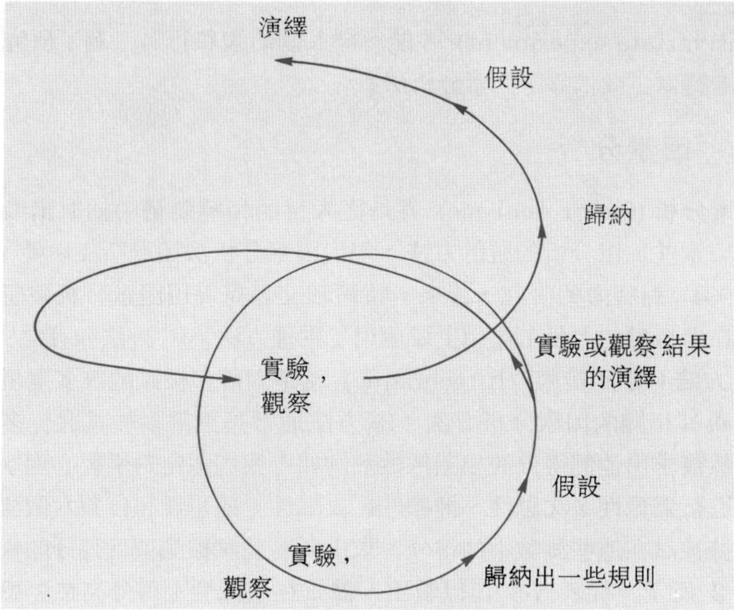

圖 7-1　歸納-假設-演繹螺旋式法圖示
(採自 Cattell, 1966, p.16)

偶然發現，也忽視了假設形成前的探索作用。針對此種傾向，卡特爾提出**歸納-假設-演繹法** (inductive-hypothetical-deductive method)。根據此種方法，研究始於探索期，從中歸納出一些規律，逐步形成假設，這是整個研究過程最具創意的部分；所形成的假設通過實驗或觀察之後，對其中顯示出的結果進行演繹，而後又進行實驗或觀察，對其中的規律性做進一步的歸納，歸納出的假設又進一步進行實驗觀察。歸納-假設演繹每循環一次對人格的認識便前進一步。因而此種研究模式也稱為**歸納-假設-演繹螺旋式法** (inductive-hypothetical-deductive spiral) (圖 7-1)。這種研究模式不同於第二章中討論的假設-演繹研究模式。因為後者始於一個總命題導出假設，並對假設進行檢驗。雖然在社會科學中廣泛應用著這種研究程序，但是卡特爾認為，任何科學研究在開始之前都會有一個發展假設的探索期。因為實際上人的行為是由多種原因引起的。而傳統的研究程序對行為原因的探討只涉及單個事件。卡特爾認為，這種過分依賴**二變量實驗** (bivariate experiment) 對假設的檢驗導致對現實中事件作用方式解釋的過分簡單化，只有**多變量實

驗 (multivariate experiment) 才能解釋人們的複雜行為。為了研究多變量問題，卡特爾主要依靠了因素分析法。

(二) 因素分析

因素分析 (factor analysis) 就是從大量的相關變量中抽取出最基本的維度或因素並加以分析的統計方法。現代因素分析法始於斯皮爾曼 (Spearman, 1904) 對智力的研究，後來卡特爾和艾森克等用因素分析來研究人格結構。在卡特爾的大量工作中主要運用了兩種方法：R 方法和 P 方法。

R 方法 (或 **R 技術**) (R technique) 就是對許多被試的許多變量進行測量並探尋其相關的因素分析方法。R 方法通常是對許多被試進行多種人格測試，然後求出他們得分的相關係數。例如，我們假定對學習心理學的一大班學生進行猶豫性、沈思性、抑鬱性、攻擊性、競爭性和自負六個測驗的測量，根據被試在這些測驗中的得分，求出所有被試被測項目得分的相關係數如表 7-3 所示。從表 7-3 可以看出，被試在猶豫性上得分高在沈思性和抑鬱性的測驗中得分也高，即是說它們是高度的相關。但是，它們與被試的其餘三個測驗 (攻擊性、競爭性和自負) 的得分基本上不發生聯繫。而被試在攻擊性、競爭性和自負測驗上的得分則是高相關的。變量間的高度相關或群集暗示著某種隱含的因素使被試在這些高相關的測驗中所作出的反應方式。這樣，研究者就可以從大量的表面變量 (表面特質) 中尋求其變化的某些共同根源 (潛源特質)。高度相關的變量被認為在很大程度上是測量同一的本質或因素。最後研究者必須根據推理來標明這些隱含因素的含義。

表 7-3　六個測驗變量之間的相關

測　驗	A	B	C	D	E	F
A 猶豫性	—					
B 沉思性	.72	—				
C 抑鬱性	.85	.67	—			
D 攻擊性	.02	.04	.07	—		
E 競爭性	.08	.18	.00	.83	—	
F 自　負	.16	.04	.01	.92	.68	—

一旦相關已經確定，進一步的因素分析就是計算出如表 7-4 所示的**因素矩陣** (factor matrix)。每個表面變量和因素的聯繫程度稱為**因素負荷** (factor loading)。.30 負荷以上通常被認為是顯著的。從表 7-4 中可以看出，猶豫性、沈思性、抑鬱性都顯著地負荷於我們暫時命名為犯罪傾向 (因素 I)，而攻擊性、競爭性和自負則顯著負荷於我們暫時命名為支配傾向 (因素 II)。

表 7-4　六個測驗在兩個因素上的負荷

測　驗	犯罪傾向 (因素 I)	支配傾向 (因素 II)
A 猶豫性	.68	.14
B 沈思性	.76	.07
C 抑鬱性	.86	.04
D 攻擊性	.11	.88
E 競爭性	.03	.69
F 自　負	.12	.59

因素命名 (factor name) 具有相當的推理性，往往會導致許多問題和爭議。暫時的因素命名之後，研究者還通過對其他被試樣本的進一步研究來提煉這些因素。還可以通過對不同年齡、種族和文化背景的被試進一步研究，使這些因素具有廣泛的效度。此外，**初級因素** (primary factor) 還可以作進一步的分析產生卡特爾所謂的**次級因素** (second-order factor)。這些較高級的因素在測驗分數的行為中比初級因素控制著較多的變量。例如，焦慮和內外傾是兩個關鍵性的次級因素。初級因素如犯罪傾向、內心緊張和懷疑都是負荷於總的次級因素——焦慮的。

如果說 R 方法是用來評定許多人所具有的共同特質，那麼 P 方法就是用來評定個人獨特特質結構的 (Cattell, 1965, p.372)。**P 方法** (或 **P 技術**) (P technique) 就是在不同場合下對同一個體的幾種特質維度進行追踪研究的因素分析法。對一個人的表面特質的因素分析可以發現其獨特的基本特質，還可以用這種方法來評定一個人動機的變化過程。

(三) 資料來源

不論因素分析多麼尖端複雜，但是如果資料來源是膚淺的、可疑的，最好的統計方法也是毫無意義。卡特爾從三種基本的來源中獲得人格測量的資料：生活記錄資料、問卷資料和客觀測驗資料。**生活記錄資料** (life record-data，簡稱 L 資料) 由很廣的來源組成，包括學校的分數記錄、健康記錄和法庭記錄等；以及參加幾個社會團體、發生過多少起事故、外出旅遊多少次等也都是重要的來源。**問卷資料** (questionnaire-data，簡稱 Q 資料) 來源於被試本人對問卷的等級評定以及被試本人對他或她自己的行為、情感或思想的陳述。問卷資料依賴於被試本人的內省報告。**客觀測驗資料** (objective test-data，簡稱 OT 資料) 來源於客觀測驗。所謂客觀是指獨立的記分者對被試行為反應做出同樣的記錄和同樣的結論。客觀測驗資料來源於被試完成紙筆測驗任務的情況或在實驗室情景下的行為反應，例如動作反應時間、聯想值、注意廣度、對緊張刺激的生理心理反應等。卡特爾認為在人格研究中客觀測驗資料最為合用。客觀測驗代表了情境的縮樣，被試的行為反應就是其日常行為的微型，但是被試本人並不知道這些行為與正在測量其人格特點之間的關係。

如果多因素分析確實可以確定人格的基本結構，那麼無論從生活記錄資料，還是從問卷資料或客觀測驗資料都應該獲得同樣的因素 (特質)。這一點對特質理論來說是合乎邏輯的推論。人格研究最先從生活記錄資料開始，目的是獲取人的行為的各方面的資料。卡特爾將此稱為**人格領域** (personality sphere)。人格領域的大量材料，最大可能來源於生活記錄資料，而不是問卷資料或客觀測驗資料。因此，先運用生活記錄資料探尋潛源特質，然後再發展出測試和鑑定這些特質的問卷和客觀測驗。

對生活記錄資料研究的假設依據是：整個人格領域所包括的行為都會在語言中有其表徵。如果能夠收集描述行為的全部詞彙，那就包含了整個人格領域。卡特爾從奧爾波特和奧伯特 (Allport & Odbert, 1936) 用語言分析法 (參見補充討論 7-2) 所得出的人格特質形容詞，經過多年大量的分析和實驗，最後獲得生活記錄資料的 15 種因素。

研究的第二步是探尋問卷資料是否也能找出相同的因素。結果是，從問卷資料中獲得 16 種人格因素，由此製定出一項 16 種因素調查表。後來卡特爾再用原始的生活記錄資料設計某些量表，設立若干問卷項目。先是擬出成千個問卷項目在大量正常人身上試測，探求哪些問卷是有相關的。根據因素分析得到 16 種獨立的特質 (潛源特質)。16 種因素中有 12 種是與生活記錄材料得到的很相似，有 4 種是問卷資料所獨有的。

卡特爾十分相信自己問卷的信度和效度。他也指出在對問卷的反應中有說謊和動機干擾等問題。由於生活記錄資料和問卷資料存在的問題，後來卡特爾對客觀測驗資料的人格結構問題做了深入的探討。他用操作、作業、運動等許多動作測驗來測定潛源特質，發現 21 種潛源特質。它們與其他資料所獲的特質有著複雜的聯繫 (Cattell & Johnson, 1986)。

三、艾森克的研究方法

艾森克的**人格層次模型**所注重的是基本的人格維度和類型。不同於卡特爾把研究重心放在特質上，艾森克的工作集中於更概括的人格類型或人格維度上。艾森克主要是從自然科學的角度從事內容十分廣泛的資料研究，包括多種實驗測試數據、問卷評定和觀察詢問等的研究分析。他認為，因素分析的各種研究往往過分強調自我評定、問卷和主觀資料。只要有可能，在任何時候他都喜歡把對行為的客觀觀察包括到自己的研究之中。為了研究整個人格，必須應用許多不同的資料來源。

艾森克對標準分析的運用，最能表示其研究方法的特色。所謂**標準分析** (criterion analysis) 就是通過因素分析檢驗基本假設。艾森克的方法是：首先從某個基本人格維度或類型開始研究；然後選擇出一系列與該潛在維度相關的測量；再選出在這個維度方面已知的不同的標準組；然後再考察每一種測量與這兩個標準組之間的相關。這些相關也就表明了這些測量之間的一致程度及其潛在維度。為了說明這種方法，讓我們來研究一下神經質維度。艾森克及其同事選出兩個被試組，每組 200 多人。正常組是男性士兵，其智力至少為中等；神經質組是因精神疾病問題而被解雇了的士兵，智力低於正常組。在兩天的時間內對被試進行了大量的人格測量。所有這些測量都是經過選擇的，使它們在某些方面表現出與神經質潛在維度相關。這些測量得到的主要結論是：(1) 有幾種問卷和行為的客觀測量區別出了這兩個組。(2) 從**表現性動作** (expressive movements) 中獲得的測量是無效的。(3) 兩種

補充討論 7-2

語言分析法

語言分析法 (method of language analysis) 就是從人們所使用的語言中探尋人格特質的方法。其基本假設是穩定的人格特質都會被編碼到人們長期使用的語言之中。對此，奧爾波特曾說過：

> 語言符號已經證明是有用的；由於它們代表了經驗中穩定的事實，這些符號已經歷了多年的考驗。事實上如果許多人不是自私的，攻擊的、怯懦的話，這些形容詞就不會在語言中找到一個永久的位置。如果特質確實存在，那麼給它們定名稱是自然的、正當的。(Allport & Odbert, 1936)。

從字詞的角度研究人格特質的最早努力可以追溯到高爾登用 1000 個詞組成的詞單，真正按心理學途徑對特質名稱進行分類的是德國心理學家鮑姆加登 (Baumgarten, 1933)，接著是奧爾波特和奧伯特從 1925 年版的《韋氏國際字典》中選出 17,953 個能區分人類行為差異的詞語。這個詞單的分類系統是：

1. 明確表示真正人格特質的詞語，反映的是個體的一致和穩定的行為，主要是中性詞，不帶明顯的評價色彩。
2. 雖然不描述人格特質，但卻是對人格特點進行評價的詞語。
3. 描述目前活動和心理狀態的詞語。這些詞語通常不被看作是穩定的特點，但卻可以同時區分不同人的行為。
4. 不能歸入前述三組的詞，包括影響人格發展的各種條件及隱喻詞。

卡特爾早期的生活記錄資料研究也假設，人格領域的所有行為在語言中都有其語詞符號，如果將人們用來描述行為的所有詞彙收集起來就能涵蓋整個人格領域。他經過多年的努力來建立這套詞彙以達到這個目的。開始時他以一套基本的特質名稱，包括奧爾波特和奧伯特所編集的描述行為的 4504 個詞，再加上來自精神醫學和心理學文獻的形容詞，然後通過同義詞分析，將詞表簡化為不到兩百個特徵詞。再就每一個特徵詞對 100 位成人評量，經資料分析結果，得到 42 個雙極變量，例如適應的-僵化的，情緒的-平靜的，果斷的-服從的。然後再從廣泛的群體中抽取大量成人被試評量他們在這些雙極變量上的分數，再將評量結果進行因素分析，得出 12 個因素。經過一系列有關實驗後，得出總的 15 個 L 資料因素，似乎能解釋人格領域中的大部分行為。值得一提的是，由圖普斯和克里斯托爾 (Tupes & Christal, 1961) 最先提出的五因素模型 (參見補充討論 1-2) 也是由語言分析法而得到的。

我國學者也曾用語言分析法對人格特質做過一些研究。楊國樞和李本華 (1973) 從小說，報紙以及西方學者的詞表中得到 900 個中文人格詞彙，經壓縮後對得到的 557 個人格特質形容的好惡度、意義度和熟悉度做過測定。陳仲庚、王登峰 (1987)、黃希庭和張蜀林 (1992) 也用類似的途徑對中文人格特質形容詞好惡度、意義度和熟悉度做過測定。楊國樞和彭邁克 (1984)、王登峰、方林等 (1995) 用中文人格特質形容詞對不同目標人進行評定所得出的人格因素結構與西方學者得出的結論有相似性，但也有其獨特性。

羅夏測驗區分出了正常個體和神經質個體。在這些分析的基礎上，艾森克選出了 28 種相互關係，列出相關矩陣進行因素分析。從這些以及其他的研究結果中，艾森克得出結論："我們在神經質者處理的人格因素，就像對智力測量那樣準確可靠" (Eysenck, 1952b, p.155)。

四、因素分析法存在的問題

因素分析的數學推導十分繁瑣，曾一度限制了這種方法的推廣。近 30 年來由於研製出各種專門程序軟件 (或磁碟)，應用這些軟件 (或磁碟) 可以很快得到因素分析的結果。因此，因素分析在心理學研究中得到相當廣泛的應用。但這種方法也有其局限性，而受到一些心理學家的批評。歸納起來有如下四點：

1. 數據的來源問題 與任何統計方法一樣，因素分析法也依賴於其數據的質量，如果數據來自不可信的測試或設計，那麼因素分析結果便毫無意義。因為"數字不是魔術。我們不能希望通過數字的擺弄，就能幻變出稀世的珍寶" (陳立，1985)。此外，不同的數據來源 (例如，生活記錄資料、問卷資料、客觀測驗資料) 有時會產生不同因素。而且，幾乎不能保證來自不同人群和不同年齡組的數據分析總是產生出同樣的因素結構。這與全人類普遍具有的人格結構理論 (參見補充討論 1-4) 也是矛盾的。

2. 方法的客觀性問題 在因素分析的某些階段研究者需做出決定。這種決定往往取決於研究者的主觀判斷。例如，抽取因素有多種方法，最常用的**正交旋轉** (orthogonal rotation) 和**斜交旋轉** (oblique rotation)，而旋轉角的確定在很大程度上依賴於研究者的主觀判斷，依賴於某一學科的實際模型，並不是完全客觀的。

3. 人性的本質問題 長期以來，臨床心理學家批評說，從因素分析中抽取出的因素，似乎很少與臨床分析出的特質相符合。人本主義者對因素分析的批評是，因素分析破壞了存在於個體身上的基本的人性，得出來的僅是各種沒有人性意義的孤立因素。這些心理學家認為，因素分析所抽取出的因素沒有特殊的心理學意義，沒有真正揭示出人性的本質。當然，目前的所有人格理論都沒有完全揭示出人性的本質。正如赫爾和林賽 (Hall & Lindzey,

1978) 所說，如果卡特爾或艾森克的特質真的與其他人的觀察相符合，那麼他們的工作就太沒有價值，要不然就是我們早已知曉的理論的複製品而被人們忽視了。

4. 行爲的複雜性問題 因素分析的核心是相關概念。但是兩種同時變化 (增加或減少) 的相關行為，情況是十分複雜的。一些行為在某種環境條件下會同時變化但在另一些條件下則不同時變化。例如個人的愛和恨在一種人際關係中可以確定的關係，但在另外不同的情景中則可能是很不同的。強調特質穩定性的因素分析理論能否解決行為的複雜性仍是一個謎。

第二節 特質論的評鑑技術

特質論者主要採用自陳測驗或自陳量表來評量人們的個體差異。這種評量技術，就是讓被試根據題目中所述的內容是否適合個人自己的情形進行回答。自陳測驗的基本假設是，只有被測者自己最了解自己，因而最受特質論者的青睞。最早的自陳量表是**武德沃斯個人資料表** (Woodworth Personal Data Sheet)。它是在第一次世界大戰期間設計的個人資料調查表，用於淘汰軍隊中的情緒障礙者，是一種單一分數的測量工具，由 116 個是非題組成，涉及有病態恐懼反應、強迫觀念和強迫行為、抽搐、夢魘和其他身心症狀等問題。自 1930 年以來，人格問卷逐漸增多，直至今日亦名目繁多難以統計。為了便於討論，我們將以自陳量表發展的三種方式：內容效度的人格問卷、因素分析人格的問卷和經驗效標的人格問卷來介紹幾種問卷，另外還介紹價值觀問卷。

一、內容效度的人格問卷

這類問卷的題目是根據某個或若干個人格概念而編製的，其題目選擇的依據是它的內容是否測量了編製者欲測量的人格特質。也就是說，這類問卷是編製者從一個或幾個人格概念出發，找出與這些概念有明確聯繫的行為、態度和情感等方面的題目而編製成的。這類人格問卷的編製是借助於理論推理方法。下面介紹兩種形式的**內容效度** (content validity) 的人格問卷。

(一)　愛德華個人偏好量表

愛德華 (Edwards, 1959) 編製的**愛德華個人偏好量表** (Edwards Personal Preference Schedule，簡稱 EPPS) 是以默里 (Murray, 1938) 的人類的 15 種需求理論而編製的。全量表包括 225 個題目 (其中有 15 個重復題目，用以檢查反應的一致性)，每題包括兩個第一人稱的陳述句，要求被試根據自己的個人愛好從兩者中圈選其一。從被試對題目的選擇上來鑑定他或她在 15 種心理需求上的傾向，從而了解其人格特質。這 15 種需求是：成就、順從、秩序、表現、自主、親和、省察、求助、支配、謙遜、助人、變通、堅毅、性愛和攻擊。全量表的題目平均分配以測量這 15 種需求，構成 15 個分量表。根據個人獲得的 15 個分數繪製人格剖析圖。所謂**人格剖析圖** (personality profile) 就是將被試在該種測驗中所獲得的各特質的分數用曲線式表示出來的圖示，以顯示其各種特質之多寡。這樣就可以了解被試的心理傾向。

愛德華個人偏好量表的主要特點是同一個題內的兩個句子在社會期許性上大致相等，用迫選法來控制社會期許性。所謂**社會期許性** (social desirability) 是指題目的內容被社會大衆讚許和反對的程度。題目舉例如下：

1. A. 每當我做錯事時，便感到歉疚。
   B. 我喜歡與朋友間有深交。
2. A. 我喜歡逃避責任與義務。
   B. 我喜歡作和事佬。(Edwards, 1959)

由於採用**迫選法** (forced-choice method)，該量表具有總和恆定性，因此在解釋分數時要加以注意。雖然該量表在一定程度上控制了社會期許性，但被試常常發現這種配對選擇判斷很困難。愛德華個人偏好量表的效度研究尚未完全解決，有些分量表的分數與其他類似變量的測量之間的相關不是很高。該量表的重測信度在 0.74 至 0.88 之間。

愛德華個人偏好量表已有中譯本 (1967)，並在台灣使用，適用於高中生、大學生和一般有閱讀能力的成人。測驗時間約需 40～50 分鐘，可以團體施測。

(二) 感覺尋求量表

感覺剝奪 (sensory deprivation) 的實驗結果表明，人需要有不斷變化的刺激輸入，而對貧乏的刺激會做出抗拒反應，這種需要稱為**感覺尋求** (sensation seeking)。感覺尋求較顯著的人，經常使自己保持較高的覺醒狀態，並為此而尋求不斷變化的新異經驗。當類似或相同刺激反復出現時，他會感到厭煩，反應速度也會大為減慢，表現出穩定的行為形式。因此，感覺尋求被認為是一種人格特質。高感覺尋求者積極尋求能增加其感覺的刺激，處於感覺貧乏狀態 (如感覺剝奪情境) 時將會以各種可能的方式尋求刺激，如吹口哨、圍繞著床轉圈子、觸摸牆壁或沈醉於豐富的幻想世界。這種人對自己的內部感受十分敏感，痛閾極低。他們的行為很少受約束，放蕩不羈、藐視社會規範 (參見陳仲庚、張雨新，1988)。而低感覺尋求者則害怕奇異的或危險的情景 (Mellstrom, Cicala & Zuckerman, 1976)。

感覺尋求量表 (Sensation Seeking Scale，簡稱為 SSS) 是由朱克曼 (Zuckerman, 1969a, 1969b) 編製用來測定感覺尋求這種人格特質的一種自陳量表。該量表經過五次修訂補充，形成了感覺尋求量表第 V 式。有 72 個題目，除測定一般特徵外，還包括下列四個特點：(1) **刺激性和冒險性尋求** (thrill and adventure seeking，簡稱 TAS)：渴望參加户外活動和其他一些激烈的、具有危險性的活動。這些活動大多為社會認可的。(2) **經驗尋求** (experience seeking，簡稱 ES)：通過獨自思維和感覺而不是通過從衆或模仿去尋求各種新異經驗，包括事先不做計畫或沒有安全保證的旅行、穿奇裝異服、行為怪異、服用致幻劑或毒品、熱中於現代極端形式的音樂和繪畫等。(3) **去抑制** (disinhibition，簡稱 Dis)：對情緒激動的、不受任何限制的事物極有興趣，如性對象、狂歡、賭博等。(4) **對單調的敏感性** (boredom susceptibility，簡稱 BS)：對重復單調、令人乏味的不變環境極度厭煩。該問卷採用迫選法，每題都有兩個選擇項：A 和 B，要求被試從中選出最能描述自己的喜好或感覺方式的一項。舉例如下：

1. A. 我不喜歡一個人飛行時獲得的感覺。

B. 我喜歡娛樂公園的許多乘騎。

2. A. 我不會在寒冷天待在室外等待入室。

B. 强烈的寒冷天令我振奮。

3. A. 我渴望成爲一名登山運動員。

B. 我不理解那些登山冒險者。

4. A. 我不喜歡所有的身體氣味。

B. 我喜歡一些骯髒的身體臭味。(Zuckerman, 1969a, 1969b)

感覺尋求量表第 V 式的信度、效度總的來說都達到一定的要求。刺激性和冒險性尋求 (TAS) 的折半信度為 0.77～0.87 之間；經驗尋求 (ES) 為 0.72～0.88 之間；去抑制 (Dis) 為 0.68～0.75 之間。一般特徵 (Gen.) 的信度為 0.68～0.81 之間。重測信度則普遍高於上述數字。包含的四個量表具有完全的獨立性。該問卷已由北京大學心理學系陳仲庚譯成中文，正在測試和標準化。

二、因素分析的人格問卷

這類問卷是編製者從大量的各種類型的項目開始，測試衆多的被試，然後找出相關的項目構成一個因素；每一個因素代表一種人格特質；因素內的項目都高度相關，不同因素中的項目很少或完全不相關。由此而構成的問卷即為因素分析的人格問卷。例如卡特爾 16 種人格因素問卷和艾森克人格問卷等都屬於此類問卷。

(一) 卡特爾 16 種人格因素問卷

卡特爾 16 種人格因素就是卡氏用因素分析方法所得出的 16 種潛源特質，這 16 種因素的名稱和符號是：樂群性 (A)、聰慧性 (B)、穩定性 (C)、恃強性 (E)、興奮性 (F)、有恆性 (G)、敢為性 (H)、敏感性 (I)、懷疑性 (L)、幻想性 (M)、世故性 (N)、憂慮性 (O)、實驗性 (Q1)、獨立性 (Q2)、自律性 (Q3)、緊張性 (Q4)。**卡氏 16 種人格因素問卷** (Sixteen Personality Factor Questionnaire，簡稱 16PF) 現在英文版有五種複本。A、B 卷本是齊全本，每卷各有 187 個題目，C、D 卷本為縮減本，每卷各有 106 個題目，E 為適用於文化較低的實驗樣本，包括 128 個題目。

這些題目都是從數千個測題中，經過多次取樣測驗和因素分析，從信度與構想效度較高的題目中選擇出來的。每一種人格因素由 10 個左右的題目組成的量表測量之。每個題目有三種可供選擇的回答，被試可以從中自由選擇自己的回答。問卷中的許多題目表面上似乎與某人格因素有關，但實際上卻與另外的人格因素密切相關，使被試不易猜度每一題目的用意而據實回答。

中文版的卡氏 16 種人格因素問卷有劉永和和梅吉瑞 1970 年的修訂本及遼寧教科所李紹衣等 1981 年的修訂本。下面是遼寧修訂本的幾個題目舉例 (編號為原號)：

1. 我很明瞭本測驗的說明：A. 是的；B. 不一定；C. 不是的。
6. 我總是不敢大膽地批評別人的言行：A. 是的；B. 有時如此；C. 不是的。
16. 受人侍奉時我常常侷促不安：A. 是的；B. 介於 A、C 之間；C. 不是的。
39. 我願意把我的生活安排得像一個：A. 藝術家；B. 不確定；C. 會計師。(李紹衣等，1981)

該問卷可以個別施測，也可以對團體施測。測驗不限定時間，但要求被試讀完問題後儘快回答，不要拖延。該測驗一般採用模板記分。每一記分的心理學意義在卡氏的測驗手冊中有明確說明。如果 16 種因素全都記分，放在一起，就可看作是包含人格的主要方面。使用記分模板只能得到各個量表的原始分數，然後查常模表將原始分數換算成標準分數，再按標準分數在人格剖析圖上找到相應點。將這些連成曲線，即可得到一個人的人格輪廓型 (見圖 7-2)。

卡氏問卷不僅可以對 16 個主要因素記分，還可以對次級因素記分。次級因素目前有八項，其中四項為：Q_1 內傾－外傾，Q_2 焦慮輕－焦慮重，Q_3 心腸軟而富於情感－心腸硬，Q_4 順從－獨斷，一般為臨床心理醫生感興趣。據李紹衣等 (1981) 的測試結果表明，其主要優點是該問卷的信度和效度較高，編製較科學、施測較簡便。重測信度方面，在最高信度係數為 0.92 (O 因素)，最低信度係數為 0.48 (B 因素)。在效度方面，16 種人格因素之間的相關係數較低，這說明人格因素確實是由許多不同的特質組成。其次，隨機取八個測題進行施測，分別統計與其所屬因素量表及其他量表的相關係數，同樣表明，各題目與所屬量表相符合。國外對卡氏問卷的信度、效度的報導也大致相近。

人格因素	原分	標準分	低分者特徵	標準拾 (至拾) 1 2 3 4 5 6 7 8 9 10	高分者特徵
A			緘默孤獨	· · · · · · A · · · · ·	樂群外向
B			遲鈍、學識淺薄	· · · · · · B · · · · ·	聰慧、富有才識
C			情緒激動	· · · · · · C · · · · ·	情緒穩定
E			謙遜順從	· · · · · · E · · · · ·	好強固執
F			嚴肅審慎	· · · · · · F · · · · ·	輕鬆興奮
G			權宜敷衍	· · · · · · G · · · · ·	有恆負責
H			畏怯退縮	· · · · · · H · · · · ·	冒險敢為
I			理智、著重實際	· · · · · · I · · · · ·	敏感、感情用事
L			信賴隨和	· · · · · · L · · · · ·	懷疑剛愎
M			現實、合乎成規	· · · · · · M · · · · ·	幻想、狂放不羈
N			坦白直率、天真	· · · · · · N · · · · ·	精明能幹、世故
O			安詳沈著、有自信心	· · · · · · O · · · · ·	憂慮抑鬱、煩惱多端
Q_1			保守、服從傳統	· · · · · · Q_1 · · · · ·	自由、批評激進
Q_2			依賴、隨群附衆	· · · · · · Q_2 · · · · ·	自立、當機立斷
Q_3			矛盾衝突、不明大體	· · · · · · Q_3 · · · · ·	知己知彼、自律謹嚴
Q_4			心平氣和	· · · · · · Q_4 · · · · ·	緊張困擾

卡氏16PF。AB種修訂合訂本 修訂者：劉永和、梅吉瑞	標準分	1	2	3	4	5	6	7	8	9	10	依統計
	約等於	2.3%	4.9%	9.2%	15.0%	19.1%	19.1%	15.0%	9.2%	4.4%	2.3%	之成人

圖 7-2　16 種人格因素測驗輪廓型
(採自鄭日昌，1987)

(二) 艾森克人格問卷

艾森克人格問卷 (Eysenck Personality Questionnaire，簡稱 EPQ) 是艾森克夫婦根據其人格維度理論逐漸發展起來的。該問卷分為成人和幼年兩式。成人式有 101 個題目，幼年式有 97 個題目。每種問卷均包括 E、N、P、L 四個量表，用來測定內外傾 (E)、神經質或情緒穩定性 (N)、精神質 (P) 和效度 (L，測定掩飾、虛假或社會性樸實幼稚水平)。每一量表分別包括一定數量的題目。被試根據自己的情況對每個題目回答是或不是。記分為 1 或 0 分。E 分高表示人格外傾，E 分低表示人格內傾；N 分高表示情緒不穩，N 分低為情緒穩定；P 分高說明精神質人格，反之則無；L 分高表明回答中有掩飾和虛假。國內學者 (陳仲庚，1983；龔耀先，1984) 對艾森克人格問卷做過修訂，測試結果表明 EPQ 適用於我國，艾氏的人格維度在我國的文化特點下也同樣存在。但 EPQ 中也有也少數項目與我國的社會習俗不符合，其中以 P 量表中的題目淘汰最多。下面是龔耀先修訂本 (成人) (1983) 的幾個題目舉例 (編號為原題號)：

1. 你是否有許多不同的業餘愛好？是□，不是□
7. 你曾無緣無故覺得“真是難受”嗎？是□，不是□
15. 你容易激動嗎？是□，不是□
20. 你所有的習慣都是好的嗎？是□，不是□ (龔耀先，1983)

根據記分得到被試的各量表粗分後，在相應的性別和年齡 T 分數表中便可以查出 **T 分數** (T-score)。根據這些 T 分數便可畫出人格剖析圖，對被試作出解釋。

三、經驗效度的人格問卷

這類問卷就是用一系列題目施測於不同類型的被試組，一組被試在某一方面 (如精神障礙、事業成就、犯罪行為等) 與另一組被試不同，以這些不同方面為效度，選出能把不同被試組區別開來的題目。由此所構成的問卷即為經驗效度的人格問卷。最著名的經驗效度問卷是明尼蘇達多相人格問卷。

明尼蘇達多相人格問卷 (Minnesota Multiphasic Personality Inventory，簡稱 MMPI) 是由美國明尼蘇達大學教授哈撒韋和麥金利 (Hathaway & Mckinley, 1943) 編製。該問卷從 1930 年開始研究，從大量病史、早期出版的人格量表、醫學檔案、病人自述、醫生筆記以及一些書本的描述中搜集了 1000 多個題目，將這些題目施測於效標組 (心理異常住院病人) 與對照組 (正常人)，並比較兩組對每題的反應。如果兩組對某題之反應確有差別，則該題保留；如果反應無顯著差別則淘汰。每個題目都通過兩組的實際反應來確定。明尼蘇達多相人格問卷共有 566 個自我報告形式的題目，其中 16 個為重復題目 (檢驗被試反應的一致性)，實際上有 550 題。題目的內容範圍很廣，包括身體的各種情況 (如神經系統、心血管系統、消化系統、生殖系統等情況)、精神狀態和對婚姻、家庭、宗教、政治、法律、社會等的態度。

該問卷是由十個臨床量表和四個效度量表組成的。十個臨床量表均採用效標組命名：(1) 疑病 (Hs)；(2) 抑鬱 (D)；(3) 癔病 (Hy)；(4) 精神病態 (Pd)；(5) 男性化-女性化 (Mf)；(6) 妄想狂 (Pa)；(7) 精神衰弱 (Pt)；(8) 精神分裂 (Sc)；(9) 輕躁狂 (Ma)；(10) 社會內向 (Si)。其中 Mf 與 Si 量表只能說明人格的趨向，與疾病無關。從上述十個量表中，可得到十個分數，即代表十種人格特質。

明尼蘇達多相人格問卷的主要特徵是設置了四個效度量表 (不是指心理測量的效度)，用以識別被試是否粗心、不明題意、掩飾、反應定勢以及參加測驗時的態度。這些量表是：

說謊分數 (L)：共 15 個題目，由一些過分好的自我報告題目組成，若被試偏向於選擇討人喜歡的報告，說明他的回答不真實，結果不可靠。

詐病分數 (F)：共 64 個題目，多為一些較古怪或荒唐的題目，其中有些題目還包括在精神分裂 (Sc) 與妄想狂 (Pa) 量表內。在該量表上得高分可能是為了增加接受治療機會或者逃避法律責任而蓄意裝病，當然也可能是回答不認真 (隨便答“是”) 或真的有病，如妄想、幻覺、思維障礙等。

校正分數 (K)：由 30 個對假裝敏感的題目組成，測量被試做測驗時的態度。高 K 分可能表示防禦或裝好人，低 K 分可能表示過分坦率、自我批評或蓄意裝壞。

疑問分數 (?)：表示漏答、無法答或“是”“否”均作回答的題目數量，如超過 30 題，則此答卷無效。由於大多數的被試未答的題目極少，此量表一般已不再使用。

除上述幾種效度量表外，還可用其他方法來鑑別分數的有效性。由於量表上題目是根據經驗效度 (empirical validity) 選擇的，有些題目與量表間具有明顯的邏輯關係，稱為意義“明確”題目。同一個臨床量表間沒有任何邏輯關係，稱為意義“模糊”的題目。同一個臨床量表可有兩個分量表，一個由意義明確的題目組成，另一個由意義模糊的題目組成，在這兩個分量表上的分數差異可以作為識別作假的一種新方法。

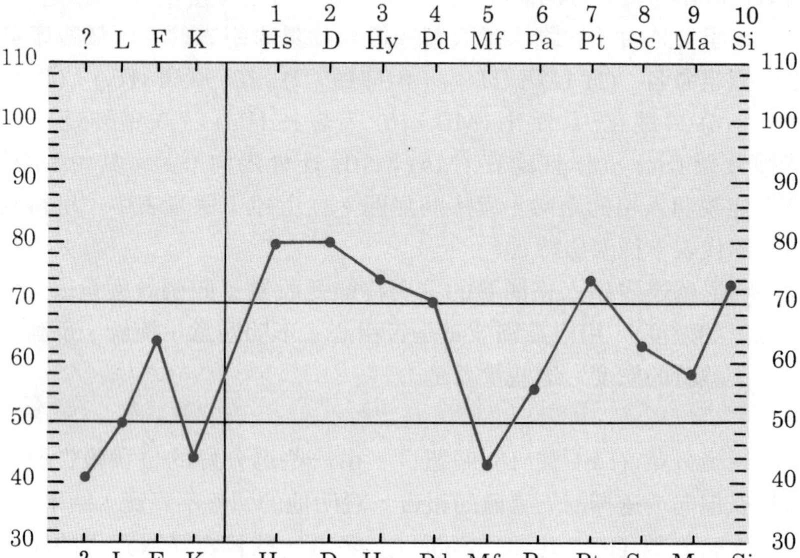

	?	L	F	K	Hs 1	D 2	Hy 3	Pd 4	Mf 5	Pa 6	Pt 7	Sc 8	Ma 9	Si 10
原始分數	0	4	9	9	23	35	32	23	40	10	30	23	18	47
校正分數					5			4			9		2	
T 分數	41	50	64	44	80	80	73	69	43	55	73	64	58	74

編碼號　12″ 037′ 48－96/5: F－L/K ?

圖 7-3　被試 A 的明尼蘇達多相人格問卷得分剖析圖示意

(採自彭凱平，1990)

明尼蘇達多相人格問卷適用於 16 歲以上具有小學畢業以上文化水平的成人。測驗没有時間限制，正常成人一般為 45 分鐘左右，很少超過 90 分鐘。

明尼蘇達多相人格問卷各量表的分數最後都要轉換成標準 T 分數 (以 50 為平均數，10 為標準差)，並標繪在人格剖析圖上 (參見圖 7-3)。解釋可以直接按得分進行，也可以與常模比較。較先進的手段是利用計算機解釋並作出報告。一般説來，T 分數超過 70，表明有嚴重的心理問題存在，但這並不一定表明被試具有量表所稱的那種障礙。在新的明尼蘇達多相人格問卷各量表中多用數碼而不用診斷分類表示，其解釋方法也不是一個一個量表地解釋，而是用一組量表分數進行診斷和人格分析。因此，明尼蘇達多相人格問卷的解釋是從被試的剖析圖特徵編碼開始的。最常用的編碼系統是哈撒韋和韋爾什 (Hathaway & Welsh) 設計的，它根據被試在 10 個臨床量表上 T 分數的高低，自左至右排列。如圖 7-3 所示，該被試的剖析圖編號是 1203748965，更精確的編碼是：70 分以上的量表數碼後加上記號“′”，在 60 分以上的數碼後加一“－”，即每一個標準點 (10 分) 都要表示出來，然後再加上 (F－L)/K？的分數。這樣一個完整的問卷編碼是：12″ 037′ 48－96/5：(F－L)/K？：再將編碼輸入計算機，就可以作出解釋。

明尼蘇達多相人格問卷對分數的解釋以經驗為基礎，較為客觀，是目前應用最廣的人格問卷，其應用領域包括醫療、臨床心理、企業、教育、軍事上的人員選拔等。現在使用該量表的國家和地區超過 65 個，被 115 種語言所翻譯。在我國大陸宋維真 (1982，1985) 於 1980 年開始修訂明尼蘇達多相人格問卷，並於 1984 年正式確定了該問卷的中國標準。

四、價值觀問卷

自從 1931 年奧爾波特、弗農和林賽 (Allport, Vernon & Lindzey, 1931) 編製的**價值研究** (Study of Values) 量表發表以來，心理學家發展出不少量表用來測量人們的價值觀。**價值觀** (values system) 是人區分好壞、美醜、益損、正確與錯誤、符合或違背自己意願等的觀念系統。它通常是充滿情感的，並為人的正當行為提供充分的理由。目前國外使用較廣的測量價值觀的問卷有下列四種。

(一) 奧爾波特等氏價值研究量表

奧爾波特等人 (Allport, Vernon & Lindzey, 1960) 的價值觀研究量表是依據斯普蘭格 (Spranger, 1928) 的六種理想價值類型 (理論的、經濟的、政治的、社會的、審美的和宗教的) 而編製的。該量表包括兩個部分：第一部分有 30 個選擇題，每一題有兩個答案，其記分為 3 與 0 或 2 與 1；第二部分有 15 個選擇題，每一題有 4 個答案，依被試的判斷記為 4、3、2、1 分。根據被試的選擇以測量其在上述 6 種基本價值觀上的相對強度。下面是該量表第一部分的幾個測題：

1. 科學研究的主要目的應該是發現規律而不是規律的實際應用：(a) 是；(b) 不是。
4. 假如你有必備的能力，你願成爲一個：(a) 銀行家；(b) 政治家。
14. 假如你有足夠的閒暇時間，你願把它用來：(a) 組織社團活動；(b) 參加社會公益勞動。
30. 將來你有了孩子，你認爲對他 (她) 進行哪方面的訓練更重要？(a) 宗教；(b) 競技。(Allport, Vernon & Lindzey, 1960)

(二) 莫里斯氏生活方式問卷

莫里斯氏生活方式問卷 (Morris's Ways to Live Questionnaire) (Morris, 1956) 包括 13 種生活方式，並對每一種生活方式分別以長度相近的文字加以界定和描述。這 13 種生活方式是：保存人類最好的成就；培養人和物的獨立性；對他人表示同情和關懷；輪流體驗歡樂與孤獨；通過參加團體活動來實踐與享受人生；經常控制變化不定的環境；將行動、享樂和沈思結合起來；在無憂而衛生的環境中享受生活；在安靜的接納中等待；堅忍地控制著自己；靜觀內心的生活；從事冒險活動；服從宇宙的旨意。後來，日本心理學家田宗介 (1966) 將此 13 種生活方式簡化命名為中庸型、達觀型、慈愛型、安樂型、接受型、協作型、努力型、多彩型、享樂型、克己型、冥想型、行動型、服務型。根據莫里斯的分析，“價值”一詞有三種不同的含義，即實選價值、想像價值和客體價值。實選價值是對不同生活方式所表現的差異的喜好傾向，即對不同生活方式所表現的選擇行為的實際方向。想像價值的意義局限於能夠預見後果的選擇行為。客體價值強調價值對象本身的屬性，即根據生活方式本身的條件來決定什麼是值得選取的，而不是當事人是否事實上在選取該生活方式 (實選價值) 或想像中認為應選的生活方式 (想像價值)。因此，該問卷讓人來評定各種生活方式的喜好程度，測量的是想像價值；評定對各種生活方式的真實程度，測量的是實選價值。

(三) 羅克奇氏價值調查表

羅克奇氏價值調查表 (Rokeach's Values Survey) (Rokeach, 1968) 包含兩種價值體系：**終極性價值觀** (terminal values) 和**工具性價值觀** (instrumental values)。每種價值體系各有 18 個項目，每一項目均有簡短的文字進行意義界定。要求被試根據對於自己的重要性分別對 18 個項目排出順序，以考察他們的價值觀狀況。終極性價值觀的內容和界定如：舒適的物質生活 (過富裕的生活)；興奮的生活 (刺激性的、活躍的生活)；平等 (兄弟姊妹般的、人人機會均等)；國家安全 (祖國不受任何侵犯) 等等。工具性價值觀的內容和界定如：雄心壯志的 (努力工作、有上進心的)；勇敢的 (無畏地堅持自己的信念)；誠實的 (誠摯的、真誠的)；自我控制的 (拘謹的、自我約束的) 等等。

(四) 塞普爾氏職業價值觀量表

塞普爾氏職業價值觀量表 (Super's Work Values Inventory) (Super, 1970) 把職業價值觀分為三個維度：(1) 內在職業價值觀 (與職業本身性質有關的因素)；(2) 外在職業價值觀 (與職業性質有關的外部因素)；(3) 外在報酬；共計 15 個因素，即智力刺激，利他主義，經濟報酬，變動性，獨立性，聲譽，美感，同事關係，安全性，生活方式，監督關係，工作環境，成就，管理，創造性；由 45 個項目構成。要求被試用 5 級評分法對 45 個項目逐一進行評定。記分方法是，被試視為極重要的記 5 分，重要的記 4 分，不能確定的記 3 分，不重要的記 2 分，極不重要的記 1 分；以考察被試在選擇職業時最看重哪些因素。該量表的項目舉例如下：

1. 工作中能經常面對新問題。

8. 工作中能結交許多朋友。
17. 能發揮自己的專長，有所作爲。
28. 自己的工作能被他人看重。

黃希庭、張進輔、李紅等 (1994) 根據我國大陸的情況對上述量表都進行了修訂，並進行信度和效度檢驗，應用於我國青年價值觀的測評。

五、影響自陳測驗效度和信度的因素

影響自陳測驗的效度和信度的有關因素很多，其中主要的有以下三項：

1. 社會期許性偏向　人格特質往往有好壞之分。如果自陳問卷涉及好壞的社會評價，很容易產生社會期許性偏向。所謂**社會期許性偏向** (social-desirability bias) 是指被試按照社會大衆認可的價值或標準來回答問題以不實的意願代替真實意願的心理傾向。減少社會期望性偏向的流行策略是：將問卷重新改寫，使同一問卷的不同反應具有同等的社會期望。然後將改寫後的問卷所得分數與其他問卷所得分數相比較，以考察兩者的等同程度和社會期望所起的作用。

2. 反應定勢　**反應定勢** (或**反應心向**) (response set) 是指被試的回答與問題的內容無關，只是按照自己的特定方式進行回答的一種心理傾向。在自陳測驗中，反應定勢有下列幾種類型：(1) 默認：只選擇"是"，表示贊同。(2) 極端化：在等級量表中選擇極端項。(3) 迴避：以"？"、不回答等謹慎地迴避問題。(4) 粗心：回答前後不一致。(5) 離題：有許多的離題的回答。(6) 位置定勢：傾向於在相同的位置上做記號。通過改變特定測驗或交叉測驗中的問題形式，可以減少反應定勢。

3. 無法測定潛意識動機　自陳測驗的基本假設是被試自己最了解自己的人格。但是，事實上一個人不可能知曉與人格有關的所有事實，不能知曉自己的潛意識動機。自陳測驗對被試的潛意識動機是毫無意義的。

第三節　對特質論範型的評價

在對人的看法問題上，我們通常傾向於用特質論和類型論來敘述自己的見解。但是，常識不等於是科學。近年來學者們紛紛懷疑有關人格的行為是否真的具有一致性。首先對特質論發難的是美國哥倫比亞大學心理學教授米歇爾 (Walter Mischel, 1930～　)，他認為行為是隨情境而異的。接著特質論者做了不少研究以反抗米歇爾特質一致性的觀點。在本節中，我們將討論這場論爭所提出的研究並對特質論範型做個簡短的評價。

一、特質論的科學地位問題

(一)　米歇爾對特質論的批判

特質論者的基本觀念是，基本特質的主要特徵是具有跨時間的穩定性和跨情境的一致性。一個聰明的人不僅僅今天聰明，而且昨天、明天也是聰明的；一個盲從的人在許多場合都有此特性，而且維持很長時間。因此，根據一個人的基本人格特質和已知的情景線索就可以預測其行為。是否存在著跨時間穩定性和跨情境一致性的人格特質呢？從根本上說，這涉及到特質論的科學地位問題。

對特質論的科學地位提出強烈的挑戰的是米歇爾 (Mischel, 1968) 在他的《人格和評鑑》一書中所闡述的觀點。該書討論的主題是：如果人格特質存在，那麼反映某種特質的思想、情感和行為就應該具有跨時間、跨情景的的高相關。米歇爾認為除了智力行為具有跨情景的一致性、場獨立性或場依存性行為的相關係數高達 0.50 以外，其餘像所有的對他人態度的特質、性別認同、依賴性、攻擊性、剛強性、逃避性以及支配性等特質都是值得懷疑的，幾乎没有證據證明反映這些特質行為的一致性。這些特質在不同情景下的行為的相關係數不超過 0.30。

米歇爾認為特質論者在研究方法上存在著嚴重的問題：用自陳問卷測量

很容易混淆標準，“構造”出行為之間的相關，其實是毫無意義和價值的。他的理由是：

1. 問卷法中大量使用含糊的副詞和修飾詞 (例如：常常、有時、偶爾等)。這些詞所表示的頻率極不相同，用問卷法測量特質時，一個連續的“反應組”在所測量的特質之間會增大相關係數。

2. 許多問卷中，不同的量表交錯使用，使每一個項目都由兩個以上的量表來評分，這就必然使各個量表之間獲得相關。甚至量表內的各個項目常常重復出現，因為一個量表必須要有足夠的長度，才能達到可以接受的“時間”信度。

3. 問卷項目常使被試產生戒備的心理，並由此作出迎合主試心意的回答，結果要測量的特質卻被忽視了。

4. 有些被試不考慮問卷內容，對問題均說“是”，這樣，通篇是肯定回答的問卷可能會造成單一的“默認狀態”的相關。許多問卷要求被試儘快填寫，不要多加思考，也會增加此項弊端，導致不真實的相關。

5. 在問卷中大多數項目本身就已經假設行為在不同情境中會保持一致性。“你常常感到愉快嗎？”要用“是”或“不是”來回答。然而被試也許想說，這要看他們在哪裏，和誰在一起，一天中什麼時候，每星期、每月、每年的什麼時候等等。

採用等級評定量表也會產生類似的問題。

1. 等級評定有一種壓力，促使被試作出社會期許的回答。

2. 等級評定總是假定行為在不同的情境中保持一致性，並且大多數只包括特質或者表現在語言方面的特質。

3. 被試對量表的某些部分常有“選擇傾向”，一般來說，傾向於作出中性評鑑而避免對自己作極端評鑑。

米歇爾斷言，特質不是人們行為的基礎。那麼，為什麼會有這麼多的人(包括許多心理學家) 都相信特質是存在的呢？他認為，這是由於行為一致性在觀察者看來是存在的。換言之，“人是有特質的”這種觀念使得人們看到的行為一致性比事實上真正存在的一致性要多得多。人們在觀察時，各種偏見會影響他們觀察的客觀性，這些偏見導致了“一致性”行為的形成，因而得出了“人是有特質的”錯誤結論。查普曼夫婦 (Chapman & Chapman, 1969) 的研究也說明了米歇爾的以上觀點。研究者給被試呈現一系列精神病患者對不同羅夏圖片的反應，還讓他們看每一個精神病患者的診斷。但患者的反應與對患者的診斷之間是隨機搭配的，其間沒有任何的聯繫。但是，當主試要求被試報告呈現的一系列圖片反應與對患者的診斷的關係時，大多數被試堅信他們看到了很明顯的聯繫。例如對同性戀的診斷被想像成與羅夏圖片的某一部分的反應相聯繫等。查普曼把實際上沒有聯繫而看作有聯繫的刻板印象稱為**錯覺相關** (illusory correlation)。米歇爾認為，正是這種錯覺相關和類似的偏見使人們相信特質是存在的。在《人格和評鑑》一書的結束部分，米歇爾曾號召人格心理學研究應拋棄過時的特質論研究範型；“這種人格理論，除了哲學般的枯燥乏味外，還受到大量實驗資料的批駁” (Mischel, 1968, p.301)。後來米歇爾聲稱，他並不反對人格一致性的概念，並說：“沒有人會真的懷疑生活是合乎邏輯的，我們覺知自己和他人都是相當穩定的個體，具有真實的同一性和時間上的連續性” (Mischel & Mischel, 1977, p.335)。但米歇爾認為最好把人格視為暫時的穩定性 (即在一段時間內不會改變)，而不要將其視為具有跨情境的一致性。

(二)　特質論者的反駁

米歇爾的觀點引發了將近 20 年的爭論。特質論者進行了各種研究試圖證明特質論是符合實際的。有些特質論者認為解決行為一致性問題的辦法是建立較好的行為效標和較嚴格的測試程序並對各種情境做更多的測試。另一些特質論者則接受米歇爾和其他情境論者的批評，用人格變量與情境變量交互作用的觀點來研究人格特質。下面這些研究都可以視為對情境論的反駁。

1. 行爲的穩定性　不少研究 (Kagan & Snidman, 1991；Conley, 1984；Pervin, 1985) 再一次表明，個體差異在氣質、職業興趣、成就追求、神經質、精神質、反社會行為、性別角色定型、表情豐富性、道德行為、外傾、內傾、攻擊性、利他主義等持續幾十年不變。布洛克 (Block, 1971) 克服了長期研究的許多困難，對大約 170 名個體作為青春早期、青春晚期和成年期的被試進行了調查。此時期幾乎跨越了近 30 年。通過晤談、客觀測驗、他人描述、學校或工作的記錄等，將生命的每一個階段有關每個被試的各種各樣的信息都收集起來，比較被試在某一年齡階段的顯著特質 (或不顯著特質) 與其在另一年齡階段的顯著特質 (或不顯著特質) 是否一致。雖然這項研究十分複雜，但經過二年的研究他得出的結論是：很多特質都是穩定的。布洛克及其他進行長期追踪的研究者的被試環境總是在變化的，但他們的穩定人格使其行為具有穩定性，也就是說行為具有跨情境的一致性。一個易激動的年輕人變成一個易激動的老年人，是因為有易激動的人格特質，而不是由於他住在易激動的環境所致。即使一個人在兩種情境中行為反應不同，其內在的特質很可能是相同的。例如，一個具有攻擊性的男人在酒吧常動手打人，而在家中與其身材高大的鄰居相處卻沒有打人行為。表面上看，其行為表現不同，而在這之下卻有著相同的特質。

2. 行爲頻率研究法　為了避免自陳問卷的缺陷，巴斯和克雷克 (Buss & Craik, 1984) 用**行爲頻率研究法** (act-frequency approach) 研究人們的特質。其假設是特質乃人的思想、情感和行為概括化的動力機制，根據在一定時間內某種特質行為產生的總數量就可以確定該種特質是否存在。其研究程序是：首先讓許多被試回答："你所熟悉的最外傾的人 (男性或女性)，寫出他們最具代表性的五種外傾行為"，然後將這些行為名稱羅列起來，大約有 100 種外傾行為；再讓另外的被試評判每一種行為是否屬於典型的外傾行為。某個特定的人的外傾分數則根據他在給定的時間 (如兩個星期或四個星期) 裏外傾行為的多少來評定。這可以用監視器不斷加以記錄，但由於技術上的困難，巴斯和克雷克讓被試用回溯評定其行為頻率，再將這種評定與其親屬、朋友的評定相參照並作出修正，意見一致的內容便加以確認。他們對外傾、內傾、支配性、服從性、愛爭吵、快樂、合群、冷漠等特質的行為研究結果表明，這些特質組成是不同的，一些特質 (如快樂) 有很典型的行為；典型行為的穩定性和一致性均高於其他行為。他們的研究表明，在不同情景下典型行為的相關係數超過了米歇爾所說的 $r = 0.30$ 的界限。

當然，行為頻率研究法也有缺點。行為頻率不是人格特質的唯一參數，一種行為可能反映幾種特質，有些特質 (如冷漠) 不一定反映在行為上；而由精神分析論建立起來的有關潛意識傾向則是更難研究；此外，用回溯法評定行為易帶主觀性等。儘管如此，這畢竟是傳統的人格特質研究法的改進與發展，為我們探究特質與特質行為的關係提供一條更為複雜精緻的新途徑。

3. 聚合研究法　**聚合研究法** (aggregation approach) 就是每隔不同的天數對多種行為進行重復評定，將多次重復評定的平均分數與這些行為所反映的特質問卷的測量結果求相關，以確定某種特質概念的方法。例如，愛波斯坦 (Epstein, 1979, 1980) 讓被試每天評定他們自己的衝動、愛交際和社會聯繫的數量。將 14 天評定的平均數和卡特爾外傾問卷測量結果求相關，得到的相關係數分別為 r＝0.45，r＝0.47，r＝0.52。這樣個體在衝動性、愛交際和社會聯繫的行為表現，就為外傾特質的概念提供了強有力的例證。愛波斯坦不同意米歇爾的觀點，認為如果採取簡潔而嚴謹的措施提高測量反映特質行為的信度，那麼在多數情況下是能夠預測人們的行為的。

聚合研究也有缺點：一是被試對自己行為的主觀評定可能不一定是準確的；二是以每隔一段時間測得數據的穩定性來推斷跨情境的一致性也不完全合適。後來，愛波斯坦 (Epstein, 1984) 對這些缺陷作了修正，對許多情境下的行為進行客觀測量，以顯示結果的一致性，表明聚合研究能提高對行為的預測能力。

4. 相互作用研究方法　自從米歇爾提出特質測量並不能預示行為以來，情境決定行為論者認為人格是不存在的；行為是由外在的社會力量促成的；人不過是受他人、社會力量、經驗或不可捉摸的命運牽動的木偶而已。針對這種觀點，互動論者提出行為是個人及其所處情境的交互作用的結果。例如，假設有兩個人：一個是典型的外傾者另一個是典型內傾者；有兩種情境：擁擠的聚會和安靜的圖書館。假定研究快樂的行為。我們能說哪一個更快樂嗎？除非我們知道他們所處的情境，才能回答。我們能說哪一種情境導致快樂嗎？除非我們知道在這個特定的情境中是哪一種人。這就是人和情境的**相互作用研究法** (interaction approach)。個體差異的效果依賴於情境；情境的效果依賴於個體差異 (見圖 7-4)。其實，這種觀點奧爾波特和卡特爾等早就提出過。他們認為任何特定的人格特質間的相關都是依賴於情境的。

例如，在一項研究 (Magnusson & Endler, 1977) 中，給新招收的被試每人一份人格測驗。根據他們所得的測驗分數，將他們分為兩組：某種特質 (如成就動機、焦慮等) 的高分組和低分組，然後將他們隨機地分到兩種實驗訓練中，以考察兩種訓練因素在研究中同人格特質的相互作用，評鑑所有被試的適應性行為。鮑爾斯 (Bowers, 1973) 總結過許多類似的研究，發

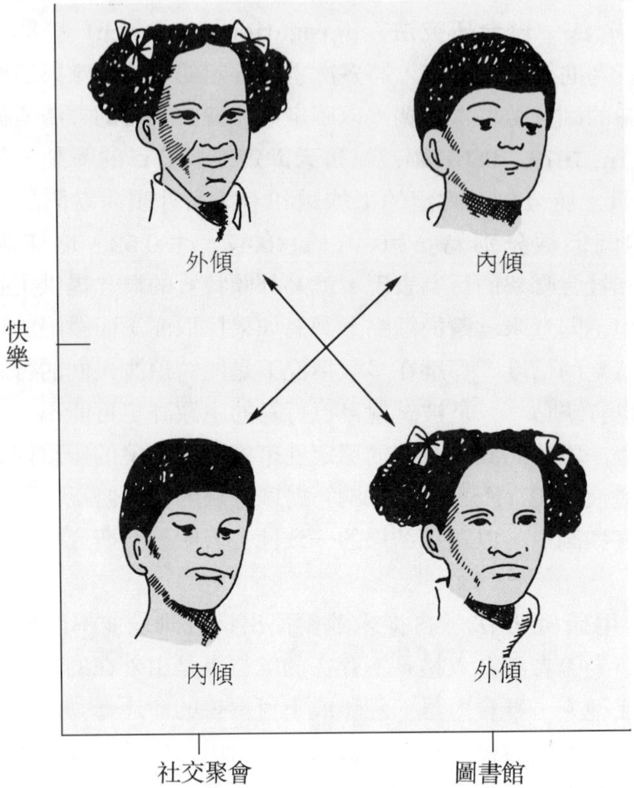

圖 7-4 人和情景的相互作用
(採自 Peterson, 1988)

現用相互作用研究法所得到的研究結果與圖 7-4 的描述是一致的。

可見，儘管特質是穩定的，但如果缺乏情境信息，特質對預測行為便沒有任何用處。當然，不同的情境對人的重要性，對行為的影響也不同。有些情境更易與人格維度產生相互作用，有些情境則不然。例如，在高度強制性的環境中，一個人在巨大的壓力下所表現出的某種行為方式便不會顯示其真正的特質。在葬禮和終考中都會出現這種情況：現場的大部分人都表現出高度一致的行為，顯示不出人們的真正特質。情境特質論者對這些是很少去研究的。然而，另外的一些情境卻能使人在行為表現出更大的變化性，並且個體行為一致性也很明顯。例如，在第一次跳傘時的恐懼情境下人格特質和行為的相關就很高，但在實驗室的恐懼情境（如預期電休克）下特質和行為間的相關幾乎不可能是很高的（Epstein, 1983）。有些人更易受情境的影響。例如，在一項研究**自我警戒**（self-monitoring）人格特質中，高自我警戒者通過注意情境反饋來指引行為，他們反饋一個適宜行為，然後再修正自己的表現。低自我警戒者則注意自己的內心狀態和情感來指引自己的行為。高自我警戒者由於對情境的敏感，他們在各種情境下表現是不一致的；而低自我警戒者由於對情境變化不敏感，所以他們在各種情境下的表現是一致的（Snyder, 1983）。因此，當特質與其表現的情境相適應時我們對行為的預測的準確度就大為提高，反之則大大下降。

二、總的評價

特質論者運用綜合觀察、自陳問卷、實驗和因素分析等統計方法直接從個體本身行為特點出發來探討人格問題，把研究對象的各種變量納入了可操作的程序之中，這是符合當代科學研究邏輯的，它使人格心理學擺脱長期以來對現象的描述和講解的困境。特質論的研究發現表明，個體在人格上的差異是能夠測量的。人格上的許多差異都是與適應環境的好壞相聯繫的。同時也使我們對個體差異的生物學起源有了一些了解。總的來看，特質論的構想至少部分是成功的。當然，特質論範型確實也存在一些問題，該理論中的一些重要問題，我們仍知之甚少或一無所知。

1. 特質論者對人格所持的是一種靜態的觀點，認為人格是由一組持久的特質所構成。那麼人們最基本的特質到底有多少？卡特爾的 16 項人格因素問卷、艾森克的人格問卷，以及明尼蘇達多相人格問卷都聲稱測量基本的個體差異。但是，它們測出來的人格的基本因素並不一致。有些研究者只發現 5 個特質，另一些研究者則發現 20 個特質，分歧甚大。是否不同的人格維度需要用不同的評鑑策略？用同一種問卷形式測量所有特質是否會遺漏重要的人格維度？總之，特質論在尋求基本的個體差異上仍沒有取得一致的意見。

2. 業已確定的維度與其他的維度的關係怎樣尚需進一步研究。一些人格維度是重疊的，例如，前面討論過的外傾、感覺尋求與場獨立性的關係如何？是否是重疊的？一種特質能否從另一種特質中獲得？幾種特質是否反映一種更基本的特質？目前的研究尚不能回答這些問題。因為大多數一種特質和另一種特質之間的相關研究只是想建立起**判別效度** (**或區別效度**) (discriminant validity)，對特質不同方面的關注遠遠超過對特質相同方面的關注。此外，特質論者對構成人格特質之間的動力關係的研究也甚少。

3. 特質論者對與社會評價好壞相聯繫的特質研究得多，而對那些中性的特質研究甚少。在現實生活中大多數人都屬於中間類型。以某些典型的人格特質能用來描述大多數人嗎？這也是需要進一步明確的問題。

4. 個體差異的起源是什麼？特質論者雖然並不否認環境的作用，但他們過分強調遺傳基礎或先在傾向，而没有強調文化因素和家庭環境對人類行為的影響。其實，人格特質的形成在很大程度上是依存於環境的。例如，社會階層、職業、種族、宗教和家庭等都影響著我們人格的形成。特質論者在這些方面都研究得相當少。

本 章 摘 要

1. 奥爾波特強調人格心理學家必須做特殊規律研究 (或個人記述研究)；對特定的個人的研究，有效的方法是利用個人的忠實記載，譬如日記、自傳、信件、採訪報導等。

2. 基於人類行為的易變性和複雜性，卡特爾提出用**歸納-假設-演繹法**和**多變量實驗**以及**因素分析**統計方法來研究人格。

3. **因素分析**是從大量的相關變量中抽取出最基本的維度或因素並加以分析的統計方法。卡特爾主要運用了兩種方法：(1) **R 方法**，即對許多被試的許多變量進行測量並尋求其相關的因素分析法；(2) **P 方法**，即在不同場合下對同一個體的幾種特質進行追踪研究的因素分析法。

4. 卡特爾的統計資料來源包括：**生活記錄資料** (L 資料)，**問卷資料** (Q 資料)，**客觀測驗資料** (OT 資料)。

5. 艾森克的**標準分析**是一種從人格結構的假設開始，然後選擇出與這一假設相一致的一些測量進行研究的方法。
6. 因素分析法也有其局限性，曾受到一些心理學家的批評。這些批評包括數據來源的可靠性，抽取因素方法的客觀性以及能否處理人性的本質與行為的複雜性等。
7. 特質論者主要採用自陳量表來評定人們的個體差異。最早的自陳量表是**武德沃斯個人資料表**，目前人格問卷種類很多。
8. **內容效度**的人格問卷是根據某個或若干人格概念而編製的，其題目選擇的依據是它的內容是否測量了欲測的人格特質。
9. **愛德華個人偏好量表**屬於內容效度人格問卷，是根據默里的人類的 15 種需求理論而編製的人格問卷。
10. **感覺尋求量表**也屬於內容效度問卷，是根據人們需求不斷變化的刺激輸入，而對貧乏刺激會產生抗拒反應這個概念而編製的人格問卷。
11. 從大量的項目開始，測試很多被試，找出相關的項目構成一個因素，每個因素代表一種人格特質，由此構成的問卷即為因素分析的人格問卷。例如**卡特爾 16 種人格因素問卷**和**艾森克人格問卷**均屬之。
12. 用一系列題目施測於不同類型的被試組，選擇出能把公認的效標組區別開來的題目所構成的問卷即為**經驗效度**的人格問卷。**明尼蘇達多相人格問卷**是最著名的經驗效標的人格問卷。
13. 影響自陳測驗效度和信度的主要因素是**社會期許性偏向**和**反應定勢**；它的一項缺點是無法測定潛意識動機。
14. **價值觀**是人區分好壞、美醜、益損、正確與錯誤，符合或違背自己意願等的觀念系統。
15. 自從奧爾波特等人編製出**價值研究**量表之後，又發展出**莫里斯氏生活方式問卷**、**羅克奇氏價值調查表**和**塞普爾氏職業價值觀量表**，用來測量人們的**價值觀**。
16. 對特質論的科學地位提出強烈挑戰的是米歇爾。針對米歇爾關於行為隨情境而異的觀點，特質論者用諸如**行爲頻率研究法**、**聚合研究法**和**相互作用研究法**來論證了特質的行為表現具有跨時間的穩定性和跨情景的一致性。然而，特質論還有不少需要進一步研究加以解決的問題。

建議參考資料

1. 宋維真 (1989)：明尼蘇達多相個性調查表使用指導書。北京市：中國科學院心理研究所印。
2. 宋維真 (1985)：中國人使用明尼蘇達多相個性測驗表的結果分析。心理學報，17 卷，4 期，346～354 頁。
3. 陳仲庚 (1983)：卡特爾人格問卷的項目分析。心理學報，15 卷，2 期，211～218 頁。
4. 楊中芳、趙志裕 (1987)：中國受測者所面臨的矛盾困境：對過分依賴西方量表的反省。中華心理學刊，29 卷，2 期，59～78 頁。
5. Allport, G.W. (1965). *Letters from Jenny*. New York: Harcourt, Brace & World.
6. Allport, G.W. (1968). *The person in psychology: Selected essays*. Boston: Beacon Press .
7. Cattell, R.B. (Ed.) (1966). Psychological theory and scientific method. In R. B. Cattell (Ed.), *Handbook of multivariate experimental psychology*. Chicago: Rand McNally.
8. Cattell, R.B., & Kline, P. (1977). *The scientific analysis of personality and motivation*. New York : Academic Press.
9. Eysenck, H.J. (1976). *The measurement of personality*. Lancaster, England: Medical & Technical Publishers.
10. Eysenck, H. J, & Eysenck, M. W. (1985). *Personality and individual differences: A natural science approach*. New York: Plenum.
11. Kline, P. (1993). *The handbook of psychological testing*. London: Routledge.
12. Pervin, L. A. (1996). *The science of personality*. New York: John Wiley & Sons.

第八章

學習論範型

本章內容細目

第一節　斯肯納的操作性條件作用理論

一、基本概念　276
㈠ 操作性行為
㈡ 辨別刺激
㈢ 強　化
㈣ 強化程式
㈤ 二級強化
㈥ 行為塑造
㈦ 人格結構
二、人格發展　282
補充討論 8-1：從育嬰箱到沃爾登第二
三、人格適應　283

第二節　多拉德和米勒的刺激-反應論

一、基本概念　286
㈠ 學習的四個基礎
補充討論 8-2：一位飛行員的恐懼症
㈡ 消　退
㈢ 二級驅力
㈣ 刺激泛化
㈤ 人格結構
二、人格發展　292
㈠ 發展的性質
補充討論 8-3：挫折-攻擊假說
㈡ 童年時代的四個關鍵性訓練
三、人格適應　295
㈠ 適應的性質
㈡ 治療的方法

第三節　羅特的社會學習論

一、理論要點和基本概念　299
㈠ 理論要點
㈡ 行為潛能
㈢ 預　期
㈣ 強化價值
㈤ 心理情境
㈥ 預測公式
㈦ 人格結構
二、人格發展　304
三、人格適應　306

第四節　班杜拉的社會學習論

一、理論要點和基本概念　308
㈠ 理論要點
㈡ 觀察學習
㈢ 替代性強化
㈣ 自我調節
㈤ 自我效能
㈥ 人格結構
補充討論 8-4：米歇爾對個體差異的探討——個人變量
二、人格發展　317
三、人格適應　318
㈠ 適應的性質
㈡ 治療的方法

本章摘要

建議參考資料

我們經常可以看到在一個家庭成員間具有某些行為模式。兒童不僅在外貌上，而且在智力、情緒、成就動機、興趣愛好以及社會性等方面也常常與其父母相似。這些相似的行為模式有時被歸因於遺傳，但是，更有可能的是由於學習的結果。例如，一個與父母維妙維肖的女兒並不能通過遺傳繼承其母親對繪畫的愛好，也不能通過遺傳繼承其父親對象棋的興趣。從遺傳學的觀點來看，父母也不能把誠實或虛偽、勇敢與怯懦、靦腆或惹是生非以及抱負、反社會傾向等遺傳給子女。子女的這些行為模式是通過學習逐漸形成的。

人格是遺傳和環境交互作用的產物。我們的知識經驗、社會技能和智力技能是學習得來的；我們的自我概念、道德品質是學習得來的；我們與其他人的交往方式、憂傷煩惱等感情是學習得來的；我們的興趣、愛好、態度、信念和價值觀也是學習得來的。廣義地講，**學習** (learning) 是個人因與外界接觸或與其他人交往而使行為和行為傾向產生比較持久改變的過程。這些變化了的行為既包括外顯行為也包括認知、情感、態度、信念等內隱行為。

當代人格研究的**學習論範型** (learning paradigm) 主要有兩種研究取向：行為論取向和社會學習論取向。行為論取向首先要提到的人物當推斯肯納 (Burrhus Frederick Skinner, 1904～1990)。斯肯納用動物實驗得出的操作條件作用原理，來解釋動物和人類的所有學習、解釋人格的發展和改變。他的理論被稱為**人格的操作條件作用理論** (operant conditioning theory of personality)。當代人格的行為學習取向的第二種主要影響來自多拉德 (見本章第二節) 和米勒 (見本章第二節)。他們把精神分析論與學習論結合起來發展了關於人類習慣形成的一套理論。然而，這種學習理論都是基於對動物的實驗室研究而建立起來的，因而有許多明顯的缺點。例如，忽視了認知的作用，把人看作是受強化支配的有機體；而事實上人類是有思維、會謀畫和想像，並能對強化進行預測、評價和權衡的。又如，以簡單的實驗裝置中的動物研究結果來解釋人類的學習；而事實上人類的學習和行為表現大多發生在複雜的社會環境中，人們與環境是交互作用而且會根據環境表現其行為。針對這些缺點，社會學習論便應運而生。雖然哪些人稱得上是社會學習論理論家尚有爭議，但是羅特 (見本章第三節) 和班杜拉 (見本章第四節) 在當代人格的社會學習論研究取向中的重要地位乃是毋庸置疑的。本章的主要內容包括：

1. 斯肯納的理論在人格領域中的含義。
2. 多拉德和米勒的研究對人格心理學的啟發。
3. 羅特的人格社會學習論的內涵。
4. 班杜拉的人格社會學習論的內涵。

第一節 斯肯納的操作性條件作用理論

斯肯納的研究被稱為**實證主義** (positivism) 和**操作行爲主義** (operant behaviorism)。他根本排斥任何理論探討，並排斥對有機體內部機制 (例如“自我”“認同危機”等) 的研究，只研究環境事件和行為之間的聯繫。在斯肯納的理論中，沒有明確的人格定義和解釋，有的只是用**強化** (或**增强**) 來説明人格的發展和改變。人格只不過是人們所見到的一個人的行為模式。在斯肯納看來，有機體是一個“空的盒子”。什麼進入盒子，什麼從盒內出來，通過可觀察測量的環境和行為之間的**函數分析** (functional analysis) 就能獲得有機體的完整信息，而毋須到盒子裏去尋找對行為的解釋。他既否定對人格結構的探討，也否定對人性潛能的探討，因此嚴格地講，斯肯納並不是一位人格理論家。

斯肯納堅持極端的決定論，深信行為完全是由其後果 (獎勵或懲罰) 決定的；曾經強化過什麼，他的行為就是什麼。人類没有任何自由意志選擇來控制自己的行為，對行為的控制也不是某種心智實體或特質。所有的行為都是由環境事件決定的，都是按照一定的法則發生的。他還身體力行從事行為控制 (見補充討論 8-1)。

雖然斯肯納並不完全否認遺傳的作用，但在他看來，行為模式上的個別差異是由於人們所處的學習情境的不同。兩個人彼此不同，不是由於他們素質上的不同，而是他們所處的環境的不同。如果出生時將他們對換環境，他們的行為模式在 20 歲時也就對換了。這種人格理論是極端的環境論。

斯肯納的著作等身，其中最主要的有《有機體的行為》(1938)、《沃爾登第二》(1948)、《科學和人類行為》(1953)、《言語與行為》(1957)、《超越自由和尊嚴》(1971) 等。

一、基本概念

斯肯納的基本概念來自實驗中對動物行為的觀察。在斯肯納看來，人類的複雜的行為 (如神經症、自我意識、思維、問題解決等) 通過適當的分析之後，都可以按照他的基本概念及其相互作用來理解；當然，也可以用來理解人格。

圖 8-1 斯肯納

(Burrhus Frederick Skinner, 1904～1990) 操作條件作用理論創始人斯肯納，1904 年出生於美國賓州。1926 年獲得漢密爾頓學院文學士學位，1931 年獲得哈佛大學心理學博士學位。先執教於明尼蘇達大學，1946 年擔任印第安納大學心理學系主任，三年後返回哈佛大學任心理學教授迄退休，1990 年逝世。

(一) 操作性行爲

斯肯納把由某種特殊的可觀察到的刺激所引起的行為稱為**反應性行爲** (respondent behavior)。這類行為的發生和先於它可觀察到的刺激之間存在著一種直接的聯繫。它們之間存在著一種刺激-反應的直接聯結。例如課堂上老師向你提出一個問題使你緊張起來；突然的一聲巨響使你不由自主地注視巨響的方向等，都是反應性行為。

與巴甫洛夫 (Ivan Petrovich Pavlov, 1849～1936) 和華生 (John Broadus Watson, 1878～1958) 不同，斯肯納強調的是與反應性行為相對立的操作性行為。所謂**操作性行爲** (operant behavior) 是指個體操作其環境的行為，它是在没有任何能夠觀察到的刺激情境下發生。有機體的這種反應是自發的，無法確定反應的出現是由何種刺激引起的。當然，這並不是說的確没有引起這種反應的刺激，而是說當反應發生時没有覺察出任何刺激。唯一能肯定的是，個體的反應一定與整個情境有關。操作性反應與反應性行為的另一個區別是，操作性行為能以某種形式來改變環境從而獲得刺激，而反應性行為則不能。在巴甫洛夫實驗室裏，狗除了作出反應性行為外，不能做別的，狗不能憑自己的動作來獲得刺激。但是在**斯肯納箱** (Skinner box) 裏，老鼠的操作性行為是獲得刺激 (食物) 的工具。老鼠壓杆便獲得食物，而在它壓杆之前則不能得到任何食物。所以斯肯納曾經說："如果一個操作發生以後繼之呈現一個强化刺激，這一操作的强度就會增加" (Skinner, 1938, p. 21)。這種反應強度的變化受反應結果控制的條件反應，稱為**操作性條件作用 (或操作制約作用)** (operant conditioning)。斯肯納認為，人類的絕大多數行為都是通過操作性條件作用而形成的。

(二)　辨別刺激

辨別刺激 (discriminative stimulus，簡稱 S^D) 是一種線索或信號，它表明如果做出某種特定的反應將得到獎賞。例如，在標準的壓杆實驗中，假定燈光亮壓杆就能得到一粒食丸，而當這個辨別刺激不出現時，壓杆得不到食丸。這種只發生在某一特定情境而不發生在其他情境的操作反應稱為**辨別操作** (discriminative operant)。例如，如果紅燈亮 (辨別刺激) 司機停止行車 (辨別操作) 就不會被罰款也不出車禍。斯肯納認為，辨別刺激是操作性行為的一個特殊時機，但不是這種行為的真正引發刺激。不是辨別刺激控制著行為，而是行為的結果控制著行為。但是，一個辨別刺激確實向個體表明應當選擇哪些行為以獲得愉快的結果。

(三)　强　化

强化 (或增强) (reinforcement) 是指在一種刺激情境中動物的某種反應後果有使該反應出現的機率提高的作用。能起到強化作用的反應後果 (例如得到食物或獎勵等）稱為**強化物** (reinforcer)。強化有正強化和負強化。在個體反應後帶來的刺激物能強化該反應時，這種刺激物稱為**正强化物** (positive reinforcer)。食物、水、性接觸等都是受過適當剝奪的個體的正強化物。由於正強化物的出現對個體反應所產生的強化作用，稱為**正强化** (positive reinforcement)。在個體反應後能使厭惡性刺激停止從而強化了該反應時，這種刺激物稱為**負强化物** (negative reinforcer)。由於負強化物的消失對個體反應所產生的強化作用，稱為**負强化** (negative reinforcement)。很響的噪聲、強烈的光線、極冷或極熱、電擊等都是負強化物。應當注意，雖然負強化物與懲罰在性質上都是個體所厭惡的，但兩者的實施方式不同，因而效果也不同；前者是因負強化物的停止出現從而強化了個體既有的適當行為，後者則是因懲罰的實施試圖阻止個體再次表現出不當行為。因此考察一個人的生活史確定其各種強化線索，就可以了解這個特定的人。一旦發現了這些強化物，就可以調節和控制個體的行為。

(四) 强化程式

並不是每次操作性反應之後都會得到獎賞的。生活中這樣的事例很多。當人們正在忙碌的時候，兒童尋求父母的稱讚，這時他幾乎不被注意，更不用說被強化了。家庭主婦也不能期待每一次烹飪都會受到稱讚。動物有時也是如此，有時裝置被卡住了或出了問題，正確反應之後不出現食物。因此，斯肯納除了對動物進行壓杆或開關啄擊的基本實驗外，還進行種種強化時間安排的研究。

强化程式 (或增强方式) (schedule of reinforcement) 就是給動物建立操作性條件反應時對動物的反應進行強化的不同方式。例如，白鼠在斯肯納箱中壓杆後給食物強化的方式可以有多種。通常是白鼠壓一次杆就給一次食物，這稱為**連續强化程式 (或連續增强)** (continuous reinforcement)。特殊的強化方式，白鼠就會形成特殊的反應模式。最常見的強化程式及其在生活中的例子如表 8-1 所示。

乍看起來，強化程式似乎僅是實驗室實驗的某種說明或僅涉及幾個簡單的人類行為實例。然而，斯肯納認為強化程式能說明人類的所有行為。“人格”行為也不例外。如果一位父親僅在足球賽開始前和結束後才關注他的孩子，那就把孩子置於固定時距的強化程式中。但如果這個孩子很活潑、愛提

表 8-1　常見的强化程式

强化程式	說　　明	實　　例
1. **固定時距** fixed-interval (FI)	按間隔一定的時間進行反應才能得到一次強化	計時付工資，理論上講工人會出工不出活，磨洋工
2. **固定比率** fixed-ratio (FR)	必須做一定次數的反應才給予一次強化	計件付工資；理論上講工人會產生許多產品以增加工資
3. **變動時距** variable-inteval (VI)	不按固定時間給予一次強化	如果漁夫每一小時打一網魚，但有時間隔 15 分鐘，有時間隔 2 天
4. **變動比率** variable-ratio (VR)	每隔幾次 (次數不定) 正確反應之後給予一次強化	如自動售貨機平均每次售 10 個，但有時售 5 個，有時售 15 個

(採自 Duke & Nowicki, 1979)

問且固執，那就會出現某種比率的強化程式，小孩的提問行為也許會得到獎賞。總之，一個人的行為模式是由強化程式確定的。

(五)　二級强化

一級强化物 (或原增强物) (primary reinforcers) 是同有機體生存有關的事物，如食物、水、氧氣和異性等。從生物學意義上看，這些事物不是中性的。如果有機體長期缺乏其中任何一樣東西，就無法生存下去。**二級强化物 (或次增强物)** (secondary reinforcers) 最初在生物學上是中性的，不具有強化作用，只是後來通過與一級強化物的結合而獲得了強化的性質。換言之，任何一種與一級強化物持續多次結合的中性刺激物，其本身也具備了強化性質。例如，母親總是與滿足兒童的基本需要相聯繫，因此母親就成了二級強化物。這樣，便產生出大量的二級強化物，如微笑、讚譽、金錢、獎品等等。

一些二級強化物與不只一種的一級強化物相聯繫。例如，母親的出現與飢餓的消除、身體不舒適的消除等相聯繫。這種不依賴於某一特殊動機狀態的二級強化物稱為**概括性强化物** (generalized reinforcer)。金錢也是一種概括性強化物，因為它幾乎與所有的東西 (如身體舒適、食物、飲料等) 相聯繫。這裏有一個**連鎖化** (chaining) 過程，即通過配對，二級強化物可以產生另外的二級強化物。母親與飢餓的消除相聯繫，然後也許母親與音樂相聯繫，這樣音樂也成了二級強化物。音樂再與一定的餐館相聯繫，它也就有了強化的性質——如此繼續下去。這一連鎖化的觀點也許可以解釋人一生強化物的複雜系統。

(六) 行爲塑造

從上面的討論，可以看出，相當簡單的反應是如何被強化並且如何使其經常地發生。但是由許多簡單行為組成的以前未曾發生過的複雜行為是怎樣發生的呢？以前不存在的行為能被強化嗎？斯肯納發現了一個好的馴獸師現在都懂得的東西——即**行爲塑造** (shaping) 。通過強化一些反應而不強化另一些反應，強化愈加接近人們最終所期望的那些反應，就可以做到這一點。例如，赫根漢 (Hergenhahn, 1974) 用下列程序來塑造老鼠按壓門閂的行為：(1) 當老鼠走到安置門閂的實驗箱一側時，給予強化；(2) 當它向門閂方向移動時，給予強化；(3) 當它在門閂前直立時，即予強化；(4) 當觸及門閂時，給予強化；(5) 當它用雙爪觸及門閂時，給予強化；(6) 當它試圖按壓門閂時，即予強化；(7) 在它做出按壓門閂的反應時，予以強化。

人類的一些複雜技能必須經過長期的塑造，並且每次以小步子的訓練方法逐步進行才能形成。下面是赫根漢 (Hergenhahn, 1972, pp.40～41) 塑造幼兒閱讀技能的一個程序：

1. 備製一些兒童讀物，把它們放在兒童最可能看到的地方。

2. 如果兒童避開書本，就獎賞與閱讀有關的活動，如注視各種符號，說出或指出各類事物的名稱等等。

3. 當上述第二項中的活動得到獎賞時，兒童就會傾向於更經常地進行這類活動，在他做這些活動中，必須對所期望的行為進行嚴格的要求，方才追加獎賞，例如，讀出更長的文字符號和注意更詳細的名稱。

4. 接著，可以要求兒童為你拿取某本書，諸如那本紅色的書，或者封面上印有鴨子的那本書，或印有 A、B、C 的那本書。當他這樣做時，就給以獎賞。

5. 這一步是使兒童更多地同書本接觸，例如，要求他在書中找到紅色的穀倉、狗等等。同樣，兒童這樣做時就應以某種形式進行獎賞。

6. 使上述程序繼續進行，並不斷完善，直到兒童能自己閱讀。

7. 經過上述，一旦引起了兒童的閱讀興趣，那麼，重要的乃是在兒童開始獨立閱讀時就繼續對他進行獎賞，最起碼也得在兒童最初開始閱讀時要注重獎賞他，以便使兒童保持閱讀興趣。最後，應當使所閱讀的故事內容從一開始起就對保持兒童閱讀興趣起到足夠的獎賞作用。

根據操作性條件作用理論，行為塑造對於教育和兒童的撫養來說是極其重要的。這可以從斯肯納所舉的例子中看出：

> 做母親的總不會情願促進她所不喜歡的行爲的發展。例如，當她很忙時，她可能對輕聲呼喚或要求置之不理。她可能只在兒童提高嗓門叫喊時才作了反應。兒童言語行爲的平均强度由此上升到高一級水平……最後這位母親就逐漸習慣了這個水平，於是又只有在更大聲的叫喊時才作出强化。這種惡性循環導致越來越響的言語行爲……這位母親所做的實際上就像一直在履行一項教會兒童惹人惱怒的任務一樣。(Skinner, 1951, p.29)

這位母親不知不覺地在孩子身上塑造了不良行為。

(七)　人格結構

前面幾章討論過的人格理論家都強調人格結構，用這個概念來解釋個別差異。例如，弗洛伊德所用的人格結構是本我、自我和超我；榮格所用的人格結構是自我、個人潛意識和集體潛意識；卡特爾所用的結構概念是特質。但是行為主義取向的心理學家則不同。他們強調情境的特殊性，注重外部環境中的刺激，強調由實驗來操縱變量，因此在斯肯納的理論中，我們看不到像特質那樣的類化的反應傾向，有的只是一個個的反應。在斯肯納看來，傳統的“人格”僅僅是行為的集合，而這些行為模式乃是由一些特殊的反應所組成。

斯肯納特別反對用人格特質、動機和基本衝突來解釋行為，認為特質、動機、自我等概念是沒有什麼用處的假設結構 (Skinner, 1953)。他提出，我們要分析支配著當前行為的可觀察事件、條件、情境變量和過去的經歷。根據當前的刺激複合體和個人在類似情境中過去的訓練經歷就可以解釋行為的原因。而神經症患者則是已經學會以個人、法律和社會所不容許的方式行動，因而被認為是反常的人。總之，斯肯納不相信有**人格結構**的說法，他的主要興趣是單個反應如何獲得、如何改變和如何控制。

二、人格發展

斯肯納對**人格發展** (personality development) 的看法，仍然強調強化程式對行為模式的獲得和表現的重要性。他認為，沒有必要再引入其他特殊的概念來解釋人類社會行為的形成和發展。個人的社會行為的獲得方式與老鼠壓杆的行為獲得都同樣受操作性條件作用原則的支配。只不過在這一特定環境中精確地確定什麼是社會刺激或者什麼是二級強化物很困難而已。

為了說明斯肯納學派對人格領域中行為發展的理解，讓我們來看看他們在這方面所做的一個實驗 (Azrin & Lindsley, 1956)。選取 20 名兒童 (7 至 12 歲)，把他們分成 10 組。一組中的兩個兒童輪流坐在一張桌子的對面。在每個兒童面前的是三個小洞和一支鐵筆。如果兩個兒童把他們的筆插入洞中並與另一個兒童直接相對 (合作反應)，紅燈閃亮，一份點心呈現在桌子上。當他們的筆在洞中不直接相對時 (非合作反應)，沒有獎賞。10 組兒童很快地學會了合作。幾乎同樣快地，八組兒童分吃了這份點心，而在其他兩組中，一個兒童一直獨吞這一份點心直到另一個兒童拒絕合作。後來，他們達成協議並開始分這一份點心。這一簡單實驗例子可以說明在兒童時代許多反應是如何通過簡單的條件作用而形成的。

斯肯納一派的看法也承認，行為未得到直接的強化，也可能被模仿。但是，這種情況只發生在模仿本身已具有強化物的性質。也就是說，許多模仿反應的正強化作用能造成一種模式反應傾向。例如，一個兒童的父母是很焦慮的，整天憂心忡忡；擔心家裏的門會不會被撬開，食品是否變質，走路是否會把腳打濕，上街是否會遇到小偷，乘車是否會出車禍等等。兒童注意到了這些，並模仿父母的行為。比如，出門後回家去看看門是否關好了。這種行為得到父母的讚許 (強化)。隨著時間的推移，兒童不斷習得父母的這類行為，就形成一個焦慮者。當然，父母對兒童這些行為的強化程式可能是不同的。因此，當這些兒童離開家不與父母在一起時可能是無憂無慮的。而當他在家裏與父母在一起時就表現為一個焦慮者。

三、人格適應

在行為主義者看來，適應不良的行為既不是潛在疾病的產物，也不是自我、本我、超我之間衝突的結果。適應不良的行為只是不能產生適宜的反應 (Ullmann & Krasner, 1969)。不適宜的反應與適宜的反應都是以同樣的方式而習得的。有些人學會了產生不適宜於特定情境的行為，或者他們沒有學會合適的反應，因而產生了神經質行為。如果他們的學習是完全歪曲的，就會導致精神病。因此，只要改變反應，或改變反應與刺激的關係，異常行為就能除去。

這裏讓我們以迷信行為為例，説明異常行為是如何獲得的。在斯肯納箱中，如果強化程式固定時距，食物強化將自動呈現。根據操作性條件反應原則，無論白鼠以什麼方式活動，到一定的時間就會得到強化；如果得到食物強化，這種活動方式便有重復的傾向。經過多次強化，於是某種儀式行為就形成了。例如有的白鼠轉個圈、有的白鼠點點頭，以獲得強化。這就是迷信行為，因為似乎動物把它們當成與強化有關的反應。這是一種反應和強化之間偶然的關聯稱為**偶然隨因增强** (accidental contingency of reinforcement)，迷信行為便是此種強化程式的後果。在人類行為中，我們同樣也能看到許多此類迷信行為或儀式行為。例如，一位在演唱中得到觀衆喝采的歌唱家，喜歡以同樣的打扮出現在下一場演出中；對日蝕現象以擊鼓反應的土著人，每當日蝕便擊鼓，在土著人看來這種活動似乎能使太陽復圓。

斯肯納一派認為，適應不良行為的產生大致有下列幾個因素。(1) 貧乏的強化史造成**行爲匱乏** (behavioral deficits)。這經常被看作是社會化不充分，使個體不能充分應付環境的需要。(2) 有缺陷的強化程式造成各種適應不良。例如憂鬱症患者雖然具備正確或適宜的反應但環境卻未給予正強化或反而受到懲罰，因而其反應便逐漸減少導致抑鬱。(3) 線索辨別的失敗導致精神分裂症和其他精神病。這些患者不像你我那樣觀察環境。在他們那裏，正確線索與懲罰相聯繫而錯誤線索卻與獎賞相聯繫。例如，一位精神分裂症者很久以前習得了注意他人導致拒絕和痛心；但注意無生命的物體避免了這一痛苦，這就是**獎賞** (reward)。因此，如果我們了解到個人的強化史，那些看起來非常奇怪的行為也許就會很清楚。(4) 習得了一套不適宜反應。數

補充討論 8-1

從育嬰箱到沃爾登第二

斯肯納相信控制人類的行為是完全可能的，他堅信他的操作性條件作用原理可以用來改良社會、為理想的兒童教育服務，並進行了大膽的嘗試。

當他的第一個孩子出生時，他決定做一個新的、經過改進的搖籃。這就是斯肯納的“育嬰箱”。他的在實驗箱裏“長大”的女兒過得很快活，很快就成為一名頗有名氣的畫家。於是，斯肯納把它詳細介紹給了美國《婦女家庭》雜誌，他的研究工作第一次普遍受到大衆的注意和讚揚。在題為〈育嬰箱〉的論文中，他描述道：光線可直接透過寬大的玻璃窗照射到箱內，箱內乾燥，自動調温，無菌無毒隔音；裏面活動範圍大，除尿布外無多餘的衣布，嬰兒可以在裏面睡覺、遊戲；箱壁安全，掛有玩具等刺激物。可不必擔心著涼和濕疹一類的疾病。這種機械照料嬰兒的裝置是斯肯納研究操作性條件作用的又一傑作。這種設計的思想是要盡可能避免外界一切不良刺激，創造適宜於兒童發展的行為環境，養育身心健康的兒童。

後來，斯肯納把控制人類行為的思想擴展到改造社會，寫成一部小說《沃爾登第二》。沃爾登第二是一個由一千户人家組成的理想化公社。在這個公社裏沒有私有制家庭，居民住在聯合公寓裏；兒童不與他們父母住在一起，他們最初住在托兒所，而後住進集體宿舍，13 歲左右搬進他們自己的公寓；一切用餐都在公社餐廳，使個人從做飯的單調工作中解放出來；婦女擺脱了家務勞動；鼓勵 17 歲左右青年人結婚生育；由於夫婦志趣相投而結合，因而白頭偕老；兒童不與父母住在一起，而是由專家撫育，實行個別教育。專家則應用操作條件作用原理於兒童的培養與教育，並塑造他們，使他們對於行將步入人生的價值具有正確的看法。因而，在這個公社裏美好生活所必需的物質利益，藝術和科學將得到繁榮發展；並且沒有猖獗的個人主義和現代技術所帶來的一切弊端。這個烏托邦社會是怎樣形成的呢？在這部小說中，斯肯納通過主人翁道出了他的法寶。在接近該書的結尾處，小說主人翁弗雷澤 (一位實驗心理學家、沃爾登第二這個實驗物烏托邦社會的創立者) 對伯里斯 (一位持懷疑觀點的訪問者，他最後獲得了沃爾登第二的成員資格) 說：“我在自己的一生中只有一個信念——一個真正執著的信念，……這就是隨心所欲的信念。我覺得可用‘控制’一詞來表達這個信念。這就是對人類行為的控制”。弗雷澤進一步把沃爾登第二描述為行為實驗分析的最終實驗室和證明場所，最後他高聲喊道：

“好吧，你要設計怎樣的人格？要控制什麼樣的秉性？給我規格好了，我將拿出這個人來！……想一想這種可能性吧！將要有一個沒有失敗，沒有厭倦，沒有無效努力的社會……讓我們來控制我們孩子的生活，看看我們能够怎樣地造就他們吧”

(Skinner, 1948, p.197)。這種控制人類行為的執著信念，其實並不新鮮，早在 1930 年行為主義的鼻祖華生就誇過海口。

心跳的神經症患者之所以這樣做是因為這一行為通過阻止不愉快的思考從而得到了強化，因為這個人不能同時數數而又想其他事情。這樣，全神貫注於數數便被強化了，儘管這種行為是完全不適宜的。

第二節　多拉德和米勒的刺激-反應論

由於多拉德 (John Dollard, 1900～1980) 和米勒 (Neal Elgar Miller, 1909～　) 在學習和模仿方面的合作研究，所以時常將他們二人聯繫在一起。多拉德 1922 年獲得威斯康辛大學文學士學位，1931 年獲得芝加哥大學哲學博士學位。米勒 1931 年獲得華盛頓大學理學士學位，1935 年獲得耶魯大學心理學博士學位。1932 年，多拉德任耶魯大學人類學助理教授，1933 年任耶魯大學人類關係研究所助理教授，爾後一直在耶魯大學工作直到 1969 年退休後仍任該校榮譽教授。米勒一直在耶魯大學工作到 1966 年，

圖 8-2　多拉德

(John Dollard, 1900～1980)
多拉德 1900 年生於美國威斯康辛州，1922 年獲得威斯康辛文學學士學位，1930 年和 1931 年先後獲得芝加哥大學文學碩士和社會學博士學位。一直在耶魯大學任教，1969 年退休後仍任該校榮譽教授，1980 年逝世。

爾後他離開耶魯到洛克菲勒大學擔任心理學教授、生理心理實驗室主任。

在耶魯大學期間，多拉德和米勒開始他們的合作。他們把赫爾 (Clark Leonard Hull, 1884～1952) 的學習理論、精神分析論、人類社會學觀點和實驗心理學的方法結合起來，形成關於人類習慣形成方式的一種獨特理論。在多拉德和米勒看來，人類的習慣 (habit) 是刺激和反應之間的穩定聯結，並以此來解釋或描述潛意識過程、動機、衝突、防衛等。他們的理論觀點主要反映在他們合著的《挫折和攻擊》(1939)、《社會學習和模仿》(1941)、《人格和心理治療：關於學習、思維、文化的分析》(1950) 中。

圖 8-3 米　勒

(Neal Elgar Miller, 1909～)
米勒 1909 年出生於美國威斯康辛州，1931 年獲得華盛頓大學理學士學位，1932 年獲得斯坦福大學文學碩士，1935 年獲得耶魯大學心理學博士。後曾在維也納心理研究所接受精神分析，擔任耶魯大學心理學教授，洛克菲勒生理心理實驗室主任。

一、基本概念

對許多實驗心理學家來說，精神分析有兩個致命的缺點：一是用語模糊不可能對它進行研究，二是難以對行為作出精確的預期。多拉德和米勒熟悉精神分析，也知道這一理論的缺陷。但是他們認為，這一理論是以對人類行為的大量觀察為依據的，如果將這些極有價值的觀察置於客觀研究的框架之中，那它將成為有力的工具。他們選擇的框架是赫爾的學習理論。並且非常巧妙地將動物的實驗結果與弗洛伊德的臨床觀察結合起來，提出了他們的學習理論。

(一) 學習的四個基礎

多拉德和米勒說：“只有當一個人想要些什麼、注意些什麼、做些什麼以及獲得些什麼時，學習才能發生”(Dollard & Miller, 1941, p.2)。多拉德和米勒的人格學習理論就是借助於驅力、線索、反應和強化四個概念為基礎而建立起來的。現分別說明如下：

1. 驅力 (drive) 是迫使有機體行動的任何一種強刺激。它的消除或降低就是強化作用。驅力可以分為**內部驅力** (internal drive)，如飢餓或乾渴；和**外部驅力** (external drive)，如喧鬧、炎熱或寒冷等。驅力還可分為**原始驅力** (primary drive) 和**二級驅力 (或衍生驅力)** (secondary drive)，前者是由個體種族遺傳所決定的，如飢、渴、痛和性等；後者是習得的，如恐懼、憂慮，對成功的需要和引起他人注意的需要等。原始驅力是建造人格的主要基石，全部習得的驅力以它們為基礎。這同弗洛伊德的主張很相似。在多拉德和米勒的理論中，驅力是一個動機概念，人格的能量單位。刺激越強，驅力越強，動機也越強。

2. 線索 (cue) 是決定有機體產生什麼反應，何時、何地作出反應的刺激。驅力驅使行為，線索則指導行為。線索可以是外部刺激也可是內部刺激。事實上，驅力不僅能激發有機體，而且也能成為線索。不論是外部刺激或是內部刺激，只要是有機體能加以辨別的刺激都可以充當線索。

3. 反應 (response) 是由驅力和即時的線索誘發出來的，旨在降低或消除驅力。例如，飢餓 (驅力) 的人看見一個餐館 (線索)，在飢餓驅力降低前，一定會走進這個餐館 (反應)。反應可以是外顯的，表現為降低驅力的直接的手段；也可以是內部的，包括思維、計畫和推理。內部反應也稱為**線索性反應** (cue-producing response)。

當新生兒遇到刺激時，就會產生一連串的反應，它是由遺傳模式規定的而與學習無關。這種反應稱為**天賦反應等級** (innate hierarchy of responses)。一個飢餓的嬰孩起初可能煩躁不安，然後啼哭，繼之強烈地騷動身體，並發出尖叫。天賦反應等級只保持一個很短的時期，當這一等級的某些反應被強化後，它們在這一等級中的位置就改變了。在這個反應等級中最有可能發生的反應稱為**優勢反應** (dominant response)，這是一種最能成功地導致驅力降低的反應。學習就是不斷重新組合反應等級的過程。

4. 獎賞 (reward) 即強化，它與降低驅力具有相等的意義，任何能引起驅力降低的刺激都是強化物。強化可以是原始性的 (與滿足生存的需要有關)；也可以是二級的。例如，母親是二級強化物，因為她同原始驅力的降低相聯繫。

如果一個線索導致一個反應，這個反應又導致強化作用，這一線索和這一反應之間的聯繫就會增強。如果多次重復這一過程，那麼有機體就形成了一種牢固的**習慣**。

討論了驅力、線索、反應和獎賞的概念後，現在就可以按照多拉德和米勒的思想來理解什麼是學習理論了。

> 什麼是學習理論呢？簡言之，它研究某種情境，在這種情境下，反應和線索刺激之間形成了聯結。學習完成之後，線索和反應密切結合起來，以致線索的出現就引起反應……學習按照一定的心理學原理發生。練習並不都是完美無缺的。線索和反應的聯結只有在一定的條件下才能得到增强。學習者必須被激起做出反應並在線索出現時由於完成反應而得到獎賞。(Dollard & Miller, 1941, p.1)

現在讓我們舉個例子來說明這個理論。假如把一隻老鼠放在一個白色籠子裏，籠子的底板裝著通電用的柵條，用以電擊老鼠 (Miller, 1948)，緊挨著白色籠子的是一個黑色籠子。兩個籠子用一扇開著的門隔開。開始時老鼠在白色籠子裏沒有表現出任何恐懼。現在給它電擊，很快老鼠就學會了通過開著的門逃入黑色籠子中。重復這一程序幾次之後，再把老鼠放到白色籠子裏時，即使沒有電擊，它也表現出恐懼症狀，並逃入黑色籠子裏。開始時白色籠子是中性刺激，老鼠對白色籠子的恐懼是習得的，這樣，恐懼成了促使老鼠行動的**習得驅力** (acquired drive)。在此例中，老鼠在亂竄的過程中，逃入黑色籠子中，其獎賞是降低恐懼。但是，即使電擊已經停止，老鼠在白色籠子中仍表現出恐懼。這一恐懼是作為指導老鼠逃入黑色籠子的線索，隨之而來的是降低恐懼的強化。因此，在這個例子中，習慣養成的所有條件都具備了。

老鼠的習慣養成之後，在偶然的觀察者看來這一動物的行為完全是不正常的。它為什麼會在一個無害的籠子裏亂竄？如果這位觀察者從一開始就了解整個實驗，那他就會認為這一行為是完全合理的，是這個老鼠經歷的合理結果。有些人把神經症患者的行為看作是愚蠢的或不合情理的，如果了解了患者的經歷，那就能看出似乎是不合理行為的意義了。關於人類的例子見補充討論 8-2。

(二) 消　退

如果某種行為將要發生，那麼當它發生時就必須得到強化；如果沒有獎賞，那麼它就會逐漸消失。因炫耀而得到他人注意 (強化) 的兒童，如果得不到他人的注意便會不再炫耀。這種現象稱為**消退 (或消弱)** (extinction)，但是，假如這個兒童獲得他人注意的驅力很強，那他就會設法來滿足這一驅力。這個兒童會四處搜索，進行新的學習，或學習一種好的行為 (如在學校裏使學習成績更好)，或學習一種不好的行為 (如在班上惡作劇)，來引起他人的注意。因此，當舊的反應不能降低驅力時行為就會發生改變。

有時某種行為不斷出現，特別難以消退。造成這一強習慣的原因，包括驅力的強度，這一反應過去獲得獎賞的頻率、獎賞滿意度以及其他反應的可獲得性等等。有一種**部分強化 (或部分增强)** (partial reinforcement) 的行為，特別難以消退。因為這種行為雖然沒有得到全部的強化但卻得到部分的強化。例如，一位父親決定不再注意他的兒子的“小聰明”，但他經常不這樣做，多數時候不注意兒子，但有時又給予注意，或者這個小機靈使他的父親不得不注意他。這種部分強化很難使舊反應消退。因為該兒童不相信對他的行為強化會停止。

(三) 二級驅力

原始驅力是由生物因素決定的，二級驅力是由學習和文化因素決定的。**二級驅力**有兩個特別有趣的特點：第一，與原始驅力得不到強化會變得強烈相反，二級驅力得不到強化就會逐漸變弱。例如，對渴的驅力不進行強化不會使我們停止尋找水源，我們會不斷尋找水源。但是，如果經常發現自己的努力沒有給父母留下好的印象，就會減弱這方面的努力。第二，有時尋求二

補充討論 8-2

一個飛行員的恐懼症

多拉德和米勒曾描述過恐懼症是如何形成的，認為這類行為與其他行為的獲得大致相同。

> 在二次大戰期間，一位飛行員執行一項非常危險的任務。在他去轟炸一個煉油廠的途中，他所在的班遇到了敵人的密集火力射擊。此外，他們的飛行高度離轟炸目標很低，油桶爆炸，炸彈轟響，火光衝天，許多飛機都消失在一片火海之中。由於飛機受傷，這位飛行員不得不減速飛回。在返航途中又遭到敵人的數次攻擊，幾個同伴死去了。最後他不得不在地中海上空棄機跳傘，被一救生艇所救。在執行這一任務之前，這位飛行員對飛機沒有任何恐懼，回到基地後，他開始表現出一個恐懼症患者的所有典型特徵。現在他怕飛機、怕飛機失事。這是怎麼一回事呢？(Dollard & Miller, 1950)

多拉德和米勒的分析如下：

> 在飛行過程中，這位飛行員不斷遇到恐怖的刺激 (如爆炸、火、同伴之死等)。這時處於那種情景中的線索與強烈的恐懼聯結起來了。飛機、引擎聲、甚至是飛機的圖形、飛行任務都會喚起恐懼。這樣，強烈恐懼的驅力便在對這些線索作出反應的過程中形成了。但是，這種恐懼並不限於那些特定的線索，而是擴及其他相似的線索與情景，並與飛機聯繫在一起。靠近其他飛機，想起飛行，人們關於飛機的詢問等等都成了引起恐懼的線索。(Dollard & Miller, 1950)

但我們知道，如果我們離開恐懼事件，恐懼便會消失。因此，這位飛行員很快發現，當他避開飛機時他會感到好些，當他談到飛機時，恐懼又產生了；當他改變了話題時，恐懼也消滅了。這些以及其他逃避反應卻成了習慣。導致降減恐懼習得性逃避反應的形成。

從多拉德和米勒的分析中，可以了解到學習論是怎樣解釋人格變態的。不過，多拉德和米勒對於刺激-反應的理解與斯肯納的理解是不同的。在多拉德和米勒看來，刺激不僅是爆炸，還包括對飛機的記憶，對過去恐懼的回憶；反應不僅是避開飛機，還包括改變話題。前已述及，多拉德和米勒還把表象、知覺和言語稱為線索性反應。通過把刺激和反應的含義的擴展，多拉德和米勒力圖把學習理論從一套乾巴巴的僅解釋有機體簡單的片段行為的概念變成對許多複雜人格問題也有一定意義的理論。儘管如此，這個理論仍有明顯的不足。例如，為什麼不是所有的飛行員都因這些經歷而患恐懼症呢？顯然，這與每個人的個別差異有關；而這正是學習論者 (也包括多拉德和米勒) 所忽視的。

級驅力強化的行為是如此堅韌不拔，不易消失。即使一些二級驅力來自於與飢、渴、生理舒適的需求有早期聯繫，但當面臨挨餓或痛苦時，這些二級驅力仍然十分強烈。例如，對真理和公正的追求是如此地強烈，有些人甚至犧牲生命也在所不惜。對此，多拉德和米勒認為，這似乎是自相矛盾，不可理解。其實這正是人類的特點。人類是有理想、有追求的，用動物的學習原理顯然是無法解釋的。

(四)　刺激泛化

早在多拉德和米勒之前，巴甫洛夫就已發現當條件刺激單獨作用確能引起條件反應之後，與條件刺激相類似的其他刺激，無須經過條件作用學習，也可以引起同樣的條件反應。多拉德和米勒仿效巴甫洛夫，認為，**刺激泛化(或刺激類化)** (stimulus generalization) 是指一個習得的反應不僅可以由實際學習過程中的線索引起，也可以由其他相類似的刺激所引起。一個線索同在訓練中實際使用的那個線索越相似，它能誘發同樣反應的概率也越大。因此，在一種情景中習得的行為、情緒、思想或態度，會在其他相似的情景中發生。

多拉德和米勒把泛化分為一級泛化和二級泛化。**一級泛化** (primary generalization) 是建立在刺激之間的物理性質的相似性上，兩個刺激的物理屬性越接近，它們產生相同反應的概率越大。一級泛化是天生的，是受個人的感覺器官制約的。**二級泛化** (secondary generalization) 是建立在言語符號基礎上的，而不是建立在刺激物理屬性的相似性上的。二級泛化也稱為**間接泛化 (或中介類化)** (mediated generalization) 是“通過經驗思考”得出的。在這個問題上多拉德和米勒也效法巴甫洛夫，認為言語是實際事物的符號 (巴甫洛夫稱言語為信號的信號或第二信號刺激物)。當這種符號系統建立以後，個人就能“通過經驗思想”而不必親臨其境。言語使刺激泛化越過了物理上的相似性產生線索性反應。

多拉德和米勒認為，標記、想像、計畫、推理都是重要的線索性反應，它們使我們能考慮我們的生命之路而不是用嘗試錯誤的辦法來對付每一個問題。這些線索性反應也是人與動物相區別之所在。我們利用這些間接過程越少，就越可能有適應問題，越可能遭受失望和痛苦，或者變成事情的奴隸而不是它們的主人。總之，多拉德和米勒試圖使學習理論成為解釋人類認知行為的有用工具。

(五) 人格結構

多拉德和米勒沒有描述過人格結構、人格特質和人格類型。他們的研究重點是學習過程，試圖解釋人類行為的獲得和改變的過程。在他們的著作中經常強調的結構性元素是習慣，即刺激-反應的穩固聯結。他們的理論重點是探討習慣形成的條件和消除習慣的條件。

二、人格發展

多拉德和米勒對人格的發展有許多觀點。下面介紹他們對發展的性質以及四種早期社會情境對人格發展影響的觀點。

(一) 發展的性質

多拉德和米勒認為，嬰兒有三個基本特徵：(1) 每個嬰兒生來就具有一套在特定情景下的**特殊反射** (specific reflexes)，這些反射使嬰兒在很有限的範圍內產生反應。(2) 嬰兒具有天賦反應等級，這些反應不學而能，是由遺傳模式規定的。(3) 嬰兒有一套原始驅力。那麼，僅僅具有上述特徵的新生兒如何才能變成一個複雜的成人呢？多拉德和米勒的答案很明確是學習過程。通過隨時起作用的驅力降低機制，已有的反應與新的刺激聯繫在一起，新反應得到強化，從原始驅力中產生出二級驅力，高級的心理過程和行為通過間接刺激泛化而發展起來。由於這些過程的劇增，一個幼小的人類有機體就慢慢地、不知不覺地發展成為成人。

任何學習都是在一定的情景中發生。不了解一個人的家庭環境和文化環境，想要預期其學習結果乃是不可能的。在學習過程中，無論一個人習得攻擊性或被動性，都是由環境提供的某種獎賞的結果。行為的改變則是以新的獎賞代替舊的獎賞的結果。

> 舊的、受到過分獎賞的各種習慣必須加以阻止，新的學習才能夠產生。一旦那種習慣了的獎賞被諸如革命等不尋常的環境取消時，各種新的反應就可能發生。如果它們受到獎賞，就會變成習得行爲。

俄國的伯爵可以學會駕駛出租汽車，伯爵夫人可以成爲廚工。(Dollard & Miller, 1950, p.46)

(二)　童年時代的四個關鍵性訓練

多拉德和米勒贊同弗洛伊德關於早期童年經驗對成人人格具有深遠影響的觀點。早期童年是人生中特別脆弱的時期。兒童對環境的敏感性起源於無助感。他們需要的滿足完全依賴於父母，成人控制著兒童。因此兒童習得什麼行為在很大程度上取決於成人提供的訓練情景的性質。多拉德和米勒認為下列四個關鍵性訓練對成人人格有著深遠的影響 (Dollard & Miller, 1950, pp.132～156)。

1. 餵食情境　飢餓驅力得到滿足的各種情境將使人習得許多東西。例如，當兒童處於主動狀態時餵食，他們就可能成為積極主動的人；如果在兒童處於冷漠和被動的狀態下餵食，他們就可能成為被動或感情冷漠的人；如果兒童飢餓驅力的滿足是不可預測的，長大後他們會認為這個世界是深不可測的；如果餵食時母親總是嚴厲和懲罰性地對待兒童，這個孩子長大以後可能會討厭別人，竭力迴避他人；如果兒童飢餓時被單獨丟在一旁很長時間，他們可能會發展為害怕孤獨。但是，如果母親在餵食情境中是仁慈的，溫和的，積極的，那麼這個孩子長大以後就會以積極的態度待人接物，並與他人為友。所有這一切都同弗洛伊德、霍妮和斯肯納關於早期童年經驗及其對後來人格發展的影響的論述，十分相似。

2. 大小便的訓練　多拉德和米勒認為如何訓練兒童的大小便對其人格的形成極為重要。如果父母對兒童不能控制大小便的反應是否定的，那麼就會產生下列情況：

> 這些兒童可能不能區分父母是討厭他的排泄物，還是討厭整個兒童自身。如果兒童學會接受這些反應，那就會產生可恥、低微、絕望和邪惡的情感——這種情感經常以精神病患者的內疚表現形式如此神秘地反復出現。(Dollard & Miller, 1950, p.140)

3. 早期的性教育　對兒童進行早期性教育大多是與兒童早期手淫相聯繫的。多數情況下，這種行為將受到懲罰和訓斥。兒童做的其他有關性色彩

補充討論 8-3

挫折-攻擊假說

多拉德等人在其合著的《挫折和攻擊》一書中，分析了弗洛伊德關於挫折導致攻擊的思想，提出**挫折-攻擊假說** (frustration-aggression hypothesis)。他們在書中說：

> 這個研究是以攻擊始終是挫折的結果的假設爲出發點。更明確地說，這個命題是說，攻擊行爲的引起始終以挫折的存在爲先決條件。反之，挫折的存在總要導致某種形式的攻擊。(Dollard, Doob, Miller, Mowrer & Sears, 1939, p.1)

挫折 (frustration) 被定義為“目的性反應遭到阻礙時的伴隨狀態”(Dollard, Doob, Miller, Mowrer, & Sears, 1939, p.11)

攻擊 (aggression) 被定義為“行爲的反應目標是傷害一個有機體 (或有機體的代替物)”(Dollard, Doob, Miller, Mowrer & Sears, 1939, p.11)。可以設想，目的行為的受阻引起挫折感，挫折感引起的攻擊行為指向阻礙這個人達到其目標的人或其他對象。

多拉德等人認為，挫折引起攻擊行為在很大程度上是依賴於下列四個主要因素：

1. 受挫折驅力的强度 一個人想達到目的的動機越強烈，當指向目的活動受阻時，其所受的挫折就越大，因而越具有攻擊性。

2. 受挫折驅力的範圍 目的性反應僅部分受阻，只會產生小挫折，因而此時的攻擊行為比整個目的性行為受挫時所產生的攻擊行為小得多。

3. 以前遭受挫折的頻率 以前遭受的許多小挫折迭加起來會產生嚴重的挫折，並導致強烈的攻擊行為。例如，假如有一個想到飯館吃飯的人，路上開頭就被一位想同他聊天的朋友拉住，然後又被嚴重的交通阻塞耽擱，最後發現這個飯館已經關門了。那麼，這個人就可能比直接走到飯館去發現關門的人受到更大的挫折。

4. 攻擊反應可能受到懲罰的程度 如果因直接攻擊而受到懲罰的可能性增加時，則攻擊行為將被轉移到較少威脅的人和對象上去。多拉德等人認為：“它總是遵循著一條規律：對較直接的攻擊行爲的抑制程度越高，較間接攻擊行爲發生的可能性就越大”(Dollard, Doob, Miller, Mowrer & Sears, 1939, p.40)。

後來的研究發現，挫折和攻擊之間的聯繫並不像多拉德等人所設想的那樣直接。例如，經過進一步的研究，米勒 (Miller, 1941) 認為攻擊只是挫折的一種後果，其他可能的反應還有退縮、冷漠、退化和固結 (刻板的行為)。其實，攻擊只是挫折引起的一種主要反應。挫折引起的反應大致可以分為兩類：一類是情緒性反應，如攻擊 (直接攻擊或間接攻擊)、冷漠、退化、固著、幻想、逃避、自戕等；另一類是理智性反應，如堅持目標繼續努力、改換目標以取代之等。挫折是否會引起各種消極的情緒反應，一方面與挫折的性質有關，同時也與人對這一事件的想法、解釋和評價有關。如果個人對挫折持不合理的認識，那麼挫折將導致消極的情緒反應；如果個人能學會並擴大自己的理性思考、合理的信念，減少不合理的念頭，那麼挫折引起的消極情緒反應就會減少甚至消除。挫折是否導致攻擊是以認知為中介的。

的活動也都受到同樣的懲罰，例如對同性戀的禁忌。性驅力是天賦的，但對性觀念和活動的恐懼則是在童年期習得的。

4. 憤怒－焦慮衝突　多拉德和米勒認為，對挫折的最通常反應形式是攻擊 (參見補充討論 8-3)，但是，兒童的攻擊行為通常會遭到父母的反對和懲罰。兒童一方面想進行攻擊，但又因為害怕懲罰而抑制這種衝動，這可能導致逆來順受、過分被動因而妨礙在現代社會中成功地進行競爭。"因爲某些憤怒能力似乎是積極的人生所需要的" (Dollard & Miller, 1950, p.149)。

總之，在多拉德和米勒看來，父母如何對待同兒童的飢餓、排泄、性和憤怒相關聯的需要，將決定著他將成為正常的成人還是成為神經病患者。這些觀點顯然大多來自弗洛伊德的理論。

三、人格適應

多拉德和米勒力圖把弗洛伊德的理論與學習理論結合起來的努力也反映在他們對人格適應的性質和心理治療方法的論述上。

(一)　適應的性質

多拉德和米勒在其合著的《人格與心理治療》一書中，嘗試綜合弗洛伊德和赫爾的理論來解釋人格適應問題。他們寫道：

> 强烈的情緒衝突是神經症患者行爲的必然基礎。而且這種衝突肯定是潛意識的。像通常的情況一樣，這種衝突只是在童年時期產生。……神經症患者的衝突是受父母影響和兒童習得的結果。(Dollard & Miller, 1950, p.127)

1. 衝　突　從精神分析的觀點來看，衝突是適應不良的重要特徵。多拉德和米勒也持同樣的觀點。他們用動物實驗研究過四種衝突。個體必須對同時出現的兩個具有同等吸引的目標進行選擇時所產生的"魚與熊掌"難以取捨的衝突，稱為**雙趨衝突** (approach-approach conflict)。個體必須對同時出現的兩個具有同樣強度的否定目標進行選擇時所產生的衝突，稱為**雙避衝突** (avoidance-avoidance conflict)。例如學習差的學生視讀書為畏途，對考試失敗又十分害怕，兩者都想逃避，但他必須選擇其一。個體同時被同一目標物所吸引和拒斥時所產生的衝突，稱為**趨避衝突** (approach avoidance conflict)。例如，飲酒者又害怕得心臟病，吸烟之癮君子又怕得肺癌。**雙重趨避衝突** (double approach-avoidance conflict) 是指個體同時對兩個目標產生趨避衝突的矛盾心理。多拉德和米勒 (Dollard & Miller, 1950) 對趨避衝突的主要特徵作了如下的描述：

(1) 越接近目標，趨近正向目標的傾向越強。

(2) 越接近目標，迴避恐懼刺激的傾向越強。

(3) 隨著接近目標，迴避負向目標的力量逐漸超過趨近正向目標的力量。

(4) 趨近或迴避傾向的強度直接隨它們所依賴的驅力的變化而變化。

(5) 在學習的漸近線底下，增加強化次數將提高被強化反應的傾向。

(6) 當兩個不相容的反應發生衝突時，較強的反應將會發生。

圖 8-4 概括了趨避衝突的一些特徵。從圖 8-4 上可以看出，只要**趨近梯度** (approach gradient) 高於**迴避梯度** (**或離避梯度**) (avoidance gradient)，那麼這個人就將趨近目標；但是一旦迴避梯度高於趨近梯度，這個人就將迴避目標。因此，一個人離開目標愈遠，趨近梯度就變得愈高，他就會產生強烈的趨近傾向。但是，當一個人趨近目標時，迴避傾向隨之提高，最

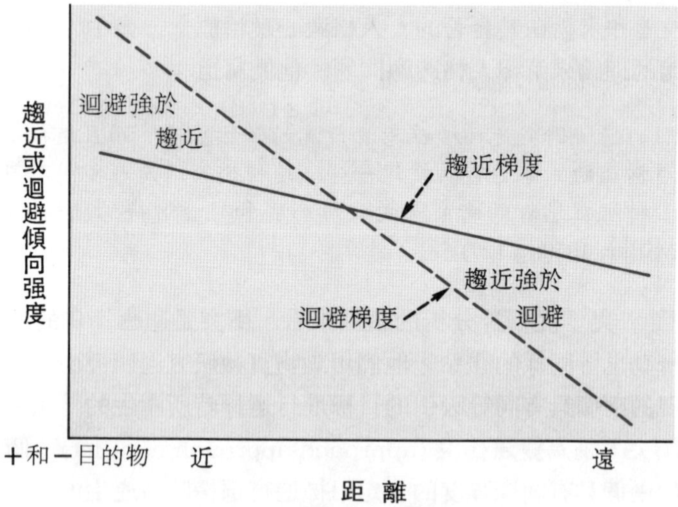

圖 8-4 趨避衝突圖解

(採自 Dollard & Miller, 1950)

後又超過趨近傾向。這時，這個人又畏縮不前了。因此在這兩個梯度的交叉點上將出現猶豫不決。

2. 潛意識　神經質行為使個體尋求解決衝突或降低衝突的方法，然而這些衝突大多數是潛意識的。例如，如果兒童因性活動受到嚴厲懲罰，他將像成人那樣會壓抑性行為和性觀念。這樣一方面強烈的性驅力驅使著他的性活動；另一方面又懼怕受到懲罰。因而性活動的觀念就被壓抑。這種被壓抑的強烈的趨避衝突就留存在潛意識中。

在多拉德和米勒看來，被壓抑的思想之所以不能夠進入意識領域，是由於它不能與語言相聯繫之故。因而患者不能對自己的思想進程進行監督和控制，也不能理解和分析自己的行為和原因。

多拉德和米勒討論過兩類主要的潛意識資料：即非文字符號經驗和被壓抑的經驗。在尚未有效學會使用語言之前的相當長時間裏，兒童的社會學習以潛意識為主。這種非文字符號的經驗，不能被回憶，但卻對一個人後來的有意識生活產生極其深遠的影響。使成年人產生焦慮的痛苦思想則是以停止思考而被壓抑。壓抑是潛在的痛苦思想在進入意識之前就被消退了的習得反應，它與通過意識或意志努力來制止痛苦思想所起的抑制過程是不同的。

(二)　治療的方法

多拉德和米勒推斷，神經症是學會的，由於它是學會的，因而就能夠被遺忘。因此，心理治療就是建立一套這樣的條件：使神經症行為習慣被遺忘的同時又學會正常的行為習慣。他們說：

> 我們視那些治療師爲老師，視病人爲學員。衆所周知，一個優秀的網球教練能够去掉運動員不好的動作習慣，同理，一個治療師也能糾正那些不好的心理和情緒習慣。當然，區別也是有的：世界上只有少數人想打網球，然而全世界的人都希望有一個清晰的、自由的和有效能的頭腦。(Dollard & Miller, 1950, p.8)

要消除一個學會的反應，唯一的方法是在它出現時不要跟著給予強化。要消除各種無端的恐懼，必須使那些原先產生這種恐懼的類似條件不要跟著出現。但是，個體已學會了壓抑這種恐懼，不讓其表現出來，於是仍不能消失。因此，治療師應創設情境，鼓勵患者將被壓抑的思想說出來，努力幫助患者理解這些被禁錮的思想及其形成的機制。

要說服患者講出被壓抑的思想絕非易事。在多數情況下，要運用逐漸接近程序。例如，一位患者無端地懼怕他的母親，甚至當談論到他母親及與其有關的任何事情都感到恐懼。按照多拉德和米勒的理論，治療師在治療在治療時開始的談話中不正面涉及他的母親，而僅僅間接地涉及到他母親。至於間接到何種程序，端視患者對其母親的迴避趨向的程度而定。通過談話，患者的迴避反應減少，治療師把話題引向同他母親稍微接近的話題上，但仍保持一段安全的距離。隨著迴避反應的進一步減少，治療師把話題進一步接近其母親。逐漸地，通過多次談話後，治療師終於能直接談論其母親了。隨著大部分迴避反應的消失，患者也能公開地，合乎邏輯地談論他對母親的病態恐懼的原委了。

通常當壓抑得到釋放後，治療並未終止。因為患者已帶著壓抑的思想度過了漫長的歲月，而要完全弄清楚被壓抑的東西是不可能的，所以，即使在成功的治療之後，在患者的生活中仍有重大缺陷。這就需要給患者一些調整其行為的指導。多拉德和米勒把這種指導也看成是治療過程的重要部分。

第三節　羅特的社會學習論

羅特 (Julian B. Rotter, 1916～　) 出生於紐約的布魯克林。中學時代的羅特花許多時間留在圖書館，閱讀了大量的小說，也讀過阿德勒和弗洛伊德的著作，並對心理學產生了強烈的興趣，但進入布魯克林學院，他主修的是化學。在大學期間，羅特聽過阿德勒的講演，從而更堅定了他對心理學的追求。大學畢業後，他先後就讀於愛俄華大學和印第安納大學的研究所，並於 1941 年獲得臨床心理學博士學位。1946 年，羅特成為俄亥俄州立大學的一名教師，與凱利共同研究制訂出當時美國最好的臨床心理學訓練計畫，並開始其社會學習理論的研究。他於 1963 年前往康涅狄克大學任教，提出了他現在的觀點。羅特是一名心理治療師，他在臨床心理學、學習理論和實驗研究方面的經驗，使他形成了其獨特的人格社會學習理論。羅特的論文和著作相當多，其中最著名的有《社會學習與臨床心理學》(1954)，《人格社會學習理論的運用》(Rotter, Chance & Phares, 1972)，以及他的論文選集《社會學習理論的發展和應用》(1982)。

圖 8-5 羅　特
(Julian B. Rotter, 1916～)
社會學習論的創始人之一。羅特 1916 年生於紐約，大學本科主修化學，後來就讀於愛俄華大學和印第安納大學的研究所，1941 年獲得臨床心理學博士學位，後在軍隊中從事心理學工作。1946 年任教於俄亥俄州立大學，自 1963 年起任教於康涅狄克大學迄今。

一、理論要點和基本概念

要了解羅特的人格社會學習理論，必須先了解其理論特點和基本概念。

(一) 理論要點

雖然羅特和斯肯納都贊成大多數行為是習得的。但是，羅特不贊成斯肯納把行為視為完全由外部變量塑造的。羅特認為，行為是由機體內部的認知過程和外部強化決定的。在研究人格時，羅特援用了內部的主觀經驗。

羅特把他自己的工作稱為**人格的社會學習理論** (social learning theory of personality)，以指明其信念：我們主要的或基本的行為模式是在社會情境中學得的，個人在尋求滿足時必須有他人作為媒介。他批評斯肯納的隔離被試的研究取向，認為這種研究没有充分代表真實世界的學習。在這個世界中，每一個人都在社會依賴和社會互動的情境中起作用。同時，羅特還批評斯肯納用動物進行簡單的刺激反應研究。他認為，這類研究對了解更複雜的人類社會行為，僅僅是個起步。羅特及其同事在發展社會學習理論時用多種方法對人類被試 (主要是兒童和大學生) 進行了研究。同時，羅特也不滿意精神分析論和現象學派那種用語模糊的人格理論。他決意發展出一套給出客觀定義的既清晰又精確的概念，使不同的觀察者使用其概念考察某一事件時能達成彼此之間的共識。他的理論至少有部分是經過嚴密控制實驗的結果，這種研究反映了行為論的特點。

雖然羅特重視主觀事件，但他並不貶低外部事件的作用。因為我們追求最大限度的正強化而迴避懲罰，外部強化條件為我們的行為提供了指導。羅特試圖在研究人格時把**强化理論** (reinforcement theories) 和**認知理論** (cognitive theories) 結合起來。他相信人類的一個基本特性是會思維和預期。人類行為不只由隨行為之後而來的強化所決定，而且還決定於對所選擇的行為將導致強化的預期。每個人的行為都受幾種這樣的因素的影響，我們可以根據隨行為之後的強化，對自己行為結果的主觀預期，對以某種方式行動會產生某種特殊強化的重要性的評價，來選擇或表現某種行為。

羅特關心的重點不是行為是如何學得的，而是人們如何選擇或表現某種行為方式，而不是另一種行為方式。也就是說，羅特試圖建立一種可以幫助人們預測和理解某一社會情境中人的行為表現的理論。

要理解羅特的社會學習理論，首先得了解該理論的基本概念。羅特的社會學習理論主要有四個基本概念：行為潛能、預期、強化價值和心理情境。

(二) 行爲潛能

行爲潛能 (behavior potential) 是指在達成某種目標的特定情境中出現某種行為的可能性。這種可能性是隨行為之後所伴隨的強化或強化定勢所決定的。例如，一位學生想要給老師留下好的印象，他可能出現下列行為：上課專心聽講，認真做作業，幫助教師做事，向教師講講自己的學習心得等。這裡，每一種行為都可能發生。在某一特定情境中可能出現的每一種行為都有其潛能。潛能愈高，這位學生出現該行為的可能性愈大。很明顯，某種行為出現的潛能可能在某種場合很強，而在另一種場合中卻很弱。在上體育課時蹦蹦跳跳的行為潛能可能很高，但在上語文課時則不然。表面上看，在行為潛能這個概念上，羅特和斯肯納的觀點頗為相似。但羅特的理論較斯肯納優越之處在於，除了環境變量外，還考慮到內部的認知變量。

羅特對行為的定義也不同於斯肯納。斯肯納所定義的行為只是客觀可觀察的事件。羅特所定義的行為不僅包括可直接觀察的行為，也包括那些不能直接觀察的個人內部的認知過程。行為“可以由真正的動作行動、認知、言語行爲、非言語表達行爲、情緒反應等組成”(Rotter & Hochreich, 1975, p. 96)。像合理化、壓抑、考慮的選擇、計畫和再分類等都屬於行為變量。羅特認為，通過間接方法，諸如根據外部的行為進行推測，這些內隱的行為是可以被觀察和測量的。要考察被試解決問題的行為，我們可以安排被試去完成某項任務，然後觀察其完成任務的行為，再根據觀察結果來進行推測。

(三) 預　期

預期是羅特理論的第二個基本概念。**預期** (expectancy，簡稱 E) 是指個體對自己在某特定情境中以某種方式行動就會產生預測強化所抱的信念。預期是一種主觀概率，受人們經歷過的強化的影響。但個人的預期並非總是與實際相符合。有些人經常對自己在某情境中的成功過分自信，或有不切實際的高預期；而另一些人則總是低估自己成功的可能性。因此，如果我們要正確地預測一個人的某種行為是否會出現，必須考慮到這個人的主觀預期，而不是其他人所認為的真實可能性。

羅特把預期區分為**特殊預期** (specific expectancy，簡稱 E′) 和**類化預期** (generalized expectancy，簡稱 GE)。前者是對某特定情境的預期，後者是運用於數種情境中的預期。在個人面對新情境時，類化預期顯得尤為重要。如果個人以前從來沒有經歷過此種情境，那麼，他或她怎樣才能預測自己的行為是否會導致特定強化的產生？這時人們往往把自己的預期建立在過去類似情境中所發生事件的結果之上。例如，有一位女運動員第一次跑百米衝刺，她怎樣預期對比賽獲勝的結果呢？照羅特的看法，如果她沒有過去這方面的經驗，她可能根據參加其他運動項目的一般情況，即在其他比賽項目中她的成績如何來預期。如果她已參加過多次百米比賽，她就可能由這一項目過去的經驗即特殊預期做出決定。也就是說，當我們面對新情境時，與此情境相關的類化預期起著主導作用；隨著我們對此情境取得更多的經驗，特殊預期便開始取而代之。

但是，個人每一次所經歷的情境不可能是完全相同的。上例中的這位女運動員雖然多次參加過 100 米比賽。在這次比賽中她可能遇到在觀衆、氣候、時差等方面與以往的比賽有所不同。因此，對成功的預期通常是特殊預期和類化預期共同作用的產物。

(四) 強化價值

羅特理論的第三個基本概念是強化價值。**強化價值** (reinforcement value，簡稱 RV) 是指當幾種強化出現的概率相同時，個人偏向某種強化而不是另一種強化的程度。在大學裏除了讀書是強化，跳迪斯可、聽交響音樂、踢足球也是強化。假如上述各種強化出現的概率相同，你對任何一項的偏好程度，便是羅特所說的強化價值的含義。每個人對不同的強化所賦予的價值是不同的。有的學生喜歡跳迪斯可，有的喜歡聽交響音樂，還有的喜歡踢足球，因此強化價值是相對而言的。個人的這種偏好來自於過去強化和當前強化相聯繫的經驗，由於過去強化和當前強化之間形成了聯繫，才會產生對未知強化的預期。所以，預期和強化價值這兩個概念之間是相互聯繫的。

羅特注意到，在某些條件下，強化價值和預期中的任一變量都可作為其他變量的線索。他舉了一個例子，有一個人因買了一張彩票中獎而得了一部新汽車，就彩票的低成本來說，潛在的強化是巨大的。由於這種非同尋常的高強化價值，大多數人對獲獎都抱低的預期，因為只有極少數人才能獲得如此高價值的獎品，多數的人只贏得一些強化價值較低的物品。所以，獎品的強化價值越低，我們對獲獎所抱的預期就越大。在此情況下，預期受強化價值的影響。

(五) 心理情境

羅特理論的第四個基本概念是**心理情境** (psychological situation)，它是行為的一個重要的決定因素。羅特承認個人所具有的持久性行為傾向的重要性。但是，他認為人格心理學家一直忽視了情境背景結構的作用，及其對人類行為的影響。羅特之所以把情境看作是“心理的”，因為在他看來，人們總是根據自己對外部刺激的感知而對情境作出反應的。所有的情境都包含著線索，這些線索使我們每一個人了解到：和某特殊情境相聯繫的某種強化價值，某種強化在哪一種情境下更容易獲得，在哪一種情境下出現的強化更有價值。

羅特的這個概念也是對精神分析論和特質論的批評。如果有一個人被弗洛伊德主義的理論家評定為肛門-攻擊型人格。那麼，在精神分析論和特質論者看來這個人無論在什麼樣的情境中，都會有攻擊行為。但羅特認為，個人的行為會隨情境而變化。如果情境中的線索表明，一旦表現出攻擊，就會受到嚴懲，那麼，個人將不會有攻擊行為。他同時批評了激進的行為論者，因為他們完全忽視了預期和內部的其他認知變量，看不到某種刺激在不同的情境中對行為有不同的影響可能性。

(六) 預測公式

羅特的理論試圖解釋個人對已有的各種可能行為是怎樣做出選擇的。他綜合了前述四個概念及其關係，用下面的公式來預測目標導向行為：

$$BP_{X,\ S1\ Ra}=f\,(E_{X,\ Ra,\ S1}\ \&\ RV_{a,\ S1})$$

該公式可以用文字敘述為："行爲 X 在情境 1，相關的强化 a 下所出現的潛能，是情境 1 中，行爲 X 隨後會出現强化 a 的預期，以及强化 a 的價值的函數" (Rotter, 1967a, p.490)。舉例來説，如果週末你正面臨著去參加舞會還是去圖書館做作業之間進行選擇。怎樣預測呢？潛能較高的行為將會出現。如果我們知道與這兩種行為相聯繫的強化價值，以及它們將導致該強化的有關預期，那麼我們便能預測到哪一種行為將會發生。

上述公式只能處理與單一強化有關的個別的行為。但是在日常生活中人們往往會產生一系列類似的行為，要預測這類行為上述公式便受到了限制。例如諮詢人員要預測某個學生對所有的課程都不想學的行為——如曠課、遲到、不做作業等等，要弄清該生厭學行為的原因，就必須考慮多重行為、預期和強化價值。對此，羅特 (Rotter, 1954) 使用了下列公式：

$$NP=f\,(FM\ \&\ NV)$$

上式表示，使某種需要得以滿足的某一類行為發生的潛能 (**需要潛能**，need potential, NP) 是下列兩個因素的函數：一是對這些行為將導致目標的預期 (**運動自由度**，freedom of movement, FM)；二是構成此需要的一些個別目標的價值 (**需要價值**，need value, NV)。仍依上例，諮詢人員不明白為什麼該生以各種行為方式來逃避學習。或者說，該生對學習需要的潛能為什麼如此之低，通過晤談，結果發現：該生對於得高分、老師的表揚、同學的承認等強化所賦予的價值是相當高的。但是，他對學習將會有收穫的預期卻很低，他根本不相信如果他表現好，教師將會信任他，同學們會認可他。總之，他對自己努力學習會真正帶給他在學業上被認可的總預期 (運動自由度) 極低，因而導致他曠課、遲到、學習不認真、作白日夢等等。

(七) 人格結構

羅特沒有闡述過人格結構的概念。不過，他提出的兩種問題解決的類化預期：人際信任和控制觀，實際上可以視為兩種類特質 (traitlike)。**問題解決類化預期** (problem-solving generalized expectancy) 是個人在過去獨特經驗的基礎上所形成的較持久的問題解決的預期傾向。**人際信任** (interpersonal trust) 是指個人對他人言語承諾的信賴程度 (Rotter, 1971)。一般來說，較信任他人的人，較少說謊，較少欺騙或偷竊；他們傾向於給他人第二次機會，並尊重他人的權利；他們的心理較健康，常被他人視為朋友。而不信任他人的人，則總是以懷疑的眼光來看待他人。**控制觀 (或控制源)** (locus of control) 也稱**強化的內外控** (internal vs. external control of reinforcement，簡稱 IE) 是指個人日常生活中對自己與周圍世界關係的看法 (Rotter, 1966)。內控者相信凡事操之於己，將成功歸因於自己的努力或能力，把失敗歸因於自己的疏忽或能力不足，即將行為的結果視為自己的努力或個人的特徵之故。外控者相信凡事不操之於己，把成功歸因於幸運，把失敗歸因於外部因素，即將行為結果視為運氣、命運或其他力量的產物。因此，當內控者面對問題時便傾向於主動去解決，因為他相信個人的努力能有所作為。外控者面對問題時則更可能聽天由命，因為他相信問題解決的結果是自己無法控制的。

二、人格發展

根據羅特的觀點，我們所有的心理需要都是習得的，對嬰幼兒來說，這些需要來自於反射性強化和其他習得行為間的經驗聯繫。這些需要也包含有一些基本的心理需要。早期的心理需要產生於同滿足諸如飢餓、口渴、迴避痛苦，消除感覺刺激等與基本需要有關的事件。當兒童成長起來，並學會了語言，發展了認知的技能，他們的心理需要逐漸擺脱同生理需要的聯繫，更多地同其他習得的心理需要相聯繫。外部環境中的線索逐漸比內部的生理狀態更為重要。

羅特認為，習得心理需要是依賴於他人的。顯然，嬰兒依賴於其父母或保姆，以獲得滿足和強化。當他們逐漸長大，要獲得強化就逐漸依賴於更廣泛的人群，包括自己的朋友和老師，結果人們不斷地依靠他人，以獲取自己對需要的強化。由於人們對需要的滿足深受他人的影響，因此，兒童很早就產生了對愛、注意、保護和認可等心理需要。羅特曾描述過六種較為廣泛的需要 (Rotter, 1954)：

1. 認可-地位的需要 (need to recognition-status)　即被視為有能力的、好的、或在學校、職業、運動、社會地位、外貌上比他人優越的需要。

2. 支配的需要 (need to dominance)　即控制他人，對他人施以力量和影響力的需要。

3. 獨立的需要 (need to independence)　即為自己作決定的需要，靠自己而不靠別人幫忙達到目的。

4. 保護-依賴的需要 (need to protection-dependency)　即希望有他人來預防挫折，提供保證和安全、並幫助個人達到有價值目標的需要。

5. 愛與感情的需要 (need to love and affection)　即被他人接受、喜愛的需要；對他人投注興趣、關切和感情。

6. 身體舒適的需要 (need to physical comfort)　即迴避痛苦，享受與安全感、完好感相聯繫的身體滿足的需要。

羅特認為，我們每一個人都以其獨特的心理環境而起作用。因此，同樣的強化對不同的人來説具有不同的價值，而個人又不斷地接受新的經驗。因此，人格是不斷變化的，但他同時承認人格也有高度的穩定性或連續性。他相信，人格受過去經驗的影響，並採用他所謂的**人格的歷史研究** (historical approach to personality)，探討過父母態度，家庭環境對兒童問題解決的類化預期的影響。

三、人格適應

羅特並沒有提出不適應行為的清單，他把不適應行為看作是違反**文化標準** (cultural norm) 或個人態度的問題。據此，法爾斯 (Phares, 1991) 認為從羅特社會學習論來看下列行為均可視為人格上的不適應：當一個人對某種需要的滿足賦予高價值時，導致能滿足該需要的行為通常具有高的運動自由度，但是此人對於行為可導致獲得該需要滿足的運動自由度 (預期) 卻極低，這時便可認為他有人格上的不適應。一個十分渴望得到女性愛的男子，但他不去接近女性也不相信自己有能力達到此目標，而只是千方百計躲避女性，這種極低的運動自由度顯然是有適應問題。某些人對於不相容的需要都給予極高的價值。例如一個既有強烈的成就需要而又有強烈的依賴需要的女性，就可能使自己陷入種種不適應行為的衝突之中。在某些情況，缺乏某種能力也會產生適應問題。例如，一個口吃的孩子，缺乏交往能力無法與其他孩子進行互動發展良好的社會關係從而導致某些適應上的問題。在缺乏能力情況下，如果個人的最低目標水平極高將會使其經常體驗到失敗和失望。而如果一個人的最低目標水平極低，毫無動機，也會被看作是偏離文化標準的怪人。羅特的**最低目標水平** (minimal goal level) 是指個人認為在一系列強化中最低的強化目標。如果有的人把某種需要的價值看得特高以致於支配了他或她的整個生活，從而造成種種對現實的扭曲或無法區別各種情境的怪異行為。例如，有強烈權力需要的人不僅在家庭內外追求權力甚至對其兩歲的孩子也爭強鬥勝，這種行為可能被認為是異常的。

因此，羅特認為治療不適應行為就是改變不同需要的價值，改變滿足這些需要的預期。想要改變行為，首先必須改變運動自由度或需要的價值。在具體治療技術上，羅特主要採用行為治療，特別是**認知行爲療法** (cognitive behavior therapy)。他認為治療基本上是一個學習過程，是社會互動的一種形式，通過這一過程，治療師幫助病人達成計畫中的行為和思想的改變。他還對不同的病人採用不同的技術，例如，增進病人問題解決的技能，對病人進行解釋或直接強化，引導病人在實際生活中改變不適當的行為以及發展內控、提高對人際的信任、了解他人的動機、分辨情境間的差異等認知方式來進行治療。

第四節　班杜拉的社會學習論

班杜拉 (Albert Bandura, 1925～　) 生於加拿大艾爾伯特省的一個小城鎮。他早年畢業於溫哥華不列顛哥倫比亞大學，旋即赴美在衣阿華大學從學於斯彭斯 (Kenneth Spence, 1907～1967)，1952 年獲博士學位。1953 年他到斯坦福大學與西爾斯 (Robert R. Sears, 1908～　) 一起從事兒童研究。在西爾斯的影響下，班杜拉將學習理論應用於社會行為的研究。班杜拉是現代社會學習理論的奠基人之一。他吸收了多拉德和米勒等人的思想，並突破了傳統的行為主義的理論框架，從認知和行為聯合起作用的觀點上去看待社會學習。看來，班杜拉的研究重點與羅特的研究重點是互補的。羅特的重點是行為選擇，班杜拉則是行為習得。在班杜拉看來，**社會學習** (social learning) 就是個體通過觀察、模仿而學到別人的行為。他的**社會學習理論** (social learning theory) 是一種把信息加工理論和強化理論綜合起來以解

圖 8-6　班杜拉

(Albert Bandura, 1925～)
班杜拉 1925 年出生於加拿大北部艾爾伯特省，1949 年獲得英屬哥倫比亞大學學士學位，後來進美國衣阿華大學，1951 年得碩士，1952 年獲哲學博士學位，後進入斯坦福大學任教，1964 年晉升教授以迄於今。

釋個人社會行為的理論。他反對把行為歸因於人內部的潛意識衝突，像精神分析論者所主張的那樣，或歸因於外部的環境刺激，像行為主義者所主張的那樣。他認為行為是個體的主觀因素和環境因素交互作用的結果。即使沒有強化，人們仍然能學會各種行為；即通過模仿或觀察別人，但是，是否去做個人學會的事則在很大程度上取決於這個人對強化的期望。最近，班杜拉正在研究自我效能在個體行為中的作用和功能，認為自我效能對人們的行為，採取行為的方式和情感激發都會發生較大的影響。

班杜拉的著作等身，其中最主要的有：《社會學習與人格發展》(Bandura & Walters, 1963)，《攻擊：一種社會學習分析》(1969)，《社會學習理論》(1977)，《思維和行動的社會基礎：一種社會認知理論》(1986) 等。

一、理論要點和基本概念

與精神分析論和特質論者不同，班杜拉並沒有描述過人格結構。在他看來，個人的人格就是人們所見到的表現在行為上的心理特徵。他的理論重點在於人類行為的形成和發展以及人類行為的控制和調節。下面讓我們來看看班杜拉人格社會學習論的理論要點和基本概念。

(一) 理論要點

班杜拉的理論由幾部分組成，其中有些重要方面需要解釋。下面作一些解釋：

1. 交互決定論 班杜拉注意到，當代心理學家中有一種一致的看法，即認為，行為在某種程度上是由個體與環境相互作用的結果，而不是上述兩個因素中的任何一個因素的產物。但是他認為，在這兩個因素如何相互作用決定行為的問題上，專家們的看法很少一致。這裏主要有三種觀點 (參見圖 8-7)。第一種觀點是**單向決定論** (one-directional determinism)，即把個人與環境看成是兩個自變量，兩者的結合才產生行為。行為是某個無聯繫的情境衝擊某個無關聯繫的有機體的產物。例如，為什麼這個人在酒吧打架？這種觀點認為，是由於這個人有攻擊的特質同時又恰好碰上了那個不講理的傢伙，這兩個因素一結合便產生了這場打架。

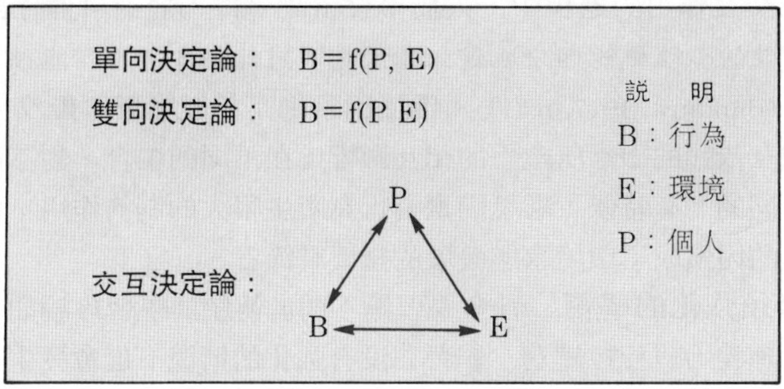

圖 8-7　行爲、個人、環境交互作用模式圖解
(採自 Bandura, 1978)

第二種觀點是**雙向決定論** (two-directional determinism)，即把個人和環境看作某一行為的相互依存的原因，但又各自具有單向作用的特點。根據這種觀點，一個有攻擊需要的人常去滿足攻擊需要的場所，因而常去光顧酒吧，在那裏常有許多惹是生非的人，這正好迎合了那些想與其他顧客打架的人的需要。

班杜拉認為，上述兩種觀點並非十分合理，於是，提出了自己的第三種觀點：**交互決定論** (reciprocal determinism)，即把相互依存的行為、個人因素和環境因素看作互相連鎖的決定因素在相互作用的過程中共同起作用。個人的內部因素與行為是交互作用的。例如，人們的期望影響著他們將怎樣去行動，而他們的行為結果又改變著他們的期望。班杜拉認為，環境影響著行為：

> 人們不僅抗拒環境，也激發和創造環境。
>
> 跟片面的觀點相反，人的成就來自外部環境和許多個人的決定因素彼此相互作用，其中個人的決定因素包括稟賦的個性特點，習得的能力，沈思性思維和高度的創造精神。(Bandura, 1974, p.867)

總之，班杜拉認為，行為、個人因素和環境因素總是相互聯繫不斷交互作用的。但是，上述相互依存的三個因素中的每一個因素，對於不同背景和不同的行為所施加的相互影響是不相同的。有時候，環境因素對行為產生很大的制約作用；而在另一些時候，個人的因素卻成了環境事態發展的重要調節者。在交互作用的過程中，人們學會預測事件，並對事件作出預期的反應。“有效的心理機能部分地建立在預見不同行動方向的可能後果的能力的基礎上”(Bandura, 1977, p.311)。環境因素總是相互聯繫不斷交互作用的。而這些相互依賴的因素所產生的相互影響，在不同的場合、對不同的行為，是各不相同的。有時候，環境因素對行為產生很大的制約作用；而在另一些時候，人的因素成了環境事態發展的重要調節者。

2. 無須強化的學習 社會學習論不同於傳統的學習理論如赫爾和斯肯納的學習理論，班杜拉認為，學習在沒有強化的情況下也會發生。雖然強化有重要的作用，但是強化不是人們獲得行為的唯一方式。人們往往直接通過觀察別人的行為而學習。例如，兒童學習歌曲或做娃娃家遊戲，幾乎與他們父母的活動毫無二致，兒童常常從他們的父母那裏學到很多新行為。在班杜拉看來，人類無須強化或獎賞，甚至無須經過實踐，就能學得新的行為。

當然，班杜拉並不認為強化與複雜行為是無關的。相反，他認為，行為習得之後，強化對這種已習得的行為再次表現則起著重要的作用。如果兒童通過觀察別人學會某支歌曲或會做娃娃家遊戲後，大人們給予獎賞，那麼他們就會繼續唱這支歌或做這種遊戲。

3. 能思維的有機體 班杜拉既不像斯肯納的強化理論那樣把人看成是環境力量的機械產物，也不像人本主義個人決定論那樣把人看成是能夠完全控制外界事物的。他認為，人既不是中性的被動的有機體，也不是完全主動的人；人是能思維的有機體。與傳統的學習論否定認知在學習中的作用截然不同，班杜拉十分強調認知過程在行為的獲得，保持以及表現中所起的重要作用。他認為，人類具有應用符號去對付內部和外部各種事件的非凡能力，人們通過言語的和想像的符號，在表象形式中加工和保持所獲得的經驗。經過這些符號的中介，人們不必嘗試所有的方法就可以解決問題。人也不是受他人強化所控制的機器。人有知識，會運用表象、思想、計畫、進行思維，能為自己的未來制訂計畫，能用內部的標準調節自己的行為，並能預見自己行為的結果。總之，班杜拉強調認知的重要性。人們的高級心智能力使他們運用思想而不是運用行動去解決問題。

(二) 觀察學習

觀察學習 (observational learning) 或**模仿** (imitation) 是觀看他人的

作為而學到新行為的過程。班杜拉認為，在社會情境中，人的大多數行為都是通過觀察而學會的。人們在觀察他人的行為中形成了有關新行為如何操作的觀念，這一編碼信息在以後的生活中就作為一個行動的導向。這種學習無須對每個細小的反應進行強化，也無須嘗試錯誤去摸索。這種直接獲得新行為的過程，班杜拉稱之為**無嘗試學習** (no trial learning)。例如，有時我們通過電視學到了最新的舞蹈，兒童能通過觀察父親如何抽烟、打麻將而學到了這些行為，以及年輕人學到的流行、時尚等等。

如果認為示範作用只能產生行為的實際摹本，那麼示範者的影響就十分有限。實際上，在示範者除了通過身體演示傳遞信息外，還可以通過言語的和符號的描述來傳遞信息。從這些抽象的示範模式中所習得的行為的一般規則，無論在人們的語言學習或道德行為學習中都具有十分重要的作用。同時由於觀察者各自選擇吸收示範者的不同特點，形成不同的組合，示範作用就顯示出無限的多樣性，從而促使行為的創新，形成不同的組合，形成新的行為方式 (Bandura, 1974)。例如，一個正在拚搏的年輕歌手也許是從模仿某位歌星的無創造性風格開始其唱歌生涯的。但是，逐漸地，她的歌唱風格便不僅僅是一位歌手的風格而且往往多少還帶有其他歌手的風格了。最終，她的歌唱風格便不只是不同歌手風格的混合物，而且是形成了她自己的獨特風格，我們很難分辨出哪些成分是哪位歌手的風格了。因此，觀察學習包含著內部認知過程的各種變量。那麼，觀察學習的過程是如何進行的呢？班杜拉 (Bandura, 1977) 認為，觀察學習經歷了四個階段的過程。

(1) **注意過程** (attentional processes)：只有當觀察者注意到示範者的行為時，模仿才有可能。注意過程決定了一個人從示範者那裏選擇什麼、吸取何種信息。在各種決定注意的因素中，最重要的是有關聯的示範影響，它會限定一個人的學習。例如鬥毆團夥成員學習攻擊行為與儀態文靜的群體成員學習這類行為就明顯不同。不同示範者的行為的價值也有重要的作用。有成功、威望、權力裝飾和其他迷人特色的示範者往往被人們注意和模仿，而那些社會地位很低下或者被其他人看作是不重要或没有價值的人不大可能引起人們的注意。當然，注意也受觀察者的心理特徵的駕馭。例如觀察者的需要和興趣，不過有關這種變量目前尚知之甚少 (Bandura, 1977)。

(2) **保持過程** (retention processes)：因為個體能在没有示範線索的情況下復現示範者的行為，他必然以某種象徵性的形式保持原先觀察到的輸入信息。班杜拉認為，觀察者是以下列兩種方式：**心象表徵系統** (imaginal representational system) 和**言語表徵系統** (verbal representational system) 在記憶中將示範行為的重要線索進行編碼。除了符號編碼外，復述對於輸入信息的保持有重要的意義。有些示範行為，由於社會禁令不能用外現的手段而形成，因此人們便把這種行為看在眼裏，在心理進行復述，以便很好地記住 (Bandura, 1971)。

(3) **動作復現過程** (motor reproduction processes)：就是將以前編碼的心象和言語表徵轉化為動作的再現。心理表徵第一次轉化為行為，很少是精確無誤的。因而只通過觀察，技能是不完善的。在大多數的日常學習中，人們都需要花費一些時間進行練習，先部分地復現習得的某種技能，借助於反饋信息，經過自我矯正，最後使這一近似行為精確化。例如，一個小女孩看到他母親在給小弟弟餵奶，她學著餵奶，但她模仿得不一定好，因為她缺乏這方面的經驗，經過練習她才可能掌握這種技能 (見圖 8-8)。

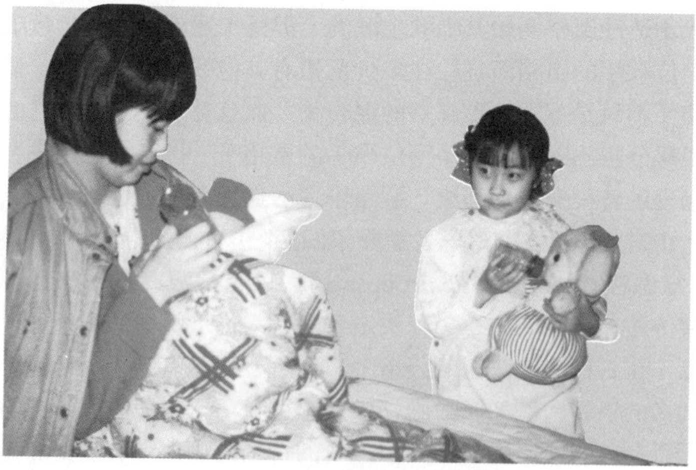

圖 8-8　觀察學習的一個例子
(謝正強攝，1996)

(4) **動機過程** (motivational processes)：雖然在沒有強化的條件下可以發生觀察學習。但是，這並不是說在觀察學習過程中動機是不重要的。對示範者行為的注意明顯地受動機的影響，是否表現習得的行為也受動機的影響。班杜拉像其他的認知學習理論家一樣，把新行為的習得和對新行為的表現加以區分。人們能夠觀察示範者而獲得新行為，但是人們可能表現也可能不表現這種新行為。這是由動機來控制的。

總之，上述四個階段不是完全分離的。在任何特定的情境中，觀察者不能復現示範行為很可能是由於下列的某種原因所致：沒有注意有關的活動，記憶表徵中對於示範行為的編碼不當，不能保持所學的東西，缺乏必要的技能，或沒有足夠的動機。

(三) 替代性强化

替代性强化 (或替代性增强) (vicarious reinforcement) 是指觀察者在學習的過程中，不必直接受到外在強化，只要看到仿效對象的行為受到強化就等於自己也受到強化。替代性強化的性質相當複雜。首先，強化的性質不僅影響個人的行為，而且也影響個人的滿意度。一般說來，看到他人行為的成功能增加自己以同樣的方式行事的傾向，而看到他人這一行為受懲罰，則減少這種行為傾向。但是這種結果並不總是一致的。例如，有些人看到他人的類似操作成績得到很高的讚揚時，可能感到洩氣；而看到他人類似的操作成績未能獲得讚譽時，可能具有獎賞的性質。第二，強化與預期有關。人們在預期結果時，無獎賞在預期懲罰的背景上出現可能起著正強化的作用，而在期待獎賞的背景上可能起著懲罰的作用。第三，在很多情況下，示範者的行為即使在不是由別人批評而是由自己批評自己時，也能對觀察者產生抑制作用。法律上的威懾系統主要依賴於誡律性懲罰的抑制性效應，懲罰的威脅和誡律都是用來為廣泛的防治功能服務的。第四，直接經驗到的後果與觀察到的後果在效能上並不是絕對的。一般說來，觀察者從留心他人的成敗模式中會比操作者本人學得更快，如果操作的任務更多地依賴於概念性技能而不是手工技能的話，情況更是如此。但是在長時期維持行為方面，直接誘因比替代性誘因具有更大的動機力量。為什麼替代性強化能改變個人的思維、情感和行動呢？班杜拉認為，由於觀察到的獎賞和懲罰不僅給人以信息，也給人以動力，而且觀察者往往容易受示範者在接受獎賞或懲罰經驗時表現的情緒反應所觸動。採用強化示範行為的方法還能形成觀察者個人的價值觀和改變已有的價值觀。

(四) 自我調節

班杜拉認為，人具有自我反應的能力，能夠為自己確定某些行為標準，並且以**自我獎賞** (self-reward) 和**自我懲罰** (self-punishment) 的方式來作出自己的行動。這種以個體內在行為標準和期望結果來解釋個體有目的行為的過程稱為**自我調節** (self-regulation)。個人自我調節功能的建立是很複雜的。主要表現為以下幾個方面：首先，在講授或示範的影響下，人們學會部分地根據別人如何對他們行為的反應來評價自己的行為。研究證明，人們也傾向於採用別人所示範的評價標準來判斷自己的操作，當人們看了堅持高標準的榜樣後，他們就只是在獲得優異成績時才獎賞自己；看了低成就便滿足了的榜樣後，他們會對自己哪怕最小一點的成績也進行強化。一般說來，人們更喜歡那些與自己相近的榜樣，不太喜歡那些與自己相差很大的榜樣，因為要花很大努力才能與這類榜樣的行為相匹配。儘管如此，人們還是經常預定一些高的標準。因為高標準是在社會獎賞中培養出來的，所以不管它們會遭致某些苦惱的後果，但它們還是會被競相仿效，並為堅持這樣的標準而自豪。第二，在社會環境中示範影響產生衝突的時候，兒童可能喜歡同輩的標準，因為成人的標準高，會使他們經受自我失望。當自我評價標準高到不現實的程度而仍然堅持這一標準時，人們就會自由地獎賞自己，而把這些標準置之度外。第三，不同的人所例示的自我評價標準的不一致會使學習標準的過程更為複雜化。人們始終一致地規定並示範高標準時，會傾向於接受嚴格的操作要求，對自己的獎賞也會有節制；但若寬己律人，就會降低榜樣的吸引力，加強對所宣揚的標準的抵制；偽善的形式則具有更強烈的消極作用。第四，把行為標準和自我強化措施泛化到各種活動中，由於人們對名譽、金錢、物質占有、社會地位、免除束縛等所賦予的價值各有不同，就形成了不同的價值。為人所珍視的誘因能促動那些用來獲得它們的活動，沒有價值的誘因則不能；誘因的價值越高，操作的水平也越高。在那些提倡競爭和個人成就的社會裏，**社會比較** (social comparison) 是不可避免的。第五，外部的與自我產生的強化源之間的關係也很複雜。對某些信念賦予很強自我價值感的人會忍受長期的虐待而寧死不屈。那些堅信其活動的價值的人寧願備嘗艱苦，在長時間裏幾乎完全得不到一點獎賞和認可的境況下用自我鼓勵來維持他們的工作。

(五)　自我效能

自 80 年代以來，班杜拉逐漸開始強調自我效能的作用。他認為人類的行為不僅受行為結果的影響，而且受通過人的認知形成的對結果的期望的先行因素的影響。行為的出現不是由於隨後的強化，而是由於人認知了行為與強化之間的依隨關係後對下一步強化的期望。他的期望概念除了對結果的期望外，還包含效能期望。所謂**結果期望** (outcome expectation) 是指人對自己的某一行為會導致某一結果的推測。所謂**效能期望** (efficacy expectation) 或**自我效能** (self-efficacy) 是指個人對自己從事某項工作所具備的能力和可能做到的地步的一種主觀評估。人總是根據對自己的能力的評估反復權衡之後才決定自己的行動。評估正確，十分重要；否則就會使所從事的工作可能導致失敗。根據班杜拉等人 (Bandura, 1982；Schwarzer, 1992) 的研究，自我效能具有以下功能：(1) 決定人們對活動的選擇，以及對該活動的堅持性。自我效能水平高者傾向於選擇富有挑戰性的任務，在困難面前堅持自己的行為；而自我效能水平低者則相反。(2) 影響人們在困難面前的態度。自我效能水平高者敢於面對困難，富有自信心，相信通過堅持不懈的努力可以克服困難；而自我效能水平低者在困難面前缺乏自信，畏首畏尾，不敢嘗試。(3) 影響新行為的習得和已習得行為的表現。(4) 影響活動時的情緒。自我效能水平高者信心十足，情緒飽滿；而自我效能水平低者充滿著恐懼和焦慮。

個人自我效能的形成受很多因素的影響，其中最主要的是個人自己行為的成敗經驗。一般說來，個人的成功經驗會提高自我效能，反復的失敗會降低自我效能。而個人的成敗經驗對自我效能的影響還受其歸因方式的影響。如果把成功歸因於外部的不可控的因素就不會增強自我效能，把失敗歸因於外部的不可控的因素就不一定會降低自我效能。

(六)　人格結構

班杜拉的社會學習論主要包括了兩大部分：一是學習理論，二是動機理論。**學習理論** (theories of learning) 論述了人類行為的形成，**動機理論** (theories of motivation) 闡述了人類行為的控制和調節，自我效能則是該理論的核心概念。他並沒有闡述人格結構的概念。班杜拉理論中的自我並不

補充討論 8-4

米歇爾對個體差異的探討──個人變量

米歇爾 (Walter Mischel, 1930～　) 是哥倫比亞大學心理學教授，現代社會學習論的第三號代表人物，他的學術思想明顯地受羅特、班杜拉和凱利的影響。社會學習論者把每一個體的人格視為其獨特的強化史的特殊產物，並認為同一行為在不同情境下的可變性。他們只探討人格的動力過程而不討論人格結構，不用特質或類型來劃分人們的個體差異。如前所述，米歇爾對特質論的攻擊便突出地反映了這一研究取向的特色。但是人們之間的個體差異是客觀存在的。怎樣解決這個問題呢？米歇爾強調個人的認知組織與環境互動的主動作用，並用**個人變量** (person variable) 概念來解決個體差異問題。按照米歇爾的說法，人們對特定的環境刺激的反應完全取決於個人的下列變量：

1. 能力 (competencies)　指個人知道自己能夠做什麼？包括智力，社會技能和身體技能以及其他特殊的能力。

2. 編碼策略 (encoding strategies)　指個人是怎樣認識事物的？人們在捕捉訊息及對訊息進行編碼、分類和解釋上是千差萬別的。例如，對於同一訊息如“下週我們要考試”，有的學生把它視為挑戰，有的則將其視為威脅。

3. 預期 (expectancies)　是指個人意識到將會發生什麼？主要的預期有：(1) 對行為結果的預期：如果在考場上作弊會被抓，那麼我在考試時就不會去做這種事；(2) 對刺激結果的預期，如果他的微笑意味著對我的好感，那麼我們之間的關係就會增進；(3) 對自我效能的預期：對自己從事某項活動能力的信心也將影響我們的行為；相信自己有能力去完成，做起來就會勁頭十足。

4. 主觀價值 (subjective values)　指個體覺得什麼是有價值的？具有相似預期的個體可能會選擇不同的行為，因為在他們的心目中，行為後果被賦予了不同的價值。例如，兩個學生都預期表現出某一行為使教師感到高興，但在一個學生看來，這一結果很重要；而另一學生看來，這件事毫不重要。

5. 自我調節系統和計畫 (self-regulatory systems and plans)　指個人怎樣規範自己的行為以實現自己設定的目標？人們在調節行為時會採取不同的目標和標準 (包括自我實施對成功或失敗的獎勵)。同時，個人在實現目標，執行實際的計畫時，其能力也有很大差異。

米歇爾認為，雖然上述個人變量會不斷地影響著我們的行為，但我們仍然能夠依據新的環境要求來改變反應，以適應環境。如果情境中的線索是模糊不清的，那麼個人變量對人們的反應將會有最大的影響；而如果情境中的線索是十分明確的，那麼人們的反應將較不會因個人因素而變異。例如，在牙科診所等候室裏，由於情境要求十分明確，大多數人都會傾向於相當一致的行為。而在海濱沙灘度假時，有許多行為都是適宜的，因而個人變量將會導致種種不同的行為 (Mischel, 1973, 1986)。

是一個固定的結構，而是一組認知過程，例如自我稱讚、自我批評、自我控制等。正如米歇爾所說，社會學習論中的自我並不意味著“在人裏面有另一個肇因個體，以獨立於‘它’所居住的個體之方式來引發行爲”(Mischel, 1977, pp.49～50)。自我是個人心理過程的一部分。米歇爾關於個體差異的見解見補充討論 8-4。

二、人格發展

班杜拉既不贊同皮亞傑的發展階段理論，也不贊同弗洛伊德的人格發展階段理論。他認為，個人不一定是以固定的、有次序的方式來學習各種行為的。個人的認知機能也不一定在某一時期便怎樣表現出來的。他強調社會影響這一變量的作用，強調相同年齡個體間的差異並且試圖從社會、文化、經濟、種族等方面來加以論證。例如，皮亞傑提出的道德判斷的兩階段理論認為，第一階段幼兒容易根據事情的結果作出錯誤的判斷，第二階段較大的兒童根據實際行為背後的意圖來作出判斷。比如，幼兒很可能說，偶爾失手打破 15 個杯子的這個男孩比想偷竊而打破一個杯子的那個男孩更壞，即較大些的兒童通常根據行為動機來判斷。班杜拉曾做過一個實驗。他給 5～11 歲兒童 12 個類似這樣的題目，讓兒童觀察成人的示範和他們自己占優勢的方式。但是以兒童判斷的相反方式給予讚揚。例如，如果兒童根據行為的意圖來判斷，示範者則根據結果來判斷並給予讚揚。他們研究得到的結果認為，階段不是穩定不變、截然分開的。“所謂發展階段是容易通過成人規定的示範而加以改變的”(Bandura & Walters, 1963, p.206)。對於弗洛伊德把青春期看作是年輕人恢復戀母情結，反對父母並轉向求得同伴支持和指導的時期，班杜拉認為這種觀點是十分荒唐的。他列舉證據，表明多數美國的南方青少年在青年期並不比兒童有較多的騷動，既不是突然尋求獨立的時期，因為父母在兒童期已教育子女逐漸成為獨立的人；也不是造父母反的時期，因為多數少年繼續接受雙親的勸告和評價，他們已加入了少年同伴團體。在班杜拉看來，發展就是圍繞著個體目標、計畫、自我效能和愛好的變化，這種變化可以用觀察學習、替代性強化、自我調節等原則來解釋。

此外，班杜拉對從生物學的角度來解釋人格發展過程的意見也持懷疑態度。他說：

> 在生理化學和精神藥理學取得進一步發展之前，研究人格發展的真正重要的變量是社會學習的作用；探討這個因素可能比試圖建立體質因素和人格特徵之間的關係的研究收穫更大。(Bandura & Walters, 1963, p.29)

三、人格適應

(一) 適應的性質

班杜拉對行為適應和不適應的看法與前面討論過的觀點極為相似，他認為，不適應行為也和正常行為的學習一樣，是通過直接經驗或觀察不當而習得的。父母的反常行為，通常會成為子女心理疾病發展的重要因素。因此，他認為，不必從個人早期經驗中去尋求創傷性事件，也不必去發掘潛在的衝突，更不必去追究病態行為最初獲得的強化史。行為一旦經由觀察學習而獲得，就很容易因直接或替代性強化而表現出來。

由於班杜拉強調認知的作用，因而他的觀點不同於斯肯納對行為失調的簡單化解釋。班杜拉認為個體對自己的期望和信念是很重要的。預期某種行為或狀態會導致負強化，通常使個體採用防禦反應。如果個體預期自己可能被別人拒絕或自我效能很低，結果可能使他迴避他人；從而導致人們認為此人有些異樣而迴避他。最後，這種環境又強化了那些不合適的期望和信念。同樣，如果個人對自己設置的標準很高，結果導致他常常碰壁，成為個人煩惱的一個持久根源；過高的抱負往往帶來自我沮喪。

(二) 治療的方法

社會學習論的治療是讓受輔者觀察他人行為而學習新的行為。如果一個人從來不曾到過新環境、不能與新的示範者接觸，那些舊的不合適的期望和信念將會繼續保持。如果一個兒童的父母不斷地說他："你很蠢，我們壓根兒就討厭你"這種反復損壞其自我形象的做法會導致該兒童自我期望很低。因為他們教會了兒童降低自信心，使他害怕見生人，害怕提出新觀點，害怕試著做新的行為。結果，他也就避開了那種能把他從不合適的父母教育模式中解脫出來的環境，從而也失去了改變其自我效能的機會。

在治療方法這方面，班杜拉最出名的工作是有效地治療恐懼症和社交技能的訓練。

1. 治療恐蛇症　治療者先讓患者觀察示範者以漸進的方式毫無懼意地做出各種接近蛇的行為。用這一實例來說明並鼓勵、幫助患者模仿示範者的行為。患者開始時也許只是接近蛇籠或稍微碰一下蛇，然後撿起蛇或讓蛇在身上爬動，經過多次嘗試，患者完全消除了對蛇的恐懼。在班杜拉等人的一項研究 (Bandura, Blanchard, & Ritter, 1969) 中，先在報上刊登廣告，表示樂意幫助患有懼蛇症的人。那些前來應徵的人即為被試樣本。先對每一位被試測量能忍受與蛇多近的接觸，然後將全部被試分在以下四種情況中：(1) 真實示範並引導被試參與 (示範者示範玩蛇行為，並協助被試漸漸接近蛇)。(2) 象徵性示範，即讓被試觀看影片中的玩蛇行為同時要接受鬆弛訓練。(3) 系統脫敏法。(4) 控制組，不做任何治療。結果是控制組躲避的行為不變；象徵性示範和系統脫敏法的被試，其恐懼行為顯著降低；而真實示範再加上引導其參與的被試進步最大。實驗證明真實示範加上引導患者參與是最有效的治療方法，幾乎能消除每一位被試的懼蛇症，實驗顯示這一組的被試都能坐在椅子上讓一條蛇躺在腿上 30 秒鐘之久，如圖 8-9 所示。

那麼，怎樣解釋一個恐蛇症的人增強了抓蛇的勇氣並消除了恐懼呢？

在早期，班杜拉用消退、辨別學習、反條件作用和強化來解釋。後來，隨著他逐漸強調認知的作用，從而轉向用自我效能來加以解釋。他認為對自己能力和控制力的覺知會對個體的緊張和防禦症狀發揮巨大的影響。而自我效能則可以從個人的成敗經驗、替代性經驗、言語勸說和個體自身的喚醒狀態四個方面而獲得提高。因此，對心理疾病的治療就是為達到新的思維和行為模式的學習，而不是治療什麼潛在的原因。

2. 社交技能訓練　**社交技能** (social skill) 是指個人與他人互動時的有效行為方式。有些心理異常患者表現出社交孤立、笨拙或不夠果斷。因此訓練病人具有適當的社交技能，以有效地處理生活問題，是病人恢復正常的重要步驟。社交技能包括在既定的情境中，知道自己應該說些什麼或做些什麼，以便引起所想要的反應 (結果)，以及知道如何 (方式) 去做和何時 (時宜) 去做。最常見的社交技能問題之一是缺乏果斷，無法以清楚、直接、不具攻擊性的言語或動作來陳述個人的想法或願望。社會學習論者以**行爲預演**

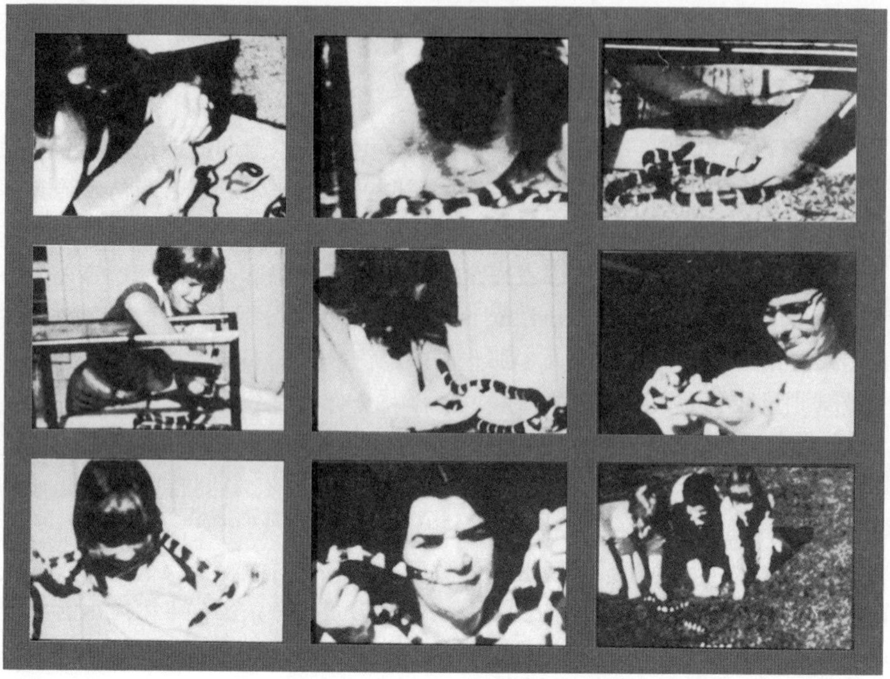

圖 8-9 把弄蛇的楷模
(採自 Bandura, Blanchard, & Ritter, 1969)

(behavioral rehearsal) 來訓練患者的社交技能。

例如進行角色扮演時，訓練病人有效地表示自己的意見；或治療者以事先寫好的劇本讓病人演一個他在實際生活中所不敢演的角色。經過此種訓練所形成的基本技能，可用來改變患者的衛生、工作習慣和社交互動等。目前有些精神病醫院已採用此種方式來改變病人的許多不良行為 (例如，愛口出惡言或以逃避、恐嚇或暴力等方式來處理人際矛盾)。

在一項訓練社交孤立的學前兒童的研究中，研究者把 24 個被試隨機指派到下列三種情況之一：第一組與一個同年齡的玩伴相處在一起；第二組的同伴則比被試本身少 1 歲至 1 歲半；第三組則讓被試獨自去玩。被配合在一起的一對要共同做 10 個遊戲項目，每個項目約 20 分鐘，在一個月內分別做完。研究者分別記錄這些孩子治療前後在課堂上的行為。結果發現，被提供機會與一個年齡較小玩伴共同遊戲的被試 (即第二組) 治療後在課堂上的社交行為次數比先前提高一倍以上，達到一般孩子的平均水平。第一組被試的社交技能有提高但不顯著。這是因為第二組一對一的遊戲情境可以使害羞的孩子有一種安全感去學習社交上的自我主張技能。在這樣的環境中，他們有較多機會練習領導技能，自作主張而較不可能受到年齡較小的同伴的反對 (Furman, Rahe & Hartup, 1979)。

本章摘要

1. 當代人格研究的**學習論範型**包括行為論取向和社會學習論取向。前者的理論是根據動物實驗室研究而建立起來的；後者則是為克服前者的缺點而發展起來的。
2. 斯肯納根本排斥人格理論和人格結構的概念，把人格視為人們所見到的一個人的行為模式。他堅信行為是由其後果 (獎賞和懲罰) 決定的，通過可觀測的反應和刺激的**函數分析**就能了解和控制人類的行為。
3. 斯肯納把行為分為**反應性行爲**和**操作性行爲**，認為人類的絕大多數行為是通過**操作條件作用**形成的。
4. **辨別刺激**和**强化**是操作性行為形成的兩個重要變量。斯肯納特別重視**强化程式**。常見的強化程式有四種：**固定時距强化**、**固定比率强化**、**變動時距强化**、**變動比率强化**。人們的行為模式是由強化程式決定的。
5. **强化物**是一個複雜的系統，有**正强化物**和**負强化物**、**一級强化物**和**二級强化物**。斯肯納相信考察一個人的生活史確定其各種強化線索，就可以了解這個特定的人。
6. 斯肯納用**塑造**的概念來說明複雜行動是由一系列較小的、分開的行為形成的過程。人類的複雜技能是經由長期塑造而成。
7. 斯肯納並未提及人格發展。他認為，個人社會行為的獲得與動物行為的獲得一樣都受強化支配；所不同者，只是個人社會行為的獲得的刺激和二級強化物難以確定而已。

8. 在斯肯納看來，適應不良是個體在一既定情境中不能產生適宜的反應。這是由於在該情境中沒有學會適宜的行為或者不適宜的行為受到強化之故。適應不良在行為本身，而非某種假設性病因。
9. 多拉德和米勒把赫爾的學習理論、精神分析論、人類社會學觀點和實驗心理學方法結合起來，形成了關於人類**習慣**形成方式的一種獨特理論。該理論的核心概念是**驅力**、**線索**、**反應**和**獎賞**。
10. 為了解釋人類的複雜行為，多拉德和米勒擴大了一種刺激導致一種反應的行為原理，並把**消退**、**部分強化**、**二級驅力**、**二級泛化**等概念應用到人格領域。
11. 多拉德和米勒沒有論述過人格結構。他們研究的重點是學習過程，唯一經常提到的結構性元素是**習慣**，即刺激-反應的穩固聯結。
12. 多拉德和米勒認為，人格發展就是通過隨時起作用的**驅力降低機制**，習得的刺激-反應聯結的不斷增多。神經症是童年時代習得的。主要取決於父母如何對待兒童的飢餓、排泄、性和憤怒有關的需要。
13. 多拉德和米勒認為強烈的情緒衝突是形成神經症行為的基礎，這種衝突是潛意識的。他們研究了**雙趨衝突**、**雙避衝突**、**趨避衝突**和**雙重趨避衝突**，認為心理治療就是建立一套使神經症行為習慣被遺忘而又學會正常行為習慣的條件。
14. 羅特既不贊成斯肯納把行為視為完全由外部變量決定的，也不贊成精神分析論和現象學派用語模糊的人格論。他把**強化理論**和**認知理論**結合起來用以解釋個人為何選擇某種行為而不是另一種行為。
15. 羅特的理論包含四個基本變量：**行爲潛能**、**預期**、**强化價值**以及**心理情境**。某情境中的行為潛能取決於個人對此行為成功預期的強度和行為所朝向的目標價值。而預期則取決於個人在此情境中曾獲得強化的特殊經驗和類化經驗。
16. 羅特給出了預測某一特殊行為和某類相關行為的兩個公式。在預測為達成某類似目標的相關行為的公式中，羅特使用了**需要潛能**、**運動自由度**和**需要價值**等概念。
17. 羅特並沒有闡述過人格結構的概念。不過，他提出的兩種問題解決的類化預期：**人際信任**和**控制觀**，實際上是兩種類特質。
18. 羅特很少提及發展的階段論。他認為人類的心理需要都是習得的，並描述過六種心理需要：**認可-地位支配**、**獨立**、**保護-依賴**、**愛與感情**、**身體舒適**。

19. 羅特把人格不適應視為違反文化標準和個人態度的問題。衝突、缺乏能力、**最低目標水平**過低、不能區別滿足需要的情境等，都屬於不適應行為。在治療技術上，他主要採用**認知行爲療法**。

20. 在解釋人類的複雜行為時，班杜拉與羅特一樣力圖把認知理論和強化理論結合起來。他認為，強化對某一行為的表現是不可或缺的，但對行為的習得卻並非必須。

21. 班杜拉把人看作能思維的有機體，認為行為、個人和環境總是相互聯繫不斷交互作用的。

22. 班杜拉認為，人的許多行為是通過**觀察學習**或**模仿**而學到的。這種學習無須強化和嘗試錯誤。他描述了觀察學習包含**注意**、**保持**、**動作復現**和**動機**四個不可分離的過程。

23. **替代性强化**不僅給人以信息而且也給人以動力，觀察者往往容易受示範者所受到的獎賞或懲罰所觸動。個人還能以內心的行為標準進行自我調節。

24. **自我效能**是個人對自己從事某項工作所具備的能力和可能做到的一種主觀評估。它影響著個人對活動的選擇和堅持性、對待困難的態度、情緒以及新行為的習得和表現。

25. 班杜拉不贊成人格發展的階段論，懷疑人格發展的生物學觀點。他強調社會影響的作用，並力圖從社會、文化、經濟和種族等方面來論證同年齡的個體差異。

26. 班杜拉認為，不適應行為是通過直接經驗或觀察不當而習得的。個體對自己的不合適的期望和信念也是導致行為異常的重要原因，治療就是學習新的思維和行為模式的學習而不是挖掘某種潛在的病因。

27. 米歇爾主張個人的認知組織在與環境的互動中起著主動的作用。個人的**能力**、**編碼策略**、**預期**、**主觀價值**以及**自我調節系統和計畫**都與人格有關。對於個人的行為，在情境線索模糊時，個人因素起最大作用；而情境線索明確時，情境起最大的作用。

建議參考資料

1. 比　格 (張敷榮等譯，1991)：學習的基本理論與教學實踐。北京市：人民教育出版社。
2. 欣茨曼 (韓進之等譯，1986)：學習與記憶心理學。瀋陽市：遼寧科學技術出版社。
3. 班杜拉 (陳欣銀等譯，1989)：社會學習理論。瀋陽市：遼寧人民出版社。
4. 章　益 (輯譯，1983)：新行為主義學習論。濟南市：山東教育出版社。
5. 鮑爾、希爾加德 (邵瑞珍等譯，1987)：學習論——學習活動的規律探索。上海市：上海教育出版社。
6. Bandura, A.(1986). *Social foundations of thought and action: A social cognitive theory*. Englewood Cliffs, NJ: Prentice-Hall.
7. Cloninger, S. C. (1993). *Theories of personality: Understanding persons*. Englewood Cliffs, NJ: Prentice Hall.
8. Dollard, J., & Miller, N. E.(1950). *Personality and psychotherapy: An analysis in terms of learning, thinking, and culture*. New York: McGraw-Hill.
9. Phares, E. J. (1991). *Introduction to personality*. New York: Harper-Collins.
10. Ryckman, R. M. (1989). *Theories of personality* (4th ed.). Pacific Grove, CA: Brooks/Cole.
11. Skinner, B.F.(1953). *Science and human behavior*. New York: Macmillan.

第九章

學習論的研究方法與評鑑技術

本章內容細目

第一節　學習論的研究方法

一、斯肯納的研究方法　327

㈠ 純自然科學研究

㈡ 單個被試研究

㈢ 用動物作為研究對象

㈣ 對結果只描述不作解釋

二、班杜拉的研究方法　331

㈠ 觀察學習

㈡ 自我效能

㈢ 延遲滿足

第二節　學習論的評鑑技術

一、行為論的評鑑技術　340

㈠ 與傳統觀點的主要區別

㈡ 行為方程

㈢ 直接觀察

補充討論 9-1：行為評鑑與治療的實例

㈣ 晤　談

㈤ 測驗和量表

補充討論 9-2：壓力與健康

二、社會學習論的評鑑技術　345

㈠ 對預期的測量

㈡ 羅特的兩個著名問卷

㈢ 自我效能評鑑的一般程序

㈣ 自我效能量表

第三節　對學習論範型的評價

一、實際應用　352

㈠ 行為治療

㈡ 程序教學

二、總的評價　358

本章摘要

建議參考資料

與人格研究中的精神分析論範型和特質論範型不同，**學習論範型** (learning paradigm) 強調，環境或情境是決定行為的重要因素。在**學習論** (或**學習理論**) (theories of learning) 者看來，個體行為的差異主要來自於個體在成長過程中所獲得的學習經驗的差異。有些行為模式是個體通過直接經驗獲得的，即通過直接的獎勵或懲罰而獲得。有些行為模式是個體借助觀察學習或替代學習而獲得的。儘管學習論並不是一個理論和實踐上的整體，它是由一系列不同的觀點和方法所組成的研究取向。然而，無論是斯肯納的單個動物被試的實驗研究，或是班杜拉對模仿攻擊和自我效能等的研究，都是與華生行為主義的實證研究取向一脈相承的。在研究方法上，學習論者注重實驗法，追求實驗過程的嚴謹性和真實性。

由於主要的焦點是行為及其情境的決定因素，所以，在人格評鑑技術上學習論者特別注重在自然條件下對行為的記錄，辨認和測量一些與行為反應有關的變量。一些學習論者已發展出了幾種在自然條件下記錄行為的方法。另一些學習論者運用晤談、測驗和量表來評鑑行為。許多行為評鑑在實施過程中與基於學習論原理的治療技術有著密切的聯繫。本章所介紹的自我效能評鑑的一般程序就是這方面的一個例子。學術觀點的融合在人格評鑑技術上也反映出來。持社會學習論觀點的心理學家自 80 年代以來變得更贊同認知的觀點，有的還採用特質論的評鑑技術。

學習論者把人類行為視為對特殊環境的反應，並研究環境控制行為的具體方式以及怎樣改變環境以塑造行為。本章最後介紹了應用學習原理來塑造行為的兩個重要方面：行為治療和程序教學。實踐已經證明，行為治療和程序教學已取得了相當的成效。這實際上是對學習論科學地位的一種評價。與人格研究中的精神分析論範型和特質論範型一樣，學習論範型也有其優點和缺點；在本章最後作者作了簡要的評價。

本章的主要內容是：

1. 人格學習論研究方法的特點。
2. 學習論的人格評鑑技術的特點。
3. 學習論原理在現實生活中的應用。
4. 如何評價人格研究中的學習論範型。

第一節　學習論的研究方法

在人格領域中，持學習論觀點的學者們在研究方法上都以客觀科學的方式進行實驗探索，將結論建立在有控制、可重復的實驗基礎上，而不是訴諸於直覺、權威或口頭爭論。但是，他們的研究也各有特點，除研究課題不同外，在研究對象和對待理論的態度上也有明顯差異。這方面，尤以斯肯納和班杜拉的表現更為明顯。從斯肯納和班杜拉的研究方法上，可以了解到人格學習論研究方法的特點。

一、斯肯納的研究方法

斯肯納認為，有機體的行為和環境之間存在著確定的函數關係。心理學的研究就是尋找這種函數關係的具體內容，即在環境中尋找各有關變量，然後再把它們和相應的行為聯繫起來加以分析。他經常力求把他的全部工作無限地做得更科學。他把科學看作“不只是一些看法。它是研究自然界事件的秩序、一致性、規律性關係的。它像我們大家一樣，從觀察個別事件開始，但很快就過渡到一般規律，過渡到科學的法則”(Skinner, 1953, p.13)。人類的行為是有秩序的，科學研究就是發現這種秩序。發現了這種秩序對人的行為就能夠達到像物理科學所達到的那種預言和控制的程度。他說：“馬可以被牽到水邊，但不能够使它飲水。這種説法顯然是不正確的”(Skinner,1953, p.32)。通過運用心理學的規律，並安排一次嚴重失水的經歷，能夠絶對有把握地使馬飲水；同樣，對人也能夠引起某種所希望的行為。“我看不出在預言一個人將要做什麼和預言一艘帆船將要做什麼之間的任何差别”(Skinner, 1961, p.201)。

(一)　純自然科學研究

斯肯納說：“自變量必須用物理學的術語去描述。……作用於有機體的事件應盡可能以物理科學的術語加以描述”(Skinner, 1953, p.36)。斯肯納還認為，用數量化的術語表示行為中“原因-結果關係”這一科學規律的工作“必須在自然科學界限之內去完成；我們不能假定行爲有任何需要獨特方法或特別知識的特殊性質”(Skinner, 1953, p.36)。斯肯納認為要把自變量和因變量之間關係的真正性質確定下來，最好的方法是實驗，因為只有在實驗中所有影響行為的因素才能受到系統的控制。雖然他也不排斥在自然條件下的行為因果觀察和臨床觀察。

斯肯納竭力排除從個體內部心理和生理狀態對行為的解釋。他認為，行為就應當以行為來處理，而不應當作為某些不可觀察狀態的表現形式，不管這些不可觀察的狀態是形而上學的心理狀態或是假設的大腦狀態。他說：“激進的行爲主義否認精神世界的存在，不是因爲它好爭論或妒忌對手，而是因爲那些要求研究另一世界的人，必然要用和實驗分析相抵觸的方式去談論行爲世界”(Skinner, 1969, p.267)。在斯肯納看來，內部心理狀態對解釋行為沒有增添任何東西，它實際上還把事情弄得更加複雜，因為心理環節本身又需要解釋。因此，他也堅決反對在心理學研究中使用**自我觀察法** (method of self-observation)。

(二) 單個被試研究

斯肯納完全不用統計或以統計為指導的**實驗設計** (experimental design)。他認為統計只對那些從行為推斷內部狀態 (如習慣強度、認知圖式) 的人才有必要。這些研究者把行為看成是對內部狀態的間接量度，它會受“噪聲”干擾，因而必須採用很多被試並以統計方法處理資料，以便獲得對假設的內部狀態的度量。行為論者只研究行為，所以不會有“噪聲”。他不相信用大量的被試和團體的平均反應間的統計比較。他說：“從平均個體所得到的預見，對研究一個特定的個體的價值很小或毫無價值。一門科學只有當它的規律是屬於個體時，才有助於研究這一個體。……一門只有關於團體行爲的科學，對我們理解特定的個案大概是不會有幫助的”(Skinner, 1953, p.19)。儘管斯肯納與奧爾波特在許多方面彼此對立，但在這一點上，他與奧爾波特的觀點十分一致。由於現有的雜誌對研究被試樣本的大小和統計分析有一些不成文的要求，斯肯納派還創刊了一種專門發表他們的研究報告的雜誌——《行為的實驗分析》。斯肯納派還發展出用於單個被試研究的可逆設計、多重基線設計和多重強化設計：

1. 可逆設計　可逆設計 (reverse design) 即通過一段時期給予強化，以觀察受強化的行為怎樣在基線水平上變化，然後撤去強化，觀察行為是否倒退到基線，從而評價學習或強化條件。圖 9-1 上半部分，表示一名很少做算術題的小學生。在最初記錄基線期間，該生在一堂算術課內只做了兩道簡單加法題。後來教師建立了一個記分獎勵：規定每做對一道算術題就得到一面小旗子。這種獎勵程序實施幾天後，解題速度加快了。然後在逆轉階段取消了記分制度和強化物。因而導致每天解題數迅速下降，幾乎又回到原先的基線水平。這種設計的邏輯在於，通過這種逆轉說明，行為變化是由實驗處理引起的而不是由無關因素如時間的推移等而引起的。

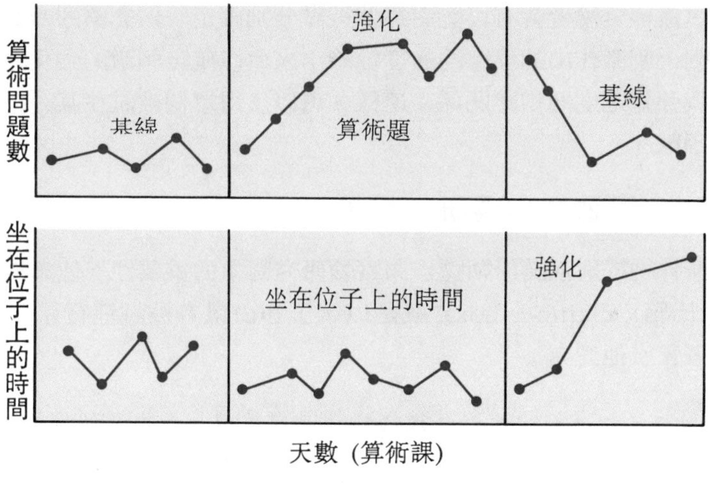

圖 9-1　可逆設計和多重基線設計
(採自邵瑞珍等譯，1987)

2. 多重基線設計　多重基線設計 (或多基線設計) (multiple-baseline design) 就是記錄單個被試的幾種不同行為 (基線)，並且給每一基線行為在不同時刻單獨地、分別給予強化。通過比較圖 9-1 上下兩部分，可以看出這種設計的一般步驟。假定這個小學生在算術課上有很多時間離開自己的座位，在教室裏走來走去，坐在別的學生的座位上等等。假定教師要求該生坐在自己座位上，不妨礙別的學生。他決定測量該生在一堂算術課上坐在自己座位上的時間和解算術題數。從圖 9-1 可見，實驗的第一階段因時間很短，強化未對行為產生影響。在第二階段受到強化的行為 (如圖的上方) 增加了，而其他行為 (在圖的下方) 仍沒有增加。這表明，強化只對解算術題這種特殊行為產生影響。一種行為改變了速度而另一種行為則未受影響，兩種行為彼此獨立。在圖 9-1 的第三階段 (下半部分) 表明，繼續強化兒童坐在自己座位上學習的行為，坐在座位上的時間增加了；但解算術題數卻減少了。這類多重基線設計，可以用於對多種行為的記錄和追踪研究。

3. 多重強化設計　**多重强化設計** (multiple-reinforcement design) 是指在一個實驗階段出現幾個不同的刺激，每一刺激與不同的強化條件相聯的情形。例如，當一鴿箱中的鍵被隨機出現的紅、黃或綠光分別照亮五分鐘時，可以用不同的強化程式。由於鴿子按相應的強化條件對每種顏色光進行反應，這樣實驗者就有可能對每個被試分別確定一個完整的參數函數，並將被試對一刺激作出的反應的速度標繪出來，以確定刺激的強化速度，或反應速度與強化速度的相應關係。這樣，可以獲得單個被試在某一階段的完整的行為函數。

(三)　用動物作爲研究對象

斯肯納特別強調用動物作為實驗研究對象的重要性。他設計的**斯肯納箱** (**或斯氏箱**) (Skinner box) 就是以鴿子和白鼠為被試進行學習實驗的自動記錄裝置。他認為：

> 從簡單的事例開始，然後就分析能力的增長而推進到複雜的事例，是有極好理由的。如果這意味著人們從動物開始，强調之點無疑是在於人和動物所共同具有的一些特點上。然而能有所收穫，是因爲只有通過這種方式我們才能肯定什麼是人類獨有的特點。"試圖把用動物進行有限研究得來的發展系統運用於人類社會，並且推廣到人類經驗的整個領域"這種主張不能算錯。因爲，從簡到繁是科學運動的方向。(Skinner, 1974, p.226)

他認為用動物作被試有其獨特的優點：(1) 實驗研究較為簡單。(2) 基本的過程易於揭示並可以長時間地進行記錄。(3) 觀察不受實驗者和被試之間社會關係的暗示。(4) 實驗條件能更好地控制。(5) 可以安排遺傳、歷史，便於控制一定的變量；也可以安排特殊生活史，便於控制另外的生活條件。

(6) 控制人類行為不易辦到但控制動物行為則容易辦到。例如，可以在大範圍內改變剝奪狀態。80 年代後期斯肯納也曾用各種不同年齡和能力的人做關於學習的研究。

(四) 對結果只描述不作解釋

對於實驗結果，斯肯納只作客觀描述，而不去做任何假設性的解釋。斯肯納認為，科學解釋就是對可觀察變量之間關係的精密、準確的描述，僅此而已。在他與費斯特 (Ferster & Skinner, 1957) 合著的《強化程式》一書中，就只是描述了單個鴿子在約七萬小時內發出的近二億五千萬次反應，總共用了 921 幅圖表對它們加以羅列，而幾乎不加任何解釋和總結。因此，斯肯納的研究也被稱為"描述的行為主義"。

總之，斯肯納的研究方法是一種極端的**實證主義**。他完全排斥理論的指導作用，堅持從可直接觀察到的外部環境入手研究人的行為，對自我觀察的報告持否定態度。堅持用動物的單個被試進行研究，反對使用統計或以統計為指導的實驗設計；堅持只對實驗結果描述，反對理論解釋。這種做法不僅使他遭到許多心理學家的批評，同時也使他在方法論上陷入了自相矛盾。

二、班杜拉的研究方法

社會學習理論家所採用的首要研究策略是**實驗法**。這在班杜拉的研究中尤為明顯。但班杜拉的研究方法論與斯肯納有相當大的差別。班杜拉強調理論的重要性，認為：

> 理論必須表明其預見力，必須精確地闡述因果性因素；正如事實所示，對假設的決定因素的改變，必然會產生相關行爲的變動。(Bandura, 1971, p.2)

班杜拉強調要以人類作為自己的研究對象，而不是從動物那裏去獲取第一手研究資料。班杜拉認為斯肯納、米勒等人"卻受下列事實的妨礙，他們都是在單個的人或單個的動物的情境中來建構其頗具局限性的基本原理的"(Bandura & Walters, 1963, p.1)。為了進一步了解班杜拉研究方法的特點，下面介紹他對觀察學習、自我效能、延遲滿足方面的研究。

(一) 觀察學習

班杜拉 (Bandura, 1965) 以斯坦福大學幼兒園男女兒童各 33 名為被試，由一名女實驗者執行實驗程序，兩位男性成人扮演示範者，將兒童隨機分為三組，每組 22 人。將兒童全部帶到一個房間，讓他們看電視機播映的影片。影片開始時，示範者走向一個類似成人大小的塑料玩偶，然後命令塑料玩偶讓開道。玩偶不聽從，於是示範者便表現出四種不同的攻擊行為，每一種行為都說上一句話。示範者先把玩偶打倒坐在它身上，揍它的鼻子，說："呸！對準你的鼻子，砰！砰！."；拿根木棒敲它的頭，說："好傢伙……，坐下"；用腳踢玩偶，說："滾走！"；朝玩偶扔橡皮球，說"砰！"接下來，三組兒童在屏幕上看到的情景則各不相同。

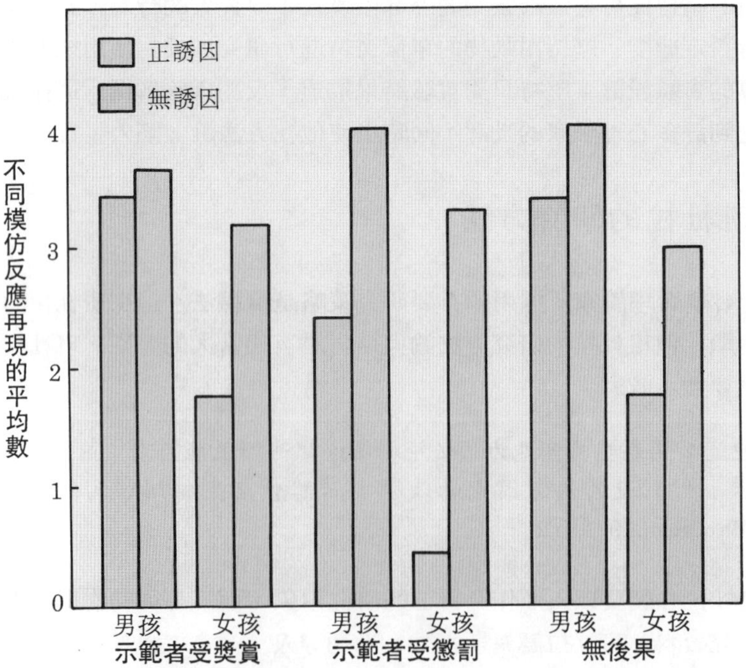

圖 9-2 兒童模仿行爲的平均數是示範者行爲和正誘因的函數
(採自 Bandura, 1965)

第一組兒童看到影片示範者的攻擊行為後，影片便結束了(“無結果情景”)。第二組兒童觀看到“示範者受獎賞的情景”，即屏幕上另一位大人帶著糖果和飲料對示範者的攻擊行為給予獎勵。第三組兒童觀看到“示範者受懲罰的情景”，即屏幕上另一大人威脅地批評示範者的攻擊行為，最後還打了示範者一頓，提醒他不許再攻擊玩偶。

三組兒童上述活動結束之後，再把他們帶到一個房間，裏面有一個塑料玩偶和別的玩具。每次讓一個兒童單獨待在房間裏 10 分鐘，實驗者則從單向玻璃觀察其行為，以預先設計好的模仿反應種類記錄兒童的行為。以兒童自發的身體和言語反應作為行為表現的測量，這是“無誘因情景”。行為表現的測量之後，告訴三組兒童，他們再做出方才影片中看到的身體和言語的反應時，將會有獎賞，這是“正誘因情景”。學習的測量以兒童所做的身體和言語的反映種類為指標。

在無誘因和正誘因兩個實驗階段中，三組兒童做出模仿行為的平均種類數如圖 9-2 所示。結果表明：(1) 對示範者的獎賞，顯著地增加了兒童的模仿反應數。(2) 男孩的模仿行為較女孩為多；而女孩則較受對示範者的獎賞的影響。(3) 引入正誘因，完全消除了原先觀察到的行為表現差異；在正誘因階段三組兒童的學習量接近相等。總的來看，獎賞示範者影響兒童模仿行為的表現但不影響其習得。觀看獎賞或懲罰示範者，兒童模仿反應也不同。

(二)　自我效能

班杜拉十分重視**自我效能**的重要性，認為自我效能影響著人們選擇做什麼，行動時投入的努力有多大，在困難面前能堅持多久，以及從環境中體驗到的壓力有多大。因此，我們有必要了解“人們怎樣判斷自己的能力以及他們怎樣通過對效能的自我知覺而影響其動機的”(Bandura, 1982, p.22)。為了弄清自我效能的性質，班杜拉做了許多實證研究。下面介紹對這一概念的幾個研究。

1. 臨床實例　班杜拉等人 (Bandura, Adams & Beyer, 1977) 曾做過自我效能影響**懼蛇症** (ophidiophobia) 的一項研究。他們把那些都說自己曾經歷過跟蛇有關的可怕事情，並且有不能集中注意等症狀的被試分為三組，每一組被試經歷不同的實驗條件。對參與示範組，治療者簡要地向被試展示如何對付蛇之後，與被試一起參與一系列難度逐漸增大的對付蛇的行動——從觸摸蛇，到把蛇放到房間裏然後重新捉住它等。觀看示範組的被試只是觀看治療者上述耍蛇行為，但並不親自去做。對控制組則不提供上述示範經驗，只對他們做前後兩次測試，以檢查其躲避蛇的程度。結果表明，參與示範組的被試自我效能感提高最大，其次是觀看示範組；觀看示範組又優於控制組。此外，自我效能的等級是完成行為任務的優良指示器。自我效能等級高的被試往往能完成更難更懼怕的任務。示範處理與相應的自我效能的提高都產生了類化；被試報告說，他們對付其他有關恐懼情景的信心增強了。

另一項研究 (Bandura, Adams, Hardy & Howells, 1980) 表明：隨著適應表現的改善，被試的自我效能感也隨之提高。這項研究的被試是幾位**廣場恐懼症** (agoraphobia) 患者 (表現為在離家的其他地方便會產生莫名其妙的恐懼)，治療者對他們進行治療 (如放鬆療法) 並陪同他們一起去公共場所，如逛商店、獨自散步、爬高梯子以及進餐館等。這些場所都是被試過去懼怕的。結果表明，隨著被試適應在這些場所的行為改善，他們的自我效能感也提高了。對一些特殊的人群的研究表明，在吸烟者中自我效能感強的被試比自我效能感弱的被試在戒烟的堅持性方面做得更好 (Baer, Holt & Lichtenstein, 1986)。在過度肥胖者中，自我效能感強的被試比自我效能感弱的被試在減肥活動中更有堅持性 (Mitchell & Stuart, 1984)。

2. 自我效能與壓力　**壓力 (或應激、緊張)** (stress) 是個體面臨威脅時的複合經驗。班杜拉等人的兩個研究 (Bandura, Cioffi, Taylor & Brouillard, 1988；Bandura, O'Leary, Taylor, Gauthier & Gossard, 1987) 探討過自我效能與壓力的關係。例如，班杜拉等人讓學生在不同情況下進行數學運算，一種情況是被試覺得題目是完全能夠做好的 (有自我效能)，而另一種情況是被試覺得題目已超出了他們的能力 (無自我效能)。研究結果表明，有自我有效能組的被試後來解題時很少表現出壓力，而無自我效能組的被試在解題時處於壓力和高覺醒狀態。

3. 自我效能與動機　自我效能與動機密切聯繫。班杜拉和伍德 (Bandura & Wood, 1989) 設計了一種類似於管理的情景。如果參加組織管理的被試認為這樣的組織是不易控制的 (自我效能低)，即使組織目標很容易達成，他們也認為難以控制。與此相反，高自我效能感的被試則不斷提高其挑戰性目標的難度，並且十分有效地進行分析思考。結果表明，被試的管理成績水平與其自我效能直接相關。如圖 9-3 所示，相信自己有控制能力的被試，組織管理成績水平高；而不相信自己有控制能力的被試，其組織管理成績水平低。

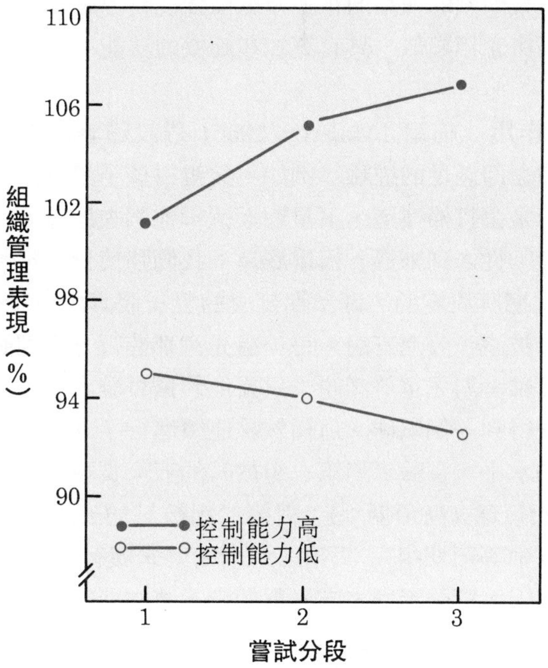

圖 9-3　控制能力與組織管理成績之關係
(採自 Bandura & Wood, 1989)

總的來説，高自我效能感者視困難任務為應該把握的挑戰，而不是迴避它。在遇到困難時，高自我效能感者不是失望，而是加倍努力並感到興奮。這種人把失敗歸因於自己努力不夠，深信只要自己更加努力就會成功。因此他們的自我效能感一般不受失敗的影響，卻為成功所增強。低自我效能感者不相信自己的能力，總是誇大任務的難度並迴避困難任務。與高自我效能感者相比較，他們為自己設立的目標較低，遇到困難時就很快放棄努力並把失敗歸因於自己的能力差。在遇到失敗後要恢復他們對自己能力的最初低水平的評價，也很緩慢。低自我效能感者經常感到焦慮、沮喪和失意。

(三) 延遲滿足

多年來，社會學習論的研究者們一直對延遲滿足的課題特別感到興趣。所謂**延遲滿足(或延後享樂)** (delay of gratification) 就是為了得到延遲的更大的報酬而放棄即刻的較小的報酬。這種強使自己延遲滿足的能力與意志力、自我強度等概念相類似，具有認知和動機的功能。

1. 預期的作用 梅爾 (Mahrer, 1956) 假設隨著時間的推移人們會積累起延遲滿足和立即滿足的經驗。例如，父親對孩子說，如果他們現在不玩捉迷藏的遊戲而是去打掃樓道，下星期天就帶他們去旅遊，但是孩子們似乎認為"下星期天"從未到來過。梅爾認為：我們強使自己延遲滿足的能力部分是由我們的預期所決定的，即預期延遲的獎賞將真的會發生。他以 2～3 年級的小男孩作被試，分為三組。每一組兒童都進行一系列訓練性試驗。在這些試驗中，實驗者對兒童許諾說：只要他們幫實驗者挑選一些圖片，第二天他們就能免費得到一個氣球。這種試驗連續進行了五天。為了造成對延遲強化的不同預期水平，實驗者對第一組被試的五天實驗中四天都履行了自己的諾言，給他們氣球 (高預期組)；對第二組被試的五天中有兩天履行了諾言，給予氣球 (中等預期組)；對第三組則始終未履行諾言 (低預期組)。在這種訓練後的三天，實驗者回來向兒童們表示將立即給他們一個小玩具飛機或者第二天給他們一個飛碟玩具，讓他們進行選擇。實驗之前實驗者測得：大多數男孩更喜歡飛碟。為了測定對一個實驗者的經驗是否也會類化到另一位實驗者，在這個實驗中，半數被試由開始的那位男性實驗者提供選擇，而另一半被試則由一位女性實驗者提供選擇。結果表明，高預期組兒童選擇飛碟 (延遲滿足) 多於選擇玩具飛機 (立即滿足)，他們的這種選擇傾向與中等預期組和低預期組有明顯的差異；並且，這一結果只限於由那位男性實驗者提供選擇時才如此。而由女性實驗者提供被試選擇時三種預期水平的被試在延遲滿足或立即滿足的選擇中則沒有什麼差異。這表明，延遲滿足的類化相當依存於兩種研究情景中所包含的社會媒介物的相似性。

2. 對獎賞價值的影響 米歇爾 (Mischel, 1966) 認為，不得不忍受延遲滿足將會提高對該獎賞的主觀價值。他曾做過延遲滿足對獎賞主觀價值影響的實驗 (Mischel & Masters, 1966)。當六年級的男女兒童正在看一場激動人心的電影達到高潮時，放映機突然中斷。兒童們被告知是由於保險絲斷了。隨後告訴一組兒童，影片繼續放映的可能性為 100%；告訴另兩組兒童，影片放映的可能性分別為 50% 和 0。控制組則一直看完電影，在強行的延遲之前和之後要求兒童都對影片的吸引力進行評價。所有的兒童都看完影片後，再一次要兒童對影片的吸引力進行評價。結果如圖 9-4 所示：(1) 與其他組相比較，被告知影片不可能重新放映的被試對影片的評價大大提高了。即使看完了整部影片之後，他們的評價都顯著高於其他組；(2) 所有的阻斷和延遲獎賞都提高了對影片的評價。這似乎說明，不可能得到的東西顯得更有價值，更使人想得到它。

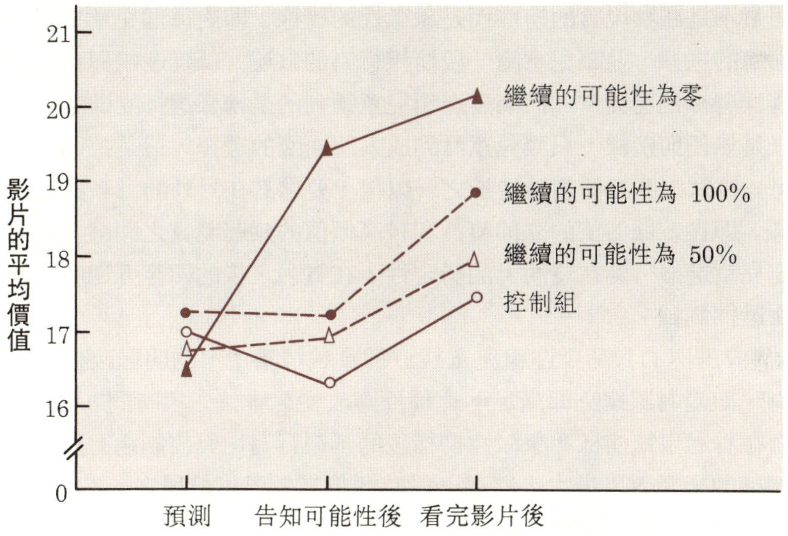

圖 9-4　影片在實驗各個階段的平均價值
(採自 Mischel & Masters, 1966)

3. 模仿延遲行爲　班杜拉和米歇爾 (Bandura & Mischel, 1965) 曾對模仿改變兒童延遲滿足的行為做過研究。他們先對約 250 名四至六年級的小學生進行測試，讓他們對先後呈現的 14 對獎賞進行選擇。每對獎賞之一為價值較小但立即可得到，另一為價值較高的但必需延遲一至四週後才能得到，被試必須在兩者之中選擇其一。例如，兒童必須選擇今天得到一角五分或一兩週後得到四角五分。記錄每一個兒童的延遲滿足的分數，即根據其選擇較大的立即獎賞的項目個數和選擇較大的但延遲獎賞的項目個數來計算。從全部被試的延遲分數中選出落在最高和最低的 25% 的被試，分別計算出男女兒童人數。結果低延遲組有男女兒童各 30 名，他們都明顯選擇立即獎賞。高延遲組也有男女兒童各 30 名，均明顯選擇較大的**延遲獎賞 (或延宕獎賞)** (delayed reward)。

將各組被試隨機地分配到三種實驗情景中，每種實驗情景的男女兒童各 10 人。在第一種實驗情景中兒童觀察現實的成人榜樣。這些成人榜樣在立即獎賞和另一較高價值延遲得到獎賞之間選擇一個：對高延遲組兒童，觀察到的榜樣一直選擇立即可得的獎賞，並一直說著立即獎賞的優點；而對低延遲組兒童，榜樣一直選擇延遲獎賞，並說著延遲滿足的優點。第二種實驗情景中兒童不是觀察現實的榜樣而是象徵性的榜樣，即對每個兒童描述成人榜樣所面臨的選擇，並讓兒童讀一段榜樣行為的敘述。低延遲組兒童讀到的是敘述榜樣選擇延遲獎賞，而高延遲組兒童讀到的是榜樣選擇立即獎賞。第三種情景是無任何榜樣，只讓兒童看到成人所面臨的選擇，這是控制組。

每一被試經歷三種實驗情景之一以後，要求其在另外的 14 對項目中做出選擇，即在較低價值的立即獎賞和較高價值的延遲獎賞之間選擇其一。為了測定兒童選擇行為在時間上的穩定性，在實驗之後的四至五週時，再進行了一次選擇測試。

結果表明：(1) 高延遲組兒童在三種實驗情景中，均明顯改變其延遲滿足行為，即變為選擇立即滿足。這種反應改變還維持一段時間。(2) 高延遲組兒童在看過現實榜樣和象徵性榜樣後的延遲行為均與控制組有顯著差異；現實榜樣的影響效果最大，經過一段時間後其效果也最穩定。(3) 低延遲組兒童看過現實榜樣和象徵性榜樣後強使自己延遲滿足；但兒童的行為改變在這兩種實驗條件下無顯著差異。總之，無論是現實榜樣或象徵性榜樣都能對兒童的延遲滿足行為產生很大的影響。

4. 能延遲滿足者的人格特徵 社會學習論者把每一個體的人格看成是其獨特的強化史的特殊產物，並強調同一行為在不同情境下的可變性。因此，這一理論一般不把個體劃分為不同的類型或用特質來評鑑個體。但是，近年來社會學習論者在探討能延遲滿足的兒童是否有獨特的人格特徵？亨德等人 (Funder, Block & Block, 1983) 用實驗任務測量過四歲兒童的延遲滿足，並從教師和測驗者那裏得到了這些兒童在 3、4、7、11 歲時人格測驗的評定資料。結果如表 9-1 所示，在實驗條件下有無延遲滿足能力的兒童在人格特徵上有明顯的不同。

能延遲滿足的學前兒童 10 年之後會表現出特殊的人格特徵嗎？米歇爾等人 (Mischel, Shoda, & Peake, 1988) 要求 10 年前曾測量過延遲能力的 95 名兒童的父母對其子女進行人格評量。結果表明，4～5 歲時就能等待較長時間的男女兒童成長為青少年之後，其父母對他們的評價是：學術和社交能力較強、言語較流暢、較理智、較專注、活潑，對壓力和失敗有更強的抵抗力。雖然這些研究結果是從正常的幼小兒童的研究中得出的；但近年來的研究表明，這些結果也適用於有適應問題的、年齡較大 (6～12 歲) 的兒童。

表 9-1 與延遲滿足能力有關的人格特徵

有延遲滿足能力的兒童		不能延遲滿足的兒童	
男 孩	女 孩	男 孩	女 孩
慎 重	聰 明	易激動	無法忍受壓力
專 注	機 智	煩躁不安	受其他兒童欺侮
能全神貫注	能 幹	攻 擊	鬱鬱不樂
講 理		常不能自我控制	易受侵犯
節 制			愛抱怨
合 作			
能調節衝動			

(採自 Funder, Block & Block, 1983)

第二節 學習論的評鑑技術

行為論者和社會學習論者在人格評鑑技術上是相當多樣化的。但是他們評鑑的中心都是行為，積累有關行為的信息、產生和維持此行為的環境條件以及隨此行為之後的正負後果。其目的是獲得個人行為的一個正確樣本而不是找出隱藏的衝動或人格特質。不過，社會學習論者考慮到認知的角色以及情境變量與較持久的人格變量的互動，因而他們在評鑑技術上與行為論者也有所不同。

一、行爲論的評鑑技術

(一) 與傳統觀點的主要區別

當我們一進入經典條件作用和操作條件作用的領域，就發現人格的概念已明顯發生了變化。表 9-2 給出的是在傳統的人格評鑑方式與行為論探討方式之間的主要區別。傳統的人格評鑑就是測量個人穩定的內部特徵 (如情結、特質等)，把測驗的資料視為某種內部狀態或人格特質的徵兆，例如在羅夏墨漬測驗中如果全部 (W) 反應過多乃是妄想的徵兆。但行為論者不這樣看。他們認為，被觀察到的行為只是在其他情境中也能觀察到的那類行為的一個樣本。如果一位患者容易驚哭、緊張害怕，對刺激反應過分敏感，在行為治療家看來，該患者的此種行為是其在諮詢室以外情境中的行為舉止的一個樣本。

(二) 行爲方程

行為評鑑的首要目標是界定需要改變的不適應行為，然後確定環境中維持此種行為的因素以及改變此種行為的辦法。因此，要辨認和測量一些變量 (SORC)，而所有的行為都是這些變量的函數。這一假設被稱為**行爲方程** (behavior equation) (Kanfer & Phillips, 1970)。其中 S, O, R, C 變量分別是：

刺激 (stimulation，簡稱 S)：可分為外部的和內部的。在反應性反應中，無條件刺激與它所引發的反應之間有著直接的聯繫，而在操作條件作用中可以通過不同的強化手段對反應進行控制。雖然操作條件作用並不包括行為方程中的 S，但臨床上的操作性反應卻不是隨機引發的，而是當某一環境信號，或辨別刺激出現時才引發並受到強化的。辨別刺激包括由自己或其他人產生的刺激。

表 9-2　在評鑑方式上行爲論與傳統觀點的差異

人格評鑑方式	行爲論	傳統觀點
1. 假設		
① 人格的概念	如果說有人格結構，那麼人格結構主要是指特殊的行為模式。	人格是持久的內部狀態或特質的反映。
② 行為的原因	可在現今的環境中找到維持的條件。	內部的心理或內部的獨特性。
2. 含義		
① 行為的作用	是個人在特殊情境中行為庫的一個重要樣本。	行為的重要性在於它是內部原因的指標。
② 歷史的作用	除提供追溯的基線之外，相對地不重要。	現在的情況是過去的產物。
③ 行為的持續性	行為因情境而不同。	行為具有跨時間和跨情境的一致性。
3. 資料的使用	描述目標行為和維持條件。 選擇適當的處理。 評鑑或改變處理。	描述人格機能和病因。 診斷或分類。 症狀預測。
4. 其他特點		
① 推論水平	低。	中等至高。
② 比較	強調個體內的或個案的研究。	強調個體間或一般性的研究。
③ 評鑑方法	較強調直接法 (如自然環境中的行為觀察)。	較強調間接法 (如晤談和自陳)。
④ 評鑑時間	持續進行；在處理之前、之中和之後。	多在處理前後，或嚴格診斷。
⑤ 評鑑範圍	特殊測量和較多的變量 (例如不同情境中的目標行為、副作用、背景以及優缺點)。	只對個體較總體的測量 (例如治療或改善的情況)。

(採自 Hartmann, Roper & Bradford, 1979)

有機體 (organism，簡稱 O)：有關有機體的因素，包括心理的和生理的因素，也包括長期的和暫時的機體內的影響因素。

反應 (response，簡稱 R)：包括反應性反應和**操作性反應** (或**工具性反應**) (instrumental response)。前者指不經訓練而由特殊的刺激引發的反應，後者指引發它的刺激不清楚，反應是由它本身的結果所條件化的。這裏的反應不僅包括身體的活動，也包括言語反應和社會反應。它們可以進行直接的觀察和測量。

補充討論 9-1

行爲評鑑與治療的實例

問題　C 是一個四歲的男孩，在家中好生氣和經常有違拗行為。他母親 (M) 對此無可奈何，只得請求心理學家 (Es) 的幫助。

觀察　心理學家走訪了他們的家庭，對母子倆在家中的表現做了細緻的觀察。Es 注意到這個孩子的違拗行為是由於母親的注意引起的。例如，每當孩子表現出令人討厭的舉止時，母親總是放下自己的工作，去向 C 解釋這樣做如何不好，應該做什麼或怎樣做，否則就用玩具或可口的食物把 C 從那種活動中吸引開。經進一步觀察，Es 發現 C 的不適當行為主要有七種：(1) 咬自己手臂或襯衫；(2) 拼命把舌頭伸長；(3) 踢、咬別人或小玩具；(4) 説粗話或用壞字眼稱呼人；(5) 脱衣或威脅性地要脱掉自己的衣服；(6) 遍地扔東西；(7) 恐嚇別人。Es 對這些行為發生頻率做了測量，每隔 10 秒鐘記錄 1 次，看看是否有某種不適當行為出現。每次觀察持續一小時，每星期進行二至三次觀察。每次觀察的時間是隨意安排的，由兩名 Es 負責。另外三位 Es 選擇一個偶然的機會去他家中核實前兩位 Es 觀察結果的可靠性。他們發現前兩位 Es 觀察信度較高，其範圍是 0.70～1.00，平均為 0.88。

治療　治療是在觀察進行了 16 次之後開始的。在治療的第一階段，Es 告訴 M，如果 C 表現了某種不適行為，就命令他停下來或者乾脆把 C 關進他自己的房間裏，不給他玩具玩。如果 C 以某種合適的方式玩耍時，就給他以關注和獎勵。這一階段結束後，Es 要 M 以正常方式與 C 交往一個時期，作為兩個治療階段間的過渡。接著開始第二個治療階段，M 的行為和交往方式基本不變，不再對 C 的合適行為次次予以關注，而只是偶然地給予關注。最後再過 24 天，重復一下整個療程。在重復期，Es 不再親臨 M 家中和做任何指導。

結論　此項行為評鑑與治療的研究表明，在自然的家庭環境中，父母完全可以作為治療者來矯正子女的某些問題行為。

從上例可以看出在行為評鑑中，治療家所關心的是 SORC 客觀資料的收集，特別重視**目標行爲** (goal behavior)。(採自陳仲庚、張雨新，1986，405～406 頁)

C 即個人行為的結果 (consequence)：桑代克的效果律、霍爾的驅力降低論和斯肯納的強化原則都認為，反應的結果可以影響到這一反應以後發生的可能性，即維持行為的強化。

行為取向的臨床心理學家把行為方程和行為治療密切聯繫起來 (參見補充討論 9-1)。他們重視行為的當前影響，其工作重點是 R 變量。當前的行為是受當前起作用的變量控制的。無論目前的變量是 S、O 或 C，治療者都要做出明確的分析。只有這樣才能達到對不適應行為的控制。所以，行為評鑑不在於發掘個人內部的病理性徵兆，而在於尋找行為的代表性樣本。

(三)　直接觀察

行為論者的評鑑技術首先當推**直接觀察** (direct observation)，即在日常生活中對個人的行為舉止進行詳細的觀察記錄。例如，巴克和賴特 (Barker & Wright, 1951) 曾對一位七歲兒童一整天的活動做過鉅細靡遺的記錄。不過在大多數的案例中，這種觀察策略顯然既不實際而又太耗費時間。在直接觀察時，通常採用三種觀察策略。

1. 時間取樣 (time sampling) **觀察**　即有選擇地在某些時間段內系統地觀察和記錄某位患者所表現的行為。例如艾隆和邁克爾 (Ayllon & Michael, 1959) 曾要求護士對在某場所的患者的行為進行系統的觀察和記錄，在該案例中，每名患者每隔 30 分鐘被觀察 1 至 3 分鐘。

2. 事件取樣 (event sampling) **觀察**　即對事先確定要觀察的特定條件或行為進行系統的觀察和記錄。例如歐利里和貝克 (O'Leary & Becker, 1967) 觀察用代幣強化計畫控制兒童課堂干擾行為的有效性，詳細記錄了有關行為 (如舉手、推東西等) 的出現、持續時間和頻數。

3. 行爲代碼系統的觀察　所謂**行爲代碼系統** (behavioral coding system，簡稱 BCS) 就是將行為分為有意義的、可以觀察的類別，並為記錄和隨後分析處理方便而制訂出的一套符號系統。例如帕特森 (Patterson, 1977) 及其同事曾用行為代碼系統來記錄在顯示攻擊和不服從問題的虞犯男孩家中所作的觀察。圖 9-5 是行為代碼系統的一個樣本。

行爲代碼系統空白代碼表樣品

姓名____________

身分證號碼____________

行爲代碼表

時間____________

被試者______ 觀察者______ 日期______ 編號______

AP	編號	HR	高速率	PP	主動身體接觸
AT	贊成	HU	出醜	RC	領受
CM	注意	IG	忽視	SS	自我刺激
CN	指揮 (否定的)	LA	笑	TA	講話
		NC	不服從	TE	逗弄
CQ	服從	NE	反抗	TH	操弄，觸摸
CR	哭叫	NO	正常	WH	啜泣
DI	不贊成	NR	無反應	WK	工作
DP	依賴	PL	遊戲	YE	叫喊
DS	破壞	PN	反抗身體接觸		

1					
2					
⋮					
10					

描述________________________

圖 9-5　一份空白的行爲代碼表

(採自 Jones, Reid & Patterson, 1975)

(四) 晤　談

晤談 (或訪談) (interview) 可以收集來訪者多方面的資料，行為治療家和精神分析治療家都在經常使用。董奇 (1992) 曾對晤談的一般程序做過較詳細的闡述，可以此程序來引發有關行為信息。晤談開始時要建立彼此良好的人際關係，以造成產生所要信息的晤談氣氛，這些信息就是前述行為方程中的 SORC 資料。即是說，臨床治療者需要了解與該適應不良行為有關的刺激、此人內部的長期的或暫時的影響因素、問題行為的本質，以及出現在此行為之後可能與維持適應不良行為有關的事件，此外還經常收集相關的個案歷史資料，最後區分出明確的刺激——反應關係作為治療的重點。許多行為治療家發現，患者對治療的預期相當重要。現在許多行為治療家對認知在行為治療的作用都相當重視。

(五)　測驗和量表

一些自陳量表可用來測定行為和情緒反應。前已述及，壓力是個體感受到威脅時的一種緊張情緒反應。美國的兩位醫生霍姆斯和拉希 (Holmes & Rahe, 1967) 編製了一個**社會適應評定量表** (Social Readjustment Rating Scale，簡稱 SRRS) 用來測定不同社會經歷所引起的壓力反應。該測量工具指出大量的壓力由 43 種不同的社會經歷所造成，有不愉快的經歷，如配偶死亡等；也有愉快的經歷，如結婚或傑出的個人成就。所有這些事件包含個人生活中的種種變化，要求適應這些變化。這些事件會產生不同水平的壓力。而壓力又會影響個人的健康 (參見補充討論 9-2)。用社會適應評定量表可以評定個人在壓力下情緒反應的大小。又如，**恐懼調查表** (Fear Survey Schedule) (Geer, 1965) 描述了 51 種情境 (如在高空、黑暗、寂靜、醫院手術等) 可能引起的恐懼情緒反應，要求被試評定每一情境所引起的恐懼程度或不愉快反應的程度。總之，這類測量工具都是試圖針對與特殊情境有關的特殊行為和情緒反應的。

二、社會學習論的評鑑技術

在評鑑行為的過程中，社會學習論者特別強調誘發和維持此行為的環境因素，注重認知和人格的作用。下面介紹羅特對預期的測量和他的兩個著名問卷以及班杜拉對自我效能的評鑑技術。

(一)　對預期的測量

前已述及，羅特把預期定義為個體自己在某特定情境中以某種方式行動可能會產生強化所抱的信念。羅特曾用幾種方式來測量過預期。例如，要求被試在 0 至 10 的量尺上，指出他們做出某種行為反應將達到某種結果的

補充討論 9-2

壓力與健康

表 9-3 所列是霍姆和拉希研究得出的生活事件變化所產生的不同壓力感評定值。研究者對各種事件所產生的**生活壓力** (life stress) 與發病率的相關研究表明，一年中個人所有壓力感總和為 150 或更高的值是生活的轉折點。若這一年生活事件壓力感評定值為 150～199 之間，則下一年患病的可能性為 37%；若分值在 200～299 之間，則患病的可能性為 51%；若分值在 300 以上，患病的可能為 71%。就是說，壓力越大，患病的可能也越大。研究表明，那些經歷了極為嚴重生活危機，以及有較高累加生活事件壓力感評定值的人，不僅多患病而且多患嚴重的疾病。在極高壓力狀態下的人，大多數可能患的是慢性病，如白血病、癌症和心臟病。

表 9-3　社會適應評定量表

編號	生活事件	壓力感	編號	生活事件	壓力感
1.	喪偶	100	22.	工作責任改變	29
2.	離婚	73	23.	孩子離家出走	29
3.	分居	65	24.	與親家發生矛盾	29
4.	拘留	63	25.	個人的傑出成就	28
5.	親人死亡	63	26.	妻子找到或失去工作	26
6.	受傷或患病	53	27.	入學或失學	26
7.	結婚	50	28.	生活條件變化	25
8.	解雇	47	29.	個人習慣變化	24
9.	重婚	45	30.	與上司發生矛盾	23
10.	退休	45	31.	工作時間與地點改變	20
11.	親人健康的變化	44	32.	遷居	20
12.	懷孕	40	33.	轉學	20
13.	性生活不協調	39	34.	娛樂活動的變化	19
14.	家庭成員的增加	39	35.	禮拜活動的變化	19
15.	工作重新調動	39	36.	社會活動的改變	18
16.	經濟情況變化	38	37.	抵押品價值或貸款小於萬元 (美金)	17
17.	好友死亡	37	38.	睡眠習慣的改變	16
18.	工作崗位變化	36	39.	家人的離合	15
19.	與配偶爭執	35	40.	飲食習慣的改變	15
20.	抵押價值已超過萬元 (美金)	31	41.	假期	13
21.	抵押品贖回權或貸款等被取消	30	42.	聖誕節	12
			43.	輕度違法	11

(採自 Holmes & Rahe, 1967)

讀者可以根據社會適應評定量表計算一下自己的分數，或計算一下你的親屬或朋友的分數。如果你熟悉某人最近患病，你可以訪問他，在患病前一年中所發生的生活事件，很可能這些事件壓力感的累加評定值至少為 150。

信心有多大。很明顯，被試可能會胡亂地估計。為了控制被試胡亂估計自己的信心，採用了下賭注的辦法。其假設是，下注大比下注小肯定更有信心；但如果下注太大而達不到預期時便會輸掉這些錢。這樣，只有正確地下注才能得到獎賞，從而打消了被試防衛和不切實際的高估。第二種方式是，詢問被試在一系列考試分數中，哪個分數他們最有信心達到，亦用下賭注的辦法進行控制。第三種方式是，要求被試對主題統覺測驗 (TAT) 圖片中做著不同動作的人編出故事來，這些圖片有些是羅特特別製作的，有些是常用的主題統覺測驗圖片。用主題統覺測驗測量類化預期時，羅特特別注意這類工具的信度和效度。為此，他準備了相當仔細、清楚的手册，對所編故事作可靠的推論。他對故事的解釋與精神分析師僅憑直覺的做法是截然不同的。

(二)　羅特的兩個著名問卷

羅特編製的內外控量表和人際信任量表，是兩個常被使用的人格問卷。

1. 內外控量表　1966 年羅特發表了**內外控量表** (Internal-External Scale，簡稱 IES)。該量表最初包括幾個從理論上互相區分的分量表，因此既可以根據不同的目的建立一種有關控制期望的全面測量，又可以建立一個一般性的總體心理控制源量表。然而，因素分析的結果卻表明，這一量表僅由一個較大的因素和幾個很小的因素組成，而且這幾個小因素只有很少的幾個項目，難以作為有效的測量使用。因此，在多次修訂的基礎上，羅特建立了現在被廣為應用的由 29 個項目組成的心理控制源量表。其中 6 項是緩衝項，不記分；實際記分項為 23 項。量表中的每一項都有兩個句子供被試選擇，其中一個是外控方向上的觀點，另一個是內控方向上的觀點 (緩衝項則沒有此種傾向性)。要求被試在每一項中選擇一個自己更相信的句子。選中外控方向上的句子記 1 分，否則記 0 分。因此，量表總分在 0～23 分之間，分數越高表示外控的傾向性越高。羅特心理控制源量表已由國內學者修訂並建立了常模 (王登峰，1991)。下面是該量表中兩個項目中的四個句子的舉樣 (編號為原題號)：

選擇 a 或 b：

(2) a 人們生活中很多不幸的事都與運氣不好有一定關係。

b 人們的不幸起因於他們所犯的錯誤。

(9) a 我常常預先發現那些將要發生的事果真發生了。

b 對我來説，信命運不如下決心做實事好。(Rotter, 1966)

2. 人際信任量表 1967 年羅特發展出一種**人際信任量表** (Interpersonal Trust Scale)，共有 25 個項目，其內容涉及各種情境下的人際信任和不同的社會角色 (包括父母、教師、推銷員、審判員、政治人物等)。該量表的多數項目與社會角色的可信賴性有關，但也有一些項目與對未來社會的樂觀程度有關。要求被試在“完全同意”至“完全不同意”的五點量尺上表明自己的選擇。其項目舉例 (編號為原題號) 如下：

(1) 在我們這個社會裏虛僞的現象越來越多了。

(5) 考試時教師不到場監考可能會導致更多的人作弊。

(21) 多數推銷人員在描述他們的產品時是誠實的。

(23) 多數維修人員即使認爲你不懂其專業知識也不會多收費。

(Rotter, 1967b)

人際信任量表可以評定出高人際信任者和低人際信任者。在一項研究中 (Wright, Maggied & Palmer, 1975) 要求一組大學生各填寫一份人際信任量表，並在答案紙上寫下聯絡電話以便實驗者可以通知他們來參加實驗。此後，邀請高人際信任者和低人際信任者回來參與實驗，並對被試所作有關該研究性質的詢問，對回答經過標準化分類，結果發現，高人際信任者所提的懷疑詢問 (如：“你怎麼知道我的名字？”“為什麼要找上我？”) 顯著少於低人際信任者；高人際信任者對一般性的問題也問得較少。

(三) 自我效能評鑑的一般程序

根據班杜拉的許多實驗，自我效能的評鑑程序通常是：選定前測的操作任務，進行自我效能評定、效能誘導和操作任務的後測 (Bandura, 1982)。讓我們以班杜拉等人 (Bandura, Reese & Adams, 1982) 對恐蛇症患者所做的一項研究來說明這一程序。

首先實驗者設計出用來表明自我效能感不同的各種操作任務，操作成績的不同則表示自我效能水平的不同。接著，實驗者以書面或口頭的方式向被試呈現一系列已選定的難度漸增的操作任務，要求他們評定自己能完成其中多少項任務以及完成每項任務的自信程度。自信度從 10 (很沒有把握) 到 100 (絕對有把握)，由被試進行定量評鑑。

效能誘導 (efficacy induction) 就是實驗者採取一些措施使被試的自我效能水平得以提高。效能誘導方式是多種多樣的。但班杜拉 (Bandura, 1978) 指出，自我效能的判斷，不論準確還是錯誤，都來自下列的主要信息源：(1) 被試自己過去作業效果的經驗；(2) 根據觀察他人行動所產生的效果的推論；(3) 他人的言語判斷、鼓勵和勸說；(4) 被試自身的生理狀態 (據此，對自己的力量、能力和耐受力所作出的判斷)。

因此，運用上述一種或幾種信息可以誘導個人自我效能感的變化。主要有下列四種方式：(1) 使被試表現出認真辦事的成功經驗；(2) 讓被試觀察成功榜樣的示範；(3) 勸說或鼓勵被試 (譬如說“我知道你能幹”)；(4) 通過鍛鍊、飲食或化學方法調節其生理狀態。

班杜拉 (Bandura, 1982) 認為，通過上述方式均可以使人們提高自我效能感，去完成他們以前不能完成的任務。他報告了在諸如音樂表演、與異性交往、學習數學、戒烟、心臟病康復、治療多種恐懼症等方面的成功運用。

評鑑自我效能水平是否變化的最後一個步驟是，讓被試實際操作目標任務，將後測成績與前測成績進行比較，以考察效能誘導技術是否有效。

例如，班杜拉等人 (Bandura, Reese & Adams, 1982) 對恐蛇症患者的研究中首先設計出要求被試接近玻璃籠中蛇的 18 項操作任務：接近養蛇的籠子，低頭看蛇，戴手套觸摸蛇，光著手觸摸蛇，把捉住的蛇放在房間裏並把它放回籠子中……最後讓蛇在大腿上爬過而雙手懸垂兩邊。在完成這些任務的同時要求被試在 10 點量尺上指明體驗到的懼怕程度。接下來，就是讓被試對表上列出的 18 項操作任務，作出估計自己能夠操作哪些任務，並在 100 點量尺上評鑑自己完成這些任務的自信心程度。經過前測評定程序後，實驗者進行三種水平的效能誘導：高效能的誘導——達到讓蛇在大腿上爬過；中等水平效能誘導——達到接觸蛇並將蛇放進籠子；低效能誘導——走近看籠子中的蛇，不與蛇接觸。達到能完成某種操作任務後，要求被試再評定自己在前述 18 項操作任務中能完成哪些任務、自信的程度如何 (定量評定程序同於前測)。這樣就可以評定不同誘導方式對自我效能所產生的影響。

在此項研究中，被試是應報紙廣告而來、尋求幫助的真正恐蛇症患者，

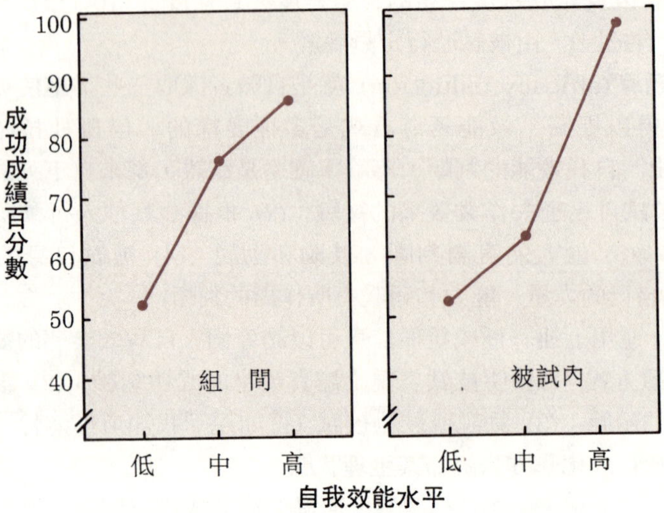

圖 9-6　自我效能水平與操作成績百分數的關係
(採自 Bandura, Reese & Adams, 1982)

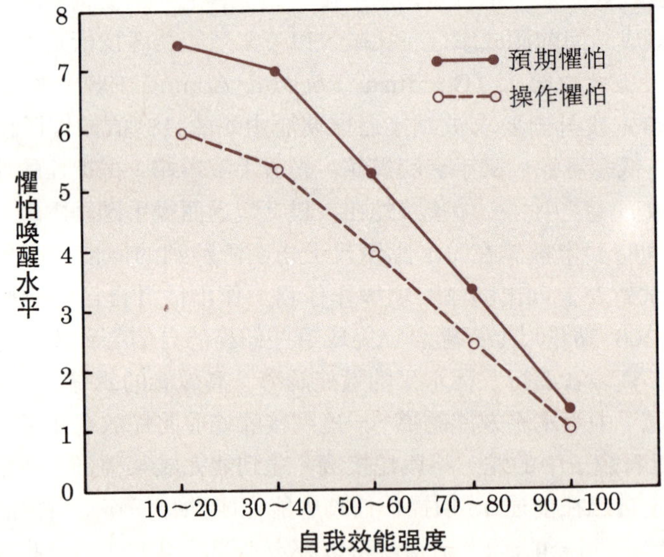

圖 9-7　自我效能強度與懼怕喚醒水平的關係
(採自 Bandura, Reese & Adams, 1982)

只將被試的自我效能引導至低或中等水平，顯然是不道德的。基於此，班杜拉等人還對被試進行了額外的治療，使他們都達到高的自我效能。這項研究表明，被試的自我效能感越高，任務操作得就越好。這種關係如圖 9-6 所示。被試報告的懼怕程度與自我效能感水平的關係如圖 9-7 所示，自我效能感愈高，其懼怕程度就越低。

(四) 自我效能量表

與傳統的人格測量方法不同，班杜拉更熱中於實驗的方法來證實人們在社會關係中的學習，如觀察學習、攻擊行為、自我效能等，而對測量穩定不變的人格特徵興趣較小。但是，追隨班杜拉的學者卻設計出了一些量表來測量自我效能。例如，吉布森和登博 (Gibson & Dembo, 1984) 根據班杜拉的理論發展了一個**教師效能量表** (Teacher Efficacy Scale，簡稱 TES)，用以測量教師人格特質的兩個維度，即教學效能和教師效能。所謂**教學效能** (teaching efficacy) 是指教師對自己教學行為能夠克服環境的影響從而達到教學目標的信念。所謂**教師效能** (teacher efficacy) 是指教師對自己能夠積極發展學生能力的評價，即相信自己具有教好學生的技能技巧的信念。該量表包含有 30 個項目。每個項目從"最贊同"到"最不贊同"分為六個等級，要求被試以六點量尺對所有的項目都表明自己的態度。該量表適用於對中小學教師自我效能的測量。下面是該量表的四個項目舉樣：

1. 當我付出更多的努力時，學生通常比以往學得好。
2. 學生在課堂上所受的影響比家庭環境所受的影響要小。
5. 如果有適當的技巧和誘導，教師就能教好最難教的學生。
6. 如果學生在家裏不守規矩，那麼他是不可能接受任何紀律的。

(Gibson & Dembo, 1984)

最近，俞國良、辛濤、申繼亮根據吉布森的《教師效能量表》和阿什頓 (Ashton, 1985) 的《個人教學效能量表》及其他有關資料編製了《教師教學效能量表》。該量表由兩個分量表組成，採用自陳式，按六個等級評分。研究結果表明，該量表可以較好地測量我國中學教師的一般教育效能感和個人教學效能感。

里克曼等人 (Ryckman, Robbins, Thornton & Cantrell, 1982) 發展出

一個**體格自我效能量表** (Physique Self-Efficacy Scale)。該量表由 22 個項目構成，要求被試對每一個項目表示贊同或不贊同的程度。下面是該量表中的三個項目：

1. 我的反應很好。
11. 就算對方比我高大，我亦會毫不遲疑地表示我的不贊同。
20. 我發現我不屬於有意外傾向的人。(Ryckman, Robbins, Thornton & Cantrell, 1982)

該量表表明自尊和自我意識之間的關係。它能區分出被試在完成運動任務時表現得好或差，鑑別出被試是否經常參加體育運動。

第三節　對學習論範型的評價

在本節中，我們將從學習論範型的科學地位以及學習論範型對人格研究的優缺點兩個方面對人格的學習論範型作一簡短的評價。

一、實際應用

如果説實際應用是檢驗理論正確性的標準，那麼我們也許可以從學習論在實際生活中的應用來評價學習論的科學地位。學習論原理在日常生活中的應用甚廣，並且已經證明是相當有效的。這裏僅介紹行為治療和程序教學。

(一) 行爲治療

行爲治療 (或行爲治療法) (behavior therapy) 是一組基於學習論原理而發展起來的心理治療方法。行為治療家認為，我們之所以把一個人歸為異常或精神病人一類，是因為他或她所習得的行為方式是為社會所不容的，因而被看成古怪的、甚至痛苦的人。因此，治療的措施就是逕直地消除或改變正在造成這種痛苦的適應不良行為，而不是去了解這個人過去的動機衝突或人格特質對當前行為的影響。行為治療或**行爲矯正 (或行爲矯正術)** (behavior modification) 的基本程序是：(1) 在最初的治療期內，行為治療者仔細傾聽患者關於其問題的陳述，了解患者究竟想要改變什麼行為，特別要注意了解經常發生的不適應行為，和很少發生的不適應行為的情境。(2) 設計測量不適應行為頻率的方法 (依不適應行為的性質而定)。(3) 用行為的術語清楚地限定問題，並將它分解成一系列具體的治療目標。(4) 治療者與患者努力制訂出改變不適應行為的治療計畫，以增加適當的行為，減少適應不良的行為。(5) 治療計畫實施之後，繼續記錄不適應行為，並注意治療計畫的執行與進展。若治療計畫不能成功地改變適應不良行為，應改變計畫或變更某些參數 (如獎勵值)。(6) 一旦不適應行為改變達到了原訂治療目標，便開始逐步結束計畫，使建立起的適當行為在自然的社會環境保持下去。(7) 治療計畫逐步結束後，還要檢查適應不良行為復發的情況。若是舊病復發，就給以輔助處理。

具體的行為治療技術主要有：

1. 系統脫敏法和厭惡條件作用　**系統脫敏法** (systematic desensitization) 可看作是**去條件作用** (deconditioning) 或**反條件作用 (或反制約作用)** (counterconditioning) 的過程。這是根據經典條件作用原理的一種心理治療方法。這種方法對消除恐懼或恐怖症很有效。治療的原理是用一種與焦慮不相容的反應 (鬆弛) 來代替恐懼反應 (見第八章第二節)。

厭惡條件作用 (或厭惡制約法) (aversive conditioning) 是根據經典條件作用原理的另一種心理治療方法，就是當個體表現出異常行為或變態行為時即給予懲罰。有關學習的研究表明，雖然正強化比懲罰更有效，但懲罰也能矯正不良行為。厭惡條件作用已被用來治療酗酒、抽烟、口吃和同性戀等許多行為障礙。治療的方式是每當患者表現出不良行為時就給予一個厭惡刺激 (如電擊或致吐藥物)。例如，對於酗酒者，先給予飲酒，然後服用使其立即強烈嘔吐的藥物。這種反條件作用形成之後，這位酗酒者一看到或聞到酒就產生嘔吐的厭惡反應，從而使酗酒行為消失。厭惡條件作用也可用來治療強迫觀念、強迫行為和戀物癖等變態行為。

2. 正強化和消退　**系統强化** (systematic reinforcement) 是根據操

作條件作用原理的一種心理治療方法，即每當患者出現適當的行為時就給予獎勵即**正强化** (positive reinforcement)，而當其出現不適應行為時就忽視他們 (不給予獎勵)。例如一位小學三年級的女學生上課時不注意聽講，不做家庭作業，有時曠課，社交技能差，没有朋友，大部分時間都在空想。需要強化的行為包括注意聽老師講課，完成閱讀任務和參加課堂討論。治療者用**代幣制** (token economy) 進行強化，即給這個女孩一些豆子以換取被她看重的一些特權，如站在排頭 (三粒豆子) 或被允許課後留下來幫老師做特許的事情 (九粒豆子)。教師每次見到該生這些好的行為表現就往瓶子裏放進一粒豆子。經過三個月的治療，她達到同班其餘同學的水平。第二年的隨訪表明，這個女孩仍保持其學習成績，在社交技能上也有顯著改善，較易於為其他孩子所接受 (Walker, Hedberg, Clement, & Wright, 1981)。系統強化對治療許多適應不良行為是相當成功的。例如，使有野蠻行為的兒童學會文明說話，並以文雅、平靜的方式與人交往；使緘默不語的精神分裂症患者，重新學會了說話。

對適當行為的強化伴隨著對不適當行為的**消退** (**或消弱**) (extinction)。例如，一個經常以喊叫的方式來引起母親注意的男孩，無論何時他這樣做的時候都不予以理睬，只有在他來到母親的身旁並用平常說話的聲調說話時才給予注意加以強化。消退也被廣泛地應用於減少恐懼或焦慮。例如，對懼怕無害蜘蛛或蛇的人，可讓他逐步地觀看與體驗有這種可怕東西的圖片和真實情境。雖然圖片與真實情境越來越嚇人，但被證明是無害的。

3. 生物反饋　**生物反饋** (**或生理回饋**) (biofeedback) 是一種運用儀器 (通常是電子儀器) 將體內的活動狀態加以放大，變成能感知的信號，通過視覺或聽覺呈現給個體，個體通過操縱和改變這些信號，從而達到操縱和改變體內原先覺察不到的、不受意識支配的生理活動的方法。例如，心臟跳動的快慢，一般我們意識不到它，也難以隨意使之加快或減慢。如果將心跳時產生的電變化加以放大，並把它變成可看到或可聽到的視覺或聽覺信號，我們就可以通過看到的或聽到的信號，使之變化，從而達到使心率加快或減慢的目的。這就是說，人們能從事一般的學習外，在儀器的幫助下，還可以進行內臟學習。生物反饋可以治療某些疾病，例如頭痛症、磨牙症、面神經麻痺和眼肌痙攣、慢性腰背痛、過敏性腸綜合症、消化性潰瘍、兒童多動症、高血壓、癲癇等 (閻克樂，1990)。

一種最常見的頭痛叫**肌緊張性頭痛** (tension headache)，是由於面部、頭皮、頸和背部肌肉的持續收縮而引起的一種疾患。其臨床表現是位於枕或後腦部一側固定的鈍痛，患者常主訴為擠壓性箍痛或重壓感。患者額肌肌電水平較高。治療此病通常採用肌電反饋法，即把**肌電儀** (或**肌電圖**) (electromyograph，簡稱 EMG) 的表面電極放在患者眉毛與髮際之間，由額肌緊張度變化的肌電活動轉化為聲音高低的信號，患者憑藉聲音高低隨時變化 (生物反饋信息) 的辨識，即可了解自己額部肌肉緊張性的變化。在使用肌電儀的過程中，患者嘗試著用不同的自我控制活動 (如放慢呼吸、閉目冥思、回憶快樂舒適的往事)，發現在何種自我控制活動後聲音隨之升高，在何種自我控制活動後聲音隨之降低。患者就可以運用操作條件作用中的**後效强化** (contingency of reinforcement) 原理，繼續使用能夠降低聲音時所採用的自我控制活動。這樣，經過多次練習之後，患者不用肌電儀的幫助，也能控制額肌肌電水平的降低，從而達到治療的效果。

4. 示範法 **示範法** (或**模仿**) (modeling) 是運用觀察學習原理的一種治療方法。通常患者可能不知道如何做出適應行為。因此，如果讓患者觀察社會認可的適應行為，就可以使他改變行為或重新學習適應行為。示範法是消除恐懼症以及其他一些伴有強烈情緒反應的有效治療方法。班杜拉等 (Bandura, Blanchard & Ritter, 1969) 的研究表明，用示範法可以消除成人的強烈恐蛇症。在該研究中，讓恐蛇症患者看一部電影，影片中的人逐步接近、逐步在沒有遮擋的情況下接觸蛇。先是一條塑料蛇，然後是真蛇。此外，研究者還讓患者去看玩蛇者的實際表演，在玩蛇者的指導下實際逐漸接近蛇，直至觸摸蛇讓蛇在被試身上爬動。示範方法對大多數恐蛇症患者的治療都相當成功。

在治療期間，示範法往往與**角色扮演** (role playing) 或**行爲演練** (behavioral rehearsal) 混合應用。治療者幫助來訪者或患者演練或做出較適應的行為。例如有的男青年不知道如何邀請姑娘赴約或不知道如何在別人欺騙他時予以拒絕而感到焦慮。對於這樣的來訪者，開始時治療者同他進行角色扮演練習，而後在實際生活中練習。通過角色扮演或**自信訓練** (或**信心訓練**) (assertive training，簡稱 AT)，來訪者不僅能減輕焦慮，還可以發展形成較有效的應對技巧。

5. 認知行爲療法 **認知行爲療法** (cognitive behavior therapy) 是一

些把行為矯正技術與改變適應不良信念的技術結合起來的治療方法的總稱。認知行為治療家，試圖通過教人學習較有效的解釋與考慮其經歷的方式，來幫助人控制令人煩惱的情緒反應 (如焦慮和壓抑)。例如，抑鬱症患者總是從負面的與自我批判的角度來評價事件。一事當前，他們首先想到是失敗而不是成功；對自己作業的估計易於誇大失敗、貶低成功。在治療抑鬱症時，認知行為治療家努力幫助病人認清他們思維活動中的曲解並使之改變為與現實較一致。通過仔細的導向性提問使患者意識到其信念的非現實性，然後鼓勵患者形成與自己現實處境相一致的替代性方式並檢驗其含義。同時認知行為治療者常將行為矯正技術同處理負面思想活動的具體指導結合起來。例如幫助患者克服廣場恐怖症的治療方案可能包括系統脫敏法 (首先利用想像，隨後逐漸讓患者到離家越來越遠的地方做實際旅行) 和正面的思考訓練。治療者教患者學會用正面的自我指導 (要“鎮定！我不是孤單一人，如果驚恐發作，也會有人來幫我的。”) 來取代自挫性的內心獨白 (“我真緊張，一旦離開這房間我會立即昏倒！”)。

總之，認知行為治療家認為，要引起行為的持久改變，重要的是改變個人的信念。改變信念，也就是班杜拉所說的增強個人的自我效能感。前已述及，讓來訪者觀看成功榜樣的示範，對來訪者進行勸說和鼓勵，讓來訪者回憶自己處理困難情境的成功線索都有助於提高自我效能感。如果讓來訪者參與實際作業，並取得駕馭困境的經驗對提高自我效能感就更為有效 (Bandura, 1984)。

儘管行為治療的療效問題至今仍有爭議，例如有人認為行為治療的確可以舒解焦慮或是減輕症狀，但卻不能從內部促進個人的潛能。不過，這種批評似乎不適用於強調認知觀點的行為療法；同時這種批評主要來自人本主義取向的理論家的觀點。也有人認為行為療法不能使療效類化到其他情境。其實，這種批評也適用於對其他治療方法的批評。目前，行為治療已被應用於從神經症到學校教室，家庭和勞動場所的廣泛行為適應問題。鮑爾和希爾加德認為：

> 行爲治療，不論從絶對的意義上說，還是從相對應的非行爲治療的比較角度上看，在促進病人的心理健康方面都是很有效的。(邵瑞珍等譯，1987，471 頁)

(二) 程序教學

自從 1954 年斯肯納發表了第一篇關於學習原理在教學實際中的應用文章以來，程序教學便迅速發展起來。斯肯納完成的一系列研究表明，通過使用機器裝置可以提高算術、閱讀、拼寫等學科的教學效率，讓機器去做某些勝過普通教師所做的事。這種裝置的早期形式，是呈現一些數字組合來教加法的機器，兒童在加法器的鍵盤上打上自己的答案，如果答案正確，則機器運轉並呈現下一個問題。下一問題的呈現也就成了正確答案的強化信號，這與教師在學生反應之後說聲"對"的效果相同。斯肯納設計的這種裝置以及其他的仿製品，被稱為**教學機器** (或**教學機**) (teaching machine)，而作為教學基礎的材料被稱為程序。**程序教學** (或**編序教學**) (programmed instruction) 就是根據斯肯納的操作條件作用原理而設計，讓學生用事先編寫的教材、或儀器呈現的教材進行自學的方法。其設計原理如下：

1. 教材必須有明確、詳細而客觀的規定。這種規定通常是由一系列詳細規定的刺激-反應聯結組成，其表達形式是公式化的問題和答案。

2. 編寫一系列刺激 (問題) →反應 (答案) 框面 (frames)，這種框面由易到難以小步子呈現。

3. 學習者必須對程序中的每個框面作出反應。

4. 給每個反應提供即時反饋 (答案)。

5. 儘量安排好問題，使學生能經常作出正確反應並得到強化；儘量避免學習中的挫折或失敗。

6. 讓每位學生按自己的速度完成整個教學程序。

7. 對勤奮的和學得好的學生給予大量支持性的強化物 (例如表揚或象徵性獎品)。

斯肯納認為："對每個學生來說，(這種機器) 和私人教師的作用十分相似" (Skinner, 1958, p.971)。在 20 世紀 50 年代和 60 年代發展起來的程序教學，現在已經發展成為計算機輔助教學。**計算機輔助教學** (或**電腦輔助教學**) (computer-assisted instruction，簡稱CAI) 是通過計算機呈現學習材料、提出問題並對學習結果進行考核的教學方法。其原理與程序教學相同。由於計算機具有巨大的靈活機動性，因而可以避免程序教學的機器性和令學生厭學的缺點。目前計算機輔助教學的研究正方興未艾。學者們正在研究利用人工智能模型研製學習者與計算機充分相互交流的系統。這個問題的解決將使教師在未來教育過程中的作用發生重大的改變。

二、總的評價

正像精神分析論範型那樣，學習論範型對人格的理解也含決定論色彩。但是，與精神分析論強調行為的生物決定因素不同，學習論強調行為的環境決定因素。這種觀點深受達爾文 (Charles Darwin, 1809～1882) 思想的影響。正像進化過程是通過自然選擇，使物種適應生態環境那樣；學習過程，特別是操作條件作用，塑造了個體的行為模式，以適應其環境。學習論心理學家認為人的本性無所謂善惡，具有極大的可塑性。早期的學習論者華生、斯肯納認為人格是由環境或強化物所塑造的。晚近，社會學習論者羅特、班杜拉則日益強調認知的重要作用，強調個體積極主動地選擇和改造環境。但社會學習論者的這種觀點仍不及人本論者或現象學心理學家所主張的人的主動性積極性那樣激進。總的來看，學習論範型的主要優點有二。第一，對研究的問題下操作性的定義，用實驗的方法加以論證，而不是用比喻、文學描述的方式或無休止的爭論來進行解答。這有助於人格心理學走上科學研究的軌道。第二，學習原理在現實生活中具有廣泛的應用價值。前已述及，行為治療的臨床方法現在已成功地運用於治療形形色色的問題行為，諸如青少年犯罪、精神病行為、酒精中毒、吸毒成癮、同性戀和病態恐懼等等。而程序教學和機器教學也已發展成為計算機輔助教學，在當代的教育實踐中廣泛應用。因此，可以說，學習論範型不僅從一個側面解釋了人格的發展，而且還提供了改變人格的原理。但是，與其他人格研究範型一樣，學習論範型也存在著一些問題。其主要問題如：

1. 人獸不分的傾向　斯肯納、多拉德和米勒把對動物實驗室研究結果過分簡單地搬到人類的現實生活之中，因而遇到了不少困難，反映出這些理論的局限性。羅特和班杜拉的社會學習論以人類作為自己的研究對象並對認知在人類行為中的重要作用，給予極大的關注，從而擺脫了行為論者的人獸不分的機械主義傾向。這無疑是社會學習論的一個突出的優點。

2. 低估和忽視遺傳的傾向　華生曾聲稱，如果需要的話，他可以把任何一個健康的兒童培養成醫生、藝術家或商界首領。這種極端環境決定論的觀點顯然是站不住腳的。因為要成為這樣的人需要有一定的人格特質。例如商界首領需要外傾等特質，而這些人格特質部分是遺傳的。雖然斯肯納、多拉德和米勒以及班杜拉也承認遺傳的重要。但實際上他們對既存的行為傾向和遺傳因素，都未引起足夠的重視。他們不承認或不願承認人格具有跨情境的一致性，特別強調環境對行為的決定作用，似乎用學習可以解釋所有的個別差異。這種低估和忽視遺傳的傾向導致對人格理解的片面性，使人格心理學有失去了人的地位危險。

3. 還有其他的學習類型　斯肯納的操作條件作用理論、多拉德和米勒的刺激-反應學習論以及羅特、班杜拉的社會學習論是闡釋學習的四種類型。其實，學習有多種類型。各種可供選擇的學習類型已經被提了出來。例如，較早期苛勒 (Wolfgang Köhler, 1887～1967) 描述了頓悟學習，晚近有認知論的學習理論，據說已經提出的學習理論有 19 種之多。因此怎樣整合各種學習理論，吸收其合理因素摒棄其不合理因素，從而使學習理論真正能科學地解釋人格，還有很多工作要做。

本章摘要

1. 斯肯納主張用純自然科學的方法來研究行為，反對用內部心理和生理狀態來解釋行為；主張用動物的單個被試進行研究，並發展出**可逆設計**、**多重基線設計**和**多重强化設計**，反對使用統計或以統計為指導的**實驗設計**；主張只對實驗結果進行描述，反對作任何理論解釋。
2. 社會學習論的主要研究方法是**實驗法**。
3. 班杜拉等人在**觀察學習**、**自我效能**和**延遲滿足**等領域所做的實驗，反映了社會學習理論家的研究特色：重視理論，以人類為被試，考慮認知因素但仍十分強調環境對行為的影響。

4. **觀察學習**是班杜拉研究中的一個主題。對攻擊模仿的研究結果表明，獎賞示範者影響兒童模仿行為的表現但不影響其習得；觀看獎賞或懲罰示範者會導致不同的模仿結果。
5. 對**自我效能**的研究日益增多。一些研究表明，模仿能增強自我效能感。隨著自我效能感的增強，個人能完成原先感到困難而懼怕的任務。高自我效能感者面對困難的挑戰會加倍努力，去克服困難。低自我效能感者不相信自己的能力，總是誇大任務的困難並迴避困難任務。
6. **延遲滿足**的能力具有認知和動機的功能。無論是現實榜樣或象徵性榜樣都能對兒童的延遲滿足行為產生很大影響。有無延遲滿足能力的人具有不同的人格特徵。
7. 行為學派的評鑑技術與傳統的評鑑技術在基本假設、含義和資料使用等方面有明顯的差異。雖然近年來行為學派也開始考慮認知因素，但重點仍然是評鑑行為。
8. 行為評鑑要辨認和測量的變量有：引起行為的刺激 (S)、有關的機體因素 (O)、產生的反應 (R)、行為反應的結果 (C)。無論是適應行為或不適應行為都是這些變量的函數。這一假設被稱為**行爲方程**。行為評鑑不是發掘內部病因，而是尋找行為的代表性樣本。
9. 本章對幾種行為論的評鑑技術 (**直接觀察**、**晤談**、**測驗和量表**) 以及羅特的測量**預期**、**內外控量表**、**人際信任量表**和班杜拉的自我效能評鑑程序作了簡要的介紹。
10. **行爲治療**是一組以學習論為基礎而發展起來的心理治療方法。其治療的措施是逕直地消除或改變異常行為，而不去了解個人動機衝突或人格特質對當前行為的影響。
11. 行為治療有多種方法，主要的有**正强化**、**消退**、**系統脱敏法**、**厭惡條件作用**、**生物反饋**、**示範法**和**認知行爲療法**等。
12. **程序教學**是根據斯肯納的操作條件作用原理而設計，讓學生用事先編寫的教材或儀器呈現教材進行自學的方法。斯肯納設計的**教學機器**和程序教學現在已發展為頗有應用前景的**計算機輔助教學**。
13. 學習論的主要優點是探討問題的方式具有當代科學的特徵，其原理在現實生活中具有廣泛的應用價值。其主要缺點是忽視遺傳的人格特徵。

建議參考資料

1. 比　格 (張敷榮等譯，1991)：學習的基本理論與教學實踐。北京市：人民教育出版社。
2. 陳仲庚 (主編) (1989)：心理治療與諮詢。瀋陽市：遼寧人民出版社。
3. 閻克樂 (1990)：自我控制及其臨床應用。北京市：科學出版社。
4. 鮑　爾、希爾加德 (邵瑞珍等譯，1987)：學習論-學習活動的規律探索。上海市：上海教育出版社。
5. Cloninger, S. C. (1993). *Theories of personality: Understanding persons*. Englewood Cliffs, NJ: Prentice-Hall.
6. Mischel, W. (1993). *Introduction to personality* (5rd Ed.). New York: Holt, Rinehart and Winston.
7. Phares, E. J. (1991). *Introduction to personality* (3rd Ed.). New York: Harper Collins.
8. Potkay, C. R., & Allen, B. P. (1986). *Personality: Theory, research, and applications*. Monterey, CA: Brooks/Cole.

第十章

現象學範型

本章內容細目

第一節　羅杰斯的人格自我理論

一、現象場　366

二、人格結構：自我　366

補充討論 10-1：什麼是自我

三、人格動力　367

四、人格發展　370

(一) 正向關懷的需求

(二) 價值的條件

(三) 無條件的正向關懷

(四) 自我的一致性和威脅

補充討論 10-2：自我概念的發展

五、人格適應　373

(一) 適應的性質

(二) 治療的方法

第二節　馬斯洛的人本主義人格理論

一、人格動力：需求層次論　377

二、自我實現與生命價值　379

三、心理健康與治療　381

補充討論 10-3：人本心理學的中心論點

第三節　凱利的個人構念理論

一、基本假設和十一條推論　383

(一) 基本假設——人是科學家

(二) 十一條推論

補充討論 10-4：存在主義

二、人格動力　387

三、人格發展　389

四、人格適應　389

(一) 適應的性質

(二) 治療的方法

第四節　人格的訊息處理理論

一、訊息處理的一般原則　391

二、自我和自我圖式　393

三、自我圖式和抑鬱　394

四、認知治療　396

本章摘要

建議參考資料

人格研究中的**現象學範型** (phenomenological paradigm) 關注人的**主觀經驗** (subjective experience)，即個人對世界的知覺和看法。這一研究範疇通常不關心人的動機、先天的決定條件、特質和強化史，因而與我們已經討論過的精神分析論、特質論和學習論的研究範型不同。

人格研究的現象學範型並不是一個特殊的學術團體，這個術語大致界定了理論家們對人 (或人格) 的基本態度和研究方法。大多數持現象學觀點的人格理論家的基本假設是：個人的行為主要決定於其對事件的知覺和了解方式。行為的原因並不是事件，而是行為者對事件的知覺。與這種觀點相類似的另一種說法是，所有的行為決定於現象場，即個人所意識到的經驗。只有弄清了個人的知覺才可以預測其行為。同時，隨著個人對事件的知覺的變化或現象場的變化，行為也隨之而變化。許多持現象學觀點的人格理論家都以自我為中心研究課題。羅杰斯的自我理論，凱利的個人構念理論都認為，個人按照其自身的經驗來感知世界，這種感知影響著其人格並指導其行為以滿足自身的全部需求。與這種觀點相聯繫，大多數持現象學觀點的人格理論家都採取人本主義觀點，即強調個人的尊嚴、人格的完整和自我的充分發展。馬斯洛提出在人類生活中存在著對真理、善良、美好事物的追求。凱利以科學家作為模型來描述所有的人。不少持現象學觀點的人格理論家都有存在主義傾向，強調人有選擇能力、人生的意義、對未來的追求和存在的重要性。近年來，以認知的訊息處理方式來研究人格有相當的發展。此種研究取向與凱利以認知的方式來探討人格有若干相似之處。基於此，我們把人格的訊息處理論放在這一章討論。在治療上他們強調治療者與受輔者的人際交往的重要性，以恢復受輔者的整體潛能。因此，人格研究中的現象學範型是帶有認知傾向、人本主義傾向和存在主義傾向的一種綜合性研究取向。

本章的主要內容是：

1. 羅杰斯的人格自我理論。
2. 馬斯洛的人本主義人格理論。
3. 凱利的個人構念理論。
4. 人格的訊息處理論。

第一節 羅杰斯的人格自我理論

羅杰斯 (Carl Ransom Rogers, 1902～1987) 生於美國伊利諾州的一個經濟富裕、温暖和睦而又要求嚴格的大家庭中。童年的羅杰斯把大量時間和精力用在讀書上。大學時他先學農業，後學歷史，1920 年獲得歷史學學士學位；1931 年獲得臨床心理學博士學位。隨後受聘於紐約的一家兒童指導診所並接觸到蘭克 (Otto Rank, 1884～1939) 的**意志治療** (will therapy) 的思想。根據蘭克的說法，治療時必須讓病人有機會去執行他們的意志。這段經歷對其日後人格理論的形成產生了極大的影響。首先，他認識到，精神分析雖有絶對的地位，但往往行不通。其次，書本上的知識與具體應用有差別，書本上的知識不一定能制訂出對病人的最佳治療方案。第三，他發現受輔者常有某種挫折經歷，而他們自己通常是了解自己問題癥結的人。他的理論就是在他的治療實踐中發展起來的。

羅杰斯的著作很多。主要的著作有：《問題兒童的臨床治療》(1939)、

圖 10-1 羅杰斯
(Carl Ransom Rogers, 1902～1987) 羅杰斯是受輔者中心療法的創始人，人本心理學的先驅。1902 年生於美國伊利諾州。進威斯康辛大學先讀農科，後轉學歷史。1924 年進哥倫比亞大學主修心理學，1931 年得博士學位。後任教於俄亥俄州立大學、芝加哥大學和威斯康辛大學。1964 年退休赴加州參加西部行為科學研究所工作，1987 年去世，享年 85 歲。

《諮詢和心理治療：新近的概念和實踐》(1942)、《受輔者中心治療：它的實踐、含義和理論》(1945)、《自由學習》(1969) 等。他的自傳寫於 1967 年，被收集在《自傳之心理學史》(共五卷)。《生命的方式》於 1986 年出版。從這些書中，可以看出其學術思想的演進。

一、現象場

羅杰斯認為，所有的人都生活在他們自己的主觀世界中，這個主觀世界僅是他們自己才知曉。決定人的行為的正是這種**現象的實在** (phenomenological reality)，而不是物質的實在。這個主觀的現象世界和客觀的物質世界之間有著一致性，但是一致性的程度卻因人而異。

既然存在於人們主觀世界現象的實在引導著人們的行動，因此對人格的研究就應去了解人們心目中的現象世界，朝這個方向去探討人格結構。羅杰斯提出的現象場概念，就是朝這一方向探討所做的努力。所謂**現象場** (phenomenological field) 就是在任何時間內，個體所知曉的或意識到的那部分經驗。他把經驗和意識作了區分：**知曉 (或意識)** (awareness) 只是個體經驗的一部分；**經驗** (experience) 是個體在環境中經歷的全部內容。只有當經驗中的潛在內容被符號化時，它們才進入意識，成為個人現象場的一部分。經驗的符號化通常以語詞來實現，也可能以視覺或聽覺意象來實現。把經驗和意識作如此區分是羅杰斯人格理論的一個重要前提。因為在他看來，健康人能完整、準確地把他的經驗符號化，而不健康的人則歪曲或阻止其經驗進入意識，不能準確地把經驗符號化或不能完全知曉它。

二、人格結構：自我

羅杰斯對人格的看法強調改變，在他的理論中很少提到人格結構的概念。他提到的主要結構是自我。自我也是許多現象學理論家使用的一個關鍵性概念。羅杰斯認為，在現象場中有些內容與個體自身有關，有些內容與個體自身無直接關係。前者就是一個人的自我。**自我** (self) 是一套有組織的知覺模式，包括現象場中區分為主格“我”、賓格“我”和所有格“我的”等部分 (Rogers, 1959)。我們透過一個人對自己的描述可以發現他的自我。

相對於自我概念，羅杰斯又提出**理想自我**(**或理想我**) (ideal self)。理想自我是一個人所希望的自我形象。理想自我和自我之間的差別是一個人的心理是否健康的指標。

開始時，羅杰斯曾反對使用自我概念，並認為這是一個不科學的概念。但是，在大量的臨床實踐中，患者的陳述逐漸改變了羅杰斯原有的看法。例如，患者向他敘述："我覺得我不像真實的自我。""我不希望任何人知道我的真實的自我。""我從來也沒有獲得表現自我的機會。"而經過治療之後，患者的自我知覺有明顯改變，如"我對自己愈來愈感興趣了。""我的確有我獨特的地方，有我的興趣，我更能正視自己。"這一類話使羅杰斯深信，自我是個人經驗中的一個很重要成分。個人的目的就是成為他的**真實自我** (**或真實我**) (real self)。

羅杰斯認為自我的知覺模式具有組織性、整體性和一致性，它遵循一般的知覺原則。自我不是由一些條件反應組成的，雖然在新的元素加入時，自我會發生變化，但是它總是保留原有知覺模式的固有本質。此外，自我也不是存在於個人頭腦中的另一個小人，由它來指揮個人的活動。自我只是表徵那些關於自己的經驗，是能為個體自己所意識到的。因此，羅杰斯的自我概念有時被稱為**對象自我** (self-as-object)，即關於自己的認知、態度和感情。它不同於弗洛伊德的**自我** (ego) 概念，因為弗洛伊德的自我是個人行為的支配者，也稱為**作爲過程的自我** (self-as-process)。關於自我的含義詳見補充討論 10-1。

三、人格動力

羅杰斯認為人是不斷前進的。他假設的唯一動機，即其所謂的**實現趨向** (actualizing tendency)，即朝向自我實現的基本趨向。他說：

> 有機體有一種基本趨向和驅力：實現自己、維持自己並提高自己。(Rogers, 1951, p.487)
>
> ……在人類有機體中有一個中心能源；它是整個有機體，而不是某一部分的功能。也許最好的概念是把它定義爲對有機體的履行、實現、維持和提高的趨向。(Rogers, 1963, p.6)

補充討論 10-1

什麼是自我

自我 (self) 是一個純英語詞彙，原意為“同樣的”或“同等的”。當用於人類時，它意指一種獨特的、持久的同一性身分。由於西方是以個人主義價值觀為主的社會，因此自我便成了西方心理學中經久不衰的熱門研究題目。根據《心理學文摘》(1974～1992) 上刊載，出自英文雜誌中有關自我概念和自尊的文摘統計，共有 10,910 篇，相當於總文摘量的 2.5% (Hattie, 1992)。綜觀西方心理學家對“自我”的研究，大致可分為兩大主題，即把自我作為“知覺對象”的研究和把自我作為“主宰者”的研究。

把自我作為知覺對象來研究，自我也稱為**自我概念 (或自我觀念)** (self-concept)。在西方心理學中，自我概念的研究都源於詹姆斯 (James, 1890)。

詹姆斯認為自我是**經驗我** (empirical me)，是我的一切的總和，包括四個組成部分：**物質自我** (material self) 主要是對我的身體及其特定部位以及我的衣物、住房、財產和裝飾物等的知覺；**社會自我 (或社會我)** (social self) 就是對我的朋友、我的榮譽、我的人際關係的認知；**精神自我** (spiritual self) 是指對我的內部的主觀存在的認知，是思考者的我對我的思考的認知；**純自我** (pure ego)，我們只有通過抽象、假定或概念化的途徑才能覺知純自我，特別是在隨後的反省裏去體驗，通常由於缺乏注意和反省而不能覺知。

在詹姆斯看來，自我具有層次結構性，身體自我是基礎，社會自我高於物質自我。他說，我們必須比珍視健康身體或財產更加珍視我們的榮譽、我們的朋友和人際關係。精神自我是“如此極其珍貴，一個人情願放棄朋友、名譽、財產和生命也不願失去它”(James, 1890, p.203)。

庫利 (Cooley, 1902) 提出，自我是通過人際關係建立的。自我不僅是一個個人實體，而且還是社會的產物。庫利把自我的這個方面稱為**投射自我** (reflected self) 或**鏡中自我** (looking-glass self)。鏡中自我含有三種基本要素：“我們在他人面前的形象；關於他人對這種形象評判的想像；如某些自我感覺驕傲或屈辱”(Cooley, 1902, p.184)。人們不僅想像他人如何看待他們及他們的行為，而且想像他人如何評價他們的所見所聞 (贊同、懷疑或敵視)。所以，自我還包括鏡中自我，即由他人如何對自己及自己的行為下評斷的知覺所構成的我。

米德 (Mead, 1934) 也強調社會經驗在自我形成中的作用。他指出，當個體與已成為他的客體的其他一些人可以比較時，個體將會：

> 只有採取在某一社會環境中其他個體對待他的態度，才能成爲他自己的客體。(Mead, 1934, p.138)

没有社會經驗，自我便不可能產生，因爲它是社會經驗的產物”。“由於自我不可能是自身的客體，因此從本質上説它是一種社會結構，產生於社會經驗之中。(Mead, 1934, p.140)

米德還認為，由於個體所接受的來自他人的反應是各不相同的，因而，衆多的自我就使得一個人能對不同的人作出不同的反應。

沙利文 (Sullivan, 1953b) 則強調家庭成員對兒童自我形成的直接作用。他指出，母親、父親和其他重要人以他們外顯的、細微的反應影響兒童的自我的形成。由於家庭成員的影響，兒童發展出三種成分的自我系統：好我、壞我和非我。好我是兒童從其母親及其他人那裡得到正向反應所組成；當重要他人的評價大多是正向時，就產生高度的自尊。壞我來自負向評價，使兒童形成良心。非我的成分來自他人的強烈反對，這種反對是如此的強烈，以至於產生焦慮。為了避免焦慮，某些思想、情感和行動就必須斷絕；當這種現象發生時，便形成了心理病理的基礎。

在羅杰斯的著作中自我與自我概念是不加區分的。他把自我區分為真實自我和理想自我 (Rogers, 1959)。

隨著研究的逐漸深入，在西方心理學文獻中出現了許多與自我概念交互使用的術語，如**自我評價** (self-estimation)、**自我同一性** (或**自我認同**) (self-identity)、**自我意象** (self-image)、**自我知覺** (self-perception)、**自我意識** (self-consciousness)、**自我想像** (self-imaginary)、**自我知曉** (self-awareness) 以及**自尊** (self-esteem)、**自我價值** (self-worth) 等等。現在，西方心理學家多數認為，自我是一個多維度的、多層次的、有組織的結構；是穩定的但又是不斷發展的；具有評價性且可以與他人分開來的個人。簡單地說，自我就是一個人對自己所有方面的認知。

在西方心理學中把“自我”作為自己行為的主宰者 (即對自己行為的支配或控制) 來研究的也很多。據楊中芳 (1991a) 的歸納大致有以下四個方面：(1) **自我圖式** (或**自我基模**) (self-schema)，指個人對自己的一種認知結構；已經形成的自我圖式制約著有關自我訊息的處理。(2) **自我注意** (self-attention)，指個人把注意力集中在自我的什麼位置上；注意力集中的位置的不同，影響著自我表現的特性也不同。有關這方面的概念包括自我意識、自我檢效和自我表現。(3) **自我投入** (self-absorption)，指個人在行事時自我參與的程度。它影響一個人將自我意念付諸實行和加諸外界的程度。有關這方面的概念包括自我揭露、自我知覺、自我肯定和自我強度。(4) **自我防衛** (self-defense)，指個人保護自我的行動以便不使別人和自己察覺自己的問題以適應環境和減少焦慮。因此，自我又被看作是一個複雜的、多維度的、動態的存在，這種存在反映著正在進行的行為並調節和控制著這些行為 (Markus & Wurf, 1987)。

總之，在心理學上，自我就是一個獨特的、持久的同一身分的我，主要包括作為認知對象的我和作為行為主宰者的我。

在羅杰斯看來，所有人類，也包括一切其他有生命的有機體，都具有求生、發展和提高自身的天賦需求。所有生物體的內驅力都可以納入實現趨向之中，因為有機體如果要維持其正常發展，就必須滿足實現趨向。雖然發展中會有許多障礙，但是“生命的延伸”仍會頑強地實現自身的發展。

實現趨向驅動人向什麼方向發展呢？羅杰斯認為，它驅使個體從一個單純的結構朝向更分化、更統合的狀態發展，從依賴向著獨立，從固定、僵硬向著變化與自由表現發展，從而使個體變得更加複雜、更有獨立性、創造性和更具社會責任感。在這個問題上，羅杰斯與弗洛伊德的觀點適成對照。弗洛伊德認為，人性是惡的，受性欲和攻擊本能所驅動，因而要由社會加以控制。羅杰斯相信人性是善的，實現趨向就是個體的創造性活動，因而不需要社會控制。這也表明羅杰斯的人本主義觀點。關於人本心理學的觀點請參看補充討論 10-3。

羅杰斯認為，在理想的條件下，個體的一切經驗都是以實現趨向作為參照系來評價的。個體了解其經驗是否同自我實現趨向相一致的方法稱之為**機體評價過程** (organismic valuing process)。所有個體都利用是否與實現趨向相一致的機體評價過程來評價他們的經驗。那些同實現趨向相一致的經驗是令人滿足的，因而引起個體對它保持和尋求。那些同實現趨向相矛盾的經驗是令人厭煩的，因而引起個體對它迴避。所以，機體評價過程也是一種使有機體能將經驗與自我實現趨向相協調的回饋系統。

四、人格發展

羅杰斯認為，自我是發展的，不是與生俱來的。新生兒不知道他們的身體是他們自己的一部分，因而有可能去咬自己的腳趾，並奇怪為什麼會疼。在他們的現象場中不能區分各類事件，所有事件都混和在一種簡單的結構之中。隨著兒童掌握“我”這個詞，產生“我”的特徵的知覺，對“我”與其他人和“我”與生活其他方面關係的知覺，這部分現象場就分化為自我。這時，個體才能把他們的自我作為意識到的不同的對象來反思。羅杰斯認為，自我的形成和發展有賴於個體和環境互動的許多因素。這些因素主要包括：

(一)　正向關懷的需求

個人的自我概念是通過社會交往而獲得的。當個體與周圍環境中的重要人物如父母、兄弟姊妹、朋友和教師等互動時，逐漸發展出主要是建立在別人評價上的自我概念。羅杰斯認為，每個人都有正向關懷的需求。所謂**正向關懷的需求 (或正面關注需求)** (need for positive regard) 就是個人在生活中得到有關的人的溫暖、同情、關心、尊敬和認可等情感的需求。這種需求是如此的強烈，以致於兒童為了使它獲得滿足而犧牲其他事情。父母的愛、關心和讚揚，使兒童的正向關懷需求得到滿足，進一步，兒童發展出**正向的自我關懷** (positive self-regard)，即對自己的好感。父母給孩子的是何種評價，相當地反映出兒童的自我接受程度。

(二)　價值的條件

在尋求正向關懷的過程中，兒童經常嘗試著做一些事情，漸漸地了解到有些事情他們是可以做的，而有些事情是不許可他們做的。通常，大多數父母總是讚許兒童的好行為，給予正向關懷；不讚許兒童的不好行為 (如打自己的妹妹或把尿撒在地毯上等) 並收回對他們的愛。兒童了解到做某些事情將得到關懷，而做其他一些事情將得不到關懷。這就產生了羅杰斯所謂的**價值的條件** (conditions of worth)，即個人體驗到關懷的條件。一旦這些價值的條件被兒童內化，成為他們的自我結構的一部分。它們便起著指導兒童行為的作用，甚至他們的父母不在身邊時也起作用。

雖然價值的條件對兒童的社會化起著重要的作用，但是也有一定的危險性。因為當價值的條件建立起來後，如果兒童完全按照他所內化了的某個人的價值觀念行動，那就會有可能阻礙其成長和自我實現。

(三)　無條件的正向關懷

羅杰斯認為，每一個人都應當被愛、被認為是有價值的。當父母以言語或行為表示他們的愛取決於兒童的行為要符合父母的願望時，兒童就不可能得到全部的自我實現。兒童所需求的是**無條件的正向關懷 (或無條件積極關注)** (unconditional positive regard)，即無論兒童做什麼都給予全部的、真正的愛。羅杰斯說：

補充討論 10-2

自我概念的發展

雖然自我概念是關於個人的，但是自我概念的發展則有賴於個人與他人所建立的社會關係。自我是社會的產物，其內容和形式直接或間接地反映了他人的影響 (Markus & Cross, 1990)。蓋洛普 (Gallup, 1977) 曾對在社會隔絶狀態下餵養的黑猩猩，和在大量社會交往中成長的黑猩猩，做過一項饒有趣味的認識自我的實驗。他先麻醉這些黑猩猩，然後在它們的一隻耳朵和眉毛上塗上鮮明的紅色。對著鏡子，在隔絶狀態下餵養的黑猩猩没有一隻表現出察覺到有異於原先的自我影像的跡象，而在社會交往狀態下餵養的黑猩猩則表現出察覺到不同於原先的自我影像的許多跡象，即在鏡子前摸它的紅色耳朵和眉毛。據蓋洛普解釋，這一研究顯示黑猩猩具有自我感覺，其社會交往對自我感覺的發展是必要的。自蓋洛普的實驗之後，這種研究的變式被反復運用於對嬰兒的研究。研究者們在不讓嬰兒覺知的情況下在其臉上做一個記號，例如在鼻子上塗上紅色，然後讓他們照鏡子，結果表明，嬰兒透過自己的影像而覺知到自我，約在半歲至一歲間形成。在此階段之前嬰兒無法認同鏡中的影像就是他 (她) 自己，也不能分辨主體與客體、虛像與現實。例如它碰哭另一個嬰兒時，自己也會由動物本能的仿同而啼哭起來，殊不知它自己是肇事者 (主體) 而非受害者 (客體)。隨著言語的獲得，自我出現了分化。此時自我經驗中的某些方面被標記並被客觀化。語言使自我與他人區分開來，使自我心中還有他人。三歲半兒童已有連續性的自我；七至八歲兒童已能清晰地説出穩定的自我圖式。

一旦個人的自我概念已經形成，他便開始進行**自我查證** (self-verification) 和**自我提升** (self-enhancement) 的工作 (Swann, 1985)。兒童和青少年以社會的訊息來建構其自我概念的一致性。這些訊息包括：(1) 觀察他人 (父母、師長、同學、朋友等) 如何對待自己；(2) 觀察個人自己的行為結果並記住從自我的這些行為中所獲得的因果推論；(3) 觀察和評價自己在意見、能力和情緒等方面與他人的異同。個人的自我概念引導其認知和行為去建構社會現實，並以此來查證和維護其自我概念。

個人通過哪些心理過程來維護其自我概念的呢？主要通過下列心理過程：

1. 主動地選擇訊息以確證他人對自己的看法與個人的自我概念相同。
2. 被動地希望他人會按照個人評價自己的方式來評價自己。
3. 運用**行爲證實** (behavioral confirmation) 個人的自我概念，即以自我概念來控制個人的行為，使他人盡可能根據設定的行為背景進行反應，從而確證行為者的自我概念。
4. 運用**自我設限** (self-handicapping) 過程來維護自我概念。有的時候，個人對自我的重要品質感到了懷疑，自我設限過程會把潛在的失敗歸因於外部因素，而把成功歸於自己。

> 如果個體體驗的只是無條件的正向關懷，那麼就不會形成價值條件，自尊也將是無條件的，關懷的需求和自尊的需求就不會同機體評價過程相矛盾，因而個體就會不斷地獲得心理上的調節，成爲完善功能的人。(Rogers, 1959, p.224)

當然，羅杰斯並不認為對兒童的任何要求都給予滿足，也並不認為不應該有標準和訓練，而是指對個人的價值和尊重在任何時候都應當放在首位。

(四)　自我的一致性和威脅

人在一生中都在維護自我與經驗之間的一致性 (關於自我概念的發展請參看補充討論 10-2)。與自我概念相一致的經驗會被知覺到並被整合到自我結構之中。與自我概念不一致的或有價值條件的經驗，對自我觀念就產生了威脅。面對這種威脅，個人常會拒絕將其納入自我結構之中或扭曲其意義。例如，一個自認是成績很差的學生將拒絕把他在一次考試中得到滿分的成績納入他的自我結構之中；而會把分數的意義扭曲為一時走運或老師一時的疏忽，使他占了便宜。而這種否認和扭曲可能是個人不知不覺出現的。

自我是相當穩定的並且是自我保護的。它影響個人的知覺並過濾其經驗和記憶。羅杰斯認為，由於自我的篩選功能，人格的改變就相當困難。因為人格改變包含了威脅，而這個威脅又被自我篩選功能給篩選掉了。這樣，個人改變人格的需求也就消失了。

五、人格適應

作為心理治療家，羅杰斯對人格適應的性質有其獨特的看法，並且發展了一種新的心理治療方法──非指導式治療法或個人中心治療法。

(一)　適應的性質

羅杰斯認為，人性的基本衝動是自我實現，人自出生即具有許多潛在能力，這些潛在能力在適當的環境中可以自然充分的發展；但是如果環境不好或未得到良好的指導，則潛在能力可能受到阻礙而無法完全發展或朝歪曲方向發展，因而造成偏差行為。在羅杰斯看來，健康人格者就是**機能完善的個**

人 (fully-functioning person)。他們在許多方面好像是一個嬰兒，因為他是按照自己機體的評價過程而不是依價值的條件來生活的。這樣的個人可以自由地按照他們自己的感情和感覺來行動。這是一個純潔的自我，是真正的善。按照羅杰斯的觀點，機能完善的個人起碼具有下列特徵 (Rogers, 1959, pp.234～235)

1. 對任何經驗都開放 他們不需要防衛機制，所有的經驗都被準確地符號化而成為意識。

2. 自我與經驗相協調 他們的自我結構與經驗協調一致，並不斷變化以便同化新的經驗。

3. 利用自身的機體評價過程 他們以自己的實現傾向作為評價經驗的參考系，而對強加於他們的價值的條件不予理睬。

4. 無條件的自我關懷 他們隨時隨地都對自己的經驗和行為給予積極肯定，而不覺得有什麼不可告人的內在衝動。

5. 與他人和睦相處 他們樂意給他人以無條件的正向關懷，為他人所歡迎。

如何才能成為機能完善的個人呢？羅杰斯認為關鍵是自我與經驗的協調一致。如果自我和經驗之間出現失調，這個人就會出現不完全的適應狀況。所知覺到的威脅越多，就越有可能去否認和歪曲事實。羅杰斯認為，幾乎所有的人都體驗到失調，因而要防衛某些在意識中正在被符號化的經驗。只有嚴重的失調，才會出現適應問題。中等程度的失調可能產生通常稱之為神經官能症的行為，而嚴重的失調就會導致精神病。

(二) 治療的方法

羅杰斯的人格理論來自治療實踐。1942 年羅杰斯在其著作《諮詢和心理治療》一書中正式提出一種新的理論和治療方法，稱之為**非指導式治療法** (nondirective therapy)，至 1951 年改稱為**受輔者中心治療法** (client-centered therapy)，到了 1974 年又改稱為**個人中心治療法 (或當事人中心治療法)** (person-centered therapy)。雖然名稱改變，但其基本理論和實施程序大致未變。羅杰斯首次用**受輔者** (client) 代替病人也體現了他的治療的特點。羅杰斯的個人中心治療的基本假設是：受輔者是關於他自己的最好的專家，他們有潛能找到解決自己問題的辦法。治療者的任務是促進受輔者對自己的思想和情感的探討以找到自己解決問題的辦法。在晤談過程中，治療者只傾聽受輔者的陳述，不給勸告，不作批評，也不加指導，只是在受輔者話語中斷時，給予鼓勵或重述其語句以支持其繼續陳述下去。羅杰斯認為，心理治療是"釋放一個有潛在能力個人的一種已存在的能力，而不是專家操縱有些被動的人格"(Rogers, 1959, p.221)。

羅杰斯認為，有效的治療必須具備下列條件 (Rogers, 1959, p.213)：

1. 受輔者和治療者必須有心理上的溝通，即他們必須對對方的現象場產生影響。
2. 受輔者處於失調狀態，因而是脆弱和焦慮的。
3. 治療者必須給受輔者以無條件的正向關懷。
4. 治療者必須對受輔者的內部參照系作同理心的了解並傳達給受輔者。
5. 受輔者必須領悟到治療者給予其無條件關懷和同理心的了解。

如果有效治療的必備條件得到滿足，那麼按照羅杰斯的理論，在受輔者身上將觀察到下列的變化 (Rogers, 1959, p.216)：

1. 受輔者逐漸能自由地以語言和動作來表達自己的感情。
2. 受輔者逐漸能準確地描述他們及其周圍的各種事件。
3. 受輔者逐漸察覺到他們的自我概念和經驗之間的失調。
4. 由於治療者持續的無條件關懷，受輔者體驗到沒有必要歪曲和否定自我概念與經驗間的失調。
5. 受輔者對過去被否定和歪曲的情感能準確地用符號表示，在意識中充分地覺知到。
6. 受輔者的自我概念被重組之後，能納入那些以前曾被拒絕認識的經驗。
7. 受輔者的自我概念逐漸與經驗協調一致，自我防禦減少了。
8. 受輔者越來越體會出治療者的無條件正向關懷，並開始能無條件的正向自我關懷。

9. 最後如果受輔者是按照他們機體評價過程而不是按照價值的條件來評價自己的經驗時，那麼治療就獲得了成功。

總之，羅杰斯認為，治療過程就是使受輔者在生活中使用他們自己的機體評價過程。治療的結果就是受輔者剝下他們應付生活的各種偽裝、假面具或各種角色，從而真正地成為他自己。下面這段話是羅杰斯對治療結果的描述，從中我們可以再一次體會到他的人本主義信仰：

> 在治療中，個體實際上成了人類有機體的一員，他帶有作爲人類有機體不言而喻的一切。他能夠現實地控制自己，但他的欲求已不可逆轉地社會化了。人沒有獸性，只有人性。這種人性現在已爲我們揭示出來了。(Rogers, 1953, p.67)

第二節　馬斯洛的人本主義人格理論

馬斯洛 (Abraham Harold Maslow, 1908～1970) 是人本主義心理學的創始人之一，於 1908 年生於美國紐約州。父母是前蘇聯移民的猶太人。曾學過法學、文學，後轉學動物心理學，1934 年在威斯康辛大學獲博士學位，其指導教師是當時以研究猴子的學習和親情而聞名的哈洛 (Harry F. Harlow, 1905～1981) 教授，其博士論文是關於猴群中支配地位的建立。馬斯洛在觀察動物的行為時發現，不僅猴子在飽食之後仍努力探索環境，解決問題，就是較低等的動物如豬和雞也有對食物擇優選用之傾向。從中使得馬斯洛得到一種啟示：動物似乎具有一種趨向健康的內在基本驅力；人為萬物之靈，乃應有更多求知向善的潛能。於是逐步形成了他的人本主義心理學思想。在理論上，他一方面反對以病患研究為基礎的精神分析論，另一方面反對以動物和幼兒簡單行為研究為基礎的行為論，把他自己倡導的人本主義心理學稱為**第三勢力** (third force)。他主張人本心理學要以正常人為研究對象，研究人的經驗、價值、欲求、情感、生命意義等重要問題，其目的是促進個人健康發展，提高個人的尊嚴和價值以達到自我實現。這也表明馬斯洛的存在主義傾向。馬斯洛寫過不少書，其中主要的有：《動機與人格》(1954)、《朝向人類心理學》(1962)、《宗教、價值觀和高峰經驗》(1970) 等。

圖 10-2　馬斯洛
(Abraham Harold Maslow, 1908～1970) 馬斯洛是人本心理學的先驅，心理學第三勢力的領導人。他的所有學位都獲自威斯康辛大學，於此開始致力動物行為研究。1934 年獲心理學博士學位，1937 至 1951 年執教於布魯克林學院，及轉至伯蘭地斯大學任心理學系主任，直到 1969 年退休，次年因心臟病逝世。

馬斯洛不是治療師。他的研究對象是正常的健康人。也許是這個緣故，馬斯洛對人性的看法甚至比羅杰斯更為樂觀。下面分別討論馬斯洛關於人格動力、自我實現者的特徵以及對心理治療的看法。

一、人格動力：需求層次論

在馬斯洛 (許金聲等譯，1987) 看來，人類是由一系列具有生命意義的和滿足內在需求所驅動的。這些需求使人處於不滿足的狀態：一種需求獲得滿足之後，另一種需求就接著要求被滿足。他一共列舉出七種互相關聯的人類基本需求：生理需求、安全需求、歸屬需求、自尊需求、自我實現需求，以及認知需求和審美需求。後來，他又把認知需求和審美需求歸入自我實現的需求，將五種基本需求構成一個層次結構，如圖 10-3 所示。其強弱和先後出現的次序是：

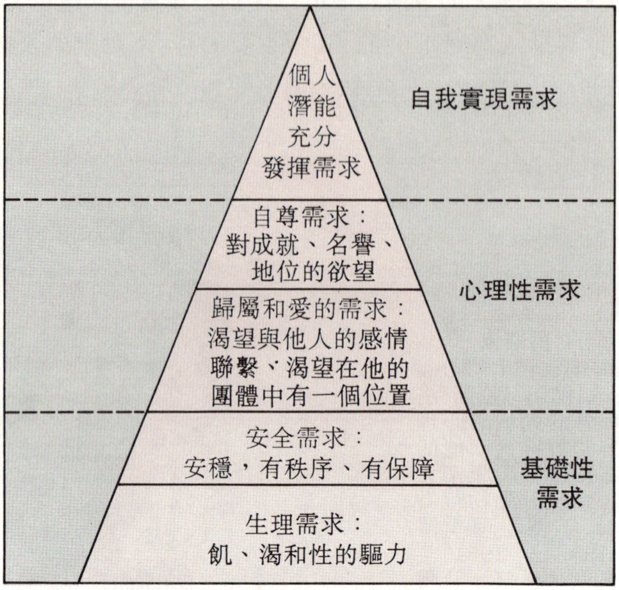

圖 10-3　馬斯洛的需求層次模式
(採自許金聲等譯，1987)

1. 生理需求 (physiological needs)　如對於食物、水分、氧氣、性、排泄和休息等的需求。這些需求在所有需求中占絕對優勢。如果所有需求沒有得到滿足，此時有機體將全力投入為滿足飢餓的服務之中。

2. 安全需求 (safety needs)　如對於穩定安全、秩序、受保護、免受恐嚇和混亂的折磨等需求，如果生理需求相對充分地得到了滿足，就會出現安全需求。

3. 歸屬和愛的需求 (belongingness and love needs)　如需要朋友、愛人或孩子，渴望在團體中與同事間有深厚的關係等。如果生理需求和安全需求都得到了很好地滿足，歸屬和愛的需求就會產生。

4. 自尊需求 (esteem needs)　分為兩類：(1) 希望有實力、有成就、能勝任、有信心，以及要求獨立和自由；(2) 渴望有名譽或威信、賞識、關心、重視和高度評價等。這些需求一旦受挫，就會使人產生自卑感、軟弱感與無能感。

5. 自我實現的需求 (self-actualization needs)　就是促使自己的潛能

得以實現的趨勢。這種趨勢是希望自己越來越成為所期望的人物，完成與自己的能力相稱的一切。例如，音樂家必須演奏音樂，畫家必須繪畫，這樣他們才感到最大的快樂。但是，為滿足自我實現需求所採取的途徑是因人而異的。自我實現需求的產生有賴於前述四種需求的滿足。

任何一種需求浮現於意識中的或然性，取決於更具優勢需求的滿足或不滿足狀況。占優勢的需求將支配一個人的意識，並自行組織去充實機體的各種能量；不占優勢的需求則被減弱，甚至被遺忘或否定。當一種需求被平息後，另一種更高級的需求就會出現，轉而支配意識生活，並成為行為組織的中心，而那些已滿足的需求不再是積極的推動力。“人是一種正在選擇著、決定著、追求著的動物”(林方譯，1987，15 頁)。

二、自我實現與生命價值

馬斯洛認為，可以把人類的基本需求分為高級需求和低級需求。生理需求和安全需求為低級需求，是人和動物所共有的；高級類人猿也許有愛的需求；而自我實現的需求則是人類獨有的。自我實現的需求是實現**生命價值** (being values) 的**成長需求** (growth need)，其目的是擴展我們的經驗、充實我們的生命，並不是補償我們之不足。它將把我們拉向宏大的遠景。

但是，並不是每一個成熟的成年人都能自我實現。能自我實現的人是極少數，僅為百分之一。絕大多數人是不能自我實現的，其主要原因是：(1) 自我實現是很微弱的，很容易被壓抑、控制、更改和消失；(2) 許多人不敢正視關於他們自己自我實現所需求的那種知識，對那種知識缺乏自知，使自己處於不確定的狀態；(3) 文化環境用強加於人的規範，阻滯一個人的自我實現；(4) 自我實現者由成長需求而不是由匱乏需求推進的，其發展和持續成長依賴於自己的潛力。馬斯洛通過對他的一些朋友和一些仍活著的以及已逝世的著名人物如愛因斯坦、貝多芬、亞當斯、羅斯福、赫胥黎等 49 人的研究，描述了自我實現者的 15 種特徵，如下所示。

1. 能準確地知覺現實。
2. 悦納自己、他人和周圍世界。

補充討論 10-3

人本心理學的中心論點

人本心理學 (humanistic psychology) 尊重“人”本身的獨特性，強調個人的尊嚴、人格的完整和充分的自我發展。它的主張有五個中心論點，這些論點是互相聯繫、相輔相成的。

1. 人本主義具有強烈的現象學性質或依據經驗的特徵，它的出發點是意識經驗。意識經驗為心理學家提供了他所關心的重要原始資料，因此不必考慮或許便能夠解釋這個意識經驗的所謂先在“原因”。每個人對自己獨有的感情和觀點都有不可置疑的權利。人本心理學對主觀的心理內容具有強烈的興趣，也不願忽視**超感視覺** (clairvoyance) 和**超感知覺** (extrasensory perception) 等這樣的心理經驗，致力於創立一種人類經驗的科學。由於人本心理學把意識經驗作為研究的中心並反對行為主義的**邏輯實證主義** (logical positivism) 傾向，不重視在標準條件下對心理現象的精確測量，因而從根本上是反對行為主義的。同時，人本心理學堅持意識就是它自身的起因，而沒有其他更基本的原因 (如潛意識動機) 的結果，堅持現象學傳統反對還原論 (如把創造力和利他精神還原為自我防衛機制)，因而從根本上是反對精神分析論的。

2. 人本心理學堅持人類本質的完整和完善，有人本主義傾向的人格理論家如奧爾波特、羅杰斯、馬斯洛都把戈爾德斯坦 (Kurt Goldstein, 1878～1965) 所強調的人類最基本的動機是力爭統一和完整稱為追求自我實現。自我實現是一個過程。這當中個人努力實現自己尚未實現的潛能，以便超越現狀、變得更完善。由於強調人類潛能的發展和身心的統一，一些人本心理學家越來越不相信兩極性的概念，如意識對潛意識，內在對外在，思想對情感等。他們懷疑以非此即彼的方式來概括心理經驗是否有意義。

3. 人本主義在承認人生明確固有的限制之同時，堅持人類保留著必不可少的自由和自主。人類能選擇自己對限制及其他強加於他們的條件的態度。例如一個知道死期將臨的婦女，仍然可以自由地選擇一種心理態度去對付這一不可避免的事實。在自由選擇這個問題上，存在主義為人本主義提供了哲學基礎。

4. 人本心理學在確定其方針時反對還原論。所謂**還原論** (或**化約主義**) (reductionism) 是將複雜的現象分析簡化成最基本的元素，然後再由這些基本元素的性質來解釋整體事象的理論。人本心理學特別反對用 S-R 的簡單符號來解釋複雜的人類現象，也反對用潛意識衝動來解釋複雜的人類現象。人本主義者認為潛意識的概念並不特別有益或中肯，因為它的性質不可能被人直接認識，很容易被用來否定自由或為推脱自己行為的責任找藉口。雖然他們也承認，弗洛伊德在發展潛意識這個概念的過程中，有助於揭示人性的陰暗面。

5. 與堅定的存在主義的基礎一致，人本主義心理學相信人性不可能徹底被解釋。因為，假如我們根據人們實際所為和人實際所是 (即人的存在)，而不是根據關於人的本質的抽象論述來解釋人性，那麼在人類智能範圍內就永遠不能徹底理解清楚 (許金聲等譯，1987)。

3. 能自然地表達自己的情緒和思想。
4. 超越以自我為中心，而以問題為中心。
5. 具有超然獨立的性格。
6. 對於自然條件和文化環境的自主性。
7. 對平凡的事物不覺厭煩，對日常生活永感新鮮。
8. 具有高峰經驗。
9. 愛人類並具有幫助人類的真誠願望。
10. 有至深的知交，有親密、溫暖的家人。
11. 有民主的性格，能尊重他人的人格。
12. 道德標準明確，能區分手段與目的；絕不為達到目的而不擇手段。
13. 具有哲理的、善意的幽默感。
14. 具有旺盛的創造力，不墨守成規。
15. 對現有文化更具批判精神。

雖然自我實現者具有上列的優秀特徵，但他們並非完美無缺的人。他們也有一些人類共同的缺陷。馬斯洛指出：

> 他們也有愚蠢的、揮霍的或粗心的習慣。他們會顯得頑固，令人厭煩甚至惱怒。他們並沒有完全擺脫淺薄的虛榮心和驕傲感，特別是涉及到他們自己的作品、家庭或孩子時更是如此。他們發脾氣也並不罕見。(許金聲等譯，1987，205 頁)

之所以如此，是因為他們只是自我實現需求占優勢的人，但仍受其他需求的支配。

三、心理健康與治療

馬斯洛認為，健康不僅僅是沒有疾病，健康的人就是能自我實現的人。從病態到健康，從精神病患者到自我實現的人，是一個心理健康程度逐漸增強的連續統一體。他的心理治療理論與他的需求層次論以及自我實現論是密切聯繫的。他認為，人的五種基本需求是人的內在本質，其終極目的是自我實現。一般的病理心理學現象就是人類的這種基本性質遭到否定、挫折或歪曲的結果。

> 我們稱爲“有病”的人是那些尚未成爲他們自己的人，是針對人性樹立起各式各樣神經質的防禦機制的人。(林方譯，1987，59 頁)

因此，馬斯洛認為，成功的心理治療不管使用什麼具體方法，都要像哥哥對小弟弟所做的那樣：

> 幫助他們使他們已經具備的更完善，使他們處在潛勢的東西成爲事實上更充分、更真實、更現實的東西。(林方譯，1987，60 頁)

馬斯洛認為，人的基本需要的滿足只能在人際關係之中得到實現，無論是安全感、歸屬關係、愛、價值感以及自尊等，都主要來自於人際關係。因此，心理治療在很大程度上就是幫助患者形成良好的人際關係。此外，他還認為，心理治療與良好的社會有密切相關。因為心理治療“意味著在個人層面上與那個社會中產生病態的力量進行搏鬥”(許金聲等譯，1987，305 頁)。這也是心理治療非常困難的原因。馬斯洛斷言，社會越是健康，個體的心理治療就越是没有必要；社會越是健康，患者就越有可能通過良好的生活經驗得以治癒。良好的社會促進人類潛能和人性的充分發展。因此，他還精心設計了能使最深層的人性充分展現出來，以便最大限度地達到自我實現的烏托邦。這就是他所謂的**理想精神之國** (Eupsychia)。顯然，這個烏托邦是不可能實現的。

第三節　凱利的個人構念理論

凱利 (George Alexander Kelly, 1905～1967) 生於美國堪薩斯州。1926 年大學畢業，主修物理和數學；後對社會問題感興趣，轉修心理學，1931 年在愛荷華州立大學獲得博士學位。之後，他回到堪薩斯州任教，並發展出巡迴診所，服務於州立學校系統。在心理諮詢的實踐中，凱利發現：(1) 他為患者的心理問題虛擬或揑造出一種徹底的解釋時，患者也接受並且病情有所改善；即是說，如果使患者對自己和自己問題的看法有所變化，就會使病情有所改善。(2) 教師訴說有關學生的問題，實際上更多的是說明教師自己的問題，而不是學生的問題。正是由於這些經歷，促使凱利提出一種既

圖 10-4 凱 利
(George Alexander Kelly, 1905～1967) 凱利是人格認知論的創始人。1905 年生於美國堪薩斯州；1926 年大學畢業，主修物理和數學；後轉為主修心理學，1931年在愛荷華州立大學獲哲學博士學位；1931 年至 1943年任教於弗海斯州立學院並發展出為全州公立學校服務的巡迴診所；1946 年任俄亥俄州立大學臨床心理學系主任，1965 年轉任布蘭特大學的講座，1967 年去世。

不同於精神分析論也不同於行為論和特質論的個人建構理論。實際上，凱利的理論也是許多人格理論的綜合：它有現象學傾向，因為他強調個人的主觀經驗決定其行為，要預測行為就得了解個人的主觀經驗；它也有人本主義傾向，因為他強調人的創造性並對人類持樂觀態度；它還有存在主義傾向，因為他強調未來和個人對自己命運的自由選擇；凱利理論也可稱為認知理論，因為它注重個體對現實如何觀察和思考。下面將討論凱利的理論以及他對人格動力、人格發展和人格適應的觀點。

一、基本假設和十一條推論

凱利以一個基礎性的假設和十一條推論來陳述其理論 (Kelly, 1955)。

(一) 基本假設——人是科學家

凱利以科學家作為模型來描述所有的人。科學家的主要目的是通過創立能使自己準確地預測未來的理論，來減少人類生活的不確定性。凱利認為，所有的人都像科學家一樣通過創立能使自己準確地預期未來的理論，力求減少不確定性，使自己的生活明朗化。因此，劃分科學家和非科學家是不合理的。所有的人都像科學家那樣關心未來，人們利用現在只是為了檢驗自己的理論能否**預期** (anticipation) 未來事件。

> 預期不僅僅是爲了自身的緣故而進行；它是爲了使未來的現實能夠更好地實現。吸引人們的是未來，而不是過去。人總是從現時的窗户，展望於未來。(Kelly, 1955, p.49)

人為了預期事物所採用的主要方法是個人構念。**個人構念** (personal construct) 就是個人對周圍世界的看法、解釋和賦予意義的過程。

一個構念就像一種小型的科學理論，人們利用這個理論來看周圍現實並預期未來事件。假如由構念所產生的預期同經驗相符合，那麼這個構念是有用的。假如與預期不相符合，就要修改或拋棄這個構念。

個人構念一般都以語言來表達。人們把構念用於環境和各種事件中，也就是將這些事件以自己的主觀經驗來進行檢驗。例如，第一次遇到一個人，可能用“誠懇的”構念來建構這個人，如果這個人後來的行為確實是“誠懇的”，那麼這個構念對預期此人的行為是有用的。如果這個人所表現的行為並不誠懇，那就需要重新建構這個人，例如用“誠懇——狡猾”的另一端來加以建構。總之，人與外界的任何接觸都在不斷地創造和檢驗個人構念。

雖然減少未來的不確定性是每個人都嚮往的目標，但人們卻可以依自己的意願來建構個人構念。同時，個人構念系統一旦被建立後，它們反過來又制約著人們。一個人的生活總是受到自己創建的個人構念系統的強烈影響，而有些人的構念系統又比另一些人的構念系統更有效。例如有些人堅信自己的構念系統，使自己生活在窄小的範圍內，成了這些信念的奴隸。另一些人則根據靈活的原則生活，並不按照確定的構念辦事，他們生活的前景要廣泛得多。又如，同樣的境遇，有些人積極地看待，而另一些人則消極地看待，這也是個人自己選擇的。因此，凱利的人格理論的基本假設是：“在心理學的意義上，個人的歷程是由他預期事件的各種方式開闢出來的”(Kelly, 1955, p.46)。也就是說，每個人的生活傾向都是以其預期未來事件的各種個人構念系統指引的。

(二) 十一條推論

由前述的基本假設，凱利又引出了十一條推論或定理：

1. 建構定理 (construction corollary) “人是通過對事件的反復建構來預料事件的”(Kelly, 1955, p.50)。個人構念的目的是為了發現相同點與不同點。事件的重復出現就可以預見未來。例如冬天天氣寒冷，夏天天氣炎熱。人的生活事件總是規律地出現，以生活事件的重復性所形成的個人構念才能預期未來。

2. 個性定理 (individuality corollary) “個人之間的差異存在於各自對事件的構念中”(Kelly, 1955, p.55)。這一推論說明人的個別差異。在凱利的理論中，不僅對所愛的人是“情人眼裏出西施”，而且對待所有的人和事物都以個人自己的看法為轉移。現實是各人所知覺的現實。

3. 組織定理 (organization corollary) “爲了能便利地預期各種事件，每個人都獨特地逐漸形成了一個包含著各構念有序聯繫的構念系統”(Kelly, 1955, p.56)。個人的構念不是雜亂無章的，而是一個有組織、分層次的系統。

4. 二分法定理 (dichotomy corollary) “個人構念系統是由有限的二分性構念組成的”(Kelly, 1955, p.59)。所有構念都是兩極性或二分性的。例如，没有矮就没有高；没有醜就無所謂美。為了使一個構念有意義並可以用來預測事件。它至少必須具有三個要素，即兩個彼此相似的要素和一個與那兩個截然相反的要素。

5. 選擇性定理 (choice corollary) “個人對某個二分性構念的選擇，是通過對自己的構念系統的限定和擴展兩方面所預期的最大可能性來進行的”(Kelly, 1955, p.64)。如果一個人強調構念系統的限定方面，即把過去曾產生準確預期效果的某些構念運用於相似的新情境，那麼他就面臨著有較多的確定性；如果他強調構念的擴展方面，即把某些構念運用於非相似的新情境，那他就面臨更多的不確定性。前者較保守，後者較冒險。

補充討論 10-4

存在主義

存在主義 (existentialism) 是一種把人的存在當作全部哲學的基礎和出發點的哲學思潮。它產生於 19 世紀 30 年代的德國，盛行於二次大戰中遭受嚴重破壞的法國，並迅速擴展到歐美等國。存在主義的思想先驅是丹麥哲學家兼神學家克爾愷郭爾 (Soren Kierkegaard, 1813～1855)。存在主義理論體系的創始人是德國的海德格爾 (Martin Heidegger, 1889～1976)；在德國還有賈斯珀斯 (Karl Jaspers, 1883～1969)。二次大戰期間存在主義的中心轉到法國，主要代表人物有馬塞爾 (Gabril Marcel, 1889～1973)、薩特 (Jean-Paul Sartre, 1905～1980)、梅洛-龐蒂 (Maurice Merleau-Ponty, 1907～1961) 等人。其中，薩特是當代影響最大的存在主義者。存在主義認為：(1) 人是個體存在的人，是在追求著和感受著的個人，是具有不可褫奪的獨一無二的個性的人；(2) 個人的絶對重要性，存在的個人首先是無限地關懷他本身、他的命運和人生的價值；(3) 每個人都有獨立選擇自己人生道路的自由，每個人都必須對自己的選擇負責；(4) 每個人的選擇都受到他所處的具體的和歷史的條件的制約，個人所選擇的價值標準都從某一角度反映了他所處的社會環境。

薩特有一句名言："*人就是他希望成爲的人*"(Sartre, 1956, p.291)。人類是自由的，注重未來的。克爾愷郭爾認為，每個人都面臨著三種人生態度的選擇，他稱之為審美階段、倫理階段和宗教階段。雖然稱為階段，但它們之間不是連續的而是一種選擇的境界。在審美階段，人所追求的是感官享受、及時行樂；在倫理階段，人把生活建築在忠於工作和婚姻生活的基礎上，對人生採取理性的態度；而宗教階段的特點是信仰，充滿了對上帝的恐懼。恐懼是克爾愷郭爾哲學中的一個重要概念。他認為恐懼支配著存在，人不可能知道將會有什麼事情發生，並以此與黑格爾 (Georg Wilhelm Friedrich Hegel, 1770～1831) 的必然性理論相對抗。存在主義宣稱人是被"拋入這世界的"。痛苦、挫折、疾病、死亡是人類現實的本質特徵。

存在主義主要是通過梅 (May, 1909) 的《存在》(1958) 一書被引入心理學的。同存在主義哲學反對傳統哲學一樣，**存在心理學** (existential psychology) 也反對主流心理學——行為主義和精神分析，並與持現象學觀點和人本主義傾向的心理學家聯合，形成心理學中的第三勢力。存在心理學把個人複雜而具體的生活經驗作為自己的研究對象。他們關心個人和社會的現實問題遠重於形式上的科學標準。他們強調人生的意義、價值的追求、個人實現及其障礙問題、個人的自我發展、人際關係中的愛與關心他人的重要性。總之，存在心理學就是以存在主義哲學為背景的心理學。梅曾斷言，對心理學來說，存在主義哲學背景遠比那種假定物理和化學為其模型的科學背景更為有用。

6. 範圍定理 (range corollary)　"一種構念僅適用於預期一定範圍的事件"(Kelly, 1955, p.68)。每個構念僅適用於一定範圍的事件。例如，"黑——白"不適用於紅色辣椒；"男——女"不適用於岩石。

7. 經驗定理 (experience corollary)　"隨著個人連續不斷地建構各種事件，其構念系統也產生變化"(Kelly, 1955, p.72)。在預測事件中，那些能預期事件的構念是有效用的，因而被保持下來；而那些被證明是無效的，則被修正或拋棄。

8. 調整定理 (modulation corollary)　"個人構念系統的變化受到適用範圍內構念滲透性的限制"(Kelly, 1955, p.77)。所謂**滲透性** (permeability) 是指構念系統建構新元素的可能性。一個具有許多滲透性構念的人比一個具有大量非滲透性構念的人更能擴展其構念系統。前者思想開放，後者思想保守。

9. 片斷定理 (fragmentation corollary)　"人能夠連續應用不同的亞構念系統，這些亞系統是彼此不一致、不相容的"(Kelly, 1955, p.83)。人的構念系統不斷流動變化。不同的構念群一直不斷地經受著檢驗，而新的元素又不斷地加入到具有滲透性的構念中。因此，出現反常行為是不可避免的，但從整體上看，其行為仍是一致的。

10. 共同性定理 (commonality corollary)　"兩個人的構念經驗相同到什麼範圍，他們的心理過程也相同到什麼程度"(Kelly, 1955, p.90)。兩個人的相類似，不是由於他們的共同經驗彼此相像，而是由於他們建構經驗的方式相同。若兩個人對事物有同樣的看法，他們的行為就會相同，而他們先前的實際經驗則可能完全不同。

11. 社會性定理 (sociality corollary)　"一個人建構他人的構念過程，他就在社會交往中扮演了他人的角色"(Kelly, 1955, p.95)。扮演角色就是按照他人的期望行動。為了扮演角色，個人至少必須了解他人的構念系統，然後照此行動。這樣的角色扮演，就會產生最深刻的社會互動。

二、人格動力

凱利極不贊同傳統心理學上的動機理論。他把這些理論分為兩大類：推理論和拉理論。凱利稱之為推理論的代表人物包括弗洛伊德、斯肯納、多拉德和米勒，他們使用內驅力、動力或刺激等術語。而凱利稱之為拉理論的代表包括榮格和阿德勒，他們使用目的、價值或需要等術語。凱利認為，這些人都把人看成生來無活力的，因而需要某些東西的驅動，這顯然是胡說。在他看來，"除了他是活生生的人之外，沒有任何原因能激勵一個人"(Kelly, 1955, p.49)。他把自己這種理論稱之為**公驢理論** (jackass theory)。

凱利認為，人遇到新情境時，其行動是依**詳察-預斷-控制的循環** (circumspection-preemption-control cycle) 簡稱**CPC循環** (CPC cycle) 而進行的。人們開始接觸事物時是詳察期，小心謹慎地嘗試多種前提構念，提出各種命題構念。這些構念只是對情境的可能解釋，而不說明更多東西。接下來是預斷期，人們從上一階段權衡過的各種構念中選取可供決斷的構念。最後是控制期，在可供選擇的構念中，估計何者最能導致擴展和限定而最後做出選擇。通過 CPC 循環，人們就在自己的生活中減少了不確定性。

凱利還闡述了屬於人格動力的焦慮、敵意、攻擊、內疚和威脅等概念。他把**焦慮** (anxiety) 定義為"個人面臨那些在其構念系統適用範圍之外的各種事件的再認"(Kelly, 1955, p.495)。當生活中的事件落在個人構念的範圍之外時，就會產生焦慮。而**敵意** (hostility) 則是"繼續强索有效的證據來贊成某類已爲它自身證明失敗了的社會預言"(Kelly, 1955, p.510)。敵意同焦慮有關。當個人的預期不正確時便體驗到焦慮。這時，他可能拒絕去接受這種現實，或者企圖從周圍環境中索取有效性。這種強求索取就稱為敵意。凱利把**攻擊** (aggression) 定義為"……對個人認知領域積極的補充……"(Kelly, 1955, p.508)。按照凱利的觀點，攻擊性強的人尋求冒險，選擇的是擴展他的構念系統，而不是限定它。他尋求擴展他的構念系統以便使它包含更大範圍的事件。而**內疚** (guilt) 則是"對個人明顯背離自己核心角色構念的認知"(Kelly, 1955, p.502)。所謂**核心角色構念** (core role structure) 是個人用來預期自己行為的構念。按照凱利的觀點，內疚是我們做出了同我們對自己行為預期相反的行動時產生的情感。凱利把**威脅** (threat) 定義為"對在個人的核心構念中迫將產生一種全面改變的意識"(Kelly, 1955, p.489)。凱利所謂的**核心構念** (core structure)，是指在預期中那些一貫被證實為正確的構念，即通常所說的信仰系統的核心。當這些核心構念不再被經驗證實時，人們就感到威脅。總之，凱利用他的個人構念的理論重新解釋了那些屬於人格動力的概念。

三、人格發展

在發展的問題上，凱利沒有大的建樹。他曾說過個人構念系統是通過對事件的反復建構而產生的話，但幾乎沒有進一步說明何種事件會產生滲透性的或非滲透性的構念以及單純的或複雜的構念，也沒有進一步說明嬰兒期**前言語構念** (preverbal construct) 的發展。不過，一些研究者卻做過有關認知結構發展的研究。例如，西格內爾 (Signell, 1966) 發現六至九歲兒童的認知結構越來越複雜，即他們的思維趨向較抽象，對環境解釋的方式越來越多，對事件的理解也更富彈性。關於哪些因素決定認知結構的複雜化，有一項研究發現，兒童認知的複雜程度是和其童年時接受刺激的複雜性有關 (Sechrest & Jackson, 1961)。另一項研究發現認知複雜性高的兒童比認知複雜性低的兒童，其父母傾向於給予獨立自主，並且較民主 (Cross, 1966)。這也許是因為有機會檢驗許多不同的事件，獲得較多不同的經驗，而有助於認知結構的複雜化。因此，可以設想，如果兒童長期經驗到嚴重的威脅，就會形成非滲透性的、無彈性的構念系統。

四、人格適應

(一)　適應的性質

根據耶爾和齊格勒 (Hjelle & Ziegler, 1981) 的說法，凱利所說的健康人格包含四種特徵，心理適應良好的個人表現為：

1. 願意評價他們的構念並檢驗他們對別人知覺的確實性。
2. 當他們的構念無效時能放棄並改變其核心系統。
3. 願意擴展他們的構念系統所包含的範圍。
4. 有很好發展的角色構念庫。

(二)　治療的方法

與傳統的心理治療不同，凱利把神經病患者看作為蹩腳的科學家。他們的個人構念系統不能有效地預測未來事件，但仍保持其原來的構念系統，因而不可避免地產生焦慮等神經病現象。他認為，心理治療就是幫助受輔者：(1) 考察、檢查個人的構念系統；(2) 重新調整構念系統。因而他不主張傳統的心理治療方法，對患者進行分類和診斷。他認為，這種方法是靜止的，其焦點集中在過去和現在。實際上，人是不斷變化的。治療者不僅應發現受輔者心理的實際情況，還應指出他可能達到的目標，幫助他重新成為一位好的科學家。

凱利喜歡把治療室描述為實驗室，受輔者在這裏可以進行其認知改變實驗，而不像在現實生活中有不安全感。他採用多種評鑑技術，如測驗和晤談等，以便對受輔者的構念進行深入了解。他還以信任態度來對待受輔者。所謂**信任態度** (credulous attitude) 就是把受輔者提供有關自己的情況當作正確的、可靠的而加以相信。凱利說："如果你不知道受輔者有什麼問題，那就去問他，他是會告訴你的" (Kelly, 1955, p.201)。他常常以這種信任態度，讓受輔者書寫其自己的特徵。

凱利所使用的**固定角色治療** (fixed-role therapy) 體現了他的個人構念理論的心理治療特色。這種方法就是治療者向受輔者描述與受輔者本人人格有著顯著差異的另一個人的人格特徵，要求受輔者在各種場合以不同長短的時間來扮演。這時，治療者是受輔者的配角或助演者但絕對不是導演。這一點與精神分析治療有根本的區別。凱利說，治療者必須"扮演一個演員的得力配角，幫助演員 (受輔者) 繼續笨拙地尋思台詞，拼湊他的角色" (Kelly, 1955, p.399)。固定角色一般扮演兩個星期左右，治療者也積極參與其中，鼓勵受輔者放棄其原先的核心構念，以發展新的構念。

第四節　人格的訊息處理理論

隨著認知心理學的興起，訊息處理理論 (或信息加工理論) 已滲透到心理學研究的各個領域。心理學家不僅運用訊息處理理論來研究人類的認知過程，而且近年來也試圖用它來研究人格。這方面的努力與凱利的觀點有若干相似之處。

一、訊息處理的一般原則

人格的訊息處理論 (或人格的信息加工理論) (information processing theory of personality) 就是把人腦與電腦 (或計算機) 進行類比，將人腦或人看作類似於電腦的訊息處理系統。但是，此種類比只是機能上的，即行為水平上的類比，而不涉及其物質構成的生物細胞和電子元件的區別。把人看作訊息處理系統，人與電腦在機能結構和過程上，確有許多類似之處。例如，兩者都有訊息的輸入和輸出、訊息的貯存和提取，以及都需要按照一定的程序對訊息進行處理。

以訊息處理論來解釋人的行為通常用模型加以說明，用來表示人類的心理過程和結構的某些主要方面。在認知心理學中常見的模型一般包含四個主要成分，即感覺系統、記憶系統、控制系統和反應系統，如圖 10-5 所示。每個系統與其他系統相聯繫，用箭頭表示，執行某些操作。

環境為視覺、聽覺等**感覺系統** (sensory system) 提供輸入，訊息的編碼從這裏開始。人通過主動的訊息處理把刺激的基本特徵抽取出來，加以組合。已編碼的訊息進入**記憶系統** (memory system)，即知識的貯存庫，並與記憶中的知識表徵加以比較。記憶一般分為長時記憶和工作記憶兩種。**長時記憶 (或長期記憶)** (long-term memory) 是一個巨大的信息貯存庫，它貯存著各種信息，如語意-概念、關係、聽覺-字典、音樂、視覺圖形、處理程序和價值觀等。依當前和過去的輸入為轉移，長時記憶中的一部分訊息被喚起，參與當前的處理。這部分被喚起的長時記憶接受更精細的加工，它們被認為處於**工作記憶 (或運作記憶)** (working memory) 之中。工作記憶對有限數量的訊息進行精細的處理。工作記憶處理人類注意中心的訊息包括當前活動要素、當前的目標和計畫。由於工作記憶僅處理當前的訊息因而也稱為**短時記憶 (或短期記憶)** (short-term memory)。

另一結構成分是中樞處理器，屬於**控制系統** (control system)。它決定整個系統怎樣發揮作用，主要處理目標和達到目標的計畫。目標可能是一般的或特殊的。多數目標可以分解為小目標或更小的目標。這樣，中樞處理器

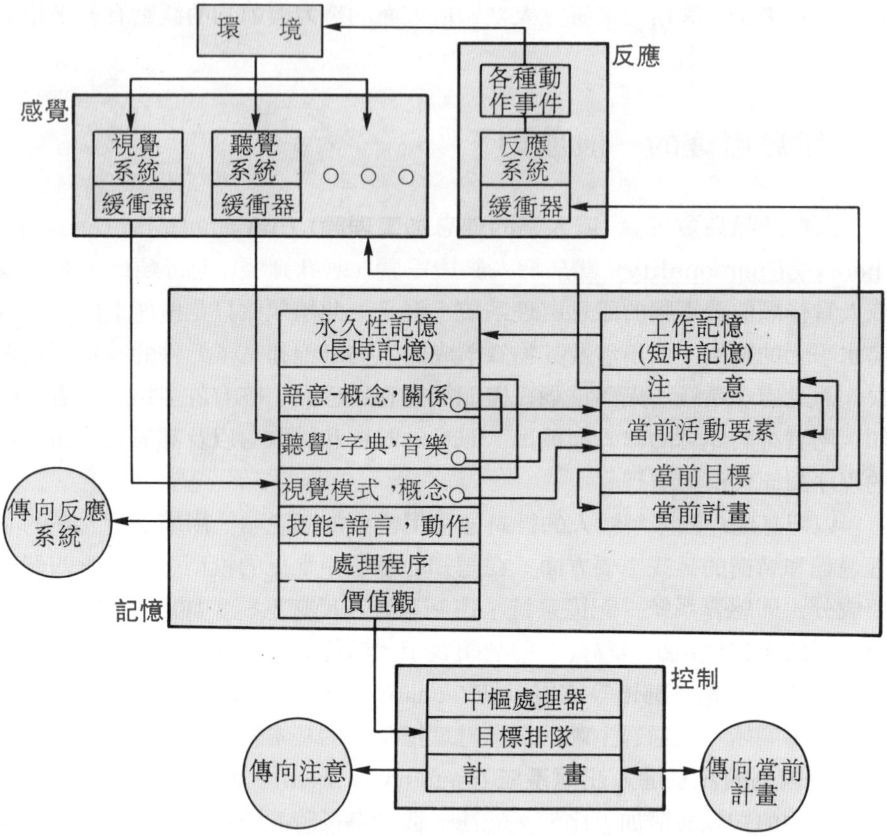

圖 10-5 人類訊息處理系統的一般結構

(採自 Dodd & White, 1980)

就需要決定目標的先後次序，制訂計畫，並監督當前目標的執行。人確定目標，制訂計畫的決策過程是十分複雜的。“人並不一定要確切地解決複雜的問題，而只希望得到滿意的解決，滿意的程度則取決於人腦的能力和所獲得的信息”(荆其誠、張厚粲譯，1986，185 頁)。

最後一個成分是**反應系統** (response system)。它控制著一個系統的全部輸出，包括動作、言語和表情等各種動作事件。

所有這些成分都以不同的方式相互作用著。環境的訊息通過相應的感覺系統傳到記憶系統處理。這種處理又依賴於中樞處理器中的當前目標。同時記憶也為中樞處理器優先安排的目標提供輸入。計畫和小目標以及當前訊息狀態又導致系統採取什麼動作的決策。這種訊息喚起反應系統的輸出又成為環境的一部分，向感覺系統提供輸入。上述各個成分各有其編碼、保存和傳遞訊息的方式。人的大多數活動，都是訊息處理系統各成分協同運作才完成的。人格的信息處理論也就是**人格的認知論** (cognitive theory of personality)。

二、自我和自我圖式

多年來自我一直被看作是一種對行為影響面廣而且相當穩定的結構。這個“我”是一個單一的整體，然而卻以相當適合其本性的方式來調節其各種複雜行為。自我是如何能勝任這一艱巨任務的？一種觀點認為可以用自我圖式 (或自我基模) 這一概念來解答這個問題。**自我圖式 (或自我基模)** (self-schema) 是指影響個體對關於自己訊息的編碼、儲存和提取的認知結構。正如馬庫斯所說，自我圖式是“有關自我的認知類化，它源於過去經驗，組織並指導包含在個人社會經驗中有關自我訊息的處理”(Markus, 1977, p.64)。

自我圖式是以生活中特殊事件為基礎，成為知識表徵。例如，“我上星期第一次參加跳傘很緊張，其實像這類運動，我是不必害怕的”。自我圖式也可以在個人或與此人互動的他人所作的重復分類和評價的基礎上形成。例如，“我很膽小，剛才那隻老鼠又把我嚇了一跳”或“我樂於助人，我父母和老師經常表揚我為張奶奶做的好事”。

自我圖式在處理有關個人訊息的過程中形成。已形成的自我圖式又強烈地影響個人的行為。貯存在記憶庫中的自我圖式不是被動的記憶表徵。它具有主動建構訊息的機制，決定著對環境中可獲得訊息的選擇，對訊息意義的抽取、解釋和綜合。自我圖式一旦建立而且累積了相當的重復經驗後，便逐漸不易改變；甚至在面臨不一致的訊息時，也是如此。

自我圖式在訊息處理時具有哪些特點呢？根據馬庫斯和沃夫 (Markus & Wurf, 1987) 以及多布森和肖 (Dobson & Shaw, 1987) 對有關自我訊息處理的研究認為，自我圖式的訊息處理具有以下特點：(1) 對涉及自我的刺激具有高度敏感性；(2) 對適合自我特徵的刺激處理速度極快且自信度高；(3) 對涉及自我的刺激能產生較好的回憶和再認；(4) 對自我有關的行為預測、歸因與推斷具有較高的自信度；(5) 對與自我結構不一致的訊息產生牴觸。馬庫斯把自我圖式的這些特點稱為**動態的自我概念** (**或動態的自我觀念**) (dynamic self-concept)，即把自我概念作為個人行為的主動調節者，以取代過去把自我概念視為行為被動反映的舊觀念。

三、自我圖式和抑鬱

抑鬱 (depression) 屬於憂愁、悲傷、頹喪、消沈等多種不愉快情緒綜合而成的心理狀態。它幾乎是所有精神疾病的特徵。貝克 (Beck, 1967) 認為，抑鬱患者在評價和解釋有關自身、周圍環境和自己未來的事件時，由於受到他們的特有的負面自我圖式對有關訊息的編碼、貯存和提取的影響，從而表現出各種抑鬱的情感和行為，如圖 10-6 所示。抑鬱產生於患者應付周圍環境的過程中所獲得的失敗體驗。這種失敗可能是真實的、可能僅為假設的，也許根本就是一種幻象。無論是真是假或是幻象，患者都把這種失敗感加以誇大，把它看成是長久不變的、不可逆轉的，並歸因於自己的能力和身體方面的缺陷，從而形成了負面的自我圖式。這種負面的自我圖式影響其對未來的看法，患者對自己的生活和前途毫無信心，心境抑鬱，意志消沈，迴避行動，失去行為動機，依賴性增強，甚至產生自殺念頭。而患者卻認為他的這種預設前提和推理都是合理的。

抑鬱患者的一個顯著特點是認知歪曲。在他們的推理中經常出現許多系

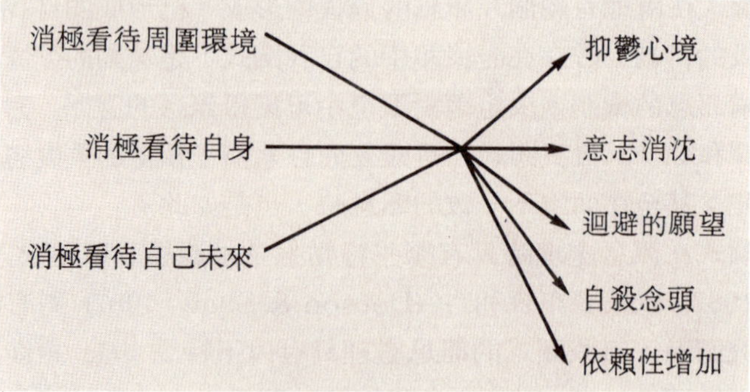

圖 10-6 認知圖式對情感和動機的作用
(採自 Beck, 1967)

統邏輯錯誤。主要的有：(1) 任意的推斷，即沒有任何證據便推斷得出某種結論；(2) 選擇性抽樣，即所得出的結論只來自許多可能性中的一種因素；(3) 超泛化，即從一個瑣細的出發點做出很大的結論；(4) 放大和縮小，即把事情不合理地推向兩個極端。由於抑鬱患者的負面自我圖式是相當穩定和不變的，即使經過若干年的生活，其認知歪曲也難以得到系統的矯正 (Kovacs & Beck, 1978；Beck, 1987)。

那麼患者的錯誤觀念為什麼難以得到系統的矯正呢？訊息處理理論也提出了解釋。抑鬱患者對其負面自我圖式相一致的訊息處理極快，彷彿不費力氣，自動地執行。這種處理方式稱為**自動處理** (或**自動加工**) (automatic processing)。而與患者負面自我圖式不一致的訊息 (如治療者予以矯正的訊息) 卻需要注意力和意識控制，因而稱為**控制處理** (或**控制加工**) (controlled processing)。有一種假設認為，抑鬱患者的整個認知容量已減少，但並沒有完全喪失，他們只能用較少的注意力來完成控制處理。認知容量減少的程度以及由此所導致對控制處理的干擾程度則與抑鬱的程度呈正相關。這種假設稱為**認知容量減少假設** (cognitive capacity-reduction hypothesis)。研究者發現，抑鬱者認知容量減少表現在記憶減退和效率降低，並且與抑鬱程度呈正相關 (Hasher & Zack, 1979)。

對於抑鬱導致整個認知容量減少的原因有兩種解釋。一種觀點認為有某種生理機制在起作用。例如，有研究表明抑鬱可以通過多巴胺神經遞質的作用有選擇地影響控制處理；突發性的壓力狀態會阻斷那些主管控制處理的神經活動 (Brewin, 1989)。另一種觀點認為抑鬱者認知容量的減少和控制加工受干擾的程度取決於喚起水平的高低。認知容量與喚起水平呈函數關係。抑鬱患者的一個主要特徵是缺乏動機，喚起水平極低因此導致認知容量減少 (Hartlage, Alloy, et al., 1993)。當然，僅用動機來解釋認知容量減少的合理性，也是值得懷疑的。

另一種假設認為抑鬱患者總的認知容量並沒有減少，抑鬱之所以干擾控制處理，其原因是抑鬱者經常產生消極的思想和憂愁占用了注意力，使注意範圍縮小，因而不能或很少能接收與自我圖式不一致的訊息。這種假設稱為**注意中心變窄假設** (narrowing of attentional focus hypothesis)。

英格蘭等人 (Ingram & Wisnicki, 1991) 用認知網絡來加以解釋。特定的認知網絡是與各種情緒和感情結構聯繫在一起的。當抑鬱被喚起時，與抑鬱相連結的認知網絡也被喚起，並加緊進行認知操作從而占用了有限的注意資源，使注意中心變窄。而與抑鬱相連接的網絡通過喚起的擴散變得更加活躍，從而干擾了與抑鬱情緒無聯繫的認知網絡的訊息處理。還有一種可能是，抑鬱者的工作記憶被抑鬱狀態相聯繫的訊息所占用，因而導致了注意範圍的縮小。

四、認知治療

認知治療 (cognitive therapy) 是指通過改變患者對重要生活經驗的想法來改善情緒困擾和問題行為的一組心理治療方法。從訊息加工的觀點看，所有的異常行為和情緒困擾，都源於患者的訊息加工內容 (認知內容) 和訊息加工過程 (認知過程) 出了差錯。認知治療種類繁多，主要分為兩大類：**認知行爲療法** (cognitive behavior therapy) 和**改變錯誤的信念系統** (alter falsebelief systems)。在第九章中我們已討論過認知行為療法。此種方法仍重視酬賞或懲罰對改變思維方式的作用。這裡僅討論把重點放在改變信念、態度和習慣性的思維方式或認知圖式 (認知基模) 上的認知治療。

從認知論的觀點看來，異常行為和情緒困擾的產生，是由於患者怎樣思考自己與他人的關係，及怎樣思考所面對的事件所造成的。錯誤的思考或想法是建立在：(1) 不合理的態度 (例如，優秀的學業表現是一個學生應當具備的重要品質)；(2) 不當的歸因 (例如，如果我做了他們所希望我做的每一件事情，那麼我將會受到他們的喜歡和接納)；(3) 不良的問題解決方式，即拘泥於一些規則，不知靈活變通，即使條件已改變仍重復使用 (例如，我必須服從權威人士的看法)。因此患者總是錯誤地理解問題，無法分辨個人的想像 (或期望) 與既存現實之間的差異。

貝克 (Beck, 1967) 最先對抑鬱症進行認知治療，並取得了成效。其治療原則是：幫助患者找出偏執的思想，然後幫助患者學習以較切合實際的方式來表明自己的經驗。例如，要求抑鬱患者寫下對自己的一些負面想法，設法弄清楚為什麼這些自我批評是不恰當的，以幫助患者建立起較合理的 (較不具破壞性的) 自我認知。貝克認為，患者的抑鬱之所以會維持下去，是因為患者不明白自己已習慣化地對自己說的那些負面想法在自動進行加工。這些想法如："我處處都比不上我姐姐，她總是比我強"；"如果人們真正認清我的話，將沒有人會喜歡我”；“在這個家裡，我簡直毫無價值”。治療者可以運用下面四個策略來改變患者抑鬱的認知基礎：(1) 讓患者做現實測試，使其看清那些自動化想法是否有任何證據支持；(2) 把過失重新歸因於情境因素，而不是歸因於患者的能力差；(3) 與患者公開討論關於問題的其他解決途徑；(4) 把基本假設講解清楚，然後加以質疑。例如對患者的錯誤觀念──“為了能被他人接受，我必須力臻完美”提出質疑。

本 章 摘 要

1. 人格研究中的**現象學範型**，關注人的主觀經驗或現象場，通常不關注人的動機、先天的決定條件、特質和強化史，因而與其他人格研究範型不同。許多持現象學觀點的人格理論家也持人本主義和存在主義觀點，並以自我為中心研究課題。
2. 羅杰斯認為，所有的人都生活在他們的現象場中。人們是根據其現象場的主觀現實，而不是客觀現實來行動的。**現象場**是個體能意識到的那部分經驗。而**經驗**是個體所經歷的一切。經驗到的事件只有被符號化，才能進入意識。
3. 現象場中有些內容與個體自身有關，有些則與個體自身無直接關係。前者是這個人的**自我**，包括主格“我”、賓格“我”和所有格“我的”等部分。個人的目的就是成為他的**真實自我**。自我的知覺模式具組織性、整體性和一致性，遵循著一般的知覺原則。羅杰斯理論中的**自我** (self) 與弗洛伊德理論中的**自我** (ego) 是完全不同的兩個概念，前者是關於自己的認知、態度和感情，後者是指個人行為的支配者。
4. 羅杰斯認為，所有個體生來就具有實現自己、維持自己和提高自己的基本趨向。這種趨向驅使個體朝著更加複雜、更有獨立性、創造性和社會責任感方向發展。在理想的條件下，個體都能利用經驗是否與**實現趨向**相一致的**機體評價過程**來評價其經驗。與實現趨向相一致的經驗令人滿意並引起對它的尋求；與實現趨向不一致的經驗令人厭煩產生對它的迴避。

5. 在自我形成的過程中，兒童有正向關懷的需求，並發展出**正向的自我關懷**。大多數父母都讚許兒童的好行為，給予關懷；而不讚許他們不好的行為，並收回對他們的愛。這就使兒童體會到要獲得關懷的**價值條件**。這些價值條件被內化為兒童的自我概念，就會指導其行為。已形成的自我是相當穩定的。與自我相一致的經驗被納入自我之中，與自我不一致的經驗會被拒絕或被扭曲。這也體現了自我的防衛功能。
6. 羅杰斯認為，健康人格應具有下列特徵：對任何經驗都開放；自我與經驗相協調；利用自身的機體評價過程；無條件的自我關懷以及與他人和睦相處。他的心理治療的特點是促進受輔者對自己的思想和情感進行探討以找到自己解決問題的辦法。要使他所提倡的**個人中心治療**有效必須具備一定的條件。
7. 馬斯洛認為，人性是由一系列按層次排列需求構成的。人類的基本需求依強弱和先後出現的次序是**生理需求**、**安全需求**、**歸屬和愛的需求**、**自尊需求**和**自我實現的需求**。只有當低層次的需求獲得基本滿足之後，較高層次的需求才會出現並成為個人的支配力量，直到這種需求獲得基本滿足；這時更高層次的需求又會出現並成為支配力量，依次類推。人是一種正在選擇著、決定著、追求著的動物。
8. 雖然人性中有自我實現趨向，但能成為自我實現者僅為極少數。在馬斯洛看來，這是因為這種需求極微弱容易被壓抑，要達到自我實現必須有深切地了解自己和極大的勇氣，文化規範往往妨礙個人的自我實現；同時，自我實現是成長需求，其發展依賴於自己的潛力。
9. 馬斯洛通過對他的一些朋友和一些仍活著的以及已去世的著名人物的研究，發現所有的自我實現者都有下列特徵：能準確地知覺現實；悅納自己、他人和周圍世界；能自然地表述自己的情緒和思想；注重問題而不注重自我；獨立自主；對於自然條件和文化環境的自主性；不斷更新的欣賞力；具有高峰經驗；深厚的社會感情；有至深的知交以及親密的家人；有民主的性格；很強的倫理觀念；富有哲理的幽默感；旺盛的創造力；對現實的批判精神。除了這些優秀品質外，自我實現者也有愚蠢、揮霍、粗心、頑固、虛榮、自負等缺點。

10. 馬斯洛認為，健康不僅是沒有疾病。健康的人就是能自我實現的人。所謂有病的人就是尚未成為他自己的人。因此，心理治療就是使患者的潛能得到發揮，使患者成為他自己的人。

11. 凱利的基本假設是，所有人的活動都像科學家那樣，力圖通過形成各種能使自己準確預期未來的理論 (構念系統) 以減少不確定性。**個人構念**是個人生活在世界上如何看周圍事件，如何去解釋、說明或預言環境中的各種事件的過程。

12. 凱利以 11 條推論系統地闡述他的基本假設。**建構定理**說明個人構念是在重復經驗基礎上形成的。**個性定理**說明個別差異是由於人們按照自己的構念來看待周圍世界之故。**組織定理**說明個人構念是一個有組織、分層次的系統。**二分法定理**說明所有的構念都具有兩極性。**選擇性定理**說明個人是通過對構念選擇的限定或擴展來運用構念的。**範圍定理**說明一種構念僅適用於預期一定範圍的事件。**經驗定理**說明對實際經驗的建構使個人的構念系統得以驗證或修正。**調整定理**說明某些構念比另一些構念更具滲透性，對經驗的建構更開放。**片斷定理**說明在嘗試新構念時可能會出現反常行為，但從整體上看人的行為仍是一致的。**共同性定理**說明人們的相似性不是因為他們的經驗相同，而是由於他們建構經驗的方式相同。**社會性定理**說明為要扮演角色，個人必須了解其構念系統然後才付諸行動。

13. 凱利反對傳統心理學的動機理論，認為人生來就是有動機的。當人遇到新情境時，其行動是按**詳察-預斷-控制的循環**而進行的。他用他的個人構念理論重新解釋了屬於人格過程的許多概念，如焦慮、敵意、攻擊、內疚和威脅等。

14. 在發展問題上，雖然凱利沒有大的建樹。但有證據表明，隨著兒童年齡的增長，他們的認知結構越來越複雜，對環境的解釋方式越來越多，對事件的理解也更富彈性。這些研究結果與凱利的設想是相一致的。

15. 凱利認為，健康人格具有下列特徵：願意評估自己的構念並驗證自己對他人的知覺；能及時地拋棄或修正自己的**核心構念系統**；願意擴展自己的構念系統所包含的範圍；有充分發展的角色構念庫。他把神經病患者比喻為蹩腳的科學家，其構念系統不能有效地預期未來但仍堅持著。因此，他的治療目的是幫助受輔者使之成為好的科學家，並用固定角色療法幫助受輔者拋棄錯誤的核心構念，發展新的構念。

16. 人格的訊息處理論是把人腦與電腦進行類比，把人視為訊息處理系統的一種人格理論。持訊息處理論的人格理論家利用訊息的輸入、貯存、處理程序、提取策略、輸出等概念來描述人格現象，並提出了一些模型來解釋人格現象。

17. **自我圖式**是指影響個體對於有關自己訊息的編碼、貯存和提取的認知結構。它對涉及自我的訊息具有高度的敏感性，並且回憶和再認效果好；與自我圖式相一致的訊息處理速度快且自信度高；與自我圖式不一致的訊息則產生牴觸。

18. **認知治療**是指通過患者對重要生活經驗的想法來改善情緒困擾和問題行為的一組心理治療方法。抑鬱症的顯著特點是認知歪曲。用認知療法治療抑鬱症已取得成效。

建議參考資料

1. 戈布爾著 (呂　明等譯，1987)：第三思潮——馬斯洛心理學。上海市：上海譯文出版社。
2. 馬斯洛著 (許金聲等譯，1987)：動機與人格。北京市：華夏出版社。
3. 馬斯洛著 (李文湉譯，1987)：存在心理學探索。昆明市：雲南人民出版社。
4. 羅杰斯著 (劉焜輝譯，1986)：諮詢和心理治療。台北市：天馬文化事業公司。
5. Bannister, B. (Ed.) (1977). *New perspectives in personal construct theory.* New York: Academic Press.
6. Cloninger, S. C. (1993). *Theories of personality: Understanding persons.* Englewood Cliffs, NJ: Prentice Hall.
7. Kelly, G.A. (1955). *The psychology of personal constructs,* Vol.1 & 2. New York: Norton.
8. Maslow, A. H. (1970). *Religions, values, and peakexperiences.* New York: Viking.

9. Peterson, C. (1992). *Personality* (2nd ed.). Ft Worth TX: Harcourt Brace Jovanovich.

10. Pharts, E. J. (1991). *Introduction to personality* (3rd ed.). New York: Harper Collins.

11. Rogers, C.R. (1951). *Client-centered therapy: Its current practice, implications and theory*. Boston: Houghton Mifflin.

12. Rogers,C.R. (1961). *On becoming a person: A therapist's view of psychotherapy*. Boston: Houghton Mifflin.

第十一章

現象學派的研究方法與評鑑技術

本章內容細目

第一節　羅杰斯的現象學方法

一、個案研究　405

二、內容分析　407

補充討論 11-1：中國人對自己的要求——一項內容分析研究

三、評定量表法　408

四、Q 分類法　409

五、語意分析法　411

六、實驗研究　413

第二節　存在-人本人格論的研究

一、馬斯洛人本人格論的研究　414

㈠ 需求層次性

㈡ 自我實現

補充討論 11-2：《周易》中的理想人格

㈢ 高峰經驗

二、存在主義的研究　421

三、凱利的個人構念研究　422

四、自我圖式的研究　425

補充討論 11-3：斯特魯普測驗和啟動實驗

第三節　現象學和自我的評鑑

一、現象學派的人格評鑑　428

㈠ 主要特點

㈡ 局限性

二、自我的評鑑技術　431

㈠ 田納西自我概念量表

㈡ 皮爾斯-哈里斯兒童自我概念量表

㈢ 庫珀史密斯自尊量表

㈣ 你是誰測驗

㈤ 形容詞檢核表

補充討論 11-4：探測中國人自我概念宜採用多種方法

第四節　對現象學範型的評價

一、與其他人格研究範型之比較　436

㈠ 自由意志對決定論

補充討論 11-5：羅杰斯與斯肯納的辯論

㈡ 理性對非理性

㈢ 整體論對元素論

㈣ 體質論對環境論

㈤ 主觀性對客觀性

㈥ 前動性對反應性

㈦ 穩態對異態

㈧ 可知性對不可知性

㈨ 可變性對不可變性

二、總的評價　443

本章摘要

建議參考資料

現象學方法 (phenomenological method) 就是觀察當前經驗並試圖盡可能不帶偏見或不加解釋地予以描述。現象學派的研究無論是臨床上或科學上都是向傳統心理學的挑戰。羅杰斯認為心理治療中所得的臨床資料對現象世界的了解提供了極有價值的來源。他最先執行了心理治療研究的持續性計畫，記錄和保存治療經過的檔案資料。凱利的一句名言是"如果你不知道受輔者有什麼問題，那就去問他，他會告訴你的" (Kelly, 1955, p.201)。對現象開放並完全相信患者或被試的經驗 (自我報告)。現象學派反對實驗室的元素分析方法，馬斯洛認為這種強制性的、呆板的實驗方法不僅不能説明人類的本性，甚至還會得出錯誤的結論。他們堅持用整體分析法來研究人格。羅杰斯對自我的研究，馬斯洛對需求層次性、自我實現和高峰經驗的研究以及凱利對個人構念的研究，都體現了現象學方法的上述特點。

人格評鑑和人格研究總是緊密聯繫的。現象學乃是研究個人的主觀經驗的，若要觀察患者和被試當前的主觀經驗，典型的技術是開放式的非結構訪談和內省報告。羅杰斯派用晤談、內容分析法、評定量表法、Q 分類法和語意分析法對受輔者或被試的自我概念的評鑑，存在主義心理學家對生命目的的測量和疏離感的測量，凱利的角色構念庫測驗，還有後來發展出來的個人取向量表以及許多探測自我的量表，都是根據個人的自我報告對其人格進行評鑑的。這些評鑑技術絕大多數是試圖把質的經驗轉換成量的數據，但這些技術都無法排除被試的作偽和潛意識的扭曲現象，因而影響評鑑的效度。

在本章第四節，我們把現象學範型擺在九個分析維度上與其他人格理論進行了比較。這九個分析維度分別是：自由意志對決定論、理性對非理性、整體論對元素論、體質論對環境論、主觀性對客觀性、前動性對反應性、穩態對異態、可知性對不可知性以及可變性對不可變性。最後我們對現象學範型做了簡評。

本章的主要內容是：

1. 羅杰斯的現象學方法。
2. 存在-人本人格論之研究。
3. 現象學和自我的評鑑。
4. 現象學範型與其他人格研究範型之比較。

第一節　羅杰斯的現象學方法

羅杰斯的現象學方法的特點是原原本本地描述現象的自我並配合以實證研究。羅杰斯認為，個人的現象場是可靠的數據來源，可以在科學上加以研究。他對現象場的探討是實證性的，所採用的方法包括個案研究、相關研究和實驗。這些研究分布於質的分析和量的研究之間，皆表現其現象學方法的特點。

一、個案研究

個案研究 (case study) 並不是羅杰斯首先採用的。但是在心理治療的過程中對個案進行有計畫的研究卻是他的首創。他最先執行了心理治療研究的持續性計畫，對治療過程進行詳細的記錄 (Rogers, 1942)，還將個人中心治療的幾次晤談拍成影片，保存治療經過的檔案資料，以供研究之用，從而開創了對心理治療的研究領域。在羅杰斯之前，誰都沒有把心理治療作為一項科學研究來對待。

下面是羅杰斯治療一名抑鬱症年輕女性的一小段個案記錄，我們藉此看看羅杰斯研究的特點。

受輔者：我做不到自己所希望的樣子。我想可能我没膽量……或没力量……自我毀滅……如果有人願意幫助我解脱……或是發生個意外什麼的……我，我……就是不想活了。

治療師：現在這個時候，對你來説是一片黑暗，你看不出生活有什麼意思。

受輔者：是的……我但願不要有這個治療。當我生活在自己的夢想世界時，我很快樂。在那裏我可以做個自己想做的人……可是現在有這麼深、這麼寬的鴻溝……在我的理想和我的真實之間……

治療師：這的確是艱苦的掙扎……就像你目前這樣……有時你夢想世界的庇護所看起來更有吸引力，也更舒服些。

補充討論 11-1

中國人對自己的要求——一項內容分析研究

楊中芳 (1991b) 認為中國文化價值觀傳遞給下一代的是使每一個"個人"都變成一個深信"社會幸福是個人幸福的泉源"，甘心情願盡社會的義務和責任的"自己"；西方的社會教化則是把"個人"培養成一個自主獨立，肯為自己的幸福而奮鬥的"個己"。為了驗證此假設，她將字典和詞典中凡與"自"或"己"字有關的字、詞挑選出來，再就語意加以整理歸類，來探討中國人在語言上反映出對"自己"有什麼要求。其結果是：

1. 以自制爲主 **自制**就是時常檢討自己、使自己在任何場合所做的事都合理合宜。它至少包括四個概念：(1)"自省"，即自身向內對"自己"作評價、批評和檢討。通用的詞語還有自反、自訟、自躬、自問。(2)"自愛"，即愛惜自己的身體及名譽，不要自己作賤自己。相通的概念有自尊、自敬、自好、自重、自惜羽毛。(3)"自覺"，即自己主動去做自己認為應該做的事情，不要別人提醒。與該詞相關的有自律、慎獨及獨己。(4)"自分"，即自己估計自己的實力才去做，不可放肆。與"自分"相通的正面詞有自量、自知之明、量力而為等。相反的詞有：自專、自恣、自討没趣、自作聰明、自討苦吃等。

2. 憎惡自滿 中國語言中充滿了對自我滿足及自我讚許的偏見。憎惡自我的負面形容詞很多如：自誇、自滿、自盈、自傲、自大、自高、自恃、自命、自用、自詡、自許、自居、自矜、自封、自鳴、自得、自負、自吹、自擂、自伐、自我陶醉、自我感覺良好等等。唯一比較不帶負面意義的詞是自豪。

3. 崇尚自奮自發自强 中國人的自奮自發自強的概念相當複雜，至少包括五個附屬概念：(1) 一切從"自己"開始做起，主動去做；(2) 由"自己"自主做決定；(3) 自力地去做，不靠別人；(4) 不懈地去努力；(5) 向上改進自己。常用來描述這類概念的詞語包括：自主、自理、自奮、自彊、自新、自拔、自救、自告奮勇、自強不息、自力更生、自給自足、自動自發、自食其力等。個人必須主動地、不氣餒地為自己去奮鬥，個人的成敗得失乃是自己努力或不努力的結果。自屏、自餒、自作、自絶、自取、自苦、自縛、自誤、自作孽、自暴自棄、自作自受、自食其果等都是用來説明"自己"失敗原因的負面詞。

4. 强調道德修養的成就 與西方強調個人自我實現的成就動機不同的是：中國人強調將自我逐漸擴大成為包括"社會"的個人的道德修養過程。在此過程中，主要的工作是"去私"，將"小我"變為"大我"的內化過程。這方面的語詞如：犧牲小我，完成大我；推己及人；人飢己飢，己所不欲勿施於人；己欲立而立人，己欲達而達人；老吾老以及人之老，幼吾幼以及人之幼等。

因此，作者認為"可以肯定中國人的'集體主義'不屬於那種因與團體認同，而願意與其他團體成員的'己化過程'。"(摘自楊中芳，1991b)

受輔者：我的夢想世界或自殺……所以我不明白我幹嘛要浪費你的時間……一星期來兩次……我不值得這樣做的。你說呢？

治療師：這得看你……這不是浪費我的時間……無論什麼時候你來我都樂意看到你……更重要的是，你怎麼想……是否你不想一星期來兩次……或者你想一週來一次？這全由你決定。

受輔者：你該不是暗示我來得太頻繁了吧？還是覺得我應該天天來直到沒問題？

治療師：我相信你自己可以做決定。只要你想來，我都會見你。

受輔者：(聲音中有敬畏之意) 我想你沒被嚇倒，我可能為自己感到害怕……但你並不為我害怕。

治療師：你說你可能怕你自己……而且你奇怪為什麼我好像不為你感到害怕？

受輔者：你對我比我對自己來得有信心。我下星期會再來見你—也許。(Rogers, 1951, pp.46～47)

從這段晤談記錄中，可以看出羅杰斯在治療時所體現出的現象學方法的一般特徵。其主要特徵是：(1) 開放性：他對受輔者的經驗不僅聽而且認真對待，詳盡記錄。(2) 問好問題：他使自己提出的問題不僅顯示出對已知內容的掌握且洞悉其中的矛盾，從而使受輔者的經驗能更徹底地顯示其自身。(3) 描述事件的本來模樣，而不是按自己認為它們是怎樣的方法去描記。

二、內容分析

內容分析 (content analysis) 的目的是把用言語表示的非數量化資料轉換為用數量表示的資料。開始時，羅杰斯所使用的都是質的晤談記錄。但是，要決定治療的效果和標示自我口語表達的改變，那麼量的分析——一種更嚴謹、更科學的分析——便不可缺少，於是逐漸發展出對晤談資料的內容分析。也就是，對晤談內容的表現作客觀的、系統的和數量描述研究。例如在羅杰斯派的一項早期研究中，雷米 (Raimy, 1948) 為了考察他在治療過程中自我推論的改變方式，對晤談資料作了內容分析。他建立了六個自我推論 (正向的或認可的自我推論，負向的或不認可的自我推論，矛盾的自我推論等) 來分析有過 2 至 21 次晤談的 14 名受輔者的晤談資料。對每一次的晤談記錄都仔細進行檢查，對每位受輔者的自我推論都以上述六類進行分類。結果發現，受輔者開始接受治療時談話內容一般都作負向或矛盾的自我推論，而在結束治療時被判斷為有改善的受輔者對自己多數用正向詞語來作推論，那些沒有改善之受輔者仍作矛盾或負向的自我推論。這類結果在治療中是相當常見的。斯托勒 (Stoler, 1963) 用內容分析法對心理治療中受輔者的可愛性與治療成功的關係做過研究。他從 10 位錄音的受輔者中選出 20 段受輔者與治療師交談的二分鐘錄音片段，由 10 位評分者對受輔者的可愛或不可愛進行鑑定。在此之前，五位受輔者被認為是治療成功的，五位是不成功的。結果表明，受輔者的可愛性和治療結果的成功有關，並且可由治療互動的內容片段做出受輔者可愛性的可靠評分。

有人認為"內容分析已被證明是一種特別適合於研究心理治療的工具"(Marsden, 1971, p.392)。但也有研究顯示結論並不一致。例如，羅杰斯曾提出能接受自己的人也必然更能接受他人的論點，有些研究 (Seeman, 1949; Stock, 1949) 對治療的晤談資料做過內容分析，以考察正向推論自我的受輔者對他人是否也有類似的推論，但是得不出明確的結論。對於這個問題，其原因可能有二。一是晤談資料本身不可靠，因為受輔者的談話內容可能有扭曲，在此情況下，最好的研究方法也難以取得一致性的結論。二是在晤談資料可靠的前提下，如果研究者所建立的分類標準模稜兩可，含混不清，研究者之間掌握的分類標準不一致，也不可能得出一致性的結論。

三、評定量表法

評定量表法 (rating scale method) 也是羅杰斯派的研究者常用的一種研究方法。湯林森和哈特 (Tomlinson & Hart, 1962) 對過程量表所作的驗證研究是這類研究的一個例子。**過程量表** (process scale) 是評量治療晤談七個階段的量表。它分為七個縱向的子類別：(1) 感覺和個人意義；(2) 經驗；(3) 不一致性；(4) 自我溝通；(5) 經驗的解釋；(6) 與問題的關係；(7) 相關的方式。評定者記住每個子類別，然後以由一至七對受輔者晤談過程的水平作一個整體性評定。湯林森和哈特讓兩位有經驗的評定者檢視 10 個治療個案每一個的九段二分鐘的晤談摘要。對每個個案，治療系列之後有一段晤談，之前也有一段。每一位評分者都要評定 20 卷錄音帶。得出的結果是：(1) 兩位評分者之間信度較高 ($r = 0.60$)。(2) 過程量表能區分出較成功的和不成功的受輔者；較成功的受輔者在開始和結束時都有較高水平的過程。(3) 較成功的受輔者有較大的過程變化。

四、Q 分類法

在 20 世紀 50 年代初，當史蒂文森 (Stephenson, 1953) 倡導用 Q 分類法作為自比性研究 (即對單個被試的前後測驗結果作相關分析) 或兩個被試測驗結果之間作相關分析研究之用時，羅杰斯及其同事很快便意識到這種方法特別適合於自我概念的研究，於是很快就發展出一種由史蒂文森方法改造而成的 Q 分類法。

Q 分類法 (Q-sort) 是一種自我評定測驗的實施方式，要求被試將載有描述自我特徵的一系列卡片，根據卡片中所述最符合本人的程度，按等級分為事先定有分類的若干類之中；然後研究者按照被試分類的結果進行分析，以了解其自我的特徵。使用 Q 分類法研究個體行為改變情形者，稱為 **Q 技術** (Q technique)。每張卡片上載有描述自我特徵的一個語句，如“我是一個快樂的人”、“我常感到害怕”、“我通常會先想到我自己”、“我常因憤懣招致麻煩”、“我喜歡人際交往”等等。這些語句是從個人中心治療的大量談話錄音中選出患者對自我體驗的代表性陳述。這種卡片一般較多，通常在 60～140 張之間，多數研究採用 100 張。要求被試讀每張卡片上的句子考慮是否與自己相同，然後將它們分放到從“正是我的特徵”到“一點也不像是我的特徵”的九個等級上；在分配這些卡片時還要求被試按正態分布的原則確定各等級上應分到的卡片數目，即中間等級分到的卡片最多，兩端的等級分到的卡片最少，如圖 11-1 所示。要求被試按正態分布分配卡片的目的是既可以防止被試的**反應心向** (或**反應定勢**) (response set)，也有助於資料的處理。

自我和理想自我之間的比較常運用 Q 分類法。例如，在巴特勒和海伊 (Butler & Haigh, 1954) 的研究中，研究者們設想，受輔者在治療前對自己是不滿意的，經過成功的治療之後，不滿意的程度會降低。他們選擇 24 名在芝加哥大學諮詢中心治療的受輔者和 16 名成年人的控制組，兩組在性別、年齡、社會經濟地位和文化程度等方面大致相當。實驗組在治療前、治療結束時、與治療結束後六個月和一年後的某個時刻都作 Q 分類。控制

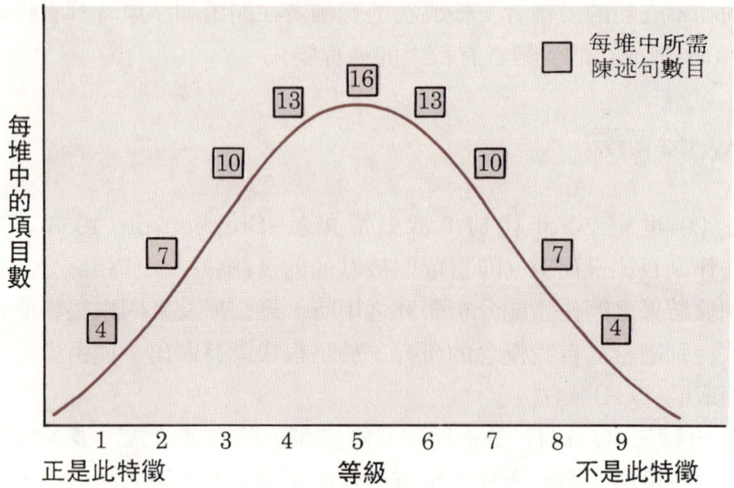

圖 11-1 對自我陳述的一種强迫性 Q 分類

(採自 Phares, 1991)

組未接受治療，但在類似的時間也作 Q 分類。被分類的卡片共 100 張，要求被試對每張卡片上的陳述句如“我是一個衝動的人”或“我是可愛的”都做兩種分類；現實自我的分類 (即當時他們如何看自己) 和理想自我的分類 (即他們希望自己將是什麼樣)。再對自我的分類堆數與理想自我的分類堆數求相關。結果如表 11-1 所示。

表 11-1 理想自我和自我的平均相關

	治療前	治療後	6 個月～1 年後
實驗組	−0.10	0.34	0.34
控制組	0.58	——	0.59

(採自 Butler & Haigh, 1954)

從表 11-1 可見，控制組的自我與理想自我在開始時就有較高的相關，這種相關並未隨時間而變化，而實驗組的自我理想與自我間的相關則顯著增加。這種改善在六個月到一年後仍繼續維持。羅杰斯 (Rogers, 1954) 也曾報告過類似的研究結果：受輔者在治療前自我與理想自我的相關為 0.36；第七個療程後為 0.39；第 25 個療程後為 0.41；治療結束時為 0.61；治療後的 12 個月為 0.79，表明隨著治療的進程，受輔者的自我概念逐漸趨近理想自我，這種傾向在治療後仍保持著。

蘇薌雨和楊國樞 (1964) 用 Q 分類法比較少年罪犯 (36 名) 與正常兒童 (36 名) 在真實自我與理想自我及家庭期望自我之間的諧合度的差異。結果發現少年罪犯在這三項自我之間的諧合度上都比正常少年來得低。

Q 分類法的項目可以根據一定的理論來設計，用來探討個人的主觀經驗，因而受到不少人格理論家的讚許。但是 Q 分類法也有一些缺點：

1. 它是一種自比性研究，難免會引起被試的防衛反應。巴特勒和海伊在上述研究中就發現，有些被試做了防衛性分類，使得理想自我與自我間的矛盾較實際的少，因而影響了研究的效度。

2. 它運用強迫性分配方式，容易引起被試的反感；要求被試檢視 100 張或 100 張以上的卡片，也容易影響被試的注意集中和合作精神。

五、語意分析法

語意分析法 (method of semantic differential) 是運用語意區分量尺來研究事物意義的一種方法，最早由奧斯古德等人 (Osgood, Suci, & Tannenbaum, 1957) 所創造。這種方法以紙筆形式進行，要求被試在若干個七點等級的語意量尺上對某一事物或概念 (如玩具、班級) 進行評價，以了解該事物或概念在各評量維度上的意義和強度。一個量尺等級序列的兩個端點通常是意義相反的形容詞，例如，聰明的—愚笨的，健壯的—衰弱的，吵鬧的—安靜的，等等。

語意分析法在探討現象學的經驗方面具有明顯的優勢並且又能進行量化的客觀測量，因而已被廣泛地應用於對自我 (包括真實自我、理想自我、家庭自我、學校自我等) 的研究。表 11-2 顯示的是對真實自我評量的指導語和一組量尺。

雖然可以從許多不同方面來分析自我，例如好的—壞的、健壯的—衰弱的、平靜的—激動的、誠實的—虛偽的、等等，但對大量研究數據的因素分析結果都較一致的表明，從上述衆多方面可以抽取出三個因素。它們可以解釋全部變異量的絕大部分，而可析出的剩餘因素則對整個變異影響甚微。這

表 11-2　語意分析法的使用

下面列舉一些情況，請你根據自己的意見來評定。例如請你在一個七級的量尺上評定“我的班級”，量尺的一端是“溫暖”，另一端是“冷漠”，中間分為七個等級。如果你覺得“我的班級”是“十分溫暖”或是“十分冷漠”的，就請在 a 或 g 格上畫一個✓；如果你覺得“我的班級”是“相當溫暖”或“相當冷漠”的，就請在 b 或 f 格上畫個✓；如果你覺得“我的班級”是“稍微有點溫暖”或“稍微有點冷漠”的，就請在 c 或 e 格上畫個✓；如果你覺得“我的班級”是“既不溫暖也不冷漠”，就請在 d 格上面畫個✓。同時請你注意：

1. 每一個量尺上只能畫一個✓。
2. 每一個量尺上都要畫一個✓，不要空著。
3. 評定時請按照你現在的想法，不要作太多的考慮。

現在請你評定現實的我。

現　實　的　我

樂觀	a	b	c	d	e	f	g	悲觀
協調	a	b	c	d	e	f	g	不協調
安定	a	b	c	d	e	f	g	焦躁
堅定	a	b	c	d	e	f	g	動搖
合群	a	b	c	d	e	f	g	孤僻
強壯	a	b	c	d	e	f	g	衰弱
充實	a	b	c	d	e	f	g	空虛
勤勉	a	b	c	d	e	f	g	懶惰
有力	a	b	c	d	e	f	g	無力
光明	a	b	c	d	e	f	g	陰暗

(採自黃希庭、徐鳳姝，1988)

三個一般因素是**評價** (evaluation) (如美麗的—醜陋的，好的—壞的等)、**潛能** (potency) (如有力的—無力的，強的—弱的等) 和**活動** (activity) (如快的—慢的、年輕的—衰老的等)。因此，我們可以根據研究的需要，從上述三個因素中設計量尺來分析自我的各個方面。

用語意分析法來研究自我，設計簡單、操作方便。這方面國內也有一些研究。例如，賈馥茗 (1968) 用語意分析法來測量大學生自知程度與大學生活適應的關係。結果發現大學生對自己的行為及興趣的自知度皆高；對自己的能力和自知程度則皆低；有自知之明者，在社會適應上較好。不過語意分析法也像 Q 分類法一樣，在量尺的設計上和被試對它們評量的選擇上都可能會產生扭曲現象。這是對個人經驗做相關研究時經常遇到的難題。

六、實驗研究

自我是羅杰斯人格理論的中心概念。自我以及由自我衍生出來的概念也可以在實驗室中研究，即操縱一些變量，然後觀察對自我的影響。羅杰斯認為，有機體所採取的行為方式，大多能保持自我概念的一致性。為此，阿倫森和米迪 (Aronson & Mettee, 1968) 曾做過一個實驗。他們假設如果一個人接受到會降低其自尊感的訊息，就更容易表現出不為人們歡迎的行為。反之，一個人如果接受到會提高其自尊感的訊息，就會表現出比他從前更為出色的行為。為此研究者安排了如下的實驗。被試是 45 名女大學生，告訴她們所進行的實驗是涉及人格測驗分數和超感官知覺間的關係研究。人格測驗分數用加利福尼亞人格調查表中的自尊量表進行評估，超感官知覺能力通過一種賭博式遊戲的輸贏來確定。先做人格測驗，然後給被試以不同的關於她們人格的反饋訊息 (即：好的、不好的和中性的)。在做遊戲時，置被試於兩難處境：要麼做出某種不誠實的舉動而獲勝，要麼不欺騙而失敗。但在當時的情境下需讓被試確信她的欺騙行為是不可能被識破的。實驗結果如表 11-3 所示。表中低自尊組、中自尊組和高自尊組分別是接受不好的、中性的和好的人格訊息反饋的被試組。有欺騙行為的人是指在遊戲中至少作弊

表 11-3　自尊感與欺騙行爲的實驗結果

反饋條件	有欺騙行爲	沒有欺騙行爲
低自尊感組	13 (人)	2 (人)
中自尊感組	9 (人)	6 (人)
高自尊感組	6 (人)	9 (人)

(採自 Aronson & Mettee, 1968)

一次者。結果表明，一個人是否有欺騙行為受他所接受到的關於自尊感的反饋訊息的性質影響。接受貶低評價的人比接受恭維評價的人更易於做出欺騙行為。這一結果暗示，人們的行為方式與其自我評價是相一致的。

張春興、簡茂發 (1969) 曾做過一個實驗，探測一組大學生在得到有關自己的能力、人格狀況的反饋情況下，他們的學業與另一控制組 (完全不知道自己的心理狀況者) 之間的差異。結果發現這種對自己認識的反饋與其自身的能力呈交互作用。實驗組中能力強者，在知道自己的能力資料後，學業成績比控制組的能力強者高，能力中等者，資料反饋令他們成績變壞；而能力低者，資料反饋對他們學業成績没有影響。此外，人格資料的反饋對學業成績無影響。

麥克法林和布拉斯科維奇 (McFarlin & Blascovich, 1981) 認為，個人長期的自尊水平是源於以往成功和失敗的許多經驗。這些經驗累積使得在實驗室的一次成功或失敗的孤立事件對其長期性的自尊水平很少有影響。因此，他們根據自尊水平分別為高、中、低三種程度，選取三組女性被試。在一個字謎作業上，每一組的三分之一表現失敗，另三分之一則成功，剩下的三分之一則不知自己做得如何。結果是，當被試在獲得和其長期性的自尊水平不一致的操作反饋時，並未受到影響。例如，高自尊水平的被試不會只因在作業上的失敗，便降低其自尊水平。

第二節　存在-人本人格論的研究

一、馬斯洛人本人格論的研究

馬斯洛是人本心理學的代言人。他在攻讀博士學位期間曾經對猴子做過觀察研究，並熟悉實驗法研究。但是他認為僅僅依賴實驗室的元素分析是不能解決人格問題的，從而轉向採用整體分析法。他同意奥爾波特的觀點，認為就人格而論，特殊規律研究比一般規律研究更重要。他提出，心理學研究應當以問題為中心，而不是以方法為中心。他指責一些心理學家受“安全需求”的支配進行研究工作，他們願遵循傳統的方法對瑣細問題進行實驗，不敢涉及更重要的人格和道德領域。他完全放棄了實驗法，對需求的層次性、自我實現和高峰經驗進行描述性研究。

(一) 需求層次性

馬斯洛提出人類的五種基本需求由低級向高級按層次結構排列。這只是他根據日常生活經驗所提出的假設，並無任何實證資料作依據。

格雷厄姆和鮑拉恩 (Graham & Balloun, 1973) 的研究曾對需求層次性做過實證檢驗。他們根據馬斯洛的兩項假設：(1) 任一需求的滿足程度和滿足該需求的欲望呈負相關；(2) 成對比較層次上的需求，低層次需求的滿足程度要大於高層次需求的滿足程度。首先他們根據年齡、性別、經濟狀況和文化水平等因素，以分層取樣法選擇出 37 名被試作為代表總體的樣本。然後讓訓練有素的晤談者到每一位被試家中，與他們談話，用兩種步驟收集資料以便驗證上述假設。第一步，先請被試講述對他們來說生活中最重要的事情是什麼；再讓幾位心理學研究生根據生理、安全、社交 (歸屬和愛) 和自我實現四種需求分別對每位被試進行五級評定，每種需求給出一個評定等級。如某被試說：“我覺得一生中最迫切的要求是自我成長和完善”，被評為高自我實現欲望；“我認為錢、住宅、食物、服飾和汽車是最重要的”，被評為高安全需求。第二步，再請被試按這四種需求就自己現實已滿足的程度和渴望滿足的程度對自己進行等級評定。從滿足得很好到滿足得很差分為五等。渴望得到滿足的評定有四個等級，從不希望到很希望。

先檢驗第一個假設，在處理結果時對實驗第二步所獲得的兩種評定等級求相關，即被試自評的需求的滿足程度和需求的欲求程度求相關，如表 11-4 所示，高負相關係數呈對角線排列，驗證了第一個假設。

驗證第二個假設時，將實驗第一步中幾位研究生評定的原始分數按每種需求各自相加，再求出樣本平均等級，見表 11-5。等級值越低表示被試越關心這種需求，而越關心某種需求表明該需求越未得到滿足。表 11-5 中的平均等級值證實了第二個假設。再以實驗第二步中被試自己報告的需求已滿足程度為指標，檢驗該假設，結論基本一致，見表 11-5 右邊一欄為被試自評等級的平均數。這裏，社交需求的滿足程度大於安全需要的滿足程度和假設不相符合。

表 11-4　四種需求滿足程度和欲求程度的積矩相關

需求的滿　足	需　求　的　欲　求			
	生理	安全	社交	自我實現
生　　理	−.57	−.21	−.24	−.20
安　　全	−.40	−.66	−.25	−.11
社　　交	−.22	−.27	−.72	−.18
自我實現	−.09	−.04	−.17	−.42

(採自 Graham & Balloun, 1973)

表 11-5　會晤資料和滿足程度等級評定的平均數

需　　求	平　　均　　數	
	會晤資料	滿足程度
生　　理	14.23	4.14
安　　全	12.69	3.35
社　　交	9.09	3.73
自我實現	7.20	3.00

(採自 Graham & Balloun, 1973)

黃希庭、張進輔和張蜀林 (1988) 對中國大陸大學生廣泛調查的基礎上所編製的大學生需要問卷，包括生理需要、安全需要、交往需要、尊重需要和貢獻需要等幾大類共18項。而馬斯洛的需求層次論則完全忽視了人類有利他、利群的需求，把個人的自我實現提高到價值層次的頂點。顯然，這個理論是有缺陷的。它反映了美國社會的價值觀念，為個人主義提供心理學上的支持。

(二) 自我實現

對於自我實現的概念，馬斯洛做過研究。他選擇了 49 位他自己認識的一些人，以及一些著名人士和歷史人物。他選擇這些人的標準是"似乎在竭盡所能，使自己趨於完美"(許金聲等譯，1987，176 頁)。這種選擇標準很有彈性，完全缺乏信度。所選擇的人物包括如下三類：(1) 12 名"很可能的實現者"；(2) 10 名"部分的實現者"；(3) 26 名"潛在的或可能的"實現者。他把自己收集有關自我實現者的資料的方法比喻為對一些朋友或熟人整體印象的逐漸形成過程。經由這些資料來源，列出了 15 種他認為是自我實現者的人格特徵 (見表 10-1)。其實，所謂自我實現就是指一個人追求的人生境界。不同的價值觀念有不同的人生追求。關於人生境界早在殷周時期，我國儒家重要經典之一《周易》中就有所描述 (參見補充討論 11-2)。馬斯洛在 1970 年所完成的這個研究，充滿了方法學上的缺點，引起了人們的大量批評。

雖然馬斯洛的研究充滿了方法學上的缺點，但他關於自我實現者的特徵卻常被引用。為了測量個人自我實現的程度，肖斯特朗 (Shostrom, 1965, 1966) 設計了一個客觀測驗，稱為**個人取向量表** (Personal Orientation Inventory，簡稱 POI)。該量表是由 150 對由相反性質的句子組成的紙筆人格測驗。要求被試從每一對句子中選擇一個最符合他的敘述。例如有這樣兩對句子：

Ⅰ. a. 我覺得生活中需要遵循社會標準和規範。
　　b. 生活中，我不覺得總是需要按照社會標準和規範行事。
Ⅱ. a. 一個人最好是獨自爲之，不與他人爲伍。
　　b. 一個人最好是大衆化。(Shostrom, 1965)

該量表包括 12 個分量表：時間能力、內在導向、自我實現價值、存在感、感覺反應、自發性、自我注重、自我接受、人的本質、合力性、攻擊性的接受、親密接觸能力。測驗的評分有許多方法。前兩個分量表 (時間能力和內在導向) 是測驗的主要分數。後 10 個分量表是互補的次級分數。現在已有許多研究討論過個人取向量表的心理測驗特性和建構效度 (Maddi, 1989)。吳麗娟 (1987) 曾用個人取向量表中的自我注重和自我接受兩個分

補充討論 11-2

《周易》中的理想人格

《周易》亦稱《易經》，簡稱《易》；儒家重要經典之一；相傳係周人所作；內容包括《經》和《傳》兩個部分。《經》主要是六十四卦和三百八十四爻，卦和爻各有說明 (卦辭、爻辭)，作為占卜之用。《傳》包含解釋卦辭和爻辭的七種文辭共十篇，統稱《十翼》，相傳為孔子所撰；但一般認為它是戰國或秦漢時期的儒家作品，並非出自一時一人之手。每一種文化都在塑造著它所崇尚的人格特徵。《周易》為人們設計了一種儒家的理想人格模式。據燕國材 (1994) 的研究可以概括為如下 18 項人格特徵：

1. 天人合一的主客觀念　《周易》要求人們既善於效法天地 (即掌握客觀規律)，又善於發揮主觀動能性，保持主體與客體的統一。

2. 奮發有爲的積極態度　《周易》要求人們時刻奮發、不懈努力、謹慎小心、不休不止地致力於事業的完成；即“君子終日乾乾，夕惕若，厲無咎”〈乾卦・九三〉。

3. 自强不息的進取精神　即“天行健，君子自强不息”〈乾卦・象上〉。

4. 仁義禮智的完整道德　效法天的元、亨、利、貞四種特性，每個人都應當具備仁、義、禮、智四種德行。正如〈乾卦・文言〉所云：“元者，善之長也；亨者，嘉之會也；利者，義之和也；貞者，事之干也。君子體仁，足以長人；嘉會，足以合禮；利物，足以和義；貞固，足以干事。君子行此四者，故曰，乾：元，亨，利，貞”。

5. 謙虛遜讓的美好德行　謙遜並非消極的退讓，而是積極有為；謙讓並非優柔寡斷，更非自卑、畏怯、虛偽。(主要見〈謙卦〉、〈巽卦〉)

6. 誠信不欺的正直精神　待人接物要真實，不虛偽；要相互信任，不爾虞我詐；要盡其在我，剛正無私。(主要見〈無妄卦〉、〈中孚卦〉)

7. 不怕困難的堅强意志　遇到困難或危險時，應奮不顧身，勇敢排除困難；但有時應等待時機，不可輕率冒險。如果必須冒險犯難，應團結衆人，增強力量，爭取轉危為安。在徹底消除困難時必須把握中庸正直原則。(主要見〈蹇卦〉、〈解卦〉)

8. 自我節制的調控能力　善於自我節制，則萬事亨通，工作順遂；但是節制不可過度，否則會使自己吃虧受苦，即所謂“節，亨。苦節不可貞”〈節卦〉。主張“安節”和“甘節”，使節制順其自然，無過又無不及，從而有所作為，事事成功。

9. 持之以恆的堅持精神　做任何事，只要持之以恆，堅持到底，就能萬事亨通，無往不利。即“恆、亨、無咎、利貞、利有攸往”。如果缺乏恆心，則不能成就大事。但堅持必須適可而止，不可趨於極端，超越常規，否則適得其反。(主要見〈恆卦〉)

10. 與人和樂的積極情感　要正確地對待和樂；和樂易於沈溺，必須高瞻遠矚，居安思危；和樂應是衆樂，方可獲得幸福，達到安和樂利的目標。(主要見〈豫卦〉、〈隨卦〉)

11. 與人和同的待人態度　破除私見，重視大同，不計較小異；大公無私，以道義為基礎，於異中求同，積極地廣泛與人和同。(主要見〈同人卦〉)

12. 光明磊落的寬廣胸懷　《周易》中不少卦、爻都要求人們光明磊落，胸懷坦白，精誠團結，開創新局面。

13. 認真負責的工作態度　要小心翼翼地去踐履，認真負責地工作，有始有終，盡善盡美。(主要見〈履卦〉)

14. 剛柔並濟的處事方法　《周易》要求人們效法天地，陰陽協調。在處事上，應剛柔並濟，外圓內方。(主要見〈乾卦〉、〈坤卦〉)

15. 對待成敗的正確態度　要勝不驕，敗不餒。(主要見〈既濟卦〉、〈未濟卦〉)

16. 趨時守中的處世原則　《周易》十分強調物極必反，要求人們作任何事都必須留有餘地，適可而止。既要趨時，又要守中。

17. 革新創造的變革精神　當出現腐敗跡象時，必須採取變革的非常行動；變革成功後，仍要不斷革新，不斷創造，以適應並推進新的生活。(主要見〈革卦〉)

18. 特立獨行的完美人格　《周易》中的許多卦、爻都要人們特立獨行，擇善固執；堅持原則，不同流合污；為所當為，不盲從附合。

《周易》中所提出的理想人格特徵在先秦儒家的思想中也有體現。按孔子的言論來看，教育的目的是培養“修己治人”、“修己安人”的君子，即塑造出仁智統一的理想人格。關於孔子的人格，〈孟子・公孫丑上〉中記載有子貢的評價：“學而不厭，智也；教不倦，仁也。仁且智，夫子既聖矣”。西漢初年，儒家大師董仲舒 (約公元前 176～前 104) 繼承了這一傳統，對仁智統一的理想人格作了進一步的闡述，說一個人沒有仁只有智，就猶如“狂而操利兵(好兵器)”，做出壞事來；同樣，沒有智只有仁，也會如“迷而乘良馬”，達不到目的 (見〈春秋繁露・必仁且智〉)。總之，仁與智的統一是儒家崇尚的理想人格，也是對上述《周易》理想人格的 18 個特徵的高度概括。由此也可以看出中國人的傳統觀念、人生境界與西方鼓吹的自我實現的人格特徵是有相當大的差異的。

量表，施測於已接受八週左右**理情教育治療(或理情治療法)** (rational emotive therapy，簡稱 RET) 的大學生，看看他們是否在治療後有較多地應用理性思考，焦慮減低，並且對自己的接受程度升高。結果發現並沒有任何改變。這與她 (吳麗娟，1986) 用自尊量表來測量中學生在六週的理情教育課後，是否在自尊上有所改變所得的結果很相似。這表明上述兩個分量表有一定的信度和效度。

雖說個人取向量表是很有前途的。但是人們懷疑以平均側面圖為基準的標準化測驗來測量自我實現 (即個人獨特諸潛能之充分發揮) 是否合適？用心理測驗或平均法來研究現象學的人格概念是否合適 (Phares, 1991)。

(三) 高峰經驗

馬斯洛把人們達到自我實現時的片刻體驗稱為**高峰經驗** (peak experience)。高峰經驗的特點是幸福感和成就感，它是一種暫時的、無奮爭的、非自我中心的完善和達到目標的狀態。高峰經驗有不同的強度，包括各種不同類型的活動，如創造活動，欣賞自然，對藝術的感受，參加體育運動，與友人的親密關係，做父母的經歷等。為了解高峰經驗的意義，馬斯洛曾要求 120 名大學生按照下面的指導語寫下他們的反應：

> 我希望你們想一想在生活中最奇妙的經驗；最快樂的時刻，狂喜的時刻，全神貫注的時刻，可能是因爲談戀愛，或欣賞音樂，或突然被一本書或一幅畫所打動，或由於一些偉大的創作時刻。首先，把這些記下，然後嘗試著告訴我在這個敏感的時刻你的感覺怎樣，和你在其他時刻感受到的方式是如何的不同，在這個時刻你在那些方面是如何不同的一個人。(對其他被試則問這個世界看起來是怎樣的不同) (Maslow, 1962, p.67)

然後，馬斯洛對大學生們的反應進行了概括。大學生們談到的高峰經驗的認知有下列一些特徵：完整性，完美性，活力，獨特性，自發性，自足性以及真、善、美的價值。其中的一例是：

> 在高峰經驗的情緒反應中有一種奇妙的、敬畏的、虔誠的、謙遜的特別滋味，並且像臣服於某些偉大事物那樣臣服於這種經驗之前。(Maslow, 1962, p.82)

他這種研究是完全對現象開放的且完全相信經驗的。

二、存在主義的研究

存在主義的研究 (existential research) 強調的不是任何傳統意義上的研究、實驗或調查，而是經驗的描述——立即性經驗的現象學分析。不要任何科學理論，也不推演出可在實驗室驗證的假設。卡姆 (van Kaam, 1966) 所做的研究可以説明這種研究的特點。他要求一些高中生和大學生回憶他們經驗到“被了解”的情境，以及在此情境中他們的感覺怎樣。在收集到這些敘述後，研究者在心中以下列問題來進行考察：

1. 這個被試所做的具體、生動、有系統且確切的描述，是否包含了可能作爲真正感到被了解的充分必要成分的瞬息間經驗？
2. 如果是，是否有可能抽取出這一瞬息間的經驗，並簡短、確實地標明這個抽象概念，而不違反被試的陳述？(van Kaam, 1966, p.323.)

將不符合這些標準的敘述去掉。以這樣的方法，研究者找出了真正感覺到被了解的經驗的元素，如表 11-6 所示。

表 11-6　被了解的成分

成　　分	表達該成分的學生百分率
1. 從某人那裏知覺到被了解的信號。	87
2. 知覺到某人和被試對事情意義具有共同的經驗。	91
3. 知覺到某人接受被試者。	86
4. 感到滿足。	99
5. 開始感到輕鬆。	93
6. 由經驗到的孤單中開始感到輕鬆。	89
7. 在這個能了解人的關係中感到安全。	91
8. 從這個了解的人身上感到安全的共享。	86
9. 知覺到此人的出現，感到安全經驗的共享。	64

(採自　van Kaam, 1966)

顯然，這類研究存在著很大的問題，主要是：每個評量者在他們對被試經驗的理解和分類上是否一致？是否經得起實際的檢驗？

從存在主義觀點來看，現代社會的普遍感覺是生命無意義、疏離感和缺少正常性；於是有許多量表被設計成用來測量這些觀念。不過，大部分這類測驗都得不出明確的結論，而甚無進展。例如，為測量弗蘭科 (Viktor Frankl, 1905～) 存在真空概念而設計的**生命目的測驗** (Purpose in Life Test) (Crumbaugh & Maholic, 1964)；**存在研究** (Existential Study) (Thorne, 1973) 以及**疏離感測驗** (Alienation Test) (Maddi, Kabasa, & Hoover, 1979) 等。

三、凱利的個人構念研究

凱利對個人構念研究最出色的工作是他對個人構念測量的設計。為了評定個人構念系統，他設計了**角色構念庫測驗** (Role Construct Repertory Test，或稱 Rep Test)。測驗時，受輔者或被試要按照測驗的要求填寫如圖 11-2 所示的模板或表格。沿著表格的頂端有 22 個空格，受輔者或被試應按順序編號填寫上他或她的姓名及其熟悉者的姓名。這些人是：

1. 被試 (或受輔者) 本人的姓名。
2. 母親的姓名 (或繼母的姓名)。
3. 父親的姓名 (或繼父的姓名)。
4. 年齡最接近的兄或弟的姓名 (無兄弟者填寫類似兄弟的男孩姓名)。
5. 年齡最接近的姐或妹的姓名 (無姐妹者填寫類似姐妹的女孩姓名)。
6. 妻子或丈夫的姓名 (如果未婚，填寫最接近的異性朋友的姓名)。
7. 最接近的異性朋友的姓名 (較第 6 項中關係更次一級的異性朋友)。
8. 最接近的同性朋友的姓名。
9. 原為接近的朋友現已不是朋友的姓名。
10. 一位宗教上司 (神父、牧師、猶太教士，……)，你可與他述說宗教情感者。
11. 你的醫生。
12. 你最好的鄰居。

13. 你現在覺得不喜歡你的人。
14. 你對其感到內疚，總想幫助的人。
15. 與之相處使你覺得不自在、不舒服的人。
16. 一位新相識的而你願意與他增進了解的人。
17. 你 10 歲時對你影響最大的一位教師。
18. 與你最大分歧的一位教師。
19. 與之相處使你感到緊張的一位上司或雇員。
20. 你個人所認識最有成就的人。
21. 你個人所認識最幸福的人。
22. 你個人所認識道德品質最高尚的人。

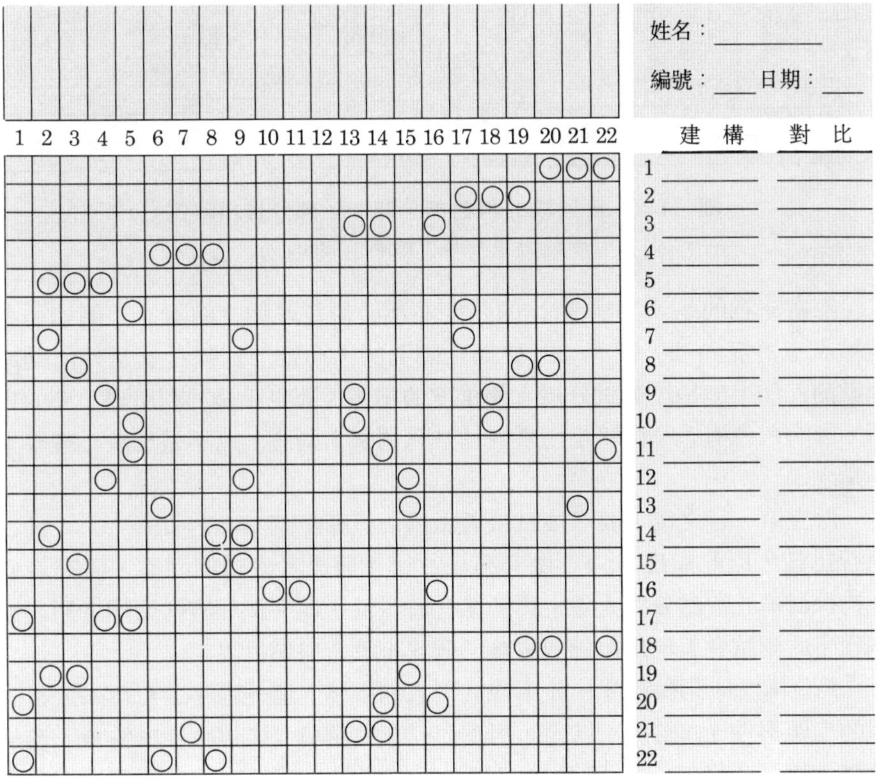

圖 11-2　角色構念庫測驗圖例

(採自 Kelly, 1955)

在表格的每一行上，評定者要畫出三個圓圈。例如，在第一行中，評定者畫出的三個圓圈分別為 20 號、21 號和 23 號。讓被試或受輔者考慮這三個人，並指出兩個彼此最像而與第三個不同的人，並在代表他們的圓圈內畫×。如圖 11-3 第一行所示，這位被試認為 20 號與 22 號最為相像。然後測驗者問被試："在什麼方面 20 號與 22 號最為相像，而與 21 號不相同呢？"在這個例子中，被試認為 20 號與 22 號都是高度主動的。這一描述稱為他的建構。接下來又問他："在什麼方面 21 號不同於 20 號和 22 號呢？"被試的回答是懶惰。這一描述被稱為他的對比。因此，對這位被試來說，高度主動-懶惰是他用於分析其人際世界的一種個人構念。

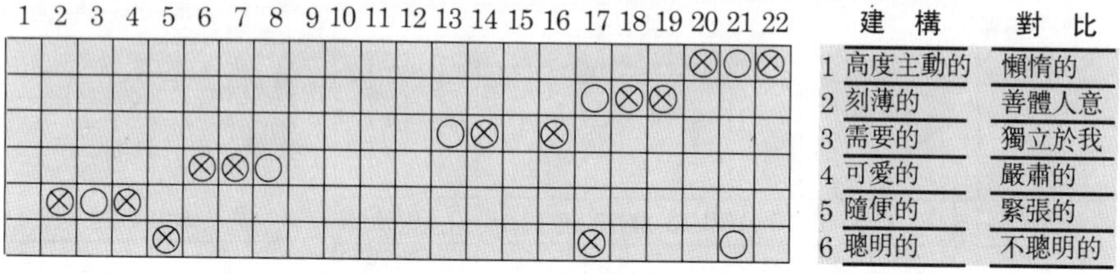
1 2 3 4 5 6 7 8 9 10 11 12 13 14 15 16 17 18 19 20 21 22
建構
對比
1 高度主動的
懶惰的
2 刻薄的
善體人意
3 需要的
獨立於我
4 可愛的
嚴肅的
5 隨便的
緊張的
6 聰明的
不聰明的

圖 11-3 已完成的角色構念庫測驗部分資料舉例

(採自何瑾、馮增俊譯，1986)

應當注意的是，建構-對比的匹配並不必須是邏輯上的對立。例如，上述被試也許認為 20 號與 22 號都是聰明的，而把 21 號看成是外向的或幽默的。如果這是該被試分析人格維度的兩極，那也正是凱利所要了解的東西，因為角色構念庫測驗是用來評估被試的個人構念，而不是反映心理學家的構念。

做完第一行之後，要求被試接著做第二行對標號為 17、18、19 中的人進行比較，以此類推，一直做完第 22 行。通過考察整個回答，研究者便能夠探討構成被試分析人際世界的某些特徵性主題。例如有些受輔者通過整個程序的測試會表現出以權威主義的眼光來看待整個世界。

角色構念庫測驗程序，並不限於對人的解釋。這一程序還可用來分析一組的三個事件 (如購房，結婚，升學) 或三種環境 (如初次外出約會，參加考試，遇見一條蛇)。一旦列出三個一組的清單，就可以用來測量被試的構念系統。這一技術，無論對於研究人的構念或是心理諮詢，都是有價值的。

四、自我圖式的研究

從訊息處理論的觀點來看，**自我圖式**被假定為影響個體對有關自我信息的編碼、儲存和提取的認知結構。因此，為這種假設結構提供實驗依據是當前這一領域的主要研究傾向。

如果自我圖式具有引導與自我相關信息的處理功能，那麼個人對與自我圖式相一致的詞彙比不一致的詞彙就更容易回憶。在布呂什等人 (Bruch, Kaflowitz & Berger, 1988) 的一項研究中，他們把大學生分為“圖式組”和“非圖式組”。前者為具有贊同一系列肯定自我評量項目傾向者，後者則不是。他們做了一個實驗室的回憶作業。稍後出其不意地要求他們回憶該作業的內容。結果是，圖式組在回憶階段比非圖式組回憶出較多“肯定的”形容詞。在這項研究的第二部分，要求兩組被試決定在一個衝突情境中，他人提出的某個要求是否合理。研究者已事先安排好他人的要求分別為高度、低度或中度三種正當要求。結果如圖 11-4 所示，在高度和低度正當要求的情

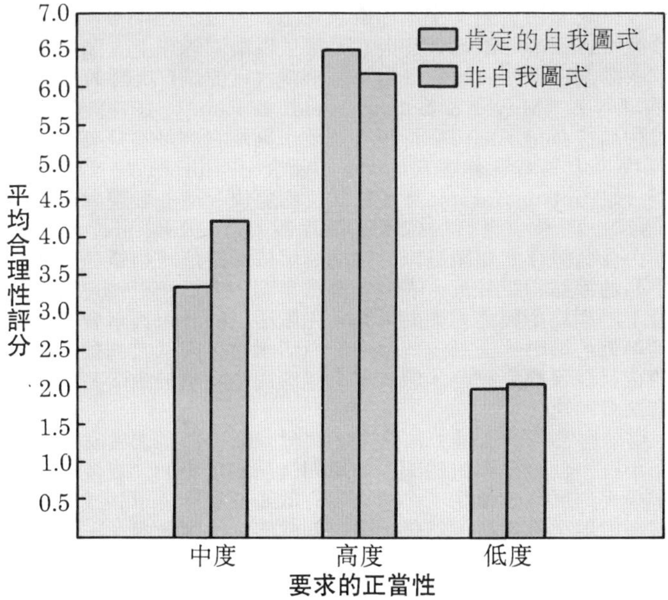

圖 11-4　正當程度與合理性判斷

(採自 Bruch, Kaflowitz & Berger, 1988)

補充討論 11-3

斯特魯普測驗與啟動實驗

斯特魯普測驗 (Stroop Test) 由斯特魯普 (Stroop, 1935) 發現的顏色詞的干擾效應，是一種用來研究讀字和命名認知過程的方法。這個測驗包括一系列顏色詞 (紅、綠、藍等)，但詞義與書寫該詞的顏色不相匹配。例如，“紅”字用綠色寫，“黃”字用紅色寫等等。當要求成年被試說出字的顏色時，他們都難以排除字義的干擾而單獨注意所寫字的顏色。但以小學一年級學生做實驗時卻未發現這種干擾現象。這種現象稱為**斯特魯普效應** (Stroop effect)。用信息加工的觀點來看，字義對成人被試說出寫該字所用顏色的干擾作用，是因為所呈現的刺激包含著兩種信息，而成人對這兩種信息的處理是不同的。例如，用綠色寫的“紅”字，既包含該字字義所表述的顏色，又包含寫該字所用的顏色。當這兩種信息同時輸入時，想只對其中一種信息處理而不對另一種處理便很難做到。由於對字的處理容易，先形成對字用語言反應的準備，但又不許作這種反應，只能在對字作語言反應的準備狀態中對顏色進行處理。因此，兩者發生競爭，導致字義對說出顏色名稱的干擾。在同樣條件下，如果要求被試唸出那個“紅”字來，就比較容易。這是因為對字加工快，很快就形成對字作語言反應的準備，並可以立即執行。這時對顏色的加工還沒有完成，因此不會對唸字產生干擾。兒童由於對文字不如成人熟悉，所以上述干擾現象也不明顯。

啟動效應 (priming effect) 是指當連續呈現兩個聯想上有關的字詞時，第一個字詞 (啟動詞) 所提供的背景對第二個詞 (目標詞) 反應的促進作用。這種現象是邁耶等人 (Meyer & Schvaneveldt & Ruddy, 1974) 首先發現的。他們在實驗中給被試呈現兩個字母串，並要求判斷它們是不是英文詞。結果發現，當兩個字母串為有意義聯繫的詞 (如 doctor-nurse) 時，比它們為兩個無關聯的詞 (如 butter-nurse) 時，被試反應更快。這一發現激起了大量的研究。按照認知心理學中流行的**擴散激活理論** (spreading activation model) 解釋，人腦中長期儲存的知識是以一定的關係按網絡形式組織的。網絡中表徵有關聯的字詞的節點相距較近，表徵無關聯字詞的節點相距較遠。在啟動字詞的直接影響下，網絡中與之相應的節點首先激活，同時，興奮會沿網絡通路自動地擴散到鄰近的節點，提高這些節點的激活水平，降低它們被接通的閾值。因此，當隨後呈現目標字詞時，假若與之相應的節點位於激活區域內，則對目標字的反應便會加速。

研究啟動效應常用的三種方法是：①詞彙判斷，即要求被試判斷一個特殊的字母串是不是一個合乎詞法的詞，如果對這個字母串的判斷使得以後判斷與之有關的字母串的反應時減少了，即表明有啟動效應。②單詞或圖形確認，即先向被試很短暫地呈現刺激，然後把這些刺激與其他刺激混在一起，讓被試辨認它們，如果辨別的準確性提高和識別一個項目所需時間的減少，即表現有啟動效應。③詞彙補全，即要求被試對某個詞根 (如，tab____) 或殘詞 (如，____ss____ss____) 用他所想到的第一個適當的詞把它補全，如果被試傾向於用先前學過的詞來完成，即表明有啟動效應。

況下，兩組對要求合理性的評判沒有差異，但在中度正當要求的情況下，肯定自我圖式組判斷該要求為較不合理。也就是說，在模糊的情境下，個人的肯定自我圖式發揮了作用。但在十分明顯的情境中，自我圖式的個別差異已被情境因素所掩蓋。

德里和凱珀 (Derry & Kuiper, 1981) 假設抑鬱症被試的負面自我圖式會使他們對與自我相關的抑鬱形容詞回憶比非抑鬱者好。他們讓抑鬱患者與非抑鬱被試對一組含有抑鬱內容和非抑鬱內容的形容詞作評價之後，出其不意地讓他們回憶先前評價過的所有形容詞，結果如同假設所預期。相類似的另一項研究 (Moser & Dyck, 1989) 發現具有敵意自我圖式的被試，對敵意形容詞的回憶成績優於無敵意自我圖式的被試，這也證實了自我圖式的建構效度。

西格爾 (Segal, 1988) 對自我圖式的結構作過探討。他假設自我圖式是由自我成分 (即個人特徵) 構成的，它們之間有著非常密切的關係或相互作用，形成有結構的塊或串。如果缺乏這種結構，則意味著這類信息在整個語意記憶中的表徵是隨機的、不系統的。實驗者以抑鬱患者為被試，設計了啟動實驗和斯特魯普測驗相結合的實驗 (見補充討論 11-3)。目標詞都是有關自我特徵的詞。啟動詞有兩種：與自我有關的詞和與自我無關的詞。結果如假設所預期，被試判斷與自我有關的詞比判斷與自我無關的詞的反應時間顯著延長。反應時間的延長是因為對目標詞的顏色判斷受到被激活的目標詞語意的干擾所致。

第三節　現象學和自我的評鑑

在本章的前兩節，我們已討論過現象學的人格研究範型及其分支學派存在-人本主義人格論研究的一些主要研究方法。其實，人格研究與人格評鑑是緊密聯繫，很難分開的。在上兩節中我們也已論及現象學和存在-人本人格論的主要評鑑技術，如晤談、內容分析、Q 分類法、語意分析法、個人取向量表和角色構念庫測驗等。在本節中，我們將進一步討論現象學評鑑的主要特點和局限性以及評鑑自我的幾項技術。

一、現象學派的人格評鑑

現象學派的人格理論家相信，要了解一個人的資料最好就去問他自己；一個人的行為表現來自他 (或她) 對周圍事件的知覺和解釋。基於這樣的信念，現象學派人格理論家的人格評鑑有其自己的特點和局限性。

(一) 主要特點

1. 注重行爲的意義　現象學理論家是從人們的主觀經驗評鑑其人格。這與傳統心理學從人們的行為來評鑑其人格形成鮮明的對照。在現象學家或存在派學者看來，僅僅注意人們做些什麼或多長時間做一次，評鑑其行為，就會遺漏了評鑑的主要要素——行為對個人的意義。例如，有三個人對你微笑，你如何對待這一片段的外顯行為？如果都以同樣的方式加以處理可能會有風險。譬如說，第一個人的微笑表示對你有好感；第二個人的微笑是笑得愚蠢；第三個人的微笑可能是笑裏藏刀、暗下殺機。行為具有多義性，即使是同樣的行為，但行為的意義對每個人來說可能有很大的差異。因此，在評鑑一個人的人格時，現象學派學者不關注簡單的行為，而是十分注重這個人對行為所賦予的意義。

2. 注重自我報告　通常，評鑑就是我們用來推論行為內在決定因素的一種方法。無論是測驗或晤談中的行為反應，評鑑者所關心的焦點不在於反應本身而是反應所蘊含的意義。因此，對一個人人格的評鑑都要對行為的意義進行推論。但是，從現象學觀點來看，危險正在於評鑑者的推論。凱利經常提到投射測驗資料的分析會告訴你更多有關臨床家的事情，而不是患者的事情。這句妙語多少有些真實性。確實，投射測驗資料的分析總是滲雜著臨床家個人的投射或推論。而對於現象學家來說，他們所關心的是這個反應或經驗對受輔者的意義，而不是經過評鑑者的經驗加以過濾過的經驗。不要經過評鑑者過濾過的經驗，而又要研究經驗，怎麼辦呢？凱利說，只有受輔者本人才真正清楚他或她的現象世界，去問他們，他們會告訴你的。現象學家十分注重被試或受輔者的自陳報告。其測量工具是結構明確的自陳量表，而不用結構未明的投射測驗。

3. 注重現在　無論是用晤談法、評定量表法或 Q 分類法，無論是對個人構念或自我實現的測量，現象學派學者關注的焦點是現在。正像現象學關心即刻經驗、漠視過去那樣，其人格測量的重點是行為現在的意義而非過去的影響和限制。

4. 注重意識　現象學派的主要評鑑策略是強調自我報告的意識 (認知) 過程。其實，現在大多數心理學家都會考慮自我報告的資料，並檢視和衡量其重要性，然後再作出有關的推論。因為被試的自我報告可能是其真實的感受，可能有意識地加以抑制，也可能在潛意識防禦機制的作用下而被歪曲。但是，現象學派學者則幾乎完全不考慮潛意識過程。他們完全相信被試的言語報告，而不去尋求潛意識在自我報告中的作用。

5. 注重評鑑氣氛　前已述及，羅杰斯認為心理治療的目的是改變自我的不協調，其關鍵是治療過程的氣氛。他十分強調在治療室中對受輔者的溫暖，**同理心**和**無條件的正向關懷**的重要性。他認為只有在這樣的條件下受輔者没有防禦心理，才能接觸到潛在的自我。因此，在評鑑和測驗時也應當具有治療過程這樣的情境氣氛，不具威脅性，受輔者或被試才會敞開心扉。這樣才能得到真實的、有意義的自我報告。不過，即使在這樣的條件下評鑑，評鑑者能否真正消除受輔者或被試對某些經驗的扭曲或否認？能否真正區分出受輔者或被試扭曲的經驗和未被扭曲的經驗，都是值得懷疑的。

(二)　局限性

1. 自我報告可能不眞實　自我報告對了解行為的意義顯然是有價值的。因為人的心理與所表現出來的行為往往有不同的關係：有時有什麼樣的心理就有什麼樣的行為，有時心理和行為不那麼一致，有時甚至可能完全相反。所以單憑一個片段的外部行為並不能了解行為的意義。因此，現在大多數心理學家都重視被試的自我報告。但是像現象學派學者那樣在評鑑中過分依賴自我報告，看來也是不可取的。首先，自我報告實際上是對個人自己經驗的回憶，而回憶往往不是那麼準確的。現象學派學者要求受輔者或被試說出或寫出他們現在看到的世界，報告經驗中最突出的方面。但遺憾的是他們無法一邊行動，一邊連續不斷地描述其行為，自我報告不可避免地要打亂行為的連續性，從而改變所要測量的東西。其次，由於自我防禦機制的作用，自我報告的內容可能是不真實的。法瑞斯 (Phares, 1991) 指出："有許多證據顯示，晤談中得到的自我報告的訊息往往是錯誤的。如果我們考慮到臨床晤談常伴有威脅性，其性質常是複雜並且是兜圈子的，那問題就更多了" (Phares, 1991, p.207)。第三，反應定勢 (或反應心向) 和社會期許性也會使自我報告不真實。例如，在選答是非題的答案時如果前兩題連續都是"是"的答案，第三題也會引起他選"是"的反應，即使正確答案是"否"，但他仍選"是"。這種傾向就是**反應定勢**。如果在自陳量表中的問題涉及到好壞等價值判斷時，被試容易受社會期許性的影響，以不實的意願來代替其真實的經驗。這些情況在自我報告中是相當常見的。

一方面探測人的經驗世界，離不開自我報告；另一方面自我報告的資料又常是不可信的。因此，我們在運用自我報告的資料作人格評鑑時，首先要分清自我報告資料中哪些是真實可信的，哪些是不真實而不可信的。只有分清真偽才能確切評鑑人格，指導臨床實踐。而現象派學者對受輔者或被試的自我報告不加分析、全盤接受，這樣的評鑑難免要出偏差。

2. 被試取樣有局限性　自我報告描述個人的現象場需有較擅長口頭或書面表達能力。羅杰斯和凱利都是由處理大學生問題再根據這些資料而發展出其理論的。因而他們的評鑑技術最適用於那些能夠表達自己的、聰明而擅長言語的人們。如果離開大學校園，例如羅杰斯在一群精神分裂症患者中所遇到的那樣，現象學的評鑑就相當困難。用凱利的角色構念庫測驗來評鑑文化水平低下、自我表達有困難的人，看來也是不適用的。這樣，對被試的取樣就有相當的局限性。

3. 忽視情緒和生物因素　現象學派探察意識，注重認知。他們宣稱對環境的客觀性描述是不必要的，並且完全忽視人的情緒和生物因素。例如凱利就把焦慮定義為"個人面臨那些在其構念系統適用範圍之外的各種事件的再認" (Kelly, 1955, p.495)，完全刪去了情緒成分和生物學的參考系。他以同樣的方式，對敵意、攻擊、內疚、威脅等概念一一下了定義 (參見第十章第三節)，似乎這些行為都只是認知作用，而沒有絲毫情緒和生物因素起作用。僅僅從認知的角度，完全忽視環境因素、情緒和生物因素，要對人的行為作出全面、正確的評鑑是不可能的。

二、自我的評鑑技術

自我是現象學派理論家的一個中心研究課題。評鑑自我概念的方法有很多。在本章第一節中我們介紹了幾種常用的評鑑自我概念的技術，這裏再介紹幾種。

(一)　田納西自我概念量表

田納西自我概念量表 (Tennessee Self-Concept Scale，簡稱 TSCS) 是由菲茨 (Fitts, 1965) 所編製的，包含 100 個描述自我多維度的自陳項目，要求被試就每一個項目與自己的符合程度在五個等級上作出回答。國內中譯本以林邦傑的修訂本最廣為人知和採用。林氏修訂的量表包含 70 個項目。田納西自我概念量表測量的不是一個籠統的自我概念，它將自我概念分為兩個大方面來分析。從自我概念的內容來看，它將自我概念分為五個領域：生理自我、道德/倫理自我、心理自我、家庭自我和社會自我。此外，以該量表同樣的題目還可以分析出自我概念內部結構的特性。自我概念的內部結構包括以下三個維度：(1) **自我認同 (或自我同一性)** (self-identity) 即自己對自己是個什麼樣的人的確認；(2) **自我滿意** (self-satisfaction)，即自己對自己現狀的滿意和接受的程度；(3) **自我行動** (self-behavior)，指在對自己感到滿意或不滿意後，所表現的應對行為。該量表不僅可以給出一個人八種自我特性的分數，還可以給出一個總分。這個總分代表被試"對整個自我的看法，得分越高，表示他愈喜歡自己，信任自己，認爲自己是最有價值的人，並且依此行事"(林邦傑，1980)。雖然田納西量表把自我概念分成若干部分來測量，是個較深入的測量工具，因而受到許多研究者的喜愛。但馬許和里察斯 (Marsh & Richards, 1988) 認為很少有研究支持量表包含這麼多的分量表。大多數學者認為該量表只是測量被試對自我各方面的評價。下面是林邦傑修訂的田納西自我概念量表的幾個項目 (編號為原題號)：

1. 我的身體健康。(生理自我)
6. 我經常心情愉快。(心理自我)
7. 我的家庭幸福美滿。(家庭自我)

16. 我的道德不堅強，有時想做壞事。(道德/倫理自我)
22. 我很難交到朋友。(社會自我) (林邦傑，1980)

(二) 皮爾斯-哈里斯兒童自我概念量表

皮爾斯-哈里斯兒童自我概念量表 (Piers-Harris Children's Self-Concept Scale) 是由皮爾斯和哈里斯 (Piers, 1969、1984；Piers & Harris, 1964) 編製的，用來探測兒童自我概念。它包含有 80 個自陳項目，要求被試以"是"或"否"作答。該量表也是多維度量表，由六個分量表(行為、智能、身體儀表、焦慮、聲望和快樂滿意) 構成。行為分量表探測兒童對自己的問題行為的認識和態度；智能分量表探測兒童對自己能力的評價；身體儀表分量表探測兒童對自己的生理特徵、衣著等的態度；焦慮分量表探測兒童對自己一般的情緒障礙和心境的認識；聲望分量表探測兒童對自己在班級中，同伴中受歡迎程度的評價；快樂滿意分量表涉及自我概念的情緒方面如悲傷、幸運、快樂、幸福等情感。該量表適用於 8 至 18 歲少年兒童，施測時間約 30 分鐘。該量表的最新版本已製成微機軟件。此量表已由國內學者 (蘇林雁等，1994) 修訂。修訂後的量表刪除了受文化背景和社會期許性影響大的項目，全量表共刪除 8 項，每個分量表刪除 1 項或 2 項。修訂後的量表重測信度為 0.38～0.81，各因子的 α 係數在 0.65～0.75 之間，具有較高的信度和臨床鑑別效度。下面是皮爾斯-哈里斯兒童自我概念量表中的幾個項目 (編號為原題號，括號內是分量表名稱)：

2. 我是一個快樂的人。(快樂滿意)
8. 我的長相令我煩惱。(身體儀表)
15. 我是聰明的。(智能)
51. 我有許多朋友。(聲望)
56. 我經常打架。(行爲)
74. 我常常感到害怕。(焦慮) (Piers & Harris, 1964)

(三) 庫珀史密斯自尊量表

庫珀史密斯 (Coopersmith, 1984) 把**自尊**界定為個體在世界上對自己所表現出的一整套態度和信念，包括對成功的期待或失敗時的自信、應盡多大努力，某項任務的失敗是否導致對自己的“傷害”，在獲得不同經驗後自己是否比以往更能幹。從這種界說來看，英文的“自尊”(self-esteem) 與中文“自尊”一詞的含義是大不相同的。中文的自尊是指尊重自己，不向別人卑躬屈節，也不容許別人歧視、侮辱 (現代漢語詞典，北京商務印書館，1983)。這裏所講的自尊是指個人對自己成功的預期、認可和對自己力量的確認，其實也是對自我概念的測量。**庫珀史密斯自尊量表** (Coopersmith Self-Esteem Inventory) 測量個人對自己在社會、學校學業和家庭方面的評價態度和對自己的一般預期。該量表自 1959 年編製至今幾經修訂，現量表由 50 個自陳項目和八個測謊項目構成。被試以“是”或“否”來回答。項目舉例如下：“我覺得當著全班的面講話是件很困難的事”(學校學業自我)；“在家裏我容易心煩”(家庭自我)；“與人相處我總有許多樂趣”(社會自我)；“要成為我是很難的”(一般自我)；“我從未感到開心過”(測謊題)。雖然該量表已在許多研究中被廣泛應用，但也有研究表明該量表的因素結構相當混亂 (Johnson, Redfield, Miller & Simpson, 1983)。

(四)　你是誰測驗

你是誰測驗 (Who Are You Test) 也稱為**描述你的自我測驗** (Drawing Yourself Test)，是一種開放式問卷。在進行測驗時，可以用下面這些話作為指導語：“現在，我問你 20 次 (或 10 次) 你是誰？請你把頭腦中浮現出來的答案一一寫 (或說) 出來。例如，我是××× (姓名)，我是××大學學生，我喜歡踢足球，我對人真誠等等。想到什麼就回答什麼。回答每個問題的時間為 20 秒，如果寫不出來，可以略去，繼續往下寫”。如果把這個指導語作一些變動，還可以考察被試對自我某一方面的知覺和評價。例如要求被試描述身體自我或家庭自我等等。

該測驗沒有特定的評分程序。對於測驗結果的分析，可以從寫 (說) 出多少個答案量的方面來考察，也可以從答案中以哪些內容居多 (質的) 來考察。如果能寫出九至十個問題的答案，大體上就可以認為沒有特別的心理障礙。但是如果只回答出七個乃至更少的問題，那可能是過分地壓抑自我。例如，有些被試剛要書寫答案，就提出種種藉口，說這樣的事好像很無聊，感到害羞，時間不夠，來不及寫等等。由於有顧慮，找藉口，以致不能回答較多的問題 (楊宗義等譯，1981)。

補充討論 11-4

探測中國人自我概念宜採用多種方法

我國的心理學家 (潘菽，1939；楊國樞，1982，1993；楊中芳，1991a，1991b，1991c；楊中芳、趙志裕，1987；Hui，1984，1988) 認為中國人的人格，特別是自我概念與西方人有很大的差異。探測中國人自我概念採用量表或問卷不一定能真正起作用。這是因為：

1. 西方自我概念量表的測試題是西方學者以西方自我的理論為基礎而編製出來的，這些理論都是以西方文化的價值觀念為依據。用這種量表中的測題只能測出中國人對西方人“自我概念”中所包含內容的反應，即對西方文化價值觀的反映，而不能測出中國人自我概念的特點。即使對引入的外國量表作過“修訂”，但如果未探明該測量工具所包含的理論假設與我們要測量的概念是否相同，這種已“修訂”的量表也難以測出中國人自我概念的真正特點。

2. 按照傳統的儒家文化，中國人自我的發展就是內化社會禮儀的規範和價值觀的程度，即修養功夫的功力 (楊中芳，1991b)。中國人注重面子，要求自己在適當的場合作出適當的行為。因此中國人的行為往往以社會規範為準則行事，用西方量表探測中國人的自我概念，被試容易給出社會期許性答案，不易測得真正的自我概念的特點。

3. 中國人自我的界限可以包容他人和他所屬的團體，伸縮性大，對自己的認識較籠統、缺乏分析，對自己的缺點較敏感，強調“自省”、“自問”，評價自己比較注重負面。用只表達個人的自我、過於分析、注重正面的西方量表，對中國人自我概念進行測量也是不合適的。

4. 不像西方價值體系中強調自我表現，自我表達那樣，在中國價值體系中的自我則強調“修己”、“克己”；西方文化注重外傾性，中國文化注重內傾性 (余英時，1983)。中國人的自我表現含蓄，不易表達，由於長期不表達而可能不會表現，因此對量表給出的答案可能不穩定，也會影響測量的信度和效度。

5. 俗話說“人怕出名，豬怕壯”。中國人自我概念的一個特點是求同性和怕壯性，即怕冒尖 (楊中芳，1991a)。即使用開放式問卷，探測中國人的自我也很困難。因為自我就意味著與他人不同，求同性與怕壯性導致中國人自我概念的個別差異減少。

因此，探測中國人的自我概念不應過分依賴西方的概念和理論，只停留於西方自我概念量表的使用上，而應從中國人的實際情況出發，建立中國化的概念和理論，採用多種方法進行研究。例如，可以用文獻分析法、心理歷史學方法、深度訪談、投射測驗、縱向追踪、心理生理學方法等，並且最好是將它們結合起來，對中國人的自我概念進行多特質-多方法分析。

對於被試的回答至少可以從以下三個維度進行分析。(1) 從主觀—客觀的維度來分析，像我是家中的獨生子，我是大學二年級學生，我身高×××厘米等，很明顯是對自我客觀情況的描述；像我是老實人，我善於交際，我很敏感等，則屬於對自我的主觀解釋。如果被試的回答內容既不屬於客觀描述，也不屬於主觀解釋，可以認為屬於中性，以此對被試的回答內容進行分析。(2) 從褒—貶的維度來分析，對自我的主觀解釋通常帶有褒貶成分。有的被試只說自己好的一面；而有的只說自己不好的一面，前者自滿，後者自卑。如果既說到自己好的方面又說到自己不好的方面，這對自我的評價較全面。(3) 從時間維度來分析，有的被試只說自己的過去，有的則只說自己的現在，還有的只說自己的將來。如果回答的內容只涉及自己的現在和過去，而一個也沒有涉及自己的未來，則可能未來對這個被試尚缺乏激發的力量。

這種方法可以用來探測自我的各個方面。例如，一項研究用 20 問測驗來探討自我概念與社會文化的關係。發現大學生的自我描述類型已從 1957 年的社會角色取向轉變到 1970 年的更加情境自由化取向。他將這種變化歸因於這一時期美國社會文化的變化所致 (張杰等譯，1991)。

你是誰測驗所得到的內容也可能是扭曲的。例如，楊中芳、趙志裕 (1987) 在評價一項用這一方法所得出的結果 (香港中國大學生與美國大學生的自我概念幾乎沒有差別，而與日本學生差別卻相當大) 時認為，這一結果可能是由於香港的中國人其自我概念內容貧乏，以致必須以英文教科書中所背誦過的一些西方人的自我概念特徵來搪塞所致。由於中國人的自我概念有其自己的特點，不少學者認為探測中國人的自我概念應採用有別於西方的方法 (參見補充討論 11-4)。

(五)　形容詞檢核表

在西方，最常用的**形容詞檢核表** (adjective check list，簡稱 ACL) 是高夫和海爾布朗 (Gough & Heibrun, 1965) 編製的。該量表按英文字母順序羅列出 300 個形容詞，如忠誠的、幽默的、熱情的等，要求被試選出符合於自己的形容詞來描述自己。楊國樞 (1974) 編製過類似的量表稱為**自我接受量表** (Self-Acceptance Scale)。所謂**自我接受** (self-acceptance) 主要是指個人覺得自己是否有價值。該量表分為兩部分。其中之一是要求被試在 142 個描述自己特性的正、負形容詞旁邊填寫下他或她認為這些形容詞是否貼切地描述了自己。另一部分則是要求被試在 53 個類似的正、負特性形容詞之後註明自己是否“已有”或“沒有”這些形容詞所描述的特性。上述兩部分的計分方式是將被試認為自己已有的好的特性數目減去他們自己認為有壞的特性數目，即稱為自我接受 (甲)。這個數目如果是正的，而且愈大，表示被試對自己的自我概念愈好。第二部分的計分方式是將被試認為自己“已有”的好特性加上他們認為自己“沒有”的不好的特性。這部分稱為自我接受 (乙)。前者是一個相對指標，僅僅表明一個優點與缺點的淨差異，無法從中測量一個人對自己優點和缺點了解的深度和廣度。後者是一個比較全面的正面指標，但忽視了負面 (缺點) 的測量。同時，這兩個指標也都忽視了加權的問題 (楊中芳，1991b)。

第四節　對現象學範型的評價

在方法學上，對人格的研究也像心理學的其他問題一樣，學者們有各種不同的研究取向：實驗取向和臨床取向，實驗研究和相關研究，以及**科學取向** (scientific attitude) 和**人本文化取向** (humanistic culture attitude) (Pervin, 1990)。雖然羅杰斯、馬斯洛和凱利都聲稱他們的研究是科學的，但是他們的現象學觀點幾乎完全集中於私人的主觀經驗，其研究取向與人本文化的關係遠比與科學的關係更為密切。我們很難用一般的科學標準來評價現象學的人格研究。在評價人格理論的問題上，至今没有統一的標準，見仁見智，均成一家之言。在這裏，我們將把現象學範型與其他人格研究範型加以比較作為簡評。其意還在於對本書第二編的內容作個小結，以便於讀者系統地理清各種人格理論的觀點。

一、與其他人格研究範型之比較

究竟用什麼標準來比較各種人格理論，各家的觀點並不一致。霍爾和林

賽 (Hall & Lindzey, 1978) 在其名著中列出了 20 多個維度 (如潛意識動機的利用、自我概念看法的整合、團體成員關係因素對形成人格、獨特性的重要性等) 來比較各種人格理論。羅特 (Rotter, 1967a) 則以六個維度 (系統性、可操作性、內容和過程、經驗和遺傳、一般性和特殊性) 來比較各種人格理論。為了進一步理解本書第二章所提到的人格理論中的爭議問題，我們以耶爾和齊格勒 (Hjelle & Ziegler, 1981) 所提出的九個維度對人格研究範型中的幾種主要理論作一比較。這九個維度是：自由意志對決定論，理性對非理性，整體論對元素論，體質論對環境論，主觀性對客觀性，前動性對反應性，穩態對異態，可知性對不可知性以及可變性對不可變性。

(一)　自由意志對決定論

自由意志 (free will) 是指個人感到自己能支配自己的一切，自己在遇到問題時不受外在的支配和控制，能隨心所欲地自行抉擇。**決定論** (determinism) 認為人的行為均有其原因，任何思想和行為莫不受內外因素的限定，如遺傳、環境、早期經驗等都是決定以後行為的原因。自由意志對決定論維度表現為一個人能否自己支配自己的一切，有多少內部的自由，其行為在多大程度上是由意識以外的因素決定的。斯肯納的人格理論把人看作類似於一種自動裝置，受強化物直接控制；弗洛伊德認為人像機器那樣是能量動力系統，受性和攻擊本能所驅使。與此相反，羅杰斯和馬斯洛則認為人是自我實現者。人對自己的行為是意識的、自主的，能超脫環境對其影響，以創造人生的價值。在自由意志和決定論、主觀抉擇與控制人類行為的問題上，羅杰斯曾多次與他人辯論過，其中最著名的是與斯肯納的辯論，見補充討論 11-5。人格的決定論者認為一個人的心理生活和行為中的任何事件都不是孤立的、偶然產生的，而是由某種已知或未知的原因或力量引起的，如潛意識動機、早期經驗、生理過程、外部強化、社會文化環境等等。凱利則認為人既是自由的，又是被決定的。在凱利看來，人能自由地解釋事件但同時又為其構念所局限。

(二)　理性對非理性

理性 (rationality) 亦即理智，言行合理。在理性對**非理性** (irrationality) 維度上表現為個人是否有理性，其行為在多大程度上受其理智調節和

補充討論 11-5

羅杰斯與斯肯納的辯論

在 1955 年9月4日，兩位當時最有影響力的心理學家在芝加哥召開的心理學會年會的講台進行辯論時，全場鴉雀無聲。雖然，羅杰斯與斯肯納都一致認為人類始終企圖了解、預測和控制人類的行為，也都贊同行為科學在發展預測和控制人類行為能力方面取得了長足進步，並闡述了他們自己對行為科學未來發展所承擔的義務。但是，羅杰斯堅決反對斯肯納的文化工程學觀點，斯肯納認為應當使用行為管理來設計更有效地滿足人類各種需求的文化。羅杰斯詰問道：誰被控制？誰實施控制？實施什麼類型的控制？其中最重要的是，要得到什麼結果或目標，或在追求什麼價值中來施行控制？(Rogers, 1956)。羅杰斯認為，每個人都具有自我實現的能力和創造力，我們應當創造各種條件促進人類自我實現潛能的釋放，而不是從外部來控制人類的行為。他說：

> 很清楚，我所談到的這個觀點是與控制人類行爲的行爲科學一般概念形成鮮明的對比……
>
> 1. 我們選擇以自我實現的過程來評價人類，以知識轉變爲自我超越的過程來評價創造性，都是可能的。
> 2. 我們能夠繼續研究，通過科學方法，去發現必然先於這些過程的各種條件，通過繼續實驗，去發現達到這些目的更好的手段。
> 3. 個人和團體建立這些最權威控制的條件是可能的。據目前所知，這種唯一的權威必然是創建某種個人相互關係的權威。
> 4. 面臨這些條件，個體目前獲得的知識暗示其由於在自我實現方面取得進步，從而成爲更有自我責任感、更加靈活以及更具創新的適應性。
> 5. 這樣的最初選擇會開創一種社會制度或社會制度的開端，在這種制度下，價值、知識、適應性技巧甚至科學概念都在不斷變化，不斷地自我超越。因而作爲正在形成過程的人必定受到重視。(Rogers, 1956, pp.1063～1064)。

針對斯肯納提出的人類行為是由環境中強化作用的偶然性所決定的觀點，羅杰斯認為，自由選擇的存在是不容否定的。他說：

> 當行爲接受科學檢驗時，它的確最好理解爲由先前的因果關係決定的。這是一個偉大的科學事實。但是，有責任的個人選擇是作爲個人的最基本要素，是治療中的核心體驗，是存在於任何科學的努力之前的，因此這種選擇在我們一生中是一種同樣偉大的事實。否認這種責任重大選擇的體驗，對我來說，就像是要否定行爲科學的可能性那樣目光短淺。……我們不能在功利上否認我們的主觀生活，同樣也不能否認對這種生活的客觀描述 (Rogers, 1956, p.1064)。

支配的。凱利對人性的假設是人即科學家，像科學家那樣預測和控制行為。他強調理智（認知）對行為的調節和支配。奧爾波特、羅杰斯、馬斯洛、班杜拉也都認為人是有理性的。這些人格理論處於該維度的理智一端。弗洛伊德則認為，人和其他動物一樣，為性欲和攻擊本能所策動，朝著快樂的追求而運作。這種主張居於該維度的非理智一端。

(三) 整體論對元素論

整體論 (holism) 強調對人類行為的解釋必須從整個人去考察而不能僅以片段行為作為普遍推論的依據。**元素論** (elementalism) 亦稱**還原論**(或**簡化論**)(reductionism)，主張把複雜的人性現象分解為彼此獨立的元素逐個地加以探討。對人格的探討是必須分開來看待，還是不能分析的？現象學派學者羅杰斯、馬斯洛和凱利對人性的觀點持整體論。他們認為人只能是完整的實體，對機體越加分析，則越成為抽象的不真實的人。斯肯納把複雜的人性還原為反應和環境中強化程式的關係，認為人格的科學研究必須從其組成部分著手，才能有效果。

(四) 體質論對環境論

體質論 (constitutionalism) 強調體質或素質對人格起決定性作用。而**環境論** (environmentalism) 則強調環境影響對人格的決定作用。人格特徵有多少是由體質或素質決定的，有多少是由環境影響造成的？古希臘的四種體液學說，克瑞奇米爾的體型論、謝爾頓的人格胚葉起源論、弗洛伊德的本我概念，都認為人格特點是依賴或固定於人的體質而遺傳下來的。他們的理論屬於該維度的體質論一端。當代環境論的代表是行為主義創始人華生及其繼承者斯肯納都十分強調學習是人格形成的基礎，環境塑造了人的行為。他們的理論屬於該維度環境論一端。不過當代大多數人格心理學家都主張人格的形成是基因型與環境交互作用的結果。

(五) 主觀性對客觀性

現象學派的理論家強調行為的**主觀性** (subjectivity)，認為人不是根據客觀事實行事的，而是根據自己的知覺和主觀經驗行事的。行為論理論家強調行為的**客觀性** (objectivity)，認為人没有主觀經驗，人格就是刺激-反應間的聯結。主觀性對客觀性維度表現為人是否有個人的主觀經驗，並且指導著行為？或者人的行為主要來自外部因素的作用？在這一維度的兩端是現象學派和行為主義。羅杰斯認為，所有的人都生活在他們自己的主觀世界中，決定人的行為的是其主觀世界，而不是物質世界。凱利強調個人的進程是由他預期事件的各種方式開闢出來的。他們的理論偏於這一維度主觀性一端。他們把研究經驗擺放在首位。相反，斯肯納強調對行為進行嚴格科學分析，人的行為和特點只不過是與人類發展史條件和個體生活史條件都有聯繫的物質系統。學習論偏於該維度的客觀性一端。

(六) 前動性對反應性

前動性 (proactivity) 是指個人的行動具有主動性、超前性。**反應性** (reactivity) 是指個人的行動没有主動性、超前性，只是對刺激的反應。前動性對反應性維度涉及行為是由什麼引起的？動作的真實原因應該到哪裏去找？行為是內部本身的活動還是對外界刺激的一系列反應？主張前動性的理論認為一切行為源於人的內部而不是外部，人行動而不是反應。人的行動是主動的、前動的、向著未來的。現象學派的觀點處於這一維度前動性一端。他們認為，他們構建的人格理論就要説明人如何產生這些前動的行為。主張反應性的理論認為，行為是對外界刺激的反應，人內部並不產生活動，活動就是對外部刺激的反應。華生、斯肯納的理論處於這一維度反應性一端。他們強調對人的研究就是探究刺激-反應，行為-環境的相互關係。

(七) 穩態對異態

穩態 (homeostasis) 是指個體內部的平衡狀態。**異態** (heterostasis) 是指個體內部的不平衡狀態。穩態對異態維度涉及行為的動力 (動機) 因素。一個人的行為動力是什麼？是消除緊張從而達到內部平衡狀態，還是不斷成長、提高和自我實現 (不平衡狀態)？多拉德和米勒把人格視為刺激-反應聯結的習慣，經由學習而形成，學習涉及到強化與內驅力的相互關係。強化可以減低或消除內驅力，從而消除張力達到內部平衡。其後新的內驅力又使機體失去平衡，再解除張力而復得平衡。這種理論把穩態作為動機的基礎，探討本能、內驅力、減低或消除張力等機制。與此相反，羅杰斯、馬斯洛等人則強調個體內部的不平衡狀態，認為人是不斷向上的，人的生活不僅為著減低內驅力，更重要的是實現自我、維持自我，達到求知、求善、求成，主張探討自我的性質和自我實現。

(八)　可知性對不可知性

可知性(knowability) 是指人格或人性是可以用科學方法加以認識的，**不可知性**(unknowability) 是指人格或人性是不能被人類所認識的。可知性對不可知性維度表現為人的行為和本性能否依據科學方法加以認識？是否有某些超越科學的東西不能為人類所認識？華生、斯肯納等認為通過系統的觀察和實驗，行為規律是能被認識的。學習論者長期所從事的理論和實驗，都是以嚴格的科學方法來探尋人格的規律。與此相反，這一維度另一端的現象學派的觀點，認為人性是不可知的。例如羅杰斯認為每個人在不斷改變的主觀世界中生活。主觀經驗就是一個人的本質。只有通過自我報告，現象場才能被認識。

(九)　可變性對不可變性

可變性(changeability) 是指人格是可以改變的。**不可變性**(unchangeability) 是指人格是不能改變的。可變性對不可變性維度是指在一生中人格特徵能否有基本的改變。如果能，那麼改變的程度可能有多大？變化是表面的還是實質性的？這種基本變化是不是人格發展的固有特性？雖然羅杰斯等人没有做過兒童發展的縱向研究，但他們主張自我是發展的，自我在現象場中更加分化，更加複雜，以達到自我實現。埃里克森認為在一生中人格始終在變化著，人生周期的八個發展階段都有其特殊的心理社會危機。一個人要如何處理和度過這些危機，影響自我在下一個階段將向哪個方向發展。但是，弗洛伊德則與這些觀點不同。他認為一個人的基本人格結構是由嬰兒早期經驗固定下來的。一生中表面的行為改變可能發生，但基本的人格結構是不變的。主張可變性的人格理論家對個體發展階段的分期和特點，發展的動力，變化中的間斷或連續的原因以及個人成長發展的重要意義等問題感興趣。而主張不可變性的人格理論家則通常強調在一人身上存在一種人格結構的延續性，在其一生中支撐著行為。他們對此結構的性質、素質或早期經驗如何影響此種結構的形成，此種結構如何在人的一生中給人的行為帶來特色和影響感興趣。

表 11-7　各種人格理論在九個分析維度的位置

分析維度	極端	有些	居中	有些	極端	分析維度
自由意志	羅杰斯 馬斯洛	奧爾波特	班杜拉 凱利	埃里克森	弗洛伊德 斯肯納	決定論
理　性	羅杰斯等 奧爾波特 班杜拉	埃里克森			弗洛伊德	非理性
整體論	羅杰斯等 埃里克森 阿德勒	弗洛伊德 奧爾波特		班杜拉	斯肯納	元素論
體質論	克瑞奇米爾 謝爾頓	弗洛伊德 羅杰斯	奧爾波特		斯肯納 班杜拉 埃里克森	環境論
主觀性	羅杰斯等	弗洛伊德 奧爾波特	班杜拉	埃里克森	斯肯納 多拉德 米　勒	客觀性
前動性	羅杰斯等 奧爾波特	弗洛伊德 埃里克森	班杜拉		斯肯納	反應性
穩　態	多拉德 米勒			埃里克森	羅杰斯 馬斯洛	異　態
可知性	斯肯納 班杜拉	奧爾波特 埃里克森			羅杰斯 馬斯洛	不可知性
可變性	羅杰斯等 斯肯納 埃里克森		奧爾波特		弗洛伊德	不可變性

(採自陳仲庚，張雨新，1986)

根據上述分析，我們將人格研究範型中的各主要理論家所持觀點在九個分析維度上的位置列入表 11-7。如果羅杰斯、馬斯洛和凱利的觀點相同或類似，則表中以羅杰斯等來表示。

二、總的評價

從前面的分析，我們可看出，有的人格理論的主要觀點有密切的聯繫，系統性較強。例如持反應性、客觀性和決定論觀點的理論家都是持可知性觀點的；有的理論則缺乏系統性。各種人格理論對人格的解釋都是不完善的。它們都有其合理性，也都有其不合理性。例如，羅杰斯創導的個人中心治療以及對治療進程的檢測手段諸如 Q 分類法等，已被實踐證明是有效的。但他過於信賴患者的自我報告，這確實是靠不住的。雖然馬斯洛的需求層次論忽視了人類的奉獻需求 (即利他、利群需求)；但這個理論在實踐中特別是教育實踐中的應用卻是有效的。教育實踐業已證明，一個飢餓、不安全、得不到愛、缺乏自信心的學生是不可能進行創造性學習的。凱利的理論為以認知的觀點來研究人格開了先河，但他忽視人類的情緒領域無疑是一個缺點。而事實上情緒也是人格的重要組成成分之一，而且情緒對認知過程也有重要的影響。又如，現象學派主張“現在”決定了人們的行為，行為被未來所吸引，這種說法有其合理性。但他們完全漠視過去經驗對人的行為的影響，這就犯了片面性。大量證據表明，早期經驗對人格的影響是不能低估的。現象學派認為每一個人都是依據他們對世界的認識而行動的，人們的行為是有意義的，不能以片段的外部行為來推論一個人的人格，這是合理的。但是他們認為所有的人都生活在他們的主觀世界中，進而只信賴受輔者和被試的自我報告，這顯然也是片面的。透過上述分析，我們看到現象學範型與人格研究的其他範型一樣既有合理性也有不合理性。各種人格理論中的合理性因素，從不同的側面增益了我們對人格的認識。因此，我們對待各種人格理論的態度應當是：吸收其合理的因素，摒棄其不合理的因素，從而綜合成能夠較完善地解釋和預測人類行為的理論模型。我們相信以正確的哲學理論為指導並進行紮實的研究工作，這項宏偉目標一定能夠實現。

本章摘要

1. 羅杰斯的**現象學方法**的特點是原原本本地描述現象的自我並配合以實證研究。他最先執行了心理治療研究的持續性計畫，對治療過程進行詳細記錄，開拓了研究心理治療的新領域。羅杰斯派對晤談資料的**內容分析**就是讓受過訓練的評分者將晤談內容分成若干類別進行量化的過程；而**評定量表法**則是另一種將受輔者的現象場進行量化的方法。
2. 羅杰斯及其同事對 Q 分類法作了延伸利用。**Q 分類法**就是要求被試將有關描述自我特徵的許多陳述句，根據它們是否符合本人的程度按等級分成不同的堆；研究者根據被試的分堆情況以了解其自我特徵。與 Q 分類法有關的另一種方法是**語意分析法**。它是運用語意區分量尺來探測被試對事物賦予意義的方法。
3. 羅杰斯的自我理論是從治療過程中發展起來的。自我這個領域一直被實驗心理學家所忽視，羅杰斯的研究激起了不少研究者把實驗法用於該領域，例如阿倫森和米迪、張春興和簡茂發等人的研究。
4. 馬斯洛反對用實驗法研究人格，主張用**整體分析法**，並用此種方法對人類需求的層次性、自我實現和高峰經驗作過研究。這些研究充滿了方法學上的缺點。後來的研究者對人類的需求結構做過不少實證性研究。**個人取向量表**是測量個人自我實現程度的紙筆人格測驗。但是用心理測驗或平均法來研究現象學的人格概念是否合適，是值得懷疑的。
5. 存在主義的研究所強調的不是任何傳統意義上的研究、實驗或調查，而是原原本本地描述立即性經驗。它不涉及任何科學理論也不將現象經驗還原為若干原理。用來測量存在主義關於人類的觀念——**生命目的**、**存在**、**疏離感**等量表，大多得不出明確的結論。
6. 凱利對個人構念研究的最出色工作是他對**角色構念庫測驗**的設計。凱利設計的這一測驗是作為引出個人用來解釋或分析自己的人際世界的個人構念的方法。這個測驗不僅能用來探測對人的解釋，也能用於探測對事件或環境的解釋。這項技術無論對於研究個人構念或是心理諮詢，都是有價值的。

7. 用訊息處理理論來研究人格，當前主要集中在**自我圖式**是否存在的問題。這方面的實驗都在驗證這樣一個假設：與自我圖式相一致的信息比不相一致的信息更容易被編碼、儲存和提取。
8. 現象學的人格評鑑的主要特點是：(1) 注重行為的意義；(2) 注重自我報告；(3) 注重當前經驗而漠視過去；(4) 注重意識而漠視潛意識；(5) 注重評鑑時的氣氛——給受輔者以溫暖、同理心和無條件的正向關懷。
9. 現象學的人格評鑑的主要缺點是：(1) 自我報告可能是不真實的；不分清自我報告內容之真偽，完全信賴自我報告，實非科學研究之道。(2) 用自我報告描述個人的主觀經驗需有較擅長言語表達能力和較高的文化水平，因此，評鑑對象有相當的局限性。(3) 只注重個人的認知而忽視環境影響因素以及情緒和生物因素，對人性的認識難免是片面的。
10. **晤談、內容分析、評定量表法、Q 分類法、語意分析法**和**實驗法**都可以用來評鑑一個人的自我。還補充介紹了幾項評鑑自我的技術：**田納西自我概念量表，皮爾斯—哈里斯兒童自我概念量表、庫珀史密斯自尊量表、你是誰測驗、形容詞檢核法**。它們各有其優缺點和適用範圍。
11. 中國人的自我概念不同於西方人的自我概念，探測中國人的自我概念僅運用量表和問卷不一定能真正起作用。採用多種方法進行綜合測量，可能是探測中國人自我概念的較佳途徑。
12. 有比較才有鑑別。把現象學範型擺在九個分析維度上與其他人格理論進行比較，有助於進一步了解現象學範型的特點。這九個分析維度是：**自由意志對決定論、理性對非理性、整體論對元素論、體質論對環境論、主觀性對客觀性、前動性對反應性、穩態對異態、可知性對不可知性**以及**可變性對不可變性**。
13. 像其他人格研究範型一樣，現象學範型有合理的因素也有不合理因素。我們應取其精華去其糟粕，綜合各家的合理成分，全面地看待複雜的人格現象。

建議參考資料

1. 科　恩 (佟景韓等譯，1986)：自我論。北京市：生活讀書新知三聯書店。

2. 高覺敷 (主編) (1987)：西方心理學的新發展。北京市：人民教育出版社。

3. 馬斯洛 (林　方譯，1987)：人性能達的境界。昆明市：雲南人民出版社。

4. 馬文駒、李伯黍 (主編) (1991)：現代西方心理學名著介紹。上海市：華東師範大學出版社。

5. 楊中芳、高尚仁 (合編) (1991)：中國人·中國心—人格與社會篇。台北市：遠流出版公司。

6. 楊國樞 (主編) (1993)：本土心理學的開展。台北市：桂冠圖書股份有限公司。

7. 羅杰斯著 (劉焜輝譯，1986)：諮詢和心理治療。台北市：天馬文化事業公司。

8. Cloninger, S.C. (1993). *Theories of personality: Understanding persons*. Englewood Cliffs, NJ: Prentice Hall.

9. Kelly, G.A. (1955). *The psychology of personal constructs*, Vols. 1 & 2. New York: Norton.

10. Markus, H., & Cross, S. (1990). The interpersonal self. In L.A.Pervin (Ed.), *Handbook of personality: Theory and research*. New York: The Guilford Press.

11. Maslow, A.H. (1970). *Religions, values, and peak-experiences*. New York: Viking.

12. Phares, E.J. (1991). *Introduction to personality* (3rd ed.). New York: Harper Collins.

13. Rogers, C.R. (1951). *Client-centered therapy: Its current practice implications and theory*. Boston: Houghton Mifflin.

第三編

人格研究專題

人格是一個十分複雜的開放系統。我們可以從不同的維度對其做專題研究。例如，從系統內來看，可以研究人格結構、人格動力、人格發展等專題；從系統之間的關係來看，可以研究人格的生物基礎、人格的社會文化基礎、人格與政治、人格與教育等專題。從人格的個體差異來看，可以研究能力、成就動機、特殊態度、自我概念、興趣和價值觀等；從人格的團體差異來看，可以研究性別差異、年齡差異、社會階級差異和種族差異等(Minton & Schneider, 1985)。這些專題內容，我們在第二編中都或多或少有所論及。限於篇幅，在這一編中將討論五個專題研究：能力、利他行為、攻擊、性別與人格以及人格與健康。

能力是一種很重要的人格特質。人與人之間在能力上存在著明顯的個體差異。人們在能力上的差異主要表現在智力上。在第十二章中將討論能力的本質，能力與知識技能的關係，能力的種類，智力的研究取向，智力測驗的性質，影響智力差異的因素，皮亞傑的智力發展理論以及智能特殊者。探討能力問題，對於認識人的個別差異，充分發揮人的潛能和創造性具有重要的意義，近年來越來越受到人格心理學家的重視。

人性是善還是惡？這是古今中外思想家爭論不休的問題，人格理論家也從心理學的角度在探討這個問題。第十三章利他行為，討論人性善的一面。有人認為人性不可能用實證科學的方法來加以研究。看來，似乎人性也是可以用實證科學的方法加以論證。在這一章中，除了討論利他行為的定義和分類外，還以實證資料論證利他行為的生物基礎和文化影響、利他行為的人格因素和情境變量以及利他行為的情感和認知因素。人們都希望生活在和睦、友愛的社會環境中。利他行為是後天習得的，受社會輿論、價值觀的影響，因此社會對利他行為是否給予鼓勵和支持就顯得十分重要。

自從有人類歷史以來，人類相互攻擊以致進行戰爭的事件連綿不斷。有人統計過自有文字記錄的 5560 年裏，共發生過 14531 次戰爭，平均每年就有 2.6 次。攻擊大概是屬於人性惡的一面。第十四章攻擊，除了討論攻擊的定義、分類和研究方法外，還討論攻擊的生物和心理社會因素、攻擊的情境和人格因素以及預防和控制攻擊的若干建議。其實，攻擊和暴力也不是人的天性。正像一批來自不同專業的科學家於 1986 年 5 月在西班牙的塞維 (Seville) 會議上發表的〈關於暴力的聲明〉中所說，“正如戰爭始於人心那樣，和平也始於人心。發明戰爭的物種同樣也能發明和平。這個責任落在我們每一個人的肩上”。

我國是一個有 12 億人口的大國，其中女性占了一半。在辛亥革命前的中國，女性只具有家庭角色而不具有社會性的角色，她們不可能走出家庭進入社會領域從事公益性的事業。真正婦女解放的呼聲始於辛亥革命之後。推翻滿清帝國的孫中山提出具有極強的人權平等的三民主義思想和頒布廢除娼妓、奴婢、禁止納妾等法令。隨著社會的進步，男女在經濟、政治和文化教育等方面的平等，在我國又進入了一個嶄新的時期。第十五章將討論性別與人格，即討論性別角色及其形成以及兩性在性格、能力等方面的差異。

在邁向 21 世紀的今天，生活環境逐漸都市化，隨之而來的是焦慮和壓力日益增加。第十六章人格與健康，討論焦慮、壓力與健康的關係、A 型人格與冠心病、C 型人格與癌症。要想身體健康，首先得心理健康。在這一章的最後討論了怎樣建立健康合理的生活方式。它將有助於人們保持心身健康。

關於能力、利他行為、攻擊、性別與人格以及人格與健康等主題，實際上都包含精神分析論、特質論、學習論、人本心理學和認知心理學的理論、研究方法和評鑑技術等特點。這表明在研究人格各有關專題時人格理論家日益採取將各種人格研究範型進行綜合的研究取向。對此，讀者應加以注意。

第十二章

能　　力

本章內容細目

第一節　能力的本質

一、定　義　451
二、能力和知識技能的關係　452
三、能力的種類　453
　(一) 一般能力和特殊能力
　(二) 模仿能力和創造力
　(三) 認知能力和元認知能力
　(四) 液態能力和晶態能力

第二節　智力與智力測驗

一、智力的研究取向　455
　(一) 因素取向
　(二) 訊息處理取向

補充討論 12-1：認知速度年老衰減研究

　(三) 原型取向
二、智力測驗　463
　(一) 個別智力測驗
　(二) 智力測驗的效度
　(三) 文化公平測驗
　(四) 智商的穩定性

第三節　智力的差異

一、遺傳與環境　473
二、性別差異　475
三、種族差異　476

第四節　皮亞傑的智力發展理論

一、智力發展的性質　478
二、智力發展的階段　479
　(一) 感覺運動期
　(二) 前運思期
　(三) 具體運思期
　(四) 形式運思期

第五節　智能特殊者

一、超常兒童　484
　(一) 超常兒童的特點
　(二) 超常兒童的發展和影響因素
二、智能不足者　486
　(一) 智能不足及其原因

補充討論 12-2：白痴天才

　(二) 早期干預

本章摘要

建議參考資料

在走向 21 世紀的今天，人們評價最高的人格特質是能力。因為在當今社會，那些能理解和運用高度抽象的數學、物理、化學和經濟概念的人，很可能會得到更多的收入和更高的地位；那些能迅速掌握和運用知識技能與新訊息的人，就能更好地適應迅速變化的現代化環境。人們經常在議論一個人的能力，渴望自己的下一代的能力更強── 青出於藍而勝於藍。

能力是一種很重要的人格特質，也是使用甚廣的一個概念。在本章中，我們將從一個籠統的定義出發，分析能力與知識技能的關係以及心理學中經常提到的一些能力。各種各樣的能力都離不開人們通常所說的"智力"。智力是一個很抽象的概念，它吸引了許多心理學家持久而熱情的探討。由於研究取向的不同，對於像什麼是智力？智力由哪些因素或成分組成？智力是天生的秉賦還是由文化教育決定的？智商測驗能否測出一個人的智力？高智商的人是否容易取得高成就？人們的智力在性別和種族上是否有差異？至今沒有明確的答案。對於這些問題人們爭論不休，成了當今心理學研究中的一個熱點。

智力有一個形成和發展的過程。心理學家對智力的形成和發展的探討，除了智力測驗的途徑外，皮亞傑對兒童智力發展的探討是另一條途徑。兒童的智力發展經歷哪些階段？不同年齡階段的兒童的智力活動有哪些特點？對於這些人們頗感興趣的問題，我們將在皮亞傑的智力發展理論中加以闡述。而對少數天資特別聰穎的兒童和智能不足的兒童，我們也給予一定的關注。我們希望讀者通過本章的學習對以下各點能獲得較明確的認識，並進而加深對個體人格差異性的認識。

1. 能力的性質和分類。
2. 智力的研究取向和智力測驗的性質。
3. 遺傳和環境在智力發展中的作用。
4. 兒童智力發展主要階段的特點。
5. 如何正確對待天資聰穎的兒童和智能不足的兒童。

第一節 能力的本質

為什麼討論人格時要論及能力呢？這是因為能力也是一種重要的人格特質。什麼是能力？要回答這個問題，看似容易，其實是一件相當困難的事。在這一節裏，我們將從能力的定義、能力與知識技能的關係以及人們經常說到的各種能力來考察能力的本質。

一、定 義

能力一詞，我們在日常生活中非常熟悉。例如，我們經常聽到人們如下的一些議論：這個孩子真聰明，那個孩子有些笨；某某擅長演說，某某有數學才能專長；某畫家創作了一幅新油畫，某工程師發明了新機器。這些說法都是在說明人們在某種活動中表現出來的能力。

雖然人們都知道能力這個詞，但要給它下一個科學定義，卻非易事。在西方心理學中，**能力** (ability) 一詞有兩種含義：既可解釋為實際能力也可解釋為潛在能力。**實際能力** (actual ability) 是指個人現在實際所能做的。例如說，某人能說俄語、能騎自行車等，就是指他現在實際具備的能力。這種能力以知識技能來表現，而知識技能主要是學習的成就或訓練結果。所以實際能力也稱為**成就** (achievment)。**潛在能力** (potential ability) 不是指個人已經發展出來的實際能力，而是指如果通過訓練可能達到的水平，在英語中常用 capacity (能量)、potentiality (潛力) 或 aptitude (能力傾向或性向) 等詞來表示。

在前蘇聯的心理學中一般把能力定義為"作爲順利完成某一種或某幾種活動條件的心理特徵" (趙璧如譯，1953，210 頁)，或"作爲成功地完成某些活動的條件的那些個性心理特徵" (朱智賢等譯，1957，488 頁)。這種觀念在前蘇聯比較流行。魯賓斯坦則提出一個與衆不同的定義，他認為"能力就是在個體身上固定下來的概括化的心理活動系統" (趙璧如譯，1965，130 頁)。

綜合各家觀點，大致可以這樣確定能力的概念：**能力**是個人能勝任某種工作或完成某項任務所必須具有的人格特徵。這種人格特徵可以是由先天因素決定，例如某些經過遺傳而獲得的基本素質；也可以是經過學習訓練而獲得，例如解決某個專業領域的問題或處理某種實際問題的能力。不論能力主要是來自先天或是後天，如果它是指當時已經具備而不需要進一步訓練的，這種人格特徵即為**實際能力**。如果是指經過適當訓練才能完成某項任務的人格特徵，即為**能力傾向 (或性向)** (aptitude)。

二、能力和知識技能的關係

能力和知識技能是既有區別又有密切聯繫。

首先，知識技能不同於能力。個人所掌握的知識就是信息在頭腦中的儲存。技能是個人掌握的動作方式。例如證明一道幾何題，人在推證的過程中所應用的公理、定理、定義、公式等屬於知識；而在推證過程中思維活動的嚴密性和靈活性則屬於能力。如果一個人不僅在證明這道幾何題時思維分析是嚴密的、簡練的、迅速的，而且這種簡捷的思維運作還能經常遷移到不同的運算場合，這時我們就可以說他具有數學運算的思維敏捷能力。又如，在學騎自行車時，操作自行車的一套動作方式是技能，而支配此動作方式的心理過程的穩定特點則屬於能力。如果一個人不僅在學自行車時表現出動作敏捷，而且在掌握其他技能時也經常表現出這一特點，這時我們就可以說他具有動作敏捷的能力。

能力和知識技能是密切聯繫的。它們之間的相互聯繫表現為，一方面能力是在掌握知識技能的過程中形成和發展起來的。例如學生在掌握知識的同時，也就掌握了思維運作，從而發展了智力；學生在掌握繪畫技能的同時，也就形成了繪畫能力。離開了學習和訓練，任何能力都不可能形成，更不可能得到發展。另一方面掌握知識技能又是以一定的能力為前提的。能力制約著掌握知識技能的難易、速度和鞏固程度。隨著知識技能的掌握又會導致能力的提高或新能力的發生。

雖然，能力離不開知識技能，但能力和知識技能畢竟不是一回事。一個學生靠死記硬背可能取得比較好的成績，但能力可能是差的。另一個學生儘管考試時沒有取得良好的成績，但他能靈活地思考，甚至能創造性地解決問題，這說明他的能力比較強。因此，能力不表現為知識技能本身，而是表現在獲得知識技能的動態上，即在其他條件相同時，個人掌握知識技能時所表現出的快慢、深淺、難易以及鞏固的程度。

正因為能力和知識技能既有聯繫又有區別，因此，教師單憑考試成績來判斷學生能力的大小是不妥的。在教學過程當中，教師不僅要向學生傳授知識，而且更注重對能力的培養。這樣才能使他們更好地去接受新知識，發現新問題，進行創造，成為有創造能力的一代新人。

三、能力的種類

人的能力很多，可以從不同的標準進行分類，一般可分為以下幾種：

(一) 一般能力和特殊能力

一般能力 (或普通能力) (general ability) 是在許多基本活動中都表現出來，且各種活動都必須具備的能力。例如，觀察力、記憶力、思維力、想像力都屬於一般能力。學習、工作、創造發明以及任何活動的順利完成，都離不開這些能力。一般能力的綜合也稱為**智力** (intelligence)。

特殊能力 (special ability) 是在某種專業活動中所表現出來的能力。例如，數學能力、音樂能力、繪畫能力、機械操作能力等，這些能力對於完成相應的活動是必需具備的。每一種特殊能力都是由完成該活動性質所制約的幾種基本的心理特性構成。例如，構成音樂能力的基本組成成分有：(1) 曲調感，即區分旋律和曲調特點的能力；(2) 聽覺表象，即能隨意地使用反映音高關係的聽覺能力；(3) 音樂的節奏感，即感受音樂的節奏並能準確地再現它的能力。人要順利地完成某種活動，必須具備一般能力和該種活動的特殊能力，兩者缺一不可。

(二) 模仿能力和創造力

模仿能力 (imitation ability) 就是仿照他人或其他事物使自己的行為舉止與被模仿者相同的能力。模仿能力的水平，表現為個人的行為方式與被模仿者的相似性上；兩者愈相似，則模仿能力愈強，反之則模仿能力愈差。

創造總是與創造產物相聯繫的。創造產物通常是指“首創”加“適宜”的產物。如藝術作品，科學理論，有創見性的談話和奇特的建築等。**創造力**

(creativity) 是指產生既是首創又是適宜的產物的能力。在創造力中，創造思維和創造想像起著十分重要的作用。模仿能力和創造力有密切的聯繫。人們通常是先模仿，然後進入創造；而在創造中也有借鑑。

(三) 認知能力和元認知能力

認知能力 (cognitive ability) 是指智力。一個人頭腦裏儲存著某種知識是一回事，但這些知識在他需要的時候能否加以利用卻是另一回事；具有技能和應用技能是兩回事；改進某種作業和對作業改進的了解也是兩回事。對於這些差異可以用元認知能力來加以説明。**元認知能力 (或後設認知能力)** (metacognitive ability) 是指個人對自身的心理狀態、能力、任務目標、認知策略等方面的認識以及對自身各種認知活動的計畫、監控和調節的能力。人們的元認知能力有很大的差別。專家和新手的明顯區別不僅在於前者對本行知識知道得較多，而且還在於善於監控和組織他的認知活動，也就是說，在元認知能力上他們有明顯的區別。

(四) 液態能力和晶態能力

液態能力和晶態能力是卡特爾 (Horn & Cattell, 1966) 理論中的術語。**液態能力** (fluid ability) 也稱**液態智力 (或流動智力)** (fluid intelligence)，是指在遇到新異情境且沒有固定答案的情況下，需要個人隨機應變、運用思考加以解決問題的能力。這種能力依賴於先天的秉賦，主要與神經系統生理機能發展狀況有關，而較少受教育與文化環境的影響。**晶態能力** (crystallized ability) 也稱**晶態智力 (或固定智力)** (crystallized intelligence)，是指在有固定答案的情況下個人以事實性資料的記憶、辨認和理解來解決問題的能力。這種能力依賴於知識經驗的多寡，主要受教育與文化環境影響。晶態能力依賴於液態能力。如果兩個人具有相同的經歷，其中一個有較強的液態能力，那麼他將發展出具有較強的晶態能力。然而，一個有較強液態能力的人如果生活在貧乏的智力環境中，那麼其晶態能力的發展將是低下或平平的。

歸納以上說明，我們對能力這一概念可以得出以下兩點認識：一是能力是個人能勝任某種工作或完成某項任務所必須具有的人格特徵，分為實際能力和能力傾向，它表現在個體掌握知識技能的難易、速度和鞏固程度上。二是能力的種類很多，這說明能力的組成成分十分複雜，其中智力則是一般能力的綜合。

第二節　智力與智力測驗

與其他人格特質一樣，人們對智力的研究也有不同的取向。對智力研究最有應用價值的要算是智力測驗。在這一節裏，我們將討論智力研究的三種取向：因素取向、訊息處理取向和原型取向，並討論對個人智力測量的一些基本問題。

一、智力的研究取向

通常人們把智力與聰明、機靈作為同義語來使用。但在心理學界，智力一詞迄今沒有一致公認的定義。下面是一些心理學家對智力的定義：

> 在我們看來，在智力中存在著某種基本的能力，它的改變或欠缺對於實際生活甚爲重要。這種能力是判斷，或所謂良好的辨別力、實際的辨別力、主動性、一種使自身適應環境的能力。善於判斷、善於理解、善於推理，這些都是智力的基本活動。(Binet & Simon, 1905, p.191)

> 智力是使個人有目的地行動、合理地思考、有效地應付環境的一種綜合能力。(Wechsler, 1958, p.3)

> 智力是一種心理上的自我管理。(Sternberg, 1985, p.116)

對於上述定義人們可能感到晦澀難懂，其實它們正是反映了心理學家對智力的三種基本研究取向，即因素取向、訊息處理取向和原型取向。

(一) 因素取向

對於智力研究的因素取向始自斯皮爾曼 (Charles Edward Spearman, 1863～1945)，經瑟斯頓 (Louis Leon Thurston, 1887～1955)，至吉爾福德 (Joy Paul Guilford, 1897～1987) 大致告一段落。**因素取向** (factor approach) 就是對智力測驗的資料用**因素分析** (factor analysis) 方法來確定最少量的因素或能力傾向，把智力視為由相互獨立的心理能力所組成。

因素分析的創始人英國心理學家斯皮爾曼認為智力由兩種因素構成：一般因素和特殊因素。人完成的任何一種作業都是由這兩種因素決定的。**一般因素 (或普通因素)** (general factor) 簡稱 **G 因素** (G-factor)，是個人的基本能力，它是決定智力測驗上表現的主要因素。**特殊因素** (specific factor) 簡稱 **S 因素** (S-factor)，是和特殊能力或特殊測驗有關的。用智力測驗測得的智力是反映一定數量的一般因素和一定數量的各種特殊因素的總和。不論個人有幾種特殊因素，這些特殊因素間可能彼此互相獨立，也可能彼此有些重疊，但是它們必定都含有一部分的一般因素。斯皮爾曼的智力理論稱為**智力二因論** (two-factor theory of intelligence)，也稱**二因素說 (或二因論)** (two factor theory)。

瑟斯頓是著名的心理計量學權威。他初學工程，曾為大發明家愛迪生的助手，並創立多因素分析方法。他反對斯皮爾曼所強調的一般智力，認為智力可以分解為若干基本能力。他用由 56 個測驗組成的一組測驗對 218 名大學生進行測驗，然後用因素分析法求得構成智力的七種因素或七種**基本心理能力** (primary mental abilities，簡稱 PMA)，即 (1) 詞的理解力 (verbal comprehension，簡稱 V)：了解詞的意義的能力；(2) 語詞流暢性 (word fluency，簡稱 W)：拼字正確迅速和詞義聯想敏捷的能力；(3) 計數能力 (number，簡稱 N)：正確而迅速地解答數學問題的能力；(4) 空間知覺能力 (space，簡稱 S)：運用感知經驗正確判斷空間方向及各種關係的能力；(5) 記憶能力 (memory，簡稱 M)：回憶詞刺激物的能力；(6) 知覺速度 (perceptual speed，簡稱 P)：迅速準確地抓住視覺形象細節和看出畫面上異同的觀察能力；(7) 一般推理 (general reasoning，簡稱 R)：根據已知條件進行推斷的能力 (Thurstone & Thurstone, 1962)。瑟斯頓的智力理論稱為**群因素說 (或群因論)** (group factor theory)。

吉爾福德是康乃爾大學鐵欽納門下的研究生兼助手，熟諳因素分析法。最初吉爾福德所提出的**智力結構理論** (structure-of-intellect theory) 把智力分為 120 種。在他看來，人類的智力活動包括著三類不同的事件：(1) 智力活動的內容，(2) 進行智力活動的操作，以及 (3) 智力活動的產物。當時他把智力活動的內容分為形狀的、符號的、語意的和行動的四類；把智力活動的操作分為評價、擴散式思維、聚斂式思維、記憶、認知五類；將智力活動的產物分為單元、類別、關係、系統、轉換、含義六類，即得 4 (不同內容)×5 (不同的操作)×6 (智力的產物)＝120 種不同能力。1977 年他根據智力測驗研究結果的因素分析，對自己的理論作了修改，將智力活動內容中的形狀一類改為視覺的和聽覺的兩類，於是人類的智力結構成為 5 (內容)×5 (操作)×6 (產物)＝150 種不同能力。1988 年吉爾福德又對自己的理論作了修改，將智力操作中記憶一類改為記憶收錄和記憶保存兩類，最後人類的智力結構成了 5 (內容)×6 (操作)×6 (產物)＝180 種不同能力 (Guilford, 1988)，如圖 12-1 所示。

吉爾福德的智力結構理論是根據智力測驗而推論出來的。茲按圖 12-1 所示，對該理論說明如下。內容是測驗時給與受測者的信息，是其智力活動的對象和材料，包括視覺的 (顏色、形狀等)、聽覺的 (聲音)、符號的 (數字、文字、圖案等)、語意的 (即語言所包含的意義)、動作的 (即他人的外顯行為)。操作指智力的加工活動，包括認知 (即辨別、理解等智力操作)、記憶收錄 (即刻記憶)、記憶保存 (較長時間的記憶)、擴散式思維 (從不同角度思考問題的思維方式)、聚斂式思維 (根據已有經驗按邏輯途徑尋求固定答案的思維方式)、評價 (對信息進行評估、選擇的過程)。產物是指智力活動所產生的結果。這些結果可以按單位計算 (單元)，可以分類處理 (類別)，也可以表現為關係、系統和含義。吉爾福德相信，不同的智力因素都可以運用不同的測驗來檢驗。例如，給被試一系列四個字母的組合，如 PIAS、FHKY、DSEL，要求其將它們重新組合成熟悉的單詞，如 FISH、PLAY、DESK 等。在這一測驗中，智力活動的內容為符號，操作為認知 (即理解和再認)，產物為單元，即按重新組合的字詞數來計算成績。根據產物的數量即可測出一個人的符號認知能力。從人格心理學的角度來看，吉爾福德的智力理論則有助於我們理解人格結構之多樣性。

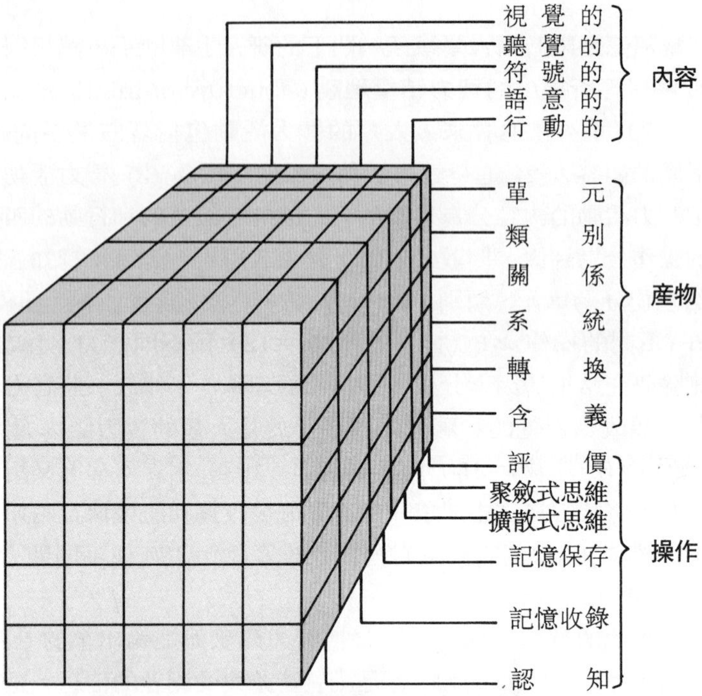

圖 12-1 吉爾福德的智力結構模型收錄
(採自 Guilford, 1988)

(二) 訊息處理取向

在 20 世紀 60 年代以前，對智力的研究以因素取向占主導地位。但隨著認知心理學的興起，產生了一種新的研究取向──**訊息處理取向 (或信息加工取向)** (information-processing approach)。這種研究取向的基本觀點是由人類從事智力活動所顯現的認知過程來理解智力。進而言之，訊息處理取向就是用實驗的方法對智力活動中的各種心理過程進行測定，以解答如下的一些問題：

1. 各種智力測驗中包含有哪些心理過程？
2. 這些過程進行的速度和準確性怎樣？
3. 信息是以什麼心理表徵在頭腦中運作的？

訊息處理取向不用因素去解釋智力，而是試圖確定構成智力行為基礎的心理過程。訊息處理取向假設在某一作業上所表現出來的個別差異取決於人們所運作的特殊心理過程及其運作速度和正確性。其具體方法是運用一定作業的訊息處理模式，以確定對有關心理過程的恰當測量。在評定智力的指標上，訊息處理取向不同於靜態的因素取向僅以正確反應次數為指標，而是以動態的反應時間、正確率、覺察時間 (inspection time) 甚至眼動和腦電的平均誘發電位 (average evoked potential) 以及處理策略 (processing stratege) 等作為指標，來確定智力行為基礎的心理過程的特點。

表 12-1 斯騰伯格的智力成分

成　分	過　程
元成分	在一個作業中負責規劃、監控和決策的執行過程
作業成分	執行計畫並完成由元成分選擇決定的過程
獲得成分	獲取新訊息和貯存新訊息的過程
記憶成分	根據不同的情境從原先貯存在記憶中提取訊息過程
轉移成分	在陌生或新奇情境中訊息轉移的過程

(採自 Sternberg, 1985)

下面以斯騰伯格 (Sternberg, 1985) 的研究及其**智力成分理論** (componential theory of intelligence) 來說明訊息處理取向。斯騰伯格假設，被試具有一組他稱之為**成分性智力**(**或組合性智力**) (componential intelligence) 的心理過程，這組心理過程以某種組織的方式運作，以產生在智力測驗上可見的反應。他所說的成分大致分為五類，如表 12-1 所示。斯騰伯格從一種智力測驗中選出某一特殊作業將其運用於一系列的實驗中，試圖確定該作業所包含的成分。例如，讓被試做如下的一個類比測驗：

律師：客户 :: 醫生：(a、醫藥 b、患者)

斯騰伯格透過一系列類似此例作業的實驗，得出結論認為：這裏關鍵性的成分是編碼過程和比較過程。被試通過對形成給定詞的一種心理表徵，來對類比問題中的每一個詞進行編碼。在此例中，被試從長時記憶中提取這個詞的有關屬性，例如"律師"一詞的心理表徵可能包括大學畢業、熟悉法律

補充討論 12-1

認知速度年老衰減研究

在畢生發展過程中，反應時間與年齡增長的相關曲線呈 U 字形，其凹點在 20 歲附近。20 歲之前，反應時間隨增齡而縮短，反映腦功能的成熟過程；20 歲以後，反應時間隨增齡而延長，反映腦功能的衰退過程。國外許多老年認知心理學家大多都集中於研究青年 (20 歲) 與老年 (65 歲或 75 歲) 之間作業速度的函數關係，並提出一些理論解釋。例如認為，個人的所有認知加工速度均隨年老呈比例地衰減，中樞認知加工速度減慢較外周感覺-運動加工速度的減慢要快；老年人認知速度減慢與信息的遺失有關等。

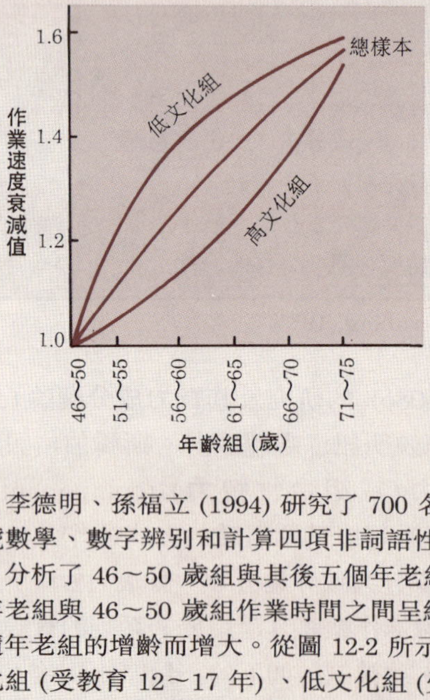

圖 12-2
總樣本及高、低文化組作業速度年老衰減斜率曲線
(採自李德明、孫福立，1994)

李德明、孫福立 (1994) 研究了 700 名 46 歲至 75 歲中老年被試在心算、符號數學、數字辨別和計算四項非詞語性認知作業上的速度。以 5 歲為一齡段，分析了 46～50 歲組與其後五個年老組作業時間之間的關係。結果表明，各年老組與 46～50 歲組作業時間之間呈線性函數關係，且線性方程式的斜率值隨年老組的增齡而增大。從圖 12-2 所示的總樣本 (平均受教育 11.4 年)、高文化組 (受教育 12～17 年) 、低文化組 (受教育 6～11 年) 作業速度衰減斜率值的擬合曲線可以看出，總樣本作業速度年老衰減斜率擬合曲線居中，表明作業速度衰減速率不隨年老而加快。高文化組 (受教育 12 至 17 年) 的擬合曲線居下，作業速度減速率在任何年齡都較總樣本和低文化組要小，說明受教育水平高的被試作業速度隨年老衰減較慢；只是到 60 歲之後作業速度衰減才開始加速。低文化組的情形則反之，作業速度隨年老衰減較快，低文化組被試作業速率在 60 歲前明顯快於 60 歲後。這說明文化教育因素及其相關的腦力勞動的複雜程度對認知速度年老衰減過程有明顯影響。

程序、在法庭上代表委託人等屬性。一旦對類比問題中的所有詞都形成**心理表徵** (mental representation)，被試的比較過程便是掃描這些表徵，找出解決類比問題的恰當屬性。

類比問題中還包括其他過程，但斯騰伯格認為，在這一作業上的個別差異，主要取決於編碼和比較過程的有效性。實驗表明，在類比問題上得分高的人 (熟練的被試)，比起在此類問題上得分低的人 (不熟練的被試)，要花更多的時間編碼，並能形成更準確的心理表徵。反之，在比較階段，熟練的被試在匹配屬性上要比不熟練的被試快，但兩者在匹配屬性上卻一樣準確。因此，熟練的被試其較好的測驗分數是基於其編碼過程不斷精確，但他們解題所需要的時間是緩慢的編碼速度與快速比較的複雜組合。

訊息處理研究取向常用反應時間作指標來探測頭腦中的訊息處理特點。近年來，用反應時間作為指標評價認知功能的年齡差異取得了一定的進展，特別是對認知速度隨年老而衰減的研究，參見補充討論 12-1。

(三)　原型取向

廣義地說，**原型** (prototype) 即是任何反應組型的原始形態。奈瑟 (Neisser, 1979) 下面的一段話，道出了智力**原型取向** (prototype approach) 的特點：

> 我們能否把一個人稱爲“聰明”，主要取決於這個人與某個想像中原型的大致相似性。正如同我們稱某物體爲“椅子”的自信，取決於此物體與標準椅子的相似性。所謂智力，並沒有任何決定性的標準，它是一個模糊的概念，有許多相關的特徵。可能有兩個人都頗爲聰明，但彼此共同的特質卻極少——他們在不同的維度上與原型相像，相像是一種外在的事實而非內在的要素。我們可能對智力作出有過程依據的定義，因爲它並非是一種單一的性質，而是兩個個體：真實和原型之間的相似程度。(Neisser, 1979, p.185)

有些研究表明，公衆與專家對“智力”具有相當明確的原型，例如，斯騰伯格等人 (Sternberg, Conway, Ketron, Bernstein, 1981) 曾做三項研究：(1) 對大學圖書館、超級市場和火車站候車室裏的人們進行調查，請他們列出“智力”、“學業智力”和“日常智力”或“無智力”的行為特徵；(2) 請專家和公衆 (包括學生) 對上述調查所列出的行為作重要性及其是否真為智力特徵的評等；(3) 向公衆呈現某些虛構人物行為特徵的書面描述，並要求他們評定這些人的智力。結果發現人們確實對“智力”有著相當明確的原型，且專家和公衆的標準原型也極為相似。張厚粲、吳正 (1994) 做過兩項調查：(1) 在北京、蘇州、常州三市隨機選取 120 人 (15～60 歲)，請他們根據自己的理解，對高智力成人和高智力兒童分別列出 10 個最顯著的特徵。回收調查表後，得到頻數最高、最具代表性的描述為高智力兒童和成人的特徵各 15 項，製成成人和兒童高智力特徵的兩種調查表。(2) 採用等比例分層抽樣法，在北京市抽取不同性別、年齡、文化教育程度和職業類型的成年人 300 名，發出上述調查表，要求他們從調查表給出的 15 項高智力兒童特徵和 15 項高智力成人特徵中，分別選出最重要的 10 項，並對其重要性進行排序。結果表明，我國大陸普通居民對智力的理解，從總體上說具有較大的一致性，且與心理學專業人員對智力的看法有一定的相似之處。被描述為高智力成人和高智力兒童的主要行為特徵如表 12-2 所示。

綜上所述，因素取向試圖從**心理測量學** (psychometrics) 的角度探討智

表 12-2　公衆認爲高智力兒童和高智力成人的主要特徵

次序	兒童		成人	
	智力特徵	平均等級	智力特徵	平均等級
1	好奇心強	3.90	邏輯思維好	3.32
2	愛思考和提問	5.17	接受新事物能力強	6.20
3	富有想像力	5.29	適應能力強	6.89
4	反應快	5.60	有洞察力	6.92
5	富有創造性	7.20	富有創造性	6.94
6	觀察能力強	7.84	富於想像	7.14
7	記憶力強	7.98	自信	7.59
8	動手操作能力強	8.81	獨立性強	8.26
9	模仿能力強	9.05	富有好奇心	8.37
10	興趣廣泛	9.13	記憶力好	8.44
11	表達能力強	9.51	精力充沛	9.54
12	獨立性強	9.80	善於表達	9.57
13	自信	9.90	動手能力強	9.61
14	注意力集中	10.21	興趣廣泛	10.49
15	適應能力強	10.65	有幽默感	10.73

(採自張厚粲、吳　正，1994)

力的組成成分。訊息處理取向試圖從認知心理學的角度探討智力的機能。原型取向則放棄了對智力的嚴謹定義，從公衆的智力觀的角度來探討智力的性質。由此也可以看出，智力是一個界限模糊、內涵豐富的概念。

二、智力測驗

用一定的方法來評鑑一個人的智力，在我國有著悠久的歷史。早在兩千多年以前，孔子就根據他對學生品德、能力方面的觀察，把學生分為若干等級 (中人、中人以上、中人以下)。唐代初期科舉考試中的秀才科注重博識高才。錄取標準如下：文理俱高者為上上，文高理平、理高文平者為上中，文理俱平者為上下，文理粗通為中上，凡四等為及第，文劣理滯為不第 (通考・選舉考)。在科舉考試時還用對偶法考查人的智力。例如，犬守夜：(鷄司晨)；蠶吐絲：(蜂釀蜜) (林傳鼎，1980)。在西方，高爾頓 (Sir Francis Galton, 1822～1911) 提出了第一個測量智力的測驗。他使用這套測驗測量諸如頭的大小、反應時間、視敏度、視覺形象記憶、呼吸容量和握力。他發現在頭的大小方面，著名英國科學家與普通公民没有差别，並且握力與聰明也没有什麼關係。高爾頓的測驗未能證明其實用性。對現今智力測驗貢獻最

圖 12-3 比 納
(Afred Binet, 1857～1911) 現代智力測驗之父，1857 年生於法國的南西，1878 年畢業於巴黎大學法律系，1894 年獲科學博士學位。在巴黎大學修讀博士期間，對催眠術和精神病學發生興趣，30 歲開始研究人類智力，並對心理學的發展作出了傑出的貢獻。

大的是法國心理學家比納 (Afred Binet, 1851～1911)。他受法國公共教育部的委託，為了解決當時巴黎公立學校十分擁擠，且很多智力低下的兒童在這種學校裏又學不到什麼東西的現象，與另一位法國心理學家西蒙 (Théodore Simon, 1873～1961) 一起於 1905 年設計出第一個量表。該量表被稱為**比納-西蒙量表** (或**比西量表**) (Binet-Simon Scale)。

(一) 個別智力測驗

在臨床上，對一個人的智力進行鑑定，通常都採用**個別智力測驗** (individual intelligence test)，即一次只施測於一個被試。這種一對一的測驗能使臨床醫生了解被試的態度、動機和情緒，從而能進一步了解測驗所得 IQ 分數的含義。這是**團體智力測驗** (group intelligence test) 無法了解到的。最常用的個別智力測驗是斯坦福-比納量表和韋克斯勒量表。

1. 斯坦福-比納量表　比納-西蒙量表於 1908 年和 1911 年作過兩次修訂。它傳入美國後由推孟 (Lewis Madison Terman, 1877～1956) 在斯坦福大學於 1916 年做過修訂，稱為**斯坦福-比納量表** (或**斯比量表**) (Stan-

圖 12-4 推　孟
(Lewis Madison Terman, 1877～1956) 美國心理學家推孟，1877 年生於美國印第安納州，於克拉克大學獲得哲學博士後在斯坦福大學執教，1910 年為助教，1916 年升為教授。因修訂比西量表使之適用於美國而聞名。斯比量表曾被多次修訂，還對天才性格，性欲與性格的關係以及幸福婚姻的心理因素做過研究，1956 年在加州的斯坦福去世。

ford-Binet Scale) 。該量表在 1937 年、1960 年、1972 年、1986 年作過修訂。大陸和台灣都已將斯坦福-比納量表譯成中文並加以修訂。

在 1986 年修訂版之前，斯坦福-比納量表一直屬於年齡量表：由年齡 II 至優秀成年 III，共分為 21 個年齡層次，每一個年齡層有六個項目。通過一個項目代表心理年齡一個或兩個月 (取決於該項目是處於年齡層 V 之前或之後)。以得到的**心理年齡 (或智力年齡)** (mental age，簡稱 MA) 總和，除以個人的**生理年齡 (或實足年齡)** (chronological age，簡稱 CA)，再乘以 100，以消去小數點，所得之數即為**智商 (或智力商數)** (intelligence quotient，簡稱 IQ)。其公式是：

$$(MA / CA) \times 100 = IQ$$

修訂的斯坦福-比納量表的新版本 (Thorndike, Hagen, & Sattler, 1986) 所依據的理論模型和施測程序等方面，都與舊版有明顯的不同。例如，新版以智力的層次模型為依據，最高層次是一般認知能力 (g)，下面的層次是晶態能力，液態/分析能力和短時記憶，如圖 12-5 所示，每一種能力都包含一些特定的項目。因此，新版中有一系列的分測驗。每個分測驗

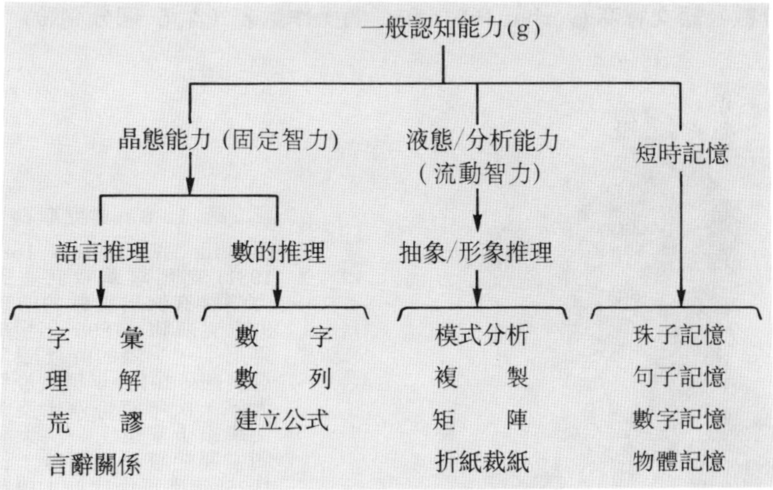

圖 12-5 新版斯比量表所評鑑的認知能力因素
(採自 Thorndike, Hagen & Sattler, 1986)

的組成項目類型雖然相同，但難度卻不同，適用對象從兩歲直到成年人。又如，新版採用**多階段施測** (multistage testing) 的適應性測驗模式。其第一階段進行語文分測驗，以順利通過兩項為“基礎水平”；再繼續測驗後，以連續不能通過 3、4 個項目而停測，確定“最高水平”。以語文分測驗的兩項成績和實足年齡來確定其他測驗的起始水平。因而年齡相同的被試不一定都接受相同的測試題目。據稱新版斯坦福-比納量表的信度和效度都較理想。但是應當注意，智商是各種因素聚合的產物，其中有些因素可能反映智力潛能，有些則可能涉及動機、健康狀況、教育程度和文化背景等因素。

2. 韋克斯勒量表 1939 年，韋克斯勒 (David Wechsler, 1896～1981) 發表了**韋克斯勒-貝勒維智力量表 (或魏貝量表)** (Wechsler-Bellevue Intelligence Scale)。該量表是為了修正舊版斯坦福-比納量表的部分欠缺而設計的。其主要特點有三：第一，它的適用對象是成人，測驗的內容較少帶有學業成分，不像舊版斯比量表那樣具語文取向。第二，韋氏量表集合所有類似的項目成為一個分量表，而斯比量表則將項目分別安排在各年齡層次中。例如，在韋氏量表中，所有算術題放在一起成為一個分測驗，難度由淺而深安排。整個測驗分為一個語文量表 (含 6 個分測驗)，按此量表測得的結果計算而得的智商分數為**語文智商** (verbal IQ)；和一個操作量表 (含 5 個分測驗)，按有關

圖 12-6 韋克斯勒
(David Wechsler, 1896～1981) 創用離差智商並對智力測驗有傑出貢獻的心理學家韋克斯勒，1896 年生於羅馬尼亞，6 歲的時候隨父遷居美國，1916 年畢業於紐約大學，次年獲哥倫比亞大學文學碩士學位。一次大戰期間主要從事心理測驗工作，1925 年獲哥倫比亞大學哲學博士學位，從 1932 年起任紐約貝勒維精神病院主任心理學家，直至 1967 年退休，1981 年去世。

實際操作類題所得分數計算而得的智商分數為**操作智商 (或作業智商)** (performance IQ)。因此，該量表除了一個**全量表智商** (full scale IQ) 外，每個量表還分別有一個智商分數。目前韋克斯勒量表有三種：**韋氏成人智力量表 (或魏氏成人智力量表)** (Wechsler Adult Intelligence Scale，簡稱 WAIS)，評定 16 歲以上成年人的智力，1939 年首次發行，1955 年首次修訂為**韋氏成人智力量表修訂版** (Wechsler Adult Intelligence Scale Revised，簡稱 WAIS-R) 於 1981 年發行；**韋氏兒童智力量表 (或魏氏兒童智力量表)** (Wechsler Intelligence Scale for Children，簡稱 WISC)，評定 6 至 16 歲少年兒童的智力發展水平，1949 年首次發行，1974 年首次修訂；**韋氏學前及學童智力量表 (或魏氏學前智力量表)** (Wechsler Preschool and Primary Scale of Intelligence，簡稱 WPPSI)，評定 4 至 6 歲半兒童的智力，1967

表 12-3　韋氏成人智力量表的構成

測　驗	項目內容
語文量表	
常　識	要求回答一系列常識問題。例如，“幾個 5 分是一角？”
理　解	測驗評估過去經驗的實際知識和能力。例如，“在銀行存款有什麼好處？”
算　數	測驗算術推理能力的口試。
類　同	要求說明一定物體或概念 (如鳥蛋和種子) 有何相似，以測量抽象思維能力。
數字廣度	聽過一組數字 (例如，7–5–6–3–8) 以後，要求以正向或反向復述，來測量注意力和機械記憶能力。
詞　彙	測驗語詞知識。
操作量表	
數字符號	在限定時間內把數字與不同形狀的記號組合起來。測量學習速度和書寫速度。
填　圖	在未完成的圖畫中把遺漏的部分找出來，並加以命名。測量視覺敏感度和視覺記憶。
積木圖案	用積木複製圖案設計。測量知覺和分析圖形的能力。
圖片排列	按正確的順序排列一組連環畫以說明某個故事。測量理解社會情境的能力。
物體拼配	把積木塊組合起來構成一個完整的物體。測量處理部分與整體關係的能力。

(採自 Wechsler, 1981)

年首次發行。上述三種量表在我國大陸和台灣都已譯成中文並作了修訂。表 12-3 是韋氏成人智力量表的構成和測驗項目的部分內容。

第三，韋氏智力量表廢棄了智力年齡的概念，保留智商的概念。但韋氏量表的智商已不是傳統的比率智商，而是離差智商。1960 年版的斯比量表也採用了離差智商。所謂**離差智商** (deviation IQ，簡稱 DIQ) 就是用標準分數來表示的智商。即讓每一個被試和他同年齡的人相比，而不像以前比納量表所用的智商是和上下年齡的人相比。1960 年修訂的斯坦福比納量表的離差智商使每一個年齡都有平均分數，M＝100，標準差 SD = 16；而韋氏成人和兒童智力量表，其均數也定為 100，但標準差 SD = 15。圖 12-7 中所示是1960年版斯比量表和韋氏智力量表用標準分數表示的正態分布曲線圖。圖 12-7 中將全體被試的分數分為 6 個等級，即均數上各加上 1、2 或 3 個標準差，分為三等；均數下各減去 1、2 或 3 個標準差，也分為三等。因此，一個人的智力就可以用他的測驗分數與同一年齡組其他人的測驗分數相比較來表示。

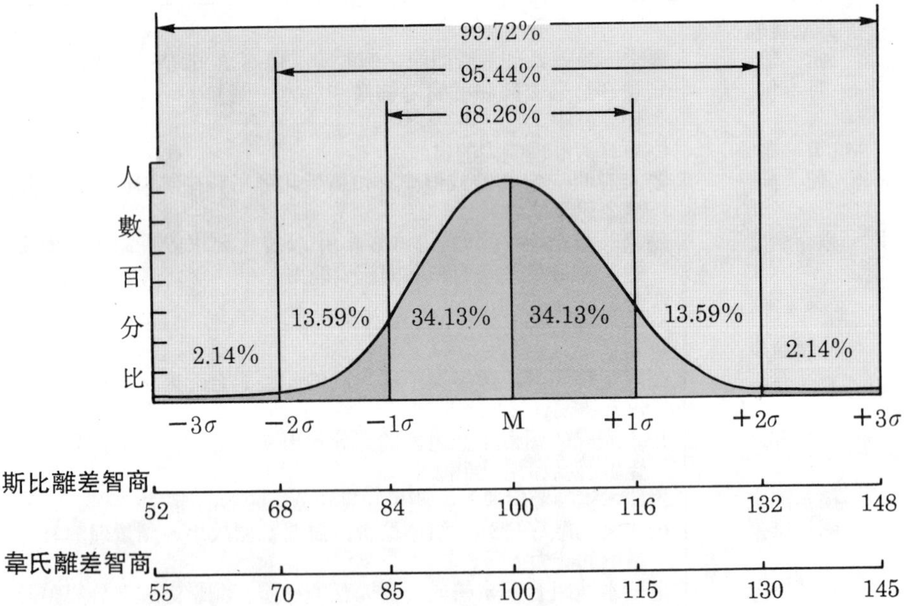

圖 12-7 用標準分數表示的離差智商常態分布

(採自黃希庭，1991)

(二) 智力測驗的效度

智力測驗有效嗎？或者說，智力測驗真的能測量出智力嗎？對於這個問題的回答，關鍵是看你如何理解智力。如果你所說的智力是指在學校裏學習成績好，或公衆極為重視的能力如語文能力、推理、閱讀和記憶等能力，答案也許是肯定的。如果你所說的智力是指社會生活中的聰明機智，如在事業上的成功，答案可能是否定的。如果你所說的智力是指與習得的知識技能無關的，與生俱來的能力，那麼答案幾乎可以說是否定的。

智商分數在測驗未來學業表現方面有顯著的效度。這是因為學校的學業成績與智商測驗分數之間有顯著的相關。在美國，智商在預測個人未來的職業地位方面也相當有效度。一項研究 (Brody & Brody, 1976) 發現，個人的職業地位與智商分數呈現正相關。這裏所說的職業地位不論是指個人的收入或是社會名望。但是個人一旦取得某種職業或進入某種行業之後，智力分數上的差異就不再能預測個人在該行業中成就的高低 (Matarazzo, 1972)。這是因為當個人進入某行業後，其他一些非智力因素 (如工作投入的程度、人際關係等) 在個人獲得成就上開始扮演著較主要的角色。

一個人事業上是否能取得成就除了智力、動機、堅持性等因素外，還需要一項重要的品質——**創造力** (creativity)。創造力不同於智力。林傳鼎 (1985) 研究大量有關創造力的文獻後，認為富有創造力的人有下列六類品質：(1) 能力，如觀念的流暢性、智力、知覺能力與模式識別能力等；(2) 認知風格，如推理評價的傾向、找問題的思維模式、判斷的自主性、抽象地對付情境的偏向、沈思性與衝動性等；(3) 價值，如傾向於高度評價複雜性，用沈著來應付雙關性和模糊性並善於對它進行分解和整理等；(4) 目的，對目的追求的不平凡獻身精神；(5) 信念，對個人的潛力、創造性產物以及創造過程等所持有的信念；(6) 策略，如具有類比、想像變形、大膽假設以及“腦力衝擊法”等發動創造性思維的策略。有創造力者必須具有高於一般的智力，但高智力者不一定具有創造力。

成就測驗 (achievement test) 是測量個人在受測之前所學得的知識技能。**能力傾向測驗 (或性向測驗)** (aptitude test) 則是預測個人在將來的成績。智力測驗到底是測量能力傾向還是測量成就？如果將智商作為個人能力的一種指標，那麼智力測驗便可看作是能力傾向測驗。但是只要我們仔細看看各種智力測驗的內容就會發現其中的題目不僅出現在許多成就測驗中，而且似乎也反映出個人應當在學校中習得的東西 (如“幾個 5 分是一角？”或“鷄蛋和種子有哪點相似？”)。與人們知識有關的題目能測驗出能力傾向嗎？其實，能力傾向測驗與成就測驗的區分不在於測驗項目的內容，而在於測驗的目的。例如大學入學考試可視為對個人在高中所習得知識的一種測量，但也可用來預測將來在大學中的表現。

(三) 文化公平測驗

一個人在智力測驗上的表現顯然依賴於他在其中生活的文化。要求用某一特定語言的語文測驗則更是如此。一個不會說英語 (或英語為非母語) 的孩子在英語的語文項目上的得分肯定不會與以英語為母語的孩子一樣好。許多測驗要求被試在某一時限裏做完題目，或者對較快的回答另外加分。但在某些文化中並不鼓勵人們作快速反應，他們不明白為什麼要越快越好。為了排除文化對智力測驗的影響，人們設計了**文化公平測驗** (culture-fair test)。這種測驗編製的指導思想是選用的題目對所有不同文化成員而言，都一樣熟悉或一樣不熟悉。

為了避免語文題目中的文化因素對智力測驗的影響。文化公平測驗採用非文字型的圖形測驗或畫人測驗。例如**瑞文氏非文字推理測驗** (Raven's Standard Progressive Matrices Test，簡稱 SPM) (Raven, 1938)，全部由從易到難排列的圖形構成，要求被試從提供的幾個圖形中選擇一個符合原圖形結構規律的圖案 (見圖 12-8)。又如**古迪納夫-哈里斯畫人測驗** (或

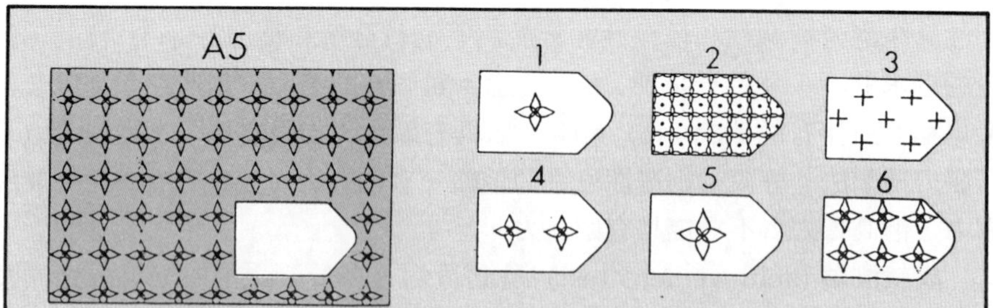

圖 12-8 瑞文氏非文字推理測驗中的試題
(被試要從右邊 6 個圖中選出一個適合於左邊圖形空白處的答案)

谷賀畫人測驗) (Goodenough-Harris Drawing Test，簡稱 GHDT) (Harris, 1963)，要求兒童畫出一個男人、女人或他們自己的樣子。但這些測驗能否真正做到文化公平是值得懷疑的。試想居住在貧窮農村的孩子從來沒有畫過圖畫、沒有見過圖畫、更沒有經歷過測驗，把他們在這些測驗上的表現與城市兒童的智商相比，難道是公平的嗎？

看來，要完全排除文化因素對測驗表現的影響是很困難。20 世紀 20～30 年代，前蘇聯心理學家維果茨基 (Lev Semyonovich Vygotsky, 1896～1934) 提出**最近發展區** (或**可能發展區**) (zone of proximal development) 的概念，也許是解決測驗中文化公平的另一條途徑。維果茨基認為兒童的智力發展不是自然而然地實現，而是在教學過程中與成人經常交往中實現的。因此兒童自己暫時還不會做的事情，可能在成人的幫助下而做到，因而不久就有可能學會獨立工作。基於此，他認為在確定兒童智力水平時不應只限於一次簡單的測試研究，而要進行兩次測試研究。第一次表明兒童如何獨立地解決測題，而第二次表明怎樣在成人幫助下解決測題。因此，能力評鑑的主要內容並不是對於單獨一次獨立解決測題的評定，而是獨立解決測題和在成人幫助下解決測題所得結果之差距。當一個兒童既不能獨立地，也不能在成人幫助下解決同齡兒童力所能及的測題時，才可以說他的能力水平不高。維果茨基把這種揭示能力水平的方式稱為確定最近發展區方法 (李沂等譯，1984)。

(四)　智商的穩定性

大多數兩歲前的嬰兒在智力測驗中獲得分數並不能預示他們將來的智力狀況。這是因為嬰兒的智力測驗基本上是由測量感覺、運動技能發展的項目所組成。例如，把塞子塞入缺口、用積木蓋房子、用棍子去取手搆不著的玩具、模仿大人的手勢等。這些項目與兒童和成人智力測驗中測量語言能力、認知和抽象思維能力的項目有極大的差異。因此以兩歲前兒童的測驗分數來預測其未來智力測驗的分數是靠不住的。

但是，以大一些兒童的測驗分數來預測其未來測驗的分數則是相當可靠的。杭黎克等人 (Honzik, Macfarlane, & Allen, 1948) 對兒童從出生 21 個月起就定期進行智力測驗，對學齡前兒童使用**加利福尼亞學前量表** (California Preschool Schedule)，對中小學生使用斯-比量表，對 18 歲成人使用韋克斯勒成人智力量表，結果如表 12-4 所示。由表 12-4 可以看出，從 6 歲和 6 歲以後智商分數已相當穩定，而且隨著年齡的增長，智商穩定性

表 12-4　2 至 12 歲兒童智商分數與各自 10 歲和 18 歲時智商分數的相關

年齡	與 10 歲時智商的相關	與 18 歲時智商的相關
2	.37	.31
3	.36	.35
4	.66	.42
6	.76	.61
7	.78	.71
8	.88	.70
9	.90	.76
10	—	.70
12	.87	.76

(採自 Honzik, Macfarlane & Allen, 1948)

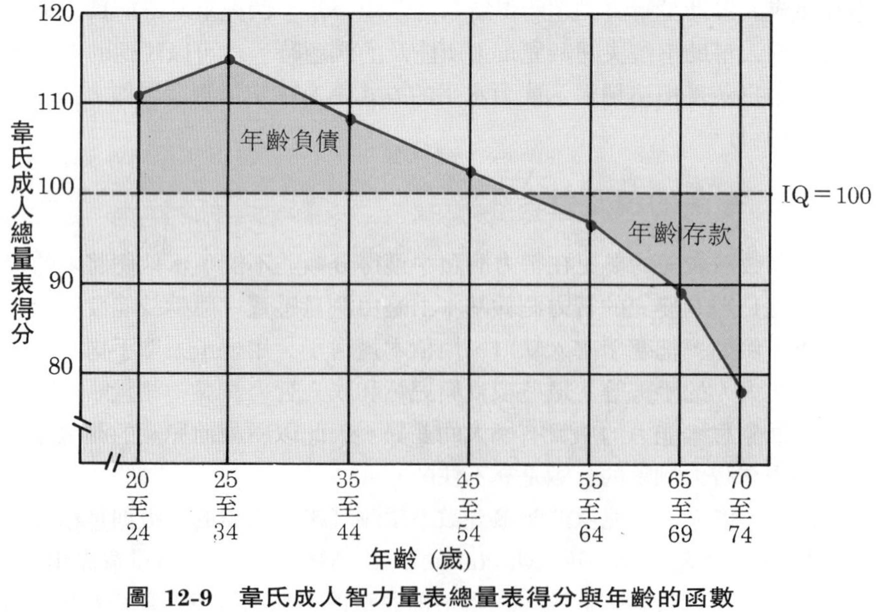

圖 12-9　韋氏成人智力量表總量表得分與年齡的函數

(採自 Botwinick, 1984)

也會提高，而不會下降。3 歲與 10 歲智商的相關是 0.36，而 8 歲與 10 歲智商的相關是 0.88。不過我們在使用智商分數去預測兒童未來的智力狀況時，仍須小心謹慎。這是因為受測時的狀態，如疾病、態度、情緒和動機等都會干擾被試在測驗中的表現。

年老也會影響智商的改變。40 歲以後智力表現有時會出現可察覺的下降。但這並不意味著智商分數的大幅度下降。由於目前智力測驗常採用離差智商，每個年齡層的平均智商設定為 100。正如博特温尼克 (Botwinick, 1984) 所說，想得到智商分數為 100，25 歲至 34 歲的人必須得到 114.5 分，而 70 歲至 74 歲的人則只需得到 81 分。如圖 12-9 所示，對年輕人來說，其年齡負債為 14.5；而對於年老者，其年齡存款為 19。因此無論得分為 114.5 或 81，這兩個年齡層的智商都是 100。不過，智力表現的絕對水平的確隨著年老而下降，60 歲以後會急劇下降。當然隨著年齡的增加，智商分數的下降情況又與個人的身體健康狀況、所測的能力類型以及受教育的水平等因素有關。關於這個問題，可參見補充討論 12-1。

第三節　智力的差異

智力的差異從一個側面反映了人們的人格差異。能不能用智力量表來標記人們智力水平的高低呢？這裏又遇到了一些老問題：智力主要是由遺傳決定的還是由環境形成的？社會階級之間是否有智力差異？男性的智力是否優於女性？某個種族的智力是否優於另一個種族？正確認識這些問題有助於我們理解智力差異的實質。

一、遺傳與環境

在討論智力的差異時必然要涉及遺傳與環境對智力發展的影響問題。支持智力遺傳的大多數證據來自對具有不同程度遺傳關係的人所做的智商相關研究：比較孿生子與其他各種血緣關係的人智力之間的關係，用來推估先天遺傳因素對智力的影響。美國明尼蘇達大學曾就多年來這方面的研究做過綜合評論。其綜合結果如表 12-5 所示。從表 12-5 的資料可看出：(1) 人與人之間的血緣關係愈近，其智力的相關程度愈高；同卵孿生子的遺傳相同，因而他們之間的智力正相關最高。這表明遺傳是決定智力高低的重要因素；(2) 無血緣關係而自幼生活在同一環境的人，他們智力的高低，也有一定程度的正相關。從兩類同卵孿生子的情況，出生後是否在同一環境中生活，各自相關的程度相差 12 個百分點。這表明生活環境能影響智力的發展。環境對智力發展的影響是多方面的。例如母體懷孕期間的傷病可能影響胎兒的環境，從而導致暫時的或永久的智力低下。出生最初幾個月的嬰兒飲食，特別是蛋白質攝入量的充分與否，對日後的智力發展有重要的影響 (孟昭蘭等譯，1991)。此外，出生順序、家庭子女的多少以及家庭經濟狀況等都會對兒童的智力發展產生影響。

表 12-5 智力與遺傳的關係

被試間的血緣關係與生活環境	研究次數	相關係數
無血緣關係而又自幼生活在不同環境者	4	−0.01
無血緣關係而自幼生活在同一環境者	5	+0.24
養父母與養子女之間	3	+0.20
同胞兄弟姊妹自幼生活在不同環境者	33	+0.47
同胞兄弟姊妹自幼生活在同一環境者	36	+0.55
同卵孿生子自幼生活在不同環境者	4	+0.75
同卵孿生子自幼生活在同一環境者	14	+0.87
祖父母與孫子女之間	3	+0.27
父母與子女之間	13	+0.50

(採自 Holden, 1980)

社會階層 (或社會階級) (social class)，從多方面影響著一個人的生活環境。它是影響智力測驗成績的一個重要環境變量。例如，在美國和中產階級的家庭相比，屬於下層階級的母親在懷孕期間更容易生病，孩子出生後也更容易出現營養不良。社會各階層人士對孩子的撫養方式很不相同。一般說來，中產階級的父母比下層階級的父母更重視孩子的智力發展和智力成就。中產階級的父母在回答自己孩子的提問或教他們如何解答問題時，通常願意花費更多的時間，因此這些孩子便學到了不少應付智力測驗的知識。此外，由於較高的社會經濟地位，還可以帶給孩子更多的好機會，除接受更多的教育外，他們的社會交往較多，對社交、禮儀、建立人際關係的知識也較多。這樣中產階級的孩子比下層階級的孩子在社會生活中較易處於有利的地位。研究也表明，來自社會經濟地位高低不同家庭的孩子，其智商差異在出生之後到入學的這段時間逐漸增大。社會階級是影響智力測驗成績的一個重要因素 (Bayley, 1970)。

總之，智力的發展是遺傳和環境交互作用的結果。遺傳和環境不是彼此獨立的，也不是相加的關係，而是相乘的關係。離開環境，遺傳不可能起作用；離開遺傳，環境也不可能起作用。在人類的智力行為中，遺傳和環境始終交織在一起，不可分離。當然，每一個人的遺傳與環境交互作用的時間和方式不一樣。因此，我們的研究重點應是遺傳與環境交互作用的時間和種種可能性的方式。

二、性別差異

幾乎沒有任何系統性的證據能表明某種性別的智力優於另一種性別。但是在生命的過程中，我們似乎可以觀察到在某些能力方面有性別差異。例如 3 歲前嬰幼兒在語言能力發展方面沒有性別差異；從開始說話到青春期 (3 至 11 歲) 兩性在語言發展方面也極為相似。但從青春期開始，女性的語言發展比男性占優勢，在語言作業測驗的平均成績上比男性約高 0.25 個標準差。在視覺空間能力方面，8 歲前兒童沒有差別；8 至 11 歲這一年齡階段的研究結果不一致；到了青春期男性在這方面占優勢，且隨著中學階段的教育而增大；在空間能力測驗的平均成績上至少高於女性 0.4 個標準差。用皮亞傑式的實驗如守恆、概念形成、形式邏輯推理測驗研究表明性別間沒有差異 (范志強等譯，1986)。40 歲時在問題解決方面，男性優於女性；但到了 60歲之後，女性優於男性。後者的差異可能是男性大腦血液循環衰退導致生理改變所致 (Young, 1971)。

關於智力上性別差異的結論，尚需做進一步的驗證。例如，從 1875～

1975 年中，大多數心理學著作都認為男性具有較強的空間能力，但最近的報告卻指出，在空間能力方面沒有發現顯著的性別差異 (唐盛昌，1982) 。又如，一項被廣為引用的美國齊爾大學對大學生智力研究得出的結論：智力在最高等級的男生占全體男生的 5.1%，女生占 3.4%；在最低等級的男生占 4.0%，女生占 2.8%，在正態分布的兩極端中男生均比女生多。但這一結論未能在我國大陸得到驗證 (吳福元，1983)。男女之間，有一些先天生物學上的差異是確實存在的。例如，強烈的攻擊行為與雄性激素的多少密切相關，而催乳激素則與母性行為有關。但至今我們仍沒有確鑿的證據證明兩性是由於生物學上的差異而導致智力上的差異。

三、種族差異

智力是否有種族差異？這是一個相當敏感的問題，需要我們作詳細的分析。根據許多心理學家智力測驗的結果，美國黑人的平均智商比白人約低 10 至 15 分，於是美國心理學家詹森 (Jensen, 1969) 便認為白人和黑人在智力上的差別是遺傳基因決定的，智力的遺傳力高達 0.80。即黑人的遺傳智力注定低劣於白人。這一理論在科學界引起很大的波動，受到種族主義者的歡迎。

是否能以智力測驗的成績來推論種族上的智力差異呢？我們知道，智力測驗的結果是遺傳因素和環境因素交互作用所產生，只能反映表現型；而表現型在多大程度上表現了基因型目前尚無法斷定。美國黑人的智商之所以低於白人，究其原因主要有二。第一，美國黑人的生活條件差、受教育的程度低，在促進智力發展的物質條件和精神條件方面都不如白人，且這種生活環境的差別在歷史上早已存在，至少已經歷了幾十代。第二，智力測驗的內容取自白人文化，測驗的項目是為白人所熟悉的，因此測驗的結果自然就有利於白人。這種具有文化特點的測驗只能測量同一群體內的組內變異性，即只能在白人之間比較，或只能在黑人之間比較，而不能將白人和黑人作比較。詹森的錯誤是把這種只適於測量組內差異的工具，運用到測量組間差異 (荆其誠，1990)。因此，簡單地用智力測驗的成績來決定某一種族的遺傳素質優於或劣於另一種族，是不合理的。

第四節　皮亞傑的智力發展理論

皮亞傑 (Jean Piaget, 1896～1980) 是瑞士心理學家。在 21 歲時，他獲得了自然科學博士學位，後曾學習過精神分析學說、病理心理學，做過西蒙的助手，也在比納實驗室做過測驗研究，又受到格式塔心理學的影響。為了研究兒童智力的發展，他摒棄了強迫兒童做“問與答的人為途徑的”標準測驗，把觀察法、詢問法、測驗法和實驗法綜合起來，設計出一種不固定的臨床交談，“鼓勵自發傾向的流露”。這種方法的特點是，從整體的觀點來研究兒童，強調實驗的自然性質，讓兒童在活動中自由談話、自由敘述；不僅觀察兒童認識什麼，還進而探討他是如何認識的，以了解兒童智力發展的過程。皮亞傑以這種方法得到的研究結果創立了他的智力發展理論即**認知發展論** (cognitive developmental theory)。

圖 12-10　皮亞傑

(Jean Piaget, 1896～1980) 瑞士心理學家，發生知識論的創始人皮亞傑，1896 年生於瑞士納沙特爾，大學時主修生物學，1918 年獲納沙特爾自然科學博士學位，1921 年任日內瓦大學盧梭研究所的研究部主任，開始從事兒童心理學研究，1933～1971 年任日內瓦教育科學院副院長，1955 年後任日內瓦“發生認識論國際研究中心”主任，1980 年逝世。

一、智力發展的性質

皮亞傑認為，人是一個主動的有機體，其活動是內發的，由自己內部的動因促進自己的發展。生活經驗不是發展的基本原因，而是促成發展快慢的因素。人的行為不是其各組成部分的總和，因此不能通過把行為分解為各個部分去尋找有機體與行為的因果關係。他認為，兒童智力的發展有一定的順序性和階段性，而不是一個量的增加的連續過程。

在皮亞傑看來，智力 (或認知) 是生物系統的一種功能。同有機體的消化、呼吸、血液循環完全一樣，智力也有兩個經常起作用的方面：組織和順應。**組織** (organization) 是個體在處理其周圍事物時，能統合運用其身體的與心智的各種功能，從而達到目的的一種身心活動歷程。**順應 (或適應)** (adaptation) 是個體因環境限制而不斷改變**認知結構** (cognitive structure) 以求其內在認知與外在環境經常保持平衡的歷程。按皮亞傑的理論，個體在順應時包括兩種對立的過程：同化和調整。有機體通過這兩種過程來適應環境，使自己能夠在環境中生存和發展。**同化** (assimilation) 是有機體作用於環境，把環境納入自己已有的認知結構的過程。例如，成人通過讀書同化知識；嬰兒可能通過抓來同化一件東西，嘗試把它納入**抓握圖式 (或抓握基模)** (grasping schema) 中。某些客體並不符合已有的認知結構，因此必須調整我們的認知結構。**調整 (或調適)** (accommodation) 是有機體受環境的作用而改變已有的認知結構的過程。例如，嬰兒直接抓握不到餅乾，他發現只有推開障礙物才能抓到，通過調整發展出新的反應圖式。皮亞傑認為，有機體作用於環境和環境作用於有機體必須保持**平衡 (或均衡)** (equilibration)。同化和調整總是要趨向於平衡的。這是有機體的內在本性。

因此根據皮亞傑的觀點，個體智力的發展是一個內部的自我建構過程。保持平衡是智力發展的動力，是有機體獲得一切知識的基礎。為了實現生物系統的適應作用，同化在不停地起作用，生物系統的平衡只是暫時的，這正像消化系統通過納入食物而使有機體達到平衡是暫時的一樣。但是，生物的適應功能要求消化過程不停地進行，於是食物被同化了，消化系統則**失衡** (disequilibrium)。從平衡到失衡，又從失衡到平衡，循環往復推動著進食和消化過程。認知系統的功能和消化系統一樣，兒童對環境進行同化，發展了認知結構，同化伴隨著調整而達到主客體的暫時平衡。但生物系統的特性是不斷地同化。因此，兒童又納入新知識使之符合自己的內在結構，又發生調整，再達到平衡。這樣促使智力不斷地向愈來愈複雜、更高的水平發展。

二、智力發展的階段

皮亞傑認為，在智力發展的過程中，有若干個重要時期，智力的性質會發生顯著的變化。他把智力的發展分為四個階段：感覺運動期、前運思期、具體運思期和形式運思期。

(一)　感覺運動期

自出生至 2 歲是智力發展的**感覺運動期 (或感知運動階段)** (sensorimotor stage)。皮亞傑在談到嬰兒的動作結構時，使用了圖式這一術語 (Piaget, 1936 / 1974, p.34)。**圖式 (或基模)** (scheme, schema) 是指應付環境的某些行為模式，如看、抓、打或踢。初生嬰兒只能靠天生的反射應付環境，經由感覺和動作 (口嚐、手抓等) 逐漸了解到來自不同感官的信息出自同一物體，而不是出自不同的物體；且逐漸能夠把幾種動作聯繫起來，發展出具有智慧的完整活動。例如嬰兒為了拿到火柴盒裏的鏈條做出翻轉盒子、用手指插入盒子，完成了過去沒有做過的完整活動。

在這一時期兒童開始將自己與別人 (特別是母親)、自己與物體區分開來。在不足 8 個月的嬰兒面前把一個物體拿開之後，他會在最後看見這個物體的地方尋找一會兒。如果這個物體不再出現，他就去做別的事，並不想去尋找它。對嬰兒來說，眼中看不見心中就看不見，但是一歲以上的兒童已具有**物體恆存性 (或客體永恆性)** (object permanence)，即兒童看不到、聽不到、摸不到、嚐不到某個物體，但心中還存在著這個物體。如果將一歲以上兒童面前的物體移開或藏在其他物體背後，這時，兒童雖然看不見這個物體，但他仍然要去尋找它 (Piaget, 1936 / 1954, p.51)。這說明兒童已了解到周圍的物體是獨立於他自己而存在的。物體恆存性圖式對兒童進一步掌握空間、時間、因果關係概念至關重要。

在感覺運動期的最後階段 (18～24 個月)，兒童在物體恆存性圖式基礎上又在頭腦中形成了對事物的表徵。這時兒童有了**延遲模仿 (或延後的模仿)**

(deferred imitation) 能力，即對已不存在的模式的模仿。兒童會在看到別人做某一件事之後進行模仿。如 3 歲兒童看見母親在家裏給小弟弟餵奶，她到幼兒園也模仿給洋娃娃餵奶；可以不用嘗試錯誤的方法去解決問題，而在頭腦試驗著尋找解決新問題的途徑。兒童在頭腦中利用表徵組織自己的活動，標誌著思維的開始。

(二) 前運思期

自 2 歲至 7 歲是**前運思期 (或前運算階段)** (preoperational stage)。在這一時期，兒童發展了**符號功能** (symbolic function)。原先兒童的思維只能聯繫到當前的和具體的事物，現在可以用符號來代表物體、地點和人物。兒童可以回想過去發生的事情、預想未來的事情，想像在其他地方發生的事情。前運思期兒童的智力活動是主動的、反省式的，因此他有可能與其他人利用共同的符號系統進行交往。

前運思期兒童可以用心理表徵想像一個不在面前的事物，如一件玩具、母親的形象等。這些心理表徵稱為**信號表徵** (signifier)，所代表的事物稱為**信號物** (signified)。信號表徵可以是與實物有相似性的視、聽、觸覺表象，也可以是其他符號，如數字和詞。這時兒童能夠利用符號進行思維。符號功能表現為事後模仿、象徵性遊戲和語言過程。**象徵性遊戲** (symbolic play) 是兒童用一個物體代表其他物體所進行的遊戲，如用竹竿當馬騎等。語言過程是指兒童能用語言來表示當時不在面前的事物。

前運思期兒童思維的一個特點是**自我中心** (egocentrism)，即兒童不能站在另一個人的角度來觀察和描述一個物體，而只能從自己方面進行觀察描述。他甚至不能理解別人從另一個角度看物體會看到不同的情況。這個時期兒童的言語中也表現出自我中心。我們可以觀察到兒童交談的內容，他們各人說各人的，彼此談論內容可以互不相干。

前運思期兒童思維的另一個特點是**知覺集中傾向** (perceptual centration)，即兒童只能注意到情境的一個方面，而忽視其他方面，因此造成不符合邏輯的推理。在皮亞傑的一個實驗 (Piaget & Szeminska, 1941) 中，給兒童看兩個相同的短粗玻璃杯，它們盛著同樣多的水，問 5 歲兒童“哪個杯子裝的水較多？”兒童回答：“兩個杯子的水一樣多”。然後，實驗者在兒童面前將其中一個杯子裏的水倒入一個細長的杯子裏，再問：“哪個杯子裏的水較多？”結果兒童會指著粗短的杯子。實驗者又把水倒回短粗杯子，再倒入細長杯子，每次都讓兒童比較，兒童始終都堅持說短粗杯子裏裝有更多的水。問他為什麼，他說“這個杯子面 (指杯子的寬度) 更大”。其他的兒童也許會說細長的杯子裝的水更多，因為他們認為細長的杯子更高些。類似這些實驗說明，前運思期兒童不能同時考慮長和寬兩個方面。他們的思維總是只集中在一個中心上。因此，這時的兒童不能認識事物的**可逆性** (reversibility)。

在這一時期，兒童能夠處理時間、空間和因果關係，有了年齡概念和道德觀念，學會了按物體的長短或輕重排列順序。他們還能按物體的屬性，如按顏色、形態或大小進行分類，並且能夠用語言加以說明。

(三) 具體運思期

自 7 歲至 11 歲是**具體運思期** (**或具體運算階段**) (concrete operational stage)。這一時期的兒童能夠更有效地對事物進行分類、處理數字，可以考慮到從不同的方面來作出判斷。他們了解到物理事件的可逆性並掌握了守恆原理。他們的自我中心減弱，開始理解其他人的觀點，並提高了交往能力和道德判斷能力。

學齡兒童比幼兒的認知能力更加成熟，主要表現在現實、因果和守恆的信念上。這一時期兒童的思維常有泛靈論。**泛靈論** (**或泛靈觀**) (animism) 是指在這一階段兒童把生命和情感看成是無生命物體的屬性。4 至 6 歲左右的幼兒把人類有用的任何東西都看成有生命的；9 至 10 歲的兒童把一切能動的東西 (如自行車) 都看成是有生命的；11 歲至 12 歲兒童把本身會動的東西，如風，河裏的水看成是有生命的；12 歲以後的兒童才認識到只有動植物具有生命。

具體運思期的第二特點是**人爲論** (**或人爲主義**) (artificialism)，即把自然現象看成是人為的結果。例如幼兒認為花盆裏的花是媽媽要它開的。7～8 歲的兒童完全是自我中心和人為論的。他們認為自己是宇宙的中心，他們自己或別人製造了太陽、月亮和星星，然後把它們放到天上去。在成人的教育下，他們的認知逐漸發生變化，把自然現象的一半看作是自然的，一半看作是人造的。9～10 歲兒童才認識到太陽和其他自然現象並不是人造的。

具體運思期的第三個特點是守恆概念的發展。**守恆** (conservation) 是指兩個等量的物質，雖然經過重新安排，但只要不增加和不減少，它們就依然是相等的。兩個等量橡皮泥做的球，把其中一個揑成長條，兒童仍能認出兩者都還是用橡皮泥做的，這稱為**質量守恆** (conservation of quality)；如果兒童能認出這兩塊橡皮泥的形態雖然不同，但其重量卻是相等的，這稱為**重量守恆** (conservation of weight)；如果兒童能認識到兩塊橡皮泥放在水杯裏會溢出同樣多的水，這稱為**體積守恆 (或容積守恆)** (conservation of volume)。隨著兒童年齡的增長而發展出不同類別的守恆概念。6～7 歲兒童有了質量守恆概念；9～10 歲有了重量守恆觀念；11～12 歲有了體積守恆概念。兒童守恆概念得到全面發展後，他們就可以作出一定的邏輯推理，且這種推理是可逆性的。例如，兒童會說 "如果再把長條揑成圓球，這個圓球就會同另一個圓球一樣大"。與守恆有關的另一個概念是**轉換性** (transitivity)，兒童通過認識兩個物體各自與第三個物體的關係而達到對這兩個物體關係的認識。給兒童看 A、B、C 三根小棍，其中 A 棍比 B 棍長，而 B 棍又比 C 棍長，兒童能夠推論出 A 棍比 C 棍長。

皮亞傑認為守恆概念的發展主要是成熟的結果。具體運思期與前運思期相比，兒童智力有了質的飛躍。他們的思維具有可逆性，脱離了自我中心，能區分出知覺上的轉變和物體的真實狀態。晚近的研究表明，守恆概念發展較早的兒童具有較高的智商和較好的語言能力。文化背景和學習會影響守恆概念的發展。例如，不同國家兒童達到守恆觀念的年齡不同，教育可以促進守恆概念的發展。

(四) 形式運思期

自 12 歲至成人是**形式運思期 (或形式運算階段)** (formal operational stage)，思維飛速發展，進入了純粹抽象和假設的領域。例如，問 "如果小明比小英矮，小明又比小真高，那麼誰最高？" 具體運思期的兒童只有真正把人們按順序排列起來並比較他們的身高，才能處理這類問題，否則就胡亂猜測。但在形式運思期的青少年卻能獨自在心中整理他們的思想。他們的思維可以完全脱離具體的現實進行抽象的推理。任何事物都可以成為青少年思維的對象。他們認識到有無數解釋現實的可能性，而他自己的思想只是解釋現實的一種可能性。

青少年思維能力的發展，使他們對自己的思想活動很關注，並認為別人對自己也很關注，因而出現了**青春期自我中心** (adolescent egocentrism)，即在思想上形成了自己周圍的“想像觀衆”，並認為他們都在注意著自己。例如一個學生的衣服穿得不符合潮流，他會以為别人都在看他，因而不肯穿舊衣服上學；也會認為周圍的人很容易發現他的缺點。由於青少年要在“想像觀衆”面前扮演角色，因而造成情緒不穩定。由於青少年的青春期自我中心、思想情緒的活躍以及抽象推理能力的發展，他們開始考慮自己的將來和將要進入社會的性質等遠大的問題。他們認為自己與衆不同，喜歡提出政治哲學見解，設想改造社會，談論偉大理想，夢想有一個光榮的未來，或通過理想改造世界。他們的思想傾向於脱離現實，但並不打算在實際中檢驗自己的思想。

皮亞傑認為，只有青年人接受成人的任務時才能擺脱自我中心。到那時青年才終於弄清自己思想的局限和阻力，明白自己的理想和夢想，認識到只有真正產生效果的思想才是有價值的。皮亞傑還認為，不是所有的人都能達到形式運思期的發展水平。如果没有為青少年提供適當的教育和文化條件，没有給他們進行假設演繹推理的機會，雖然他們的神經系統已經成熟，也不能達到形式運思期的水平。

總之，在皮亞傑看來，人類的智力發展不僅是一個連續、量變的過程，而且是一個非連續的、質變的過程。智力發展的階段不受各種文化的影響，按同樣的順序發展。各個階段都有其一般的特徵。人們將以不同的速度按順序通過這些階段，但有些人則可能不能完全到達形式運思期。

第五節　智能特殊者

在全人口中智商呈正態分布。如果我們用斯坦福-比納量表來測量某一地區全部人口的智力，則智商在 100±16 範圍內的人應占該地區全部人口的68.2%，智商在 100±32 以內者應占全人口的 95.4%。智商高於 132 或低於 68 的人在該地區全部人口中只有少數 (見圖 12-7)，但是對這些人往往需要進行特殊的教育，本節將討論這兩類人的某些人格特徵。

一、超常兒童

超常兒童(或資優兒童) (gifted child) 是指智力超過一般同年齡兒童，在整個同齡群中智力居最高的 2% 至 3% 的兒童。在古代，這類兒童被稱為神童，以為他們是天降神賜的。20 世紀前，在西方學者中天才遺傳決定論占優勢，這類兒童被稱為天才。20 世紀初推孟把智商達到或超過 140 的兒童稱為天才兒童。此後有相當長的時間，天才兒童的概念主要是由智商分數來說明的。50 年代後吉爾福德根據其智力三維結構模型，提出智力測驗不能鑑別兒童的創造力。以後的學者還認為天才兒童的概念裏不僅包括創造力，還應包括卓越的領導能力、數學能力等特殊才能。倫朱利 (Renzulli, 1978) 認為天才兒童是由 (1) 中等以上的智力 (包括一般智力和特殊能力)；(2) 對任務的承諾 (包括強烈的動機和責任心)；以及 (3) 較高的創造力，這三種心理成分相互作用、高度發展的結果。大陸的心理學家把這類兒童稱為超常兒童，認為超常兒童的心理結構中不僅包含智力和創造力也包含一些非智力因素。

(一) 超常兒童的特點

對能力超常少年兒童的發現和培養，已得到世界各國的關注。在大陸以查子秀 (1994) 為首的一批心理學家對全國各地的超常兒童 (或資優兒童) 進行調查和追踪研究長達 15 年之久。這些兒童能力超常的表現多種多樣，且各個年齡階段都有。儘管他們在能力類型上有相當大的差異，但在認知能力和人格特點上與常態兒童均有明顯的不同。

在認知能力方面，查子秀 (1986、1990、1994) 對超常兒童及同齡常態兒童的認知能力進行測驗比較。結果是，不論是超常個體的成績，或超常群體的平均成績；不論是學齡前兒童或是學齡階段兒童的成績，都表明一個趨勢，即超常兒童的創造性思維和數的類比推理的成績與同齡常態兒童的差異最為明顯，語詞類比推理次之，圖形類比推理及觀察力的差異較小。表 12-6 是 7 至 11 歲超常組與常態兒童組認知測驗平均成績之比較。

在人格特徵方面，超常兒童在抱負、求知欲、獨立性、好勝心等方面都

表 12-6 7 至 11 歲超常與常態兒童認知測驗成績比較

項目	7 歲組		8 歲組		9 歲組		10 歲組		11 歲組	
	常態	超常	常態	超常	常態	超常	常態	超常	常態	超常
觀察力	2.3	5.4*	2.9	6.2*	4.3	5.7	4.8	5.4	5.6	5.8
圖形類比	5.1	8.6*	6.3	9.8*	7.5	9.9*	9.1	10.2*	8.7	10.3
語詞類比	2.1	7.8**	3.5	9.4**	5.7	9.9*	6.7	10.0*	8.0	10.9*
數類比	2.7	16.5***	5.1	19.3***	7.4	20.3***	9.6	20.4**	13.4	20.1*
創造性思維	2.6	16.7***	4.7	21.6***	8.9	26.5***	11.8	29.3***	14.4	29.4**

註： * 超過同齡平均值一個標準差以上 *** 超過同齡平均值三個標準差以上
** 超過同齡平均值兩個標準差以上

(採自查子秀， 1994)

明顯優於常態兒童；但在堅持性和自我意識等方面的研究結果並不一致。查子秀 (1994) 把超常兒童概括為三種人格類型：(1) 有理想、有抱負、求知欲強、學習主動自覺，基本上能正確認識和評價自己，能自我調控，有獨立性及堅毅頑強精神；(2) 有求知願望和學習要求，但常以興趣為轉移，或依靠外力 (家長或教師的要求、監督)，一旦離開外力或受到挫折，就會情緒波動不能自控；(3) 除具有 (2) 中的特點外，在性格或行為習慣上有較突出的缺點 (如說謊、拿人東西等)。超常兒童的學業成績進步情況在很大程度上依其人格特徵為轉移。

(二) 超常兒童的發展和影響因素

有人認為，超常兒童的優異發展是以身體的不健康或人格適應不良為補償的，這種看法是缺乏科學依據的。推孟在 1921 至 1927 年用斯坦福-比納量表對從幼兒至 8 年級的兒童進行了測查，發現 1528 名天才兒童 (他們的平均智商 150)，並對他們進行長達 35 年的追踪研究。結果發現，在他的被試中，死亡、不健康、精神錯亂、酒精中毒等情況，都低於相應年齡的成人，絕大多數人社會適應良好。他在 1939 至 1940 年、1951 至 1952 年曾對追踪對象分別進行兩種測驗，發現他們的平均得分遠遠超過一般成人。這兩項測驗相隔 12 年，兩次成績相比有 90% 的被試智力增加 (Terman & Oden, 1959)。可見，“早熟早衰”的看法是不正確的。

超常兒童日後能否在事業上作出成就，依存於許多條件。如果有理想的教育條件，就會在事業上作出更大的成就。在 1950 年時，推孟的 800 名男性被試中，有 78 人得到博士學位，48 人得到醫科學位，85 人得到法律學位，74 人正在或曾在大學任教，51 人在自然科學或工程學方面進行基礎理論研究，104 人擔任工程師。科學家中有 47 人被編入 1949 年版《美國科學家年鑑》。以上數字和從總人口中任意選取 800 個相應年齡的人相比較，幾乎大 10 至 20 倍或 30 倍。但他也發現全體被試中約有 20% 的人没有超出一般人的成就，只有不到一半的婦女參加工作。他對 800 名男性被試中成就最大的 20% 與成就最小的 20% 的人，作比較研究，發現在這兩組人中，最明顯的差異是人格特徵的不同。成就最大者在謹慎、自信、不屈不撓、進取心、堅持性、不自卑等人格特徵上明顯地優於成就最小者。其次是家庭背景不同，前者有 50% 的家長大學畢業，家中有許多書籍，家長重視早期教育；後者只有 15% 的家長大學畢業。可見，超常兒童能否在事業上作出成就，在很大程度上取決於社會生活條件和他的人格特徵。查子秀 (1994) 的研究也表明，良好的人格特徵，如旺盛的求知欲、有理想、有抱負、自信 (“非學會、非做好不可”的毅力) 是超常兒童健康成長的必要條件。

二、智能不足者

(一) 智能不足及其原因

通常把智商在 70 以下者稱為**智能不足 (或智力落後)** (mental retardation)。智能不足並不是某一種心理過程的破壞，而是各種心理能力的低下，其明顯特徵是智力低下和社會適應不良。據估計，我國大陸智力落後出生總發生率為 13.7‰，最高省份達 20‰；0～14 歲兒童智力低下患病率為 1.07% (茅于燕，1992)。

智能不足可分為三個等級。**輕度智能不足 (或輕度智力落後)** (mild mental retardation)：智商 70～50，生活能自理，能從事簡單勞動，但應付新奇複雜的環境有困難，學習有困難，很難領會學校中抽象的科目。**中度智能不足 (或中度智力落後)** (moderate mental retardation)：智商 50～

30，生活能半自理，動作基本可以或部分有障礙，只會說簡單的字或極少的生活用語。在輕度和中度智能不足中存在著某方面智力功能超群的佼佼者，即所謂**白痴天才** (見補充討論 12-2)。**重度智能不足** (**或重度智力落後**) (severe mental retardation)：智商在 30 以下，生活不能自理，動作、說話都有困難。

造成智能不足的原因很多。大多數智能不足者都不是生理疾病所致，過去也未有過腦損傷的病史。他們大多健康良好，智能不足的程度也較輕微。這些人往往來自智力低下的家庭，生活相當貧困。他們在成長過程中營養缺乏也没有必要的智力刺激條件，因而造成智力落後。

比較嚴重的智能不足大多數是由疾病、中毒、內分泌失調和母體疾病所導致的。較典型的智力落後疾病如**唐氏綜合症** (**或道氏徵候群**) (Down's syndrome)、**苯丙酮尿症** (**或苯酮尿症**) (phenylketonuria，簡稱 PUK) 等。唐氏綜合症患者腦袋小而圓，面寬扁，眼睛狹斜，鼻梁塌扁，舌尖厚且突出在外，身材矮小，五指短小，智力大多低下。唐氏綜合症患者通常為高齡母親所生。20 多歲的母親生出的嬰兒患此病的概率為二千分之一，40 歲以上的母親生出的嬰兒患此病的概率則高達五十分之一。唐氏綜合症並不是遺傳病，而是母體內的卵子長期暴露在體內環境中受到損害，出現額外的染色體 (47 個染色體) 之故。患苯丙酮尿症的智力落後者是由於苯丙酮尿新陳代謝失常而引起，其特徵是頭髮和皮膚缺乏色素而呈白色，大多數屬重度智能不足者。如果早期 (在六個月大之前) 發現，並餵以低苯丙氨酸食物可防止其惡化。

(二)　早期干預

早期干預 (early intervention) 是為了幫助智能不足兒童發展技能和自信，以適應未來入學後生活的一種特殊教育。不少西方學者認為，早期是智力發展的關鍵期，如果在智能不足兒童 6 歲之前就給以早期訓練，那是非常有益的 (Leventein, 1975；Ramey & Gowam, 1986)。但是也有些研究認為這類學前計畫對孩子在三年級之前的成就影響極微，即使經過訓練後的兒童在智商和成就測驗上得分顯著增加，但進入小學後則可能逐漸消失 (Weikart, 1972)。茅于燕 (1992) 通過 5 年多的集體訓練 (包括閱讀前準備、兒歌、故事、手工、常識、活動遊戲、體操、音樂、律動等) 和個別

補充討論 12-2

白痴天才

白痴天才(或**白痴特才**) (idiot savant) 的主要特點是在智力普遍低下的背景上，表現出個別突出的、遠遠超過一般水平的孤立才能。其表現的才能各不相同，據文獻提示有 300 種之多 (陳興時，1993)。例如：

霍維茨 (Horwitz et al., 1965) 報告過 1941 年發現的一對智商介於 60～70 的 24 歲孿生兄弟喬治和查理斯。兄弟倆都是智能不足者，直到 25 歲仍不能自理生活。但他們對有關年月日方面的推算卻表現出驚人的天才。喬治可以不加思索地準確說出 2020 年以內的某一天是星期幾，反應迅速準確；而查理斯甚至能回答出 6000 年以內的任何日期是星期幾。這對孿生兄弟的特殊才能是在一次偶然的情況下出現的。當喬治 6 歲時，有人送給他一本日曆，不料這本萬年日曆完全迷住了他，以後又成了兄弟倆多年裏最喜愛的"玩具"。他們的愛好，就是按日曆上的日期互相提問題，漸漸地，兄弟倆把日曆上的所有內容都背得滾瓜爛熟。

劉易斯 (Lewis, 1975)報導過一個白痴天才的例子。患者自小愚笨，智商僅 54，他在 7 歲和 28 歲時在精神發育不全的基礎上，發過兩次其他精神病，53 歲時尚未學會自理生活。但他的拿手好戲是：憑耳朵欣賞 11 種樂器作消遣，能畫一種相當複雜精細的房屋結構圖，能記住一些重要的日期，包括自己的生日。

特雷夫特 (Treffert, 1988) 報導過一位男性白痴天才，智商僅 40；但在一次馬戲表演事故後，出現了特別的才能，擅長在水晶體材料上作動物雕塑，還能仿製青銅製品。

蘇格蘭愛丁堡有位叫沃拉的患者。從小離群索居，11 歲時還在牙牙學語。3 歲時，醫院診斷為先天性精神發育不全，智商為 30。但隨著年齡的增大，學校老師發現患者對蠟筆畫感興趣，便循循善誘教他畫蠟筆畫。到 32 歲時沃拉已成為舉世聞名的蠟筆畫家。17 歲時他的作品首展，至今已在歐美參展百餘次，售出千餘幅。可是，賞畫與買畫者都不知道這位畫家是一位低能患者。

我國大陸 1986 年也報導過一位十分罕見的女性白痴天才。其母懷孕時曾有硝基苯慢性中毒，表兄患克汀病。患者智商 64，簡單反應時間比同齡正常人長 698.5 毫秒，口齒不清，動作笨拙，抽象思維能力低下，16 歲讀小學三年級，還經常留級。但她對從字典中查漢字有一種特殊的才能，一分鐘能從字典中查出別人隨意指定的漢字 20 個，平均每個字的時間只有 3 秒鐘，既快又準，且屢試不誤。

迄今發現白痴天才的突出才能大多屬於日期推算和計算數字方面。白痴天才在智能不足患者中約占 0.06% (Hill, 1977)，大多是男性，男女性別比例約為 6：1 (Treffert, 1988)。突出才能出現年齡一般在 16～35 歲，最佳年齡是青少年，進入成年後可能逐漸消失。白痴天才為智力的因素理論提供了事實依據，對於智能本質的探討和早期干預教學等都具有重要的研究價值。

訓練 (包括大運動、精細動作、說話、適應性行為、個人-社會行為) 相結合對智能不足兒童進行早期干預的實踐得出結論認為，不論是由於染色體畸變、代謝障礙等先天因素或由於出生後某些生物學原因及環境不良造成智能不足的學齡前兒童都需要，也都可以接受早期干預而獲得進步。

通過早期干預能否提高智能不足兒童的智力水平？要回答這個問題，首先得看我們如何定義智力。如果把智力看作是與生俱來的特質，那麼智力就很難有任何顯著的增加 (Spitz, 1986；楊曉玲、顧伯美等，1990)。如果僅以測驗表現來看智力，那麼答案似乎不那麼悲觀。不過，也有不少心理學家指出在診斷智能不足時，首先得確定此人的智力狀況是否真正無法糾正。如果通過訓練，智商分數能提高到智能不足的分界線水平之上，那麼此兒童很可能根本就不是智能不足者。

本 章 摘 要

1. **能力**是個人能勝任某項工作或完成某項任務所必須具備的人格特徵。能力離不開知識技能，但能力不表現為知識技能，而是表現在獲得知識技能的動態上，即在其他條件相同時，個人掌握知識技能時所表現出的快慢、深淺、難易及鞏固程度上。**實際能力**即**成就**，指一個人當時已經具備而不需要進一步訓練的能力；**能力傾向**或**性向**是指經過適當訓練才能完成某項任務的能力。
2. 人的能力有很多，可以從不同的標準進行分類，例如可以分為**一般能力**(**智力**)和**特殊能力**，**模仿能力**和**創造力**，**認知能力**和**元認知能力**，**晶態能力**和**液態能力**等。
3. **智力**定義反映了心理學家的某種研究取向。當代對智力的研究有三種取向：**因素取向**、**訊息處理取向**和**原型取向**。對智力測驗的資料用因素分析方法來確定最少量的能力傾向是從斯皮爾曼，經瑟斯頓至吉爾福德所堅持的**因素取向**。**訊息處理取向**就是用訊息處理的觀點對人在完成智力測驗作業時的各種心理過程進行測定以探求智力的本質。**原型取向**是指心理學家對智力的定義與一般老百姓的看法一樣，都是以他們頭腦裏的原型為依據的。

4. 斯皮爾曼的**二因素說**認為智力是由一般能力和特殊能力構成。瑟斯頓的**群因素說**把智力分為七種**基本心理能力**。吉爾福德根據內容、操作和產物三個維度，將智力分成 180 種能力，把對智力的因素研究推向了頂峰。
5. **斯坦福-比納量表**和**韋氏量表**是兩個應用甚廣的智力個別測驗。新版斯-比量表 (1986) 的主要特點是依據層次模型編製試題，採用**多階段施測**的適應性測驗模式。韋氏量表包括語文和操作量表，能分別獲得有關每類能力的信息。現在斯-比量表和韋氏量表都採用**離差智商**的概念。
6. 智力測驗的效度是以智商的相關來描述的，其主要相關物是在校成績、成就測驗分數和職業狀況。智力測驗不能測出個人天生的能力。**智商分數**反映的是語文能力、推理、閱讀和記憶能力等。智力不同於創造力。智力測驗測量人們已習得的成就，如果以此來預測其未來的表現，也就同時測量了**能力傾向** (**或性向**)。
7. 為了避免文化因素對智商分數的影響所發展出的**文化公平測驗**，如**瑞文非文字推理測驗**和**畫人測驗**，其基本假設是選用的題目對不同文化的成員來說都一樣熟悉或一樣不熟悉。但是完全排除文化因素對測驗表現的影響是很困難的。維果茨基的**最近發展區**概念也許是解決測驗中文化公平的另一條途徑。
8. 兩歲前嬰兒能力測驗的分數並不預示其將來的智力狀況。6 歲和 6 歲以後，智商分數已相當穩定，並且隨年齡增長，智商穩定性也提高。年老是影響智商穩定性的另一個因素，特別是 60 歲以後，智商分數會急劇下降。受測時的狀態 (如疾病、態度、情緒和動機) 也都會影響智商的穩定性。
9. 有許多研究表明智力受遺傳的影響，也有許多研究表明智力受環境的影響。智力的發展是**遺傳**和**環境**交互作用的結果，遺傳和環境不是彼此獨立的，也不是相加的關係，而是相乘的關係。
10. 幾乎沒有任何系統性的證據表明智力在性別上有差異。現在關於智力性別差異的結論，看來尚需做進一步的驗證。

11. 用智商分數的差異來推論智力的種族遺傳差異是不科學的。因為依據智商分數我們無法對遺傳的作用提供一個確定答案。美國黑人智商低於白人的主要原因是，在美國社會裏，長期以來黑人處於劣勢，而智力測驗的內容又取自於白人文化。
12. 皮亞傑把智力看作是生物系統的一種功能。用**組織**、**適應**、**同化**、**調整**和**平衡**等概念，來解釋個體智力的發展是一個內部自我建構的過程。
13. 皮亞傑認為人類個體智力的發展是有階段性的，分為四個時期：(1) **感覺運動期**；(2) **前運思期**；(3) **具體運思期**；(4) **形式運思期**。各個階段都有其一般的特徵。人們將以不同的速度按順序通過這些階段，而有些人則可能達不到較高階段。
14. **超常兒童 (或資優兒童)** 是指在整個同齡群中智力居最高的 2% 至 3% 的兒童，其認知能力和人格特徵與常態兒童有明顯的不同。超常兒童的健康成長依存於理想的社會環境和教育條件，以及良好的人格特徵。
15. 智商在 70 以下者稱為**智能不足**。智能不足可以分為三個等級。智能不足是由於染色體畸變，先天性代謝障礙，出生後某些生物學原因和環境不良所造成的。對智能不足兒童的補償教育越早，其智力改善也越多。

建議參考資料

1. 左任俠、李其維 (主編) (1991)：皮亞傑發生認識論文選。上海市：華東師範大學出版社。
2. 李孝忠 (1993)：能力原理與測量。長春市：東北師範大學出版社。
3. 林傳鼎 (1985)：智力開發的心理學問題。上海市：知識出版社。
4. 查子秀 (主編) (1993)：超常兒童心理學。北京市：人民教育出版社。
5. 俞筱鈞 (1982)：人類智慧探索者皮亞傑。台北市：允晨文化公司。
6. Bond, L.A., & Joffe, J.M. (Eds.) (1982). *Facilitating infant and early childhood development.* Hanover, NH: University Press of New England.

7. Kail, R., & Pellegrino, J. W. (1985). *Human intelligence: Perspective and prospects.* New York: Freeman.

8. Plomin, R., Defrirs, J. C., & McCleam, G. E. (1989). *Behavioral genetics: A primer* (2nd ed.). New York: Freeman.

9. Scarr, S. (1981). *Race, social class, and individual differences in IQ.* Hillsdale, NJ: Erlbaum.

10. Sternberg, R. J. (1986). *Intelligence applied: Understanding and increasing your intellectual skills.* San Diego: Harcourt Brace Jovanovich.

11. Sternberg, R. J. (1990). *Metaphors of mind: Conceptions of the nature of intelligence.* New York: Cambridge University Press.

第十三章

利他行爲

本章內容細目

第一節　利他行爲的概念

一、定　義　495

二、分　類　496

三、研究取向　497

第二節　利他行爲的生物基礎與文化影響

一、利他行為的生物基礎　498

(一) 親屬選擇

(二) 群體選擇

(三) 進化和遺傳

二、利他行為的文化影響　500

(一) 社會環境

(二) 社會公德

(三) 學　習

(四) 道德判斷的發展

補充討論 13-1：何謂良心

第三節　利他行爲的情境與認知因素

一、利他行為的情境因素　509

(一) 情境的模糊性

(二) 責任的分散

(三) 助人的代價

(四) 環境的界定

二、利他行為的認知因素　511

(一) 他人需要幫助的推斷

(二) 助人合適性的推斷

(三) 值得性推斷

(四) 責任的自我歸因

(五) 自我意識與自我歸因

補充討論 13-2：利他行為的多階段決策過程

第四節　利他行爲的情緒與人格因素

一、利他行為的情緒因素　515

(一) 移　情

(二) 愛　心

補充討論 13-3：佛教的慈悲觀

(三) 心　境

(四) 內　疚

二、利他行為的人格因素　520

(一) 促進利他行為的人格特質

(二) 利他人格

本章摘要

建議參考資料

人性是善還是惡？自先秦以來一直是思想家爭論不休的問題，也是當代人格心理學家討論的一個重要問題。孟子 (B.C. 372～289) 提出性善論。他說：

> 人皆有不忍人之心。……所以謂人皆有不忍人之心者，今人乍見孺子將入於井，皆有怵惕惻隱之心；非所以內交孺子之父母也，非所以要譽於鄉黨朋友也，非惡其聲而然也。由是觀之，無惻隱之心，非人也；無羞惡之心，非人也；無辭讓之心，非人也；無是非之心，非人也。惻隱之心，仁之端也；羞惡之心，義之端也；辭讓之心，禮之端也；是非之心，智之端也。人之有是四端也，猶其有四體也。(孟子・公孫丑上)

人本主義心理學家羅杰斯和馬斯洛也主張人性是善的。羅杰斯 (Rogers, 1982) 說：

> 雖然我深深地覺察到今日世界中有多到令人難以置信的、破壞的、殘暴的、惡毒的行爲——從戰爭的威脅到户外無意義的暴行，但我並未發現這種惡是人性所固有的。在有利於成長和選擇的心理氛圍中，我從未聽說有任何人選擇殘暴的或破壞的道路。選擇似乎總是趨向於社會化，改善與他人的關係。(轉引自林方，1987，442 頁)

馬斯洛 (Maslow, 1957) 說：

> 如果說人有來自動物方面的遺傳因素的話，那多半都是來自類人猿的，而類人猿與其說是富於進攻性的，還不如說是富於合作精神的。(許金聲等譯，1987, 139 頁)。

本章的主題——**利他行爲**，在人本主義心理學家看來，利他行為乃屬於人性善的表現。顯然，善惡觀念不是超階級的、永恆不變的。不同的時代、民族、階級、不同的文化背景的人有著不同的善惡觀。如果說利他行為是善行，那麼這種善行應當是有利於社會群體、有利於我們的民族和祖國的繁榮和發展、以最大多數人的最大幸福為前提。在本章中，我們將從利他行為的定義出發，分析利他行為的內涵，進而考察利他行為產生的原因和條件。通過本章學習，希望讀者明確下列問題：

1. 何謂利他行為。
2. 利他行為是人的先天本性還是後天習得的。
3. 利他行為產生於何種情境。
4. 認知在利他行為中起何種作用。
5. 哪些情感會促使利他行為的產生。
6. 是否有利他的人格特質。

第一節　利他行爲的概念

一、定　義

像人格心理學中的其他許多概念一樣，利他或利他精神也是一個模糊概念，不同的研究者所指的內容不完全相同。利他精神和親社會行為與助人有密切的聯繫。許多學者對它們不作區別。他們用這些詞來稱呼在公共汽車上讓座給老年人、幫助友人復習功課、將拾到的信用卡歸還失主、捐錢給慈善事業、冒著生命危險去救助落水兒童等種種善行。不過在某些情況下，有的心理學家也對這些概念加以區別。例如，斯托布 (Staub, 1978) 認為，**利他精神 (或利他主義)** (altruism) 乃是只想有益於別人或別的團體的行為，即這種行為只給他人帶來福利，而對行為者本人並不帶來任何物質利益；**親社會行爲 (或利社會行爲)** (prosocial behavior) 則是指對他人帶來利益的行為，但是行為者並無真正的助人意圖，甚至還有獲得某些物質利益的目的 (Phares, 1991)。即是說，親社會行為的助人純屬意外或行為者為達到個人的私利而不得不助人。

利他行爲 (altruistic behavior) 的含義較寬泛，大致可分為三個不同的層次 (張春興，1989)：

1. 把人與己的利益都視為同等重要，例如《論語》中所說的“己欲立而立人，己欲達而達人”(論語・雍也) 和“己所不欲，勿施於人”(論語・衛靈公)。

2. 把利人置於利己之上，例如范仲淹 (989～1052) 所說的“先天下之憂而憂，後天下之樂而樂”(岳陽樓記)。

3. 犧牲自己以利於他人，例如“公而忘私”，“捨己為人”，“殺身成仁”。

如果以為任何行為都是由對強化的預期所決定的，那麼，完全無私的、甚至犧牲自己的利他精神，又該如何解釋呢？一種解釋是：人們由此而獲得個人的完好感，或由個人內心的某種非物質的目標所驅動。這種可能性當然不能排除。但是，如果每當我們無法確定行為動機的外在目標，便以此種理由來解釋，那也未免失之輕率。基於此，本章將以較寬的視野來考察利他精神，而不對利他精神、親社會行為、利他行為做嚴格的區分。當然，不預期外在酬賞的利他支助給得越多，助人者的代價也越大。讀者應當明白：本章在使用三個術語上不作嚴格的區分，正反映了該研究領域目前的困惑。

如果說利他反映了人性善的一面，但善與惡總是一體兩面的。如果沒有惡，人們就無法認識和感覺到善。因此，利他自然要區分善與惡。我們只能是趨善避惡、揚善抑惡，而不能助桀為虐。因此，我們所說的利他行為是相對於個人的損益而言的，行為者在助人過程中以犧牲個人的利益為限，假借他人或集體利益而助人則應作別論。同時，我們在評判利他行為時必須以公認的社會公德為標準而不能違背社會公德。

二、分　類

利他行為的表現形式多種多樣，可以依據不同的標準進行分類。

從理論基礎上看，可以分為**生物性利他行爲** (biological altruistic behavior) 和**心理性利他行爲** (psychological altruistic behavior)。前者以生物學的自然選擇為基礎，係指一個有機體以其生存和繁衍為代價去增進另一有機體的生存和繁衍；後者以心理學的學習理論為基礎，係指一個體以其某種代價 (負強化) 對另一個體進行正強化 (Brown, 1986)。

從機能範圍看，可以分為**親屬性利他行爲** (kin altruistic behavior)，即個體對自己的親屬表現出較少的自私性，更多的利他性；**互惠性利他行爲** (reciprocal altruistic behavior)，即個體在群體中與其他成員彼此合作，互利互惠；**平衡性利他行爲** (equity altruistic behavior)，即人們保持社會穩定，避免衝突的行為。

從情境狀態看，可以分為**緊急型利他行爲** (emergent altruistic behavior)，即在刻不容緩情境中的救助行為；**急需型利他行爲** (necessary altruistic behavior)，即他人處於不利狀態，需要援助，但並非十萬火急情境下的助人行為；**慣常型利他行爲** (habitual altruistic behavior)，即經常性的助人，每次行動的代價可能不大，但累積效應卻相當大的行為。

從行為動機看，可以分為**自我利他精神** (ego-altruism) 和**純利他精神** (pure-altruism)。前者的利他行為是由自我的動機 (如減輕自己內心的緊張和不安，或提高自我價值感，或圖日後他人的報答等）所驅使的；後者的利他行為完全是無私地為了他人的幸福而做出的。

三、研究取向

利他行為受許多因素的制約，情境、認知、人格諸因素都會影響著一個人的利他行為。在人格發展的視野內，奧弗頓和里斯 (Overton & Reese, 1973) 區分出兩種研究取向。一種研究取向是**機械的或統計的交互作用** (mechanistic or statistical interaction)，即依據方差分析統計資料，把自變量 (個人的諸方面與情境的諸方面) 看作對因變量 (如利他行為) 起聯結的、單向作用。例如，鮑爾斯 (Bowers, 1973) 回顧有關證據作出結論，利他行為的平均變異歸於人格的約為 13%，歸於情境的約為 10%，歸於人格與情境交互作用的約為 21%。此種研究取向有許多局限性。因為，利他行為的人格因素與情境因素交互作用的數量是無限的；此種研究取向無法加以揭示，同時也無法區分真心的利他，表面的利他和虛偽的利他。另一種研究取向是把利他行為中的情境和人格因素看作是**結構的或動力的交互作用** (organic or dynamic interaction)，即把人看作主動的活動者，他能選擇情境信息並對回饋訊息進行處理。強調主觀認知圖式的作用。這也就是羅杰斯 (Rogers, 1959) 所說的，不是客觀現實，而是個人的現象場，決定人的利他行為。這也表明利他行為與一個人的善惡觀有密切的相關。

第二節 利他行爲的生物基礎與文化影響

一、利他行爲的生物基礎

一些社會生物學家提出證據，認為利他行為具有一定的生物學基礎。這些證據是：親屬選擇和群體選擇。

(一) 親屬選擇

許多動物能夠把自己置於相當危險的境地以保護同類的其他成員。例如當敵害闖入蜂房時，蜜蜂會發起攻擊，並在這一過程中毀滅自己；黑猩猩會答應同類的請求，與之分享食物；鳥類能夠假裝受傷或發出叫聲引誘敵害動物離開鳥巢，以保護幼鳥；鳥群中的個體發現猛禽在上空飛旋時，就會發出叫聲，讓整個鳥群僵成隱蔽狀態，而自己則因叫聲而被猛禽注意，遭到滅頂之災。威爾遜 (Wilson, 1975) 認為，動物這類行為促進了**親屬選擇** (kinselection)，即通過這種無私行為，增加了同類生存、繁衍的機會。由於這些同類帶有它們的基因，所以這樣的基因就會通過個體繁衍而遞傳下去。親社會行為不僅使基因遞傳下去，而且還可使受益者將來也表現出同樣的行為，從而增強親社會行為。如果把利他行為只與行為結果相聯繫，那麼從動物界得到的情況就可以類化到人類 (Hinde, 1974)。

一些社會生物學家認為，當一個個體幫助自己的親屬時，實際上是在幫助其自身的遺傳，至少是其遺傳的一部分。人們最願意為自己的孩子作出犧牲，在大多數社會中，個體對親屬負有更大的責任。人類學研究表明，在沒有文字的社會中，占優勢的助人行為發生在親屬之中。十分明顯，親屬選擇僅能解釋對親屬的利他行為，但卻不能解釋對非親屬的利他行為。

(二) 群體選擇

坎貝爾 (Campbell, 1965) 曾認為，利他行為的遺傳傾向是通過群體選擇 (group selection) 而進化的。其基本觀點是：包括願意犧牲自己以保護同類的個體之群體將勝過不具此類個體的群體，由此就促進了利他行為的演化。不過，群體選擇理論存在邏輯上的問題，即雖然利他行為個體為群體間的生存競爭做出貢獻，但這些個體在其群體內的生存競爭中卻生活得不好。在一群體內，帶有利他行為基因的個體將隨著他們為群體的犧牲而減少，而較為自私的個體則不會因此而減少。最後，利他行為個體就會死絕，留下的群體從本質上講是自私的。後來坎貝爾 (Campbell, 1983) 完全拋棄了這種觀點，他甚至拒絕社會生物學家普遍接受的觀點，即利他行為可以通過親屬選擇而進化。雖然他承認親屬選擇在其他親社會行為進化中的重要性，但人類的利他行為是由文化進化獲得的。

(三) 進化和遺傳

洛夫喬伊 (Lovejoy, 1981) 提出，早期原始人對不斷增長的環境和氣候條件的多樣化所做出的適應性反應是合作式分享食物的約定，即男人到更為廣闊的地方搜集食物，"妻子"和孩子留在家中。這就是說，存在強的選擇壓力，使個體與夥伴合作，照顧小孩。考古學的證據表明，在 50 萬至 200 萬年前的某一時期，人類的確被迫結成更大的群體，起初可能是形成擴大的家庭。由於人類是陸生、雜食、兩足直立、身體易受傷害的靈長類動物，其適應的主要方式是社會性的。如果沒有形成合作群體的能力，人類就不可能繁衍生息。考古學關於早期人類的證據似乎表明利他傾向最初是由親屬及像親屬的個體所引發，人類某群體內成員的利他傾向將有助於該群體的生存和繁衍。因而利他的自我犧牲基因便由其他成員而傳遞下去。高爾德 (Gould, 1976) 曾用一個古老的故事，即年邁的愛斯基摩人在家族遷移尋找食物時會留在浮冰上自絕生路，以免累及衆人或消耗珍貴的食物而危及整個家族的生存，來說明利他基因遺傳的可能性。但他接著認為，我們同樣可以輕易地駁倒利他基因的存在。因為對於這種犧牲，愛斯基摩人用歌曲和故事來讚頌，他們的孩子從小便將這些置民族於自己生命之上的老人奉為英雄，日後他們衰老後也效法這種親社會行為。顯然，用生物進化論不能夠充分說明人類的複雜行為。利他行為等人類複雜的社會行為都不是本能行為。看來，用文化學習來解釋則較合理。

二、利他行爲的文化影響

不管如何強調生物因素對人類行為的決定作用，沒有哪一個有代表性的觀點能夠忽視文化因素的影響。對於利他行為來說，文化作用尤為重要。

(一) 社會環境

社會環境影響著利他行為的表現。社會公共機構，諸如學校、工會和教會能通過教育、榜樣和實踐來影響利他行為。它們在實際上做的比它們說的所產生的作用要大得多。例如，如果教會參與慫恿組織支持自己利益反對他人利益的團體時，其宗教工作就與親社會的博愛精神背道而馳，它所宣傳的利他行為就大打折扣。

現代社會，大衆傳播無孔不入，占領著人們所有的生活領域；特別是電視，強有力地影響著利他行為和攻擊行為。研究證明，兒童觀看親社會內容的電視電影會表現出更多的利人行為 (魏明庠等譯，1990)；而觀看暴力行為的電視則會表現出更多的攻擊行為 (Josephson, 1987)。孩子們在電視螢幕上看到和學到的親社會行為或暴力行為，將來可能用這些學到的行為去解決他們所面臨的問題。

(二) 社會公德

社會公德 (social moral rule) 是指在一定社會生活中，為了維持正常的生活秩序，人們都應共同遵守的一些最起碼的公共生活準則。我國近代思想家梁啟超 (1873～1929) 在論及私德、公德時指出：

> 所謂公德云者，就其本體言之，謂一團體中人公共之德性也；就其構成此本體之作用言之，謂個人對於本團體公共觀念所發之德性也。
>
> 公德之大目的，即在利群，而萬千條理即由是生焉。本論以後各子目，殆皆可以"利群"二字爲綱，以一貫之者也。(新民說)

在梁啟超看來，社會公德就是愛國利群。這是一個合格的社會成員在道德上的起碼標準和一般要求。

斯蒂文森 (Stevenson, 1991) 指出，東方文化強調**群體和諧** (group harmony)，頌揚利他行為，這與西方的個人主義形成鮮明的對比。我國儒家倡導的社會公德一直延續至今。例如孔子曰："仁者人也，仁者愛人"。他力倡君子成人之美，不成人之惡。一個人應當與人方便，切勿乘人之危，落井下石或見死不救。愛人者人恆愛之，信人者人恆信之。又如敬老愛幼、尊師親賢也是一項社會公德。孔子把"老者安之，少者懷之，見賢思齊，見不賢而內省"當作自己孜孜以求的自我理想。孟子主張老吾老以及人之老，幼吾幼以及人之幼。《國語》云：民生于三，事之如一。父生之，師教之，君食之。《禮運》云："天生時而地生財，人其父生而師教之"。尊師親賢是"天理"之所然。千百年來，這些社會公德一代一代流傳下來，成為約定俗成的風俗和傳統習慣，耳濡目染著中華化民族一代又一代的人們。社會公德或社會文化的價值觀不能不影響著人們的利他行為。

(三) 學　習

即使是在同一種文化中，人們的行為也各不相同：有的人慷慨合作，有的人吝嗇自私；有的人慈善助人為樂，有的人偷盜、傷害他人。在尋求利他行為的解釋時，除了社會文化差異之外，我們還必須考慮個人所經歷的其他因素，如家庭模式、父母和其他重要的成員、共同成長的夥伴等等，共同造成了許多特點上的個別差異，其中也包括利他行為。在相同的社會文化中，人們在利他行為上的差異關鍵在於學習。強化、觀察學習、角色扮演和認同作用被認為在學習利他過程中扮演著重要的角色。

1. 強化　操作性及經典性條件作用都能使個體學習到利他行為。費希爾 (Fischer, 1963) 發現，對 3.5～4.5 歲的兒童用口香糖強化比用表揚強化能表現出更多的分享行為。格爾芳德和哈特曼的研究 (Gelfand & Hartmann, 1982) 實驗情境是，兒童在玩遊戲時贏得可換獎品的代幣，允許他們把代幣捐給其他兒童。結果發現，對兒童的捐或不捐給予表揚或懲罰，會影響其以後捐出的代幣量。

2. 觀察學習　孩子出世後就觀察著他們的父母。父母的榜樣就在告訴孩子，什麼樣的行為是恰當的、符合要求的；什麼樣的行為是不恰當的、不符合要求的。許多學者認為，觀察親社會的榜樣能增強孩子的助人行為，而自私的榜樣則會減少孩子的助人行為。有人（孟昭蘭等譯，1991）比較過父母積極參加社會公益活動和很少參加社會公益活動的工人家庭孩子的助人行為，結果發現，前者有較多較積極的助人行為。拉什頓 (Rushton, 1980, 1981) 曾研究過榜樣引發的利他行為具有跨時間和跨情境的一致性。在其中一項研究 (Rushton, 1975) 中，他安排 7～11 歲的兒童玩一種電子保齡球遊戲贏得代幣，如果他們願意可以把贏得的代幣捐給"拯救兒童基金"海報中的一個孩子；接著他們觀看學校中的老師玩這種遊戲，並做出把贏得的部分代幣捐獻出來，或全部自己拿走，然後讓兒童們玩遊戲，結果兒童表現出模仿行為，觀看慷慨榜樣的兒童比觀看自私榜樣的兒童捐出較多的代幣。兩個月後，由同一名主試在同一房間，讓其中一半的被試再玩遊戲，並提醒他們可以向同一慈善機構募捐。另一半被試由不同的主試在另外的房間玩同一遊戲，並告訴他們可以向另一慈善事業募捐。結果發現，觀看慷慨與自私榜樣的兒童捐出的代幣數量仍存在極顯著的差異。說明模仿的利他行為具有持久和類化的性質。

3. 角色扮演 **角色扮演** (role playing) 使兒童想像或設想需要幫助者所處的情境，產生同理心有助於利他行為的學習。用角色扮演（如扮演敬老愛幼等角色）來訓練兒童的親社會行為，日後他們會傾向於表現利他行為。正因為如此，很多學者提出，所有的年輕人應當做義務性的社會服務，在承擔責任的過程中培養並加強利他動機（潘菽，1988；韓進之等，1986）。

4. 認同作用 事實上兒童有些已獲得的行為特徵看來不能用獎賞、懲罰或模仿來進行分析。這裏還涉及一個更微妙的過程，即認同作用。**認同作用（或自居作用）**(identification) 是弗洛伊德理論中的術語，其原意係指個體潛意識地向別人（如父母）模仿的過程。霍夫曼 (Hoffman, 1975) 曾做過父母的價值觀與其子女利他水平的相關研究。在此項研究中，要求一群彼此認識的兒童說出：最關心別人和會替其他被取笑的孩子解圍的三名同性別的夥伴，以此來定義兒童的利他水平，而這些孩子的父母則對 18 項價值觀（如關心他人、幫助他人等）的重要性進行評等，相關分析的結果表明，利他水平較高男孩的父親和利他水平較高女孩的母親，其個人價值觀較富利他精神。

(四)　道德判斷的發展

利他行為和**道德判斷** (moral judgment) 具有密切的關係，理論家特別關心的是道德感是如何發展的？下面介紹三種理論觀點。

1. 弗洛伊德的觀點　弗洛伊德把超我或良心 (見補充討論 13-1) 的發展與認同作用或自居作用聯繫起來，親社會行為來自與個人內部標準的超我相一致的要求。兒童認同父母的特徵並採用其價值、標準及行為模式，那麼他就被較大的文化所接納。經過這些過程，兒童最後採納了整個社會的道德標準。兒童社會化的基礎是早期親子互動的性質。一旦超我發展起來，道德和利他行為的維繫機制是：當個體行為不合乎道德規範時就產生愧疚感。因此，一般說來，利他行為部分是對利他的人物 (即奉獻自己、愛心、溫情的母親，或犧牲自己幫助他人的父親) 的認同。

不過，在某些情況下，精神分析家還認為利他是神經官能症的表現。例如，某人可能通過不斷地給別人送禮物，以補償幼時匱乏的感受；善行可能是否定個人持續的無力感和匱乏感的一種方式，或自私的人以反向作用來掩蓋自己的欲望。因此，在精神分析論看來，只有透過潛意識動機的分析才能完全了解利他行為。

2. 皮亞傑的觀點　皮亞傑在提出智力發展理論的同時，還提出了兒童的道德發展理論。為了探討兒童道德認知的發展，皮亞傑及其同事編寫了許多包含著道德價值內容的情境故事。這些故事都是成對的，每對故事包含著兩種道德情境，每一種道德情境代表著一種道德發展水平。例如皮亞傑用來研究兒童對動機和效果判斷的一對故事是這樣的：

A. 一個叫約翰的小男孩，聽到有人叫他吃飯，就去開餐廳的門，他不知道門外有一張椅子，椅子上放著一個盤子，盤內有 15 個茶杯，結果撞倒了盤子，打碎了 15 個杯子。

B. 有個男孩名叫亨利。一天他媽媽外出，他想偷吃碗櫥裡的果醬。他爬上椅子伸手去拿，因爲果醬放得太高，他的手搆不著，結果在拿果醬時，碰翻了一個杯子，掉在地上打碎了。(Piaget, 1932)

主試向被試講述一對故事後，讓兒童判斷上述兩個孩子行為的好壞。

補充討論 13-1

何謂良心

良心 (conscience) 是個人辨明是非善惡的內心標準。它是道德認識、道德情感和道德意志的有機統一。

在我國歷史上，孟子最先提出良心的概念。他說：

> 牛山之木嘗美矣，以其郊於大國也，斧斤伐之，可以爲美乎……雖存乎人者，豈無仁義之心哉？其所以放其良心者，亦猶斧斤之於木也，旦旦而伐之，可以爲美乎？(孟子‧告子上)

孟子這裏所說的良心，就是人所具有的天賦道德心，即仁義之心。孟子還提出了良知的概念，云：

> 人之所不學而能者，其良能也；所不慮而知者，其良知也。孩提之童，無不知愛其親者，及其長也，無不知敬其兄也。親親，仁也；敬長，義也；無他，達之天下也。(孟子‧盡心上)

後來的儒家都遵照孟子的說法把良心看成是善心、仁義之心。王陽明 (1472～1528) 的四句教："無善無惡是心之體，有善有惡是意之動，知善知惡是良知，爲善去惡是格物"(傳習錄下)，把我國儒家的良心學說推向最高峰。總之，我國先哲把良心視為"仁義之心"、"良知"，是先天秉賦的。

在西方，德謨克利特 (Demokritos, B.C. 460～370) 最先提出良心的概念，他說："有些人對自己可滅的本性無知；然而，因記起以前所做的壞事，他們的良心受到震動，於是自己就責備自己"(轉引自魏英敏，1993，453 頁)。他還說："對可耻行爲的追悔是對生命的拯救"，因此，"照著良心行事並且能知其所以然的人，同時也是一個堅定而正直的人"(周輔成，1964，80 頁)。西塞羅認為，"對於道德實踐來說，最好的觀衆就是人們自己的良心"(轉引自魏英敏，1993，453～455 頁)。盧梭 (Jean Jacques Rousseau, 1712～1778) 說："在我們的靈魂深處生來就有一種正義和道德的原則，儘管我們有自己的準則，但我們在判斷我們和他人的行爲是好或是壞的時候，都要以這個原則爲依據，所以我把這個原則稱爲良心"(李平漚譯，1983，414 頁)。

良心是靈魂的聲音，它引導人們按良心去做，就不會迷失方向。康德 (Immanuel Kant, 1724～1804) 認為："對於每一個有道德的人來說，在他的內心中原先就有良心。因此有良心就等於說有一種盡義務的責任。因爲良心的實踐理性，在任何情況下，它出現於人的面前，作爲開釋和譴責的責任"(轉引自韋政通，1988，65 頁)。

我們現在一般認為，良心就是個人道德認知、道德情感和道德意志的有機統一。它不是天賦的理念，而是後天習得的人格特質，其核心成分是個人對自己所應盡之社會義務的認知和感受。

在判斷之後，繼續向兒童提問和交談，以弄清兒童進行道德判斷的理由。結果發現，在 10 歲或 11 歲以下的兒童是以下列方式進行**道德兩難** (moral dilemmas) 推理的，即把規則看成固定和絕對的，他們相信規則是由成人或上帝傳下來的，不能改變的。而年齡大一些的兒童則較為相對論的。他們知道如果每個人都同意的話，規則是可以改變的；規則不是神聖而絕對固定的，它只是人們進行友好相處的手段。因而他們能夠以不同的方式來思考。年齡較小兒童的道德判斷大多是以後果為依據，而年齡較大兒童的判斷則以目的為依據，即根據行為基礎的動機去判斷。在上例中，約翰聽到有人叫他吃飯去開餐廳的門而打碎了 15 個杯子；另一個男孩亨利因偷吃東西打碎了 1 個杯子，年齡較小兒童會認為前者更壞，即以打碎的總量 (後果) 來判斷；而較大兒童則認為後者更壞，即以行為的動機來判斷 (Piaget, 1932)。

3. 柯爾伯格的觀點　柯爾伯格 (Lawrence Kohlberg, 1927～1987) 認為，個體道德發展的動力既不是來自他的先天成熟，也不是來自他的後天學習，而是來自個體與社會的交互作用。在此種交互作用過程中，隨著個體承擔社會角色機會的增多，不斷同化吸收和調整平衡新的道德經驗，使個體的道德結構從低級階段向高級階段發展。他繼承皮亞傑的觀點，設計了許多道德兩難問題的情境故事，讓不同年齡的被試進行判斷。這些故事所引起的問題都沒有單一正確的答案，從不同的觀點來看會有不同的答案。下面是一個經常被引用的故事：

> 歐洲有個婦女患了特殊的癌症，生命垂危。經醫生診斷，只有一種藥能救她，就是本鎮一個藥劑師最近發明的鐳。製造這種藥要花很多錢，藥劑師索價要高於成本 10 倍。他花了 200 美元製藥，而這點藥他竟索價 2000 美元。病婦的丈夫海因兹到處求親告友，才湊到藥費的半數。海因兹不得已，只好懇求藥劑師能便宜一點賣給他，或允許他賒欠。但藥劑師說："不成！我發明了這種藥，正要用它來賺錢"。海因兹走投無路，在第二天夜裡，他破窗潛入藥房，偷走了藥，及時挽救了妻子一命。你認爲海因兹這種做法對不對？(Kohlberg, 1963)

經過長達 30 多年的大規模的追踪研究和跨文化研究，在大量數據的基礎上，柯爾伯格概括出個體道德發展的三水平六階段模型 (見表 13-1)。在該模型中，柯爾伯格以習俗 (convention) 為標準把個體的道德發展分為三個水平，而每一水平又包含高低兩個發展階段。他認為，不同文化背景的個體都要經歷這些發展階段，個體必須經過較低的發展階段才能達到較高的發展階段。下面對柯爾伯格的三水平六階段模型作簡要的說明。

表 13-1　柯爾伯格氏道德判斷發展三水平六階段模型

三	水平	發展六階段		心理特徵
一	前習俗道德 (年幼兒童)	1	避罰服從取向	僅從表面看行為後果的好壞。盲目服從權威，旨在逃避懲罰。
		2	相對功利取向	只按行為後果是否帶來需求的滿足來判斷行為的好壞。
二	習俗道德 (兒童期中期)	3	好孩子取向	按好孩子的標準判斷，凡是成人讚賞的，自己就認為是對的。
		4	遵守法規取向	遵守社會規範，認定規範中所定的事項是不能改變的。
三	後習俗道德 (青少年至成年)	5	社會契約取向	了解行為規範是為維持社會秩序而經大衆同意所建立的。只要大衆共識社會規範是可以改變的。
		6	普通原則取向	道德判斷係以個人的倫理觀念為基礎。個人的倫理觀念用於判斷是非時，具有一致性與普遍性。

(採自 Kohlberg, 1969)

(1) **前習俗道德水平** (preconventional level of morality)：9 歲以下的年幼兒童面對道德兩難情境進行道德推理判斷時，具有自我中心傾向；考慮問題以行為的後果能否滿足自己的需求為原則，不能將行為後果與是否符合社會習俗或社會規範聯繫起來加以考慮。這一水平又分為兩個發展階段：

第一階段：避罰服從取向。**避罰服從取向** (punishment-obedience orientation) 是個體道德發展的最低階段。處於該階段的人對行為好壞的評價取決於行為者是否受到懲罰。如果做一件事被懲罰，不論其理由如何，那他肯定是壞的。對於海因茲的兩難推理，這一階段的兒童一般認為海因茲偷藥的行為是錯誤的，因為他偷了人家的東西就會受到懲罰。兒童把社會規則看成是固定的、絕對的，他們之所以服從規則是因為怕受到懲罰。

第二階段：相對功利取向。**相對功利取向** (instrumental-relativist orientation) 是指能換一個角度來考慮利益得失。在這個階段，兒童不再把社會規則看得那麼固定和絕對了。他們領悟到，任何問題都是多方面的。對於海因茲的兩難故事，他們常說"這全依你怎樣看待它"或"這取決於什麼人"。海因茲可以認為偷藥來救他的妻子是對的，但藥劑師會認為他是錯的。"因為事情都是相對的，一個人最終總根據自己的需要和快樂來作出決定"。這一階段兒童還可能說，海因茲如果要他的妻子和愛他的妻子的話，就可以偷；如果他想和另一個更年輕漂亮的人結婚，他就不會這樣做 (Kohlberg, 1963, p.24)。

(2) **習俗道德水平** (conventional level of morality)：兒童期中期兒童在面對道德兩難情境時一般都依世俗，即依據家庭、團體或社會國家所持的標準進行道德推理。這一水平又分為兩個發展階段：

第三階段：好孩子取向。**好孩子取向** (good or nice child orientation) 是指按好孩子的標準進行道德判斷，凡是成人讚賞的，自己就認為是對的。利他行為比自私行為受社會認可。受社會認可的就是對的，否則就是錯的。十來歲的孩子會按照好人應該怎樣來行事，認為海因茲的做法是對的。因為他想"挽救一個人的生命"，"他愛他的妻子"，"他已經走投無路了"。相反，藥劑師是壞的。因為他貪婪，一心想賺錢，只關心自己的利益而不管別人的死活。

第四階段：遵守法規取向。**遵守法規取向** (law and order orientation) 是指必須按照法律權威行事，維護社會秩序。這一階段的人大多想到自己的責任和義務，想到普遍的社會秩序，強調服從法律，維護社會秩序。他們對海因茲兩難故事的反應是：一般同情海因茲，但認為他的行為是錯誤的，不能寬恕他。因為偷竊行為是違法的；如果法律權威不能維護，社會秩序就會混亂。

(3) **後習俗道德水平** (postconventional level of mormality)：在青少年至成年期，有些人在遇到有關道德情境時能以自己的良心和價值觀作出是非善惡的判斷，而不受傳統的習俗觀念或社會規範所限制。這一水平也分為兩個發展階段：

第五階段：社會契約取向。**社會契約取向** (social contract orientation) 是指每個人所持的價值觀和社會法規都是從屬於所屬團體的，只有依社會大衆利益所制定法規才能作為道德判斷的標準。這一階段的個人看待法律較為靈活，認為法律是社會一致同意的手段，以便人們和睦相處。如果人們感到法律不符合他們的需要，可以通過共同協商和民主程序來改變。這一階段的人對海因茲故事的反應是：認為海因茲的做法是對的。因為社會一致認為生命極重要，生命垂危者得到醫療的權利高於藥劑師謀利的權利。海因茲在走投無路的情境下，其偷竊行為雖為違法，但卻合乎道德。

第六階段：普遍原則取向。**普遍原則取向** (universal orientation) 指個人根據自己的人生觀和價值觀所樹立起的對道德事件判斷的一致性和普遍性信念。此種信念是基於衆所共識的人性的尊嚴、真理、正義和人人平等。這一階段的人對海因茲故事的反應是：認為海因茲的做法是對的。因為每一個生命都有天賦的價值。這個原則是普遍的，適用於所有的人。患者理該得到治療。藥劑師也應為海因茲太太著想，認識到生命的價值超過他的利潤。

柯爾伯格認為，個體的道德認知是由低級階段向高級階段發展的。但個體在一定的發展階段上往往使用某個階段為主，而同時使用其他幾個階段的推理。個體的年齡階段與其道德發展階段不是絶對對應的。就美國中產階級和工人階級的被試來說，大多數 9 歲以下的兒童都使用第一、二階段的推理，也有少數青少年以及青年和成人罪犯仍使用前習俗道德水平的推理；大多青年和成人都使用第三、四階段的推理，只有大約 10% 的少數人在 20 至 25 歲之後才能達到後習俗道德水平 (Kohlberg, 1981)。

第三節　利他行爲的情境與認知因素

人們的利他行為與他們所遇到的情境及其對該情境的認知密切相關。本節將討論利他行為的情境變量和認知特點。

一、利他行爲的情境因素

在 1964 年，紐約發生一起凶殺事件：基蒂・吉諾維斯清晨 3 點鐘下班回來在自己的公寓外遭到殘忍的劫難，其鄰居是中產階級。她高聲呼救，至少驚醒了 30 個鄰居，他們走到窗户旁觀看。歹徒的野蠻暴行持續了半個小時，居然無人相救、無人報警，結果基蒂身受多處刺傷而死。新聞界詳細報導這一事件，世人瞠目。讓人們震驚的不僅是事件本身的凶暴殘忍，更主要的是目擊者的無助現實。基蒂的鄰居絶非漠不關心，因為他們花了 10 分鐘觀看事件的整個過程，但為什麼無人相助呢？許多心理學家由此展開了一系列的研究，焦點集中在影響助人的情境特徵上。結果表明，一般人都有利他行為和助人的潛能。但激發這種潛能的情境特點也是十分重要的。斯特布 (Staub, 1980) 的著作論及了情境變量的許多方面，下面我們考察其中的一些內容。

(一) 情境的模糊性

清楚地顯示出有人需要幫助的情境比模糊情境更容易激起人們的援助。克拉克與渥德的一項實驗 (Clark & Word, 1972) 說明了這種現象。被試無意中聽到臨近房間傳來維修工人從梯子上摔下來的聲音。在模糊條件下，被試只是聽到梯子撞到牆上和窗簾掉下來的聲音；在明顯條件下，被試還聽到維修工痛苦的呻吟。結果發現在模糊條件下被試助人的概率顯著的低 (見表 13-2)。所羅門等 (Solomon, Solomon & Stone, 1978) 的研究表明，僅聽到受害者有緊急情況的被試比既聽到又看見緊急情況的被試較少提供幫助。這些研究者聲稱，無論是在實驗室還是在實際生活中，其結果都相同。

表 13-2 幾種實驗條件下助人的平均反應時間 (秒) 及百分數

實驗條件	情境清楚	情境模糊
單獨一個	6.97(100%)	55.67(30%)
兩人小組	7.74(100%)	61.59(20%)
五人小組	10.39(100%)	52.18(40%)

(採自 Clark & Word, 1972)

(二) 責任的分散

拉塔尼和達利 (Latane & Darley, 1970) 出版一本專論旁觀者介入緊急事件的著作，其首要觀點是緊急情境中他人在場會抑制人們的助人行為。他們認為在作出助人決定之前必須克服三種消極影響：

1. 逃避或抑制 如果對情境發生誤解就會冒尷尬之險。別人在場時，避免誤解情境的簡單方法就是把這種情境留給別人去處理。

2. 責任分散 (diffusion of responsibility) 知道別人能夠提供幫助時會使人將助人責任分給他人，即使別人並未真的看見或聽到需要提供幫助也是如此。

3. 社會影響 大多數需要幫助的情境都有些模棱兩可。通過觀望別人(他們可能也在觀望別人) 發現無人相助，就以為不需要幫助。有時，別人在場使人們產生這樣的想法：讓別人去管吧！大量研究說明了這些過程的作用。史密斯等人 (Smith, Smythe & Lien, 1972) 創設了一種情境，一名女實驗者在被試面前生病了，她蒙上自己的臉呻吟著，踉踉蹌蹌地走向鄰近一個房間，卻碰倒了一個檔案櫃，自己也倒在椅子上。被試看到這一情境時有三種條件：(1) 單獨一個人；(2) 兩個人，其中一個人和被試相識且沒有行動；(3) 兩個人，其中一個人和被試不相識且沒有行動。結果表明，在第一種條件下，65% 的被試去幫助，但在第三種條件下只有 35% 的被試試圖幫助，而第二種條件下僅有 5% 的被試出面助人。

(三) 助人的代價

在各種助人情境中，助人者都可能要付出某種代價。幫助遭到搶劫的人可能會受傷，甚至危及生命；幫助迷路的老太太找到她要去的地方，可能會造成重要約會的遲到。從某種意義上說，這些例子中的個體都可能會產生雙趨衝突——自我利益與利他行為的矛盾。提姆斯等人 (Tims, Swart & Kidd, 1976) 用電話聯繫男大學生，要求他們回答一份態度問卷，告訴他們完成此問卷的時間頗不相同，從 20 分鐘到 3 個小時不等。結果發現，拒絕率隨所說時間的增長而提高。

(四) 環境的界定

人們早已注意到，如果環境很明確地顯示需要幫助，那麼就容易得到幫助。但是，模糊－清楚維度還有另一面，即使環境清楚也表明需要幫助，到底需要什麼樣的幫助可能不一定同樣清楚地顯示出來。研究表明，人們清楚地知道需要提供何種幫助時更容易去幫助。當一個人認識到緊急情況的特點並具備所需的技術時，助人的可能性顯著增加。例如，當一名患者請求從他口袋取出藥片時比別人不知道如何幫忙時更容易得到幫助。

二、利他行爲的認知因素

即使是同樣需要幫助的情境，人們對該情境的認知和理解也可能不同。下面討論利他行為的認知因素。

(一) 他人需要幫助的推斷

雖然一個人在外界沒有提供需要幫助的線索時會主動助人，但大多數利他行為都是覺察到或推斷出他人需要幫助時發生的。當他人很明顯需要幫助時，推斷比較容易，但如果他人需要幫助很微妙、線索不明確，判斷時就要涉及更高級的認知過程。

1. 需要的突出性與痛苦的嚴重性　許多研究發現，在緊急情境中他人需要幫助的清晰度與被試給予幫助的可能性有關係。例如，當從梯子上摔下來的人呼救時，去幫助的被試明顯增多 (Yakimovich & Saltz, 1971)。隨著他人痛苦嚴重性的增加，助人反應的潛伏期縮短 (Geen & Jarmecky, 1973；Ashton & Severy, 1976)。通常人們在被迫的情境 (如求助需要十分突出，責任集中於自己) 下常常會提供幫助；但是如果他人需要幫助的線索不明顯，助人人數減少，速度也變慢。助人傾向的減少可能是由於人們沒有覺察到他人需要幫助或覺得別人看起來能夠自助。

2. 旁觀者對需要歸因的影響　如果他人需要幫助的信息是模糊的，旁觀者的反應可能對觀察者如何解釋該情境有微妙的效應。對於人們在他人在場時較不願介入緊急情境的一種解釋是：旁觀者沒有行動內隱地傳遞了這樣的信息——此事件不怎麼重要，可以不必介入 (Latane & Darley, 1970)。旁觀者的言語反應對觀察者介入助人反應有重要的影響。例如個體介入的可能性在他人發出警報時顯著增加 (Smith, Vanderbit & Callen, 1973)。旁觀者沒有參與助人至少是由於從情境中得到不需要幫助，或助人行為是不合適的信息。

(二) 助人合適性的推斷

在許多情況下，知覺到他人需要幫助並確實需要幫助，但是人們是否去幫助，還要有一定的條件。這時人們還會考慮自己的助人行為是否合適。因為人們總是希望自己以社會合適的方式行動。這對利他行為有決定性影響。在許多情況下，人們要尋找線索，以確定自己的處境和應扮演的角色。在場旁觀者的反應所提供的線索——他們在做什麼或不做什麼，可能對觀察者判斷在當前情境下自己的合適行為有很大影響。許多研究發現，兒童和成人都傾向於模仿别人的助人行為 (Rushton, 1981；Staub, 1978)。如前所述，榜樣具有許多功能，其中之一即是提供行為的合適性信息。旁觀者不行動，可能傳遞了助人是不適宜的信息。

(三) 值得性推斷

與推斷助人合適性相聯繫的是，推斷他人是否值得幫助。受害者需要幫助的大小、受害者自助的能力、受害者對其需要狀態的責任等因素都可能影響是否值得幫助的推斷。他人需要的合理性影響其得到幫助的可能性。商店職員更可能幫助購買生活必需品 (如牛奶或急需藥品) 而缺少零錢的人，卻不肯幫助購買奢侈品 (如蛋糕或啤酒) 而缺少零錢的人。從社會公德的角度來說，人們應當幫助值得幫助的人，而可以拒絕幫助受到譴責的人。有人認為，如果一個人遭到不應受的痛苦時，觀察者就會打抱不平予以幫助；而如果受害者被認為是自作自受的，觀察者會覺得蠻公平的，而不會去幫助。

(四) 責任的自我歸因

一個人可能覺得他人需要幫助、給予幫助是合適的，並且也認為值得予以幫助，但是也可能不給予幫助。因為他並不覺得個人對幫助負有責任。情境與需要幫助者特徵的責任如果集中到觀察者身上，這對助人行為有十分重要的作用。杜法等人 (Duval, Duval & Neely, 1979) 認為提高個人的自我覺知會提高其助人的責任歸因。讓被試在觀看電視螢幕上自己的形象、性病受害者或貧困的拉美人形象的錄像之前或之後，完成有關助人責任的自陳問卷。結果發現，自我意識強的被試比缺乏自我意識的被試在觀看痛苦景象之後有明顯的差異。自我意識強的被試立即感到自己有責任去幫助受苦者。

(五)　自我意識與自我歸因

除了責任歸因之外，人對自己具有利他行為特質及其強度的歸因，對利他行為也起重要作用。若干研究發現，沒有外部誘因條件下的助人者比在很多外部誘因條件下助人的人，在以後有更多的助人行為 (Batson & Coke 1981；Uranowitz, 1975；Zuckerman, Lazzaro & Waldgeir, 1979)。如果沒有外部誘因條件下的助人者推論自己是一個樂於助人者，那麼他以後的行為就與其自我意識一致；相反的，那些迫於壓力或誘因而助人者則不作此推論。巴特森和庫克 (Batson & Coke, 1981) 的研究結果支持了該假設，即在應當助人條件下的被試更少地把自己描述為利他行為。當然，我們也可以改變被試對自我的看法，例如，對被試助人動機進行歸因，直接標定被試的傾向，以及讓被試想像助人的榜樣作用，都將有助於被試利他動機。有人認為利他行為是一個多階段的決策過程 (見補充討論 13-2)。

第四節　利他行爲的情緒與人格因素

前面我們已經討論過，情境的某些特徵以及對這些特徵的認知和理解在決定人們對待被幫助者行為反應上，扮演著重要的角色。人是有感情的，情緒情感是否能促使利他行為的產生？如果能，那麼，哪些情緒會促使利他行為的產生？此外，助人者的人格特徵在助人的過程中必然會影響個體伸出援助之手。那麼，是否具有一種利他的人格特徵呢？在這一節裏，我們將討論這些問題。

補充討論 13-2

利他行爲的多階段決策過程

拉塔尼和達利 (Latane & Darley, 1970) 把在營救或在緊急情境下的利他行為看作是包括下列五個步驟的決策過程：(1) 注意到發生了某件事；(2) 把情境解釋為緊急的；(3) 推斷自己是否有責任；(4) 考慮能給予何種形式的幫助；(5) 決定行動的最好執行方式。他們認為，個人對自己的責任和對情境緊急性的解釋是投入助人的重要因素。

施瓦爾茲等 (Schwartz & Howard, 1981) 把通常情境下的助人行為視為下列的連續過程：

注意：(1) 意識到有人需要幫助；(2) 知覺到用行動可以給予幫助；(3) 認識到給予幫助的個人能力；

產生責任感：(4) 領悟到有某種責任；(5) 喚起已有的或當前的行為規範；

預期評估：(6) 評估代價與可能的結果；

防禦：(7) 以否認方式對情境重新評估、重新定義情境；(8) 重新評估前述步驟；

行爲：(9) 行動或者不行動。

助人者的決策過程始於覺察到他人似乎不像以前那麼好了。然而這個人是否體驗到道德責任感，則取決於他相信自己能提供某種幫助的程度和所喚起的道德規範與價值觀。如果這個人認定自己有能力幫助並且這種幫助符合於自己的價值觀和道德責任感，那麼，他就感到有責任去幫助並採取行動。但是，施瓦爾茲認為，在許多情況下，個人可能覺得應該去做但又與某種情感相衝突，因而可能以自我防禦機制來重構情境。例如否認他人真的需要幫助；否認高代價行動的值得性、有效性和合適性；否認自己有責任去幫助等。作出助人與否的決定標誌著決策過程的結束。但個人是否行動的考慮則可能又回到這一連續過程的開始。

皮爾文等人 (Piliavin & Piliavin, 1972；Piliavin et al., 1981) 把緊急情境下的助人決策過程分為下列步驟：(1) 意識到他人的需求；(2) 體驗到生理喚醒；(3) 對喚醒進行標定；(4) 對可能選擇的報償/代價進行分析；和 (5) 決策——或直接幫助或間接幫助或不介入。在皮爾文等人看來，緊急情境下的助人行為就是對賞酬和代價的決策分析。

利他行為是十分複雜而多樣化的。上述三種決策過程只能適用於部分助人行為，有許多助人行為應有不同的決策過程。例如，章志光 (1990) 對大陸地區中小學生親社會行為的研究發現，個體在面臨道德情境時，往往要經過內部衝突、主動定向、考慮決策和調節行為等多個環節。肖峰 (1995) 通過讓中學生參加"為你的同齡人解決煩惱"活動，以考察中學生助人方式的決策特點發現，中學生助人方式的決策過程有兩個特點：(1) 只要獲得一種解決方案即停止探索；(2) 對解決方案缺乏有效性評價。又例如有些助人行為可能根本沒有賞酬/代價的反復權衡，而是出於社會正義感的。

一、利他行爲的情緒因素

利他行為帶有明顯的情緒色彩，移情、愛心、內疚等情緒都會促使利他行為的產生 (高地等譯，1984；陳麟書等譯，1990；Plutchik, 1980)。下面讓我們來考察這方面的一些研究。

(一) 移　情

移情 (**或同理心**) (empathy) 是利他行為的一種重要情感因素。近年來對移情或同理心的研究日益增多 (Eisenberg & Strayer, 1987)。但是不同的研究者對移情的定義卻不相同。有人把移情定義為正確推斷他人心情的能力 (Flavell, Botkin, Fry, Wright & Jarvis, 1968)。這樣，移情基本上便成了一種認知技能。有的研究者則認為移情是設身處地地感受他人當前情緒的一種傾向 (Feshbach, 1978；Hoffman, 1975)，或“由於知覺到他人正在體驗或將要體驗一種情緒而使觀察者產生的情緒反應”(Stotland, 1969)。馬森和艾森伯格 (Mussen & Eisenberg-Berg, 1977) 認為，移情不僅是導致利他行為的關鍵因素，而且此種關係也得到了研究的支持。如果我感到憂傷，我會想辦法減輕這種心情；同樣，如果我對別人的憂傷產生了移情，那麼我也會在一定程度上體驗到憂傷，因而希望去消除它，於是就做出了利他行為。慈善組織在請求募捐時經常挑動我們的感情，不僅提醒我們有的孩子還在挨餓而且還要讓我們看挨餓孩子的圖片，以激起我們的移情反應，增進我們奉獻行為。

如果說移情性助人是由於看到處於困境中的人而給自己帶來憂傷，為了消除此種憂傷而去助人，那麼移情性助人便是自私的。但博特遜等人 (Batson, Duncan, Ackerman, Buckley & Birch, 1981) 的一項研究認為移情導致利他行為並非由自私驅動的。在實驗中，讓被試觀看另一被試接受電擊，允許他們用自己接受剩餘電擊的方式來助人。實驗者對那些觀看的被試引起高或低兩種水平的移情。這些被激起移情的被試逃避實驗的情境有兩種：一種情境是容易的，另一種情境是困難的。正如預測的那樣，產生移情的被試無論在逃避實驗情境容易還是困難條件下都願意提供幫助；低移情組的被試主要在不易逃避的條件下才願意給予幫助。

移情在促進利他行為上所扮演的角色並不局限於成年人，在兒童身上也有類似的作用。巴尼特等人 (Barnett, King & Howard, 1979) 要求 7 至 12 歲的兒童討論自己或其他孩子曾經歷過的快樂、悲傷或中性的事件，並給參加此項研究的孩子以代幣，稍後他們可以用來換取獎品。同時告知這些兒童：一些和他們一樣的孩子無法參加此項研究，因而沒有機會得到任何獎品，如果他們願意的話，可以把代幣送給其他的孩子，但也可以不一定這樣做。結果發現，開始時敘述其他孩子遭遇到悲傷經驗的兒童，比敘述自己遭遇到悲傷經驗的兒童更願意與其他孩子分享。這說明實驗中所引導出的移情能夠促進兒童的助人傾向。

(二) 愛　心

愛心 (love) 是一種情感、一種態度、一種性格傾向以及具有創造的力量。"愛首先不是同一個特殊的人的聯繫，而更多是一種態度，性格上的一種傾向" (李健鳴譯，1987，34 頁)，即一種"給予"他人的性格傾向。奧爾波特 (Allport, 1950) 認為充滿愛的給予對給予者來說是很有治療作用的；對他人關心的實踐會有助於解除自身的痛苦。梅多和卡霍 (Meadow & Kahoe, 1984/1990) 認為愛心包括慈愛、友愛、情愛和博愛，從理論上講，愛心與利他行為密切相關 (陳麟書譯，1990)。

慈愛 (kindness) 主要是指父母對子孫後代的愛。慈愛的基礎是親近。母親對嬰兒肉體上的親近會大大促進母子間的依戀。慈愛是生存所需要的一種愛，它給人以面對生活的勇氣。如果沒有這種愛，兒童發展就會異常甚至夭亡。慈愛既是一種需要給予的愛也是一種需要獲得的愛。不僅孩子需要父母的慈愛，害怕離開父母慈愛的保護，而且做父母的會試圖"擁有"他們的孩子。

友愛 (friendly love) 就是朋友之間的愛。所有的友愛都包含有某種程度的契合，即具有共同或相似的志趣和愛好。這種同輩間的愛，在同性關係中最為廣泛。沙利文 (Sullivan, 1953b) 認為，友愛對於青春期以前兒童的健康發展是必要的。它可以部分地矯正和補充早期缺少的慈愛。由於大多數友誼是建立在精神和智力的親近基礎上，因而朋友之間總是相互幫助。

情愛 (或性愛) (sexual love) 是不同性別間的愛 (性欲衝動使有些人與其同性產生性愛。大多數心理學家認為，這不是一個選擇的問題)。一般的性愛產生於對另一個與他自己想像中理想美的人。當然，情愛並不限於肉體美，也包括精神美。性愛渴望與對方完全融合，與其結合在一起。因此，性愛在本質上是排他的而不是類化的。許多小說描寫為了情愛而獻身的利他行為。弗羅姆認為愛情不僅僅是一種感情，而且是意志行為，獻身行為。因為“如果愛情僅僅是一種感情，那麼愛一輩子的諾言就沒有基礎。一種感情容易產生，但也許很快就會消失”(李健鳴譯，1987，41 頁)。

博愛 (love of mankind) 是對人類的愛。對人類普遍的愛表現一種“責任感、愛護、尊敬和對其他人的了解，以及促進那種生活的希望”(Fromm, 1950, p.47)。博愛的特性是非排他性的，並認定人人平等，對所有的人一視同仁，而不管其地位、能力和個人發展方面的偶然差異。詹姆斯甚至認為，博愛把愛護與創造力結合起來，為了愛一個不值得愛的人，有時會促使他們變為值得愛的人。這種為宗教所倡導的博愛，擁有各種各樣的名稱：基督教徒的聖愛，印度教瑜伽派的“不傷生”和社會正義，佛教以慈悲為本 (參見補充討論 13-3) 等。

雖然，宗教信條提倡博愛，但許多人都相信有宗教信仰的人並不比無宗教信仰的人有更多的利他行為。一些研究結果顯示：教徒較不關懷對少數民族的公平和正義，並且在“對他人真誠的愛－同情－憐憫”方面，其他人對教徒的評價也不高 (Phares, 1991)。因此，以個人的宗教信仰來預測其利他行為，是不妥的。同樣，僅以個人是孩子的父母，或是朋友、夫妻的一方來預測其對孩子，或對朋友、夫妻的另一方的利他行為，也不一定是可靠的。從科學研究的角度來看，只有發展出具有信度和效度的測量愛心的工具，才能進一步確定愛心與利他行為的關係。

(三) 心　境

心境 (mood) 是一種比較微弱、持久且具有渲染性的情緒。快樂和幸福的心境能提高我們的助人潛力。因為快樂時，我們自身的需要得到他人的支持、鼓勵和幫助，從而產生對他人和集體的信任和尊重 (孟昭蘭，1989)。我們都知道在請人幫忙前儘量讓他高興，甚至是片刻的高興也會得到預期的幫助；相反別人不高興的時候則可能難以求得幫助。在伊森和萊文 (Isen & Levin, 1972) 的實驗中，被試走進公用電話間打電話都能拾到一角銀幣，而控制組則拾不到銀幣。剛剛離開電話間，所有的被試都看到某人在街上丟

補充討論 13-3

佛教的慈悲觀

佛教的利他行為稱之為慈悲。根據佛教的道德準則，凡對他人有利的就是善，不利的就是惡。具體地說，對己對他人都有利的是善；對己不利，但對他人有利的是大善；對己對他人都不利的是惡；對己有利，但對他人不利的是大惡。佛教以慈悲為本。《大智度論》上說：“大慈與一切衆生樂，大悲拔一切衆生苦，大慈以喜樂因緣與衆生，大悲以離苦因緣與衆生”。佛教提倡“無緣大慈，同體大悲”。

佛教利他行為的具體實踐是布施。布施一般分為財施、法施和無畏施。財施主要是對在家人而言，以金銀財寶、飲食衣服等物惠施衆生，稱外財施；以自己的體力、腦力施捨他人，如助人挑水擔柴，參加公益勞動等，稱內財施。法施主要是對出家人而言，即順應人們請求，說法教化，或將自己禮誦修持功德回向衆生。無畏施是指急人所急，難人所難，隨時助人排憂解難，如救死扶傷，指點迷津，化干戈為玉帛之類。各種布施之目的完全是利他的，並不求報答，如佛經中說：

> 智人行施，不爲報恩，不爲求事，不爲護惜慳貪之人，不爲生天人中受樂，不爲善名流布於外，不爲畏怖三惡道苦，不爲他求，不爲勝他，不爲失財，不多多有，不爲不用，不爲家法，不爲親近。(優婆塞戒經)

只為他人安樂，完全出於自己的憐憫心、同情心和慈悲心。

佛教的慈悲觀在強調利他行為的同時，還主張平等博愛。佛教之愛可分為三種。一是恩愛，是基於報恩和責任感的愛，佛教中有對父母、師長、妻子、親族、僮僕、沙門婆羅門六方之愛。二是泛愛，一視同仁地愛整個人類，佛教主張只要利於他人，國土、妻子乃至生命都可施捨。三是博愛，愛一切有生之物，大至禽獸，小及微生物和無情之草木。尊重和愛一切生靈。

大乘佛教認為，為普渡衆生，救濟全人類脫離生死苦海乃是慈悲善行的極致。菩薩是大乘佛教道德理想的人格化。大乘佛教所說的菩薩行是要求自覺覺他、自利利他。上求佛道是自利，下化衆生是利他。但只有捨己利人，拔苦與樂才能證得涅槃成就正果，所以核心還是利他。

中國佛教主要是在印度大乘佛教影響下發展起來的，菩薩成為一代又一代中國佛教徒心嚮往之的理想人格，慈悲成為中國佛教最主要的道德觀念。布施和不殺生在中國佛教徒看來是最主要的善行，也是區分佛教道德與世俗道德行為的主要標誌。可是，印度原始佛教的慈悲觀到了中國也發生變化，本來是利他行為的慈悲愈益蛻變為利己主義的東西。以致到後來，指導布施和放生等行為的不再是那種利他平等的慈悲精神，而是積聚功德，以求死後善報，往生西方極樂世界（摘自魏承思，1991）。

了一些報紙，他們都有機會去幫助撿起報紙。結果是，控制組被試幾乎沒有一個人幫忙，而所有拾到銀幣的被試因愉快而都幫了忙。艾德曼 (Aderman, 1972) 讓一些被試閱讀描述愉快心情 (得意洋洋，異常歡快，心滿意足) 的資料，而讓另一些被試閱讀描述不愉快心情 (沮喪消沈、心懷不滿) 的資料。結果發現閱讀描寫愉快心情的被試比閱讀描寫不愉快心情的被試有更多的幫助行為。

(四) 內 疚

並非所有不愉快的心情都會減少助人行為。**內疚** (guilt) 是一種由於行為違反了自己的道德標準而產生的情緒。它往往會導致贖罪，這一直是小說家、詩人和劇作家的主題。心理學的研究表明，感到內疚的被試比沒有此種感受的，較可能產生助人行為。卡爾史密斯和格羅斯 (Carlsmith & Gross, 1969) 的實驗令一組被試按電鈕電擊學生 (其實是實驗者的同謀)，產生高度內疚；令另一組被試按電鈕發出蜂鳴器的聲音警告學生，產生低度內疚。然後，詢問兩組被試是否願意做一些與拯救加尼福利亞紅杉樹運動的有關工作。結果如表 13-3 所示，高度內疚的被試表示願意助人行為多於低度內疚被試。有趣的是，偶爾傷害了他人的人，似乎更願意助人，但不是幫助他所傷害的人 (Freedman, Wallington & Bless, 1967)。

表 13-3 內疚與幫助 (數字爲百分比)

條　　件	提出幫助	未提出幫助
高度內疚 (電擊他人)	75	25
低度內疚 (發出噪聲)	25	75

(採自 Carlsmith & Gross, 1969)

從以上的分析可以看出，移情、愉快的心境和內疚會促使利他行為的發生。從理論上講，愛心與利他密切相關；這個問題尚需實證資料加以確定。如果把人格特質確定在人際關係這個範疇之內，那麼人格特質與上述的情緒就有密切的聯繫 (Plutchik, 1980)。因為情緒既可能以狀態的形式存在，也可能以特質的形式存在。

二、利他行爲的人格因素

在利他行為的人格決定因素的研究方面，心理學家主要在探討下面兩個問題：哪些人格特質會促進利他行為？是否有類化的利他人格？

(一) 促進利他行爲的人格特質

當我們進入哪些人格特質與利他行為有關係的研究領域，就會發現，研究者對人格變量角色的看法存在著相當大的分歧。許多因素糾纏在一起，往往使我們難以分清到底哪些人格特質會促進利他行為。例如，如果情境的衝擊十分強烈而又突如其來，使個人毫無時間考慮，自信、自我接納的需求等人格傾向這時都會被當時的壓力所掩沒；很可能相反的人格特徵會參與運作。例如，一個富有愛心的人平常都願意對他人給予幫助。但是此時她看到因突發事件而流血不止的人，一貫的膽小使她無法舉步前往幫助。又例如，對大學的捐款，由於情境的種種差異，很難確定哪些人格特質與利他行為有關。有些人對錢財一向慷慨，但對自己的時間卻很吝嗇；有些人願意貢獻技術卻很看重金錢。再例如，如果我們對他人的幫助曾遭到過拒絕，常會產生負面情緒，往往不願再進行幫助，在這種情況下人格特徵又是怎樣與情境交互作用的呢？

儘管有上述限制，但仍有一些心理學家在探討哪些人格特質會促進利他行為？結論似乎視情境而定。例如，在一項研究中發現，在實驗安排的緊急或不尋常的情境中，權威性、主宰性、讚許需求和社會責任感等人格特徵與親社會行為極小相關 (Latane & Darley, 1970)。但在其他情境中，例如一項研究 (Rutherford & Mussen, 1968) 發現，幼兒園中表現慷慨的男孩，常被人評定為仁慈、少敵意、少競爭性。在促進助人行為方面，心理學家曾對特質移情、內控、親社會取向做過不少研究。

1. 移情特質　移情特質 (或同理心特質) (dispositional empathy) 是指設身處地以他人的處境去體會當事人心情的能力。此種能力不只是由特殊情境而引發，而是個體的一種穩定的傾向性。在兩個實驗中，以移情特質分數與利他的獨立測量求相關；結果發現：(1) 移情特質高分被試比移情特質低分被試對他人的攻擊行為較少；(2) 移情特質高分被試比移情特質低分被試較願意在實驗中幫助其他被試。表 13-4 測量移情特質量表的一些題目。此外，**霍根移情量表** (Hogan Empathy Scale) (Hogan, 1969) 也有較高的效度。有研究顯示，這兩個量表的確測到了移情特質的不同側面 (Chlopan, McCain, Carbonell & Hagen, 1985)。

表 13-4　測量移情特質的一些題目

1. 看到一個團體中的某個寂寞的陌生人，我會感到悲傷。(＋)
2. 我常覺得公開顯露感情很煩人。(－)
3. 我喜歡看人們打開禮品。(＋)
4. 看到動物痛苦，我會很難過。(＋)
5. 小孩有時會無緣無故的哭。(－)

注：被試可以選擇由很贊同 (＋4) 至“很不贊同”(－4) 的反應，題目後的 (＋) 或 (－) 表示贊同或不贊同，均代表移情。

(採自 Mehrabian & Epstein, 1972)

2. 內控　內控 (internal locus of control) 是指個人把自己的命運由自己掌握的觀念。內控者相信凡事操之在己，把成功歸因於自己的努力，把失敗歸因於自己的疏忽。這是自願承擔責任的傾向。米德拉斯基 (Midlarsky, 1971) 的研究顯示，內控者有較多的利他行為。在他的研究中告知男性被試，他們將參與一項軍方研究計畫，以發展出篩選飛行員的測驗，每個被試均與實驗者的某個同謀共事成為一組，並被告知：誰先完成作業便可以幫助同組夥伴。該研究採用一種動作協調作業，每當做操作作業 (包括幫助夥伴) 時都要遭到電擊；甚至幫助毫無所得，反遭受電擊時也是如此。但是丹吉林克等 (Dengerink, O'Leary & Kasner, 1975) 的研究發現，內控者比外控者在競爭性反應時間的情境下更多地依對手選擇的電擊程度來作出攻擊。另一項研究 (Phares & Lamiell, 1975)結果與丹氏的發現大致相同。在此項研究中讓內控者看過一名有前科的人，一名領救濟金和一名退伍軍人的個案簡史後，要求被試以幾種方式來評判每個個案。結果顯示：內控者認為這些個案值得幫助的，顯著地少於外控者。這些研究得出了相反的結論，這說明人格因素在各種具體情境中所扮演角色的不同。內控者更可能依具體情境而做出是否給他人以幫助。

3. 親社會取向 斯托布 (Staub, 1974) 設計出**合成式親社會取向** (composite prosocial orientation) 指數來探究親社會取向與利他行為的關係。該指數由幾個量表上的得分來確定。這些量表包括：他人幸福歸因自己責任傾向測驗、社會責任測驗、馬基雅維里主義測驗、人性信仰測驗、道德推理筆試測驗、價值測驗等。斯托布用這些綜合測量結果來預測個人的利他行為，例如被試聽到鄰近房間似有呻吟、悲嘆聲時的利他行為 (該指數與四種實驗條件下助人行為測量的相關為 0.40～0.50)。這一研究突破了具體人格特質與利他行為相關的觀念，意味著人們可能由一種類化的親社會取向來推動其利他行為，正如斯托布所說的，這種取向“基本上可能代表了看待、考慮他人的福利以及自己對他人責任的一種方式” (Staub, 1974, p.335)。

(二) 利他人格

拉什頓等人認為，有一種一致性的**利他人格** (altruistic personality)。“一般來說，這類人比其他人更慷慨、助人、仁慈” (Rushton, Chrisjohn & Fekken, 1981, p. 296)。並認為一些研究已成功地表明在移情、道德推理和社會責任等紙筆測驗上的個別差異，可用來預測特殊情境中的利他行為 (Rushton, 1980)。為支持該結論，拉斯頓等人發展出一個**利他精神自陳量表** (Self Report Altruism Scale, 簡稱 SRA)。該量表有 20 個測題，被試選擇自己曾參與這些利他行為的頻數（見表 13-5），為評價利他精神自陳量表的效度，拉斯頓等人將被試的得分與被試夥伴對被試的評分相比

表 13-5 利他精神自陳量表題目舉例

題目 ＼ 答案	從來沒有	只有一次	多於一次	經常如此	總是這樣
1. 我曾幫助陌生人把汽車從積雪中推出來。					
6. 我曾把衣服捐給慈善機構。					
8. 我曾捐過血。					
16. 我曾幫助殘疾人或年長的陌生人穿過馬路。					
20. 我曾幫熟人搬家。					

(採自 Rushton, Chrisjohn & Fekken, 1981)

較，結果發現有顯著的高相關。同時，他們還發現利他精神自陳量表和利他行為的其他自我報告有相關。利他精神自陳量表得分高者對死後將自己的器官捐贈給醫學之用的承諾也較多。

針對利他人格跨情境相關低的問題，愛潑斯坦 (Epstein, 1979, 1980) 認為，這是由於對單一行為進行相關分析而沒有對行為做多重分析所致。從方法學的角度看，利他人格跨情境一致性程度低的可能原因有：(1) 本領域的研究大都使用問卷法和實驗室實驗，而較少使用自然狀態下的研究方法，"當對自然與臨床資料進行相關和交互作用分析時，利他行爲的穩定性就易出現" (Bowers, 1973, p.160)；(2) 實驗中大多用兒童作被試，而兒童的行為可能比成人更具情境性而較少一致性；(3) 大多數研究者所用的一致性標準可能存在問題。由於研究中往往以表現型來定義利他人格，即把某些利益分給別人來定義利他人格。因此，一個兒童在一種情境中與他人分享的餅乾比別的兒童多，但在另一情境中捐給慈善機構的錢比別的兒童少，便被假定為利他行為缺乏一致性。然而，在內部水平上，該兒童的行為可能是非常一致的。因為，該兒童可能相信與朋友分享是正確的，而給陌生人是錯誤的，並以此指導其行為。研究者或許假設諸如分享餅乾、向慈善機構捐錢、幫助幼小孩子繫鞋帶等行為構成了他們調查情境中的利他人格，但是被試未必在思想上就這樣想。

跨情境一致性是確證利他精神人格存在的必要條件，但並非充分條件。因為大多數研究者都假設特質是產生行為的內部傾向；而利他人格的一致性證據卻是從外部觀察到的。外部行為具有多義性，因此便難以肯定。從觀察到的利他行為的一致性，可能是情境要求相似性所致，也可能是"非利他人格"特質所致。例如社會讚許需求、冒險需求或控制需求，都會表現出人的利他行為。

我們說某些個體具有利他人格，通常是指他們比一般人表現得更富有利他特性：他們或者經常地樂於助人，或者在異常緊急情境中有驚人的利他表現。而在特定情境中犧牲個人的利他表現則比跨情境一致性更能說明利他人格的存在。

本 章 摘 要

1. 如果說利他反映了人性善的一面，那麼利他精神、利他行為和親社會行都可以說是人性善的表現。
2. 利他行為可分為三個層次：(1) 把人與己的利益都視為同等重要；(2) 把利人置於利己之上；(3) 犧牲自己以利於他人。
3. 廣義的**親社會行爲**泛指對社會有積極影響的行為；狹義的親社會行為是給他人帶來利益的行為。
4. 利他行為可以依據不同的標準進行分類，如**生物性與心理性利他行爲**；**親屬性、互惠性和平衡性利他行爲**；**緊急型、急需型與慣常型利他行爲**等。
5. 利他行為的生物基礎主要是**親屬選擇**（個體以利他行為促進其親屬在一起生活繁衍)、**群體選擇**（有利他行為個體的群體在演化上將勝過不具利他行為個體的群體)。
6. 利他行為的文化因素涉及社會環境、**社會公德**、**學習**（包括**強化**、**觀察學習**、**角色扮演**、**認同作用**等)。
7. 關於利他行為人格涉及到三個問題：(1) 是否存在利他行為人格特質，(2) 如果存在，如何測評，以及 (3) 那些人格特質與利他行為相關。
8. 利他行為的情境變量涉及情境模糊、責任分散、助人代價、環境界定等方面。一般說來，情境愈模糊、責任愈分散、助人代價愈大等，利他行為愈不易出現；反之，愈易出現。
9. 情緒因素對利他行為有重要意義。其中，**移情**、**愉快心境**、**內疚**等情緒對產生利他行為有重要的意義。
10. 認知因素在利他行為產生中有重大的意義。對他人需要幫助的推斷、助人合適性的推斷、值得性推斷和責任的自我歸因都直接影響利他行為的產生。
11. 他人需要幫助的突出性與痛苦的嚴重性，及旁觀者在場影響著對他人需要的推斷。

12. 在許多情況下，知覺到他人需要幫助並確實需要幫助，但也不一定必然助人，一般來說，觀察者還必須決定自己的助人是否合適。

13. 認定自己有助人的責任或認定自己具有利他行為的個體易於助人，通過增強自我意識可以提高自我歸因的利他行為水平。

14. 情緒在促使利他行為的產生中扮演著重要的角色，其中移情、愉快心境和內疚會促進利他行為的產生。從理論上講，愛心是利他的，但尚需實證論證。

15. 雖然利他行為的產生與情境、認知、情緒等因素密切相關，但某些人格特質 (例如，移情特質、**親社會取向**) 在助人行為中扮演著重要的角色。

16. 拉什頓等人的**利他精神自陳量表**試圖測量具有情境一致性的利他人格。

17. 目前發現的利他人格跨情境一致性程度低，其方法學上的原因是：(1) 缺少自然狀態下的研究；(2) 主要局限於對兒童的探討；(3) 尚未探明利他人格的內部機制。

建議參考資料

1. 姜國柱、朱葵菊 (1988)：論人・人性。北京市：海洋出版社。

2. 魏英敏 (主編) (1993)：新倫理學教程。北京市：北京大學出版社。

3. Eisenberg, N.(1986). *Altruistic emotion, cogniton and behevior.* NJ: Lawrence Erlbaum Associates.

4. Latane, B., & Darley, J. M. (1970) : *The unresponsive bystander: Why doesn't he help?* New York: Appleton-Crofts.

5. Lindzey, G., & Aronson, E. (Eds.) (1985). *Handbook of social psychology,* Vol Ⅱ. New York: Random House.

6. Myers, D. G. (1987). *Social psychology* (2nd ed.). New York: McGraw-Hill.

7. Phares, E. J.(1991). *Introduction to personality* (3rd ed.). New York: Harper Collins.

8. Rushton, J. P., & Sorrentio, R. M. (Eds.) (1981). *Altruism and helping behavior: Social, personality, and developmental perspective.* Hillsdale, NJ: Erlbaum.

第十四章

攻　　擊

本章內容細目

第一節　攻擊的概念

一、定　義　529
二、分　類　530
三、研究方法　531
　㈠ 觀察法
　㈡ 實驗室實驗
　㈢ 現場研究法

第二節　攻擊的生物與心理社會因素

一、攻擊的生物因素　535
　㈠ 社會生物學的觀點
　㈡ 遺傳學的觀點
　㈢ 生理機制
二、攻擊的心理社會因素　538
　㈠ 挫折－攻擊假說

補充討論 14-1：侮辱性挑釁在攻擊中的作用

　㈡ 社會學習與攻擊
　㈢ 影視的影響

補充討論 14-2：攻擊是一種渲洩方式？

第三節　攻擊的情境與人格因素

一、攻擊的情境因素　545
　㈠ 高　温
　㈡ 擁　擠
　㈢ 責任分散
　㈣ 服從權威
　㈤ 暴力年代
　㈥ 性喚起

補充討論 14-3：對女性的攻擊

二、攻擊的人格因素　551
　㈠ 攻擊性可能是一種特質
　㈡ 與攻擊有關的其他人格變量

補充討論 14-4：極端自制導致極端的暴力行為

　㈢ 行為異常者

第四節　預防和控制攻擊

一、提高生活品質　554
二、懲罰攻擊者　555
三、矯正兒童的攻擊行為　555
四、喚起同理心　555
五、樹立正確的價值觀　556

本章摘要

建議參考資料

如果把利他行為視為善，那麼攻擊性很可能屬於人性惡的一面。我國先秦時期的思想家荀子 (289～238 B.C.) 提倡性惡論。他說：

> 人之性惡，其善者僞也。今人之性，生而有好利焉，生而忠仁亡焉；生而有耳目之欲，有好聲色焉，順是，是淫亂生而禮義文理亡焉。然則從人之性，順人之情，必出於爭奪，合於犯分亂理而歸於暴。故必將有歸法之化，禮儀之道，然后出於辭讓，合於文理，而歸於治。用此觀之，然則人之性惡明矣，其善者僞也。(荀子・性惡)

在人格心理學領域，弗洛伊德是性惡論的倡導者，他認為人類的攻擊是不可避免的，是由於人類的固有本能決定的。

針對"你必須像愛你自己一樣愛你的鄰居"的格言，弗洛伊德寫下了以下的看法：

> 人類竟如此情願否認隱藏在所有這些後面的真理要素是，人類並不是想要得到愛的和善的動物，也不是在遭受攻擊時最善於保護自己的和善的動物；相反他們屬於那種被認爲在本能天賦中攻擊性最强的動物。因而，對他們來説，鄰居不僅是可能的幫助者或性對象，而且還是這樣一種人，即引誘他們滿足對他的攻擊，引誘他們無償地剝削其工作能力，引誘他們不經許可在性欲上利用他，引誘他們掠奪其財產，引誘他們恥辱地利用他，引起他的痛苦、折磨或殺害他。(Freud, 1930/1961, p.111)

本章主題是攻擊。其實攻擊也並不全是壞事，我們反對那些圖財害命、人身攻擊、打群架等犯罪活動。因為這些行為是違反社會準則的，屬於**反社會攻擊**。同時我們會舉雙手贊成警察開槍擊中一個殺害無辜平民並把兒童作為人質的恐怖分子。因為它維護了公認的社會準則，屬於**親社會攻擊**。在本章中，我們將從攻擊的定義、分類和研究方法的討論開始，進一步考察幾種關於攻擊行為起源相對立的觀點，然後再分析攻擊的情境因素和人格因素，以及對攻擊的預防和控制。通過本章學習，希望讀者明確下列問題：

1. 攻擊行為的本質是什麼。
2. 心理學家使用哪些方法研究攻擊行為。
3. 攻擊是先天的破壞性衝動還是後天獲得的動力。

4. 攻擊行為是習慣行為的特殊形式嗎。
5. 攻擊受哪些情境因素制約。
6. 有攻擊這種人格特質嗎。
7. 怎樣預防和控制攻擊。

第一節 攻擊的概念

一、定 義

什麼樣的行為屬於攻擊？攔路行凶搶劫無疑是一種攻擊行為，誹謗譏諷挖苦也可以算是一種攻擊行為。這些攻擊行為十分明顯，少有異議。一個人走路不小心撞倒另一個人是攻擊嗎？一個高爾夫球運動員的球意外地打到一位旁觀者是攻擊嗎？護士給病人灌藥注射，使患者受針藥之苦是攻擊嗎？父母看見孩子做錯事而責罵他是攻擊嗎？當行為涉及目的時，就難以有共識。不小心撞倒另一個人，沒有傷害的意圖；給病人打針吃藥、責怪犯錯誤的孩子，目的是為了幫助他們。事實上，不同的研究者定義的攻擊也不相同，例如，齊爾曼 (Zillmann, 1979) 把**攻擊** (aggression) 定義為對他人造成身體或生理傷害的企圖。這一定義就不包括心理傷害。伯科威茨 (Berkowitz, 1974) 和費什巴赫 (Feshbach, 1970) 指出，攻擊必須有傷害的目的，而不只是造成傷害。巴斯 (Buss, 1961) 則認為攻擊是傷害他人的任何行為，而不管其目的是什麼。也許關於人類攻擊的一個較好的定義是巴倫和里查森所言："攻擊是以傷害某個想逃避此種傷害的個體爲目的的任何形式的行爲" (Baron & Richardson, 1994, p.7)。

關於這個定義，應注意以下幾點。首先，攻擊不只是一種感情、需要或動機，而且是一種特殊的行為形式，它可以採取許多不同的形式。例如，可以是肉體的，包括用拳頭、牙齒、武器或者言詞攻擊別人。所謂言詞攻擊即用侮辱、威脅或污蔑使他人受到攻擊。此外，攻擊也可以採取各種間接的形式，如傳播惡意的中傷、間接搗毀、破壞別人的財產，甚至傷害別人所喜愛的東西。所有這些攻擊都是以傷害或危害他人為目的的公開行為。其次，攻擊是攻擊者企圖傷害受害者的行動，行動的目標是危害或傷害這個人，也就是說攻擊的定義中包含企圖傷害的動機。雖然攻擊動機存在於人頭腦裏，我們不能直接觀察到。但攻擊必須包含“企圖傷害”這種動機，否則就有可能把外科醫生、牙科醫生、父母 (教訓他們的孩子) 等的行為說成是攻擊，而與冷酷的殺人犯、暗殺者、襲擊者的行為混為一談。最後，攻擊是攻擊者在行動上傷害他人，而受害者是不願受此傷害的。因此，儘管個人之間有時會出現衝撞、踢打，或攻擊各種各樣無生命的東西 (如家具、碟子、牆壁)，這種行為不被視為攻擊，除非它引起了傷害他人而他人又不願意受此傷害的結果。例如一個人毀壞他人心愛的珍貴古董或油畫時，這對物品的主人是一種傷害。同樣，一個孩子故意地去毀壞別人心愛的玩具，顯然也是一種攻擊行為。另一方面，儘管把一些無生命的東西當作攻擊的目標，但並未引起對他人的傷害和危害 (例如在街上行走時，猛力地踢一個罐頭瓶或向一面磚牆扔石頭)，即使在這些情況下有強烈的情緒，這些行動也不是攻擊行為。

二、分　類

攻擊的表現形式多種多樣，可以依據不同的標準進行分類。

1. 從攻擊行爲是否違反社會準則看，可以分爲反社會攻擊、親社會攻擊和被認可的攻擊　違反社會準則的攻擊行為稱為**反社會攻擊** (anti-social aggression)。例如人身攻擊、凶殺、打群架等無緣無故傷害他人的犯罪活動是違反社會準則的，因而是反社會的。**親社會攻擊 (或利社會攻擊)** (prosocial aggression) 是捍衛群體的道德標準，以一種社會認可的方式所採取的行為。例如，警察為執法而採取的行動，正義戰爭中的軍事行動等。**被認可的攻擊** (received aggression) 是介於親社會攻擊和反社會攻擊之間的行為。例如，一個婦女擊傷企圖強姦她的人，受害者對強盜的反擊等，都是社會所允許的，也是合理的，屬於自衛行為。此外，還有一些行為雖然不為社會準則所要求，也不違反社會公認的道德準則，但卻是有利於社會的行為。例如，教練用坐冷板凳的辦法教訓他的運動員，這是在他職權範圍之內的，通常認為是可取的。由於這些行為不是人們所需要的，因而不是親社會的，但是，它們都屬於社會準則所允許的範圍之內的 (高地等譯，1984)。因此，如果說攻擊性是人性惡的一面，那麼親社會攻擊和被認可的攻擊就不能認為是惡的、是壞事；只有反社會攻擊才是惡的、是壞事。

2. 根據攻擊方式的不同，可以分爲言語攻擊和動作攻擊 **言語攻擊** (verbal aggression) 就是用口舌、文字、表情對他人進行攻擊的行為。例如侮辱、諷刺、誹謗、謾罵、誣告、偽證等。**動作攻擊** (action aggression) 是用身體的一些部位如手、腳，或用武器對他人的攻擊行為。例如殺人、詐欺、偷盜、強姦等。

3. 根據攻擊時動機的不同，可以分爲報復性攻擊和工具性攻擊 **報復性攻擊** (retaliatory aggression) 的目的在於復仇、教訓對方，故意傷害他人，給他人造成痛苦和不快的行為，例如，幫派間的糾紛，發展為聚衆毆鬥、打群架等，多屬於報復性攻擊。**工具性攻擊** (instrumental aggression) 的目的不是為了使對方身心健康受損害，而是把行為作為達到其他目的的手段。例如，強盜攔路搶劫，為的是搶奪錢財而動刀，從而使他的身心健康受到損害的攻擊行為。

4. 根據攻擊對象的不同，可以分爲外罰性攻擊和內罰性攻擊 **外罰性攻擊** (extropunitive aggression) 的對象是針對他人或他人的財物。前述列舉的各種攻擊都是外罰性攻擊。**內罰性攻擊** (intropunitive aggression) 的對象是自己，例如打自己、罵自己，甚至自殺等。

由於攻擊的表現方式十分多樣化，因而研究者對攻擊概念的定義不同，其研究途徑也不同。不同的研究途徑分別適合於不同的研究目的。因此，對動物攻擊的研究結果也許不一定適合於人類的攻擊；對兒童攻擊的研究結果也許不一定適合於精神病患的攻擊；對個人攻擊的研究結果也許不一定適合於民族間、國家間的戰爭。這就要求我們對人類攻擊的考察，應分清各種具體情況。

三、研究方法

有關暴力和攻擊行為的研究證據，得自各種不同領域，包括臨床觀察、心理學實驗以及現實世界中對殺人犯和戰爭等所進行的研究。下面介紹心理學中常用的研究方法。

(一) 觀察法

對攻擊行為的系統觀察具有重要的意義。通過**觀察法** (observational method) 可以產生許多重要的見解。弗洛伊德積累有關人類攻擊的知識就是通過聆聽其患者而得到的。不過，弗氏所得資料的真實性難以確證，因為這些資料常是患者對自己多年前的回憶。哲學家和小說家曾觀察和描述過人類的攻擊，並就其前因後果得出多樣化的結論，從本質上看，他們所用的方法也都是觀察法。但是，對攻擊行為的非系統性觀察往往在取樣和解釋上存在不少問題。此外，人們也無法將觀察到的事件與觀察者及其自身的需求、知覺和解釋分離開來。觀察法並不是嚴密的科學研究方法，它只能了解事實是什麼，而不能解釋原因為什麼。

(二) 實驗室實驗

實驗室實驗 (laboratory experiment) 對人類攻擊行為的研究大致可以分為四種方法：(1) 語言攻擊他人；(2) 攻擊無生命的對象；(3) 攻擊他人但實際上並不會造成傷害，因為所用工具是無害的 (如泡沫塑料劍)；(4) 看起來有害但事實上無害的攻擊 (如操縱的電擊只是看起來像真的)。

在語言攻擊法的實驗中，通常先使被試受到某種形式的挫折從而導致被試使用語言進行攻擊。例如在齊爾曼和坎特的研究 (Zillmann & Cantor, 1976) 中，讓被試對誣賴他們作弊的實驗者作出反應。然後提出下述問題："你們是否不滿意你在本實驗中所受到的對待方式？"；"這名學生 (即實驗者) 是否還應再作研究助手？"讓被試通過語言反應來進行報復。這類方法的優點：一是不會對受害者 (實際上是主試的助手) 造成真正的傷害；二是這種攻擊與實際生活中的攻擊很相似，貼近於人們的社會生活；三是許多人不願意對他人實施身體懲罰，語言攻擊可能更易於引發。因此如果被試的語言反應真正帶有情緒性，並且他們真的相信他們的反應能夠對受害者產生負面影響，此種方法對於研究攻擊就相當有價值。

在攻擊無生命對象的實驗中，將被試置於引起不同程度攻擊的情境中，然後觀察他們以踢、打或其他方式攻擊無生命對象的頻次或強度。這種方法最著名的例子就是第九章第一節中介紹過的班杜拉讓兒童觀察示範者以引起他們對塑料玩偶的攻擊。對這類研究的主要批評是缺乏真實性，它所引起的也許僅是某種形式的遊戲，同時被攻擊的對象不是人而是無生命的物體，被認為難以類化到現實生活中以人為對象的真正攻擊。

第三種方式，是讓被試有機會對某個不還擊的受害者 (一般是主試的同謀) 進行攻擊，攻擊的工具通常是玩具槍，可以射出乒乓球或軟積木之類的東西。被試在這種情境中常表現為富有攻擊性，但是他們有時可能把整個程序視為一種遊戲，或者認識到他們的行動並非特別有害。因此，此類實驗與真實情境尚有相當大的差距。

在實驗室條件下研究攻擊，最流行的方法是**巴斯方法** (Buss technique) (Buss, 1961)。這種方法的程序是，告訴被試將參與一項考察學習中懲罰效應的研究，他們以抽籤決定各自的角色，一名被試充當教師，另一名充當學生。當學生對呈現的材料反應正確時，教師要閃一下燈光，以示學生反應正確作為獎賞；當學生反應錯誤時，教師要壓一下按鈕，對學生施以電擊。教師坐在一台機器前，機器上有一排標著 1 至 10 的按鈕，代表電擊強度由弱至強。按鈕 1 代表很輕的電擊，按鈕 10 代表很痛的電擊。事實上，研究者事先就安排好實驗中充當教師的總是真正的被試，而充當學生的總是研究者的助手。機器外觀是十分科學的儀器 (見圖 14-1)，但它實際上並不

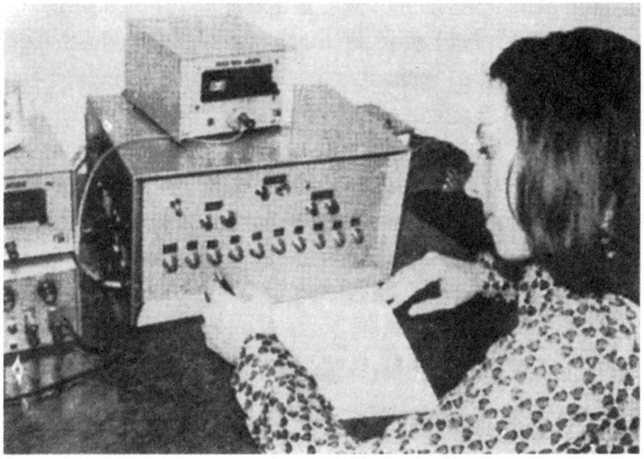

圖 14-1　巴斯方法所用的儀器
(採自 Baron, 1983)

產生電擊。當然，被試並不知曉。學生總是按預定的系列反應錯誤，這樣教師將有機會實施不同強度的電擊。教師的攻擊強度通過按壓按鈕的持續時間和強度來測定。此外，也可以安排教師通過窗口看到學生的"痛苦"反應，或讓其聽到學生受電擊時的"痛苦"反應。

對實驗室方法的主要批評是它的效度：它們是否真正測量到我們所要了解的攻擊？研究者是否能控制住被試真的相信這種電擊不是作假的？被試是否以研究者的期望或依當時的情境變量或依其他人格特徵來進行反應？只要能控制住有關變量，用實驗法研究就會相當成功。

(三) 現場研究法

現場研究法(或實地研究法) (field study method) 就是走出實驗室，在現實生活環境中直接對研究對象進行研究的方法。對攻擊的現場研究法大致可分為三種。第一種是非常間接的方法，即試圖探尋大衆傳播媒體報導的事件與其後發生攻擊之間的聯繫。例如，伯科威茨 (Berkowitz, 1971) 逐月搜集聯邦情報局犯罪率的圖表數據，暴力犯罪的增多可以通過諸如甘迺迪總統遇刺等重大事件來檢核。這種方法可使人們研究"暴力傳播"現象。不過，這類方法充其量只能為我們提供進行假設的基礎。因為兩個事件之間的相關並不一定具有因果聯繫。另一種比較間接的方法是巴倫 (Baron, 1976) 所用過的，它包括一名駕車的男同謀與另一司機在交通中的間接相遇。同謀在交通信號變為綠燈後 15 秒鐘才開動自己的車子。兩名觀察者在附近的車內記錄跟隨在同謀車之後的司機每時每刻的反應，磁帶記錄下喇叭聲。這樣，跟在同謀車之後司機的謾罵、手勢、面部表情等行為的頻率、持續時間和潛伏期就可以記錄下來進行研究。第三種是較為直接的方法，即在機場、商場、餐館等地方進行研究。在哈里斯的研究 (Harris, 1973) 中，當一位事先毫不知曉的被試正在現場觀看時，主試的一名同謀在擁擠的環境中撞擠到另一名同謀。被撞的同謀依據實驗要求，或以言語攻擊，或以禮貌作出反應。稍後，第三名同謀跟在那位隨機確定的被試之後並從後面撞擠他。結果發現，先前目睹言語攻擊的被試比先前看見禮貌反應的被試更傾向於以言語進行攻擊。

現場研究法也有不少問題。雖然引發攻擊的情境頗具代表性，但卻存在一些道德問題。首先，沒有辦法事先徵得被試同意參與本實驗。這是一種對他人的非法利用，主試要負道德和法律上的責任。其次，煽動他人進行攻擊(如撞擠他人，交通號誌轉換後不馬上開車等) 頗具冒險性，會使他人陷入被攻擊的危險處境。主試的同謀會被群起而攻之，或被試真的攻擊同謀 (這的確發生過)。因此，研究者必須仔細權衡此種研究方法的得失。如果研究是在潛在暴力地段進行，則更應小心謹慎，否則引發的攻擊行為，將難以收拾。有人 (Koněcni, 1984) 曾就人類攻擊行為的實驗研究的方法學問題進行過討論。

第二節　攻擊的生物與心理社會因素

引起攻擊行為的因素很多，從生物和心理社會因素來解釋攻擊行為的理論，主要包括攻擊行為是與生俱來的本能、攻擊行為是由生理機制引起的、攻擊是對挫折的反應、攻擊是從社會學得的行為模式。讓我們討論有關這些理論解釋的研究證據。

一、攻擊的生物因素

從生物學的觀點來解釋攻擊行為的理論家，最有名的當推弗洛伊德。在第三章中我們已經論及弗洛伊德關於生的本能與死的本能的觀點。在弗氏看來，死的本能通常是以攻擊他人的方式而導向與外部世界相對抗的。除了弗氏之外，羅倫茨 (Konrad Zacharias Lorenz, 1903～1989) 的社會生物學觀點、攻擊行為的遺傳學觀點以及攻擊的生理機制的探討，都是從生物學的角度來考察攻擊行為的。

(一)　社會生物學的觀點

諾貝爾獎得主、動物行為學家羅倫茨 (Lorenz, 1966) 也認為攻擊行為是天生的。羅倫茨強調動物和人類都有一種**爭鬥本能** (fighting instinct)。

這種天生的行動傾向是有機體延續生存的關鍵所在。但是對於大多數物種的動物來說，個體與個體之間的攻擊行動很少會釀成真正的傷害或死亡，因為爭鬥中的一方最後總會“發出”求饒或投降的信號，從而使打鬥行動終止。但是根據羅倫茨的說法，人類保留著攻擊本能，但卻失去了這種講和策略來抑制攻擊行動。因而人類經常成為他們自己同類的凶手。此外，羅倫茨還認為，爭鬥本能的攻擊能量如果不能通過多種行為耗散，勢必積聚起來，甚至在適當的環境刺激未出現時也會表現出來。例如，羅倫茨曾觀察過麗魚的行為。麗魚是一種攻擊性極強的熱帶魚。它為了保護自己的領地，常攻擊其他雄麗魚。在自然環境裏，雄麗魚既不攻擊雌麗魚也不攻擊其他種類雄性熱帶魚，而只攻擊同類的雄性。如果從魚缸中把所有其同類雄性魚都撈走後，由於攻擊需求的滋長，它就攻擊先前不被理會的其他種類的雄魚。如果魚缸中撈走所有的雄魚只剩下一條與它同類的雌魚，這條雄魚最後也會攻擊並殺死其雌性同類。羅倫茨還認為，人類有一種特質是壓制自己的爭鬥本能，這種壓制導致爭鬥能量的積聚，就會以可怕的方式爆發。這種可怕的爆發，似乎可以用補充討論 14-4 來說明。

羅倫茨的理論存在三方面的缺陷。第一，因為人類的行為與動物的行為有本質的區別。把動物的行為特點類推到人類，缺乏堅實的實驗證據支持。第二，他的理論難以解釋人類文化中對於暴力和攻擊的表達為何有如此巨大的差異。第三，他的本能理論不易說明特定文化中個體間攻擊為何有如此巨大的差異。

社會生物學家試圖通過研究動物的攻擊來尋求理解人類的攻擊行為。但是人類與動物的本質區別在於學習在人類的攻擊行為中產生更重要的作用。就人類而言，攻擊性是先天傾向與後天習得交互作用的結果，人的攻擊行為並非是本能行為。人類有意識、能思維，攻擊者對於自己的攻擊意圖通常是知曉的。因此我們應當著重從人所處的社會關係來進行分析，而不宜僅從本能的角度進行分析。

(二) 遺傳學的觀點

在一項比較同卵和異卵孿生子關於攻擊和堅定性的問卷調查 (Rushton, Fulker, Neale, Nias & Eysenck, 1986) 中發現，179 對異卵孿生子在攻擊分數上未達到顯著相關 ($r=0.04$)，而 286 對同卵孿生子在攻擊分數上有

相當顯著的相關 (r=0.04)。研究者估計，攻擊特質中約有 50% 的變異量來自基因的影響，孿生子的攻擊傾向極少是來自於他們共同的環境。但其他的研究者則尋求作環境和學習的解釋。普洛明及福許 (Plomin & Foch, 1981) 應用玩偶來研究兒童的攻擊。通過對 108 對 5 至 11 歲的孿生子反應的遺傳學分析，他們發現並不存在攻擊的遺傳影響。不過，這樣的研究並未涉及人們是否具有攻擊的本能，所探究的也只是人們在攻擊上的差異是否來自遺傳與環境的交互作用。

另一類研究攻擊遺傳性的方法是考察 XYY 染色體異常的個體。最初人們發現一個殺害了許多護士的病人具有 XYY 染色體。在人類以下的動物中也有人發現攻擊行為與雄激素有關，也和多出來的 Y 染色體有正相關 (邵郊，1987)。但是凱斯勒 (Kessler, 1975) 指出，大多數 XYY 型男性的生活相當正常，這些人犯罪大多是小偷小摸而入獄，較少有暴力犯罪。因此 XYY 男性的較高犯罪率是由於這些人智力較低不善於掩飾罪行之故，而非與攻擊有特殊的關係。

(三) 生理機制

兩位神經病學家 (Mark & Ervin, 1970) 寫了一本名為《暴行和腦》的書，書中提到某些強烈的暴行起因於顳葉癲癇障礙。例如，一名叫懷特曼的男子殺死自己的妻子和母親，又在德克薩斯大學的一座塔樓上用槍任意射死 14 個過路的行人；當他被擊斃後，對其進行屍體解剖，結果發現其大腦顳葉靠近**杏仁核** (amygdala) 處有一胡桃大小的腫瘤。另外的證據是，有相當多暴行慣犯的腦電圖 (EEG) 有顳葉的病變特徵。因此，他們認為顳葉障礙可能是人類許多暴行的病理原因，所表現出的暴力行為稱為**失控症** (dyscontrol syndrome)。

心理和行為都有其神經機制，攻擊的產生也有其神經機制。對動物的研究表明，大腦最古老、最原始的部位**下丘腦** (或**下視丘**) (hypotha lamus) 與暴力行為有關。用輕度的電刺激貓的下丘腦，它會嘶叫、毛髮直竪、瞳孔放大，並突然襲擊其籠子裏的老鼠或其他物體。在實驗室飼養的一隻老鼠從來未咬死過同類，它和另一隻老鼠和平地生活在一個籠子裏；但如果它的下丘腦一旦受到刺激，它就會撲向另一隻老鼠並咬死它。而如果把一種神經化學阻斷劑注入老鼠腦中的同一部位，那隻原來一看見別的老鼠就咬死它們的老鼠就會暫時變得平和溫順 (Smity, King & Hoebel, 1970)。在某些人類案例中，切除下丘腦和杏仁核的病人其癲癇和襲擊行為也大為減少。

就高等哺乳動物來說，這種本能的攻擊行為是受大腦皮質控制的，受經驗影響的。群居的猴子有一種支配性的等級制度：一兩隻雄猴為首領，而其他猴則處於各級水平的從屬地位。當猴王的下丘腦受到電刺激時，該猴會襲擊下屬的雄猴，但不襲擊雌猴。當下級猴受到同樣的刺激時，它會退縮，表現出順從的行為。因此，並不是刺激下丘腦就會自動地引發猴的攻擊行為；相反，猴在做出反應時，會考慮到環境及過去的經驗。人類也是如此，其攻擊行為也有神經機制，並受大腦皮質控制的。

二、攻擊的心理社會因素

目前心理學家對攻擊的研究主要是從心理社會因素的角度進行探討的。許多心理社會因素，如挫折、社會學習、影視影響等都在攻擊行為的產生和表現中扮演著重要的角色。

(一) 挫折-攻擊假說

日常生活中隨處可見這類現象：一個人用鋼筆寫字，但在紙上怎麼亂畫也畫不出字跡來，他變得又氣又急，索性把鋼筆狠狠地摔在地上；一個小孩拿著漂亮的玩具不讓其他小孩玩，其他小孩就會憤怒地揍他。實際上，小到人際關係中的紅臉吵嘴，大到國家間的嚴重對抗，**挫折** (frustration) 均是攻擊的一個潛在媒介。多拉德等人的**挫折-攻擊假說** (frustration-aggression hypothesis) 認為，攻擊行為的引起始終以挫折的存在為先決條件，反之，挫折的存在總要導致某種形式的攻擊 (見補充討論 8-3)。這一簡單、極端的假說存在明顯的缺點。並非每個人遇到挫折時都表現出攻擊，就是同一個人也不是每次遇到挫折都進行攻擊；挫折有時會造成消沈和退縮而不是攻擊。且攻擊也時常在沒有挫折的情況下發生。例如，正如觀察學習研究中所發現的，兒童對塑料玩偶攻擊的增多，是由於模仿榜樣所致而非挫折之故。後來，米勒 (Miller, 1941) 認識到這些局限，對該假說進行修正，他指出挫折能夠產生許多反應，攻擊是其中之一，許多不同的條件都會影響挫折和攻擊之間的聯繫。

後來，伯科威茨 (Berkowitz, 1989) 對多拉德等人的挫折-攻擊假說作了修正。伯氏提出，挫折是令人厭惡的，且可能產生攻擊，但只有當它在個人心中產生不愉快的情緒時才會如此。例如，當所經歷到的挫折是橫行霸道時，挫折與攻擊之間可能有直接的聯繫；當挫折剝奪了個人行動的自由時，可能會出現強烈的攻擊。

挫折起初產生的是憤怒，而不是攻擊。但如果環境中有適當的線索，就會導致攻擊；如果沒有此種線索，個人可能耐心地試圖克服這種挫折，或變得沮喪、退縮。在伯科威茨和拉佩格 (Berkowitz & LePage, 1967) 的研究中，研究者的一名同謀惹起被試的憤怒和受挫，然後讓被試處於有機會使用電擊機器對其他同謀表達攻擊。結果發現當攻擊線索呈現在室內，如獵槍、手槍放在附近的桌子上時，被試就更可能給出強的電擊。挫折和攻擊之間的聯繫是以環境線索為基礎的。

嚴重的挫折可能引起強烈的攻擊行為。但挫折是否會引起攻擊，人與人之間有個別差異。每個人對同一情境並非都會感受到相同程度的挫折，也並非所有的人都對挫折給予相同的反應。人們的**挫折容忍力** (frustration tolerance) 不同，他們對同一情境的反應方式亦不同。羅森茨韋格 (Rosenz-

表 14-1　對挫折反應的方向和類型上的個別差異

方向：
情境：一輛駛過的汽車把泥巴濺在我身上。
反應方向
外責反應：“我向那輛車丟石頭洩憤”。
內責反應：“我真笨，不該在這種天氣站得靠街道這麼近”。
無責反應：“無所謂，反正這套衣服已經髒了”。
類型：
情境：我期中考試的成績很差。
反應類型
自我防衛：“我欠用功”。
堅持需求：“我要求這次考試應重新評分”。
障礙支配：“我決定讓我所有朋友都批評該教師以‘討個公道’”。

(採自 Rosenzweig, 1944)

補充討論 14-1

侮辱性挑釁在攻擊中的作用

侮辱性挑釁在挫折中是否會引起攻擊有著特別重要的作用。許多情況下，暴力行為差不多都是在侮辱性挑釁下觸發的。例如，開始時兩人之間是輕微的侮辱，進而是更嚴重一些的辱罵，然後開始動手動腳 (如推、踹等)，此時尚不很嚴重。最後，隨著挑釁辱罵更為激烈，終於爆發暴力行為，結果是一個人或更多的人嚴重受傷。下面是巴倫等人對互相挑釁導致暴力事件過程的描述：

一個喜歡惹是生非的人輕微地侮辱某個人，也許是說些侮辱其母親的話，"我昨晚看到你媽和一個男人在一起"。然後他繼續說，"她喝得醉醺醺地，像個妓女似的"。那個被侮辱者也會反過來侮辱這個人，或是侮辱這個人的親人。這時，在旁觀者的鼓動和叫喊下，侮辱變得更加齷齪和下流。後來，兩個人都侮罵起對方家裏的人，以及他們的所有色情和非色情的行為……最後，其中一個參與者 (那個一直頂著所有旁觀者的共同壓力的被罵者) 達到了忍無可忍的地步，首先動手。他拔出小刀，或拾起一根棍棒，企圖用來攻擊對方 (即罵人者)，有時還有旁觀者進入行動的信號。結果，往往都是以被罵者的嚴重的肉體創傷為最後結局。

侮辱性挑釁常常使受挫者以強烈的反擊來回擊他人的挑釁，它經常是攻擊行為的催化劑，甚至在攻擊程度不很強的情況下也是如此。這一點已為許多實驗所證實。例如，在吉恩 (Geen, 1968) 的實驗中把被試分為三組，分別給他們三種情境：侮辱 (主試的同謀對他們無緣無故的語言攻擊)；人為挫折 (主試的同謀阻礙他們完成正在做的任務)；任務挫折 (要他們完成一個不可能完成的任務)。在這些步驟之後，允許他們用巴斯的攻擊機器按照前述的方法來攻擊主試的同謀。第四組為控制組，被試在既沒有被侮辱也沒有受挫折的情況下攻擊受害者。結果如圖 14-2 所示，侮辱引起最強烈的反擊，其次是人為挫折，再其次是任務挫折，控制組被試的攻擊最輕。說明語言挑釁比其他兩種形式的挫折更能誘發以後的攻擊行為。其他一些實驗也得到了同樣的結果。這裏應當注意，在這些實驗中，挫折的次數與語言攻擊次數並不相等。因而不能說輕微的侮辱比強烈的挫折更能誘發以後的暴力行為。

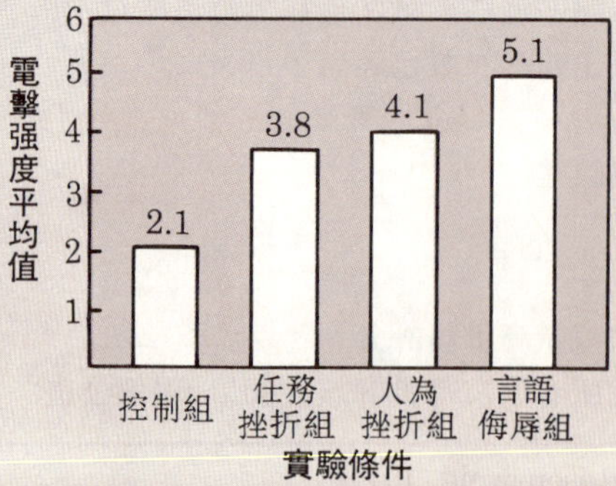

圖 14-2
兩類挫折和言語侮辱對攻擊行爲的作用

(採自 Geen, 1968)

weig, 1944) 發展出一種圖畫完成測驗，**即羅氏圖畫挫折研究** (Rosenzweig Picture Frustration Study)，用來測量挫折-攻擊反應的個別差異。該測量內容係描述某人使他人受挫的一組漫畫。受挫者有一空白反應欄，要求被試寫出如果他處於該受挫情境時會作出何種反應。然後依據攻擊方向和類型對被試的反應進行計分 (見表 14-1)。在探討挫折-攻擊的關係時，挫折容忍力的個別差異顯然是一個重要的機體變量。

(二) 社會學習與攻擊

社會學習論強調學習，不承認攻擊是本能或攻擊是由挫折引起的內驅力的觀點，強調通過觀察或模仿可以學會攻擊，而且越是被強化的攻擊行為，出現的可能性越大。

1. 觀察學習　在第八章和第九章中我們討論過班杜拉關於觀察學習、模仿與兒童的攻擊行為聯繫的論述。攻擊常是有機會觀察到攻擊表現的直接結果。同時，攻擊常會因受到獎賞而增多。在吉恩和史通勒的研究 (Geen & Stonner, 1971) 中運用電擊機器方法，口頭強化被試對另一個人給予電擊 (“你做得很好”)，而控制組則不加以強化。結果顯示，強化組的被試比無強化組的被試提高了對受害者的電擊強度。班杜拉指出，對某人成功的攻擊往往帶來某些滿足，從而使攻擊行為得到強化。例如，攻擊行為可以因各種形式的社會報酬和贊同而得以存在。士兵在戰場上殺死了許多敵人之後會得到獎章以及其他特殊享受。居民眼裏最強壯的兒童，由於他的力氣大，不但可以得到各種物質上的好處，還擁有相當的地位和威信。攻擊行為也可以通過自我強化而得到保持，因為攻擊者總為自己的攻擊行為而感到洋洋自得。社會上的各種暴力活動很可能都與觀察學習有密切的聯繫。

2. 童年經歷　我們在成長過程中表現如何，在很大程度上取決於我們早期在家庭中的童年經歷。不過，童年經歷對成年行為的效應有多種解釋，而該領域研究中方法學上的問題也較多。西爾斯等人 (Sears, Maccoby & Levin, 1957) 進行一項以數百名母親為對象的大規模研究，探討攻擊與教養孩子方式的前因。他們把母親所報告教養孩子的方式和兒童的實際行為進行相關分析，結果表明似乎，父母對孩子越放任，孩子的攻擊行為就越多；父母對孩子的攻擊行為施以嚴厲而粗暴的體罰，會增加兒童的攻擊性。嚴厲粗

補充討論 14-2

攻擊是一種渲洩方式？

不論外行還是專家都普遍認為，通過對敵對衝動作“無害”的釋放將有效地減少攻擊行為。人們經常斷言，只要給憤怒者出出氣就能減弱其情緒激動，還能減少其將來採用暴力的可能性。根據這個信念，有的父母鼓勵孩子去發洩敵對感情；遭受挫折的人被建議參加非常消耗體力的運動以減少其攻擊衝動。這些看法源於**精神渲洩説** (theory of catharsis)，最早由弗洛伊德提出，後來由多拉德及其同事作新的闡述：“*任何一種攻擊行爲的發生，都是減弱其餘一切攻擊行爲衝動的精神發洩*”(Dollard, Doob, Miller, Mowrer, & Sears, 1939, p.33)。費西巴哈和辛格 (Feshbach & Singer, 1971) 的上述研究也支持渲洩論。在另一項研究 (Hokanson & Burgess, 1962) 中，使被試受挫和憤怒，為了考察被試的憤怒和激動是否因對挫折者的攻擊而降低，創設了三種條件：(1) 通過電擊進行身體攻擊，(2) 通過評定實驗者進行口頭攻擊，(3) 對一套圖片進行想像反應，允許他們攻擊使其受挫折的人。另設一個不給予攻擊機會的控制組。結果發現，與想像組和控制組相比，身體攻擊和口頭攻擊組的被試都降低了激動水平。

表現攻擊之後個人覺得更舒服，但不能保證將來的攻擊將消失。攻擊後覺得舒服可能產生強化作用，會提高以後的攻擊水平。例如，有些人踢家俱、摔盤子等行為不僅不能降低衝動，反面會增強以後攻擊衝動的總爆發。諸如此類的攻擊行為的正面效果相當有限。那種認為為了不攻擊而必須攻擊的説法看來是站不住腳的。也有人認為從事攻擊性的體育競賽能以社會接受的方式消除運動員和觀衆的攻擊性，因為這些體育競賽有渲洩作用。但研究結果卻往往顯示這類體育比賽會增強攻擊 (Zillmann, Bryant, & Sapolsky, 1978)。還有人認為，幽默、諷刺等也是一種可接受的攻擊渲洩方式。但有人認為，幽默實際上可能是一種懲罰和貶損他人的方式，因而也會促進攻擊 (Zillmann, 1979)。

觀看電視或其他形式的攻擊是否會渲洩攻擊衝動？迄今為止，尚無定論。但巴倫和里查德森 (Baron & Richardson, 1994) 指出，僅給發怒者看一些與他無關的暴力場面 (通常是電影) 是不足以渲洩其攻擊行為的。

現實生活中也有一個例子：美國加利福尼亞的一些太空工作人員被解雇，這些人首先接受面談，讓他們談對其公司和上司的看法，然後要求他們將感受書寫出來。在面談和書寫中這些人都渲洩了心中的憤怒。結果是：在談話中怒氣衝天的被解雇者，在書寫報告中的攻擊表現還更為嚴重；談話中的怒火進一步點燃了攻擊。

雖然上述結果與攻擊具有渲洩作用的説法背道而馳，但仍存在攻擊行為的表現可減輕攻擊影響力的情況。例如，表現攻擊行為會引起攻擊者的焦慮感，從而抑制了進一步的攻擊。又如，即使在行動中表現敵意並不是總會減弱其攻擊性，但畢竟會使人感到舒服些。這也許是由於攻擊者感覺到更有力量，更具控制力。

暴地懲罰孩子之所以會使孩子產生攻擊行為，可能是因為這樣的父母不僅使孩子遭受挫折，產生憤怒，而且還給孩子提供了暴力攻擊的榜樣。虐待兒童的現象由來已久，且各個社會階層都存在。威登 (Widom, 1989) 探討過**暴力相傳** (violence breeds violence) 的假說，指出如果父母本人在童年時遭受虐待，那麼他們就更可能虐待自己的孩子。

(三) 影視的影響

兒童善於模仿，特別喜歡照著他們從電影電視中看到的人物學習，武打片流行之時，走在街上隨時可見舞刀弄槍的孩子。兒童從影視片上學到新的攻擊方式，也從其中看到某些人物使用暴力而逃脫了懲罰。觀看過多的凶殺暴力之後，他們對殘暴行徑和稀奇怪誕之事也覺得習以為常，對攻擊行為也不怎麼可怕了。但是，有人卻認為，影視暴力具有渲洩效應，通過看別人的暴力行為可以釋放我們自身的攻擊潛能。這種觀點是值得討論的 (參見補充討論 14-2)。

約瑟夫森 (Josephson, 1987) 研究過小學二、三年級的男孩，讓他們 6 人為一小組觀看暴力或非暴力電視片。然後將這些小組一半的孩子置於與電視節目有關的線索情境中，並在看電視節目前後使被試受挫。通過觀察孩子們玩曲棍球來評量其攻擊行為。結果發現暴力電視節目的確增加了攻擊行為，不過主要是那些稍早被評為有攻擊性傾向的小組才如此；如果情境中呈現與暴力有關的線索時，這些男孩便更具攻擊性。萊恩斯等人 (Leyens, Camino, Parke & Berkowitz, 1975) 先觀察生活在一所私立學校中一群男孩的行為，然後把他們分成兩組，並分別讓他們看五部暴力電影或五部非暴力電影，這些電影每晚放映一部，連續五天放完。將孩子們看過電影之後的行為與其之前的行為進行比較。結果發現看暴力電影的男孩確實增加了攻擊程度，而觀看非暴力電影的被試則沒有一致性的行為變化。

厄龍和休斯曼 (Eron & Huesmann, 1984) 的研究表明：幼兒觀看電視和其後的犯罪之間存在很強的正相關 (見圖 14-3)。厄龍 (Eron, 1982) 報告了兩項大規模縱向研究，其中一項研究是紐約市郊區的 875 名 8 歲兒童，另一項研究芝加哥市內和市郊的 750 名 8 至 10 歲兒童。有關攻擊的測量來自同伴的指名、自我評量和想像反應。被試還報告他們看電視的時數及他們所看電視節目的寫實性。厄龍在此項研究的總結中寫道：

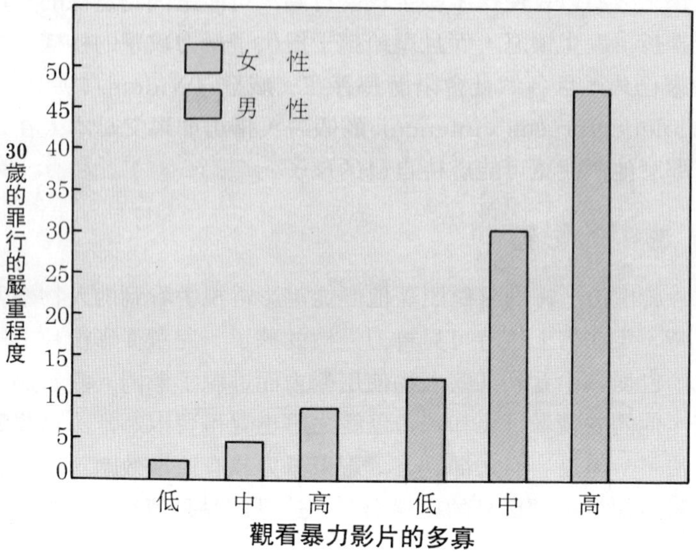

圖 14-3 8 歲時看電視的頻次與 30 歲時的犯罪嚴重性的關係
(採自 Eron & Huesmann, 1984)

> 有個特別值得關注的發現是持續看電視暴力與攻擊行爲間的關係。現在已經清楚，這種關係不是單向的。雖然我們說電視暴力只是攻擊行爲的一個原因，但是也可能有攻擊性的兒童卻更喜歡看更多的暴力電視節目。這一過程很像是循環的……攻擊性兒童不受歡迎，並且由於他們與夥伴的關係不融洽，他們就比那些受歡迎的夥伴花更多的時間去看電視。他們從電視上看到的暴力又再次使他們相信自己的行爲是對的，同時又教會了他們新的暴力手段，這些手段又被他們用來對付別人，結果這樣的兒童就變得更不受歡迎，他們只好再回到電視機前，如此循環不止。(Eron, 1982, p.210)

不少研究顯示，攻擊行為與學習成績差有關。而學習差的兒童花大量的時間去看電視，他們便有更多的機會觀摩和認同攻擊榜樣。

也有人認為觀看暴力影視和其後的攻擊行為間並沒有穩定的聯繫。例如費西巴哈和辛格 (Feshbach & Singer, 1971) 對前青春期和青春期的兩組男孩看電視的習慣進行完全的控制，讓其中一組固定地看暴力節目 (西部片和犯罪片等)，而另一組只看非暴力節目 (喜劇、非攻擊性卡通片等)。結果出乎意料地，觀看非暴力節目的男孩比觀看攻擊節目的男孩表現出更多的攻擊行為。觀看暴力片的被試實際上比其未看電視節目前還減少了攻擊。此種結果對於社會經濟水平較低的孩子來說尤其明顯。對於此項結果，費西巴哈和辛格的解釋是，10 歲左右的孩子已經能夠區分虛構暴力和真實暴力。觀看暴力電視也可能渲洩人們的攻擊衝動。但是不論如何，觀看電影電視中的暴力行為或野蠻行為，的確會大大增加觀看者本人從事此種行為的可能性。

第三節　攻擊的情境與人格因素

一些特殊情境，例如高温、擁擠、特殊的社會條件 (例如責任模糊、服從權威) 等都會導致攻擊行為。這當中人格因素也可能參與運作。本節將討論導致攻擊的情境和人格因素。

一、攻擊的情境因素

(一) 高　温

高温令人煩躁，容易使人變得有攻擊性。格里非特等人 (Griffitt, 1970; Griffitt & Veitch, 1971) 的實驗室研究顯示，高温導致煩躁，對他人有負面反應，以致於出現攻擊。很多研究顯示，暴力與氣候季節確實有聯繫。在夏季的月分裏，強姦和其他暴力 (如家庭糾紛、人身傷害、謀殺等) 會隨著温度的升高而增加 (Michael & Zumpe, 1983)。室外温度升高，即使女性在家裡受到攻擊的案件也會增多。因此這就不僅是温度升高後人們在户外活動多，從而提高了暴力犯罪的機會所能解釋的。此外，當温度較高和空氣污染嚴重時，暴力行為也會增加。根據在一個城市所做的研究發現，當臭氧水平較高時，家庭糾紛的發生率最高；而在多風和濕潤的天氣時，家庭失調的情況較少 (Rotton & Frey, 1984, 1985)。從這些不嚴謹的相關資料所作出的因果性推論，其可靠性也令人懷疑。但是一些控制較為嚴謹的研究結果仍然表明：不舒服的躁熱與暴力犯罪有關聯 (Anderson, 1987)。

(二) 擁 擠

擁擠和密度是有區別的。**密度** (density) 是指在一定區域內的人數；而**擁擠** (crowding) 則是一個主觀量度，指一種没有足夠空間的主觀體驗。擁擠影響人的複雜作業能力，引起高度的生理覺醒。在一項研究中讓被試三週內三次處於擁擠狀態中，他們都報告說感覺到緊張不安、煩躁、生理覺醒也較高 (Epstein, Woolfolk & Lehrer, 1981)。動物的實驗表明，關在一個小空間的許多動物，確實觀察到高度的攻擊性 (Calhoun, 1962)。雖然關在一起的老鼠與生活在擁擠城市裡的人是不能相提並論的。然而，在擁擠的城市裡有著更高的犯罪率也相當普遍。一項研究發現，公寓建築層愈高，搶竊頻數也愈高 (見圖 14-4) (李美枝，1980)。造成高層建築搶竊率高的原因可能是：(1) 高層建築裏的居住者難以劃清領域界線，不容易分清本樓層居民與外來者；(2) 高層建築的公共領域如電梯與樓梯間，具有相當的隱蔽性，罪犯容易躲藏；(3) 擁擠能抑制親社會行為，使得人們很少去幫助他人。

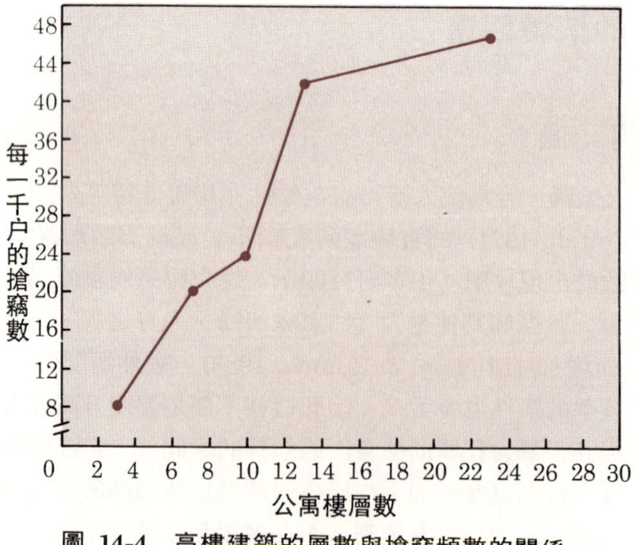

圖 14-4 高樓建築的層數與搶竊頻數的關係
(採自李美枝，1980)

(三)　責任分散

人們在他人在場時會降低對自己行為結果的責任感。所以處在人群中，可能會有更多的攻擊行為。在一項研究 (Mathes & Kahn, 1975) 中，將被試分別置於單獨一人或三人小組一起受到侮辱，類似的控制組未受到侮辱。結果表明三人小組中的被試尋求報復比單獨一人或控制組的被試有更多的攻擊反應。三人小組的被試並不像單獨一人的被試那樣感到對自己的攻擊負有責任，這種現象稱為去個性化。所謂**去個性化 (或個性弱化)** (deindividuation)，是指個人在群體意識的影響下暫時喪失了自知力，喪失了自己的身分，匿名地與群體合為一體的心理狀態。這就造成了減少對衝動行為的約束，使其認知和情緒與難以控制的暴民行為相結合。因此，我們可以看到，在一群暴民中，人們可能會做出不負責任的攻擊行為，因為他們以為比起單獨做這種事，他們在群體中就不大可能被抓到或被處罰。

隱匿性會增加攻擊行為，這在各種不同的社會環境中已被證實。男人在出發作戰之前，會先戴上面具或在身上塗上彩漆。而在另一些社會中，在成為戰士之前並沒有這種改變外觀的儀式。研究結果顯示，在 15 個戰士必須改變外觀的社會團體中，有 12 個顯示有高度的殺戳、折磨、凌遲敵人的行為指數，而出戰前不改變外觀的 8 個社會團體，只有一個有一般強度的攻擊性 (Watson, 1973)。

(四)　服從權威

在某些情況下，個人的攻擊行為並不是由受害者引起的，也不是觀看他人的暴力行動或高溫所致，而僅僅是因為某種特殊社會條件需要他這樣做。例如，一個劊子手把一顆氰化物藥丸投入毒氣室中，撤掉絞刑架下的箱子或接通電椅開關，這並不是因為他對受害者有什麼怨恨，而僅是因為遵從上司的工作。同樣，一些街頭犯罪團夥所進行的暴力行為，並不是因為他們能從這種活動中得到什麼享受，只是因為他們在團夥中的社會地位要求他們這樣做。米爾格拉姆 (Milgram, 1963) 的實驗表明，服從權威是攻擊的一個重要情境變量。在實驗室裏讓被試對一無助的受害者施以他認為是非常痛苦的電擊。一旦被試對電擊受害者猶豫不決，主試就命令他們接著做。這些被試是成年男子，其職業從非熟練工人到職業工程師都有。在實驗中受害者大喊大叫，亂打牆壁，要求停止電擊，但大多數被試都毫不猶豫地服從主試的要求，繼續電擊。

也許在這項實驗中被試知道他們參與的是一項科學實驗，為了有助於科學研究，他們願意服從這種強烈的實驗要求。那麼在現實生活中，人們也許就不會服從權威者的命令而置他人的生命於危險之中。為了檢驗這個假設，一些精神病醫生和護士們在醫院的真實生活環境中做了一項研究：護士 (被試) 接到醫院裏一位未曾見過面的醫生打來的電話，被告知先拿藥給一位病人服用，以便於當他到達病房後可以立即進行診斷，並告知他到達後將負責在藥單上簽名。他所開的藥劑和藥量是 20 毫克的 Astroten。而 Astroten 藥瓶上的標籤標明平常每次用量是 5 毫克左右；最大用量不得超過 10 毫克，否則會危及病人生命。當把此種兩難處境描述給 12 位護士聽時，有 10 位說他們將不會服從這個醫生的指令。然而，在實際情境中，幾乎每一位護士都服從了指令。在 22 位被試 (護士) 中，有 21 位已準備為病人注射那種份量的藥劑 (事實上是一種無害的藥)，直到在場的一位醫師（也是研究人員），阻止了她們為止 (Hogling et al., 1966)。這表明，對於人們所信任的權威者的命令，很容易表現出服從行為，特別是當權威者承擔起人們行為後果的責任時，人們往往會放心大擔地去遵從命令，對無辜者施加暴行和攻擊。

(五) 暴力年代

從情境的因素看，某一年代也會成為攻擊行為的高峰期。有兩位社會心理學家曾觀察到暴力年代是暴力行為的高潮。例如，美國的犯罪率在經過 30 年相對減少之後，在越南戰爭期間暗殺和蓄意殺人率增加了一倍。他們還從歷史和比較的角度製定了一份犯罪率調查表，表中列入 110 個國家在 1900～1970 年這段時間的各種犯罪率 (包括殺人、襲擊、搶劫、偷盜和強姦)。然後，比較參戰國和非參戰國戰後和戰前所發生的殺人率。戰前和戰後的時間均定為五年。結果發現，這一時期的 14 場戰爭中，50 個參戰國與非參戰國相比，戰後很少有哪個參戰國國內的殺人率是降低了的，絕大部分參戰國國內的殺人率都升高了，如圖 14-5 所示。戰後殺人率劇增可能與模仿導致攻擊行為增多有關。如果這時政府寬容暴力行為，那麼暴力行為被人接受，平民百姓就會被鼓動去容忍這種暴力行為，這樣在戰後人們就會模

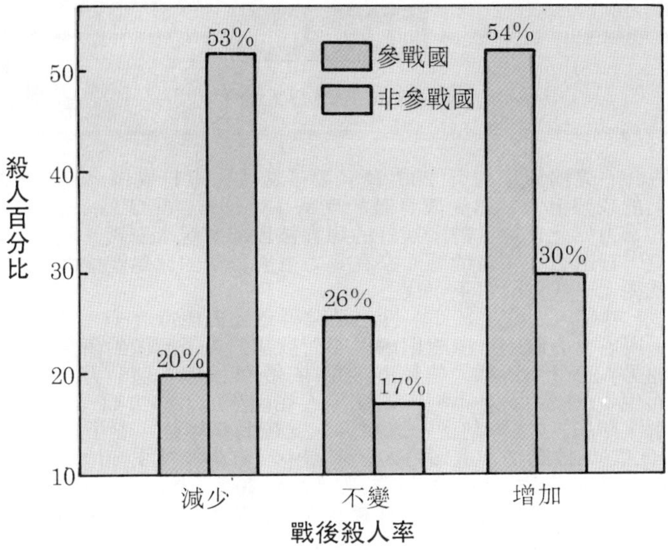

圖 14-5 20 世紀 14 場戰爭中參戰國與非參戰國戰後殺人率變化之比較
(採自魏明庠等譯，1990)

仿這些行為。結果是，一個國家在戰爭中發生的暴力行為越多，戰後這個國家發生的殺人率也越高 (魏明庠等譯，1990)。

還有研究顯示，如果一個公司的董事長或國家元首突然死亡，很可能在一個時期內會導致一系列的攻擊對抗。除非在繼承問題上已建立了穩定的程序，這種攻擊對抗才會休止 (魏明庠等譯，1990)。

(六) 性喚起

弗洛伊德認為，企圖傷害自己所心愛的人，或被這個人所傷害，是異性關係中的組成部分。性欲和攻擊行為是緊密聯繫、互相增強的。不過，實驗結果卻與此種觀點相矛盾。例如，齊爾曼 (Zillmann, 1971) 的一項研究中向男性被試分別呈現三種電影：(1) 是色情片 (一對夫婦在做愛)；(2) 是攻擊性的 (暴力拳擊比賽)；(3) 是中性片 (一次中國旅行)。看完後，將被試置於“教師-學生”電擊的情境中，使被試有發洩攻擊的機會。結果發現，觀看色情片大大激起被試的攻擊欲望，其次是觀看攻擊片，最後是中性片。而巴倫 (Baron, 1974) 的研究結果則相反。在經歷憤怒之後，讓男性被試分別

補充討論 14-3

對女性的攻擊

據估計，美國每年約有 200 萬名妻子被丈夫毆打成傷。這類攻擊，開始是心理上的攻擊但常常轉變成身體的攻擊 (Murphy & O'Leary, 1989)。由於家庭中的暴力如此普遍，許多挨打的婦女被迫離家尋求庇護。她們不能解決自己的困境，普遍有一種無助感。家庭暴力也對目擊的兒童產生嚴重的問題：家庭暴力就從上一代傳給了下一代。

酗酒、吵架、金錢、嫉妬、性生活常導致丈夫虐待妻子，男子的某些人格特徵似乎與虐妻有關。一項對因虐妻罪而被捕的男子所做的研究發現，這些虐待妻子的男人可分為五種人格類型：(1) 依賴-懷疑型：這類男人嫉妬心強，暴力由此而生；(2) 暴力-恐嚇型：這類男人在生活的許多方面 (包括結婚) 慣常用暴力解決問題；(3) 專制型：這類男人支配動機極強，妻子稍有差池便拳打腳踢；(4) 依賴-被動型：這類男人在家庭中一直處於被支配地位，由於妻子的長期虐待而導致暴力；(5) 穩沈-摯愛型：在這些人中，男女間的愛情是穩定的，只是在心理失常 (特別是在抑鬱狀態下) 時，才產生暴力行為 (范志強等譯，1986，281 頁)。

家庭中婦女遭挨打僅是對女性攻擊的一部分，而強姦暴力可以說是波及各個年齡、種族和社會階層的女性。對美國 13 個城市中 250,000 多個不同年齡婦女的個人歷史調查後，約翰遜 (Johnson, 1980) 得出結論說，"美國婦女生活在一個隨時都可能成爲性暴力犧牲品的實際危險境況之下。據保守的估計，就全國目前情況下來說，現在 12 歲的女孩中有 20% 到 30% 在她們未來的生活中將會遭受性暴力蹂躪" (Johnson, 1980, p.145)。他指出，一個婦女將遭受性暴力的概率和他們將得癌症或離婚的概率一樣高。最近，對年輕女性的近親相姦已成為美國社會的重大問題 (Phares, 1991)。此外，對女性的攻擊還有性騷擾、猥褻電話等等。所有這些從最強暴的攻擊到輕度的性騷擾反映了美國社會的一個嚴重問題——對女性的攻擊。

一些奇談怪論常被用來掩飾或忽視對婦女暴力的關注。例如，有人認為某些婦女被強姦是由於她們自身行為不檢點，或穿著太暴露等。妻子不聽丈夫的話或家務做得不好，就該挨打受罵。還有人甚至認為女人天生樂意受辱，而男人的性欲強、攻擊性強，所以攻擊女性在所難免。很明顯，這些說法都是歧視婦女的大男人主義論調，是十分錯誤而有害的。

色情錄影和淫穢書刊的內容大多是描繪對婦女的暴力和貶損婦女的人格。好像她們的存在只是為了滿足男性的性欲，而女性則樂意接受所有的男性。色情錄影和淫穢書刊具有強烈敗壞社會風氣的作用。如果男性連續看這類影片和書刊就會導致更多的反社會行為和對女性的攻擊。在美國，每年都有大量的暴力和貶損女姓的 R 級和 X 級影片在播放，許多男性在觀看這類影片。一個男性經常看這類影片，可能就會增加他對婦女的反社會態度和行為。因此，為了淨化社會風氣，減少反社會行為，必須取締色情錄影和淫穢書刊。

在男女不平等的社會裏，許多情境因素，從酒精和金錢到夏季高温和性衝動等等，都會導致對女性的暴力行為。在男女不平等的社會裏，對婦女的暴力行為還包括切割女性生殖器、溺殺女嬰、產前性別選擇等。只有婦女在經濟上取得獨立，男女完全平等之時，對婦女的暴力才可能消失。

看色情刺激 (裸女圖畫)，穿衣服的女人圖畫或中性刺激 (風景畫等)。稍後將被試置於電擊機器實驗的情境中，結果是看過裸女或穿衣服女人的被試比看過中性刺激的被試更少具有攻擊性。對於這兩項研究結果的矛盾，杜納思坦等人 (Donnerstein, Donnerstein & Evans, 1975) 認為，輕度色情刺激 (如裸體女人) 令人愉快、使人分心，從而使被試的注意從明顯的攻擊和挫折上轉移開；而強烈的色情刺激 (如夫妻做愛) 則會增強性衝動，因而使以前經歷的憤怒不能被抑制。也有人認為，重要的是被試對色情刺激反應的品質 (White, 1979)。一些個體更可能對輕度刺激以正面情感進行反應；而對強烈性刺激則產生反感，因而助長攻擊。色情刺激和攻擊的關係涉及許多變量，其中最重要的是如何對待女性，特別是當今西方社會對女性的暴力和攻擊日益增多的情況下更是如此 (見補充討論 14-3)。

二、攻擊的人格因素

對於人格特徵如果影響攻擊的問題，具體的研究成果很少。應當說，影響攻擊的人格因素是存在的。一個壞脾氣、易發怒的人或一個思想品質惡劣的人，似乎都有較高的攻擊性，特別是當有關線索出現時更是如此。

(一) 攻擊性可能是一種特質

奧爾韋斯 (Olweus, 1979) 曾考察過 16 項攻擊行為的重要研究並斷言“攻擊行爲的一致性程度比那些提倡在人格領域裏行爲專一性主張的人所認爲的要高得多”。他認為這種一致性並不排除環境因素，但卻在童年早期已顯露出攻擊性。

我們可以看到，兒童特別是一些男孩可連續數個月表現出頗為一致的攻擊性。威登 (Widom, 1989) 認為，攻擊性是一種甚為穩定的特質，早期的攻擊性 (8 至 10 歲) 能相當準確地預測其後的反社會行為。一項持續 22 年的研究表明攻擊性是相當穩定的特質；現今 30 多歲富有攻擊的人，其中大多數在十幾歲也富有攻擊性 (Huesmann, Eron, Lefkowitz & Walder, 1984; Eron, 1987)；它甚至可以出現在下一代 (Huesmann, Eron & Yarmel, 1987)。前已述及，受虐待的兒童，成人時也會虐待他自己的孩子，從而造成惡性循環。這種穩定的攻擊性是先天遺傳的還是後天習得的？

補充討論 14-4

極端自制導致極端的暴力行爲

不少人認為，攻擊犯罪是個人自制力缺乏所致。他們的推論是：除了缺乏自制力、極好惹是生非的人之外，有誰會屠殺他人，襲擊小孩和危害自己的家人呢？然而，進一步對參與暴力行為者調查得到的結果卻與上述觀點不一致。許多重案犯並不是凶暴的人，反而是被動的、沈默的和舉止溫和的，這些人過去沒有什麼明顯的暴力行為。事實上，他們並不是那種容易衝動和易怒的人，相反的，卻表現出特別強的忍耐和自制力。請看下面這個例子：

> 有一天吉姆回到家時，驚訝地發現妻子正和鄰居的一個農夫躺在床上。他說當時他不知如何是好，只把門關上，就到田裏哭了起來。他還說，他本來可以採取一定的行動，因爲在與臥室相通的那間房裏就有一支裝上子彈的步槍。吉姆對妻子的不忠沒有表示什麼，而他的妻子看到他這樣，就越發放肆起來。她開始留那個情夫和他們一起進餐，有時候甚至還留他過夜。對此，吉姆並沒有提出異議，甚至還把錢、種子、農具等借給那個情夫。這種局面一直維持了三年。後來，有一次當吉姆外出時，那個情夫開了一輛汽車到吉姆的農場，把吉姆家裏的所有東西和牲畜，以及吉姆的妻子和四個小孩全都帶走了。吉姆雖然對妻子和孩子的失踪感到震驚，但卻沒有打聽她們的去向或設法把他們領回來，就像他過去對妻子的情人一樣不聞不問。
>
> 這確實是一個令人奇怪的例子，面對著反復和巨大的挑釁而無動於衷。在長長的三年中，儘管他的妻子和情人胡作非爲，但吉姆卻沒有提出任何抗議。事實上，即使是在那個情夫把他的老婆孩子及其財產帶走以後，他的反應也是完全消極的。只是後來他又結了婚，在發現第二個妻子也找了個情夫之時，才終於勃然大怒，採取了特別殘忍的方式殺死妻子。(Schultz, 1960, p.106)

在分析這類案子後，梅加吉 (Megargee, 1966) 得出一個結論：極端暴力行為的罪犯，實際上多數是對攻擊行為具有很強自制力的人。他推斷，由於這種很強的內抑制，這種人對挑釁幾乎不作出任何反應，而寧願以極其消極的方式把憤怒和不滿深藏起來。然而，如果促使他們產生暴力行為的強度增大而超過了某個關節點，他們極度的抑制力被完全衝破，這時，這些外表温順的人就會突然爆發，訴諸於暴力，其殘忍和野蠻程度是受害者所意想不到的。但是，在攻擊行為爆發後，他們很快回復到以前的消極狀態，重新成為完全沒有“火氣”的人。所以，在梅加吉看來，最有可能採取極端暴行的人並不是像人們想像的那樣，是好鬥的、抑制不住的人，相反的，卻是抑制過度的人。

為驗證這一論點，梅加吉 (Megargee, 1966) 對四組年輕的男性罪犯進行一次實驗，第一組被試犯有嚴重傷害罪 (如謀殺自己父母等)，第二組犯有一般傷害罪 (如鬥毆或襲擊他人但受害者傷勢不重)，此外還有兩組無攻擊行為 (有盜竊) 的罪犯。實驗結果證實了他的預期。第一組犯人被捕前一般都比其他組犯人的行為更消極更自制。在被監禁期間，他們的律師也認為他們比其他三組犯人更易合作、友好和溫馴，更少出現反抗和攻擊行為。心理測驗得到的結果也表明第一組犯人比其他三組犯人對攻擊行為具有更大的自制力。

應當說，這種特質大概與智力一樣，是先天與後天交互作用的產物。

(二) 與攻擊有關的其他人格變量

除攻擊性之外，還有一些人格變量，例如低自我價值感、盲從、過度的自制也可能與攻擊或暴力行為有關。

自我價值感(或自尊) (self-worth) 是指任一個體對自己的重要感和悅納感。個體通常對自己的力量 (影響和控制他人的程度)、重要性 (被其他人接受、注意和親善的程度)、品德 (自己達到道德和倫理標準的高度) 和能力 (完成自己認為重要任務的情況) 的自我評價不同從而形成高低的自我價值感 (Coopersmith, 1967)。研究顯示，高自我價值感者有著關於自己的一系列正面看法，普遍認為自己是比較出色的、有能力的、受人喜歡的，對自己有信心、相信自己能夠克服自己的缺點 (Baumgardner, 1990；Brown, 1986；Marsh, 1986；Pelham & Swann, 1989)；而低自我價值感者則有較多負面的自我評價，且有更多的攻擊行為 (Bargh & Tota, 1988；Gotlib & Olson, 1983)。這些人之所以惹是生非，挑起事端，目的是用攻擊行為以激起社會對他們的關注。

盲目性 (blindness) 是指個人的思想依賴於他人、行動受別人的指使和暗示，缺乏思維的獨立性和批判性 (朱智賢等譯，1957)。盲從的人十分信任可作為社會代表的權威者，很容易表現出服從行為。特別是當權威者聲稱承擔起我們行為後果的責任時，便會放心大膽地去遵從命令。前述服從權威時所表現出的攻擊行為和暴行，正是反映了個體的盲目性在起作用。此外，過度的自制也可能導致強烈的暴力行為 (見補充討論 14-4)。

(三) 行爲異常者

變態心理學中有許多攻擊的案例和種類。例如在兒童中有一種**社會化行爲異常** (socialized conduct disorder) (Quay, 1964)，如逃學、離家出走、嚴重說謊和偷竊等。許多前科累累的成人所犯的如破壞、入室搶劫、放火、襲擊、行凶、敲詐、綁架和強姦等，若在兒童身上出現，則被稱作**未社會化行爲異常** (undersocialized conduct disorder)。這樣的兒童長大成人時也會有類似的問題 (Robins, 1966)。有一種**反社會人格** (antisocial personality)，根據美國精神病學會的《心理障礙的診斷和統計手冊》(DSM-III,

1980)，18 歲以下的任何人都不能被診斷為反社會人格，只有 19 歲以上的殺人者才能給予這個稱號。這種人高度尋求刺激，不能忍受常規和厭煩，易衝動，又特別反對社會控制 (Meyer & Salmon, 1984)，因而表現為在家反抗父母，在校反抗校規，在社會反抗秩序和法律等反社會行為。還有一種稱為**被動-攻擊人格** (passive-aggressive personality)。這種人在人際關係和工作場所"被動地"反抗別人的要求 (Davison & Neale, 1990)。這是一種偽裝的攻擊，通常表現為對工作頑固性地、一而再、再而三地遲到、拖延、"忘記"。此外，性虐待症者、酗酒者也經常有許多攻擊行為。

第四節　預防和控制攻擊

預防和控制攻擊行為是一項複雜的系統工程。攻擊行為十分不同：大至戰爭狂人為掠奪他國領土和財富而發動的大規模屠殺戰爭，小至幼兒園孩子為搶奪玩具而狠打其同伴；並且還有反社會攻擊、親社會攻擊和被認可的攻擊。因此，對攻擊行為的預防和控制方式也很不一樣。這裏僅從社會穩定的角度討論預防和控制攻擊暴力行為的方法，下面所列五條僅是一些建議。

一、提高生活品質

預防和控制攻擊行為的最基本途徑是要解決最廣大民衆的温飽和安居樂業問題，促進社會和國民經濟的不斷發展，不斷提高人們的物質生活水平和精神生活水平。我國《管子》中所說的倉廩實，民知禮節；衣食足，民知榮辱，也有這樣的意思。加強法律與社會公德教育，使廣大民衆過著文明、健康、科學的生活方式，包括文明、健康、科學的勞動生活方式、消費生活方式、閒暇生活方式、家庭生活方式等，只有這樣才有希望減少攻擊。而在失業、貧困、愚昧的社會裏，要完成預防和控制攻擊是不可能的。

二、懲罰攻擊者

對於一般公民來說，減少攻擊行為的一個有效辦法就是懲罰。如果有人搶劫、毆打或殺害他人，簡單的辦法是將其投入監獄，對罪行極為嚴重者甚至處以死刑。正如多拉德等人所說：“所有攻擊行爲的約束力肯定隨著預測到因此而受到懲罰的程度高低而變化”(Dollard, Doob, Miller, Mowrer & Sears, 1939, p.33)。但是，懲罰也不是控制人類暴力的萬靈丹。因為嚴厲懲罰常能使人順從，但卻不一定能使人產生內化。因此，為了預防和控制攻擊，最好在孩童時代開始就誘導他們逐步形成是非觀念，使他們覺得打人是不好的，而不是一件好事或有趣的事情。輕微的懲罰可以減少兒童的攻擊行為。例如，布朗和艾略特的研究 (Brown & Elliott, 1965) 發現，幼兒園的一些孩子因攻擊行為而遭到冷落後，這種行為就會減少。當老師不再這樣對待他們時又故態復萌。而老師再次冷落他們時，攻擊行為又急劇下降。很明顯，對某些孩子來說，即使很輕的懲罰也足以有效地制止其攻擊行為。這時如果對他們曉之以理，對他們的助人行為給予獎勵，那麼兒童就可能逐步內化助人為樂、反對攻擊的道德觀念。

三、矯正兒童的攻擊行爲

兒童的反社會行為既是社會問題也是臨床問題。美國心理學家戈登斯坦和凱勒 (Goldstein & Keller, 1987) 提出應當對那些一再有攻擊行為的兒童進行行為矯正，包括放鬆訓練、控制憤怒、認知重建等等。其目的是耐心地教給這些問題兒童親社會的技能以取代他們的攻擊行為。有些方法，如父母管理訓練、家庭療法及社區干預等也很值得一試。

四、喚起同理心

許多攻擊者對他人的極端攻擊，都是自已相信受害者已經喪失了人性。因此，喚起同理心就會使攻擊行為難以進行。具體地說，當受害者的痛苦遭遇被攻擊者看到時，可能會喚起攻擊者的同理心，從而停止進一步的攻擊。

當然，一時喚起的同理心或同情心也不是控制攻擊行為的萬能之藥。有時攻擊者處於激怒狀態，受害者的痛苦表示反而會助長其攻擊行為。如果同理心已成為一個人的特質 (移情特質) 那才有可能防止攻擊行為。

五、樹立正確的價值觀

人的行為是受其思想觀念支配的。同情什麼人、幫助什麼人、嫉恨什麼人、攻擊什麼人，都不完全是無緣無故的。佛教的慈悲精神是積聚功德，以求死後獲得善報，通向西天極樂世界。水滸英雄的打家劫舍，是為鏟除人世不平，行忠義之道。追求利益是任何國家、任何時代人們的普遍心態。每一個正常的人，都有追求利益的心理。區別僅在於所追求的利益有公私之分、遠近之別。因此，培養和樹立正確的價值觀，使人們以真善美的標準去對待自己的利益追求，發展親社會攻擊，消除反社會攻擊，使正義戰勝邪惡。這樣，才能使社會穩定、繁榮和發展。

本 章 摘 要

1. **攻擊**是以傷害某個想逃避此種傷害的個體為目的的任何形式的行為。
2. 攻擊的表現形式多種多樣，可以分為**反社會攻擊**、**親社會攻擊**和**被認可的攻擊**。如果說攻擊是人性惡的一面，那麼親社會攻擊和被認可的攻擊就不是惡的，而反社會攻擊才是惡的。此外，還可分為**言語攻擊**和**行爲攻擊**，**報復性攻繫**和**工具性攻擊**，**外罰性攻擊**和**內罰性攻擊**等。
3. 研究攻擊的主要方法有**觀察法**、**實驗法**和**現場研究法**。對人類攻擊行為的實驗室研究有四種方式：讓被試用語言攻擊、對無生命對象攻擊、用玩具武器攻擊、用巴斯的攻擊儀器給予電擊。在現場研究中，如探討大衆媒體報導的事件與其後發生攻擊之間的關聯，或讓被試在公共場所受到真正挫折，再記錄並分析其攻擊行為。這些研究方法各有優缺點。

4. 羅倫茨認為人類的攻擊有其生物本能基礎，但缺乏研究佐證；也沒有足夠證據表明含 XYY 染色體男性具有暴力傾向；**顳葉**和**下丘腦**可能是控制攻擊的中樞，但它們是受大腦皮質控制的。
5. 多拉德等人的**挫折-攻擊假說**認為，挫折總要導致攻擊，攻擊也總是由挫折而產生。其實，挫折能產生多種反應，攻擊僅是其中的一種反應；攻擊也並不總是由挫折而產生，多種因素都能導致攻擊。
6. 社會學習論認為人們是通過觀察攻擊榜樣和攻擊行為被強化而學會攻擊的。人們對攻擊的社會學習，最初有很多是發生於家庭之中，虐待孩子可能導致**暴力相傳**。
7. 無論是自然觀察、實驗研究和縱向研究都表明宣揚暴力的影視片會影響觀看者的攻擊表現，對於兒童來說尤為如此。
8. 有人認為觀看暴力影片具有渲洩的作用，通過此種途徑可以渲洩人們的攻擊潛能。沒有多少事實能支持此種論點。一些心理學家認為，**精神渲洩法**的好處過去是被強調得太過分了；渲洩可能是增強攻擊潛能的另一種方式。
9. 許多情境因素例如炎熱、擁擠、責任分散、服從權威、某一年代和性衝動等都會促進攻擊的表現。
10. 對婦女的暴力是一個嚴重的社會問題。只有婦女在經濟、政治和文化教育等方面與男人取得完全平等，攻擊婦女的現象才可能消失。色情錄影和淫穢書刊在對婦女暴力和貶損婦女人格方面產生極壞的作用。
11. **攻擊性**可能是一種人格特質，這種人格特質也是先天與後天交互作用的結果。一些人格因素如**低自我價值感**和**盲從性**等可能與攻擊表現有關。極端的**自制**可能導致極端的暴力行為。
12. 對預防和控制攻擊提出如下建議：(1) 提高民衆的生活品質；(2) 懲罰攻擊者；(3) 矯正兒童的行為障礙；(4) 喚起同理心；(5) 樹立正確的**價值觀**。

建議參考資料

1. 孟昭蘭 (1989)：人類情緒。上海市：上海人民出版社。
2. 姜國柱、朱葵菊 (1988)：論人・人性。北京市：海洋出版社。
3. 荊其誠 (1990)：現代心理學發展趨勢。北京市：人民出版社。
4. Baron, R. A., & Richardson, D. R. (1994). *Human aggression* (2nd ed). New York: Plenum Press.
5. Blanchard, R. J., & Blanchard, D. C. (1984). *Advances in the study of aggression,* Vol. 1. Orlando, FL: Academic Press.
6. Blanchard, R. J., & Blanchard, D. C. (1986). *Advances in the study of aggression,* Vol. 2. Orlando, FL: Academic Press.
7. Burger, J. M. (1990). *Personality* (2nd ed.). Belmont, CA: Wadsworth.
8. Edmunds, G., & Kendrick, D. C. (1980). *The measurement of human aggressiveness.* Chichester, UK: Ellis Horwood.
9. Phares, E.J. (1991). *Introduction to personality.* New York: Harper-Collins.
10. Zillmann, D. (1979). *Hostility and aggression.* Hillsdale, NJ: Erlbaum.

第十五章

性別與人格

本章內容細目

第一節　性別角色刻板印象

一、何謂性別角色刻板印象　561
二、刻板印象的程度　562
三、刻板印象的結果　564
　㈠ 對待成敗的態度

補充討論 15-1：中國現代女性科技人才的性格特點

　㈡ 女性對自己的評價
　㈢ 壓力與健康
四、突破性別刻板印象——男女兼具型　567
　㈠ 何謂男女兼具型
　㈡ 男女兼具型的測量
　㈢ 男女兼具型與適應

第二節　性格上的性別差異

一、攻擊性　570
二、自信心　571
三、支配性和依賴性　571

補充討論 15-2：元分析技術

四、同理心和利他行為　573
五、情緒性　574

第三節　能力上的性別差異

一、語文能力　575
二、數學能力　575
三、空間能力　576
四、知覺速度　576
五、運動能力　577
六、領導能力　577

補充討論 15-3：世界女總統女總理知多少？

七、認知方式　579

第四節　性別定型的理論解釋

補充討論 15-4：西方性別差異研究簡史

一、生物學取向的解釋　581
　㈠ 嬰兒期的差異
　㈡ 動物的例證
　㈢ 人類的某些例證
二、認同理論的解釋　584
　㈠ 精神分析
　㈡ 學　習
三、社會學習論的解釋　585
　㈠ 強　化
　㈡ 模　仿
　㈢ 預　期
四、認知論的解釋　588
　㈠ 選擇性注意
　㈡ 性別圖式

補充討論 15-5：易性癖——一種性別認定障礙症

五、社會研究取向的解釋　589

本章摘要

建議參考資料

男女之間是否在人格上存在著差異？孔子認為有差異，並把女人與小人等同視之，說："唯女子與小人爲難養也，近之則不遜，遠之則怨"(論語・陽貨)。時代不同了，男女都一樣。當今時代的一個特點是越來越多的婦女走出家門，參與社會，踏入了昔日男性傳統的活動領域，在社會大舞台上扮演著豐富多彩的角色，不斷湧現出一批批的女性科學家、工程師、企業家、政治活動家、運動員⋯⋯。三百六十行，行行都有女狀元。男女間的差異以及依附於此差異而衍生的角色，過去是十分明顯的，如今則在許多方面其差異都在逐漸縮小。雖然有關性別角色刻板印象在發生變化，但要達到完全消失，看來還有一段很大的距離。我國的傳統觀念是男主外，女主內；男性應剛，女性宜柔。在現實生活中，這種傳統觀念仍然是根深蒂固的。

男女平等是社會進步的表現，也是歷史的必然。但男女平等並不意味著男性與女性在生理上、心理上、行為上和情緒反應上沒有差異。每個人都知道男女生理上的天生差異，只有極少數人對這種先天限制感到不滿；而絕大多數人最後總是服從生物的必然性和社會文化的預期。因此，男性和女性在人格上和能力上的差異是有其根源的。研究性別角色刻板印象和性別差異對於我們深入理解人性的實質，樹立正確的男女平等觀，無疑是有益的。

性別定型 (或性別角色形成) (sex typing) 有著深刻的社會根源。以中國舊社會為例，婦女受政權、族權、神權、夫權四條繩索的禁錮和奴役，從來沒有人身自由，無論是為人妻為人妾，她們的性別角色只能是賢慧孝順，堅守貞操，養兒育女，侍奉公婆。而當今中國社會的女性角色，發生了根本的變化，她們在政治、經濟、文化、社會和家庭生活等諸方面享有與男子平等的權利，成為國家和社會的主人。特別是在體育競賽領域，我國女性運動員所獲得的世界冠軍數量更改寫了以前女性給人的刻板印象。性別角色的形成除了政治、經濟、文化和社會原因外，還有其個人心理上的原因。在本章中，我們將討論性別與人格的關係，即討論性別角色刻板印象、人格上的性別差異以及性別定型的原因。通過本章學習，讀者能明確以下幾個問題：

1. 性別角色刻板印象的實質是什麼。
2. 男性和女性在性格上有哪些差異。
3. 男性和女性在能力上有哪些差異。
4. 性別定型是怎樣形成的。

第一節 性別角色刻板印象

一、何謂性別角色刻板印象

性別角色刻板印象 (sex-role stereotype) 是指人們對於男人和女人在行為、人格特徵等方面的期望、要求和一般的看法。人們往往不約而同地認為，在一些行為和人格特徵上男性應該怎樣，女性應該怎樣。張德 (1990) 對我國大、中、小學生的調查結果表明，三組被試都傾向於認為，男人和女人的優點是不同的，即認為男女分別具有不同的人格特徵。他們認定胸懷寬廣、勇敢、意志堅強、事業心強、能力強是屬於男人的，而善解人意、心地善良、性情溫和、細心、善操家務則是屬於女人的。刻板印象開始得很早，魯賓等人 (Rubin, Provenzano, Luria, 1974) 的研究是一個很好的例子。在他們的研究中，研究者對父母在頭胎嬰兒出生的當天進行了訪問，結果是男女嬰在身高、體重和活動記分上沒有明顯差異，但女嬰更多地被描述為伶俐、小巧、漂亮或乖巧，而男嬰則更多地被描述為堅強、機靈或強壯，隨著孩子的逐漸長大，這種刻板印象也一直繼續下來。

在羅森克蘭茨等人 (Rosenkrantz, Vogel, Bee, Broverman & Broverman, 1968) 的研究中，要求美國大學生列出他們覺得用以區別男女的人格特徵，然後由這些列表中取出的項目再呈現給其他大學生並要求他們指出這些項目用於某種性別的人。結果顯示，男女大學生對於典型的男性或女性看法大致相同，且男性特徵的社會贊許評等比女性特徵高，正面評價的男性特徵數也比女性特徵多，如表 15-1 所示。

性別刻板印象不僅只是對男性和女性特質的一種區別，而且被賦予不同的價值。通常對男性的特質評價較高。女性特質如不安全感、多嘴、表達柔情等都帶有孩子氣；而男性特質諸如獨立、控制情緒、客觀，則是成人的品質。因此，“成熟的女性”在字面上是矛盾的。一個婦女始終受到**雙重標準** (double standard) 的束縛：由於成人的行為標準是男性化的，對她們來

表 15-1　男性和女性的正面刻板印象

對男性的正面刻板印象			對女性的正面刻板印象
攻擊	老練	野心	不說粗野話
獨立	做事熟練	分開感情與思想	多嘴
隱藏情緒	直率	不依賴	機敏
客觀	洞明世事	不以外貌而自滿	溫柔
易受影響	感情不易受傷		體察他人的感受
支配	愛冒險		信仰宗教
喜歡數學和科學	易作決定		關心自己的容貌
活躍	不哭泣		整潔
對小危機不敏感	行動像領袖		安靜
好競爭	自信		強烈的安全需求
邏輯性強	攻擊而不安		喜愛文藝
認為男尊女卑	與男性談論性		表達柔情

(採自 Rosenkrantz, Vogel, Bee, Broverman & Broverman, 1968)

說，要想同時成為成人和女性乃是不可能的。

當然，性別角色刻板印象並非都是恆定的。一項跨文化的研究 (Zammuner, 1987) 表明，荷蘭兒童在性別方面的區別不及意大利兒童明顯。這說明性別刻板印象的形成是受許多文化和家庭因素的影響，同時也可能受把人們區分為不同的社會角色期望的影響。性別角色刻板印象把同一個特徵歸屬於男性或女性中的每一個人，而不管他們 (或她們) 中的實際差異。它似乎能為我們認識人提供一條適當的捷徑，但又往往蒙蔽了我們，使我們看不到男人和女人中的個別差異。

二、刻板印象的程度

性別刻板印象是一種普遍的社會現象。它開始於嬰兒期且持續終生，即使是心理衛生專家也不例外。布勞維曼等人 (Broverman, Broverman, Clarkson, Rosenkrantz, & Vogel, 1970) 以有臨床訓練經驗的心理學家、精神病醫生和社會工作者為被試，要求他們分別描述健康的女性、成熟的具有社會能力的男性、女性和成年人 (未指明性別)。結果是，被試的描述內容依性別而異，他們以能力來描述健康的男性多於用此類詞語來描述健康的女性；較之於健康的男性，健康的女性則被描述為較順從、較少獨立性和冒險精神、較不客觀、較易受影響、常為小事而激動、較少攻擊或競爭、注重自己的外表、情感易受傷害。這些結果與表 15-1 中大學生所作的評定並無二致。這說明，甚至連專家也對女性持雙重標準。性別角色刻板印象在當今社會是何等根深蒂固！

性別角色刻板印象在我們的文化中也隨處可見。我們的語言、文字不斷在加強此種刻板印象。例如，“女”工程師、“女”科學家便暗示著這些領域原本是男性活動的天地。而“女”強人、“女”能人等說法便暗示著“強人”、“能人”本不屬於女性。兒童讀物和小學教科書也在強化此種刻板印象。張德 (1990) 對我國大陸《全日制學校小學課本語文》(人民教育出版社，1979 至 1982 年版) 中對待男女兩性所做的內容分析發現，在全部 10 冊語文教材中，共有故事課文 166 篇，除去以集體為主角的 13 篇外，以男性為主角的有 132 篇，以女性為主角的僅有 21 篇。而在充任主角的 21 個女性中大多是小學生和一般群衆，沒有一個是文學家、科學家、工程技術專家 (全由男性擔任)。這套語文教材所描述的女人在能力和性格方面都比男人更低些、更差些。關樹文 (1993) 對我國《初中課本語文》(1 至 4 冊為人民教育出版社 1990 年版，5 冊和 6 冊為人民教育出版社 1988 年版) 的分析顯示，無論圖畫或故事中都是男主角多於女主角，男女比例為 4：1。在男女角色形象上，男性積極主動，女性基本上是被動的。雖然性別角色刻板印象有些變化，但仍反映了傳統的刻板印象。

性別角色刻板印象在我們的社會深入人心。與男性或女性相聯繫的特質要跨越性別界限是很不容易的。當一個男人被人們稱道為“雄心勃勃”時，他很滿意；而當一個婦女被人們稱讚為含情脈脈時，她也會如此。如果把這樣的讚揚顛倒過來。那麼，無論男人和女人都會懷疑，這樣的評論對自己究竟是一種侮辱還是一種恭維。但是，把確實屬於異性的一種特質硬加在另一性別的個人身上，則肯定是一種輕侮。例如，把一個男子稱為“嬌滴滴”或“娘娘腔”，把一個女人稱為“野小子”或“愣小子”，即是如此。

三、刻板印象的結果

由於性別角色刻板印象是一種非常普遍的現象，要完全分清其前因後果看來是不可能的。但在一些事例中，這種關係是相對清晰的。

(一) 對待成敗的態度

在對待自己成功與失敗的原因上，男性與女性似乎是不同的。女性更多地把成功歸因於運氣而把自己的失敗歸於能力差。這種歸因方式自然會抑制女性堅持追求成就的努力。用運氣來解釋成功的原因就不會去學習、掌握獲得成功的必要技能，因為成功僅是運氣而已。較之於女性，男性在選擇活動時選擇更多與技能有關的活動。此外，他們在這類作業上比女性堅持的時間也更久，正如同性別角色的刻板印象：女性對自己成敗的解釋幾乎在打擊未來的成就。

女性“害怕成功”可能與其在家庭和職業中的角色衝突有關。一個一心一意當好傳統的家庭主婦的女人，不會體驗到家庭角色與職業角色的衝突。而想在學習和工作中取得成功的女人，會受成功的報償與減少女性特質的刻板印象之間矛盾的折磨。探討女性懼怕成功的動機一般是要求被試根據下列的一個前提——在第一學期結束後，安娜 (或約翰) 發現她 (或他) 是她的 (或他的) 醫學院班級中的第一名——寫出一個完整的故事來。被試寫出的故事要說出是什麼導致了這種情況，故事中的各種角色感受如何，以及下一步會發生什麼。對所寫的男性故事和女性故事的分析表明，有能力的女性害怕成功。例如，女性被試有下列一些反應：考試分數打錯了，安娜其實不是班裏的第一名；安娜實際上是男孩，只是錯給男孩起了女孩名等。或者說：安娜的婚約就此告吹，因為她比她的未婚夫工作表現出色；安娜下一學期結束時成績就掉下來了等。

但是，也不是所有的女性都害怕成功。在我國當今的社會裏，女性追求事業上的成功並且取得成功者不乏其人。她們的人格特質與性別角色刻板印象大相逕庭 (參見補充討論 15-1)。

(二)　女性對自己的評價

刻板印象很容易扭曲個人對某些事件的知覺。戈德堡 (Goldberg, 1968) 認為，女性對男性作者的評價比對女性作者的評價更高。在一項研究 (Pheterson, Kiesler & Goldberg, 1971) 中，要求女大學生評價某些油畫。半數被試以為畫家為女性，半數以為畫家是男性；同時有半數以為該油畫為參賽作品，半數以為是獲獎作品。結果顯示：同一幅畫，當認為出自男性之手時的評價比認為出自女性之手時要高。但是，認為該畫為獲獎作品時，評價則相同，而不受畫家的性別影響。這些結果表明，當情境比較模糊時，刻板印象會乘虛而入並影響我們的感知；而情境十分明確時 (在此例中女畫家的獲獎作品)，刻板印象和偏見較不可能起作用。

刻板印象會干擾男女同工同酬。在一項實驗 (Major, McFarlin & Gagnon, 1984) 中，男女大學生被試完成兩項作業之一。在一項作業中要求被試私下為某定量的工作付給自己認為公平的報酬。在另一項作業中要求被試為某定額的報酬作出他們認為公平的工作數量，部分情況中告知被試其他人自付報酬的情形；其他情況中則完全不知曉他人的情形。結果表明，在無他人的報酬數量相比較時，女性付給自己的報酬比男性付給自己的要低，但有比較資料時則不然。同時，女性工作的時間和正確完成的工作單位也較男性為多。

(三)　壓力與健康

刻板印象可能影響對壓力的適應。例如，認同女性化角色的婦女在面對她們認為是適合於男性的工作時會容易陷入自卑和無助。在面臨強大的生活壓力時，男性化的個人或女性化的個人都比性別認同未分化或同時兼有男性或女性特質的人 (即男女兼具型) 表現出更高的抑鬱，見圖 15-1 所示。在患有嚴重需要入院治療的抑鬱症病人中，男女的比率大約為 1：2。

女性比男性有更多的抑鬱症，其原因是多方面的。由於刻板印象，婦女的婚姻角色助長了抑鬱。家庭主婦的許多事務是不受他人挑戰的、重復的、始終沒完沒了的，也可能會助長無力感。此外，如家庭空巢綜合症、產後因素和體質 (生理的) 因素如更年期，也會助長了抑鬱症。但奇怪的是女性一般都比男性壽命長。

補充討論 15-1

中國現代女性科技人才的性格特點

李繁 (1985) 曾用傳記分析和問卷調查等方法對我國科技界有卓越成就的女性科技工作者 (包括學部委員以及在科技界有重大發現、發明的中年知識分子) 的性格特徵做過研究。她們的突出性格特徵如下：

1. 目標專一，有毅力 所有的女性科技人才都有頑強地向著目標奮鬥，幾年甚至幾十年如一日地刻苦鑽研，鍥而不捨的精神。學部委員、上海天文台台長葉叔華在剛躋身於天文工作隊伍時，僅僅是一個研究實習員。她憑藉著對天文事業的熱愛，靠堅強的毅力，三十年如一日，勤奮地、忘我地進行艱苦、具體和細緻的研究工作，30 年來，她先後發表了 20 多篇學術論文，受到國內外同行的重視，其中兩篇獲全國科學大會重大成果獎，被譽為“不知疲倦的人”。學部委員、核物理學家何澤慧教授年輕時代在約里奧•居里實驗室裏，以驚人的毅力和耐心，和合作者們一起，從幾萬次原子核裂變現象的核乳膠照片的觀測中，發現了原子核的三分裂和四分裂現象。

2. 大膽勇敢，有創新 她們的另一顯著特點是大膽勇敢，敢於想像，敢於猜測，敢於提出自己的見解，敢說人所未說的話、敢做人所未做的事。學部委員、地質學家池際尚教授，年輕時就因“敢於向大權威挑戰”而受到指導教師的稱讚。20 多歲的池際尚在學習時就善於獨立思考，即使面對專家權威，也絕不盲從，敢抒己見。林蘭英在英國留學時，已經展示了其數學才能，並獲得了相當的榮譽。她放棄了近在眼前的成就，回國後勇敢地選擇了研究我國當時尚屬空白的半導體材料科學。經數月努力，她製成了第一個單晶硅，填補了我國單晶材料的空白，震驚中外。

3. 獨立性強，有主見 她們的獨立性都很強，也都很自信。例如，“修氏理論”的主人，中國醫學科學院基礎醫學研究所的修瑞娟，就是一個典型的例子。她以大量的有關微循環的臨床觀察為基礎，大膽設想，精心研究，提出了被譽為“修氏理論”的觀點，為現代醫學開闢了一條新路。她才思敏捷，善於捕捉腦海中不斷萌發的新思想，以獨特的方式去思考各種疾病的起因和治療方法。其卓越的貢獻使她成為組建國際微循環研究所執委會的五位成員之一。

我們曾對《當代中國科學家與發明家大辭典》中的女性用卡特爾十六種人格因素量表作過調查，結果發現，優秀女科技工作者與普通成年女性相比，在人格特徵上表現出低樂群性、低恃強性、低敏感性、低懷疑性、低憂慮性、低緊張性和高聰慧性、高穩定性、高有恆性、高敢為性、高自律性。優秀女科技工作者具有較高的心理健康水平。中國優秀男、女科技工作者在人格特徵上具有較多的一致性。

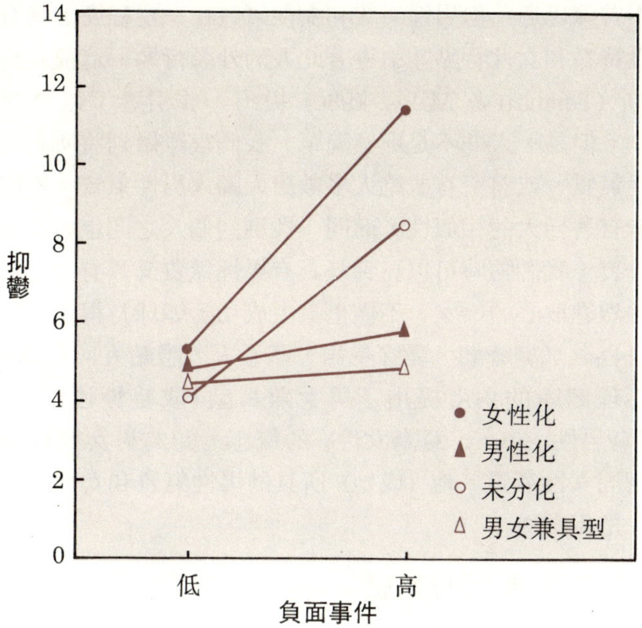

圖 15-1　以負面事件、女性化和男性化預測抑鬱
(採自 Roos & Cohen, 1987)

現至今日，傳統的“男主外，女主內”的觀念已不再是天經地義的了。越來越多的女性從家庭走向社會參加工作，她們的工作也很繁忙。對於職業女性來說，儘管事業和家庭兩全其美是相當困難的事，但是研究表明，工作似乎反而促進了未婚婦女和對工作持肯定態度的已婚婦女的身心健康 (Repetti, Matthews & Waldron, 1989)。因此，女性參加工作應得到全社會的支持和關心。

四、突破性別刻板印象——男女兼具型

(一)　何謂男女兼具型

我們絕大多數人都覺得有什麼樣的特徵使得男子具有**男性氣質** (或**男性氣概**) (masculinity) 和使得女人具有**女性氣質** (femininity)，雖然這種感

覺或許都不曾深思過，但男性氣質和女性氣質在一定程度上集合了一個人心理上的男性特點和女性特點並引導著此人的外顯行為。這種觀點最早是由推孟和邁爾斯 (Terman & Miles, 1936) 提出，並引導了以後近 40 年的類似研究工作。但是，人並不是那麼簡單。我們很難做到將所有或絕大多數婦女歸入女性氣質，或將所有或絕大多數男人歸入男性氣質。不同性別的人在性格上可能有著極大的相似性，而同一性別的個人之間也會有很大的差異。在現代社會裏，我們隨時可以見到既具有男性氣質又具有女性氣質的人。例如，具有強烈進取心的婦女，不僅事業上成功，網球打得也很好，愛穿牛仔褲，同時也喜歡烹調縫紉，愛穿長裙，關心人，體貼人。貝姆 (Bem, 1974, 1975) 從心理健康的角度提出了**男女兼具型(或雙性性格)** (androgyny) (andro 意為男性，gyny 意為女性) 的概念，認為男女兼具型者既認同男性氣質也認同女性氣質，他 (或她) 所具的男性氣質和女性氣質在量上或所占的比例上是相當的。

(二) 男女兼具型的測量

為了測量個人身上的男性氣質和女性氣質，貝姆 (Bem, 1974) 發展出**貝姆性別角色調查表** (Bem Sex Role Inventory，簡稱 BSRI)；斯彭斯等人 (Spence, Helmreich & Stapp, 1974, 1975) 編製出**個人屬性問卷** (Personal Attributes Questionnaire，簡稱 PAQ)。這兩個測量工具都是自陳量表，都包含單獨的男性氣質量表 (M 量表) 和女性氣質量表 (F 量表) 而不是一個單一的 M-F 量表。例如，貝姆性別角色調查表由 60 個形容詞和詞組組成，如表 15-2 所示。其中具有男性色彩、女性色彩和中性色彩的詞各有 20 個。被試在每個詞的 7 級量尺上對自己進行評定。如果一個人的男性氣質和女性氣質得分都高於 4.9。那麼此人在貝姆量表中便被列入男女兼具型的人。根據貝姆對美國大學生的研究發現，大約 1/3 的人是男女兼具型者。

(三) 男女兼具型與適應

男女兼具型的設想是符合當代婦女解放思潮的，即婦女應破除傳統刻板印象的束縛，自由地施展自己的才能和抱負，以實現真正的男女平等。一些研究表明男女兼具型者心理發展較健康，這些研究結果有：心理社會發展水

表 15-2　貝姆性別角色調查表中的項目

1. 自信的	21. 可信賴的	41. 溫和的
2. 柔順的	22. 善於分析的	42. 莊嚴的
3. 助人的	23. 表示同情的	43. 願意表明立場的
4. 維護自己信念的	24. 妒嫉的	44. 溫柔的
5. 快活的	25. 有領導能力的	45. 友好的
6. 憂鬱的	26. 對他人需求敏感的	46. 具有攻擊性的
7. 獨立的	27. 誠實的	47. 輕信的
8. 害羞的	28. 冒險的	48. 無能的
9. 誠意的	29. 有理解力的	49. 像個領導的
10. 活躍的	30. 緘默的	50. 幼稚的
11. 情意綿綿的	31. 易作出決策的	51. 適應性強的
12. 誇張的	32. 有同情心的	52. 個人主義的
13. 武斷的	33. 篤實的	53. 不講粗俗話的
14. 吹捧的	34. 自足的	54. 無系統的
15. 幸福的	35. 樂於安撫受傷感情的	55. 具有競爭力的
16. 個性堅強的	36. 自大的	56. 喜愛孩子的
17. 忠誠的	37. 有支配力的	57. 老練得體的
18. 不可捉摸的	38. 談吐柔和的	58. 雄心勃勃的
19. 強勁有力的	39. 值得喜歡的	59. 文雅的
20. 女性的	40. 男性的	60. 保守的

(採自 Bem, 1974, 1977)

平較高 (Waterman & Whitbourne, 1982)；快樂、較不介意壓力 (Shaw, 1982)；內心感到幸福 (Lubinski, Tellegen & Butcher, 1981)；被他人視為適應良好 (Major, Carnevale & Deaux, 1981)；自我價值感較高、被他人視為有能力的 (只對女性) (Heilbrun, 1981)；對環境適應並感覺平衡 (Flaherty & Dusek, 1980)。但其他人所得到的結果並不支持男女兼具型者比典型性別者更健康的看法 (Hall & Taylor, 1985)。無論這方面的討論進展如何，僅從男女兼具型概念的提出，也可以看出當今社會仍普遍存在著性別角色刻板印象。

第二節　性格上的性別差異

常常聽到人們這樣的議論：男性鐵石心腸，女性溫柔體貼，男性謹慎寡言，女性喋喋不休，男性事業心強，女性善操家務。那麼，是否實際上存在著性格上的性別差異呢？長期以來，人們對於性別差異的研究做了大量的工作。現在讓我們來考察性格上的一些性別差異。

一、攻擊性

也許攻擊性是性格上性別差異最為常見的證據，男性比女性富於攻擊性 (Maccoby & Jacklin, 1974)。這種攻擊性包括業已經過研究的各種攻擊行為，如身體攻擊、言語攻擊和實驗中的攻擊行為。一項對日本、印度、菲律賓、墨西哥、新英格蘭和肯尼亞等 6 種文化中 7 至 11 歲男女兒童的行為觀察研究 (Whiting & Edwards, 1973) 發現，在所有文化背景中都能看到這一性別差異。一項**元分析** (見補充討論 15-2) 研究 (Eagly & Steffen, 1986) 的結果表明：儘管這方面的各項研究結論不太一致，但從總體上看，男性比女性更具攻擊性，特別表現在男性的攻擊多給對方帶來傷痛或身體傷害，而女性的攻擊多給對方造成心理上的傷害或人際關係上的損失。攻擊上的性別差異還表現在，女性認為進行一次攻擊行為不僅會給對方造成傷害，還會給自己帶來遺憾、焦慮甚至危險，而男性則很少有這樣的體驗。

從發生學上看，這一差異出現於兒童開始和他人玩耍之時，時間大概在兩歲到兩歲半左右，並在整個學齡期繼續得到發展。隨著年齡增大，男性的攻擊性似乎逐漸減小，起碼在身體攻擊方面是如此。比如，很難見到成人互相鬥毆時在地板上滾來滾去，而這樣的場景若發生在小學生的球場上則是司空見慣的。還有一點可以肯定，大多數暴力犯罪是男性做的 (儘管女性犯罪不斷地增加)。女性比男性攻擊性強極為罕見。如果此項攻擊具有親社會的正義性，那麼婦女的攻擊往往不亞於男子。此外，男性和女性對激惹似乎也反應不同：男人傾向於出手打人，而女人即使憤怒不已也不會斷然出手。

造成攻擊性方面性別差異之原因可能有某種生物學基礎，如男性體格高大、肌肉發達，也可能與激素的分泌水平有關。但許多研究表明，攻擊行為的性別差異主要是社會學習的結果。

二、自信心

假設一群大學生首次參加心理學導論考試，在他們考試剛結束尚未得知成績之前，詢問他 (或她) 們自我估計考試可得多少分 (排除 100 分的可能性)。大多數的研究表明，女大學生的自我估計分數往往低於男大學生。心理學上將此視為女性比男性自信心低的證據。以學齡前兒童和小學兒童為被試的研究也得到相似的結果。

雖然男女的**自信心** (self-confidence) 一般存在著差異，但對於這一結論，必須考慮一些具體的條件限制。首先，女性對她們所做的每一項工作是否都缺乏自信心？譬如，對於適合於女性做的事情，她們的**自我評價** (self-evaluation) 並不低。其次，給婦女的成就評價反饋會影響其自信心。如果能客觀公正地評價婦女的工作，例如具體地說出她們做得如何好，她們的能力如何強，那麼她們的自我評價往往並不亞於男性。最後，根據社會參照和社會評價的有無，女性同男性在自信心方面的性別差異也有所不同。在有社會參照的情況下，女性的自我評價往往較低；但是，在無法把自己的成績與他人相比較的情況下，女性的自我評價一般並不低。也就是說在某些場合女性比男性的自信心低，但在另一些場合卻並不總是這樣的。像對待考試成績的問題上，男性的自我評價高於女性，還可以作兩種解釋。一種解釋是女性確實缺乏自信心。另一種解釋是男性的自我評價過高 (而不是女性的自我評價過低) 和不切實際。有研究發現女孩的自我評價較符合實際些，而男孩則多少有些不切實際。看來，以上兩種解釋都有些道理，男性可能有些過於自信，而女性可能有些缺乏自信心 (范志強等譯，1986)。

三、支配性和依賴性

大多數研究表明，男性比女性有較強的支配性 (范志強等譯，1986)。**支配性** (dominance) 大致表現為能自我決定、有主見，或在團體中扮演引

補充討論 15-2

元分析技術

從 20 世紀 70 年代後期以來，元分析與總分析技術作為定量綜述方法開始不斷地發展起來。**元分析** (meta-analysis) 就是將大量的單個研究中的各種研究結果進行合併的定量分析。從霍爾 (Hall, 1978) 把元分析技術應用於性別差異研究開始，後來這類方法就被廣泛地用於性別差異的研究。元分析的第一個步驟與描述性綜述的第一個步驟相似，即收集有關的研究文獻，接下來的步驟卻很不相同。在進行元分析時，研究者要完成下列工作：

1. 用客觀的方法確定進行綜述的各種研究；
2. 用定量或準定量的術語來描述各研究的特點；
3. 在通用的效應值量表上表述各研究的處理效應；
4. 在聯繫研究特徵和研究結果上使用統計技術。

元分析統計不是運用原始觀察數據而是應用自已獲得的研究結果。為了合併和比較各個研究，對性別差異的元分析最常用的指標是效應值 d_i，即為實驗組和控制組平均數之間的標準差距，對於第 i 個研究：

$$d_i = (\overline{Y}_i^E - \overline{Y}_i^C)/S_i$$

$\overline{Y}_i^E$、$\overline{Y}_i^C$：實驗組和控制組的樣本平均數。
S_i：兩組組內標準差的合併值。

式中 $\overline{Y}_i^E$ 和 $\overline{Y}_i^C$ 分別表示實驗組和控制組的樣本平均數，S_i 是兩組組內標準差的合併值。

按照科恩 (Cohen, 1977) 的標準，d 的絶對值為 0.2、0.5、0.8 分別代表小、中、大三種效應值。d 值越小，意味著性別差異的程度越小；如果 d 值為正，表示男性平均水平高於女性；d 值為負，則表示女性平均水平高於男性；元分析的整個過程相當複雜，有興趣的讀者可進一步參看海德和林 (Hyde & Linn, 1988) 主編的專書或柳學智 (1991) 的文章。

像所有研究方法一樣，元分析技術也有局限性或者可能被誤用。有人認為，目前對心理和行為方面的性別差異的研究都是以生物學上的性作為劃分變量為依據的。而**性別** (gender) 不同於生物學上的**性** (sex)；它是由許多因素交互作用的結果，因而不能簡單地劃分兩個類別：男性和女性。即使是生物學上的性也同時混雜有很多其他變量，其中最重要的是人的社會性。因此，元分析技術仍然不能解決性別差異的爭論問題 (Ashmore, 1990)。

導和控制的角色。在人際關係中，支配權是一個人地位與身分的重要反映。顯然，支配者比受支配者的地位更高。在支配性上的性別差異也許恰好反映了男女的地位不同，甚至其本身就是男女社會地位不同所致。

在亞當斯的研究 (Adams, 1978) 中，將油畫複製品呈現給由兩名大學生組成的各個被試組，而實際上每組的兩人之中有一人是知道實驗者意圖的"同謀者"(即假被試)，許多幅油畫成對地呈現在被試面前，被試最初的任務是說出在 20 幅成對的油畫中每對中哪一張更好。經過對其他被試的預測，這些成對比較的畫事實上是難分高下的。當被試們做出了他們各自的選擇之後，實驗者告誡他們在關於每兩張畫究竟哪一張更好的判斷中，每組中的兩個人必須取得一致的意見。在六組被試中，知道底細的那些假被試都把自己的看法悄聲地告訴了蒙在鼓裏的真被試，並且堅持己見。以真被試拒絕接受假被試意見而引起爭執的次數作為真被試自我支配的指標。結果表明，男性被試拒絕接受假被試意見的次數平均達九次之多，而女性被試平均約六次，表明男性的支配性比女性強。

依賴性 (dependency) 是個體向別人親近，邀人支持，求人認可而獲得安全感的心理傾向。在依賴性方面是否有性別差異，研究的結果不盡一致。例如在保育學校中的孩子，很少看到依賴性上的性別差異 (Maccoby & Jacklin, 1974)。但是，如果由老師和父母對依賴性進行評量，女孩常被評為有較強的依賴性。兩種方法得到不同的結果也許正是反映了我們所熟悉的現象——性別角色刻板印象。現在在我國的婦女教育中反復強調女性應當自尊、自信、自立、自強，也從另一個側面說明女性的依賴性尚未完全消除。

四、同理心和利他行為

霍夫曼 (Hoffman, 1975) 曾對有關同理心的許多研究做過重新審定，認為大多數研究結果都顯示女性容易產生同理心。甚至在新生兒的研究中也發現，女嬰在聽到錄有其他嬰兒哭聲的磁帶放音時，也以啼哭予以應和。在大學裏，無論是年輕的或是年紀大的大學生在同理心上都表現出性別差異。雖然這種差異很小，但女性在同理心上的得分通常都較高。霍夫曼認為女性容易產生同理心可能與她們喜歡體驗損害他人的負疚心理，設身處地考慮他人的境遇有關。同理心是人類的美好情感，它使人們產生利他行為。

關於利他行為方面的性別差異，研究結果卻不一致。助人行為的自陳測驗資料顯示，在 19 歲至 60 歲的各個年齡層次中，女性比男性有更多的利他精神 (Rushton, et al., 1986)。但在真實情境中，情況卻有所不同。在一項研究 (Senneker & Hendrick, 1983) 中，讓男性化或女性化的典型性別被試以及男女兼具型被試處於某“受害者”被食物哽住的情境，幫助的程度與被試伸出援助之手的百分比顯示：(1) 男性給予的幫助多於女性；(2) 男女兼具型被試給予的幫助多於典型性別的被試。隨後的問卷資料顯示：女性在此情境中，常感到無能為力，因而較少給予幫助。正如第十三章已論及的，利他行為受很多因素的制約。僅從性別與利他行為的關係是難以得出明確結論的。

五、情緒性

情緒性 (emotionality) 是指個人在性格上情緒易於激動的特徵。一般說來，女孩比男孩膽小、怯懦、愛哭。女性多愁善感，比男性較情緒性。發現在情緒性上有性別差異的研究大多是以自我報告為依據的，而建立在觀察基礎上的研究結果則並非如此明顯 (Maccoby & Jacklin, 1974)。對於自我報告或測量的問題，也許男性自我防衛較強，而女性則較開放；也許男性在維護男子氣概而羞於承認，而女性則以性別角色刻板印象來描述自己。不過目前對於此種解釋尚難以做出肯定的結論。

第三節　能力上的性別差異

長期以來，人們一直認為在能力上男女之間有顯著的差異，並以此來解釋男女在就業和成就上的差異。現在讓我們來看看男女在能力上是否真的有顯著差異。

一、語文能力

語文能力 (或語文智力) (linguistic intelligence) 是指學習與使用語言文字的能力。在此方面，女性優於男性 (Maccoby & Jacklin, 1974)。從發展的角度看，女孩學話比男孩早，大約二、三歲時女孩的語言能力就顯示出優勢，到了 11 歲左右，語言能力上的性別差異開始突增，在整個中學時代，甚至中學畢業之後，女性在語言上的優勢都在增長。此種優勢包括詞彙的使用，指稱物體的能力，文法與流暢性，創造性寫作能力，閱讀能力，理解和言語推理能力等。在中學裏，女孩比男孩較少需要進行閱讀矯正訓練。跨文化的研究表明女孩的言語能力比男孩要成熟。不過，其中的變異性也很大，如果我們僅以此為依據來預測許多創造性領域，結果卻是不正確的。

值得指出的是，海德和林 (Hyde & Linn, 1988) 曾對 165 份關於兩性語文能力差異的研究進行過元分析，結果表明，男女性別間的差異極小，甚至沒有差異。無論是詞彙、閱讀和理解，都沒有實質的差異。只是在言語產出上，女性略優於男性。此種結論與現今教科書上的論述均不一致。如果確實如此，那麼現在教科書在這個問題上就要重寫了。

二、數學能力

數學能力 (或數理智力) (logic-mathematical intelligence) 是指數學運算及邏輯思維推理的能力。在數學成就測驗中，儘管所得結果不是顯而易見的，但男孩一般比女孩表現較佳，不過，也只有到 12～13 歲時才經常表現出這方面的差異 (Maccoby & Jacklin, 1974)。而在兒童早期似乎不存在這個問題。女孩學會數數較早，可能與言語能力發展有關。在學齡兒童中，一旦出現性別差異，男孩在數字推演中似乎較順利，而在數字計算上，女孩與男孩則難分高低，有時還會略占上風。這種情況將持續至中學時代和成年以後。

雖然女孩在數學成就測驗中得分較男孩稍低，但她們在學校裏的數學成績卻比男孩好。這也許是男孩對數學採取較自發式的學習取向，有較多的課外數學經驗，因而在遇到題目超過正規數學課程之外的標準化測驗時，便占了優勢。而女孩則較多地採取機械式的學習取向，只有課堂裏的數學經驗，因而在面臨不熟悉的標準化測驗題時，便表現不如男孩。

三、空間能力

空間能力(或空間智力) (spatial intelligence)，即憑知覺辨識距離判定方向的能力。與男性相比，女性的空間能力較差。空間能力的測量一般包括根據二維圖想像出三維客體、進行心理旋轉和其他操作的測量。像要求被試想像眼前物體倒置方式之類的測試中，男性表現較佳 (Maccoby & Jacklin, 1974)。一項元分析研究 (Linn & Peterson, 1986) 的結論是：從 7、8 歲起男女孩的視覺空間能力上就有性別差異，18 歲時差異最大，總體上男性優於女性。另一項研究 (Master & Sander, 1993) 通過三維圖形的心理旋轉的測試也顯示男性在空間能力上占優勢。但趙葉珠和林仲敏 (1993) 的研究結果表明：男女大學生在空間思維能力上差異不顯著，而個體差異則很顯著。看來，男女在空間能力上的差異尚需進一步研究。

有些研究者推測，空間能力的性別差異可能是由於不同的童年經驗，即男孩愛玩弄各種裝拆玩具，女孩喜歡玩布娃娃所致。但造成空間能力上的性別差異的真實原因目前尚不清楚。一些研究指出，對特殊的空間作業進行額外的練習，性別差異就會消失。同時自我概念也許在這種性別差異上扮演著微妙的角色。有研究 (Signorella & Jamison, 1986) 發現，當被試的自我概念中的男性氣質和女性氣質與數學和空間作業的性別刻板印象相一致時，表現將會較優勢。

四、知覺速度

知覺速度 (perceptual speed) 是指能快速準確地把握細節並能夠迅速地把注意力從一個客體轉向另一客體的能力。知覺速度的測驗一般要計時。例如，要被試比較分析兩列字母或數字是否相同。知覺速度是謄寫工作的必備條件。在這類測驗中，女性總是優於男性。在一些研究中，只有 18% 的男性得分與女性得分的平均水平相等或略為超過；甚至被試僅限於謄寫員時，也只有 21% 的男謄寫員達到或略為超過女謄寫員的平均分數。

五、運動能力

運動能力 (sport intelligence) 即掌握和表現運動技能的能力。傳統的觀點認為，男孩不僅在肌肉力量方面優於女孩，而且在速度和整個身體運動的協調方式上也優於女孩。但後來的研究表明，女孩在手指靈敏度和精細動作方面卻普遍占優勢 (Maccoby & Jacklin, 1974)。

體育研究表明，在運動操作中，明顯的性別差異一般要到青春期才會出現；在青春期以前，男女兩性在體格上的差異甚微，只是在這以後由於激素的差異才迅速促成了男子雄健的體魄，運動操作才有明顯的分化，男性的體力操作有大幅度提高。在兒童期，女孩的運動發展曲線與男孩十分接近 (僅比男孩略低一些)；但到了青春期，女性的操作曲線開始落後甚至下降。體育運動能力的發展與社會文化因素密切相關。據統計從 1949 年到 1993 年，中國運動員共獲世界冠軍 775 個，其中女子冠軍 460 個，占總數的 59%；中國運動員打破和超過世界紀錄 725 次，其中女運動員 458 次，占總次數的 63%。這在以往的年代是難以想像的。

六、領導能力

領導能力 (leadership intelligence) 即促使其部屬充滿信心、滿懷熱情去達成一個共同目標的能力。在領導能力和領導效率問題上，伊格爾和卡拉 (Eagly & Karau, 1991) 的研究顯示，在最初無領導的團體中，男性比女性較容易成為此團體的領導。對領導風格的性別差異的研究結果表明，在實驗室研究和對非領導者 (如雇員或學生) 的調查中發現女性有人際關係取向和民主的領導風格，而男性有任務取向和專制的領導風格。但對組織中的研究卻未發現此種差異 (Eagly & Johnson, 1990)。無論在實驗中或對組織的調查研究都發現男性與女性有相同的領導能力和效率。不過在比較男性化的角色任務 (如軍事任務) 中，男性領導者的效率較高。女性領導者則在教育和社會服務組織中可能占優勢。也就是說，領導角色與領導者性別相符合時會提高領導的有效性 (Eagly, Karau & Makhijani, 1995)。這也許是性別角色刻板印象所致。在現實生活中最高層次的國家領導人，女性卻是很少

補充討論 15-3

世界上女總統、女總理知多少？

目前世界上有 180 多個國家，然而女性擔任總統或總理者乃鳳毛麟角。截至 1993 年 6 月，世界上僅有 7 位女總統：

阿根廷前總統　瑪麗婭・德庇隆 (1974.7～1976.3)

玻利維亞前總統　莉迪亞・蓋萊爾 (1979.11～1980.7)

冰島總統　比格基斯・芬柏加德齊爾 (1980.8～　)

聖馬力諾前執政官　瑪麗亞・佩迪尼・安朱莉尼 (1981.3～1981.11)

菲律賓前總統　科拉松・阿基諾 (1986.2～1992.6)

尼加拉瓜總統　比奧萊塔・查莫羅 (1990.4～　)

愛爾蘭總統　瑪麗・魯濱遜 (1990.12～　)

截止 1993 年 6 月，世界上僅有 16 位女總理：

斯里蘭卡前總理　西麗瑪沃・班達拉奈克 (1960.7～1965.3；1970.5～1977.7)

印度前總理　英迪拉・甘地 (1966.1～1977.3；1980.1～1984.10)

以色列前總理　果爾達・梅厄 (1968.3～1974.4)

中非前總理　伊麗莎白・多米蒂昂 (1974.2～1976.9)

英國前首相　瑪格麗特・撒切爾 (1979.5～1990.11)

葡萄牙前總理　瑪麗亞・德盧爾德斯・平塔西爾戈 (1979.7～1980.1)

多米尼加總理　瑪麗・尤金妮亞・查爾斯 (1980.7～　)

挪威首相　格羅・哈萊姆・布倫特蘭 (1981.2～1981.9；1986.5～1989.9；1990.11～　)

南斯拉夫前總理　米爾卡・普拉任茨 (1982.5～1986.5)

巴基斯坦前總理　貝娜齊爾・布托 (1988.12～1990.8)

立陶宛前總理　卡濟梅達・普倫斯克涅 (1990.3～1991.1)

孟加拉總理　卡莉達・齊亞 (1991.3～　)

法國前總理　埃迪特・克勒松 (1991.5～1992.4)

波蘭前總理　漢娜・蘇堆茨卡 (1992.7～1993.5)

土耳其總理　坦蘇・奇萊爾 (1993.6～　)

加拿大總理　金・坎貝爾 (1993.6～　)

分析家認為，女總統、女總理相繼出現的背景在於 60 年代中期興起的婦女解放運動。90 年代以前的女總統、女總理大多是繼承父親或丈夫的事業，如阿基諾、班達拉奈克、甘地等。90 年代以後，則趨向以本人的實力和才幹當選總統、總理。這些活躍在政壇的女性領導人受過高等教育，學識淵博，經驗豐富，並且富有自強精神，她們在國家管理和國際交往中充分顯示了女性的領導能力。

的 (見補充討論 15-3)。

在現實生活中，女性擔任領導者的人數之所以少，她們的領導才能之所以沒有得到充分的發揮，除了政治、經濟、文化、社會和家庭的因素外，從心理上看，人們對領導角色的期望是男性化的，而與女性的刻板印象是相悖的。吳諒諒 (1994) 參照貝姆的性別角色調查表編製出"角色期望測定表"對人們的角色期望做過調查。結果顯示：無論領導者是男或是女，人們對領導的角色期望都表現出強烈的男性特徵；如果以男性氣質和女性氣質的兩維為構架，人們對男性領導者的工作角色和生活角色的期望，差距甚小，均為男性氣質特徵；而對女性領導者的工作角色和生活角色的期望則分別趨向於不同的性別特徵——工作角色為男性氣質特徵，生活角色為女性氣質特徵。而女性自己對領導角色之期望也有此種傾向。

七、認知方式

有一些人認為，男女在能力上的差異是由於**認知方式** (或**認知類型**) (cognitive style) 不同所致，即男性與女性在獲得同樣的訊息時會以不同的方式來進行處理。古特曼 (Gutmann, 1970) 就認為，在面對問題時，男性常對問題採取分析的態度，解決多於認同；而女性則難以把自己與問題分開，常模仿他人解決問題的方式。這種認知方式稱為**分析考量型** (analytical conceptualizing style) 對**囫圇吞棗型** (nonanalytical conceptualizing style)。嵌鑲圖形測驗和棒框測驗 (參見補充討論 6-2) 的研究表明，女性的認知方式屬於**場依存型 (或場地依賴型)** (field dependent style)，而男性則屬於**場獨立型 (或場地獨立型)** (field independent style) (Witkin, Dyk, Faterson, Goodenough & Karp, 1962)；但是在 17 歲之前，性別差異並不清楚，過了此年齡之後性別差異才顯著表現出來。

不過，大多數顯示男性比女性較具分析性的研究，都是以視覺空間作業為依據的，因此如果依此便認為在分析作業上男性優於女性，那可能會犯錯誤。有研究表明，如果排除了空間能力的差異，棒框測驗的結果就不存在明顯的性別差異。此外，排除了空間能力上的差異之後，算術推演中的性別差異也消失了 (范志強等譯，1986)。這些矛盾的研究結果使我們很難判斷在認知方式上是否真正存在著性別差異。

補充討論 15-4

西方性別差異研究簡史

在西方心理學家中最早對男女兩性心理特質差異進行較全面研究的是湯普森 (Thompson, 1903)。在西方，性別差異的研究至今已有一百多年的歷史，從研究的重點來看大致可劃分為六個時期：

第一個時期 (1894～1936)，從埃利斯 (Ellis, 1894) 出版《男性和女性》一書開始到推孟和邁爾斯 (Terman & Miles, 1936) 的《性別與人格》一書的出版為止。這一時期研究的重點是用測驗來檢驗男性在智力上是否優於女性。多數的研究結果表明兩性在一般智力上無顯著差異。

第二個時期 (1936～1954)，最主要的發展是提出了兩個獨立維度的人格特質：男性氣質和女性氣質。自推孟和邁爾斯 (Terman & Miles, 1936) 介紹了用自陳測驗對男性氣質和女性氣質的測量之後，男性氣質-女性氣質量表成為多項人格問卷的標準組成部分。此時還對特殊智力 (如數學能力) 和非智力品質的性別差異進行了研究，但當時心理學家的主流是發現人類行為的一般規律，在研究中多採用同一性別的被試為樣本，有忽略女性的傾向。推孟和泰勒 (Terman & Tyler, 1954) 在《兒童心理學手册》中用一章篇幅來討論"性別差異"，可以以此作為該時期的結束。

第三個時期 (1954～1966)，主要研究性別角色的發展，性別角色認定，以及兒童如何實現性別角色認定等問題。男性氣質-女性氣質的測量仍很盛行，忽略性別 (特別是女性) 的現象依然存在。

第四個時期 (1966～1974)，麥科比 (Maccoby, 1966) 的《性別差異的發展》一書的出版，是該時期的主要成就。此書詳細地介紹了性別角色認同的認知發展理論和社會學習理論以及行為上的性別差異。隨著二十世紀 60 年代婦女解放運動的興起，歧視婦女的各種傳統觀念受到衝擊，人們開始重視有關婦女心理的研究，並從理論上分析造成性別差異的原因。

第五個時期 (1974～1982)，貝姆 (Bem, 1974) 提出了男女兼具型的概念，並編製量表進行測量。1974 年麥科比和杰克林 (Maccoby & Jacklin, 1974) 出版了性別差異的經典性著作《性別差異心理學》。此書從性別差異的 1600 多項研究中歸納出兩性在四個方面存在的差異：即語言能力，女性優於男性；空間能力，男性優於女性；數學能力，男性優於女性；男性比女性更具攻擊性。當時的研究還認為，兩性在觸覺感受性、焦慮、活動水平、競爭性、助人行為上都存在差異。後來，有許多心理學家對這些結論提出了質疑。

第六個時期 (1982～至今)，謝里夫 (Sherif, 1982) 在其〈性別認同研究中必需的概念〉一文中，提出將性別作為社會範疇來考慮，把 sex 和 gender 作了區分，認為**性** (sex) 是一個生物學的概念，而**性別** (gender) 則是一個具有社會標準的社會心理範疇。這一時期強調社會文化因素對性別差異的影響，主要傾向是承認兩性之間的差異是社會化的結果。在研究方法上的主要進展是應用**元分析技術**，並對性別差異研究的方法學問題提出了質疑。目前這些問題均在探討之中。

第四節　性別定型的理論解釋

性別定型 (sex typing) 可以從社會歷史發展的角度進行探討，也可以從個體發展角度進行探討。心理學家是從個體發展的角度探討性別定型問題的。在探討性別差異及其原因時，不同歷史時期的心理學家研究的側重點不同 (參見補充討論 15-4)。迄今為止對性別角色形成解釋仍有各種不同的觀點，看來一時難以取得一致。

一、生物學取向的解釋

早在 1905 年弗洛伊德提出讓其揚名四海的“戀母情結”理論，即是以身體構造為定論的極端生物學取向。他認為性別定型是由兩性間的解剖結構決定的。基因、激素、性別的解剖結構都被視為個人最終的性別角色認定的主要因素。但這方面的證據如何？讓我們來看一看有關的研究。

(一) 嬰兒期的差異

要確定生物因素在性別差異中的作用，只有在嬰兒尚未接受性別角色刻板印象的系統訓練之前進行研究。人們發現，初生嬰兒的大多數行為是類似的，看不出性別差異。女嬰發聲比男嬰多，她們比男嬰笑得較多，對面部刺激的反應也較豐富。摩斯 (Moss, 1967) 測量了三週和三個月的嬰兒的 12 項行為，發現男嬰愛吵鬧、易激怒、常常醒著，而女嬰睡覺較多。這些差異可能是他 (或她) 們將來社會化傾向上性別差異的生物學基礎。

雖然在文化影響之前，研究嬰兒的性別差異看來是合乎邏輯的，但實際做起來卻不容易。首先，嬰兒的新生行為是極不穩定的。例如，一些發聲可能某一天出現，而在第二天卻不出現，因此，要想得到聲音的適當指標來評估此行為的性別差異便相當困難。第二，難以確定嬰兒行為的日後轉變。例如，嬰兒的哭聲大，並不預示日後就是歌唱家。我們也不能以推論嬰兒智力水平所憑藉的行為來推斷其日後成人的智力。第三，許多研究者事先知道嬰兒的性別，容易不自覺地把性別刻板印象滲入到他們觀察到的行為之中。例如，在女嬰身上看到的交際性，在男嬰身上則可能被認為是攻擊性。第四，並非所有的性別差異都會在嬰兒期出現。例如，兩性性行為上的差異就與青春期激素的變化密切相關，攻擊、關心照顧等的差異也可能與青春期直接有關。到了青春期，想把行為的生物因素與學習、社會化經驗等區分出來便十分困難。基於上述原因，嬰兒性別差異的研究對於回答成人行為性別差異的生物學根源，並未能提供明確的啟示。我們對嬰兒行為的性別解釋務必持小心謹慎的態度。

(二) 動物的例證

大量的證據表明，動物的性激素會影響其行為，特別是性行為。雄性動物的性反應與高水平的**雄激素** (androgen) 和**睪固酮** (testosterone) 密切相關，而雌性動物的性行為與大量的**雌激素** (estrogen)、**孕酮** (**或黃體激素**) (progesterone) 和**催乳素** (**或泌乳激素**) (prolactin) 密切相關。在實驗條件下改變激素水平或改變年幼動物激素的分泌量都會明顯地影響其性行為。例如，對幼雌鼠出生後立即注射雄激素，日後會表現出較多的爬背行為 (即雄性動物的交配行為)。改變幼鼠的激素水平本質上會直接影響其日後的性行為。又如，給出生後不滿一月的雌性羅猴注入雄激素會使它們表現出原為雄性動物特徵的攻擊行為。雖然雄激素影響攻擊和性行為顯而易見，但如果把這些結果應用於人類，則將存在著問題。因為進化程度愈高，激素對行為的直接影響愈小，而學習經驗的影響則愈大。

(三) 人類的某些例證

在正常情況下，男性和女性在身體上的差異是顯而易見的，但有時也使人難以區分。一個外部生殖器與染色體性別不一致的人，例如，擁有男性生殖器的新生兒內部卻有女性性器官，這樣的人是屬於男性還是女性？這裏的關鍵也許在於如何對其養育的過程。

例如，有時由於胚胎期腎上腺皮質過分活動，不分泌**皮質醇** (cortisol) 而是從胚胎開始就分泌雄激素，結果，一個具有雌性染色體的胎兒在出生時外生殖器長成了男性的樣子，而被誤認為男嬰，並作為男孩來養育。以後她的行為就會像男孩，而且希望長大成為男人。這樣的人雖有 XX 染色體，但在性別的自覺和行為上都是男性，如進行激烈的室外活動，表現像個頑皮的男孩，不愛玩布娃娃，不喜歡扮演做母親的遊戲。如果在三或四歲之前，父母發現了這種錯誤，改變了對其性別認定，重新當作女兒養育，是比較容易使她獲得女性化人格的。超過此年齡，人格上的改變就很困難。不過有的時候，長到成人也能轉變。這可能是由於這種人對於他 (或她) 的真實性別抱著長期的隱諱態度，早已意識到他 (或她) 自己在改變之前是假扮的。

雖然過去很多人曾認為社會文化教養能支配生物因素，但後來某些研究發現這一觀點似須重新評價。有研究指出，如果一個具有 XX 染色體的個體從胚胎發育起一直到青春期都受到高水平的雄性激素的影響，就能夠勝過青春期以前所一直接受的女兒化教育的影響，將終身是一個有 XX 染色體的假男人 (Money & Ehrhardt, 1972)。

有人曾在多米尼加共和國鄉間發現因缺乏一種酶而外生殖器發育嚴重落後的 38 個男孩 (XY 型的) (McGinley et al., 1979)。他們的內生殖器是男性的，外生殖器介於男女之間。其中 18 個孩子被當作女孩來養育。在青春期這 18 個孩子中有 17 個不僅外生殖器發育成男性的樣子，而且他們的性別意識也改變了，並對女性發生了興趣。此報告的引人注目之處是，它和上面提到過的在三或四歲之後性別的自覺就不能改變的結論相矛盾。這可能是由於在美國研究過的大多數的情況不只是教養原因，他們還接受過外科手術和激素治療。即按照被誤認的性別，給他們切除了性腺和使用了雌激素。多米尼加的這些兒童雖然受到反對改變性別的社會壓力，但並未做外科手術和激素治療。所以當這些被誤認為女孩的兒童到了青春期在其雄激素的作用下，乳房没有長大，身體長成了男性的樣子，他們就自覺地改變了自己的性別認定。看來，產前或產後的性激素水平能影響生殖器官的發展，也能影響人格的發展。但是社會文化對人格的發展也不可忽視。在性別角色形成過程中，性激素和社會文化如何交互作用乃是一個需要研究的問題 (邵郊，1987)。

還有一個證據是，大腦兩側化的發展：大腦分左右半球，右半球主司空間視知覺能力，左半球則主司語文能力，分極發展的結果通常是使得左半球占優勢 (右利手者)。有些研究認為，分極發展的結果使得女孩在語文作業上表現較佳，男孩則在空間作業上較優秀。這是由於男性成熟比女性緩慢，而較強的大腦單側化則是與緩慢的成熟相聯繫，於是造成了男性空間能力占

優勢 (傅世俠等譯，1992)。但是也並不是所有的學者都贊同男性分極發展較遲的說法 (Maccoby & Jacklin, 1974)。有關語文能力與空間能力的性別差異源於大腦兩極化發展的研究，迄今仍在探討之中。

二、認同理論的解釋

在第三章和第十三章中，我們已經討論過認同或認同作用。這是弗洛伊德理論中的一個術語。雖然對於認同的一般理論，很少有一致的研究結果支持。但是該理論迄今在人格領域中仍扮演著重要的角色，許多人仍用它來解釋性別角色的形成。

(一) 精神分析

弗洛伊德認為，男性與女性的不同認同過程是由生物因素決定的。原因很簡單：男孩有陰莖而女孩卻沒有。當孩子發現了這一事實時便引發了不同的認同機制。但在他 (或她) 發現這一生理結構不同之前，自初生開始到三歲左右，因為餵養、撫愛、保護孩子的大多是母親，所以無論男孩和女孩都會對其母親形成**依賴性認同** (anaclitic identification)。正因為如此，當他 (或她) 想起母親時便覺得舒服。為了盡可能接近母親，孩子會採取母親的一些特徵、態度和價值觀，以避免可能失去其母親。但到了戀母情結階段，孩子逐漸意識到身體構造上的差異，這時情況便發生了變化。男孩渴望得到他的母親但又懼怕父親。他開始明白如果他不接受父親的警告，停止與其父競爭母親的愛的話，就會遭到閹割。當他發現女孩沒有陰莖時，他的這種想法就變成了真正的恐懼。於是他認為女孩“壞”因而才失去了陰莖。為了避免此種慘局，男孩開始對其父親的認同。此種認同是防禦性的，故稱之為**防禦性認同** (或**防衛性認同**) (defensive identification)。而女孩的情況則不同，她沒有陰莖，因而不懼怕被閹割。但這時她也注意到了這一缺陷，結果便產生了自卑感，認為女性不如男性，並羨嫉男性及其陰莖。女孩認為生一個孩子將可以彌補此種缺陷。此種願望強化了她接受女性的性別角色，增強了她對母親的依賴性認同，於是便日益長得像其母親。總之，在弗洛伊德看來，男孩接受男性角色是出自防禦性認同。他認同攻擊者的父親，以逃避報復，同時也能像父親的替身一樣享受母親的愛情。反之，女孩則無需採取防禦性認同，並繼續維持其依賴性認同和自卑的自我形象。這就是弗洛伊德對性別定型的解釋。

(二) 學　習

認同也是個體行為社會化的過程。小男孩會學著像其父一樣喜歡運動，喜歡採取行動來影響外界，成為喜歡發號施令的主動者。小女孩也會學著像其母親那樣喜歡彈鋼琴、做家務，學得像其母那樣的家庭主婦的角色而不是職業婦女的角色。如果她選擇了職業婦女角色，則會因依賴性認同而有負罪感。由於認同作用是學習的媒介，每一個孩子學習的特殊性便可以從他（或她）的認同中作出預測。因此，根據認同理論，環境在塑造性別角色的發展上並不太重要，重要的是認同機制。由於個人認同機制的特殊性，孩子們就會有一種渴望像其父或其母的內在欲望，而不會隨意地對環境中的任何刺激都作出反應，而是有動機地選擇環境的特殊方面進行反應，也不會因任何強化而受到塑造。這些反應與認同作用（女孩對女性的認同或依賴性認同、男孩對男性的認同或防禦性認同）是相一致的。這樣，孩子與其同性別的父母便產生了情感聯繫，產生了角色認同。這是用認同理論來解釋性別定型的另一種取向。

孩子的認同作用受許多因素的影響。例如，和藹親切的人要比其他人容易被孩子認同。成人控制孩子環境的權力也影響認同作用。在母權占優勢的家庭中，女孩認同母親為主要的認同對象。孩子對自身和所模仿的榜樣之間的類似性也影響著認同作用。個子高大又像父親的女孩對其嬌小母親會產生認同困難。一般說來，孩子對其和藹能幹的父母都會產生某種程度的認同，但男孩和女孩的主要認同對象是其同性別的父母。許多學者認為，孩子的認同基礎並不是陰莖，而是父母的地位、父母的反應以及孩子本人對父母反應的內化程度。

三、社會學習論的解釋

在社會學習論中，人常常被描述為：(1) 直接從通過對他人行為及其後果的間接觀察所獲得的經驗中進行學習；(2) 具有卓越的認知能力；(3) 能夠創造出自我調節的力量。通過對他人行為的觀察，或直接通過經驗，是可以習得新的行為模式的。因此，在社會學習論看來，性別定型無需借助於像認同作用之類的中介概念，只要採用強化、觀察學習、模仿、預期等概念就可以解釋得清楚。

(一) 强 化

根據社會學習論的觀點，典型的性別行為的習得決定於**強化** (reinforcement)。男孩和女孩在很小開始從穿衣 (如男孩穿藍色，女孩穿粉紅色)、玩玩具 (如男孩玩手槍，女孩玩洋娃娃)、幫助做家務事 (如男孩幫助父親修理窗户，女孩幫助母親洗碗掃地) 的稱讚中逐漸形成了同性別的角色行為。而如果男孩穿粉紅色的衣服，女孩子爬樹玩手槍則可能不被傳統所認可，引起他人的譏笑及父母的不高興和訓斥，因而也就消退了男孩和女孩對異性角色的學習。

既然強化是典型性別行為習得的決定性因素，因此在社會學習論者的觀點看來，性別定型並不局限於親子互動領域。兒童不只是從同性別的雙親那裏學習到典型的性別行為，他 (或她) 還從同伴、老師、電視電影等方面進行學習。當然，父母在此種學習中會產生重要的作用，因為他們控制著孩子的生活，並與孩子的接觸機會多。但是，父母並不是孩子性別角色學習的唯一來源。

某種特殊性別角色行為只要受到重復的強化，個人就能學會此種行為。當今社會上，女性參與傳統的男性活動 (如舉重、摔跤、相撲、駕駛卡車、擔任警察工作等) 並以此為榮的原因，就是由於社會對女性在這方面的成就給予強化的結果。此類例子也表明從社會學習的觀點看來，性別角色學習不是個人早期銘刻的東西，也不是一成不變的東西。性別角色行為會隨著環境獎賞的變化而變化。例如，一個過去足不出户的老年婦女在周圍人們的鼓勵和支持下改變舊時裝束，參加了老年迪斯可舞蹈的行列。這就是社會強化的結果。

隨著社會強化的變化，人們的性別角色觀念也在改變。在一項研究 (Dambrot, Papp & Whitmore, 1984) 中要求女大學生、她們的母親和祖母回答一份關於性別角色的問卷。結果是女大學生最具自由思想、最隨便，祖母自由思想最少，母親介居其中。雖然什麼是典型的性別行為在變化，但強化的角色並沒有變。

(二) 模 仿

模仿 (modeling) 是性別角色學習中一個重要環節。在麥科比和威爾遜研究 (Maccoby & Wilson, 1975) 中，讓七年級的孩子看兩段影片。一個片子表現兩名男孩；另一個片子是兩名成年男女的互動情形。一週以後，要求所有的被試回憶所看過的內容。結果顯示，男女被試都較認同同性別的主角，並對同性別角色的動作和言語記憶得較多。他們的記憶與自己的性別有聯繫，男孩記得攻擊內容較多，女孩記得男女互動的內容較多，表明男孩和女孩注意的選擇性有差異。關於這個問題，班杜拉還說過：

> 一般說來，一位男性攻擊的角色與另一位表現出同樣行爲的女性角色相比，前者所具有的激發攻擊行爲的刺激程度比後者要大得多。事實上，對於在現實生活中見到過男性攻擊角色的男孩來說，這樣一種攻擊角色的影響往往是十分明顯和巨大的。雖然，對於誘發模仿反應來說，男女兩性角色的相對效果，部分地同該行爲所作的性別刻板印象的程度具有函數關係。(Bandura, 1962, p.227)

在童年期以後，兒童有了更多的機會與同性別的同齡人、父母和其他成人交往。如果他 (或她) 學習到同性別的角色行為而受到獎賞，那麼他就更男性化或女性化。社會學習理論還認為，強化效果是以認知為中介的。男孩和女孩對自己的性別有些了解之後，就會對自己認為合適的性別角色行為進行有選擇的學習了。

(三) 預 期

預期 (anticipation) 是社會學習論中的一個重要概念。這一認知變量使性別刻板印象成為自己創造自己的現實。一個把性別刻板印象當作真理的人，他 (或她) 就會去發展與他 (或她) 的性別相適合的品質。倘若人們一遍又一遍地告訴孩子女孩愛撒嬌、服從、依賴、感情豐實、柔弱、有教養、愛交際和語言能力強，而男孩則沒有；如果女孩相信它，就會使這種刻板印象變成自己的現實。同樣地，倘若人們一遍又一遍地告訴孩子在數理和科技方面女孩沒有專長，而男孩則有；如果男孩相信它，就會使這種刻板印象變為自己的現實。事實上，生活中老師、父母和同學也都在不斷地鼓勵女孩們在“女孩”品質上的好表現，而不表揚她們在“男孩”品質上的好表現；不斷地鼓勵男孩們在“男孩”品質上的好表現，而不表揚他們在“女孩”品質上的好表現，這樣不斷的強化，最後預期也就變成了現實。

四、認知論的解釋

根據認知理論，個人的性別定型是認知發展的結果。一般說來，幼兒從 2 歲到 7 歲左右是**性別恆定性** (gender constancy) 觀念的形成時期。兒童性別恆定性觀念的形成分為三個階段：(1) **性別認定 (或性別認同)** (gender identity)：個體開始了解自己是男還是女，同時也開始知道別人是男還是女；(2) **性別固定** (gender stability)：個體了解到自己的身體所決定的性別是固定的，以後是不會改變的；(3) **性別一致性** (gender consistency)：個體不僅了解自己的性別，並且在心理上也接納自己的性別，以自己身體性別認同的自我形象去扮演性別角色。正如柯爾伯格所說的：“我是個男孩，所以我想做男孩做的事 (並由此而獲得讚許)”(Kohlberg, 1966, p. 89)，即顯示出追求性別一致性的欲望。兒童對自己的身體性別的認定做出早期判斷之後，就會努力使自己的價值觀和行為來符合他 (或她) 的身體特徵，並明顯地在選擇性注意和性別圖式上表現出來。

(一) 選擇性注意

男孩和女孩對於周圍環境中與性別有關的事物的**選擇性注意** (selective attention) 確實是有所不同的。剛才提到的麥科比和威爾遜 (Maccoby & Wilson, 1975) 的研究是一個例子。與此相類似，佩里的研究 (Perry & Perry, 1975) 顯示；當孩子觀看一對成人男女之間互動的一個影片後，有男孩取向的孩子 (不論男女) 對男主角的記憶要比對女主角的記憶多。孩子尋求與自身性別認知相一致的行為方式，還可以用哈特普等人 (Hartup, More & Sager, 1963) 的研究來加以說明。他們發現男孩特別反對玩“女孩化”的玩具，這種反對的強度隨著年齡而增加，而在女孩方面卻未發現此種現象。這很可能與許多父母容忍其女兒爬樹或踢足球，但強烈反對兒子玩布娃娃之類女孩化遊戲的態度有關。

(二)　性別圖式

性別圖式或性別基模是貝姆 (Bem, 1981) 提出的一個概念。她認為，除了學習與該文化的男性和女性相符合的特定觀念和行為之外，兒童也學習按照**性別圖式 (或性別基模)** (gender schema) 去覺知和組織不同類型的訊息。按照貝姆的理論，性別定型者比非性別定型者更經常地運用性別圖式。在一項實驗中，先以自陳量表將被試區分為性別定型者和非性別定型者 (如男女兼具型者)，然後再向被試呈現一個詞彙表，要求被試以任何一種順序盡可能多地回憶出剛才記過的詞彙。這個詞彙表包括專有名詞、動物名詞、動詞和衣物名詞。半數專有名詞是男性的，半數是女性的。而其他每個類別的 1/3 詞彙為陽性的 (如"大猩猩"、"投擲"、"長褲")，1/3 為陰性的 (如"蝴蝶"、"羞愧"、"比基尼")，1/3 為中性的 (如"螞蟻"、"走步"、"毛衣")。結果顯示，性別定型者要比非性別定型者表現出按性別圖式記憶詞彙的特點。例如，一個性別定型者一旦記起了雌性動物"蝴蝶"，他或她就更可能隨後回憶起如"比基尼"這樣的陰性詞彙；而非性別定型者則更可能以另一個動物名詞跟在"蝴蝶"之後。這表明性別定型者很可能是使用性別圖式來編碼和提取訊息的 (Bem, 1981)。此外，如果個人的性別圖式是高度分化的，那麼他 (或她) 就會根據自我實現的傾向，在人格和行為上面表現出性別刻板印象。如果個人的性別圖式是未分化的，那麼他 (或她) 將在人格和行為没有性別刻板印象，如男女兼具型者。因此，性別角色形成也就是個體通過學習而形成性別圖式的過程。

性別圖式是一個假設性的概念，它是如何形成的？目前正在研究之中。不過從易性癖患者的例子中，我們似乎可以看出性別圖式的概念是有事實依據的 (見補充討論 15-5)。

五、社會研究取向的解釋

社會研究取向把性別角色完全看作是社會化的結果。其基本的觀點是，個體的性別角色意識的內容表現在社會行為中，並且是由社會原因促成的，如圖 15-2 所示 (Ashmore, 1990)。個體性別角色意識的內容包含三個基本方面：即性別認定，性別信念和性別態度。**性別認定**是指個人對自身性別身

補充討論 15-5

易性癖——一種性別認定障礙症

易性癖 (或換性症) (transsexualism) 是一種性別認定障礙症。患者的一般症狀是，在性別角色上有嚴重的心理衝突，不願扮演與其生理性別有關的角色，不願穿著適合於生理性別的服裝，頑固地堅持要改變自己的生理性別。易性癖患者的問題源於幼年期形成的性別圖式。從下面的兩個例子中可以看出性別認定障礙所造成的心理困擾是多麼的嚴重。

據劉連沛 (1995) 報導，有一女性患者，26 歲，烏魯木齊市人，未婚，技校畢業，木工。其母懷孕初期即認定胎兒為男孩並與鄰居訂了"娃娃親"，出生後一直留光頭，穿男孩衣裝，按男孩方式撫養。從小就好與男孩同娛，頑皮，搗蛋，喜當"孩子頭"。9 歲開始想變為男性，像男孩一樣站著小便。12 歲時在父母反復勸說下只穿過一天裙子。15 歲時產生欲通過手術改變性別的想法，曾想赴國外做變性手術。17 歲時看到自己的乳房時覺得"看到這兩團肉就討厭，真想用刀挖掉"。平素對異性既無好感也不產生性興奮。22 歲後的四年中，有時與一未婚女青年共眠並撫摸、指姦對方且伴有性快感。多年來一直尋找與搜集有關變性手術的報導和資料，並為進行手術準備了充足的資金。因一直未能如願而煩躁、不安、焦慮和憂鬱，曾割腕自殺未遂，決心"不能變性，寧肯去死"。否認手淫、異性戀和性創傷史。患者父母親均為維吾爾族，姐妹 6 人；她排行第四，無兄弟。無同類病遺傳家庭史。17 歲月經初潮，周期正常。女性第二性徵發育良好，正常女性外陰。留男式短髮，著男式服裝，不戴胸罩。言談舉止行為和吸烟動作均呈男性特徵。外周血染色體核型 G 帶分析為 46XX，數目和結構均正常。患者在門診接受心理、行為矯正治療，並服用氯硝安定 7.5 月，未獲療效。因變性之事，多年來承受著親人、同事的巨大精神壓力，並對手術後果和輿論有充分的心理準備，絕不後悔。家長迫於女兒的決心，對變性已無異議。

* * * * *

從小時候起，詹姆士・莫里斯一直認為自己生錯了身體。在度過一個表面上看似正常的少年時代之後，他來到牛津，參了軍，成為一名記者。以後十年中，他是《泰晤士報》、《衛報》和阿拉伯新聞社的駐外記者，報導過英國登山隊攀登珠穆朗瑪峰的事件，寫過 10 本書，結婚後有 5 個孩子。但在整個職業生涯和充當父親角色的日子裡，他一直深受自己生錯了身體的觀念和男性世界緊張生活的折磨。當他的抑鬱日益發展時，在他妻子支持下，他決定改變身體的性別，以便使自己的身體特徵與自己的性別認定相符合。經過長達 8 年的性激素治療，他逐漸變得女性化。在 1972 年，莫里斯作了生殖器官的外科手術，徹底完成了從男性到女性的轉變 (Broom, Selznick & Darroch, 1981)。

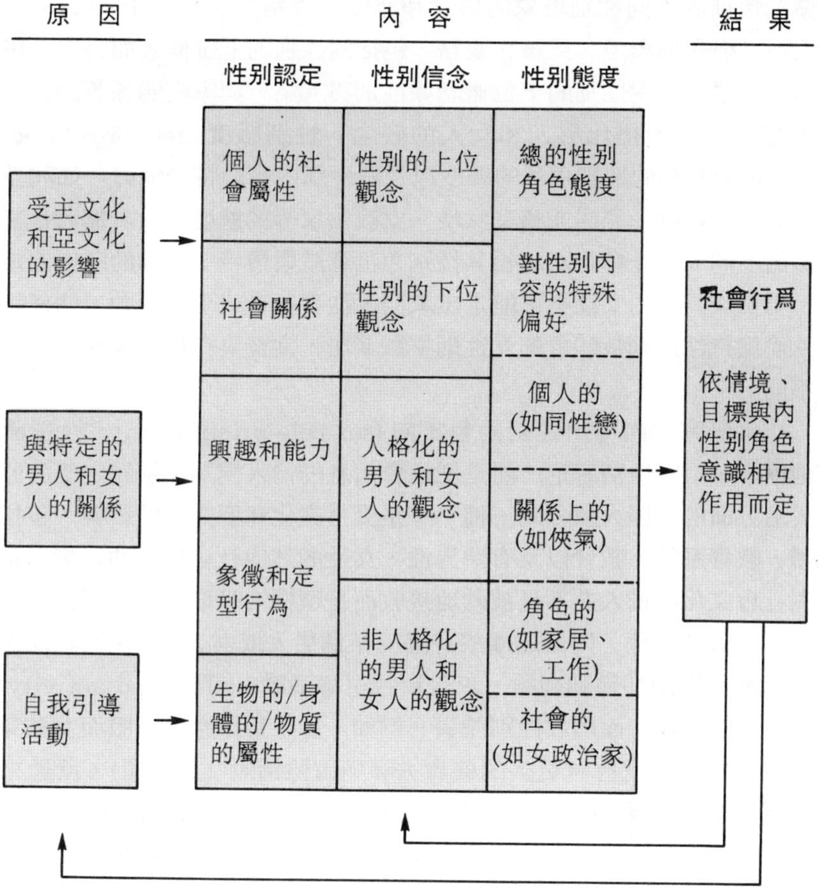

圖 15-2　個人性別角色起源的一種社會取向解釋
(採自 Ashmore, 1990)

分的一整套構念，一般人都認識到自己的性別身分，如男子認識到自己的男性身分，女子認識到自己的女性身分。性別認定主要包含五個方面的內容：即對生物的/身體的/物質的屬性 (如身體、頭髮、體毛、皮膚、服飾等) 的認定，對象徵和定型的行為 (如言語、非言語、體態舉止及其他符號等) 的認定，對興趣與能力 (如性別不同兒童對玩具的偏好、成人對工作和業餘活動的偏好) 的認定，對社會關係以及個人的社會屬性 (如男人和女人對不同社會關係的感受方面以及個人的社會屬性的重要性) 的認定。個體性別角色意識還包括對不同性別現象的信念和態度。**性別信念** (gender belief) 是個體對性別現象的思考、見解和觀點，包括對性別的上位概念如公平、民主、自由等的觀念，對性別的下位概念如性別與就業、與家庭關係等的觀念以及對人格化和非人格化男人和女人的觀念。**性別態度** (gender-related attitude) 包括對總的性別角色的態度以及對性別內容的特殊偏好，如同性戀、女性的俠義精神、家居或職業女性、女政治家等的態度。由於個體性別角色意識的不同，其社會行為將視其性別角色意識與情境、目標的關係而定。例如，男女兼具型的女性更可能走出家門，從事社會或學術活動，擔任領導職務；而堅持性別刻板印象的女性則喜歡家居，當賢妻良母，反映出社會行為的不同。

社會研究取向不用**性別角色定向** (sex-role orientation)、性別圖式或其他構念來解釋性別認定，而是把社會信息的輸入視為性別認定等的原因。關於這方面的原因大致分為三種：一是受主文化和亞文化的影響，包括大衆媒體、教育系統、教會以及有關男性、女性的其他社會信息的影響。當然個體對社會文化的輸入並不是被動地接收而是積極地吸取。二是同特定的某個男人和女人的關係，即通過觀察身邊的某個男人或女人 (如父母) 從而學到有關性和性別的知識和經驗。三是**自我引導活動**(self-guided activity)，即通過個人的"做"而形成性別差異。例如，如果男孩穿牛仔服而女孩穿的是裙子，那麼男孩就會有更多的機會去參與冒險活動 (如爬樹)，反過來又促使男性在與周圍環境的交互作用中更具冒險性。因此，從社會研究取向的觀點看來，性別角色的形成是個體受周圍主文化和亞文化的影響、與特定的男人和女人的關係以及自我引導活動等多種社會因素交互作用的結果。至於如何交互作用，目前尚在研究之中。

因此，總的來說，性別定型 (或性別角色形成) 乃是個體的生物因素、社會因素和心理因素 (認同、強化、模仿、預期、性別圖式等) 交互作用的結果。

本章摘要

1. **性別角色刻板印象**是指人們對男性和女性在行為、人格特徵等方面的期望、要求和一般看法。性別刻板印象不僅是對男性和女性特質的一種區別，而且被賦予不同的價值：對男性的刻板印象評價較高、是成熟的，而對女性的刻板印象評價較低、是孩子氣的。
2. 性別角色刻板印象是一種社會的普遍現象，始於嬰兒期且持續終生，甚至心理衛生專家也不例外，根深蒂固，隨處可見。
3. 性別角色刻板印象會帶來某些後果，例如女性較可能將自身的成功歸因於運氣，把失敗歸咎於自己的能力差，部分女性甚至懼怕成功；即使女性也會對其他女性持負面的刻板印象。
4. **男女兼具型**是指既認同**男性氣質**也認同**女性氣質**，其所具有男性氣質和女性氣質大致相當的人。可以用貝姆性別角色調查表來測量一個人的男性氣質和女性氣質。男女兼具型者可能有較強的適應能力、心理發展較健康。
5. 早期的研究認為男性比女性有更大的身體和言語攻擊性。晚近的研究認為男性的攻擊大多給對方造成身體傷害，而女性的攻擊大多給對方造成心理上的傷害或人際關係上的損失。
6. 一般說來，男性較為**自信**，可能有些過於自信，而女性可能有些缺乏自信。但這一結論也是受一些具體條件限制的。
7. 一般認為男性比女性有較強的**支配性**，女性比男性有較強的**依賴性**。在利他行為方面，兩性的反應主要視具體的情境而定。女性一般比男性較具情緒性。
8. 在**語文能力**和**知覺速度**上，女性優於男性；在數學能力和空間能力上，男性優於女性。雖然兩性之間在這些方面有差異，但這種差異較小，而個體間的差異卻相當大。
9. 在**運動能力**方面，男性的體力操作優於女性，女性的靈敏度和精細動作優於男性，其間的個體差異較大。

10. 雖然當今世界各國的領導人，男性占絕對優勢。但實驗室的研究表明，女性和男性的**領導能力**不相上下，但領導風格卻似有不同。

11. 性別角色的起源有其生物學基礎。一些證據顯示，行為的性別差異 (如發聲、微笑) 早在嬰兒期就已出現。但這類研究方法上的缺陷，無法證明生物學因素即是性別角色形成的原因。激素對動物的性行為差異的影響很明顯，但不能用性激素來解釋性別角色的起源。

12. 對外部生殖器與染色體性別不相符合的人所做的研究顯示，早期的性別角色教養方式對個體性別角色形成具有奠基的意義。性激素與社會文化在性別角色形成的過程中如何交互作用乃是一個值得研究的問題。

13. 認同理論認為性別角色形成是個人在心理性發展過程中的**依賴性認同**和**防禦性認同**的結果。但幾乎沒有實證研究能支持弗洛伊德的認同理論。由於弗氏認同理論過於簡單化，有人對該理論做了重新解釋。

14. 社會學習論認為，性別角色形成是通過**觀察學習**、**模仿**和**強化**的結果。性別角色的學習，受社會文化的深刻影響，它不只是親子互動的結果，而是經歷畢生的過程。

15. 認知論認為，性別角色形成是認知發展的結果。兒童**性別恆定性**觀念的形成影響其**選擇性注意**。**性別圖式**影響著個人對性別訊息的處理。

16. 性別的社會研究取向認為，性別角色的形成是個人受周圍主文化和亞文化的影響，與特定的男人和女人的關係以及自我引導活動等多種社會因素交互作用的結果。

建議參考資料

1. 海　登、羅森伯格 (范志強等譯，1986)：婦女心理學。昆明市：雲南人民出版社。

2. 謝爾曼、登馬克 (高佳等譯，1987)：婦女心理學。北京市：中國婦女出版社。

3. Ashmore, R. D. (1990). Sex, gender, and the individual. In L.A. Pervin (Ed.), *Handbook of personality: Theory and reserch,* pp.486～526. New York: The Guilford Press.

4. Block, J. H. (1984). *Sex role identity and ego development*. San Francisco: Jossey-Bass.

5. Cool, E. P. (1985). *Psychology androgyny*. New York: Pergamon Press.

6. Hyde, J.S., & Linn, M. C. (Eds.) (1986). *The psychology of gender: Advances through meta-analysis*. Baltimore: Johns Hopkins University Press.

7. Maccoby, E. E., & Jacklin, C.N. (1974). *The psychology of sex differences*. Stanford, CA : Stanford University Press.

8. O'Leary, V., Unger, R., & Wallston, B. (Eds.) (1985). *Sex, gender and social psychology*. Hillsdale, NJ: Erlbaum.

9. Phares, E. J. (1990). *Introduction to personality* (3rd ed.). New York: Harper-Collins.

第十六章

人格與健康

本章內容細目

第一節　焦　慮

一、焦慮的概念　599
二、焦慮的分類　600
三、焦慮的測量　601
㈠ 顯性焦慮量表
㈡ 考試焦慮量表

第二節　壓　力

一、壓力的概念　604
二、主要的壓力源　605
㈠ 職業壓力
㈡ 家庭危機和緊張
㈢ 環境壓力

補充討論 16-1：隔離的危險

㈣ 災難性事件
三、對壓力的反應　609
㈠ 生理反應
㈡ 心理反應
㈢ 行為反應

補充討論 16-2：學得無助感

四、壓力抵抗者的人格特徵　614

第三節　應對與心身疾病

一、應　對　616
㈠ 應對的概念
㈡ 對焦慮和壓力的應對策略

補充討論 16-3：社會支持與健康

二、心身疾病　619

第四節　人格類型與疾病

一、A 型人格與冠心病　620
㈠ A 型人格的概念
㈡ A 型人格的測量
㈢ A 型人格與冠心病的關係
㈣ 導致冠心病的其他危險因素
二、C 型人格與癌症　626
㈠ C 型人格的概念
㈡ 易罹患癌症的心理社會因素

補充討論 16-4：心理免疫學與癌症

三、建立合理的生活方式　629

本章摘要

建議參考資料

人格與健康已成為當今時代的一個主要問題。科學技術進步改變了我們的生活方式，延長了人的壽命，形成了都市化的社會，同時也給我們的生活帶來更多的風險和不穩定。我們每一個人都面臨著各種選擇和競爭，體驗著種種焦慮。當今快節奏的社會給我們每一個人造成種種壓力，我們常常面臨著一種緊迫感，承受著在越來越短的時間裏完成越來越多的工作的沈重壓力。都市化社會所造成的擁擠、空氣和噪音的污染、能源短缺和日常煩心事，正日益頻繁地出現在我們的生活之中。面對這種種壓力，我們每一個人都發展形成了獨特的行為模式，同時也可能危及我們每一個人的健康。如果說以前對人類健康的威脅是饑餓、災荒和傳染病，那麼現在人類死亡和疾病的危害則主要來自他們自己的行為和生活方式。目前死亡率最高的是心臟病、癌症、車禍、意外事故、腦動脈疾病和自殺等。它們的發病和病情變化都與個人的行為因素相關，而這些危及健康的行為方式則是可以預防與矯正的。這樣也就促使健康心理學的形成和發展。**健康心理學** (health psychology) 是一門促進健康、防治疾病，探求病因，確定與健康和疾病有關的診斷和初期症狀，並提出衛生對策的新學科。

人格與健康這一主題涉及的內容很多。在本章中我們主要從人格動力的角度先討論焦慮和壓力對健康的影響，然後從人格類型的角度討論冠心病傾向人格即 **A 型人格**和癌症傾向人格即 **C 型人格**，最後討論生活方式對健康的意義。我們都希望過健康幸福的生活，本章的內容將有助於讀者達到此一目的。本章的主要內容是：

1. 焦慮及其種類和測量。
2. 壓力的種類和機體反應。
3. 如何調適焦慮和壓力。
4. 心身疾病的主要特點。
5. A 型人格與冠心病的關係。
6. C 型人格與癌症的關係。
7. 合理的生活方式對健康的意義。

第一節　焦　　慮

一、焦慮的概念

焦慮 (anxiety) 是個人對即將來臨的、可能會造成危險或威脅時所產生的緊張、不安、憂慮、煩惱等不愉快的複雜情緒狀態。焦慮與恐懼有密切的聯繫。焦慮是由對危險的預料或預感而誘發的。例如，看見令人顫慄的人，我們會感到害怕；想到要與令人顫慄的人見面，我們擔心將會有什麼事要發生。在戰爭中受到轟炸，我們會覺得恐懼，而在尚未遭到轟炸時，常常焦慮將有什麼事要發生。也就是說，危險的對象清晰地出現在眼前時，會產生恐懼；危險即將來臨而又朦朧不清時，會產生焦慮。因此，焦慮產生於危險不明確而又會來臨時，對危險所持的警戒態度，並伴隨有無助、不安、緊張、憂慮等心理狀態。

焦慮是對恐懼的恐懼，對擔憂的擔憂。它也是由威脅的預料或預感而誘發的。個人遭遇到的利害衝突、災難或災害，疾病困擾，升學、就業過程中面臨的威脅，競爭對手的挑戰等，只要個人預感到無助、欲加以避免或應對而又感到威脅時，就可能由複合的恐懼轉為焦慮。

焦慮是一種常見的心理現象，幾乎人人都有過焦慮的經驗。人們在考試前，即將登台表演或演講前，會見重要人物前，都常有焦慮情緒。因此，焦慮具有保護性意義，驅使個體採取應對策略或行動以改變自身的處境，但長時間的嚴重焦慮則表明適應不良而有害於身心健康。

焦慮是一種十分複雜的情緒狀態，伴隨有一系列的心理、生理和行為反應。這些反應包括：(1) 自我體驗方面的，如擔憂、即將來臨的危險感、緊張、注意困難、即刻瓦解感以及逃避和擺脱現狀的強烈願望。(2) 行為方面的，如逃避或迴避行為，言語異常、動作協調異常、解決複雜問題的過程異常等。(3) 軀體生理方面的，如**交感神經系統** (sympathetic system) 興奮導致血液內腎上腺素濃度增加、肝糖原分解、血壓升高、心率和呼吸變快或不規律、胸悶、骨骼肌緊張、手腳出汗、口乾，**副交感神經系統** (parasympathetic system) 症狀如胃腸功能異常、腹瀉、小便過多等。

二、焦慮的分類

焦慮可分為兩種：特質焦慮和狀態焦慮。**特質焦慮 (或特質性焦慮)** (trait anxiety) 是一種人格特徵，反映人們對緊張反應的頻率和強度上的顯著個別差異。如同把一個人視為"抑鬱的"、"內向的"或"神經質的"一樣，這是個人對焦慮的一種人格傾向或特質。**狀態焦慮 (或情境性焦慮)** (state anxiety) 是人們在特定情境下所產生的專門反應狀態。它是指一個人在什麼場合會產生焦慮。

最早對特質焦慮和狀態焦慮進行系統研究並強調其區分的是卡特爾和沙伊爾 (Cattell & Scheier, 1961)。稍後，斯皮爾伯格 (Spielberger, 1966) 在其《焦慮與行為》一書中詳細地闡述了狀態-特質焦慮理論。他將特質焦慮定義為一種習得的行為傾向，此種傾向使個人將許多客觀上不具威脅性的情境都知覺為有危險的情境，因而其反應與真正的危險不成比例。狀態焦慮則是一種暫時的情緒狀態，隨著時間的不同其強度和波動性也在變化。緊張和不安的情緒伴隨著**自主神經系統** (autonomic nervous system，簡稱 ANS) 而引發。每當認定某一情景具有威脅時，便會產生此種焦慮。

為了測量特質焦慮和狀態焦慮，斯皮爾伯格等 (Spielberger, Gorsuch & Lushene, 1970) 曾發展出一項稱為**狀態-特質焦慮量表** (State-Trait Anxiety Inventory，簡稱 STAI)。狀態-特質焦慮量表中的狀態焦慮量表有 20 個項目，是描述被試在某一時刻的感覺；例如，"我覺得很緊張"或"我很擔心"。而特質焦慮量表的項目如"對一些無關緊要的事我也常常感到煩惱"。特質焦慮量表是描述人們的一般感覺怎樣，被試對所有項目以四個等級選擇法作答。總的來說，特質焦慮量表是測量焦慮傾向的個別差異；在此量表上得分高的人對心理壓力會作出比狀態焦慮強度較高的反應，特別是如果此壓力情境涉及損害個人自尊之時。然而，任何人在知覺得到某種情境有威脅時，都會產生狀態焦慮。因此，把許多情境都視為有威脅的人，那就有特質焦慮。

狀態-特質焦慮量表有較高的信度和效度。其中特質焦慮量表的再測信度為 0.73～0.86，狀態焦慮的再測信度為 0.16～0.54。狀態-特質焦慮量表的一致性效度為 0.41～0.57 (Spielberger, Gorsuch & Lushene, 1970)。也就是說，狀態-特質焦慮量表似乎測量了其他量表稱之為具有特質焦慮這類心理現象。

三、焦慮的測量

除了狀態-特質焦慮量表之外，對焦慮的測量主要還有下列兩種量表。

(一)　顯性焦慮量表

泰勒 (Taylor, 1953) 編製的**顯性焦慮量表** (Manifest Anxiety Scale，簡稱 MAS) 所根據的假設是原先無害的刺激可與痛苦或懲罰相聯繫，從而成為引起焦慮的來源；由於每個人的過去經驗各不相同，因此焦慮程度也有個別差異。泰勒同時假設臨床上焦慮的人所表現的焦慮行為，與恐懼和焦慮在實驗室研究中所產生的行為相當類似。

在建構顯性焦慮量表的過程中，泰勒從明尼蘇達多相人格測驗的各個量表中選取若干題目，請五名臨床心理學家評判哪些能反映長期的焦慮。再將這些題目作一廣泛的心理計量學分析，結果得到 50 個題目。後來泰勒及其同事覺得這些題目較難理解，特別是對於大學程度以下的被試很難使用，於是又作了修訂：請 15 位具有臨床經驗的評判者，把 50 個焦慮題目分成四組。第一組為最簡明易懂的，第四組為難理解的。第二、三組居其中。結果得到 28 個題目是易懂的，且更為簡明。顯性焦慮量表的 28 個題目及其焦慮反應記分如下 (項目的號碼是個人經歷調查表上所用的原號碼)：

5. 我的胃常常出毛病 (是)
7. 我跟別人一樣地神經質 (否)
13. 我工作時很緊張 (是)
24. 我不像別人那樣常臉紅 (否)
25. 我每月至少腹瀉一次 (是)
26. 我擔心會出什麼不測之事 (是)
38. 窘迫爲難時我常出汗並感到難受 (是)

41. 我不常感覺到心跳和氣短 (否)
44. 我有時一連幾天大便不通 (是)
51. 我時常由於焦急而失眠 (是)
54. 我睡眠不好，得不到休息 (是)
56. 我常夢見不想告訴他人的事情 (是)
67. 我的情感比別人更易受傷害 (是)
77. 我對有些事情常常憂慮 (是)
82. 我願意像他人那樣快活 (是)
87. 不論何時我都有對某人或某事感到擔憂的感覺 (是)
100. 有時我很不安，甚至不能長時坐穩 (是)
107. 我時常感到某些無法克服的困難 (是)
112. 有時對無關緊要的事我都害怕得不得了 (是)
117. 我的恐懼不像我朋友的那樣多 (否)
145. 我比別人更有自我意識 (是)
152. 我是一個對事念念不忘的人 (是)
153. 我是神經緊張的人 (是)
163. 對我來說生活就是"緊張"(是)
168. 我對自己也不能相信 (是)
183. 有時我感到身體就要垮了 (是)
187. 我不喜歡面對困難，或做出重要的決策 (是)
190. 我對自己很自信 (否)

(二) 考試焦慮量表

對考試或測驗所產生的焦慮稱**考試焦慮 (或測驗焦慮)** (test anxiety)。這種焦慮最早由曼德勒和薩拉森 (Mandler & Sarason, 1952) 提出，最近又經過薩拉森 (Sarason, 1980) 的說明。薩拉森認為，這種焦慮是對某種知覺為威脅情境的一種反應，其關鍵是對威脅的知覺，但事實並非如此而是個人的評定。一個覺得自己對某項考試已作好充分準備的學生，在應試時不會感到焦慮，雖然他準備得也許並不充分，而預期自己將考得很差的學生則會感到壓力。薩拉森 (Sarason, 1980) 對這種焦慮的特徵描述如下：

1. 把情境視為困難的、富有挑戰性的、威脅性的。
2. 把自己視為不能勝任的、無法做好的。
3. 專注於自己能力的不足將帶來的不良後果。
4. 強烈的自我貶損干擾了與作業有關的認知活動。
5. 個人預期失敗和被他人的輕視。

雖然每個人經歷的焦慮方式、經歷的情境各有不同，但是焦慮者的干擾思維和自貶心理大致都可追溯至個人以往不能成功地適應考試的經驗。而所謂"成功地適應"也是焦慮者自己的評定，同樣取決於其先前的經驗和個人既定的標準。最常用的**考試焦慮量表** (Test Anxiety Scale，簡稱 TAS) (Sarason, 1978) 共有 37 個題目，測量考試焦慮的個別差異；與顯性焦慮量表不同的是：考試焦慮量表以某一特殊情境來測量焦慮。由於它集中在考試的情境上，因此考試焦慮量表可以看作是對習慣性焦慮較狹窄的一種測量。

中國大陸凌文輇 (1985) 曾用薩拉森編製的考試焦慮量表對中國大學生的考試焦慮做過測量和因素分析。被試是北京五所大學的 324 名學生 (男女人數約半)，在各大學期末考試期間進行團體測試，考試焦慮量表由 91 個項目構成，用四個等級選擇法評定。結果得到下列五項因素：

因素 I：與考試的擔心和緊張感有關，可稱為對考試施行的緊張不安因素。

因素 II：與身體狀態的改變有關，可稱為伴隨生理反應的不安因素。

因素 III：與考試能否及格、能否畢業有關，可稱為對考試結果的擔憂因素。

因素 IV：與考試無關的胡思亂想，藉以逃避考試造成的壓力有關，可稱為空想性逃避因素。

因素 V：對考試不滿、厭惡和批判，可稱為對考試厭惡和批判因素。

研究的結果表明：中國女大學生的考試焦慮高於男大學生，特別是在緊張和伴隨的生理反應的不安，女生明顯高於男生。對考試的結果，女生比男生更介意。男生比女生有更強烈的厭惡和批判情緒。在考試前，女生出現焦慮的時間比男生早，而男生在考試現場中的緊張感更強烈。

梁加義、李荐忠 (1987) 曾對 1224 名中學生 (高中 720 名，初中 504 名) 考試焦慮做過流行病學調查，並且對部分學生用一種稱為心得安的藥物進行預防性治療。他們用**曾氏焦慮評量表** (Zung's Self-Administered Anxiety Scale，簡稱 SAS) 測量焦慮。結果發現，1224 名學生中表現有考試焦慮障礙者 47 例，患病率為 3.8%。男女的比率為 1：2.15，性別之間有顯著性差別。曾氏焦慮量表中所含各因子得分較高者有：焦慮、害怕、驚恐、不幸感、手足顫抖、無法靜坐 、心悸等 14 項；得分較低者有發瘋感、頭暈、昏厥感、尿意頻繁等 6 項。研究還發現量表測定的結果與臨床症狀是相當符合的。心得安防治考試焦慮療效顯著，副作用少 (一般甚輕微)，但應在醫生監督下使用。

第二節　壓　　力

一、壓力的概念

壓力 (**或應激、緊張**) (stress) 和焦慮是分不開的概念。人們對壓力實質的看法由生理至心理社會層面，涵蓋甚廣。壓力的含義可以概括為三大類：

第一類定義是把壓力看作是某種情境下的機體反應。塞利 (Selye, 1956) 認為**壓力源**就是刺激，這些刺激由於其重要性而導致**全身適應性症候群** (general adaptation syndrome) 的反應；表現出這種症候群的個體就被認為處於壓力狀態。此症候群的第一階段是**警覺** (alarm) 反應，此時交感神經系統被觸動 (例如心跳、呼吸加快等)，如果壓力持續存在，便開始第二階段——**抵禦** (resistance)，即機體試圖限制壓力的影響；在此階段中，有機體作出準備，或同壓力源對抗，或從中逃脱；如果上述反應未能奏效，個體進入**衰竭** (exhaustion) 階段，可能出現組織崩潰，甚至死亡。塞利 (Selye, 1975) 還把壓力分為兩種：積極的壓力和消極的壓力。**積極的壓力** (eustress) 給個體以力量並提高其識別和作業的能力；**消極的壓力** (distress) 則消耗能量儲備，並且以維護和防衛的形式增加機體系統的負擔。拉札勒斯 (Lazarus, 1966) 認為，個體對壓力事件的機體反應可以是：(1) 情緒反應，如害怕、焦慮和憤怒；(2) 動作反應，如言語不順，戰慄或冒汗；(3) 認知反應，如無法集中，知覺扭曲等；(4) 生理的變化，如血壓和心跳改變等。

壓力的第二類定義是指刺激情境，例如乾旱、洪水、龍捲風、失業、戰爭、離婚、親人亡故等等。這些刺激情境可以使大多數人感到沈重的壓力，導致像潰瘍和心臟病之類的軀體疾病、尿酸水平和血壓的化學變化以及抑鬱、焦慮、酗酒甚至死亡。因此，當壓力超過個人的閾值時就會引起永久性的損害。

第三類定義強調壓力是個體認知到的威脅。只有當個體認知到情境或壓力源具有威脅時，情境或壓力源才會產生壓力。乾旱是一種威脅，因為我們認知到它威脅著我們應對的生活；失業使我們的生活無著因而產生壓力。由於人們的生活經驗不同，因而同樣的壓力源對每個人所造成的壓力程度也不同。正是由於這種個人與情境間的互動，曾使拉札勒斯和福爾克曼把壓力定義為“個人與環境之間的一種特殊關係，被個人視爲非自己能力所及，並危及自己的完好性”(Lazarus & Folkman, 1984, p.19)。

一些因素影響個體對情境的認知評估。這些因素是：

1. 熟悉性：一般說來，不熟悉的事件比熟悉的事件較容易產生壓力。
2. 可控制性：對壓力事件具有一些控制力可以減輕壓力的嚴重性。
3. 可預測性：預料中的壓力事件即使不能控制，通常也會降低壓力的程度。壓力事件缺乏可預測性或不確定性常會使人難以處理壓力事件。

二、主要的壓力源

壓力源 (stressor) 是指經個體認知評估後環境刺激對適應提出的要求。壓力源可以來自生物方面，如病毒；物理方面，如噪音或灼熱；心理方面，如抱負過高或能力不足；社會文化方面，如貧窮。從個體的行為反應來看，所有壓力源大致可歸入挫折、衝突和強制三大類別。關於挫折、衝突在前幾章已有所論及，此處不再贅述。強制既可能源於個體內部 (對自己提出的要求) 也可能源於外部 (外界對個體提出的要求)。如果強制超過了個體的承受力和社會支持，就會成為過度的壓力而使身心崩潰。下面我們將根據陳仲庚 (1992) 的分類對某些主要壓力源進行闡述。

(一) 職業壓力

職業壓力 (occupational stress) 產生於人與職業間的交互作用之中，其特徵是職業活動迫使人偏離正常機能所產生的各種變化。職業壓力源可分為三類：(1) 組織的特徵和過程，例如，組織的高度集中化、形式化、繁文縟節、官樣文章、規模宏大、變動性小以及工資待遇不公、經常調動、交流不夠、任務不清、矛盾衝突以及作業回饋不足等，都可能是壓力源。(2) 工作條作和人際關係，例如擁擠、無法獨處、噪音、灼熱、嚴寒、照明不足、燈光刺眼或閃爍不定，存在有毒物質和空氣污染等，以及工作中缺乏接受和承認、缺乏信任、競爭和矛盾等都可能是壓力源。(3) 工作要求和職業特點方面，例如，重復性工作、時間限制、技術要求高，責任重大、角色地位不當，角色衝突或模糊不清，也可能是壓力源。在某種程度上，職業壓力是可以得到控制的。個體在對工作中無法迴避的緊張情境反應的同時，可以嘗試通過不同策略與預期的消極後果相對抗。

(二) 家庭危機和緊張

家庭之形成可以説是為了減少引起個人的某種危機，然而自家庭形成之日起就經歷著種種危機。麥卡默倫 (McMurrain, 1977) 把促發家庭危機的事件分為三類：

1. 漸發成熟性事件 **漸發成熟性事件** (maturation event) 即在家庭生活周期的經歷中自然產生的轉折點。生活周期的壓力源可分為縱向和橫向兩個因素。縱向的壓力源是從家庭的先輩傳來的。它包括家庭的模式、家庭傳説和家庭倫理與説教。橫向的壓力源是指從一個發展階段過渡到另一個階段所經歷的緊張事件。

2. 消耗性事件 **消耗性事件** (exhaustion event) 即對時間過長的持續緊張所逐漸產生的危機。例如，長期臥病，父母為了撫養孩子而忍受不和諧的婚姻生活，長時間的貧困度日等消耗性危機常給人以很大的壓力。

3. 衝擊性事件　**衝擊性事件** (shock event) 即在短時間內發生的對家庭有突然衝擊性的事件，而使人無法對此做出適應。這種危機導致深刻又出人意料的悲劇。即使原來的家庭是穩定的，人們的心理是健康的，這種悲劇仍可能發生。衝擊性事件如親人死亡，因火災、地震或洪水等而喪失親人、房屋或家庭。

(三)　環境壓力

壓力源可能是環境的，也可能是機體內部的 (認知的或生理的)。但機體內部的壓力也大都產生於環境壓力源。環境刺激對有機體維持的正常生活是必需的，缺乏刺激似乎也同樣有害 (參見補充討論 16-1)。因此，環境刺激並不是必然的壓力源，只有當個體視它為危險或威脅時才會成為壓力。

環境壓力源大致可分為四類：

1. 生態壓力源　**生態壓力源** (bionomic stressors) 即外界物理環境中的許多刺激。最常研究的兩種生態壓力源是熱和冷。其他的壓力源如污染、太陽光照、螢火屏照射、噪音和其他聽、嗅、味刺激、萬有引力和大氣壓作用等物理環境的因素，要求有機體做出反應以保持其內部的穩定性。

2. 偶然性壓力源　**偶然性壓力源** (contingency stressors) 是指非一般的環境事件，但對個體來說，它們是外來的並作用於人，例如意外事故的身心傷害等。有人曾用社會適應評定量表 (參見補充討論 9-2) 探討過這些偶然性壓力源。

3. 社會壓力源　**社會性壓力源** (social stressors) 包括有社會經濟地位、營養不良、工作條件、教育水平、居住地點、生活質量等。不同的社會系統和組織形式的存在或改變都可能成為不同個體的壓力源。

4. 自我導引壓力源　**自我導引壓力源** (self-guided stressors) 包括生活風格和志願攝入的各種因素。A 型行為模型即為由環境因素和個人生活特點所形成的特殊風格。此外，還包括個人價值觀、特殊的職業活動，或特殊的體育鍛鍊方式。志願攝入壓力源包括咖啡、特種茶、特種藥物或飲料、尼古丁、酒精等。

補充討論 16-1

隔離的危險

都市化社會到處是擁擠和噪音，壓力過多固然損害身心健康，但缺乏刺激似乎也同樣對身心健康有害。所以一定程度的刺激 (包括感官的刺激和社會的刺激) 對於正常的發育和正常的機能都是十分重要的。在**感覺剝奪** (sensory deprivation) 的實驗中，志願接受此項實驗的人安靜地躺在黑暗無聲的實驗室裏。只要經過 48 小時，便會出現幻覺和運動異常，如肌肉痙攣和抽搐。因船隻失事而在海上漂流的水手，在長時期與世隔絕之後，也會出現各種精神異常的軀體紊亂現象。由此可以理解到為什麼歷來單獨監禁 (也是一種剝奪) 被當作最嚴厲的懲罰措施。據健康研究表明，過獨身生活的人，與已婚的男女比較，較易罹患各種疾病。社會隔離和生活孤獨能影響身體健康，現在已是被確定的事實。

嬰兒出生以後，母親對嬰兒本能地愛撫、輕輕地搖動、大聲哄逗。這位母親也許不懂得她的行為有什麼意義，但這些行為明顯地有助於嬰兒的成長。精神病學家施皮茨 (Spitz, 1949) 對兩組一歲以下的嬰兒做過一項研究：一組是住在孤兒院裏的嬰兒，另一組是監獄保育室裏的嬰兒，他們的母親是囚在監獄裏的犯人。孤兒院裏的嬰兒各睡一張小床，兩張床當中用東西隔開，監獄裏的嬰兒不採取這種作法，床沒有隔開。孤兒院裏的嬰兒由護士照料，一名護士負責七個或七個以上的嬰兒，監獄保育室裏的嬰兒整天由自己的母親照顧。

雖然兩個機構的醫療護理水平是相同的，但兩組嬰兒的抵抗力卻有顯著差別。三年之中，監獄保育室裏的一組嬰兒沒有一個死亡，而孤兒院裏的一組嬰兒卻死去三分之一以上。除此之外，監獄保育室的一組嬰兒，身高和體重都發育正常，到了適當的年齡，都學會了走路、說話、吃飯和穿衣，而孤兒院的一組嬰兒在每一方面的成長都很遲鈍，大多數完全沒有學會這些本領。而且，這種遲鈍情況也不能改變過來。當孤兒院的嬰兒長到 16 個月大的時候，它們都搬遷到充滿陽光的大房間裏，不再被隔離，有幾名護士成天照料他們，逗他們玩。不過這種從不正常氣氛到正常氣氛的改變似乎太晚了，孩子們的情況並沒有好轉。

對實驗動物的研究也得到相同的結果。新生幼鼠每天只要撫弄十分鐘，便能幫助它們生長得更好。這種情形最初解釋為幼小動物需要溫柔的愛的證據。但後來發現，將幼鼠拋向空中甚至施以輕微的電擊，也能取得相同的結果。這說明撫弄能滿足動物對刺激的需要。受過刺激的鼠比起未受刺激的鼠長得大一些、很愛活動，對飢餓和感染也有較強的抵抗力。還有一些研究結果顯示，鼠在幼年時，每天只被撫弄幾分鐘，長大以後能忍受非常緊張的處境；而其他成年的鼠在這樣的處境中，常會產生心臟損害和腸道潰瘍。

上述壓力源很少是單獨起作用的。在日常生活中，個體通常同時接受數種壓力。

(四) 災難性事件

災難性事件包括自然災害如地震、颶風等；人為災難如戰爭和核事故；災難性事故如車禍或飛機墜毀；以及遭人身襲擊如遭強姦或搶劫等。這些災難性事件在每個人身上都會產生嚴重的壓力反應，並需要長期的應對努力。

雖然對災難性事件的即刻反應很不相同，但災禍引起的症狀是相當嚴重的。其症狀開始時受害者呆若木雞，眩暈，覺察不到身體受到傷害和危險，他們可能漫無目的地徘徊。在第二階段，他們仍很被動，甚至不能做很簡單的事，但能遵照指示去做。在第三階段，他們變得焦慮和憂慮，不能集中精力，可能一遍又一遍地向人講述災難發生的經過。

超出正常痛苦範圍的災難性事件，可以對受害者產生長期的嚴重影響。經歷此種災難的倖存者患有一種稱為**災難後壓力障礙** (post-traumatic stress disorder) 的綜合症。其主要特點是：(1) 對世事感覺麻木，對早先的活動缺乏興趣，遠離他人；(2) 在記憶中和睡夢中會經常重復出現災難場境；(3) 焦慮，可能表現為睡眠障礙、無法集中注意、過度警覺。有些人因其他人死亡而自己卻活著而產生愧疚感。此種症狀可持續漫長時間而不癒。一項對納粹集中營倖存者的調查發現，這些倖存者從集中營釋放出來 20 年後，97% 的人仍因焦慮而苦惱。許多人在睡夢中仍復現受迫害的災難情形，當其配偶或子女不在身邊時，他們就擔憂可怕的事情會發生在家人身上 (Krystal, 1968)。

三、對壓力的反應

人們對壓力的反應相當複雜。但從壓力反應的歷程來看，大致可分為四個部分：輸入、加工 (或處理)、反應、結果。圖 16-1 表示對壓力反應的發生過程。其中的反應成分又包括生理反應、心理反應和行為反應。下面僅討論這些反應。

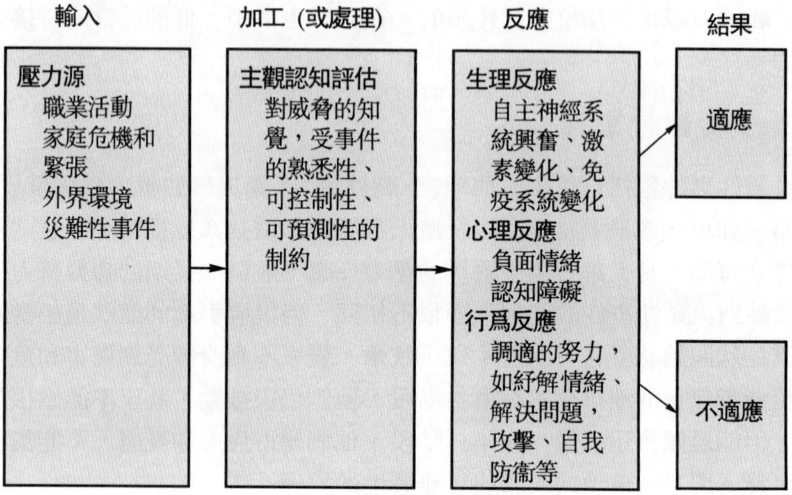

圖 16-1 對壓力反應的過程

(一) 生理反應

當你第一次參加跳傘或面對歹徒持刀行凶時，你的身體都會以類似的生理反應面對壓力：肝臟釋放額外的糖分為肌肉活動準備充分的能量，釋放激素 (或荷爾蒙) 促使脂肪和蛋白質轉換成糖分，加快身體的新陳代謝為身體活動準備好將消耗的能量，心跳、血壓和呼吸頻率增加，肌肉繃緊；與此同時，一些不必要的活動 (如消化活動) 減少，唾液與黏液停止分泌，身體內天然的止痛劑——**腦內啡** (endorphins) 被分泌出來，外周血管收縮以減少損傷時的失血，脾臟釋放出更多的紅血球以協助氧的攜帶，骨髓產生更多的白血球以防止感染。

這些生理變化大多是由**下視丘 (或視丘下部、下丘腦)** (hypothalamus) 控制的兩個神經內分泌系統活動的結果。這兩個神經內分泌系統是交感神經系統與**腎上腺皮質系統** (adrenal-cortical system)。在對壓力反應時下視丘有雙重功能。其第一種功能是激發自主神經系統的交感部分，來自下視丘的神經衝動被傳送至腦幹中的控制自主神經系統功能的神經核，自主神經系統的交感分支直接作用於平滑肌和內臟器官，從而使軀體生理功能發生變化，如心跳加快、血壓升高、瞳孔放大。交感神經系統也刺激**腎上腺髓質** (adrenal medulla) 釋放**腎上腺素** (epinephrine) 和**去甲腎上腺素** (norepinehrine) 使它們進入血液。對於肌肉和器官，腎上腺素有同交感神經系統相同的作用 (例如，增加心跳與血壓)，從而維護喚起狀態。下視丘的第二種功能是，通過其下部的**腦垂體 (或腦下腺、腦垂腺)** (pituitary gland) 激發腎上腺皮質系統活動。腦下垂體分泌兩種重要激素：一種激素刺激甲狀腺，為

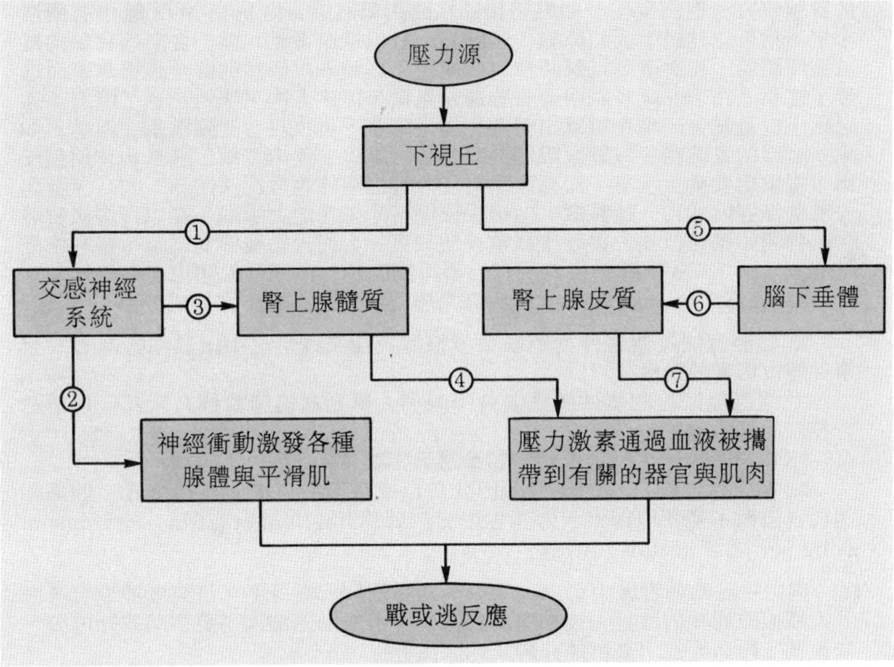

圖 16-2　戰或逃的生理反應模式

(採自 Cannon, 1929)

說明：①當壓力源激發下視丘時，交感神經系統對來自下視丘的衝動作出反應；
②激發由它控制的各種器官和平滑肌；
③並向腎上腺髓質發出信號；
④以釋放腎上腺素和去甲腎上腺素進入血流；
⑤當下視丘分泌促皮質釋放素時，便激發了腎上腺皮質系統；
⑥腦下垂體便分泌促腎上腺皮質激素，此種激素通過血流被攜帶到腎上腺皮質；
⑦引起一組激素的釋放，包括調節血糖水平的皮質醇；促腎上腺皮質激素也向其它內分泌腺發出信號使其釋放多種激素並通過血流，從而產生戰或逃的反應。

補充討論 16-2

學得無助感

學得無助感 (learned helplessness) 是喪失自控力的一種行為反應。1960年代中期，美國賓州大學的一些實驗心理學家對狗進行一系列恐懼和條件反應的實驗研究。他們發現，如果將狗關在**開閉箱** (shuttle box) 中，箱中有兩個小室，狗可以越過中間的障礙，跳到另一室以逃避電擊。當一隻新的實驗狗被放進開閉箱，初次遭到電擊時會四處亂跑，直到一次偶然的機會越過障礙而逃離了電擊。在下一次嘗試中這隻狗還是亂竄，但比上次更快地越過了障礙；通過數十次嘗試後，狗在電擊出現前便越過障礙，再也沒有受到電擊。但是，如果一隻新的實驗狗，以繩索限制其行動，再施以一連串電擊，無論狗作何種反應，電擊總要發生。有了這種經驗之後，再把這條狗放進開閉箱，初時，牠與先前毫無經驗的狗一樣亂竄，但很快便倒下來躺在地上嗚咽。在以後多次實驗中，狗開始稍作掙扎，接著幾秒鐘後便放棄努力而被動地接受電擊，塞利格曼 (Seligman, 1975) 稱這種行為反應為學得無助感，並認為人類也有學得無助感 (Hiroto & Seligman, 1975)。塞氏認為學得無助感有四種主要成分：

1. 經歷無法控制事件的經驗會減損個人在某種情境中以某種行為方式對事件施以影響的動機。

2. 經歷無法控制事件的經驗會降減個人學到通過適當行為對其他事情進行控制的能力。

3. 對無法控制事件的重復經驗會導致沮喪抑鬱。

4. 個人可能把自己的無助歸因於自己或歸因於情境的特殊性質，如果歸因於自己而不是情境因素，即產生學得無助感 (Seligman, 1975；Abramson, Seligman & Teasdale, 1978)。

開始時將動物實驗中得出的學得無助感推到人類身上，研究者並沒有考慮到人類複雜認知的性質。後來塞利格曼對學得無助感加入了更多的認知成分，如預期、歸因等並用來解釋抑鬱症的成因。

塞氏認為，當人們相信他們的行動既不能引起快樂又不能引起痛苦時，他們就會變得抑鬱。抑鬱是由於對未來無助感的預期引起的。抑鬱的人預期壞事將會發生，相信自己無法阻止這類事件的發生。按照塞利格曼的看法，有三個維度造成這種無助感。第一個維度與個體將問題看成是**內在的** (internal) 還是**外在的** (external) 有關。塞氏認為，如果個體相信問題是內在的，是他或她無力控制其後果所造成的，那麼這個人便更有可能變得抑鬱。第二個維度與個體將情境看作是**穩定的** (stable) 還是**不穩定的** (unstable) 有關。按照塞氏理論，如果一個人把他的失敗歸因於穩定的（未來不太可能改變的）東西，那他或她就變得抑鬱。第三個維度與**整體的—特殊的** (global-specific) 連續體有關。一個將所發生的事情視作表明他完全處於無助狀態證據的人，要比將自己看作只在特殊情境中才無助的人更有可能變得抑鬱。總之，按照塞利格曼的理論，當壞的事件發生時，那些將負面事件解釋為有內在的、穩定的與整體的原因的人容易變得抑鬱 (Peterson & Seligman, 1984)。

身體製造更多的備用能量；另一種激素——**促腎上腺皮質激素**（或**親腎上腺皮質素**）(adrenocorticotrophic hormone，簡稱 ACTH)，是身體的“重要壓力激素”。促腎上腺皮質激素刺激腎上腺皮質導致一組激素的釋放，從而調節葡萄糖和一些礦物質在血中的濃度。促腎上腺皮質激素還向其他內分泌腺發出信號，導致多種激素的釋放以應對壓力。這種生理反應模式被稱為**戰或逃** (fight-or-flight) 反應 (見圖 16-2) (Cannon, 1929)。許多壓力源均可激發這種反應模式。

雖然戰或逃的生理反應模式應對對於要求直接行動的身體威脅是有價值的，但卻不太適用於處理現代生活中的許多壓力源。在那些不可能採取行動但壓力卻持續存在的情況下就會損害到有機體的免疫系統。壓力對免疫系統的影響，一方面是神經系統作用於胸腺、淋巴結、骨髓和脾臟等免疫器官，通過去甲腎上腺素、5-羥色胺等遞質作用於免疫細胞上的受體；另一方面，下視丘通過**促皮質激素釋放因子**（或**促腎上腺皮質激素釋放因子**）(corticotropin releasing factor，簡稱 CRF) 使腦垂體釋放促腎上腺皮質激素，從而影響淋巴細胞的免疫功能。動物的實驗證明，長期暴露於壓力源下會造成腎上腺肥大、淋巴結萎縮和胃潰瘍 (Selye, 1976)。這些變化會降低機體抵抗其他壓力源 (包括活感染與致病物) 的能力，而使人易罹患疾病。

(二)　心理反應

對壓力的心理反應既表現在情緒上，也表現在認知上。在壓力狀態下，人會產生各種不愉快的情緒，例如煩心、生氣、暴怒、憂慮、害怕、驚恐、苦惱、傷心、悲痛等。在卡斯皮等人的研究 (Caspi, Bolger & Eckenrode, 1987) 中，要求 96 位婦女每天記日記，列出 28 天中所出現過的壓力和情緒，結果發現，每天的情緒起伏和壓力的變化有顯著的關係；當壓力增加時不愉快的情緒也隨著增長。

壓力還會造成個人的認知障礙。壓力會損害人專心致志和邏輯地組織思維的能力，使人不能集中注意手頭的工作去擔憂行動的後果及對自己的不利影響。例如考試焦慮的學生總是擔心可能的失敗和自己能力差，而不把注意力集中在解題的線索上。

(三) 行爲反應

人們在知覺到威脅、感受到壓力時，會傾向於求助那些過去一直有效的行為模式。謹慎的人可能變得更加謹小慎微和完全退縮不前，而有進攻傾向的人可能失去控制力，毫無必要地四面出擊。有的人可能在壓力下完全喪失了自覺控制力而不作任何反應，這種情形被稱為**學得無助感**，見補充討論16-2。也有人進行防禦反應，如第三章中提到的昇華、合理化、反向作用等等。當然其他人也許在面臨壓力時會採取更有效的應對行為。

四、壓力抵抗者的人格特徵

一些人對壓力有較強的抵抗力，雖然經歷接二連三的壓力事件，但仍未崩潰；而另一些人即使經歷低水平的壓力事件，也會導致崩潰。這裏，人格特徵在調節壓力源影響中扮演著重要的角色。在一項研究 (Kobasa, 1979) 中，研究者給同一公司的 600 多位行政主管或經理一些檢核表，要求他們描述他們自己在過去的三年裏所經歷過的所有壓力事件和所患疾病。然後從中選出兩組人作為樣本：一組被試的壓力事件與疾病的得分均高於平均值；另組被試的壓力得分高於平均值，但疾病記分低於平均值；然後要求兩組成員都填寫詳細的人格問卷。對結果的分析發現，高壓力/低疾病組在三方面不同於高壓力/高疾病組的人：前者比後者較積極地投入工作與社會生活，有較大的挑戰性與改變傾向，對生活中發生的事件有較強的自覺控制力。

當然，也可以將上述這些人格特徵上的差異看作是疾病的結果而不是原因。例如，當人生病時自然就無法投入工作或社會活動。基於此，研究者們又進行了一項縱向研究：先測量商業行政主管們在生病之前的人格特徵，然後監測他們在兩年時間內的生活壓力分與疾病的程度。結果顯示，在投入工作、自覺控制力和對變化的正面反應等方面生活態度的測量中得分高的行政主管人員比得分低的人要健康些，能抵抗較強的壓力 (Kobasa, Maddi & Kahn, 1982)。其主要特徵是堅強 (hardiness)、挑戰性 (challenge) 和自覺控制力。他們把生活的改變視為挑戰 (例如，將失去工作看作是追尋新生涯的機會而不是挫折)，覺得能對壓力事件加以控制，因而感覺不到壓力和無助感。一項研究表明，自覺控制力能降低壓力，能更好地認識症狀，直接影響免疫系統和神經內分泌系統的功能，並導致增進健康行為的更有效做法 (Rodin, 1986; Marks, Richardson, et al., 1986)。還有研究表明，**樂觀主義** (optimism) 是抵抗壓力，維護健康的一個重要人格變量。樂觀的人對生活有積極的期望，能使自己更好地應對壓力，從而以更為健康的方式享受生活 (Scheier, Weintraub, & Carver, 1986)。

壓力抵抗者的人格特徵，除了挑戰性和自覺控制力之外，還有樂觀和自我效能感等特徵。樂觀是對抗各種壓力，保持心身健康的一種人格特徵。研究表明，樂觀性格能加速心臟手術後的康復 (Scheier et al., 1989)。與樂觀相聯繫的是幽默。性格幽默的人一笑解千愁，能化解挫折的困境和尷尬場面，使生活充滿情趣和活力。**自我效能感** (self-efficacy) 能促進身體健康。班杜拉等人 (Bandura, et al., 1988) 發現，懷疑自己調適能力的恐懼者，其兒茶酚胺 (catecholamine) 的分泌量顯著增加；而當他們對情況有所掌握之後，兒茶酚胺的分泌量便減小。具有自我效能感的關節患者，其 T 細液 (一種免疫細胞) 數量增加。此外，自我控制和自我彈性也是抵抗壓力者的人格特徵。**自我控制** (ego-control) 是指通過延遲滿足、抑制攻擊、做出計畫以控制衝動的能力。**自我彈性** (ego-resiliency) 是指以自我調控來適應環境要求的能力。這些特徵都屬於經歷壓力事件時調整自己心身的能力。因此，壓力抵抗者的人格特徵大概包括挑戰性、自覺控制力、樂觀、自我效能感和自我彈性等。

第三節　應對與心身疾病

一、應　　對

(一)　應對的概念

應對(或因應) (coping) 或**應對策略(或因應策略)** (coping strategy) 是個體努力對抗壓力的一種手段。由於壓力所引起的焦慮和生理喚起是很不舒服的，因而當事人被激發起做點事以減輕不適感。應對有兩種方式：一種是**著重於問題的應對(或問題取向因應方式)** (problem-focused coping)，即當事人估計壓力情境以改變現存的人-環境的關係。另一種是**著重於情緒的應對(或情緒取向因應方式)** (emotion-focused coping)，即當事人嘗試減輕焦慮而不是直接處理產生焦慮的那個情境。每個人都會採取獨特的方式來處理壓力，並且通常是混合地採用上述兩種應對策略。一般說來，著重於問題的應對方式是比較健康的途徑，但並非所有的問題都是能夠解決的。例如，嚴重的自然災害或失去親人，當事人可能需要先減輕情緒痛苦以保持希望和士氣，進而改變壓力情境。因此，在應對高度壓力時常可分為：(1) 急性期，進行情緒調節以減輕或防衛事件的衝擊；(2) 重組期，對損害、喪失或威脅重新做出評價，應對的努力主要集中在改變人-環境的關係。而當事人在中度壓力時把情境看作可以改變的情況下，更可能採取著重於問題的應對方式 (Lazarus & Folkman, 1984)。

(二)　對焦慮和壓力的應對策略

為了調適焦慮和壓力，法瑞斯 (Phares, 1991) 曾建議採用以下幾種應對策略：

1. 降低緊張　降低緊張的方法有很多，例如，任憑壓力情境，順其自然；暫時置之不理，讓緊張逐漸消散；從事無關的活動；照常行事；暫時脫離此情境並尋求他人的意見；與局外人談論有關的問題；從事運動或自己喜愛的活動；以幽默感來降低壓力等等。

2. 以解決問題的方式對待壓力　把壓力事件看作待解決的問題，再採取按部就班的方式來加以解決。如果把壓力化為個人自問的問題，即：這裏真正的問題是什麼？我想要的是什麼？我能採取哪些做法？這些做法會有哪些後果？我該不該這麼做？假設一旦採取行動，情形將會怎樣？進而採取步驟逐步加以解決。

3. 轉移注意力　有時否認隱藏於壓力情境中的威脅，也是一種好的應對策略。特別是當個人對情況無能為力或者置之不理也不至於造成太多損失時，否認是個有效的辦法。例如，假如不好的結果發生率僅為 1‰，或許忽略此情況並沒有壞處，甚至幻想或自我欺騙也有助於降低焦慮。當然這也不是放之四海而皆準的原則，如果一位婦女發現自己的胸部有硬塊，那是絕對不能加以忽視的。

4. 認知重估　在嚴重壓力狀態下往往會導致認知障礙。暫時將問題擱置起來，然後重新評估壓力情境可以降低其威脅性。這時對問題作出新的評估可能是現實的，也許，再想一下，這個問題並不值得嚴重的憂慮。

5. 社會支持　研究表明，擁有較多社會聯繫 (如配偶、朋友、親屬和團體成員) 的人比那些沒有支持性社會聯繫的人不易患與壓力有關的疾病 (Cohen & Wills, 1985)。朋友和親屬能夠提供多方面的支持，能為我們提供信息、忠告、友誼，使我們忘卻煩惱，甚至能為我們提供財政或物質上的幫助。所有這些都有助於降減無助感，增強對自己的應對能力的信心 (參見補充討論 16-3)。而缺乏社會上的精神和物質的支持，則會使已有的壓力更有效力，從而減弱人的承受力。如果離婚或配偶死亡的人能生活在融洽、彼此關心和幫助的人際關係中，其壓力後果會較輕些。如果他們孤獨一人或處於完全被人遺忘的境地，則更易產生嚴重危害。可是，社會支持是複雜的，朋友、鄰居、親戚和同事的支持行為，有時可能會增加緊張程度。因此，支持和幫助的方法必須得體合適。

補充討論 16-3

社會支持與健康

社會支持 (social support) 指伴侶、朋友、同事和家庭成員在精神上或物質上對個人的支承和援助。大量的研究結果表明，社會支持與心身健康有明顯的正相關。但是，在社會支持對心身健康的作用機制的理解上，研究者的觀點並不一致。主要有兩種理論假設。

主效果理論 (main-effect model) 認為，社會支持具有普遍的增益作用，無論個體目前的社會支持水平怎樣，只要增加社會支持，就會提高個體的健康水平。這一假設在社會孤獨者與高社會支持者身上都得到了證實。例如，良好的婚姻狀況與身心健康有明顯的正相關。積極參加社會交往、參與社區活動、有良好的親屬和朋友的互動關係者身心較健康。

緩衝器理論 (buffering model) 認為，社會支持只在壓力情境下與身心健康發生聯繫，它緩衝壓力事件對身心狀況的消極影響，保持與提高個體的身心健康。社會支持通常是透過個人的認知系統而發揮作用的。社會支持可能在壓力事件與健康狀況的關係鏈條的兩個環節上發揮作用。首先，它可能作用於壓力事件與主觀評價的中間環節上。如果個體受到一定的社會支持，那麼他將低估壓力情境的傷害性，通過提高感知到的自我應對能力，減少對壓力事件嚴重性的評價。其次，社會支持能夠在壓力的主觀體驗與疾病的獲得之間起緩衝作用。社會支持可以提供問題解決的策略，降低問題的重要性，從而減輕壓力體驗的不良影響。這一理論假設獲得許多研究結果的支持。例如，有研究發現婦女親密的社會關係，特別是其對象是她們的丈夫或男朋友，能有效地防止消極事件帶給她們的嚴重影響。產後婦女與丈夫能就有關問題進行溝通，能防止作母親的壓力給她們帶來的負面影響。

人格因素在社會支持與身心健康的關係中扮演著極為重要的角色。經驗表明，不同的個體吸引社會支持的數量、質量以及個人對社會支持的感受和評價都是不同的。例如，高社會支持感的人能積極地評估他人的人際關係特性、社會應對能力與身心狀況，認為自己是個具有獨特價值，值得關注的人，相信自己有較高的人際交往能力；而低社會支持感的人則與此相反，他們對他人的評價較消極、遠離事實，認為自己人際能力差，並有社會排斥感。這很可能導致個體間社會支持水平的不同，因而身心健康狀況也不同 (宮宇軒，1994)。

失去社會支持會降低機體免疫系統 (immune system) 保護身體的能力。對那些其妻死於乳癌的男子所做的一項研究表明，這些男子的淋巴細胞 (免疫系統中的基本成分) 的反應性在其妻死後的那個月內明顯下降，此後一年內有些人仍保持較低水平。近期內分居或離婚的男女比那些仍舊保持婚姻關係對照組配偶顯示出較低的免疫功能，但兩組在與健康有關的行為方面 (如吸烟和飲食) 卻未發現有明顯的差異 (Kiecolt-Glaser, et al., 1987, 1988)。

二、心身疾病

對壓力的反應會引起機體機能的改變，一般在壓力情境消失後就隨之恢復的稱為**心身反應** (psychosomatic reaction)；如果壓力過強或持續時間過久使反應持續存在但並不伴以器質性改變的稱為**心身障礙** (psychosomatic disorder)；如果伴有器質性變化的，則稱為**心身疾病** (psychosomatic disease)。但是，在臨床實踐中，後兩者實際上很難區分，因而兩者常是通用的。

中國醫學早已發現心理因素的致病作用。成書於春秋戰國時期的《黃帝內經》在這方面有許多論述。例如，經曰："恐懼而不解則傷精，精傷則骨酸痿厥，精時自下"；"悲哀太甚，胞絡絶，絶則陽氣內動，發則心下崩，數溲血"；"喜怒不適，飲食不節，寒溫不時，……癰成"等等。在西方，古希臘時期的醫學家也發現情緒的致病作用。在 1940 年代，心理性因素導致軀體疾病的概念被納入**心身醫學** (psychosomatic medicine)。傳統的心身醫學研究把重點放在像哮喘、高血壓、潰瘍、結腸炎和類風濕性關節炎等疾患上，並試圖找出特定疾患與對壓力事件的特徵性態度或特定的應付方式之間的關係。例如，患高血壓者被說成是感到生活具有威脅性，而隨時處於高度的警覺狀態之故。患結腸炎據說是易發怒而又不能表達出來之故。但是，大多數報導特定的應對方式與特定疾患有關的研究至今尚未得到普遍的證實。目前只有

表 16-1　常見的心身疾病

痤瘡	十二指腸潰瘍	噁心	痙攣性結腸炎
過敏反應	原發性高血壓	神經性皮炎	心動過速
心絞痛	胃潰瘍	痛經	緊張性頭痛
血管神經性水腫	甲亢	肛門搔癢症	結核
心律失常	頭痛	幽門痙攣	潰瘍性結腸炎
哮喘性喘息	胰島素過多	侷限性腸炎	蕁麻疹
支氣管哮喘	低血糖	風濕性關節炎	嘔吐
賁門痙攣	過敏性結腸炎	骶髂關節痛	疣
冠心病	偏頭痛	皮膚病	
糖尿病	黏液性結腸炎	肥胖症	

(採自李心天，1991)

冠心病與 A 型行為模式、癌症與 C 型行為模式的關係似乎有較多的事實依據，稍後我們將予以討論。現在愈來愈多的學者認為任何疾病的發生都不是單因素而是多因素的。心身疾病是由心理社會因素引起的、持久的生理功能紊亂及所致的器質性疾病。常見的心身疾病見表 16-1。

第四節　人格類型與疾病

一、A 型人格與冠心病

(一) A 型人格的概念

A 型行為模式是 20 世紀 50 年代末，美國兩位臨床醫生弗里德曼和羅森曼 (Friedman & Rosenman, 1974) 提出的概念。他們發現**冠心病** (coronary heart disease) 的傳統危險因素，如高脂肪攝入、高血脂、吸烟等不能完全解釋冠心病的發病率。通過臨床觀察，他們發現冠心病人的行為特徵與正常健康人有很大差異，即冠心病患者大多有強烈的成就努力、競爭性強、說話元氣旺盛，易動癖性以及有時間緊迫感等行為特徵。這些行為特徵被稱為 **A 型行爲模式** (type A behavior pattern，簡稱 TABP) 或 **A 型人格 (或 A 型性格)** (A-type personality)，而未發現這些相關行為特徵者被稱為 **B 型行爲模式** (type B behavior pattern) 或 **B 型人格 (或 B 型性格)** (B-type personality)。其主要特徵是悠閒自得，不愛緊張，一般無時間緊迫感，不喜爭強，有耐心，能容忍等。這是對壓力發展採取一種個別差異的探討方式，表明並不是所有的生活事件對每個人都造成同樣的影響。

從弗里德曼和羅森曼開始，學者們對 A 型行為模式的描述並不一致。例如，格拉斯 (Glass, 1977) 認為，A 型的人具有下列一些特徵：

1. 覺得時間過得相當快；
2. 在需要延宕反應的作業上表現不佳；
3. 近乎最大極限地工作，即使無期限規定也是如此；
4. 赴約會提前到達；
5. 受到挫折會變得攻擊性和敵意；
6. 較少報告疲勞，較少軀體症狀；
7. 強烈的欲望想主宰自己的身體和社會環境，並維護控制權。

賴特 (Wright, 1988) 對心臟病患者做了稍微不同的描述。他認為 A 型行為模式的基本成分是：

1. 時間緊迫感——做事快、感到時間不夠；
2. 長期亢奮狀態——每天大部分時間處於緊張狀態；
3. 多面出擊——總想同時做一項以上的事。

普賴斯 (Price, 1982) 認為，A 型行為模式具有三個核心信念：

1. 必須不斷地證實自己——A 型人的自我價值是不穩定的，甚至擔心自我的價值，因而必須透過實質性的成就不斷地加以證明，從而激發起頻繁的成就動機。

2. 沒有全人類的道德原則——錯誤的道德行為必將償還，而正確的行為則不要償還，因而激起敵意行為。

3. 所有的資源都是不足的——爭分奪秒，一切從零開始，因而激起競爭行為。

A 型行為模式到底是一組外顯行為還是一種穩定的人格特質，抑或是人格類型或認知動機，目前仍缺乏明確統一的認識。不過一般都用 A 型人格或 A 型行為模式來概括上述所描述的這一類人。

(二)　A 型人格的測量

目前用於測量 A 型行為模式的工具主要有：結構式晤談和詹金斯的活

動調查表。由弗里德曼和羅森曼發展出來的**結構式晤談** (structured interview，簡稱 ST) 共包含有關 A 型行為的 25 個問題 (Rosenman, 1978)。以明確的口氣向來訪者提出並強調其中的關鍵詞或詞組。例如，向來訪者詢問：你等待在長長的隊伍後面購買物品有什麼反應？你參加只有一個贏家的遊戲會有何種反應？訪員也可以試著用干擾或對來訪者的正確性提出質疑以激發來訪者。在晤談過程中，訪員不僅要注意來訪者的反應內容，還應注意其說話的聲調語氣等非言語線索。例如說話是否元氣旺盛，說話是否大聲、快得像連珠炮似的、反應潛伏期，談話中是否表現出敵意或不耐煩的恩賜態度以及明顯的惱怒和粗暴等。對結構式晤談資料的分析技術相當繁雜，需一個月的時間才能學會。**詹金斯活動調查表** (Jenkins Activity Survey，簡稱 JAS) (Jenkins, Zyanski & Rosenman, 1979) 是一種由 50 個項目構成的四級評分自陳量表。在詹金斯活動調查表中包含"速度和忍耐性"(S 量表)、"工作投入"(J 量表)、"精力旺盛與競爭性"(H 量表) 以及其他 A 型行為模式特徵 (A 量表)。下面是詹金斯活動調查表的一些題目：

1. 你曾爲理髮或修髮型而苦惱嗎？
2. 你的配偶或朋友曾告誡過你吃飯過快嗎？
3. 在聽演講時花了很長時間而演講者没有講到要點上，你有希望他應儘快講的感覺嗎？

雖然詹金斯活動調查表與結構式晤談測量之間的關係在統計學上是顯著的。但這兩種測量間的相關很低，約為 0.30 (Matthews, Krantz, Dembroski & MacDougall, 1982)。

在我國大陸測量 A 型行為模式的主要工具是張伯源 (1985) 編製的 **A 型行爲類型問卷** (Questionnaire of Type A Behaviors)。該問卷包括三部分內容共 60 題，第一部分反映時間匆忙感、時間緊迫感和做事快等特徵的題目 25 個。第二部分表示爭強好勝，懷有戒心或敵意以及缺乏耐心等特徵的題目 25 個。第三部分測謊題 10 個。下面是該問卷的一些題目：

1. 我總是力圖說服別人同意我的觀點 (是、否)
3. 我經常感到應該做的事太多，有壓力 (是、否)

10. 我總看不慣那些慢條斯理、不緊不慢的人 (是、否)
23. 我常常不能寬容別人的缺點和毛病 (是、否)

(三)　A 型人格與冠心病的關係

羅森曼等人 (Rosenman, Brand, Jenkins, Friedman, Straus & Wurm, 1975) 的西部協作組研究 (Western Collaborative Group Study，簡稱 WCGS) 在長達八年半的大樣本 (3,524 人) 前瞻性研究中發現，通過結構式晤談確定了患冠心病的 A 型人比 B 型人多兩倍，患冠心病的A 型人繼發心肌梗塞的可能性約五倍於非A 型的冠心病。這份研究報告有力地提示，A 型行為模式與冠心病的發生有關。後來不少的研究都支持了 A 型行為模式與冠心病有聯繫的觀點。但是進入 80 年代以來，陸續出現了相反的研究結果。例如，有人 (Ragland & Brand, 1988) 重新分析了西部協作組研究中 231 名冠心病病人的資料，發現 A 型人冠心病死亡率反而低於 B 型人。馬修斯 (Matthews, 1988) 對 1980 年代以來發表的有關研究所做的**元分析** (meta-analysis) 發現，總體上的 A 型行為模式與冠心病發病率之間並沒有可靠的預測關係。這主要是由於研究者們對 A 型行為模式所含成分的認識不一致以及由此而導致的測量結果上的差異所致。現在研究者認為 A 型行為模式不是一個統一的整體，而是一個多維度的結構，其中某些因素在 A 型行為模式與冠心病的關係中扮演著比其他因素更重要的角色。在把 A 型行為模式作為預測冠心病的指標時應找出其中的有毒元素而把有利於健康的因素排除於 A 型行為模式之外。有人 (Keltikangas–Jarvinen et al., 1993) 對 A 型行為模式所做的分析發現有兩種不同的 A 型行為模式因素。一種是**忙碌-投入因素** (engagement-involvement factor)，具有此種特徵的人對自己的情緒及其所知覺到的能力持積極態度並能恰當地表達，面臨壓力較多地使用著重於問題應對方式。另一種是**强烈追求因素** (hard-driving factor)，具有此種特徵的人應對自己的情緒時常有不適感，其情緒傾向於通過軀體症狀表現出來，由此暗示強烈追求行為特徵在冠心病中可能產生相對重要的作用。不過，也有人認為敵意是 A 型行為模式中導致冠心病的有毒元素。

認為 A 型行為模式與冠心病聯繫的有毒元素是**敵意** (hostility)，其直接證據是馬修斯等人 (Matthews, Glass, Rosenman & Bortner, 1977) 的一項研究。他們重新分析了西部協作組研究的一個樣本的資料。從結構式晤談的約 40 個變量 (包括言語風格參數，如快、極度誇張、爆發式的語言；也包括態度特徵，如被試明顯的“潛在敵意”；也包括其他 A 型行為的自我報告) 對個體進行評定。冠心病個體與匹配的對照組在七個結構式晤談變量上有明顯差異；其中有四個涉及與憤怒有關的行為 (包括潛在敵意)，二個反映了好勝的言語模式，另一個涉及競爭性。A 型行為模式中敵意與冠心病的聯繫，在幾個結構式晤談研究中得到支持。這些研究包括 (1) 對西部協作組研究一個樣本的冠心病偶發事件進一步的重新分析 (Hecker, Chesney, Black & Frautschi, 1988)；(2) 對另一項被確定為 A 型行為模式與冠心病無聯繫的結構式晤談評定記錄的重新評估 (Dembroski, MacDougall, Costa & Grandits, 1989)；(3) 對結構式晤談的成分與動脈粥樣硬化之間的三個典型樣本的研究 (見 Dembroski & Costa, 1987)。大陸的季達林、徐俊冕 (1993) 用 A 型行為問卷和 Cook-Medley 敵對性量表對 192 名被試的測試結果發現，A 型行為與敵對性呈顯著相關。學者們總結出，敵意與冠心病聯繫的一般性說明架構如圖 16-3 所示。

但是也有人認為 A 型行為模式中的關鍵元素是個人知覺到缺乏控制力 (Glass, 1977；Strube & Werner, 1985)。A 型行為模式者具有強烈的控制需求，使自己看起來總是在主宰環境 (Strube, Lott, Heilizer & Gregg, 1986)。然而，想要控制一切總是事與願違的。當產生事與願違的情境時，A 型行為模式者就會產生挫折-敵意反應。

敵意傾向使個體對敵意的威脅很敏感，即對現實的或想像的某個人的操縱、營私舞弊和欺詐特別敏感，並評價為自己受到威脅，因而在行為反應上努力重建控制、克服限制、減少自我差異、將自我診斷的回饋類化、覺察和識別威脅的特徵和防禦反應等，並伴隨著負面情緒反應，如焦慮、憤怒、怨恨、抱怨、恐懼或痛苦以及交感神經-促腎上腺髓質系統 (SAM) 和腦垂體-促腎上腺皮質系統 (PAC) 的生理反應，最後導致動脈硬化和冠心病。但目前對敵意這一概念的分析仍然是描述性的而非實驗性的 (Contrada, Leventhal & O'Leary, 1990)。

(四) 導致冠心病的其他危險因素

除了 A 型行為模式這一人格因素，另外還有許多其他因素會導致冠心

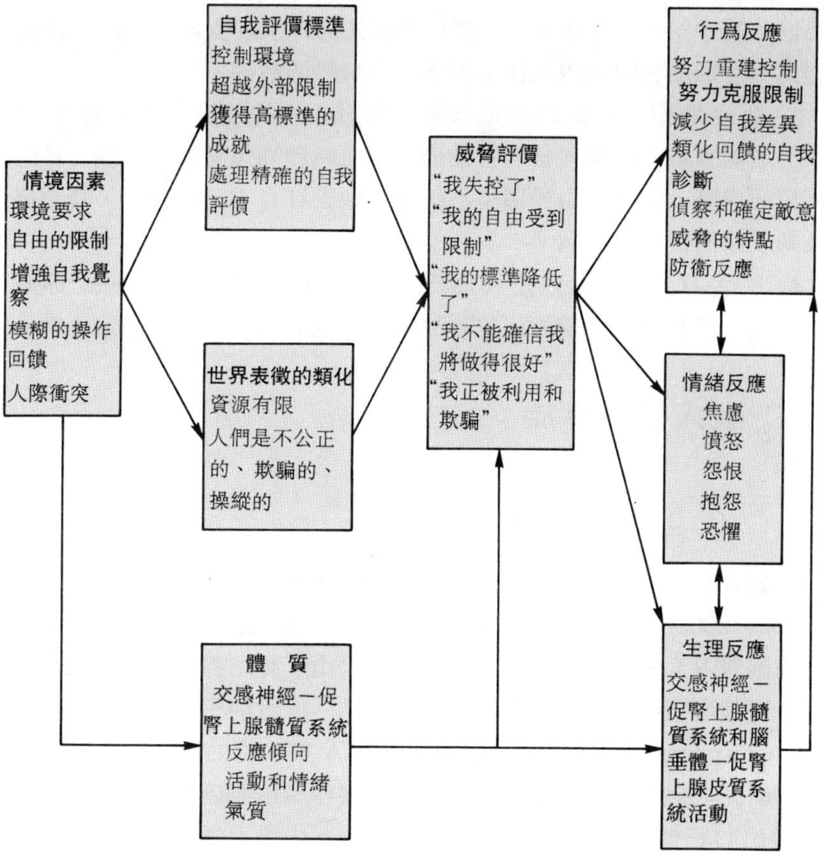

圖 16-3　A 型行爲模式的一般特質互動模式

(採自 Contrada, Leventhal, O'Leary, 1990)

病。例如年齡、性別、社經地位和生活方式等都是導致冠心病的因素。

1. 年齡　許多嚴重的大病都有隨年紀增大而快速增加的趨勢。根據學者 (Jarvk & Perl, 1981) 的說法，65 歲以上的人有 86% 至少患有一種慢性病。許多老年人的疾病往往是其年輕時代健康習慣和生活方式累積的後果。而且心理社會因素 (如配偶的死亡) 也會加速疾病的進程。當然，這當中也有很大的個別差異。

2. 性別 國內外的資料都表明，女性患重病特別是患冠心病顯著地少於男性。其中的一個原因是 A 型行為模式男性多於女性，同時男性經常工作過量、常抽烟和喝酒以及從事可能危及身體的活動。

3. 社經地位 社經地位最低層者患冠心病的危險性大約高出 10%～70%。這個事實可能與較貧窮者抽烟、高血壓和高焦慮較多有關。社經地位低下患病率高，大多是由於環境不穩定、缺乏社會支持和教育、營養條件差以及缺乏保健等因素所致。

4. 生活方式 冠心病還與人們的生活方式有關。例如，缺乏運動、高脂肪攝入、過食、以及前面已提到的吸烟、飲酒都有可能罹患冠心病。

二、C 型人格與癌症

(一) C 型人格的概念

關於人格特徵導致癌症，可以追溯到古希臘醫生蓋倫 (Claudius Galen, 130～200) 的論述。他指出憂鬱的婦女比樂觀的婦女更有可能發生乳癌。我國醫書《外科正宗》也認為，乳癌是由“憂愁鬱結，精想在心，所願不遂，肝脾逆氣，以致經絡阻塞，積聚成結”。目前學者們對於**癌症傾向人格** (cancer-prone personality) 的描述比對 A 型人格的描述更加參差不一。大量的研究把幾種相當不同類型的心理因素作為預測癌症表現的指標。儘管多數提出的證據尚不足，並且研究本身在方法學上還存在不少問題 (Fox, 1978)。但是，研究者們將這些研究結果結合起來考察，形成了一個總的描述癌症傾向人格特質和應對方式，被稱為 **C 型人格** (或 **C 型性格**) (C-type personality) 或 **C 型行爲模式** (type C behavior pattern) (Morris & Greer, 1980；Temoshok, 1987)。C 型人的應對方法與 A 型人格相反，其主要特點是不表現出憤怒，把憤怒藏在心裏並加以控制，在行為上表現出與別人過分合作，原諒一些不該原諒的行為，生活和工作中没有主意和目標，不確定性多；對別人過分有耐心；儘量迴避各種衝突，不表現負面的情緒 (特別是憤怒)，屈從於權威等。但這些看法還没有獲得直接證據。不過，對憤怒的壓抑、抑鬱與癌症的發生、惡化和預後不良有聯繫的研究報告則相當的多。而這類研究多數是回溯式的，只有艾森克等人 (Eysenck, 1988；Grossarth-

Maticek, Bastiaans, Kanazir, 1985) 做過前瞻性研究，即遠在確診癌症之前便將被試的心理社會資料收集起來，然後考察有關心理社會因素與癌症發病率的關係，結果發現有癌症傾向人格。

(二) 易罹患癌症的心理社會因素

癌症的發生和惡化是心理、社會、生物因素複雜的相互作用的結果。除吸烟、喝酒和雜亂性交等危險行為外，易罹患癌症的其他心理社會因素有：

1. 抑鬱 在早期的報告中，抑鬱常被描述為癌症傾向人格者的心理狀態。**抑鬱** (depression) 是一種憂愁、悲傷、頹喪、消沈等多種負面情緒綜合而成的心理狀態。雪克勒等人 (Shekelle, Raynor, Ostfield, Garron et al., 1981) 用明尼蘇達多相人格測驗量表篩選了 2020 名抑鬱的男性進行追踪調查，17 年後發現這些人中，高抑鬱者死於癌症的人是其他人的兩倍。董毅、邵厚雲等 (1994) 的研究顯示，癌症患者的抑鬱居半數以上。癌症患者比未患癌症的人或患其他疾病的人更傾向於抑鬱。但是，這也可能是疾病 (懼怕癌症) 引起抑鬱。因此這方面的研究存在的方法學問題，應引起我們的注意。

2. 無助感 **無助感** (helplessness) 和**失望感** (hopelessness) 是一種對壓力情境的認知障礙並伴有抑鬱的情緒狀態。一些研究發現無助感和失望感會導致癌症 (如乳癌、子宮癌) (Antoni & Gookin, 1988；Jensen, 1987)。個人控制感可以減輕威脅和抑鬱。以剛被診斷為癌症患者為例，發現在相信自己可控制健康狀況的患者身上，病情嚴重性與抑鬱程度之間的相關較弱。

3. 喪失社會支持 對自己關係重大的人的喪失是致癌的另一類因素。這類喪失包括生活中早期的親人和最親近的人，例如早期喪失父母或最近喪失父母及愛人，可能導致癌症或加重癌症 (Shaffer, Duszynski & Thomas, 1982；Horne & Pricard, 1979)。社會支持喪失與婦女的乳癌有聯繫。有研究表明，男性比女性更難於從失去的社會支持中恢復過來，女性比男性因親人喪失而表現出較低的發病率。

4. 低負面和高正面情感的消極影響 C 型行為模式的主要特點是不表達負面情緒，特別是不表達憤怒情緒。這類人不表現出憤怒，反而對外界表現出滿意、高興或不動感情的面孔。一些研究發現，C 型人的低神經質

補充討論 16-4

心理免疫學與癌症

心理免疫學 (psychoimmunlolgy) 是一門研究心理狀態，特別是情緒行為與免疫系統如何相互影響而導致人體健康變化的學科。免疫系統是一種識別自身物質和非自身物質，防止致病微生物損害身體的監控機制，它調節著我們身體對癌症、感染性疾病、變態反應及自身免疫障礙 (如類風濕關節炎等疾病中免疫細胞攻擊患者身體的正常組織) 的罹患性。越來越多的證據表明，心理和行為因素影響免疫系統的抗癌功能。

多年積累的證據表明，心理過程對免疫功能有重大影響 (Locke, Kraus, et al., 1984；Jemmott & Locke, 1984；O'Leary, 1991)。喪失親人 (lrwin, Daniels, Smith, Blood & Weiner, 1987)、婚姻破裂 (Kiecolt-Glaser, Fisher, et al, 1987)、孤獨 (Glaser, Kiecolt-Glaser, Speicher & Holliday, 1985)、權力動機的壓力 (Jemmott et al., 1991) 可使**自然殺傷細胞** (natural killer) 的功能下降，而自然殺傷細胞在腫瘤監視和殺傷中是關鍵性的細胞。如果使用放鬆療法，則自然殺傷細胞活動功能增強 (Kiecolt-Glaser, Glaser, et al., 1985)。但是，這些研究中的自然殺傷細胞活動水平仍在正常範圍內下降，其影響可能是暫時的，因而它們與癌症發展相關程度尚需進一步研究。

機體的免疫功能受神經內分泌系統的調節。現已證實，**兒茶酚胺** (catecholamine) 和**皮質醇** (cortisol) 能影響自然殺傷細胞的數量和功能。兒茶酚胺有增強效應。例如：注射去甲腎上腺素和腎上腺素，自然殺傷細胞功能會增強 (Hellstrand, Hermodsson & Strannegard, 1985)。一項對愛滋病 (AIDS) 的研究表明，交感神經系統反應增強與自然殺傷細胞及存活時間具有高相關 (O'Leary, Temoshok, Sweet & Jenkins, 1989)。健康的年輕成人群體中自然殺傷細胞持久的低活動與尿中去甲腎上腺素和腎上腺素的明顯減少相聯繫，並與高度抑鬱有關 (Levy, Herberman, Simons et al., 1989)。

情緒影響自然殺傷細胞功能至少有兩條明顯不同的徑路：一條是**交感神經-促腎上腺髓質** (sympathetic-adrenomedullary，簡稱 SAM) 系統，另一條是**腦垂體-促腎上腺皮質** (pituitary-adrenocortical，簡稱 PAC) 系統。這兩條徑路的任何一條都有可能導致癌症。從對癌症的發生和惡化的預後來看，腦垂體-促腎上腺皮質系統低激活和交感神經-促腎上腺髓質系統高激活則預後最好，而腦垂體-促腎上腺皮質系統高激活和交感神經-促腎上腺髓質系統低激活的預後最糟；而兩個系統的同等激活則預後為中等。研究表明，抑鬱、無助感、無望感、失去社會支持與腦垂體-促腎上腺皮質系統的活動相聯繫，而淡泊、低神經質、屈從於權威、低情緒表現則與交感神經-促腎上腺髓質系統的活動相聯繫 (Contrada, Leventhal & O'Leary, 1990)。

和自主神經系統活動的低覺醒可能與肺癌有聯繫 (Kissen, Brown & Kissen, 1969；Kissen & Eysenck, 1962)。但也有研究發現樂觀情緒、高度焦慮使癌症更加惡化 (Dembroski, MacDougall, & Lushene, 1979; Morris, Greer, Pettingale & Walson, 1981)。

5. 不表達情緒　有研究指出，不表達憤怒情緒對乳癌患者是致命性的 (Greer & Morris, 1980)。另外，在一項準瞻前性研究 (quasi-prospective research) 中發現，患乳癌婦女更多地把自己描繪成把憤怒壓在心底的人。對乳癌擴散患者的問卷調查表明較少表達負面情緒 (Jensen, 1987)，徐震雷和李心天等 (1995) 的研究顯示，胃癌患者傾向於不表現憤怒，把憤怒藏在心裏並控制住。近年來的一些研究表明，心理因素之所以導致癌症是通過損傷機體的免疫系統而發生的 (見補充討論 16-4)。

總之，從已搜集到的證據來看，心理社會因素與癌症的聯繫還不具強的説服力，但卻有相當的啟發性。此外，究竟是存在一種癌症傾向人格還是多種癌症傾向人格？如果有多種癌症傾向人格而不是一種，那麼不同的心理社會因素是不同地影響特定類型的癌症，還是影響各種不同的癌症？心理社會因素是通過什麼機制導致癌症的？對於這些問題目前我們仍知之甚少。

三、建立合理的生活方式

從上面的討論，已清楚地表明，致病的原因是社會的、心理的和生物學的變量交互作用的結果。如果問："人世間什麼樣的生活方式將促進身體健康？"對於這個問題，正確的回答是除了注意飲食、休息和堅持適當的鍛鍊之外，還要考慮社會和心理因素的重要作用。如果一個人的生活具有挑戰性和滿足感，他的身體會工作得更好，他能更有效地抵抗傳染病。富有意義的工作、令人愉快的閒暇、誠摯的愛情和友誼——即合理的生活方式——是健康的基本保證。

大多數國民一遇到各種疾病就到醫院去找醫生。其實，遺傳缺陷或體質虛弱只能部分地解釋常見病的高發生率。如果仔細調查一下那些常患病者的生活方式。大致可以發現這些人有許多共同特徵。例如：

1. 不恰當地吃、睡或鍛鍊 (例如吸烟，過度飲酒、過多的脂肪、糖分和鹽分的攝入，缺乏運動等)。

2. 高風險行爲 (如不繫安全帶駕駛，雜亂的性交等)。

3. 過度的壓力 (如長期高負荷工作，過多的煩心事，做自己不喜歡的工作等)。

4. 喪失或缺乏社會支持。

因此，要維護和促進健康就必須要建立起正確、合理的生活方式。人是有主觀能動性的。即使是已形成了不合理的生活方式，例如 A 型行為生活方式，只要下定決心，採取措施，也是能夠改變的。例如，一項以矯正 A 型行為模式的研究已獲得了相當大的成功，有 1000 多名至少有過一次心臟病發作的病人參加此項研究。研究者幫助這些人改變 A 型行為模式。例如，為了降減他們的時間緊迫感，要求他們練習排隊 (A 型行為者認為這是一種極具刺激性的情境)，並藉此機會考慮那些在正常情況下他們沒有時間去想的事或觀察別人的談話；學習在不對別人發脾氣的情況下表達自己的意見；改變某些具體的行為方式 (如不打斷別人的話，不匆匆忙忙的吃飯或說話)；重新評估一些基本信念 (如成功取決於工作的數量) 以及設法使家庭和工作環境不那樣充滿壓力 (如減少不必要的社交次數)。此項研究歷時四年半，結果發現實驗組病人心臟病復發率幾乎只有那些沒有學過如何改變生活方式的對照組被試的一半。改變 A 型行為模式促進了健康 (Thoresen, Friedman, Powell, Gill, & Ulmer, 1985)。這也說明為了健康，生活方式是可以改變的。

因此，如果人們能盡早認識到生活方式在防病治病和保健中的作用，選擇正確的生活方式和生活習慣，改變不合理的生活方式和生活習慣，那麼健康者就會更健康，有病者就能得到治療 (當然應在醫生指導下進行治療)。人人都可以過健康、幸福的生活。

本章摘要

1. **焦慮**是一種十分複雜的情緒狀態，伴隨有一系列的心理、生理和行為反應。這些反應包括自我體驗方面的危險感、緊張、擔憂不安等不愉快的感受，行為上的迴避、逃避和異常以及生理上的**交感神經系統**的亢進和**副交感性症狀**。
2. 焦慮可分為特質焦慮和狀態焦慮。**特質焦慮**是一種人格特徵，**狀態焦慮**是在某種情境下所產生特殊反應狀態。可以用**狀態-特質焦慮量表**來測量這兩種焦慮。而**顯性焦慮量表**是測量特質焦慮的有效工具。
3. **考試焦慮**是一種狀態焦慮，即對考試或測驗所產生的習慣性焦慮。可以用**考試焦慮量表**來測量考試焦慮上的個別差異。考試焦慮可能包含有五個主要因素。
4. **壓力**的含義甚廣，大致包括三類，對某種情境的機體反應，刺激情境以及個體覺知到的威脅。主要的**壓力源**來自職業活動、家庭危機、外界環境以及災難性事件。
5. 人們對壓力的反應相當複雜。從壓力反應的過程看，大致可分為輸入、加工、反應和結果四個部分。其中主要的反應成分包括生理反應 (如交感和副交感神經系統的活動等)、心理反應 (情緒反應和認知障礙) 和行為反應 (攻擊和自我防衛等)。
6. 有的人接二連三地經歷壓力事件仍不會崩潰，而有的人即使經歷低水平的壓力事件便崩潰了。**挑戰性**、**自覺控制力**、**樂觀**、**幽默**、**自我效能感**和**自我彈性**等是抵抗壓力者的人格特徵。
7. **應對**是個體努力對抗壓力的一種手段。主要有兩種應對方式：**著重於問題的應對**和**著重於情緒的應對**。一般來說，著重於問題的應對方式是較健康的途徑。然而，壓力過重時，宜先調節情緒，然後主要集中於改變人與環境的關係。
8. 為了調適焦慮和壓力可採用降低緊張、以解決問題的方式對待壓力、轉移注意力，認知重估以及爭取社會支持等應對策略。

9. 如果應對壓力的策略失效，壓力持續存在，就可能出現健康問題。由心理社會因素引起的、持久的生理功能紊亂及其所致的器質性疾病稱為**心身疾病**。
10. **A 型行爲模式**或 **A 型人格**是冠心病的行為特徵。其主要特點是有強烈的成就動機和時間緊迫感，近乎最大極限地工作，總想同時做幾件事，約會總是提前到，受到挫折會變得攻擊和敵意，長期處於亢奮狀態等。
11. 對 A 型人格有兩種主要測量工具：**結構式晤談**和**詹金斯活動調查表**。它們測量的是不同的東西，屬於 A 型行為模式的不同方面。
12. A 型行為模式與冠心病關係的研究歷史經歷了由肯定支持到否定懷疑的過程。現在則傾向於研究 A 型行為模式中的有毒元素與冠心病的聯繫。其中有毒元素可能是**強烈追求因素**和**敵意**。除 A 型行為模式外，像年齡、性別、社經地位以及吸烟、飲酒、缺乏運動、高脂肪攝入、過食等都會影響冠心病的罹患率。
13. **C 型人格**即**癌症傾向人格**。其主要特點是不表現憤怒，把憤怒藏在心裏並加以控制。易罹患癌症的其他心理社會因素有抑鬱，無助感，喪失社會支持，低負面和高正面情感和不表達情緒等。不過，這方面的研究成果尚缺乏強有力的說服力，但卻有相當的啟發性。
14. 富有意義的工作、令人愉快的閒暇、誠摯的愛情和友誼，是健康的基本保證。養成正確、合理的生活方式，每個人才有可能過健康、幸福的生活。

建議參考資料

1. 余德慧 (1978)：焦慮與自我控制。台北市：大洋出版社。
2. 陳仲庚 (1992)：實驗臨床心理學。北京市：北京大學出版社。
3. Bennett, P., Weinman, J., & Spurgeon, P. (Eds.) (1990). *Current developments in health psychology*. London: Harwood Academic.

4. Carstensen, L. L., & Neale, J. M. (1989). *Mechanisms of psychological influence on physical health*. New York: Plenum.

5. Friedman, H. S.(Ed.) (1991). *Hostility, coping and health*. Washington, DC: American Psychological Association.

6. Gatchel, R. J., Baum, A., & Krantz, D. (1989). *An introduction to health psychology* (2nd ed.). New York: Random House.

7. Lazarus, R.S., & Folkman, S. (1984). *Stress, appraisal, and coping*. New York: Springer.

8. Matthews, K. A., Weiss, S.M., Detre, T., Dembroski, T. M., Falkner, B., Manuck, S. B., & Williams, R. B., Jr. (Eds.) (1986). *Handbook of stress, reactivity, and cardiovascular disease*. New York: Wiley.

9. Sarafino, E. P. (1990). *Health psychology: Biopsychosocial interactions*. New York: Wiley.

10. Taylor, S. E.(1990). *Health psychology* (2nd ed.). New York: Random House.

參考文獻

王登峰、方　林、左衍濤 (1995)：中國人人格的詞彙研究。心理學報，27 卷 4 期，400～405 頁。

戈布爾 (呂　明等譯，1987)：第三思潮——馬斯洛心理學。上海市：上海譯文出版社。

比　格 (張敷榮等譯，1983)：學習的基本理論與教學實踐。北京市：文化教育出版社。

田宗介 (1966)：價值意識的理論 (日文)。東京：弘文堂。

司馬賀 (荊其誠、張厚粲譯，1986)：人類的認知——思維的信息加工理論。北京市：科學出版社。

布萊克斯利 (傅世俠等譯，1992)：右腦與創造。北京市：北京大學出版社。

弗里德曼、西爾斯等 (高　地等譯，1984)：社會心理學。哈爾濱市：黑龍江人民出版社。

弗洛伊德 (高覺敷譯，1986)：精神分析引論。北京市：商務印書館。

弗洛伊德 (林克明譯，1986)：日常生活的心理奧秘。蘭州市：甘肅人民出版社。

弗洛伊德 (林　塵等譯，1986)：弗洛伊德後期著作選。上海市：上海譯文出版社。

弗洛伊德 (蘇曉離等譯，1987)：精神分析引論新講。合肥市：安徽文藝出版社。

弗洛伊德 (顧　聞譯，1987)：弗洛伊德自傳。上海市：上海人民出版社。

弗洛姆 (李健鳴譯，1987)：愛的藝術。北京市：商務印書館。

弗洛姆 (孫依依譯，1988)：為自己的人。北京市：生活·讀書·新知三聯書店。

列繼托夫 (余增壽譯，1959)：性格心理學問題。北京市：人民教育出版社。

沙　弗 (許金聲譯，1987)：人本心理學的中心論點。心理學動態，1 期，21～71 頁。

沙蓮香 (主編) (1989)：中國民族性 (一)。北京市：中國人民大學出版社。

沙蓮香 (主編) (1990)：中國民族性 (二)。北京市：中國人民大學出版社。

李　繁 (1985)：試論中國現代女科技人才的性格特點。華東師範大學學報 (教育科學版)，4 期，27～34 頁。

李心天 (主編) (1991)：醫學心理學。北京市：人民衛生出版社。

李亦園、楊國樞 (1972)：中國人的性格。台北市：中央研究院民族學研究所。

李孝忠 (1993)：能力原理與測量。長春市：東北師範大學出版社。

李美枝 (1980)：社會心理學。台北市：大洋出版社。

李紹衣等 (修訂) (1981)：卡特爾 16 項人格因素測驗指導及操作手册。瀋陽市：遼寧省教科所印。

李德明、孫福立 (1994)：認知速度年老衰減研究進展。心理科學，17 卷，2 期，124～128 頁。

貝　利 (許　真譯，1986)：現代社會研究方法。上海市：上海人民出版社。

余　昭 (1981)：人格心理學。台北市：三民書局。

余德慧 (1978)：焦慮與自我控制。台北市：大洋出版社。

余英時 (1983)：從價值系統看中國文化的現代意義。台北市：時報出版社。

車文博 (主編) (1989)：弗洛伊德原著選輯 (上) (下)。瀋陽市：遼寧人民出版社。

車文博 (主編) (1992)：弗洛伊德主義論評。長春市：吉林教育出版社。

車文博 (1996)：西方心理學史。台北市：東華書局。

邦　德 (主編) (張世富等譯，1990)：中國人的心理。昆明市：雲南人民出版社。

欣茨曼 (韓進之等譯，1986)：學習與記憶心理學。瀋陽市：遼寧科學技術出版社。

阿德勒 (黃光國譯，1984)：自卑與超越。台北市：志文出版社。

宋維真 (1982)：明尼蘇達多相個性調查表在我國修訂經過及使用評價。心理學報，14 卷，4 期，449～457 頁。

宋維真 (1985)：中國人使用明尼蘇達多相個性測驗表的結果分析。心理學報，17 卷，4 期，346～354 頁。

宋維真 (1989)：明尼蘇達多相個性調查表使用指導書。北京市：中國科學院心理研究所印。

肖　峰 (1995)：中學生助人方式的決策問題研究。心理學報，27 卷，3 期，295～301 頁。

邵　郊 (1987)：生理心理學。北京市：人民教育出版社。

吳福元 (1983)：大學男女生智力差異比較。教育研究，4 期，43～44 頁。

吳增芥 (1983)：西方個性心理學理論。外國心理學，1 期，32～38 頁。

吳諒諒 (1994)：試析企業女領導的角色衝突與心理衝突。婦女研究論叢，2 期，19～22 頁。

吳麗娟 (1986)：理情教育課程對國中學生理性思考，情緒穩定與自我尊重之影響。(台灣)師大教育心理學報，19 期，177～218 頁。

吳麗娟 (1987)：理情教育團體對大學生理性思考，社會焦慮與自我接納效果之研究。(台灣)師大教育心理學報，20 期，183～204 頁。

依田新 (主編) (楊宗義等譯，1981)：青年心理學。北京市：知識出版社。

林　方 (主編) (1987)：人的潛能和價值。北京市：華夏出版社。

林邦傑 (1980)：田納西自我觀念量表之修訂。中國測驗年刊，27 期，71～78 頁。

林傳鼎 (1980)：我國古代心理測驗方法試探。心理學報，1 期，75～80 頁。

林傳鼎 (1985)：智力開發的心理學問題。上海市：知識出版社。

周輔成 (1964)：西方倫理學名著選輯。北京市：商務印書館。

周潤民 (1990)：衝動型和思索型認知方式在兒童邏輯推理中的中介作用。心理學報，22 卷，4 期，357～361 頁。

季達林、徐俊冕 (1993)：A 型行為與敵對性的相關性研究。中國臨床心理學雜誌，1 卷，2 期，69～70 頁。

波　林 (高覺敷譯，1981)：實驗心理學史。北京市：商務印書館。

波普爾 (傅季重等譯，1986)：猜想與反駁－科學知識的增長。上海市：上海譯文出版社。

孟昭蘭 (1989)：人類情緒。上海市：上海人民出版社。

查子秀 (1986)：超常兒童心理發展追踪研究五年。心理學報，18 卷，2 期，123～131 頁。

查子秀 (1990)：超常兒童心理發展追踪研究十年。心理學報，22 卷，2 期，115～118 頁。

查子秀 (1994)：超常兒童心理與教育研究 15 年。心理學報，26 卷，4 期，337～346 頁。

茅于燕 (1992)：談談個人對智力落後兒童早期干預的看法。心理學報，24 卷，3 期，225～231 頁。

宮宇軒 (1994)：社會支持與健康的關係研究概述。心理學動態，2 卷，2 期，34～39 頁。

姜國柱、朱葵菊 (1988)：論人·人性。北京市：海洋出版社。

科　恩 (佟景韓等譯，1986)：自我論。北京市：生活·讀書·新知三聯書店。

柯　克 (李　維譯，1988)：人格的層次。杭州市：浙江人民出版社。

荆其誠 (1990)：現代心理學發展趨勢。北京市：人民出版社。

凌文輇、濱治世 (編著) (1988)：心理測驗法。北京市：科學出版社。

班杜拉 (陳欣銀等譯，1989)：社會學習論。瀋陽市：遼寧人民出版社。

馬　森、康格爾等 (孟昭蘭等譯，1991)：人類心理發展歷程。瀋陽市：遼寧人民出版社。

馬文駒、李伯黍 (主編) (1991)：現代西方心理學名著介紹。上海市：華東師範大學出版社。

馬斯洛 (林　方譯，1987)：人性能達的境界。昆明市：雲南人民出版社。

馬斯洛 (李文湉譯，1987)：存在心理學探索。昆明市：雲南人民出版社。

馬斯洛 (許金聲等譯，1987)：動機與人格。北京市：華夏出版社。

孫本文 (1946)：社會心理學 (上、下册)。上海市：商務印書館。

胡寄南 (1985)：現代中國優秀人才的個性品質初探。見胡寄南心理學論文選，15～52 頁。上海市：上海人民出版社。

唐盛昌 (1982)：試析男女生在數學學習中的差異。教育研究，9 期，74～79 頁。

徐震雷、李心天等 (1995)：人格特徵對胃癌發病的影響。心理學報，27 卷，3 期，263～267 頁。

高玉祥 (1989)：個性心理學。北京市：北京師範大學出版社。

高覺敷 (1986)：弗洛伊德及其精神分析的批判。見高覺敷心理學文選，204～218 頁。南京市：江蘇教育出版社。

高覺敷 (主編) (1987)：西方心理學的新發展。北京市：人民教育出版社。

高覺敷 (主編)(1995)：西方心理學史論。合肥市：安徽教育出版社。

梁加義、李荐忠 (1987)：中學生考場境遇焦慮障礙調查及預防性治療。中國心理衛生雜誌，2 期，82～83 頁。

梅　多、卡　霍 (陳麟書等譯，1990)：宗教心理學。成都市：四川人民出版社。

梅爾林 (1964)：氣質理論概論 (俄文)。莫斯科：教育出版社。

海　登、羅森伯格 (范志強等譯，1986)：婦女心理學。昆明市：雲南人民出版社。

陳　立 (1985)：習見統計方法中的誤用與濫用。心理科學通訊，3 期，1～6 頁。

陳仲庚 (1983)：艾森克人格問卷的項目分析。心理學報，15 卷，2 期，211～218 頁。

陳仲庚、張雨新 (編著) (1986)：人格心理學。瀋陽市：遼寧人民出版社。

陳仲庚、王登峰 (1987)：670 個中文人格特質形容詞的好惡度、意義度及熟悉度。北京市：北京大學心理系印。

陳仲庚、張雨新 (1988)：感覺尋求的人格特質及在臨床上的應用。心理學報，20 卷，3 期，328～334 頁。

陳仲庚 (主編) (1989)：心理治療與諮詢。瀋陽市：遼寧人民出版社。

陳仲庚 (1992)：實驗臨床心理學。北京市：北京大學出版社。

陳興時 (1993)：白痴學者。心理科學，16 卷，2 期，104～108 頁。

涅貝利岑 (魏明庠譯，1984)：人的神經系統基本特性是個性的神經生理學基礎。見斯米爾諾夫、魯利亞等 (李翼鵬、魏明庠等譯)：心理學的自然科學基礎，204～231 頁。北京市：科學出版社。

章　益 (輯譯，1983)：新行為主義學習論。濟南市：山東教育出版社。

章志光 (1990)：試論品德的心理結構。北京師範大學學報 (社會科學版)，1 期 7～17 頁。

捷普洛夫 (趙璧如譯，1953)：心理學。北京市：人民教育出版社。

捷普洛夫 (許淑蓮、匡培梓譯，1963)：神經系統特性的研究是個別心理差異研究的一種途徑。見捷普洛夫等 (孫曄等譯)：蘇聯心理科學，第二卷，1～46 頁。北京市：科學出版社。

柳學智 (1991)：元分析技術。心理學動態，1 期，28～33 頁。

黃希庭 (主編) (1988)：心理學實驗指導。北京市：人民教育出版社。

黃希庭、徐鳳姝 (主編) (1988)：大學生心理學。上海市：上海人民出版社。

黃希庭、張進輔、張蜀林 (1988)：我國大學生需要結構的調查。心理科學通訊，2 期，7～12 頁。

黃希庭 (1991)：心理學導論。北京市：人民教育出版社。

黃希庭 (主編) (1992)：家庭教育藝術。北京市：科學技術文獻出版社。

黃希庭、張蜀林 (1992)：562 個人格特質形容詞的好惡度、意義度和熟悉度的測定。心理科學，15 卷，5 期，17～22 頁。

黃希庭、張進輔、李　紅等 (1994)：當代中國青年價值觀與教育。成都市：四川教育出版社。

韋政通 (1988)：中國的智慧。北京市：中國和平出版社。

彭凱平 (1990)：心理測驗——原理與實踐。北京市：華夏出版社。

斯米爾諾夫 (朱智賢等譯，1957)：心理學。北京市：人民教育出版社。

斯米爾諾夫 (編) (李　沂等譯，1984)：蘇聯心理學的發展與現狀。北京市：人民教育出版社。

斯特里勞 (閻　軍譯，1987)：氣質心理學。瀋陽市：遼寧人民出版社。

張　德 (1990)：關於性別偏見的調查報告。社會心理研究，3 期，1～6 頁。

張述祖等 (編選) (1983)：西方心理學家文選。北京市：人民教育出版社。

張春興、簡茂發 (1969)：自我能力與性格的了解對大學生成績的影響。台灣師大心理與教育，3 期，89～99 頁。

張春興 (1989)：張氏心理學辭典。台北市：東華書局 (繁體字版)。上海市：上

海辭書出版社 (1992) (簡體字版)。

張春興 (1991)：現代心理學。台北市：東華書局 (繁體字版)。上海市：上海人民出版社 (1994) (簡體字版)。

張伯源 (1985)：心血管病人的心身反應特點的研究 (II)。對冠心病病人的行為類型特徵的探討。心理學報，17 卷，3 期，314～321 頁。

張岱年 (1992)：人格之謎序。見曲煒：人格之謎。北京市：中國人民大學出版社。

張厚粲、孟慶茂、鄭日昌 (1981)：關於認知方式的實驗研究——場依存性特徵對學習和圖形後效的影響。心理學報，13 卷，3 期，299～304 頁。

張厚粲、鄭日昌、李德偉 (1988)：場依存性——獨立性的認知方式與內外傾向性格的關係。見謝斯駿、張厚粲 (主編)：認知方式——一個人格維度的實驗研究。北京市：北京師範大學出版社。

張厚粲、吳　正 (1994)：公衆的智力觀——北京普通居民對智力看法的調查研究。心理科學，17 卷，2 期，65～81 頁。

董　奇 (1992)：心理與教育研究方法。廣州市：廣東教育出版社。

程　莎、湯慈美等 (1990)：人格類型對應激反應影響的實驗研究 (自然應激源部分)。心理學報，22 卷，2 期，197～204 頁。

董　毅、邵厚雲、劉　巍 (1994)：癌症患者的抑鬱調查與分析。中國臨床心理學雜誌，2 卷，4 期，235～236 頁。

赫根漢 (何　瑾、馮增俊譯，1986)：人格心理學導論。海口市：海南人民出版社。

鄭日昌 (編著) (1987)：心理測量。長沙市：湖南教育出版社。

舒爾茨 (沈德燦等譯，1981)：現代心理學史。北京市：人民教育出版社。

楊中芳 (1991a)：試論中國人的“自己”——理論與研究方向。見楊中芳和高尚仁 (合編)：中國人・中國心——人格與社會篇。台北市：遠流出版公司。

楊中芳 (1991b)：回顧港、台“自我”的研究——反省與展望。見楊中芳、高尚仁 (合編)：中國人・中國心——人格與社會篇。台北市：遠流出版公司。

楊中芳 (1991c)：試論中國人的道德發展——一個自我發展的觀點。見楊國樞和黄光國 (主編)：中國人的心理與行為 (1989)。台北市：桂冠圖書公司。

楊中芳、趙志裕 (1987)：中國受測者所面臨的矛盾困境：對過分依賴西方量表的反省。中華心理學刊，29 卷，2 期，59～78 頁。

楊中芳、高尚仁 (合編) (1991)：中國人・中國心——人格與社會篇。台北市：遠流出版公司。

楊國樞 (1974)：小學與初中學生自我概念的發展及其相關因素。見張春興、楊國樞 (合編)：中國兒童行為之發展，417～453 頁。台北市：環宇出版社。

楊國樞、李本華 (1973)：557 個中文人格特質形容詞的好惡度，意義度及熟悉度。台灣大學心理學系研究報告，11 期。

楊國樞 (1982)：心理學研究的中國化：層次與方向。見楊國樞、文崇一 (主編)：社會及行為科學研究的中國化。台北市：中央研究院民族學研究所。

楊國樞、彭邁克 (1984)：中國人描述性格所採用的基本向度——一項心理學研究中國化的實例。台北市：桂冠圖書公司。

楊國樞、文崇一等 (1988)：社會及行為科學研究法 (上、下册)。台北市：東華書局。

楊國樞 (主編) (1993)：本土心理學的開展。台北市：桂冠圖書股份有限公司。

楊曉玲、顧伯美等 (1990)：精神遲滯兒童智力水平變化追踪研究。中國心理衛生雜誌，4 卷，2 期，72～74 頁。

榮　格 (黃奇銘譯，1987)：現代靈魂的自我拯救。北京市：工人出版社。

榮　格 (劉國彬譯，1988)：回憶、夢、思考。瀋陽市：遼寧人民出版社。

盧　梭 (李平漚譯，1983)：愛彌兒 (下卷)。北京市：商務印書館。

魯、傅爾頓 (合編) (趙以炳等譯，1974)：醫學生理學和生物物理學 (上册)。北京市：科學出版社。

魯賓斯坦 (趙璧如譯，1965)：心理學的原則和發展道路，124～125 頁。北京市：生活・讀書・新知三聯書店。

鮑　爾、希爾加德 (邵瑞珍等譯，1987)：學習論——學習活動的規律探索。上海市：上海教育出版社。

劉連沛 (1995)：維吾爾族女性易性癖一例報告。中國心理衛生雜誌，9 卷，2 期，87 頁。

燕國材 (1994)：《周易》的心理學思想及其在先秦的發展。心理學報，36 卷，3 期，312～318 頁。

懷特利 (朱深潮等編譯，1993)：大學生人格發展。杭州市：浙江大學出版社。

潘　菽 (1939/1987)：學術中國化問題爭議。見潘菽心理學文選，37～52 頁。南京市：江蘇教育出版社。

潘　菽 (1988)：教育心理學。北京市：人民教育出版社。

韓進之等 (1986)：德育心理學概論。上海市：上海人民出版社。

魏承思 (1991)：中國佛教文化論稿。上海市：上海人民出版社。

魏英敏 (主編) (1993)：新倫理學教程。北京市：北京大學出版社。

霍　爾 (陳維正譯，1985)：弗洛伊德心理學入門。北京市：商務印書館。

謝斯駿、張厚粲 (1988)：認知方式：一個人格維度的實驗研究。北京市：北京師範大學出版社。

謝爾曼、登馬克 (高　佳等譯，1987)：婦女心理學。北京市：中國婦女出版社。

閻克樂 (1990)：自我控制及其臨床應用。北京市：科學出版社。

蘇林雁等 (1994)：Piers-Harris 兒童自我意識量表在湖南的修訂。中國臨床心理學雜誌，2 卷，1 期，14～18 頁。

羅杰斯 (劉焜輝譯，1986)：諮詢和心理治療。台北市：天馬文化事業公司。

蘭伯斯 (魏明庠等譯，1990)：社會心理學。北京市：地質出版社。

龔耀先 (1983)：修訂艾森克個性問卷手冊。長沙市：湖南醫學院印。

Abramson, L. Y., Seligman, M. E. P., & Teasdale, J. D. (1978). Learned helplessness in humans: Critique and reformulation. *Journal of Abnormal Psychology,* 87, 49～74.

Adler, A. (1924). *The practice and theory of individual psychology.* New York: Harcourt Brace Jovanovich.

Adler, A. (1930). Individual psychology. In C. Murchison (Ed.), *Psychology of 1930.* Worcester, Mass: Clark University Press.

Adler, A. (1931). *What life should mean to you.* New York: Putnam's.

Adler, A. (1929/1969). *The science of living.* New York: Doubleday.

Aiken, L. R. (1991). *Psychological testing and assessment* (7th ed.). Boston: Allyn & Bacon.

Aiken, L. R. (1993). *Personality: Theories, research, and applications.* Englewood Cliffs, NJ: Prentice-Hall.

Alexander, I. E. (1990). *Personality: Method and content in personality assessment and psychobiography.* Durham: Duke University Press.

Allport, G. W. (1937). *Personality: A psychological interpretation.* New York: Holt.

Allport, G. W. (1955). *Becoming: Basic considerations for a psychology of personality.* New Haven, CT: Yale University Press.

Allport, G.W. (1961). *Pattern and growth in personality.* New York: Holt, Rinehart & Winston.

Allport, G.W. (1965). *Letters from Jenny.* New York: Harcourt, Brace & World.

Allport, G.W. (1966). Traits revisited. *American Psychologist,* 21, 1～10.

Allport, G. W. (1968). *The person in psychology: Selected essays.* Boston: Beacon Press.

Allport, G. W., & Odbert, H. S. (1936). Trait-names: A psycholexical study.

Psychological Monographs, 47 (211), 1～171.

Allport, G. W., & Vernon, P. E. (1933). *Studies in expressive movement.* New York: Macmillan.

Allport, G. W., Vernon, P. E., & Lindzey, G. (1960). *A study of values* (3rd ed.). Boston: Houghton Mifflin.

Anderson, J. R. (1983). *The architecture of cognition.* Cambridge, MA: Harvard University Press.

Antoni, M. H., & Goodkin, K. (1988). Host moderator variables in the promotion of cervical neoplasia: Personality facets (I). *Journal of Psychosomatic Research,* 32, 327～338.

Archer, S. L. (1982). The lower age boundaries of identity development. *Child Development,* 53, 1551～1556.

Aronson, E., & Mettee, D. R. (1968). Dishonest behavior as a function of differential levels of induced self-esteem. *Journal of Personality and Social Psychology,* 9, 121～127.

Aserinsky, E., & Kleitman, N. (1953). Regularly occurring periods of eye motility, and concomitant phenomena during sleep. *Science,* 118, 273～274.

Ashmore, R. D. (1990). Sex, gender, and the individual. In L. A. Pervin (Ed.), *Handbook of personality: Theory and research.* New York: The Guilford Press.

Ashton, P. T. (1985). Motivation and the teacher's sense of efficacy. In C. Ames, & R. Ames (Eds.), *Research on motivation in education* (The classroom milie), Vol. 2. Orlando, FL: Academic Press.

Atkinson, R. L., Atkinson, R.C., & Hilgard, E. R. (1983). *Introduction to psychology* (9th ed.). New York: Harcourt Brace Jovanovich.

Ayllon, T., & Michael, J. (1959). The psychiatric nurse as a behavioral enginieer. *Journal of the Experimental Analysis of Behavior,* 2, 323～334.

Azrin, N. H., & Lindsley, O. R. (1956). The reinforcement of cooperation between children. *Journal of Abnormal and Social Psychology,* 52, 100～102.

Baer, I. S., Holt, C. S., & Lichtenstein, E. (1986). Self-efficacy and smoking reexamined: Construct validity and clinical utility. *Journal of Consulting and Clinical Psychology,* 54, 846～852.

Bandura, A. (1962). Social learning through imitation. In M. R. Jones (Ed.), *Nebraska symposium on motivation.* Lincoln, NE: University of

Nebraska Press.

Bandura, A. (1965). Influence of model's reinforcement contingencies on the acquisition of imitative response. *Journal of Personality and Social Psychology,* 1, 589～595.

Bandura, A. (Ed.) (1971). *Psychological modeling: Conflicting theories.* Chicago, IL: Aldine-Atherton.

Bandura, A. (1974). Behavior theories and the models of man. *American Psychologist,* 29, 859～869.

Bandura, A. (1977). *Social learning theory.* Englewood Cliffs, NJ: Prentice-Hall.

Bandura, A. (1978). Self system in reciprocal determinism. *American Psychologist,* 33, 344～358.

Bandura, A. (1982). Self-efficacy mechanisms in human agency. *American Psychologist,* 37, 122～147.

Bandura, A. (1986). *Social foundations of thought and action: A social cognitive theory.* Englewood Cliffs, NJ: Prentice-Hall.

Bandura, A., & Walters, R. H.(1963). *Adolescent aggression.* New York: Ronald.

Bandura, A., & Mischel, W. (1965), Modification of self-imposed delay of reward through exposure to live and symbolic models. *Journal of Personality and Social Psychology,* 2, 698～705.

Bandura, A., Blanchard, E. B., & Ritter, B. (1969). Relative efficacy of desensitization and modeling approaches for inducing behavioral, affective, and attitudinal changes. *Journal of Personality and Social Psychology,* 13, 173～199.

Bandura, A., Adams, N. E., & Beyer, J. (1977). Cognitive processes mediating behavioral change. *Journal of Personality and Social Psychology,* 35, 125～139.

Bandura, A., Adams, N.E., Hardy, A. B., & Howells, G.N. (1980). Tests of the generality of self-efficacy theory. *Cognitive Therapy and Research,* 4, 39～66.

Bandura, A., Reese, L., & Adams, N.E. (1982). Microanalysis of action and fear arousal as a function of differential levels of perceived self-efficacy. *Journal of Personality and Social Psychology,* 43, 5～21.

Bandura, A., O'Leary, A., Taylor, C. B., Gauthier, J., & Gossard, D. (1987). Perceived self-efficacy and pain control: Opioid and nonopioid mechanisms. *Journal of Personality and Social Psychology,* 53, 563～

571.

Bandura, A., Cioffi, D., Taylor, C.B., & Brouillard, M.E. (1988). Perceived self-efficacy in coping with cognitive stressors and opioid activation. *Journal of Personality and Social Psychology*, 55, 479～488.

Bandura, A., & Wood, R.(1989). Effect of perceived controllability and performance standards on self-regulation of complex decision making. *Journal of Personality and Social Psychology,* 56, 805～814.

Bannister, D. (Ed.) (1977). *New perspectives in personal construct theory.* New York: Academic Press.

Bargh, J. A., & Tota, M.E. (1988). Context-dependent automatic processing in depression: Accessibility of negative constructs with regard to self but not others. *Journal of Personality and Social Psychology,* 54, 925～939.

Barker, R. G., & Wright, H. F. (1951). *One boy's day.* New York: Harper & Row.

Barnett, M.A., King, L. M., & Howard, J.A. (1979). Inducing affect about self or other: Effects on generosity in children. *Developmental Psychology,*.15, 164～167.

Baron, R. A. (1974). The aggression-inhibiting influences, of heightened sexual arousal. *Journal of Personality and Social Psychology,* 30, 318～322.

Baron, R. A. (1976). The reduction of human aggression : A field study of the influence of incompatible reactions. *Journal of Applied Social Psychology,* 6, 260～274.

Baron, R. A. (1983). The control of human aggression: A strategy based on incompatible responses. In R. G. Geen & E. I. Donnerstein (Eds.), *Aggression: Theoretical and empirical reviews,* Vol. 2. New York: Academic Press,.

Baron, R. A., & Richardson, D. R. (1994). *Human aggression* (2nd ed.). New York: Plenum Press.

Barry, H., Child, I., & Bacon, M. (1959). Relation of child training to subsistence economy. *American Anthropologist,* 61, 51～63.

Batson, C. D., Duncan, B. D., Ackerman, P., Buckley, T., & Birch, K. (1981). Is empathic emotion a source of altruistic motivation ? *Journal of Personality and Social Psychology,* 40, 290～302.

Batson, C. D., & Coke, J. S. (1981). Empathy: a source of altruistic motivation for helping ? In J. P. Rushton & R. M. Sorrentino (Eds.),

Altruism and helping behavior. Hillsdale, NJ: Erlbaum.

Baumgardner, A. H.(1990). To know oneself is to like oneself: Self-certainty and self-affect. *Journal of Personality and Social Psychology,* 58, 1062～1072.

Baumgarten, F. (1933). Die Charaktereigenshaften. [The character traits]. In Beitraege *zur Charakter–und Personlichkeitscforschung* (Whole No. 1). Bern: A. Francke.

Bayley, N. (1970). Development of mental abilities. In P. Mussen (Ed.), *Carmichael's manual of child psychology,* Vol. 1. New York: John Wiley.

Beck, A. T. (1967). *Depression: Clinical, experimental and theoretical aspects*. New York: Harper & Row.

Beck, A.T. (1987). Cognitive models of depression. *Journal of Cognitive Psychotherapy,* 1, 27～30.

Bem, S. L. (1974). The measurement of psychological androgyny. *Journal of Consulting and Clinical Psychology,* 42, 165～172.

Bem, S. L. (1975). Sex-role adaptability: One consequence of psychological androgyny. *Journal of Personality and Social Psychology,* 31, 634～643.

Bem, S. L. (1977). On the utility of alternative procedures for assessing psychological androgyny, *Journal of Consulting and Clinical Psychology,* 46, 196～205.

Bem, S. L. (1981). Gender schema theory: A cognitive account of sex typing. *Psychological Review,* 88, 354～364.

Bennett, P., Weinman, J., & Spurgeon, P. (Eds.) (1990). *Current developments in health psychology*. London: Harwood Academic.

Bergin, A. E., & Lambert, M. J. (1978). The evaluation of therapeutic outcomes. In S. L. Garfield, & A. E. Bergin (Eds.), *Handbook of psychotherapy and behavior change* (2nd ed.). New York: John Wiley.

Berkowitz, L., & LePage, A. (1967). Weapons as aggression-eliciting stimuli. *Journal of Personality and Social Psychology,* 7, 202～207.

Berkowitz, L. (1971). The contagion of violence: As S-R mediational analysis of some effects of observed aggression. In W. J. Arnold & M. M. Page (Eds.), *Nebraska symposium on Motivation,* Vol. 18. Lincoln, NE: University of Nebraska Press.

Berkowitz, L. (1974). Some determinants of impulsive aggression: The role of mediated associations with reinforcements for aggression.

Psychological Bulletin, 81, 165～176.

Berkowitz, L. (1989). Frustration-aggression hypothesis: Examination and reformulation. *Psychological Bulletin,* 106, 59～73.

Binet, A., & Simon, T. (1905). New methods for the diagnosis of the intellectual level of subnormals. *Annals of Psychology,* 11, 191.

Blanchard, R. J., & Blanchard, D. C. (1984). *Advances in the study of aggression,* Vol. 1. Orlando, FL: Academic Press.

Blanchard, R. J., & Blanchard, D. C. (1986). *Advances in the study of aggression,* Vol. 2. Orlando, FL: Academic Press.

Block, J. (1971). *Lives through time.* Berkeley: Bancroft Books.

Block, J. H. (1984). *Sex role identity and ego development.* San Francisco: Jossey-Bass.

Blum, G. S. (1949). A study of the psychoanalytic theory of psychosexual development. *Genetic Psychology Monographs,* 39, 3～99.

Blum, G. S., & Hunt, H. F. (1952). The validity of the Blacky Pictures. *Psychological Bulletin,* 49, 238～250.

Blum, G. S. (1962). A guide for the research use of the Blacky Pictures. *Journal of Projective Techniques,* 26, 3～29.

Botwinick, J. (1984). *Aging and human behavior: A comprehensive integration of research findings* (3rd ed.). New York: Springer.

Bowers, K. S. (1973). Situationism in psychology: An analysis and critique. *Psychological Review,* 80, 307～336.

Brewin, C. R. (1989). Cognitive change processes in psychotherapy. *Psychological Review,* 96, 379～394.

Briggs, K. C., & Myers, I. B. (1976). *Myers-Briggs Type Indicator.* Palo Alt, CA: Consulting Psychologists Press.

Brody, E. B., & Brody, N. (1976). *Intelligence: Nature, determinants, and consequences.* New York: Academic Press.

Bronfenbrenner, U. (1951). Toward an integrated theory of personality. In I. R. Black, & G. V. Ramsey (Eds.), *Perception: An approach to personality.* New York: The Ronald Press.

Bronfenbrenner, U. (1958). Socialization and social class through time and space. In E. E. Maccoby, et al. (Eds.), *Readings in social psychology* (3rd ed.). New York: Holt, Rinehart and Winston.

Brown, D. C., McLaughlin, T. F., & Harman, R. (1979). The effects of instructions on repetitive overtracing with a hyperactive child. *Behavioral Engineering,* 5, 149～154.

Brown, J. D. (1986). Evaluations of self and others: Self-enhancement biases in social judgements. *Social Cognition,* 4, 353～376.

Brown, P., & Elliott, R. (1965). Control of aggression in a nursery school class. *Journal of Experimental Child Psychology,* 2, 203～211.

Bruch, M.A., Kaflowitz, N. G., & Berger, P. (1988). Self-schema for assertiveness: Extending the validity of the self-schema construct. *Journal of Resarch in Personality,* 22, 424～444.

Burger, J. M. (1990). *Personality* (2nd ed.). Belmont, CA: Wadsworth.

Burnstein, M. H. (1981). Child abandonment: Historical, sociological, and psychological perspective. *Child Psychiatry and Human Development,* 11, 213～221.

Buss, A. H. (1961). *The psychology of aggression.* New York: Wiley.

Buss, D. M., & Craik, K. H. (1984). Acts, dispositions, and personality. In B. A. Maher (Ed.), *Progress in experimental personality research*, Vol. 13. New York: Academic Press.

Butler, J. M., & Haigh, G. V. (1954). Changes in the relation between self-concepts and ideal concepts consequent upon client-centered counseling. In C.R.Rogers, & R. F. Dymond (Eds.), *Psychotherapy and personality change: Coordinated studies in the client-centered approach.* Chicago: University of Chicago Press.

Byrne, D. (1974). *An introduction to personality.* Englewood Cliffs, NJ: Prentice-Hall.

Calhoun, J. B. (1962). Population density and social pathology. *Scientific American,* February, 139～148.

Campbell, D. T. (1983). The two distinct routes beyond kin selection to ultrasociality: Implications for the humanisties and social sciences. In D. L. Bridgeman (Ed.), *The nature of prosocial behavior.* New York: Academic Press.

Campbell, J. B., & Hawley, C.W. (1982). Study habits and Eysenck's theory of extraversion-introversion. *Journal of Research in Personality,* 16, 139～146.

Cannon, W. B. (1929). *Bodily changes in pain, hunger, fear, and rage.* New York: Appleton.

Carlsmith, J. M., & Gross, A. E. (1969). Some effects of guilt on compliance. *Journal of Personality and Social Psychology,* 11, 232～239.

Carlson, R. (1971). Where is the person in personality research? *Psychological Bulletin,* 75, 203～219.

Carstensen, L. L., & Neale, J. M. (1989). *Mechanisms of psychological influence on physical health.* New York: Plenum.

Cartwright, R. D. (1978a). Happy endings for our dreams. *Psychology Today,* December, 66～76.

Cartwright, R. D. (1978b). *A primer on sleep and dreaming.* Reading, MA: Addision-Wesley.

Carver, C. S. (1988). *Perspective on personality.* Boston: Allyn & Bacon.

Cattell, R. B. (1950). *Personality: A systematic, theoretical, and factual study.* New York: McGraw-Hill.

Cattell, R. B. (1957). *Personality and motivation structure and measurement.* New York: Harcourt Brace Jovanovich.

Cattell, R. B., Young, H.B., & Hundleby, J. D. (1964). Blood groups and personality traits. *American Journal of Human Genetics,* 16, 397～402.

Cattell, R. B. (1965). *The scientific analysis of personality.* Baltimore, MD: Penguin.

Cattell, R. B. (Ed.) (1966). Psychological theory and scientific method. In R. B. Cattell (Ed.), *Handbook of multivariate experimental psychology.* Chicago: Rand McNally.

Cattell, R. B., & Cross, K. P. (1952). Comparison of the ergic and self-sentiment structures found in dynamic traits by R- and P- techniques. *Journal of Personality,* 21, 250～271.

Cattell, R. B., & Kline, P. (1977). *The scientific analysis of personality and motivation.* New York: Academic Press.

Cattell, R. B., & Johnson, R. (1986). *Function psychological testing.* New York: Brunner/Mazel.

Cattell, R. B., & Scheier, I. H. (1961). *The meaning and measurement of neuroticism and anxiety.* New York: Ronald Press.

Chapman, L. J., & Chapman, J. P. (1969). Illusory correlation as an obstacle to the use of valid psychodiaqnostic signs. *Journal of Abnormal Psychology,* 74, 271～280.

Chlopan, B.E., McCain, M.L., Carbonell, J. L., & Hagen, R. L. (1985). Empathy: A review of avaiabe measures. *Journal of Personality and Social Psychology,* 48, 635～653.

Clark,R. D., III, & Word, L. E. (1972). Why don't bystanders help? Because of ambiguity? *Journal of Personality and Social Psychology,* 24, 392～400.

Cloninger, S. C. (1993). *Theories of personality: Understanding persons.* Englewood Cliffs, NJ: Prentice Hall.

Cohen, D. B. (1979). Dysphoric affect and REM sleep. *Journal of Abnormal Psychology,* 88, 73～77.

Cohen, J. (1977). *Statistical power analysis for the behavioral sciences.* New York: Academic Press.

Cohen, S., & Wills, T.A. (1985). Stress, social support, and the buffering hypothesis. *Psychological Bulletin,* 98, 310～357.

Conley, J. J. (1984). Longitudinal consistency of adult personality: Self-reported psychological characteristics across 5 years. *Journal of Personality and Social Psychology*, 47, 1325～1333.

Contrada, R. J., Leventhal, H., & O'Leary, A. (1990). Personality and health. In L. A. Perrin (Ed.), *Handbook of personality: Theory and research.* New York: The Guildford Press.

Cool, E. P. (1985). *Psychology androgyny.* New York: Pergamon Press.

Cooley, C. (1902). *Human nature and social order.* New York: Scribner.

Coopersmith, S. (1967). *The antecedents of self-esteem.* San Francisco: W. H. Freeman.

Coopersmith, S. (1984). *Coopersmith self-esteem inventories.* Palo Alto, CA: Consulting Psychologists Press.

Cross, H. J. (1966). The relationship of parental training condition to conceptual level in adolescent boys. *Journal of Personality,* 34, 348～365.

Crumbaugh, J. D., & Maholic, L. T. (1964). An experimental study in existentialism: The psychometric approach to Frankl's concept of noogenic neurosis. *Journal of Clinical Psychology,* 20, 200～207.

Dambrot, F. H., Papp, M. E., & Whitmore, C. (1984). The sex-role attitudes of three generations of woman. *Personality and Social Psychology Bulletin,* 10, 469～473.

Davis, P.J., & Schwartz, G. E. (1987). Repression and the inaccessibility of affective memories. *Journal of Personality and Social Psychology,* 52, 155～162.

Davison, G. C., & Neale, J. M. (1990). *Abnormal psychology* (5th ed.).

New York: John Wiley.

Dembroski, T. M., MacDougall, J. M., & Lushene, R. (1979). Interpersonal interaction and cardiovascular responses in type A subjects and coronary patients. *Journal of Human Stress,* 5, 28～36.

Dembroski, T. M., & Costa, P. T. (1987). Coronary-prone behavior: Components of the type A pattern and hostility. *Journal of Personality,* 55, 211～235.

Dembroski, T. M., MacDougall, J. M., Costa, P. T., & Grandits, G. A. (1989). Components of hostility as predictiors of sudden death and myocardial infarction in the Multiple Risk Factor Intervention Trial. *Psychosomatic Medicine,* 51, 514～522.

Dement, W. C., & Kleitman, N. (1957). The relation of the eye movements during sleep to dream activity: An objective method for the study of dreaming. *Journal of Experimental Psychology,* 53, 339～346.

Dement, W. C., & Wolpert, E. A. (1958). The relationship of eye movements, body motility, and external stimuli to dream content. *Journal of Experimental Psychology,* 55, 543～553.

Dengerink, H. A., O'Leary, M. R., & Kasner, K. H. (1975). Individual differences in aggressive responses to attack: Internal-external locus of control and field dependence-independence. *Journal of Research in Personality,* 9, 181～199.

Derry, P. A., & Kuiper, N. A. (1981). Schematic processing and self-reference in clinical depression. *Journal of Abnormal Psychology,* 90, 286～297.

Digman, J. M. (1990). Personality structure: Emergence of the five- factor model. *Annual Review of Psychology,* 41, 417～440.

Dobson, K. S., & Shaw, B. F. (1987). The specificity and stability of self-referentical encoding in clinical depression. *Journal of Abnormal Psychology,* 96, 34～40.

Dodd, D. H., & White, R. M. (1980). *Cognition, mental structures and processes.* Boston: Allyn & Bacon.

Dollard, J., Doob, L. W., Miller, N. E., Mowrer, O. H., & Sears, R. R. (1939). *Frustration and aggression.* New Haven: Yale University Press.

Dollard, J., & Miller, N. E. (1941). *Social learning and imitation.* New Haven: Yale University Press.

Dollard, J., & Miller, N. E. (1950). *Personality & psychotherapy: An analysis in terms of learning, thinking, and culture.* New York: McGraw-

Hill.

Donnerstein, E., Donnerstein, M., & Evans, R. (1975). Erotic stimuli and aggression: Facilitation or inhibition. *Journal of Personality and Social Psychology,* 32, 237～244.

Duke, M., & Nowicki, S. Jr. (1979). *Abnormal psychology: Perspectives on being different.* Monterey, CA: Brooks/Cole.

Duval, S., Duval, V. H., & Neely, R. (1979). Self-focus, self-responsibility and helping behavior. *Journal of Personality and Social Psychology,* 37, 1769～1778.

Eagle, M. N. (1988). How accurate were Freud's case histories?: Review of Freud and the Rat Man. *Contemporary Psychology,* 33, 205～206.

Eagly, A.H., & Steffen, V. J. (1986). Gender and aggressive behavior: A meta-analytic review of the social psychological literature. *Psychological Bulletin,* 100, 309～330.

Eagly, A. H., & Johnson, B. T. (1990). Gender and leadership style: A meta-analysis. *Psychological Bulletin,* 108, 233～256.

Eagly, A. H., & Karau, S. J. (1991). Gender and the emergence of leaders: A meta-analysis. *Journal of Personality and Social Psychology,* 60, 685～710.

Eagly, A. H., Karau, S. J., & Makhijani, M. (1995). Gender and the effectiveness of leader: A meta-analysis. *Psychological Bulletin,* 117, 125～145.

Edmunds, G., & Kendrick, D. C. (1980). *The measurement of human aggressiveness.* Chichester, UK: Ellis Horwood.

Edwards, A. L. (1959). *Manual for the Edwards Personal Preference Schedule.* New York: Psychological Corp.

Eisenberg, N., & Strayer, J. (Eds.) (1987). *Empathy and its development.* New York: Cambridge University Press.

Engler, B. (1985). *Personality theories: An introduction* (2nd ed.). Boston: Houghton Mifflin Company.

Epstein, S. (1979). The stability of behavior: On predicting most of the people much of the time (I). *Journal of Personality and Social Psychology,* 37, 1097～1126.

Epstein, S. (1980). The stability of behavior: Implicate for psychological research (II). *American Psychologist,* 35, 790～806.

Epstein, S. (1983). Aggregation and beyond: Some basic issues on the prediction of behavior. *Journal of Personality,* 51, 360～392.

Epstein, S. (1984). The stability of behavior across time and situations. In A. Zucker, J. Aronoff, & A. I. Rabin (Eds.), *Personality and the prediction of behavior.* Orlando, FL: Academic Press.

Epstein, Y. M., Woolfolk, R. L., & Lehrer, P.M. (1981). Physiological, cognitive, and nonverbal responses to repeated exposure to crowding. *Journal of Applied Social Psychology,* 11, 1～13.

Erikson, E. H. (1945). Childhood and tradition in two American Indian tribes. *In the psychoanalystic study of the child,* Vol. 1. New York: International Universities Press.

Erikson, E. H. (1958). *Young man Luther.* New York: Norton.

Erikson, E. H. (1959). *Identity and the life cycle. Selected papers.* New York: International Universities Press.

Erikson, E. H. (1963). *Childhood and society* (2nd ed.). New York: Norton.

Erikson, E. H. (1964). *Insight and responsibility.* New York: Norton.

Erikson, E. H. (1968). *Identity, youth, and crisis.* New York: Norton.

Erikson, E. H. (1969). *Ganddhi's truth.* New York: Norton.

Eron, L. D. (1982). Parent-child interaction, television violence, and aggression of children. *American Psychologist,* 37, 197～211.

Eron, L. D., & Huesmann, L. R. (1984). The control of aggressive behavior by changes in attitudes, values, and the conditions of learning. In R. J. Blanchard, & D. C. Blanchard (Eds.), *Advances in the study of aggression,* Vol. 1. New York: Academic Press.

Erwin, E. (1980). Psychoanalytic therapy: The Eysenck argument. *American Psychologist,* 13, 435～443.

Eysenck, H. J. (1952a). The effects of psychotherapy: An evalution. *Journal of Consulting Psychology,* 15, 319～324.

Eysenck, H. J. (1952b). *The scientific study of personality.* London: Routledge.

Eysenck, H. J. (1965). *Fact and fiction in psychology.* Baltimore: Penguin Books.

Eysenck, H. J. (1967). *The biological basis of personality.* Springfield, Ill.: Thomas.

Eysenck, H. J. (1970). *The structure of human personality* (3rd ed.). London: Methuen.

Eysenck, H. J. (1976). *The measurement of personality.* Lancasler, England: Medical & Technical Publishers.

Eysenck, H. J. (1983). Is there a paradigm in personality research? *Journal of Research in Personality,* 17, 369～397.

Eysenck, H.J., & Eysenck, M. W. (1985). *Personality and individual differences: A natural science approach.* New York: Plenum.

Eysenck, H. J. (1988). The respective importance of personality cigarette smoking and interaction effects for the genesis of cancer and coronary heart disease. *Personality and Individual Differences,* 9, 453～464.

Ferster, C. B., & Skinner, B. F. (1957). *Schedules of reinforcement.* Englewood Cliffs, NJ: Prentice-Hall.

Feshbach, S. (1970). Aggression. In P. H. Mussen (Ed.), *Carmichael's manual of child psychology.* New York: John Wiley.

Feshbach, S., & Singer, R. (1971). *Television and aggression.* San Francisco: Jossy-Bass.

Fischer, W.F. (1963). Sharing in preschool children as a function of amount and type of reinforcement. *Genetic Psychological Monography,* 68, 215～245.

Fisher, S., & Greenberg, R. P. (1977). *The scientific credibility of Freud's theories and therapy.* New York: Basic Books.

Fitts, W. H. (1965). *Manual for the Tennessee Self Concept Scale.* Los Angeles: Western Psychological Services.

Flavell, J. H., Botkin, P. T., Fry, C. L., Jr., Wright, J. W., & Jarvis, P.E. (1968). *The development of role- taking and communication skills in young children.* New York: John Wiley.

Fox, B. H. (1978). Premorbid psychological factors as related to cancer incidence. *Journal of Behavioral Medicine,* 1, 45～133.

Freedman, J. L., Wallington, S. A., & Bless, E. (1967). Compliance without pressure: The effect of guilt. *Journal of Personality and Social Psychology,* 7, 117～124.

Freud Anna (1936). *The ego and the mechanisms of defense.* London: Hogarth Press.

Freud, S. (1915). The unconsious. In J. Strachey (Ed.), *Standard edition of the complete psychological works of Sigmund Freud,* Vol. 14. London: Hogerth.

Freud, S. (1947). *Leonardo da Vinci: A study in psychosexuality*. Translated by A. A. Brill. New York: Random House.

Freud, S. (1900/1953). The interpretation of dreams, In J. Strachey (Ed.), *Standard edition of the complete psychological works of Sigmund Freud,* Vols. 4 & 5. London: Hogarth Press.

Freud, S. (1909/1955). Analysis of a phobia in a five-year-old boy. In J. Strachey (Ed.), *Standard edition of the complete psychological works of Sigmund Freud,* Vol. 10. London: Hogarth Press.

Freud, S. (1920/1953). Beyond the pleasure principle. In J. Strachey (Ed.), *Standard edition of the complete psychological works of Sigmund Freud,* Vol. 19, London: Hogarth Press.

Freud, S. (1928/1961). Dostoevsky and patricide. In J. Strachey (Ed.), *Standard edition of the complete psychological works of Sigmund Freud,* Vol. 21. London: Hogarth Press.

Freud, S. (1930/1961). Civilization and its discontents. In J. Strachey (Ed.), *Standard edition of the complete psychological works of Sigmund Freud,* Vol. 21. London: Hogarth Press.

Freud, S. (1939/1964). Moses and monotheism. In J. Strachey (Ed.), *Standard edition of the complete psychological works of Sigmund Freud,* Vol. 23. London: Hongarth Press.

Freud, S. (1940/1949). *An outline of psychoanalysis*. New York: Norton.

Friedman, H. S. (Ed.). (1991). *Hostility, coping and health*. Washington, DC: American Psychological Association.

Friedman, M., & Rosenman, R. H. (1974). *Type A behavior and your heart*. New York: Knopf.

Fromm, E. (1941). *Escape from freedom*. Boston, MA: Hougarth Mifflin.

Fromm, E. (1950). *Psychoanalysis and religion*. New Haven: Yale University Press.

Funder, D. C., Block, J. H., & Block, J. (1983). Delay of gratification: Some longitudinal personality correlates. *Journal of Personality and Social Psychology,* 44, 1198～1213.

Furman, W., Rahe, D., & Hartup, W. W. (1979). Rehabilitation of socially withdrawn preschool children through mixedaged and same-sex socialization. *Child Development,* 50, 915～922.

Gallup, G. G., Jr. (1977). Self-recognition in primates: A comparative approach to the bidirectional properties of consciousness. *American Psychologist,* 32, 329～338.

Galton, F. (1962/1869). *Hereditary genius: An inquiry into its laws and consequences*. London: Collins.

Galton, F. (1879). Psychometric experiments. *Brain*, 2, 149～162.

Gamble, K. R. (1972). The HIT: A review. *Psychological Bulletin,* 77, 172～194.

Garske, J. P., & Lynn, S. J. (1985). Toward a general scheme for psychotherapy. In S. J. Lynn, & J. P. Garske (Eds.), *Contemporary psychotherapies: Models and methods*. Columbus: Merrill Press.

Gatchel, R. J., Baum, A., & Krantz, D. (1989). *An introduction to health psychology* (2nd ed.). New York: Random House.

Geen, J. H., & Jarmecky, L. (1973). The effect of being responsible for reducing another's pain on subjects' response and arousal. *Journal of Personality and Social Psychology,* 26, 232～237.

Geen, R. G. (1968). Effects of frustration, attack, and prior training in aggressiveness upon aggressive behavior. *Journal of Personality and Social Psychology,* 9, 316～321.

Geen, R. G., & Stonner, D. (1971). Effects of aggressiveness habit strength on behavior in the presence of aggression-related stimuli. *Journal of Personality and Social Psychology,* 17, 721～726.

Geer, J. H. (1965). The development of a scale to measure fear. *Behavior Research and Therapy,* 3, 45～53.

Gelfand, D. M., & Hartmann, D. P. (1982). Response consequences and attributions: two contributors to prosocial behavior. In N. Eisenberg (Ed.), *The development of prosocial behavior*. New York: Academic Press.

Gibson, S., & Dembo, M. (1984). Teacher efficacy: A construct validation. *Journal of Education Psychology,* 76, 569～582.

Glass, D. C. (1977). *Behavior patterns, stress, and coronary disease*. Hillsdale, NJ: Erlbaum.

Goldberg, L. R. (1992). The development of markers for the Big-Five-Factor structure. *Psychological Assessment,* 4 (1), 26～42.

Goldberg, P. (1968). Are women prejudiced against woman? *Transaction,* 5, 28～30.

Goldstein, A. P.,& Keller, H. R. (1987). *Aggressive behavior: Assessment and intervention*. Oxford, England: Pergamon Press.

Goldstein, M., & Rodnick, E. H. (1975). The family's contribution to the etiology of schizophrenia: Current status. *Schizophrenia Bulletin,* 14, 48～63.

Gotlib, I.H., & Olson, J. M. (1983). Depression, psychopathology, and self-serving attributions. *British Journal of Clinical Psychology,* 22, 309～319.

Gough, W. G., & Heilbrun, A. B. (1965). *The adjective checklist manual.* Palo Alto, CA: Consulting Psychological Press.

Grossarth-Maticek, R., Bastiaans, J., & Kanazir, D. T. (1985). Psychosocial factors as strong predictors of mortality from cancer, ischaemic heart disease and stroke: The Yugoslav prospective study. *Journal of Psychosomatic Research,* 29 (2), 167～176.

Guilford, J.P. (1988). Some changes in the structure of intellect model. *Educational and Psychological Measurement,* 48, 1～4.

Gutmann, D. (1970). Female ego styles and generational conflict. In J. Bardwick, E. Douvan, M. Horner, & D. Gutmann (Eds.), *Feminine personality and conflicts.* Monterey, CA: Brooks/Cole.

Hall, C., & Van de Castle, R. (1965). An empirical investigation of the castration complex in dreams. *Journal of Personality,* 33, 20～29.

Hall, C. S., & Lindzey, G. (1978). *Theories of personality* (3rd ed.). New York: John Wiley.

Hall, J. A., & Taylor, M. C. (1985). Psychological androgyny and the masculinity x femininity interaction. *Journal of Personality and Social Psychology,* 48, 429～435.

Harlow, H. F. (1958). The nature of love. *American Psychologist,* 13, 673～685.

Harlow, H. F. (1962). The heterosexual affectional system in monkeys. *American Psychologist,* 17, 1～9.

Harris, D. B. (1963). *Children's drawings as measures of intellectual maturity: A revision and extension of the Goodenough Draw-a-Man Test.* New York: Harcourt, Brace & World.

Harris, M. B. (1973). Field studies of modeled aggression. *Journal of Social Psychology,* 89, 131～139.

Hartlage, S., Alloy, L. B., Vazquez, C., & Dykman, B. (1993). Automatic and effortful processing in depression. *Psychological Bulletin,* 113 (2), 247～278.

Hartmann, D. P., Roper, B. I., & Bradford, D. C. (1979). Some relationships between behavioral and traditional assessment. *Journal of Be-*

havioral Assessment, 1, 4.

Hartup, W. W., Moore, S. G., & Sager, G. (1963). Avoidance of inappropriate sextyping by young children. *Journal of Consulting Psychology,* 27, 467～473.

Hasher, L., Zacks, R. T.(1979). Automatic and effortful processes in memory. *Journal of Experimental Psychology: General,* 108, 356～389.

Hathaway, S. R., & McKinley, J. C. (1943). *Minnesota Multiphasic Personality Inventory.* New York: Psychological Corporation.

Hattie, J. (1992). *Self-concept.* Hillsdale, NJ: Lawrence Erlbaum Associates.

Healy, W., Bronner, A. F., & Bowers, A. M. (1930). *The structure and meaning of psychoanalysis.* New York: Knopf.

Hecker, M. H. L., Chesney, M. A., Black, G. W., & Frautschi, N. (1988). Coronaryprone behaviors in the Western Collaborative Group study. *Psychosomatic Medicine,* 50, 153～164.

Heilbrun, A. B., Jr. (1981). Gender differences in the functional linkage between androgyny, social cognition, and competence. *Journal of Personality and Social Psychology,* 41, 1106～1118.

Hellstrand, K., Hermodsson, S., & Strannegard, O. (1985). Evidence for a β-adrenoreceptor-mediated regulation of human natural killer cells. *Journal of Immunology,* 134, 4095～4099.

Hergenhahn, B.R. (1972). *Shaping your child's personality.* Englewood Cliffs, NJ: Prentics-Hall.

Hergenhahn, B.R. (1974). *A self-direcitng introduction to psychological experimentation* (2nd ed.). Monterey, CA: Brooks/Cole.

Hermans, H. J. (1988). On the integration of nomothetic and idiographic research methods in the study of personal meaning. *Journal of Personality,* 56, 785～812.

Hetherington, E. M., & Frankie, G. (1967). Effect of parental dominance, warmth, and conflict on imitation in children. *Journal of Personality and Social Psychology,* 6, 119～125.

Hinde, R. A. (1974). *Biological bases of human social behavior.* New York: McGraw-Hill.

Hiroto, D. S., & Seligman, M. E. P. (1975). Generality of learned helplessness in man. *Journal of Personality and Social Psychology,* 31, 311～327.

Hjelle, L. A., & Ziegler, D. J. (1981). *Personality theories: Basic assumptions, research, and applications* (2nd ed.). New York: McGraw-Hill.

Hobson, J. A., & McCarley, R. W. (1977). The brain as a dream state generator: An activator synthesis hypothesis of the dream process. *American Journal of Psychiatry,* 134, 1335～1348.

Hoffman, M. L. (1975). Altruistic behavior and the parent-child relationship. *Journal of Personality and Social psychology,* 31, 937～943.

Hogan, R., (1969). Development of an empathy scale. *Journal of Consulting and Clinical Psychology,* 33, 307～316.

Hogan, R., DeSoto, C.N., & Colano, C. (1977). Traits, tests, and personality research. *American Psychologist,* 32, 255～264.

Hokanson, J. E., & Burgess, M. (1962). The effects of three types of aggression on vascular processes. *Journal of Abnormal and Social Psychology,* 64, 446～449.

Holden, C. (1980). Twins reunited: More than the faces are familiar. *Science,* 80, 55～59.

Holmes, D. S. (1974). Investigations of repression: Differential recall of material experimantally or naturally associated with ego threat. *Psychological Bulletin,* 81, 632～653.

Holmes, T. H., & Rahe, R. H. (1967). The social adjustment rating scale. *Journal of Psychosomatic Research,* 11, 213～218.

Holtzman, W. H., Thorpe, J. S., Swartz, J. D., & Herron, E. W. (1961). *Inkblot perception and personality-Holtzman Inkblot technique.* Austin, TX: University of Texas Press.

Honzik, M. P., Macfarlane, J. W., & Allen, L. (1948). The stability of mental test performance between two and eighteen years. *Journal of Experimental Education,* 17, 309～324.

Horn, J. L., & Cattell, R. B. (1966). Refinement and test of the theory of fluid and crystallized intelligence. *Journal of Educational Psychology,* 57, 253～270.

Horne, R. L., & Pricard, R. S. (1979). Psychosocial risk factors for lung cancer. *Psychosomatic medicine,* 41, 503～514.

Horney, K. (1937). *The neurotic personality of our time.* New York: Norton.

Horney, K. (1939). *New ways in psychoanalysis.* New York: Norton.

Horney, K. (1942). *Self-analysis.* New York: Norton.

Horney, K. (1945). *Our inner conflicts.* New York: Norton.

Horwitz, W. A. et al. (1965). Identical twin-idiot savant, calendar calculators. *American Journal of Psychiatry,* 121, 1075～1081.

Huesmann, L. R., Eron, L. D., Lefkowitz, M. M., & Walder, L. O. (1984). Stability of aggression over time and generations. *Developmental Psychology,* 20, 1120～1134.

Huesmann, L. R., Eron, L. D., & Yarmel, P. W. (1987). Intellectual functioning and aggression. *Journal of Personality and Social Psychology,* 52, 232～240.

Hui, C. H. (1988). Measurement of individualism-collectivism. *Journal of Research in Personality,* 22, 17～36.

Hyde, J. S., & Linn, M. C. (1988). Gender differences in verbal ability: A meta-analysis. *Psychological Bulletin,* 104, 53～69.

Ingram, R. E., & Wisnicki, K. (1991). Cognition in depression. In P. A. Magaro (Ed.), *Annual review of psychopathology,* Vol. 1. Newbury Park, CA: Sage.

Irwin, M., Daniels, M., Smith, T. L., Blood, E., & Weiner, H. (1987). Impaired natural killer cell activity during bereavement. *Brain Behavior and Immunity,* 1, 98～104.

Isen, A. M., & Levin, P. F. (1972). Effect of feeling good on helping: cookies and kindness. *Journal of Personality and Social Psychology,* 21, 384～388.

Jacobi, J. (1962). *The psychology of C. G. Jung.* New Haven: Yale University Press.

Jacoby, L. L., & Kelley, C. M. (1987). Unconscious influences of memory for a prior event. *Personality and Social Psychology Bulletin,* 13, 314～336.

James, W. (1890). *The principles of psychology.* New York: Henry Holt.

Jarvik, L. F., & Perl, M. (1981). Overview of psychological dysfunction related to psychiatric problems in the elderly. In A. J. Levenson, & R. C. W. Hall (Eds.), *Manifestations of physical disease in the elderly.* New York: Raven.

Jemmott, J. B. III, & Locke, S. E. (1984). Psychological factors, immunologic mediation, and human susceptibility to infectious disease: How much do we know? *Psychological Bulletin,* 95, 78～108.

Jenkins, C. D., Zyzanski, S. J., & Rosenman, R. H. (1979). *Manual for the Jenkins Activity Survey.* New York: Psychological Corporation.

Jensen, A. R. (1969). How much can we boost IQ and scholastic achievement? *Harvard Educational Review*, 39, 1～123.

Jensen, A. R. (1972). Review of the Rorschach. In G. H. Bracht, K. D. Hopkins, & J. C. Stanley (Eds.), *Perspectives in educational and psychological measurement*. Englewood Cliffs, NJ: Prentice Hall.

Jensen, M. R. (1987). Psychobiological factors predicting the course of breast cancer. *Journal of Personality,* 55, 317～342.

John, O. P. (1990). The "Big Five" factor taxonomy: Dimensions of personality in the natural language and in questionnaires. In L. A. Pervin (Ed.), *Handbook of personality: Theory and research*. New York: The Guilford Press.

Johnson, A. G. (1980). The prevalence of rape in the United States. *Journal of Women and Culture in Society*, 6 (1), 136～146.

Johnson, B. W., Redfield, D. L., Miller, R. L., & Simpson, R. E. (1983). The Coopersmith Self-esteem Inventory: A construct validation study. *Educational and Psychological Measurement* ,43, 907～913.

Josephson, W. L. (1987). Television violence and children's aggression: Testing the priming, social script, and disinhibition predictions. *Journal of Personality and Social Psychology,* 53, 882～890.

Jung, C. G. (1910). The association method. *American Journal of Psychology,* 21, 219～269.

Jung, C. G. (1917/1953). Two essays on analytical psychology. In *Collected works of C. G. Jung,* Vol. 7. Princeton: Princeton University Press.

Jung, C. G. (1913/1961). The theory of psychoanalysis. In *Collected works of C. G. Jung,* Vol. 4. Princetion: Princeton University Press.

Jung, C. G. (1921/1971). Psychological types. In *Collected works of C. G. Jung,* Vol. 6. Princeton: Princetion University Press.

Jung, C. G. (1968). *Amalytical psychology: Its theory and practice*. New York: Pantheon

Kagan, J., Kearsley, R., & Zelazo, P. (1978). *Infancy*. Cambridge, MA: Harvard University Press.

Kagan, J., Rosman, B. L., Day, D., Albert, J., & Phillips, W. (1964). Information processing in the child: Significance of analytic and reflective attitutes. *Psychological Monographs,* 73, (1, No.576).

Kagan, J., & Snidman, N. (1991). Temperamental factors in human development. *American Psychologist,* 46, 856～862.

Kanfer, F. H., & Phillips, J. S. (1970). *Learning foundations of behavior therapy*. New York: John Wiley.

Kelly,G. A. (1955). *The psychology of personal constructs: A theory of personality*, Vol. 1 & 2. New York: Norton.

Kessler, S. (1975). Extra chromosomes & criminality. In R. R. Fieve, D. Rosenthal, & H. Brill (Eds.), *Genetic research in psychiatry*. Baltimore, MD: Johns Hopkins University Press.

Kiecolt-Glaser, J. K., Glaser, R., Williger, D., Stout, J. C., Messick, G., Sheppard, S., Ricker, D., Romisher, S. C., Briner, W., Bonnell, G., & Donnerberg, R. (1985). Psychosocial enhancement of immunocompetence in a geriatric population. *Health Psychology,* 4, 25~41.

Kiecolt-Glaser, J. K., Fisher, L. D., Ogrocki, P., Stout, J. C., Speicher, C. E., & Glaser, R. (1987). Marital quality, marital disruption, and immune function. *Psychosomatic Medicine,* 49, 13~34.

Kiecolt-Glaser, J. K., Kennedy, S., Malkoff, S., Fisher, L., Speicher, C.E., & Glaser, R. (1988). Marital discord and immunity in males. *Psychosomatic Medicine,* 50, 213~229.

Kissen, D. M., & Eysenck, H. J. (1962). Personality in male lung cancer patients. *Journal of Psychosomatic Research,* 6, 123~127.

Kissen, D.M., Brown, R. I. F., & Kissen, M. (1969). A further report on personality and psychosocial factors in lung cancer. *Annals of the New York Academy of Sciences,* 164, 535~545.

Kline, P. (1972). *Fact and fantasy in Freudian theory*. London: Methuen.

Kline, P. (1993). *The handbook of psychological testing*. London: Routledge.

Klopfer, B., & Davidson, H. H. (1962). *The Rorschach technique: An introductory manual*. New York: Harcourt, Brace & Jovanovich.

Kobasa, S. C. (1979). Stressful events and health: An enquiry into hardiness. *Journal of Personality and Social Psychology,* 37, 1~11.

Kobasa, S. C., Maddi, S. R., & Kahn, S. (1982). Hardiness and health: A prospective study. *Journal of Personality and Soical Psychology,* 42, 168~177.

Kohlberg, L. (1963). The development of children's orientations toward a moral order I.: Sequence in the development of moral thought. *Vita Humama,* 6, 11~33.

Kohlberg, L. (1966). A cognitive-developmental analysis of children's sex-role concepts and attitudes. In E. E. Maccoby (Ed.), *The development of sex differences.* Stanford, CA: Stanford University Press.

Kohlberg, L. (1969). Stage and sequence: The cognitive-developmental approach to socialization. In D. Goslin (Ed.), *Handbook of socialization theory and research.* Chicago: Rand McNally.

Kohlberg, L. (1981). *The philosoph of moral development.* San Franciso: Harper & Row.

Kohn, M. L. (1973). Social class and schizophrenia: A critical review and a reformulation. *Schizophrenia Bulletin,* 7, 60～79.

Koněcni, V. J. (1984). Methodological issues in human aggression research. In R. M. Kaplan, V. J. Koněcni, & R.W.Navaco(Eds.), *Aggression in children and youth.* Hague: Martinus Nithoff.

Kovacs, M., & Beck, A. T. (1978). Maladaptive cognitive structures in depression. *American Journal of Psychiatry,* 135, 525～533.

Krech, D., & Crutchfield, R. S. (1958). *Elements of psychology.* New York: Knopf.

Kretschmer, E. (1925). *Physique and character.* New York: Harcourt Brace Jovanovich.

Krystal, H. (1968). The problem of the survivor. In H. Krystal (Ed.), *Massive psychic trauma.* New York: International Universities Press.

Kuhn, T. S. (1962). *The structure of scientific revolutions.* Chicago: University of Chicago Press.

Langer, E.J., & Rodin, J. (1976). The effects of choice and enhanced personal responsibility for the aged: A field experiment in an institutional setting. *Journal of Personality and Social Psychology,* 34, 191～198.

Latane, B., & Darley, J. M. (1970). *The unresponsive bystander: Why doesn't he help*? New York: Appleton-Crofts.

Lazarus, R. S., & Folkman, S. (1984). *Stress, appraisal, and coping.* New York: Springer.

Levenstein, M. (1975). A message from home. In M. J. Begab, & S. S. Richardson (Eds.), *The mentally retarded and society: A social science perspective.* Baltimore, MD: Park University Press.

Levy, S. M., Herberman, R. B., Simons, A., Whiteside, T., Lee, J., McDonald, R., & Beadle, M. (1989). Persistently low natural killer cell activity in normal adults: Immunological, hormonal and mood correlates. *Natural Immunity and Cell Growth Regulation,* 8, 173～186.

Lewis, M., Feiring, C., McGuffog, C., & Jaskir, J. (1984). Predicting psychopathology in six year olds from early social relations. *Child Development,* 55, 123～136.

Leyens, J. P., Camino, L., Parke, R., & Berkowitz, L. (1975). Effects of movie violence on aggression in a field setting as a function of group dominance and cohesion. *Journal of Personality and Social Psychology,* 32, 346～360.

Linn, M. C., & Peterson, A. C. (1986). A meta-analysis of gender differences in spatial ability: Implication for mathematics and science achievement. In J. S. Hyde, & M. C. Linn (Eds.), *The psychology of gender: Advances through meta-analysis.* Baltomore: Johns Hopkins University Press.

Locke, S., Kraus, L., Kutz, I., Edbril, S., Phillips, K., & Benner, H. (1984). Altered natural killer cell activity during norepinephrine infusion in humans. In *proceedings of the First International Workshop on Neuroimmunomodulation.* Bethesda, MD.

Loehlin, J. C. (1977). Psychological genetics, form the study of human behavior. In R. B. Cattell, & R. M. Dreger (Eds.), *Handbook of modern personality theory.* New York: John Wiley & Sons.

Lorenz, K. (1966). *On aggression.* New York: Bantam.

Lorr, M. (1986). *Interpersonal Style Inventory: Mannual.* Los Angeles: Western Psychological Services.

Lovejoy, C.O. (1981). The origin of man. *Science,* 211, 341～350.

Lubinski, D., Tellegen, A., & Butcher, J. N. (1981). The relationship between androgyny and subjective indicators of emotional well-being. *Journal of Personality and Social Psychology,* 40, 722～730.

Maccoby, E. E. (Ed.) (1966). *The development of sex differences.* Stanford, CA: Stanford University Press.

Maccoby, E. E., & Jacklin, C. N. (1974). *The psychology of sex differences.* Stanford, CA: Stanford University Press.

Maccoby, E. E., & Wilson, W. C. (1975). Identification and observational learning from films. *Journal of Abnormal and Social Psychology,* 55, 76～87.

Maccoby, M. (1981). *The leader.* New York: Simon & Schuster.

Maccoby, M. (1988). *Why work: Leading the new generation.* New York: Simon & Schuster.

Maddi, S. R., Kobasa, S. C., & Hoover, M. (1979). An alienation test.

Journal of Humanistic Psychology, 19, 72～76.

Maddi, S. R. (1989). *Personality theories: A comparative analysis* (5th ed.). Chicago: Dorsey Press.

Magnusson, D., & Endler, N. S. (Eds.) (1977). *Personality at the cross roads: Current issues in interaction psychology.* Hillsdale, NJ: Erlbaum.

Magnusson, D. (1990). Personality development form an interactional perspective. In L. A. Pevin (Ed.), *Handbook of personality: theory and research*, pp. 193～224. New York: The Guilford Press.

Mahoney, P. J. (1986). *Freud and the Rat Man.* New Haven: Yale University Press.

Mahrer, A. R. (1956). The role of expectancy in delayed reinforcement. *Journal of Experimental Psychology,* 52, 101～106.

Major, B., Carnevale, P. J. D., & Deaux, K. (1981). A different perspective on androgyny: Evaluations of masculine and feminine personality characteristics. *Journal of Personality and Social Psychology,* 41, 988～1001.

Major, B., McFarlin, D. B., & Gagnon, D. (1984). Overworked and underpaid: On the nature of gender differences in personal entitlement. *Journal of Personality and Social Psychology,* 47, 1399～1412.

Mandler, G., & Sarason, S. B. (1952). A study of anxiety and learning. *Journal of Abnormal and Social Psychology,* 47, 166～173.

Marcia, J. E. (1966). Development and validation of ego identity status. *Journal of Personality and Social Psychology,* 3, 551～558.

Mark, V. H., & Ervin, F. R. (1970). *Violence and the brain.* New York: Harper & Row.

Marks, G., Richardson, J. L., Graham, J. W., & Levine, A. (1986). Role of health locus of control beliefs and expectations of treatment efficacy in adjustment to cancer. *Journal of Personality and Social Psychology,* 51, 443～450.

Markus, H. (1977). Self-schemata and processing information about the self. *Journal of Personality and Social Psychology,* 35, 63～78.

Markus, H., & Wurf, E. (1987). The dynamic self-concept: A social psychological perspective. In M. R. Rosenzweig, & L. W. Porter (Eds.), *Annual review of psychology*. Palo Alto, CA: Annual Reviews.

Markus, H., & Cross, S. (1990). The interpersonal self. In L. A. Pervin (Ed.), *Handbook of personality: Theory and research.* New York: The

Guilford Press.

Marsden, G. (1971). Content-analysis studies of psychotherapy: 1954 through 1968. In A. E. Bergin & S. L. Garfield (Eds.), *Handbook of psychotherapy and behavior change: An empirical analysis*. New York: John Wiley.

Marsh, H. W., & Richards, G. E. (1988). Tennessee Self Concept Scale: Relability, internal structure, and construct validity. *Journal of Personality and Social Psychology,* 55, 612～624.

Marsh, H. W. (1986). Global self-esteem: Its relation to specific facets of self-concept and their importance. *Journal of Personality and Social Psychology,* 51, 1224～1236.

Marshall, W. L. (1985). The effects of variable exposure in flooding therapy. *Behavior Therapy,* 16, 117～135.

Maslow, A. H. (1962). *Toward a psychology of being*. Princeton, NJ: Van Nostrand.

Maslow, A. H. (1970). *Religions, values, and peak experiences*. New York: Viking.

Master, M. S., & Sander, B. (1993). Is the gender difference to mental rotation disappearing? *Behavior Genetics,* 23, 337～341.

Matarazzo, J. D. (1972). *Wechsler's measurement and appraisal of adult intelligence* (5th ed.). Baltimore, MD: Williams and Wilkins.

Mathes, E. W., & Kahn, A. (1975). Diffusion of responsibility and extreme behavior. *Journal of Personality and Social Psychology,* 31, 881～886.

Matthews, K. A., Glass, D. C., Rosenman, R. H., & Borther, R. (1977). Competitive drive, pattern A, and coronary heart disease: A further analysis of some data from the Western Collaborative Group Study. *Journal of Chronic Diseases,* 30, 489～498.

Matthews, K. A., Krantz, D. S., Dembroski, T. M., & MacDougall, J. M. (1982). Unique and common variance in Structured Interview and Jenkins Activity Survey measures of the Type A behavior pattern. *Journal of Personality and Social Psychology,* 42, 303～313.

Matthews, K. A., Weiss, S. M., Detre, T., Dembroski, T. M., Falkner, B., Manuck, S. B., & Williams, R. B., Jr. (Eds.) (1986), *Handbook of stress, reactivity, and cardiovascular disease*. New York: John Wiley.

Matthews, K. A., & Canon, L. K. (1975). Environmental noise level as a determinant of helping behavior. *Journal of Personality and Social Psychology,* 32, 571～577.

McCarley, R. M., & Hobson, J. A. (1977). The neurobiological origins of psychoanalytic dream theory. *American Journal of Psychiatry,* 134, 1211～1221.

McClelland, J. L., Rummelhart, D. E., & The PDP Research Group. (1986). *Parallel distributed processing: Explorations in the microstructure of cognition: Psychological and biological models,* Vol. 2. Cambridge, MA: MIT Press.

McCrae, R. R., & John, O. P. (1992). An introduction to the five-factor model and its applications. *Journal of Personality*, 60, 175～215.

McFarlin, D. B., & Blascovich, J. (1981). Effects of self-esteem and performance feedback on future affective preferences and cognitive expectations. *Journal of Personality and social Psychology,* 40, 521～531.

McGinnes, E. (1949). Emotionality and perceptual defense. *Psychological Review,* 56, 244～251.

McGrath, M. J., & Cohen, D. B. (1978). REM sleep facilitation of adaptive waking behavior: A review of the literature. *Psychological Bulletin,* 85, 24～57.

McGonaghy, M. J. (1979). Gender permanence and the genital basis of gender: Stages in the development of constancy of gender identity. *Child Development*, 50, 1223～1226.

McMurrain, T. (1977). *Intervention in human crisis: A guide for helping families in crisis.* Atlanta, GA: Humanics Press.

Mead, G. H. (1934). *Mind, self and society.* Chicago: University of Chicago Press.

Megargee, E. I. (1966). Undercontrolled and overcontrolled personality types extreme antisocial aggression. *Psychological Monographs,* 80. (Whole No.611).

Mehrabian, A., & Epstein, N. (1972). A measure of emotional empathy. *Journal of Personality,* 40, 525～543.

Meichenbaum, D., & Gilmore, J. B. (1984). The nature of unconscious processes: A cognitive-behavioral perspective. In K. Bowers, & D. Meichenbaum (Eds.), *The unconscious reconsidered.* New York: John Wiley.

Mellstrom, M., Cicala, G. A., & Zuckerman, M. (1976). General versus specific trait anxiety measures in the predication of fear of snakes, height, and darkness. *Journal of Conculting and Clinical Psychology,* 44, 83～91.

Meltzer, H. (1930). Individual differences in forgetting pleasant and unpleasant experiences. *Journal Educational Psychology,* 21, 399～406.

Messer, S. B. (1986). Behavioral and psychoanalytic perspectives at therapeutic choice points. *American Psychologist,* 41, 1261～1272.

Meyer, D. E., Schvaneveldt, R. W., & Ruddy, M. G. (1974). Functions of graphemic and phonemic codes in visual word recognition. *Memory and Cognition,* 2, 309～321.

Meyer, R. G., & Salmon, P. (1984). *Abnormal psychology.* Boston: Allyn & Bacon.

Michael, R., & Zumpe, D. (1983). Annual rhythms in human violence and aggression in the United States and the role of temperature. *Journal of Social Biology,* 30, 263～278.

Midlarsky, E. (1971). Aiding under stress: The effects of competence, dependency, visibility, and fatalism. *Journal of Personality,* 39, 132～149.

Milgram, S. (1963). Behavioral study of obedience. *Journal of Abnormal and Social Psychology,* 67, 371～378.

Miller, N. E. (1941). The frustration-aggression hypothesis. *Psychological Review,* 48, 337～342.

Minton, H. L., & Schneider, F. W. (1985). *Differential psychology.* Illinois: Waveland Press.

Mischel, W. (1966). *Theory and research on the antecedents of self-imposed delay of reward.* In B. A. Maher (Ed.), *Progress in experimental personality research,* Vol.3. New York: Academic Press.

Mischel, W. (1968). *Personality and assessment.* New York: John Wiley.

Mischel, W. (1973). Toward a cognitive social learning reconceptualization of personality. *Psychological Review,* 80, 252～283.

Mischel, W., & Masters, J. C. (1966). Effects of probability of reward attaminment on responses to frustration. *Journal of Personality and Social Psychology,* 3, 390～396.

Mischel, W. (1977). Self-control and the self. In T. Mischel (Ed.), *The self: Psychological and philosophical issues.* Totowa, NJ: Rowman & Littlefield.

Mischel, W., Shoda, Y., & Peake, P. K. (1988). The nature of adolescent competencies predicted by preschool delay of gratification. *Journal of Personality and Social Psychology,* 54, 687～696.

Mischel, C., & Stuart, R. B. (1984). Effect of self-efficacy on dropout from obesity treatment. *Journal of Consulting and Clinical Psychology,* 52,

1100～1101.

Mischel, W. (1986). *Introduction to personality: A new look* (4th ed.). New York: Holt, Rinehart & Winston.

Mischel, W., & Mischel, H. N. (1977). *Essentials of psychology.* New York: Random House.

Money, J., & Ehrhardt, A. (1972). *Man and woman, boy and girl.* Baltimore, MD: Johns Hopkins University Press.

Morokoff, P. J. (1985). Effects of sex, guilt, repression, sexual "arousability", and sexual experience on female sexual arousal during erotica and fantasy. *Journal of Personality and Social Psychology,* 49, 177～187.

Morris, C. (1956). *Variations of human value.* Chicago, IL: University of Chicago Press.

Morris, T., & Greer, S. (1980). A "Type C" for cancer? *Cancer Detection and Prevention,* 3(1), 102.

Morris, T., Greer, S., Pettingale, K. W., & Watson, M. (1981). Patterns of expressing anger and their psychological correlates in women with breast cancer. *Journal of Psychosomatic Research,* 25, 111～117.

Moser, C. G., & Dyck, D. G. (1989). Type A behavior, uncontrollability, and the activation of hostile self-schema responding. *Journal of Research in Personality,* 23, 248～267.

Moss, H. A. (1967). Sex, age, and state as determinants of mother-infant interaction. *Merrill-Palmer Quarterly,* 13, 19～36.

Murphy, C. M., & O'Leary, K. D. (1989). Psychological aggression predicts physical aggression in early marriage. *Journal of Consulting and Clinical Psychology,* 57, 579～582.

Murray, H. A. (1938). *Explorations in personality.* New York: Oxford University Press.

Mussen, P., & Eisenberg-Berg, N. (1977). *Roots of caring, sharing and helping: The development of prosocial behavior in children.* San Francisco: Freeman.

Nanda, S. (1987). *Cultural anthropology.* Palo Alto, CA: Wadworth.

Neisser, U. (1979). The concept of intelligence. In R. J. Sternberg, & D. K. Defferman (Eds.), *Human intelligence: Perspective on its theory and mesurement.* Norwood, NJ: Ablex.

O'Leary, K. D., & Becker, W. C. (1967). Behavior modification of an adjustment class: A token reinforcement program. *Exceptional Children,*

33, 637~642.

O'Leary, K. D., & Wilson, G. T. (1987). *Behavior therapy: Application and outcome* (2nd ed.). Englewood Cliffs, NJ: Prentice-Hall.

O'Leary, V., Unger, R., & Wallston, B. (Eds.) (1985). *Sex, gender and social psychology*. Hillsdale NJ: Erlbaum.

Olweus, D. (1979). The stability of aggressive reaction patterns in human males: A review. *Psychological Bulletin,* 86, 852~875.

Osgood, C. E., Suci, G. J., & Tannenbaum, P. H. (1957). *The measurement of meaning*. Urbara, Ill.: University of Illinois Press.

Overton, W. F., & Reese, H. W. (1973). Models of development: Methodological implications. In J. R. Nesselroade, & H. W. Reese (Eds.), *Lifespan developmental psychology: Methodological issues*. New York: Academic Press.

Paige, J. (1966). Letters from Jenny: An approach to the clinical analysis of personality structure by computer. In P. Stone (Ed.), *The general inquirer: A computer approach to content analysis*. Cambridge, MA: MIT Press.

Patterson, G. R. (1977). Naturalistic observation in clinical assessment. *Journal of Abnormal Child Psychology,* 5, 307~322.

Pelham, B. W., & Swann, W. B., Jr. (1989). From self-conceptions to self-worth: On the sources and structure of global self-esteem. *Journal of Personality and Social Psychology,* 57, 672~680.

Perry, D. G., & Perry, L. C. (1975). Observational learning in children: Effects of sex of model and subject's sex role behavior. *Journal of Personality and Social Psychology,* 31, 1083~1088.

Pervin, L. A. (1980). *Personality: Theories, assessment, and research* (3rd ed.). New York: John Wiley.

Pervin, L.A. (1985). Personality: Current controversies, issues, and directions. *Annual Review of Psychology,* 36, 83~114.

Pervin, L. A. (1996). *The science of personality*. New York: John Wiley & Sons.

Pervin, L. A. (1990). A Brief history of modern personality theory. In L. A. Pervin (Ed.), *Handbook of personality: Theory and research*. New York: The Guilford Press.

Peterson, C. (1992). *Personality* (2nd ed.). Ft Worth, TX: Harcourt Brace Jovanovich.

Peterson, C., & Seligman, M.E. P. (1984). Causal explanations as a risk factor for depression: Theory and evidence. *Psychological Review,* 91, 347～374.

Phares, E. J. (1988). *Clinical psychology: Concepts, methods, and profession* (3rd ed.). Chicago: Dorsey Press.

Phares, E. J. (1991). *Introduction to personality* (3rd ed.). New York: Harper Collins.

Phares, E. J., & Lamiell, J. T. (1975). Internal-external control, interpersonal judgments of others in need, and attribution of responsibility. *Journal of Personelity,* 43, 23～38.

Pheterson, G. I., Kiesler, S. B., & Goldberg, P. A. (1971). Evaluation of the performance of women as a function of their sex, achievement, and personal history. *Journal of Personality and Social Psychology,* 19, 114～118.

Piaget, J. (1932). *The moral judgment of the child.* New York: Harcourt Brace Jovanovich.

Piaget, J. (1936/1974). *The origins of intelligence in children.* Translated by M. Cook. New York: International Universities Press.

Piaget, J. (1936/1954). *The construction of reality in the children.* Translated by M. Cook. New York: Ballantine Books.

Piaget ,J., & Szeminska, A. (1941). *The child's conception of number.* New York: W.W. Norton & Co., Inc.

Piers, E. V. (1969). *Manual for the Piers-Harris Children's Concept Scale (The way I feel about myself).* Nashville: Counselor Recordings and Tests.

Piers, E. V. (1984). *Piers-Harris self-concept scale (The way I feel about myself).* Los Angeles: Western Psychological Services.

Piers, E. V., & Harris, D. A. (1964). Age and other correlatives of self-concept on children. *Journal of Educational Psychology,* 55, 91～95.

Piliavin, J. A., & Piliavin, I. (1972). The effect of blood on reactions to a victim. *Journal of Personality and Social Psychology*, 23, 353～361.

Piliavin, J. A., Dovidio, J. F., Gaertner, S. L., & Clark, R. D. (1981). *Emergency intervention.* New York: Academic Press.

Plomin, R., & Foch, T. T. (1981). A twin study of objectively assessed personality in childhood. *Journal of Personality and Social Psychology,* 39, 680～688.

Plutchik, R. (1980). *Emotion: A psychoevolutionary synthesis.* New York: Harper & Row.

Potkay, C. R., & Allen, B. P. (1986). *Personality: Theory, research, and applications*. Monterey, CA: Brooks/Cole.

Price, V. A. (1982). *Type A behavior pattern: A model for research and practice*. New York: Academic Press.

Provence, S., & Lipton, R. C. (1962). *Infants in institutions*. New York: International Universities Press.

Quay, H. C. (1964). Personality dimensions in delinquent males as inferred from the factor analysis of behavior ratings. *Journal of Research in Crime and Delinquency,* 1, 33～37.

Rachman, S. (1971). *The effects of psychotherapy*. Oxford: Pergmon.

Ragland, D. R., & Brand, R. J. (1988). Type A behavior and mortality from coronary heart disease. *New England Journal of Medicine,* 318, 65～69.

Raimy, V. C. (1948). Self-reference in counseling interviews. *Journal of Consulting Psychology,* 12, 153～163.

Ramey, C. T., & Gowan, J. W. (1986). A general systems approach to modifying risk for retarded development. In A. S. Honing (Ed.), *Risk factors in infancy*. London: Gordno & Breach.

Raven, J. C. (1938). *Progressive matrices*. London: Lewis.

Redd, W. H. (1980). In vivo desensitization in the treatment of chronic emesis following gastrointestinal surgery. *Behavior Therapy,* 11, 421～427.

Renzulli, J. S. (1978). What makes giftedness? Reexamining a definition. *Phi Delta Kappan,* 60, 180～184, 261.

Repetti, R. L., Matthews, K. A., & Waldron, I. (1989). Employment and women's health: Effects of paid employment on women's mental and physical health. *American Psychologist,* 44, 1394～1401.

Revelle, W. (1995). Personality processes. *Annual Review of Psychology.* 46, 295～329.

Roback, A. A. (1927). *The psychology of character*. New York: Harcourt Brace Jovanovich.

Robins, L. N. (1966). *Deviant children grown up*. Baltimore, MD: Wilkins.

Rodin, J., & Langer, E.J. (1977). Long-term effects of a control relevant intervention with the institutionalized aged. *Journal of Personality and Social Psychology,* 35, 897～902.

Rodin, J. (1986). Health, control, and aging. In M. Baltes, & P. Baltes (Eds.), *Aging and control*. Hillsdale, NJ: Erlbaum.

Rogers, C. R. (1951). *Client-centered therapy: Its current practice, implications and theory*. Boston: Houghton Mifflin.

Rogers, C. R. (1956). Some issues concerning the control of human behavior (Symposium with B. F. Skinner). *Science*, 124, 1057~1066.

Rogers, C. R. (1959). A theory of therapy, personality, and interpersonal relationships, as developed in the client-centered framework. In S. Koch (Ed.), *Psychology: A study of a science*, Vol. 3. New York: McGraw-Hill.

Rogers, C. R. (1963). Actualizing tendency in relation to motives and to consciousness. In M. R. Jones (Ed.), Nebraska symposium on motivation. Lincoln: University of Nebraska Press.

Rokeach, M. (1968). *Beliefs, attitudes, and values*. San Francisco: Jossey-bass.

Roos, P. E., & Cohen, L. H. (1987). Sex roles and social support as moderators of life stress adjustment. *Journal of Personality and Social Psychology*, 52, 576~585.

Rosenkrantz, P., Vogel, S., Bee, H., Broverman, I., & Broverman, D. M. (1968). Sex-role stereotypes and self-concepts in college students. *Journal of Consulting and Clinical Psychology*, 32, 287~295.

Rosenman, R. H. (1978). The interview method of assessment of the coronary-prone behavior pattern. In T. M. Dembroski, S. M. Weiss, J. L. Shields, S. G. Haynes, & M. Feinleib (Eds.). *Coronary-prone behavior*. New York: Springer.

Rosenman, R. H., Brand, R. J., Jenkins, C. D., Friedman, M., Straus, R., & Wurm, M. (1975). Coronary heart disease in the Western Collaborative Group Study: Final follow-up experience of 8.5 years. *Journal of the American Medical Association*, 233, 872~877.

Rosenzweig, S. (1933). The experimental situation as a psychological problem. *Psychological Review*, 40, 337~354.

Rosenzweig, S. (1944). An outline of frustration theory. In J. McV. Hunt (Ed.), *Personality and the behavior disorders*. New York: Ronald Press.

Rosenzweig, S. (1985). Freud and experimental psychology: The emergence of idiodynamics. In S. Koch, & D. E. Leary (Eds.), *A century of psychology as science*. New York: McGraw-Hill.

Rotter, J. B. (1954). *Social learning and clinical psychology*. Englewood Cliffs, NJ: Prentice-Hall.

Rotter, J. B. (1966). Generalized expectancies for internal versus external control of reinforcement. *Psychological Monographs*, 80 (1, Whole

No.609).

Rotter, J. B. (1967a). Personality theory. In H. Helson, & W. Bevan (Eds.), *Contemporary approaches to psychology*. Princeton, NJ: Van Nostrand.

Rotter, J. B. (1967b). A new scale for the measurement of interpersonal trust. *Journal of Personality,* 35, 651～665.

Rotter, J. B. (1971). Generalized expectancies for interpersonal trust. *American Psychologist,* 26, 443～452.

Rotter, J. B., & Hochreich, D. J. (1975). *Personality*. Glenview, IL: Scott, Foresman.

Rotton, J., & Frey, J. (1984). Psychological costs of air pollution: Atmospheric conditions, seasonal trends, and psychiatric emergencies. *Population and Enviroment: Behavioral and Social Issues,* 7, 3～16.

Rotton, J., & Frey, J. (1985). Air pollution, weather, and violent crimes: Concomitant time-series analysis of archival data. *Journal of Personality and Social Psychology,* 49, 1207～1220.

Rubin, J. Z., Pvovenzano, F. J., & Luria, Z. (1974). The eyes of the beholder: Parents' views on sex of newborns. *American Journal of Orthopsychiatry,* 44, 512～519.

Rummelhart, D. E., McClelland, J. L., & The PDP Research Group (1986). *Parallel distributed processing: Explorations in the microstructure of cognition—Psychological and biological models,* Vol. 1. Cambridge, MA: MIT Press.

Rushton, J. P. (1975). Generosity in children: Immediate and long-term effects of modeling, preaching, and moral judgment. *Journal of Personality and Social Psychology,* 31, 459～466.

Rushton, J. P. (1980). *Altruism, socialization, and society.* Englewood Cliffs, NJ: Prentice-Hall.

Rushton, J. P. (1981). The altruistic personality. In J. P. Rushton and R. M. Sorrentino (Eds.), *Altruism and helping behavior*. Hillsdale, NJ: Erlbaum.

Rushton, J. P., Chrisjohn, R. D., & Fekken, G. C. (1981). The altruistic personality and the Self-Report Altruism Scale. *Personality and individual Differences,* 2, 293～302.

Rushton, J. P., Fulker, D. W., Neale, M. C., Nias, D. K. B., & Eysenck, H. J. (1986). Altruism and aggression: The heritability of individual differences. *Journal of Personality and Social Psychology,* 50, 1192～1198.

Rutherford, E., & Mussen, P. (1968). Genexosity in nusery school boys. *Child Development,* 39, 755～765.

Ryckman, R. M. (1989). *Theories of personality* (4th ed.). Pacific Grove, California: Brooks/Cole.

Ryckman, R. M., Robbins, M. A., Thornton, B., & Cantrell, P. (1982). Development and validation of a physical self-efficacy scale. *Journal of Personality and Social Psychology,* 42, 391～900.

Sanford, N. (1963). Personality: Its place in psychology. In S. Koch (Ed.), *Psychology: A study of a science.* New York: NcGraw-Hill.

Sarafino, E. P. (1990). *Health psychology: Biopsydrosocial interactions.* New York: John Wiley.

Sarason, I. G. (1978). The Test Anxiety Scale: Concept and research. In C. D. Spielberger & I. G. Sarason (Eds.), *Stress and anxiety,* Vol. 5. Washington, DC: Hemisphere.

Sarason, I. G. (1980). Introduction to the study of test anxiety. In I. G. Sarason (Ed.), *Test anxiety: Theory, research, and applications.* Hillsdale, NJ: Erlbaum.

Sartre, J. A. (1956). Existentialism. In W. Kaufmann (Ed.). *Existentialism from Dostoevsky to Sartre.* New York: Meridian Books.

Scarr, S. (1981). *Race, social class, and individual differences in IQ.* Hillsdale, NJ: Erlbaum.

Scarr, S. (1988). How genotypes and environments combine: Development and individual diferences. In N. Bolger, A. Caspe, G. Downey, & N. Moorehouse (Eds.), *Persons in context: Developmental processes.* New York: Cambridge University Press.

Scarr, S., & McCartney,K. (1983). How people make their own environments: A theory of genotype-envionment effects. *Child Dovelopment,* 54, 424～435.

Scheier, M.F., Mathews, K. A., Owens, J. F., Magovern, G. J., Lefebvre, R. C., Abbott, R. A., & Caner, C. S. (1989). Dispositonal optimism and recovery from coronary artery bypass sugery: The beneficial effects on physical and psychological well-being. *Journal of Personality and Social Psychology,* 57, 1024～1040.

Scheier, M. F., Weintraub, J. K., & Carver, C. S. (1986). Coping with stress: Divergent strategies of optimists and pessimists. *Journal of Personality and Social Psychology,* 51, 1257～1264.

Schultz, L. G. (1960). The wife assaulter. *Journal of Social Therapy,* 6, 103～186.

Schumer, F. (1984). *Abnormal psychology*. Lexington, Mass: D. C. Heath.

Schwartz, S. H., & Howard, J. A. (1981). A normative decision-making model of altruism. In J. P. Rushton, & R. M. Sorrentino (Eds.), *Altruism and helping behavior*. Hillsdale, NJ: Erlbaum.

Schwarzer, R. (1992). *Self-efficacy: Thought control of action*. Washington, DC: Hemisphere.

Sears, R.R., Maccoby, E. E., & Levin, H. (1957). *Patterns of child reading*. Evanston, IL: Row & Peterson.

Sechrest, L., & Jachson, D. N. (1961). Social intelligence and accuracy of interpersonal predictions. *Journal of Personality,* 29, 167～182.

Seeman, J. (1949). A study of process of non–directive therapy. *Journal of Consulting Psychology,* 13, 157～168.

Segal, Z. V. (1988). Appraisal of the self-schema construct in cognitive models of depression. *Psychological Bulletin,* 103 (2), 147～162.

Seligman, M. E. P. (1975). *Helplessness: On depression, development, and death*. San Francisco: W. H. Freeman.

Selye, H. (1956). *The stress of life*. New York: McGraw-Hill.

Selye, H. (1975). *From dream to discovery*. New York: Arno Press.

Senneker, P., & Hendrick, C. (1983). Androgryny and helping behavior. *Journal of Personality and Social Psychology,* 45, 916～925.

Shaffer, J. W., Duszynski, K. R., & Thomas, C. B. (1982). Family attitudes in youth as a possible precursor of cancer among physicians: A search for explanatory mechanisms. *Journal of Behavioral Medicine,* 5, 143～163.

Shaw, J. S. (1982). Psychological androgyny and stressful life events. *Journal of Personality and Social Psychology,* 43, 145～153.

Shekelle, R. B., Raynor, W.J., Ostfield, A. M., Garron, D. C., Bieliauskas, L. A., Liu, S. C., Maliza, C., & Paul, O. (1981). Psychological depression and 17 years risk of death from cancer. *Psychosomatic Medicine,* 43, 117～125.

Sheldon, W. H., & Stevens, S. S. (1942). *Varieties of human temperament: A psychology of constituional difference*. New York: Harper.

Sherif, C. W. (1982). Needed concepts in the study of gender identity. *Psychology of Women Quarterly,* 6, 375～398.

Shevrin, H. (1977). Some assumptions of psychoanalytic communication: Implications of subliminal research for psychoanalytic method and technique. In N. Freedman, & S. Grand (Eds.), *Communicative struc-*

tures and psychic structures. New York: Plenum.

Shoben, E. J. (1954). Theoretical frames of reference in clinical psychology. In L. A. Pennington, & I. A. Berg (Eds.), *An introduction to clinical psychology* (2nd ed.). New York: Ronald Press.

Shostrom, E. (1965). An inventory for the measurement of self-actualization. *Educational and Psychological Measurement,* 24, 207～218.

Shostrom, E. (1966). *Manual for the Personal Orientation Inventory (POI): An inventory for the measurement of self-actualization.* San Diego, CA: Educational and Industrial Testing Service.

Signell, K. A. (1966).Cognitive complexity in person perception and nation perception: A developmental approach. *Journal of Personality,* 34, 517～537.

Signorella, M. L., & Jamison, W. (1986). Masculinity, femininity, androgyny and cognitive performance: A meta-analysis. *Psychological Bulletin,* 100, 207～228.

Silverman, L. H. (1976). Psychoanalytic theory: The reports of my death are greatly exaggerated. *American Psychologist,* 31, 621～637.

Singer, J. L. (1984). *The human personality: An introduction text.* San Diego, CA: Harcourt Brace Jovanovich.

Skinner, B.F. (1938). *The behavior of organisms.* New York: Appleton-Century-Crofts.

Skinner, B. F. (1948). *Walden two.* New York: Macmillan.

Skinner, B. F. (1951). How to teach animals. *Scientific American,* 185, 26～29.

Skinner, B. F. (1953). *Science and human behavior.* New York: Macmillan.

Skinner, B. F. (1958). Teaching machines. *Science,* 128, 969～977.

Skinner, B. F. (1961). *Cumulative record.* New York: Appleton-Century-Crofts.

Skinner, B. F. (1969). *Contingencies of reinforcement: A theoretical analysis.* New York: Appleton-Century-Crofts.

Skinner, B. F. (1971). *Beyond freedom and dignity.* New York: Knopf.

Skinner, B. F. (1974). *About behaviorism.* New York: Knopf.

Smith, R. E., Smythe, L., & Lien, D. (1972). Inhibition of helping behavior by a similar of dissimilar nonreactive fellow bystander. *Journal of Personality and Social Psychology,* 23, 414～419.

Smith, M. L., & Glass, B. V. (1977). Meta-analysis of psychotherapy outcome studies. *American Psychologist,* 32, 752～760.

Snyder, M. (1983). The influence of individuals on situations: Implications for understanding the links between personality and social behavior. *Journal of Personality,* 51, 497～516.

Spielberger, C. D. (1966). *Anxiety and behavior.* New York: Academic Press.

Spielberger, C. D., Gorsuch, R. L., & Lushene, R. E. (1970). *The State-Trait Anxiety Inventory (STAI) Test Manual for From X.* Palo Alto, CA: Consulting Psychologists Press.

Spitz, H. H. (1986). *The raising of·intelligence: A selected history of attempts to raise retarded intelligence.* Hillsdale, NJ: Erlbaum.

Spitz, R. A. (1949). Motherless infants. *Child development.* Society for the Research in Child Development.

Staub, E. (1974). Helping a distressed person: Social, personality, and stimulus determinant. In L. Berkowitz (Ed.), *Advances in experimental social psychology,* Vol. 7. New York: Academic Press.

Staub, E. (1978). *Positive social behavior and morality—Social and personal influences,* Vol. 1. New York: Academic Press.

Staub, E. (Ed.) (1980). *Personality: Basic aspects and current research.* Englewood Cliffs, NJ: Prentice-Hall.

Stephenson, W. (1953). *The study of behavior.* Chicago: University of Chicago Press.

Sternberg, R. J., Conway, B. E., Ketron, J. L., & Bernstein, M. (1981). People's conceptions of intelligence. *Journal of Personality and Social Psychology,* 41, 37～55.

Sternberg, R. J. (1985). *Beyond the IQ: A triarchic theory of human intelligence.* Cambridge, England: Cambridge University Press.

Stevenson, H. W. (1991). *The development of prosocial behavior in large-scale collective societies: China and Japan.* Cambridge: Cambridge University Press.

Stock, D. (1949). An investigations into interrelations between self-concept and feelings directed towards other persons and groups. *Journal of Consulting Psychology,* 13, 176～180.

Stoler, N. (1963). Client likability: A variable in the study of psychotherapy. *Journal of Consulting Psychology,* 27, 175～178.

Stroop, J. R. (1935). Studies of interference in sexial verbal reactions. *Journal of Experimental Psychology,* 18, 643～662.

Strube, M, J., & Werner, C. (1985). Relinquishment of control and Type A behavior pattern. *Journal of Personality and Social Psychology,* 48, 688～701.

Strube, M. J., Lott, C. L., Heilizer, & Gregg, B. (1986). Type behavior pattern and the judgment of control. *Journal of Personality and Social Psychology,* 50, 403～412.

Su, H. Y., & Yang, K. S. (1964). Self-concept congruence in relation to juvenile delinquency. *Acta Psychologia Taiwanica,* 6, 1～9.

Sullivan, H. S. (1950). The illusion of individuality. *Psychiatry,* 13, 317～332.

Sullivan, H. S. (1953a). *Conceptions of modern psychiatry* (2nd ed.). New York: Norton.

Sullivan, H. S. (1953b). *The interpersonal theory of psychiatry.* New York: Norton.

Sullivan, H. S. (1962). *Schizophrenia as a human process.* New York: Norton.

Super, D. E. (1970). *Work value inventory.* Boston: Houghton Mifflin.

Swann, W. B., Jr. (1985). The self as architect of social reality. In B. Schlenker (Ed.), *The self and social life.* New York: McGraw-Hill.

Taylor, S. E. (1990). *Health psychology* (2nd ed.). New York: Random House.

Temoshok, L. (1987). Personality, coping style, emotion and cancer: Towards an integrative model. *Cancer Surveys,* 6, 545～567.

Terman, L. M., & Miles, C. C. (1936). *Sex and personality.* New York: McGraw-Hill.

Terman, L. M., & Tyler, L. E. (1954). Psychological sex differences. In L. Carmichael (Ed.), *Manual of child psychology* (2nd ed.). New York: Wiley.

Terman, L. M., & Oden, M. H. (1959). T*he gifted group at mid-life: Thirty-five years' follow-up of the superior child.* Stanford, CA: Stanford University Press.

Thompson, H. T. (1903). *The mental traits of sex: An experimental investigation of the normal mind in men and women.* Chicago: University of Chicago Press.

Thoresen, C., Friedman, M., Powell, L. H., Gill, J. J., & Ulmer, D. (1985). Altering the Type A behavior pattern in postinfarction patients. *Journal of Cardiopulmonary Rehabilitation*, 5, 258～266.

Thorndike, R. L., Hagen, E. P., & Sattler, J. M. (1986). *Guide for administering and scoring the fourth edition of the Stanford-Binet Intelligence Scale*. Chicago: Riverside.

Thorne, F. C. (1973). The Existential Study :A measure of existential status. *Journal of Clinical Psychology*, 29, 387～392.

Tims, A. R., Jr., Swart, C., & Kidd, R. F. (1976). Factors affecting predecisional communication behavior after helping requests. *Human Communication Research*, 2, 271～280.

Tomlinson, T. M., & Hart J. T. Jr. (1962). A validation study of the Process Scale. *Journal of Consulting Psychology*, 26, 74～78.

Treffert, D. A. (1988). The idiot savant: A review of the syndrome. *American Journal of Psychiatry*, 125, 563～571.

Tribich, D., & Messer, S. (1974). Psychoanalytic character type and status of authority as determiners of suggestiblity. *Journal of Consulting and Clinial Psychology*, 42, 842～848.

Tupes, E. C., & Christal, R. C. (1961). *Recurrent personality factors based on trait ratings*. Lackland Air Force Base, TX: U. S. Air Force.

Ullmann, L.P., & Krasner, L.(1969). *A psychological approach to abnormal behavior*. New York: Prentice-Hall.

Uranowitz, S. W.(1975). Helping and self-attributions: A field experiment. *Journal of Personality and Soical Psychology*, 31, 852～854.

van Kaam, A. (1966). *Existential foundations of psychology*. Pittsburgh, PA: Duquesne University Press.

Vygotsky, L. S. (1978). *Mind in society*. Cambridge, MA: Harvard University Press.

Walker, C. E., Hedberg, A., Clement, P. W., & Wright, L. (1981). *Clinical procedures for behavior therapy*. Englewood Cliffs, NJ: Prentice-Hall.

Waterman, A. S., & Whitbourne, S. K. (1982). Androgyny and psychosocial development among college students and adults. *Journal of Personality*, 50, 121～133.

Watson, R. I. Jr. (1973). Investigation into deindividuation using a cross-cultural survey technique. *Journal of Personality and Social Psychology*, 25, 342～345.

Webb, W. B., & Cartwright, R. C. (1978). Sleep and dreams. *Annual Review of Psychology,* 29, 223～252.

Webb, E.J., Campbell, D. T., Schwartz, R. D., & Sechrest, L. (1966). *Unobtrusive measures: Nonreactive research in the soical sciences.* Chicago: Rand McNally.

Wechsler, D. (1958). *The measurement and appraisal of adult intelligence.* Baltimore, MD: Williams & Wilkins.

Wechsler, D. (1981). *Manual for the Wechsler Intelligence Scale (rev.).* New York: Psychological Corporation.

Weikart, D. P. (1972). Relationship of curriculum, teaching, and learning in preschool education. In J. C. Stranley (Ed.), *Preschool for the disadvantaged.* Baltimore, MD: Johns Hopkins University Press.

White, R. W. (1959). Motivation reconsidered: The concept of competence. *Psychological Review,* 66, 297～333.

White, L. A. (1979). Erotica and aggression: The influence of sexual arousal, positive affect, and negative affect on aggressive behavior. *Journal of Personality and Social Psychology,* 37, 591～601.

Whiting, B., & Edwards, C. P. (1973). A cross-cultural analysis of sex differences in the behavior of children aged three through eleven. *Journal of Soical Psychology,* 91, 171～188.

Widom, C. S. (1989). Does violence beget violence? A critical examination of the literature. *Psychological Bulletin,* 106, 3～28.

Wilson, E. O. (1975). *Sociobiology: The new synthesis.* Cambridge, MA: Harvard University Press.

Witkin, H. A. (1949). Perception of body position and of the position of the visual field. *Psychological Monographs,* 302, 63.

Witkin, H. A., Dyk, R. B., Faterson, H. F., Goodenough, D. R., & Karp, S. A. (1962). *Psychological differentiation.* New York: John Wiley.

Witkin, H. A., Moore, C. A., Oltman, P. K., Goodenough, D. R., Friedman, F., Owen, D. R., & Raskin, E. (1977). The role of the field-dependent and field-independent cognitive styles in academic evolution: A longitudinal study. *Journal of Educational Psychology,* 69, 197～211.

Wolberg, L. R. (1977). *The technique of psychotherapy.* New York: Grune & Stratton.

Woodworth, R. S. (1918). *Dynamic psychology.* New York: Columbia University Press.

Wright, L. (1988). The type A behavior pattern and coronary artery disease: Quest for the active ingredients and the elusive mechanism. *American Psychologist,* 43, 2～14.

Wright, T. L., Maggied, P., & Palmer, M. L. (1975). An unobtrusive study of interpersonal trust. *Journal of Personality and Social Psychology,* 32, 446～448.

Yakimovich, D., & Saltz, E. (1971). Helping in communication-mediated aggressive behavior. *Journal of Experimental Social Psychology,* 7, 419～434.

Young, M. L. (1971). Age and sex differences in problem solving. *Journal of Gerontology,* 26, 300～336.

Zammuner, V. L. (1987). Children's sex-role stereotypes: A cross-cultural analysis. In P. Shaver, & C. Hendrick (Eds.), *Sex and gender: Review of personality and social psychology,* Vol. 7. Beverly Hills, CA: Sage.

Zillmann, D. (1971). Excitation transfer in communication-mediated aggressive behavior. *Journal of Experimental Social Psychology,* 7, 419～434.

Zillmann, D. (1979). *Hostility and aggression.* Hillsdale, NJ: Erlbaum.

Zillmann, D., Bryant, J., & Sapolsky, B. S. (1978). The enjoyment of watching sport contests. In H. Goldstein (Ed.), *Sports, games, and play.* Hillsdale, NJ: Erlbaum.

Zillmann, D., & Cantor, J. R. (1976). Effect of timing of information about mitigating circumstances on emotional responses to provocation and retaliatory behavior. *Journal of Experimental Social Psychology,* 12, 38～55.

Zuckerman, M. (1969a). Theoretical formulations. In J. P. Zubek (Ed.), *Sensory deprivation: Fifteen years of research.* New York: Appleton–Crofts.

Zuckerman, M. (1969b).Variables affecting deprivation results. In J. P. Zubek (Ed.), *Sensory deprivation: fifteen years of research.* New York: Appleton-Crofts.

Zuckerman, M., Buchsbaum, M. S., & Muphy, D. L. (1980). Sensation seeking and its biological correlates. *Psychological Bulletin,* 88, 187～214.

Zuckerman, M., Lazzaro, M. M., & Waldgeir, D. (1979). Undermining effects of the foot-in-the-door technique with extrinsic rewards. *Journal of Applied Social Psychology,* 9, 292～296.

索　引

> 說明：1. 每一名詞後所列之數字為該名詞在本書內出現之頁碼。
> 2. 由字母起頭的中文名詞排在漢英名詞對照之最後。
> 3. 同一英文名詞而海峽兩岸譯文不同者，除在正文內附加括號有所註明外，索引中均予同時編列。

一、漢 英 對 照

一　畫

一致性係數　consistent coefficient　69
一級泛化　primary generalization　291
一級強化物　primary reinforcers　279
一般因素　general factor　456
一般能力　general ability　453

二　畫

二分法定理　dichotomy corollary　385
二因素說　two factor theory　456
二因論　two factor theory　456
二級泛化　secondary generalization　291
二級強化物　secondary reinforcers　279
二級驅力　secondary drive　287
二變量實驗　bivariate experiment　243
人本心理學　humanistic psychology　380
人本文化取向　humanistic culture attitude　436
人物　persona　114
人為主義　artificialism　481
人為論　artificialism　481
人格　personality　1,8,212
人格化　personification　134
人格心理學　psychology of personality　32
人格的五因素模型　five-factor model of personality　36
人格的社會性　sociality of personality　11
人格的社會學習理論　social learning theory of personality　299
人格的訊息處理論　information processing theory of personality　391
人格的信息加工理論　information processing theory of personality　391
人格的認知論　cognitive theory of personality　393
人格層次模型　hierarchical model of personality　212,247
人格的操作條件作用理論　operant conditioning theory of personality　274
人格的整體性　unity of personality　8
人格的歷史研究　historical approach to personality　305
人格的獨特性　uniqueness of personality　10
人格持續性　continuity of personal-

ity 9
人格面具 persona 114
人格剖析圖 personality profile 251
人格剖析圖 personality profile 37
人格動力 personality dynamic 36
人格理論 theories of personality 48
人格發展 personality development 37,100,282
人格結構 personality structure 33
人格評鑑 personality assessment 38,66
人格過程 personality process 37
人格維度 personality dimension 212,214
人格障礙 personality disorder 38
人格領域 personality sphere 246
人格適應 personality adjustment 38
人格學習 personality learning 210
人格類型論 theories of personality type 224
人際信任 interpersonal trust 304
人際信任量表 Interpersonal Trust Scale 348
人際動能 interpersonal dynamism 134
人際理論 interpersonal theory 132
人際關係論 interpersonal theory 132
入靜 samadhi 52
力必多 libido 87,117

三 畫

三X徵候群 XXX syndrome 18
下丘腦 hypothalamus 537,610
下視丘 hypothalamus 537,610
下意識 subconscious 90
上行網狀激活系統 ascending reticular activating system 216
口唇期 oral stage 101
口欲含合 oral incorporation 101
口欲含合型性格 oralincorporative character 101
口欲施虐型性格 oral-sadistic character 101
口腔併合 oral incorporation 101
口腔期 oral stage 101
女性氣質 femininity 567
子宮 womb 24
工作記憶 working memory 391
工具性反應 instrumental response 341
工具性攻擊 instrumental aggression 531
工具性價值觀 instrumental values 261
才智 intellect 34

四 畫

不可知性 unknowability 441
不可變性 unchangeability 441
不愉快主觀單位 subjective units dissatisfactory 223
不確定感 uncertainty 143
不穩定的 unstable 612
中介類化 mediated generalization 291
中介變量 intervening variable 63
中介變項 intervening variable 63
中心特質 central trait 195
中度智力落後 moderate mental retardation 486
中度智能不足 moderate mental retardation 486
中胚葉型 mesomorphy type 226
元分析 meta-analysis 570,572
元素論 elementalism 439
元認知能力 metacognitive ability

454
支配性　dominance　571
內分泌腺　endocrine gland　23
內外向　introversion-extroversion 70
內外控量表　Internal-External Scale 347
內外傾　introversion-extroversion 70
內向　introversion　118
內在一致性標準　criterion of internal consistency　153
內在目的　internal aim　94
內在的　internal　612
內疚　guilt　519
內胚葉型　endomorphy type　226
內容分析　content analysis　158, 407
內容效度　content validity　69,251
內控　internal locus of control 521
內部驅力　internal drive　287
內傾　introversion　118
內罰性攻擊　intropunitive aggression　531
內隱人格理論　implicit personality theory　48
內臟腦　visceral brain　217
公司人　company man　160
公驢理論　jackass theory　388
分析心理學　analytical psychology 110,111
分析考量型　analytical conceptualizing style　579
友善-敵意　friendliness-hostility 34
友愛　friendly love　516
友愛親密對孤僻疏離　intimacy vs. isolation　145
反向作用　reaction formation　99
反向認同　negative identity　143
反投注　anti-cathexis　95
反制約作用　counterconditioning 353
反社會攻擊　antisocial aggression 528,530
反社會人格　antisocial personality 553
反省察性　anti-intraception　68
反射作用　reflex action　91
反條件作用　counterconditioning 353
反移情　counter transference　165
反移情作用　counter transference 165
反對衆人　moving against people 131
反應　response　287,341
反應心向　response set　262,409
反應抑制　reactive inhibition　216
反應系統　response system　392
反應定勢　response set　262,409, 430
反應性　reactivity　440
反應性行為　respondent behavior 276
反應性抑制　reactive inhibition 216
反應的交互作用　reactive interaction　29
互惠性利他行為　reciprocal altruistic behavior　497
天賦反應等級　innate hierarchy of responses　287
巴金森氏綜合症　Parkinson's disease　23
巴斯方法　Buss technique　533
幻想投注　fantasy cathexis　95
心身反應　psychosomatic reaction 619
心身疾病　psychosomatic disease 619

心身障礙 psychosomatic disorder 619
心身醫學 psychosomatic medicine 619
心理生理學技術 psychophysiological technique 74
心理年齡 mental age 465
心理免疫學 psychoimmunlolgy 628
心理性利他行為 psychological altruistic behavior 496
心理性欲階段 psychosexual stages 101
心理物理系統 psychophysical systems 192
心理社會同一性理論 theory of psychosocial identity 138
心理社會的合法延緩期 psychosocial moratorium 143
心理社會發展階段 psychosocial stages of development 140
心理表徵 mental representation 461
心象表徵系統 imaginal representational system 312
心理疾病 mental disease 210
心理能 psychic energy 117
心理能量 psychic energy 117
心理情境 psychological situation 302
心理傳記分析法 method of psychobiographical analysis 155
心理歷史學分析法 method of psychohistorical analysis 156
心理遺傳學 psychogenetics 19
心理測量學 psychometrics 462
心境 mood 517
心靈 psyche 112
支配的需要 need to dominance 305
文化人類學方法 method of cultural anthropology 159
文化公平測驗 culture-fair test 470
文化決定論 cultural determinism 128
文化標準 cultural norm 306
文飾作用 rationalization 99
文獻分析法 analysis of documents 157
文獻研究方法 analysis of document 158
化約主義 reductionism 380
比納-西蒙量表 Binet-Simon Scale 464
比西量表 Binet-Simon Scale 464
片斷定理 fragmentation corollary 387

五 畫

主效果理論 main-effect model 618
主動性對罪疚感 initiative vs. guilt 141
主題統覺測驗 Thematic Apperception Test 73,171
主觀性 subjectivity 439
主觀經驗 subjective experience 364
主觀價值 subjective values 316
代幣制 token economy 354
出生順序 birth order 127
加利福尼亞學前量表 California Preschool Schedule 471
功能心理學 functional psychology 183
功能獨立 functional autonomy 195
半結構式晤談 semi-structured interview 71
卡氏16種人格因素問卷 Sixteen Personality Factor Questionnaire

253
去甲腎上腺素　norepinehrine　611
去抑制　disinhibition　252
去氧核糖核酸　deoxyribonucleic acid　16
去條件作用　deconditioning　353
可知性　knowability　441
可能發展區　zone of proximal development　471
可逆性　reversibility　481
可逆設計　reverse design　329
可變性　changeability　441
古典制約學習　classical conditioning　209
古迪納夫-哈里斯畫人測驗　Goodenough-Harris Drawing Test　470
去個性化　deindividuation　547
司氏職業興趣量表　Strong Vocational Interest Blank　39
外向　extroversion　118
外在目的　external aim　94
外在的　external　612
外在效標　external criterion　70
外周動機　peripheral motives　198
外胚葉型　ectomorphy type　226
外能　metaerg　206
外部驅力　external drive　287
外傾　extroversion　118
外傾-內傾　extroversion-introversion　34,214
失言　slip of the tongue　166
失控症　dyscontrol syndrome　537
失望　despair　146
失望感　hopelessness　627
失誤　slip　165
失衡　disequilibrium　478
孕酮　progesterone　582
市場性格　marketing character　137
布萊克測驗　Blacky Test　181
平行分布加工模型　model of parallel distributed processing　90
平衡　equilibration　478
平衡性利他行為　equity altruistic behavior　497
本我　id　91
本能　instinct　87
本能論　instinctive theory　110
未定型統合　identity moratorium　144
未社會化行為異常　undersocialized conduct disorder　553
示範法　modeling technique　222
正交旋轉　orthogoanl rotation　249
正向的自我關懷　positive self-regard　371
正向關懷的需求　need for positive regard　371
正面關注需求　need for positive regard　371
正相關　positive correlation　62
正強化　positive reinforcement　278
正強化物　positive reinforcer　278
正移情　positive transference　85, 165
民族性　national character　27
氾濫治療法　flooding technique　222
生命目的測驗　Purpose in Life Test　422
生命價值　being values　379
生物化學物質　biochemical matter　22
生物反饋　biofeedback　354
生物性利他行為　biological altruistic behavior　496
生物社會性均數的強制性原則　principle of coercion to the biosocial mean　210
生的本能　life instinct　87

生長激素 growth hormone 23
生活方式 style of life 123
生活格調 style of life 123
生活記錄資料 life record-data 246
生活綜合 living synthesis 193
生活壓力 life stress 346
生根需求 need for rootedness 136
生理回饋 biofeedback 354
生理年齡 chronological age 465
生理區域動能 zonal dynamism 134
生理結構 biological structure 51
生理需求 physiological needs 378
生理需求表達 physiological need expression 205
生產性取向 productive orientation 137
生產性格 productive character 137
生殖期 genital stage 103
生態壓力源 bionomic stressors 607
田納西自我概念量表 Tennessee Self-Concept Scale 431
甲狀腺 thyroid 23
甲狀腺素 thyroxine 23
白化病 albinism 17
白痴天才 idiot savant 488
白痴特才 idiot savant 488
皮爾斯-哈里斯兒童自我概念量表 Piers-Harris Children's Self-Concept Scale 432
皮爾遜積差相關係數 Pearson's product-moment correlation coefficient 63
皮爾遜積矩相關係數 Pearson's product-moment correlation coefficient 63
皮質醇 cortisol 582,628
目的 aim 94
目的的品質 virtue of purpose 142
目標定向認同 goal-oriented identification 97
目標行為 goal behavior 34

六 畫

交互決定論 reciprocal determinism 309
交感神經系統 sympathetic system 599
交感神經-促腎上腺髓質 sympathetic-adrenomedullary 628
全身適應性症候群 general adaptation syndrome 604
全量表智商 full scale IQ 467
共同性定理 commonality corollary 387
共同特質 common trait 194,202
共同規律研究 nomothetic research 58
共性 generality 12
列表式晤談 scheduled interview 71
同一性 identity 123
同一性的需要 need for identity 136
同一性狀態 identity statuses 144
同一性強閉 identity foreclosure 144
同一性混淆 identity diffusion 144
同一性達成 identity achievement 144
同一性對角色混淆 identity vs. role confusion 142
同化 assimilation 478
同卵孿生 identical twins 16
同性戀期 homosexual stage 103
同時效度 concurrent validity 70
同理心 empathy 515
同理心特質 dispositional empathy 520
合法延緩期 identity moratorium

144
合成式親社會取向　composite prosocial orientation　522
合理化作用　rationalization　99
因素分析　factor analysis　244,456
因素分析法　factor analysis　201
因素取向　factor approach　456
因素命名　factor name　245
因素負荷　factor loading　245
因素矩陣　factor matrix　245
因應　coping　616
因應策略　coping strategy　616
因變量　dependent variable　56,57
因變項　independent variable　56
多 X 男性徵候群　poly-X-male syndrome　18
多巴胺　dopamine　23
多血質　sanguine temperament　13
多重抽象變異數分析法　multiple abstract variance analysis method 209
多重基線設計　multiple-baseline design　329
多重強化設計　multiple-reinforcement design　330
多基線設計　multiple-baseline design　329
多階段施測　multistage testing 466
多變量分析　multivariate analysis 201
多變量實驗　multivariate experiment　243
多變項分析　multivariate analysis 201
好孩子取向　good or nice child orientation　507
存在心理學　existential psychology 386
存在主義　existentialism　386
存在主義的研究　existential research　421
存在研究　Existential Study　422
守恆　conservation　481
安全　safety　128
安全需求　safety needs　378
忙碌-投入因素　engagement-involvement factor　623
成分性智力　componential intelligence　459
成長需求　growth need　379
成就　achievement　451
成就測驗　achievement test　469
成熟期　maturational stage　120
早閉型統合　identity foreclosure 144
早期干預　early intervention　487
有機組織　organic organization　8
有機體　organism　341
次性徵　secondary sex characteristics　17
次要特質　secondary trait　195
次級因素　second-order factor　245
次級意識　secondary consciousnesses　90
次級過程　secondary process　92
次級精緻化　secondary elaboration 164
次級歷程　secondary process　92
次增強物　secondary reinforcers 279
死的本能　death instinct　87
老年期　aging stage　120
考試焦慮　test anxiety　602
考試焦慮量表　Test Anxiety Scale 74,603
肌電圖　electromyograph　355
肌電儀　electromyograph　355
肌緊張性頭痛　tension headache 355
自主行動對羞怯懷疑　autonomy vs. shame and doubt　141

自主性對羞怯和疑慮　autonomy vs. shame and doubt　141
自主神經系統　autonomic nervous system　217,600
自由意志　free will　437
自由聯想　free association　85,163
自由聯想階段　free association period　169
自我　ego　92,112,180,197,367
自我　self　8,33,51,366,368
自我中心　egocentrism　480
自我引導活動　self-guided activity　592
自我心理學　ego psychology　139
自我生成規則　self-generate rule　196
自我同一性　ego identity　140
自我同一性　self-identity　369,431
自我認同　self-identity　369,431
自我同一感　sense of self-identity　197
自我行動　self-behavior　431
自我利他精神　ego-altruism　497
自我投入　self-absorption　369
自我投注　ego cathexis　94
自我系統　self-system　134
自我防衛　self-defense　369
自我防衛作用　ego-defense mechanisms　96
自我防禦機制　ego-defense mechanisms　96
自我注意　self-attention　369
自我知曉　self-awareness　369
自我知覺　self-perception　369
自我表達　ego expression　205
自我客觀化　self-objectification　200
自我查證　self-verification　372
自我效能　self-efficacy　36,315,333
自我效能感　self-efficacy　615
自我涉入　ego-involved　198
自我動能　self-dynamism　134
自我基模　self-schema　393
自我情操　self-sentiment　207
自我控制　ego-control　615
自我接受　self-acceptance　435
自我理智調適感　sense of self as rational coper　198
自我理想　ego-ideal　93
自我統合　ego identity　140
自我統合對角色混亂　identity vs. role confusion　142
自我設限　self-handicapping　372
自我提升　self-enhancement　372
自我發展理論　theory of ego development　138
自我接受量表　Self-Acceptance Scale　435
自我評價　self-evaluation　571
自我意象　self-image　369
自我意象感　sense of self-image　198
自我意識　self-consciousness　369
自我想像　self-imaginary　369
自我圖式　self-schema　369,393,425
自我基模　self-schema　369
自我概念　self-concept　368
自我實現　self-actualization　31
自我實現的需求　self-actualization needs　378
自我滿意　self-satisfaction　431
自我認同感　sense of self-identity　197
自我價值　self-worth　369
自我價值感　self-worth　553
自我彈性　ego-resiliency　615
自我獎賞　self-reward　314
自我複製　self-reproduction　16
自我調節　self-regulation　314
自我調節系統和計畫　self-regulatory systems and plans　316
自我導引壓力源　self-guided stress-

ors 607
自我整合對失望 integrity vs. despair 146
自我擴展感 sense of self-extension 198
自我懲罰 self-punishment 314
自我懷疑 self-doubt 141
自我覺察 self-awareness 139
自我警戒 self-monitoring 269
自我觀念 self-concept 368
自我觀察法 method of self-observation 328
自私 selfishness 145
自身 self 115,197
自卑情結 inferiority complex 122
自卑感 feelings of inferiority 121
自居作用 identification 97,502
自信心 self-confidence 571
自信訓練 assertive training 356
自動加工 automatic processing 395
自動自發對退縮愧疚 initiative vs. guilt 141
自動處理 automatic processing 395
自陳測驗 self-report inventory 72
自尊 self-esteem 369,432
自尊 self-worth 553
自尊感 sense of self-esteem 198
自尊需求 esteem needs 378
自然殺傷細胞 natural killer 628
自覺控制力 perceived control 56
自戀期 narcissism period 103
自戀認同 narcissistic identification 97
自變量 independent variable 56, 57
自變項 independent variable 56, 57
舌誤 slip of the tongue 166
艾森克人格問卷 Eysenck Personality Questionnaire 39,74,256
行為方程 behavior equation 340
行為代碼系統 behavioral coding system 343
行為取樣 behavior sampling 73
行為抽樣 behavior sampling 73
行為治療 behavior therapy 352
行為治療法 behavior therapy 352
行為評鑑 behavioral assessment 73
行為塑造 shaping 280
行為預演 behavioral rehearsal 319
行為匱乏 behavioral deficits 283
行為演練 behavioral rehearsal 355
行為潛能 behavior potential 300
行為遺傳學 behavior genetics 19
行為頻率研究法 act-frequency approach 266
行為矯正 behavior modification 353
行為矯正術 behavior modification 353
行為證實 behavioral confirmation 372
行動心理學 act psychology 183

七 畫

作業智商 performance IQ 467
作為過程的自我 self-as-process 367
克林非氏徵候群 Klinefelter's syndrome 17
判別效度 discriminant validity 270
利他人格 altruistic personality 522
利他主義 altruism 495
利他行為 altruistic behavior 494, 495

利他精神 altruism 495
利他精神自陳量表 Self-Report Altruism Scale 522
利社會行為 prosocial behavior 495
利社會攻擊 prosocial aggression 530
助人行為 helping behavior 60
卵子 ovum 16
卵巢退化症 Turner's syndrome 17
卵細胞 ovum 16
否認 denial 97
囤積性格 hoarding character 137
囫圇吞棗型 nonanalytical conceptualizing style 579
均衡 equilibration 478
均衡性 equability 13,218
完形心理學 Gestalt psychology 183
完美無缺對悲觀沮喪 integrity vs. despair 146
希望的品質 virtue of hope 141
你是誰測驗 Who Are You Test 433
貝姆性別角色調查表 Bem Sex Role Inventory 568
形之辨識 pattern recognition 90
形式運思期 formal operational stage 482
形式運算階段 formal operational stage 482
形容詞檢核表 Adjective Check List 435
快動眼睡眠 rapid eye movement sleep 179
快速眼動睡眠 rapid eye movement sleep 179
快樂原則 pleasure principle 87
折半信度 split-half reliability 68
投注 cathexis 94
投射自我 reflected self 368
投射作用 projection 99
投射技術 projective technique 168
投射測驗 projective test 72,169
抓握基模 grasping schema 478
抓握圖式 grasping schema 478
抑制 inhibition 98
抑制理論 inhibition theory 215
抑鬱 depression 394,627
抑鬱質 melancholic temperament 13
抗拒 resistance 163
改變錯誤的信念系統 alter false belief systems 396
攻擊 aggression 87,294,388,529
杏仁核 amygdala 537
杜氏徵候群 Turner's syndrome 17
沈思型 reflective style 227
決定傾向 determine 192
決定論 determinism 437
災難後壓力障礙 post-traumatic stress disorder 609
男女兼具型 androgyny 568
男性反抗 masculine protest 121
男性氣概 masculinity 567
男性氣質 masculinity 567
男性欽羨 masculine protest 121
系統強化 systematic reinforcement 354
系統脫敏法 systematic desensitization 223,353
系統觀察 systematic observation 60
肛門排出型性格 anal-expulsive character 103
肛門期 anal stage 101
肛門滯留型性格 analretentive character 101
良心 conscience 93,504
角色扮演 role playing 502
角色混淆 role confusion 143
角色構念庫測驗 Role Construct

Repertory Test 422
言語表徵系統 verbal representational system 312
谷賀畫人測驗 Goodenough-Harris Drawing Test 471
貝爾適應量表 Bell Adjustment Inventory 39
身體的基本計畫 ground plan of the body 174
身體舒適的需要 need to physical comfort 305
防衛性認同 defensive identification 584
防禦性認同 defensive identification 584

八　畫

事件取樣 event sampling 73,343
事項抽樣 event sampling 73
依附 attachment 102
依從型 compliant type 131
依賴性 dependency 573
依賴性格 receptive character 137
依賴性認同 anaclitic identification 584
依變項 dependent variable 57
來訪者 interviewee 71
兒茶酚胺 catecholamine 628
兩性期 genital stage 103
具體運思期 concrete operational stage 481
具體運算階段 concrete operational stage 481
函數分析 functional analysis 275
刺激 stimulation 340
刺激性和冒險性尋求 thrill and adventure seeking 252
刺激泛化 stimulus generalization 291
刺激類化 stimulus gereralization 291
受訪者 interviewee 71
受精卵 zygote 16
受輔者 client 374
受輔者中心治療法 client-centered therapy 374
固定角色治療 fixed-role therapy 390
固定智力 crystallized intelligence 204,454
固著 fixation 99
固著作用 fixation 99
固著點 anchoring point 197
定向型統合 identity achievement 144
定向框架的需要 need for a frame of orientation 136
定向需求 need for a frame of orientation 136
延後享樂 delay of gratification 336
延後的模仿 deferred imitation 479
延宕獎賞 delayed reward 338
延遲獎賞 delayed reward 338
延遲滿足 delay of gratification 336
延遲模仿 deferred imitation 479
忠誠的品質 virtue of fidelity 143
性 sex 572
性心理發展期 psychosexual stages 101
性向 aptitude 452
性向測驗 aptitude test 469
性別 gender 572
性別一致性 gender consistency 588
性別角色形成 sex typing 560
性別角色刻板印象 sex-role stereotype 561
性別角色定向 sex-role orientation 592

性別固定　gender stability　588
性別定型　sex typing　560,581
性別信念　gender belief　592
性別恆定性　gender constancy　588
性別基模　gender schema　589
性別圖式　gender schema　589
性別態度　gender-related attitude　592
性別認同　gender identity　588
性別認定　gender identity　588,589
性染色體　sex-chromosome　17
性格　character　14,32,212
性格學　characterology　190
性感區　erogenous zone　100
性愛　sexual love　516
性器期　phallic stage　103
抵禦　resistance　604
放大作用　amplification　164
爭鬥本能　fighting instinct　535
易性癖　transsexualism　590
明尼蘇達多相人格問卷　Minnesota Multiphasic Personality Inventory　39,72,256
明尼蘇達多相人格量表　Minnesota Multiphasic Personality Inventory　72
昇華作用　sublimation　99
武德沃斯個人資料表　Woodworth Personal Data Sheet　250
注意中心變窄假設　narrowing of attentional focus hypothesis　395
注意過程　attentional processes　311
泌乳激素　prolactin　582
泛性論　pansexualism　110
泛靈論　animism　481
泛靈觀　animism　481
物質自我　material self　368
物體恆存性　object permanence　479
狀態焦慮　state anxiety　500
狀態-特質焦慮量表　State-Trait Anxiety Inventory　600
盲目性　blindness　553
直接觀察　direct observation　343
直覺　intuiting　118
直覺內傾型　intuiting introvert type　119
直覺外傾型　intuiting extrovert type　118
知者自我的顯露　emergence of the self as knower　199
知曉　awareness　366
知識相關　epistemic correlation　69
知覺速度　perceptual speed　576
知覺集中傾向　perceptual centration　480
社交技能　social skill　318
社會公德　social moral rule　500
社會化　oversocialized　221
社會化　socialization　11
社會化不足　undersocialized　221
社會化行為異常　usocialized conduct disorder　553
社會支持　social support　618
社會文化派　social-cultural psychoanalysis　110
社會文化學派　sociocultural school　128
社會比較　social comparison　314
社會有益型　socially useful type　126
社會自我　social self　368
社會我　social self　368
社會性定理　sociality corollary　387
社會性剝奪　social deprivation　11
社會性格　social character　136
社會性壓力源　social stressors　607
社會契約取向　social contract

orientation　507
社會剝奪　social deprivation　11
社會期許性　social desirability　251
社會期許性偏向　social desirability bias　262
社會階級　social class　26,474
社會階層　social class　26,474
社會適應評定量表　Social Readjustment Rating Scale　345
社會學習　social learning　307
社會學習理論　social learning theory　307
社會興趣　social interest　125
空間能力　spatial intelligence　576
空間智力　spatial intelligence　576
初級因素　primary factor　245
初級記憶　primary memory　90
初級意識　primary consciousnesses 90
表面效度　face validity　70
表面特質　surface trait　202
表現性行為　expressive behaviors 241
表現性動作　expressive movements 247
表現型　phenotype　10
長時記憶　long-term memory　391
長期記憶　long-term memory　391
阿尼姆斯　animus　115
阿尼瑪　anima　115
青少年艾森克個性問卷　Junior Eysenck Personality Questionnaire 220
青春期自我中心　adolescent egocentrism　483
非生產性取向　nonproductive orientations　137
非快動眼睡眠　nonrapid eye movement sleep　179
非快速眼動睡眠　nonrapid eye movement sleep　179
非系統觀察　unsystematic observation　60
非指導式治療法　nondirective therapy　374
非理性　irrationality　437
非結構式晤談　unstructured interview　71
非導向式晤談　nondirective interview　71
非還原論　irreductionism　59

九　畫

信任對不信任　trust vs. mistrust 140
信心訓練　assertive training　356
信任態度　credulous attitude　390
信使核糖核酸　messenger ribonucleic acid　16
信度　reliability　68
信息加工多儲存模型　multistore model of information processing 90
信息加工取向　information-processing approach　458
信號物　signified　480
信號表徵　signifier　480
保持過程　retention processes　311
保護-依賴的需要　need to protection-dependency　305
促皮質激素釋放因子　corticotropin releasing factor　613
促腎上腺皮質激素　adrenocorticotrophic hormone　613
促腎上腺皮質激素釋放因子　corticotropin releasing factor　613
冠心病　coronary heart disease 620
冠心病傾向人格　CHD-prone personality　39
前言語構念　preverbal construct 389

前生殖期　pregenital period　103
前性欲期　presexual stage　120
前青春期　prepuberal stage　120
前動性　proactivity　440
前習俗道德水平　preconventional level of morality　506
前意識　preconscious　91
前運思期　preoperational stage 480
前運算階段　preoperational stage 480
品格　character　14
威脅　threat　388
宣洩　catharsis　85
客體永恆性　object permanence 479
客觀性　objectivity　439
客觀測驗資料　objective test-data 246
建立法則研究　nomothetic research 58
建構定理　construction corollary 385
後效強化　contingency of reinforcement　355
後習俗道德水平　postconventional level of mormality　507
後設認知能力　metacognitive ability　454
思索型　reflective style　227
思想功能　functions of thought 118
思維　thinking　118
思維內傾型　thinking introvert type　119
思維外傾型　thinking extrovert type　118
思維的適應性控制模型　model of adaptive control of thought　90
急需型利他行為　necessary altruistic behavior　497
染色體　chromosome　16
流動智力　fluid intellignece　204, 454
洞察力療法　insight therapy　105
活動　activity　412
活動產品分析　activity product analysis　74
省察　censorship　91
相互作用研究法　interaction approach　267
相反機制　mechanism of opposites 164
相對功利取向　instrumental-relativist orientation　507
相關法　correlational method　62
相關係數　correlation coefficient 63,68
相關強度　correlation strength　63
相屬需求　need for relatedness 136
研究　research　55
研究設計　research design　46
科學取向　scientific attitude　436
美育　aesthetic education　26
苯丙酮尿症　phenylketonuria　487
苯酮尿症　phenylketonuria　17,487
衍生驅力　secondary drive　287
計算機輔助教學　computer-assisted instruction　358
負相關　negative correlation　62
負強化　negative reinforcement 278
負強化物　negative reinforcer　278
負移情　negative transference　165
迫選法　forced-choice method　251
重度智力落後　severe mental retardation　487
重度智能不足　severe mental retardation　487
重要他人　significant others　133

重測信度　test-retest reliability　68
重量守恆　conservationof weight　482
面具　mask　5
韋氏成人智力量表　Wechsler Adult Intelligence Scale　467
韋氏成人智力量表修訂版　Wechsler Adult Intelligence Scale Revised　467
韋氏兒童智力量表　Wechsler Intelligence Scale for Children　467
韋氏學前及學童智力量表　Wechsler Preschool and Primary Scale of Intelligence　467
韋克斯勒-貝勒維智力量表　Wechsler-Bellevus Intelligence Scale　466
首要特質　cardinal trait　194

十　畫

倔強性　toughness　68
個人潛意識　personal unconscious　112
個人中心治療法　person-centered therapy　374
當事人中心治療法　person-centered therapy　374
個人心理學　individual psychology　110,121
個人史晤談　personal-history interview　71
個人取向量表　Personal Orientation Inventory　417
個人性格　personal character　136
個人特質　individual trait　194
個人記述研究　idiographic research　58
個人傾向　personal disposition　194
個人構念　personal construct　384
個人屬性問卷　Personal Attributes Questionnaire　568
個人變量　person variable　316
個別化　individualization　119
個別差異　individual difference　12
個別智力測驗　individual intelligence test　464
個性　individuality　12
個性化　individualization　112,119
個性定理　individuality corollary　385
個性弱化　deindividuation　547
個案法　case study method　153
個案研究　case study　405
個案研究法　case study method　61,153
記憶系統　memory system　391
冥思　meditation　52
剝削性格　exploitative character　137
原始的壓抑　primal repression　97
原始過程　primary process　92
原始歷程　primary process　92
原始驅力　primary drive　287
原初記憶　primary memory　90
原型　archetype　114
原型　prototype　101,461
原型取向　prototype approach　461
原級防衛　primal defense　131
原增強物　primary reinforcers　279
唐氏綜合症　Down's syndrome　487
家庭　family　25
家庭治療　family therapy　185
家譜法　pedigree method　20
衰竭　exhaustion　604
容積守恆　conservation of volume　482
庫珀史密斯自尊量表　Coopersmith Self-Esteem Inventory　433
恐怖情境法　flooding technique　222
恐懼　fear　141

恐懼調查表　Fear Survey Schedule 345
挫折　frustration　538
挫折-攻擊假說　frustration-aggression hypothesis　538
挫折容忍力　frustration tolerance 199,539
效度　validity　69
效度標準　criterion validity　70
效能期望　efficacy expectation 315
效能誘導　efficacy induction　349
效標效度　criterion validity　70
時代精神　Zeitgeist　50
時限抽樣　duration sampling　73
時距取樣　duration sampling　73
時間取樣　time sampling　343
校風　school climate　26
核心角色構念　core role structure 388
核心特質　central trait　195
核心構念　core structure　388
根源　source　94
根源特質　source trait　202
格式塔心理學　Gestalt psychology 183
氣質　temperamental　13,212
氣質特質　temperamental trait 204
消弱　extinction　354
消耗性事件　exhaustion event　606
消退　extinction　354
消極的同一性　negative identity 143
消極的壓力　distress　605
特殊反射　specific reflexes　292
特殊反應　specific response　214
特殊因素　specific factor　456
特殊能力　special abilty　453
特殊規律研究　idiographic research 58
特殊預期　specific expectancy　301
特徵公式　specification equation 207
特徵檢測　feature detection　90
特質　trait　33,190,193,202
特質中心研究　trait centered approach　19
特質性焦慮　trait anxiety　9,600
特質焦慮　trait anxiety　9,600
特質論　trait theory　190
特質論範型　trait paradigm　79
狼孩　wolf children　27
狼童　wolf children　27
真正的壓抑　repression proper　97
真實自我　real self　367
真實我　real self　367
神經介質　neurotransmitter　23
神經性焦慮　neurotic anxiety　96
神經病　neurosis　82
神經症傾向　neurotic trends　130
神經症需要　neurotic needs　130
神經質-情緒穩定性　neuroticism-emotional stability　34
神經質-穩定性　neuroticism-stability　214
索取依賴型　getting-learning type 126
索性反應　cue-producing response 287
純自我　pure ego　368
純利他精神　pure altruism　497
胰島素　insulin　23
胰腺　pancreas　23
能　erg　206
能力　ability　451
能力　competencies　316
能力的品質　virtue of competence 142
能力特質　ability trait　204
能力動機　competence motivation 36

能力動機理論　competence motivation theory　36
能力傾向　aptitude　452
能力傾向測驗　aptitude test　469
能量守恆定律　conservation law of energy　87
訊息處理取向　information-processing approach　458
迷失型統合　identity diffusion　144
退化　regression　99
退化作用　regression　99
迴避梯度　avoidance gradient　296
追求卓越　striving for superiority 123
追求優越　striving for superiority 121,123
馬洛-克朗社會優點量表　Marlowe-Crown Social Desirability Scale 98
高中生人格問卷　High School Personality Questionnaire　19
高峰經驗　peak experience　420

十一 畫

偽相關　spurious correlation　63
假相關　spurious correlation　63
假設　hypothesis　57
假說　hypothesis　57
健壯型　athletic type　225
健康心理學　health psychology 598
健康的生活格調　healthy style of life　125
偶然性壓力源　contingency stressors　607
偶然隨因增強　accidental contingency of reinforcement　283
符號功能　symbolic function　480
副交感神經系統　parasympathetic system　600
動力心理學　dynamic psychology 185
動力格狀　dynamic lattice　207
動力特質　dynamic trait　205
動力組織　dynamic organization 192
動作攻擊　action aggression　531
動作復現過程　motor reproduction processes　312
動能　dynamism　134
動量　impetus　94
動態的自我概念　dynamic self-concept　394
動態的自我觀念　dynamic self-concept　394
動機理論　theories of motivation 315
動機過程　motivational processes 312
區別效度　discriminant validity 270
曼荼羅　mandala　115,116
問卷資料　questionnaire-data　246
問題取向因應方式　problem-focused coping　616
問題解決類化預期　problem-solving generalized expectancy　304
唯樂原則　pleasure principle　87
國民性　national character　27
基本心理能力　primary mental abilities　456
基本焦慮　basic anxiety　129
基本焦慮論　basic anxiety theory 128
基本罪惡　basic evil　129
基本敵意　basic hostility　129
基因　gene　16
基因型　genotype　10
基線　base line　64
基模　scheme, schema　479
婚姻治療　marital therapy　185
密度　density　546

常染色體 autosome 17
強化 reinforcement 216,277,586
強化物 reinforcer 278
強化的內外控 internal vs. external control of reinforcement 304
強化理論 reinforcement theories 300
強化程式 schedule of reinforcement 278
強化價值 reinforcement value 302
強壯型 athletic type 225
強制性認同 identification with an aggressor 97
強度 strength 13
強烈追求因素 hard-driving factor 623
情結 complex 113
情結指示器 complex indicators 168
情結指標 complex indicators 168
情感 feeling 118
情感內傾型 feeling introvert type 119
情感外傾型 feeling extrovert type 118
情愛 sexual love 516
情境 situation 24
情境性焦慮 state anxiety 600
情緒取向因應方式 emotion-focused coping 616
情緒性 emotionality 574
情操 sentiment 206
掠奪性格 exploitative character 137
控制加工 controlled processing 395
控制系統 control system 391
控制的實地觀察 controlled field observation 60
控制處理 controlled processing 395
控制源 locus of control 304
控制觀 locus of control 304
接近衆人 moving toward people 131
接納性格 receptive character 137
教師效能 teacher efficacy 351
教師效能量表 Teacher Efficacy Scale 351
教學機 teaching machine 357
教學機器 teaching machine 357
啟動效應 priming effect 179,426
啟動實驗 priming experiment 178
斜交旋轉 oblique rotation 249
晤談 interview 71,344
晤談表 interview schedule 71
欲力 libido 87,117
液態能力 fluid ability 454
液態智力 fluid intelligence 204, 454
淺睡眠 light sleep 179
混合型 mixed type 225
深睡眠 deep sleep 179
理性 rationality 437
理情治療法 rational emotive therapy 420
理情教育治療 rational emotive therapy 420
理想自我 ideal self 205,367
理想我 ideal self 367
理想精神之國 Eupsychia 382
現場研究法 field study method 534
現象的實在 phenomenological reality 366
現象型 phenotype 10
現象場 phenomenological field 366
現象學方法 phenomenological method 184,404
現象學範型 phenomenological para-

digm 80
現實性焦慮 reality anxiety 96
現實原則 reality principle 92,184
甜檸檬作用 sweet lemon mechanism 99
甜檸檬機制 sweet lemon mechanism 99
產傷 birth trauma 96
異卵孿生 fraternal twins 16
異態 heterostasis 440
疏導法 catharsis 85
疏離感測驗 Alienation Test 422
衆數人格 modal personality 11
移情 empathy 515
移情 transference 165
移情作用 transference 165
移情特質 dispositional empathy 520
移置 displacement 97
第二性徵 secondary sex characteristics 17
第三勢力 third force 376
統我 proprium 197
統我追求 propriate striving 198
統我動機 propriate motives 198
統治支配型 ruling-dominant type 126
統計效度 statistical validity 70
統整 integration 119
細胞遺傳學方法 cytogenetic method 20
組合性智力 componential intelligence 459
組織 organization 478
組織定理 organization corollary 385
開放系統 open system 7
終極性價值觀 terminal values 261
習俗 convention 506
習俗道德水平 conventional level of morality 507
習得驅力 acquired drive 288
習慣 habit 286,288
習慣反應 habitual response 214
脫氧核糖核酸 deoxyribonucleic acid 16
莫里斯氏生活方式問卷 Morris's Ways to Live Questionnaire 260
被動-攻擊人格 passive-aggressive personality 554
被認可的攻擊 received aggression 530
規範科學 normative science 53
訪員 interviewer 71
訪員偏差 interviewer bias 71
訪談 interview 344
責任分散 diffusion of responsibility 510
連鎖化 chaining 279
連續強化程式 continuous reinforcement 278
連續增強 continuous reinforcement 278
部分強化 partial reinforcement 289
部分增強 partial reinforcement 289
陳述性知識 declarative knowledge 90
陰性基質 anima 115
陰莖妒羨 penis envy 103,180
陰暗自我 shadow 115
陰影 shadow 115

十二　畫

最低目標水平 minimal goal level 306
最初記憶 first memories 127
最近發展區 zone of proximal development 471

創造力 creativity 453,469
創造性自我 creative self 121,125
勞動教育 labour education 26
博愛 love of mankind 517
單向決定論 one directional determinism 308
單字聯想測驗 word association technique 168
單受試者研究 single-subject research 64
單個被試研究 single-subject research 64
單胺氧化酶 monoamine oxidase 23
單詞聯想法 word association technique 168
喚起的交互作用 evocative interaction 29
場地依賴型 field dependent style 228,579
場地獨立型 field independent style 228,579
場依存型 field dependent style 228,579
場獨立型 field independent style 228,579
復測信度 test-retest reliability 68
描述你的自我測驗 Drawing Yourself Test 433
換性症 transsexualism 590
斯比量表 Stanford-Binet Scale 464
斯坦福-比納量表 Stanford-Binet Scale 464
斯肯納箱 Skinner box 277,330
斯特魯普效應 Stroop effect 426
斯特魯普測驗 Stroop Test 426
普通因素 general factor 456
普通能力 general abilty 453
普通的反應 popular response 170
普遍原則取向 universal orientation 508
晶態能力 crystallized ability 454
晶態智力 crystallized intelligence 204,454
智力 intelligence 212
智力二因論 two-factor theory of intelligence 456
智力年齡 mental age 465
智力成分理論 componential theory of intelligence 459
智力商數 intelligence quotient 465
智力結構理論 structure-of-intellect theory 457
智力落後 mental retardation 486
智育 intellectual education 25
智能不足 mental retardation 486
智商 intelligence quotient 465
智慧的品質 virtue of wisdom 146
曾氏焦慮評量表 Zung's Self-Administered Anxiety Scale 604
替代性強化 vicarious reinforcement 313
替代性增強 vicarious reinforcement 313
棒框測驗 rod and frame test 230
測量 measure 66
測驗 testing 66
測驗焦慮 test anxiety 602
焦慮 anxiety 95,219,388,599
無干擾測量 unobtrusive measure 74
無助感 helplessness 627
無能感 incompetency 142
無條件的正向關懷 unconditional positive regard 371
無條件積極關注 unconditional positive regard 371
無意感 meaninglessness 146
無意義識 unconscious 52
無嘗試學習 no trial learning 311

無價值感　unworthiness　142
發育異常型　dysplasia type　225
發展危機　developmental crisis　140
短時記憶　short-term memory　391
短期記憶　short-term memory　391
程序性知識　procedural knowledge　90
程序教學　programmed instruction　357
等值原理　principle of equivalence　117
筆誤　slip of the pen　166
結果　consequence　343
結果期望　outcome expectation　315
結構心理學　structural psychology　183
結構式晤談　structured interview　71,144,622
結構的或動力的交互作用　organic or dynamic interaction　497
結構訪談法　structured interview　144
結構學習　structured learning　210
腎上腺皮質系統　adrenal-cortical system　610
腎上腺素　epinephrine　610
腎上腺髓質　adrenal medulla　611
著重於問題的應對　problem-focused coping　616
著重於情緒的應對　emotion-focused coping　616
著重個人的研究　person-centered approach　37
著重變量的研究　variable-centered approach　37
虛弱型　asthenic type　225
視丘下部　hypothalamus　610
評分者信度　interjudge reliability　69
評定量表法　rating scale method　408
評價　evaluation　412
評鑑技術　assessment techniques　66
象徵化　symbolization　164
象徵性遊戲　symbolic play　480
賀茨曼墨跡測驗　Holtzman Inkblot Technique　171
超我　superego　92,205
超社會化　oversocialized　221
超常兒童　gifted child　484
超前的交互作用　proactive interaction　30
超脱型　detached type　131
超越功能　transcendent function　119
超越的需要　need for transcendence　136
超雄體　supermale　18
超感知覺　extrasensory perception　380
超感視覺　clairvoyance　380
超補償　overcompensation　122
超雌體　superfemale　18
間接泛化　mediated generalization　291
開關箱　shuttle box　612
順應　adaptation　38,478
陽具妒羡　penis envy　103,180
陽性基質　animus　115
雄性激素　androgen　219
雄激素　androgen　582
集體潛意識　collective unconscious　114
黄體激素　progesterone　582

十三　畫

亂婚　promiscuity　145
傳記法　biographical method　155
傾斜小屋傾斜椅子測驗　tilting-room

-tilting-chair test 230
催乳素 prolactin 582
勤奮進取對自貶自卑 industry vs. inferiority 142
勤奮感對自卑感 industry vs. inferiority 142
塞普爾氏職業價值觀量表 Super's Work Values Inventory 261
意志治療 will therapy 365
意志品質 virtue of will 141
意動心理學 act psychology 183
意象 image 92
意識 awareness 366
意識 conscious 89
意識的本我 conscious id 205
慈愛 kindness 516
感知運動階段 sensorimotor stage 479
感覺 sensing 118
感覺內傾型 sensing introvert type 119
感覺外傾型 sensing extrovert type 118
感覺系統 sensory system 391
感覺剝奪 sensory deprivation 215,252,608
感覺尋求 sensation seeking 252
感覺尋求量表 Sensation Seeking Scale 23,252
感覺運動期 sensorimotor stage 479
愛心 love 516
愛的品質 virtue of love 145
愛與感情的需要 need to love and affection 305
愛德華個人偏好量表 Edwards Personal Preference Schedule 251
新精神分析論 neo-psychoanalysis 82,110
概括性強化物 generalized reinforcer 279
歇斯底里症 hysteria 85
瑟斯頓氣質量表 Thurstone Temperament Schedule 39
瑞文氏非文字推理測驗 Raven's Standard Progressive Matrices Test 470
睪丸退化症 Klinefelter's syndrome 17
睪固酮 testosterone 582
矮胖型 pyknic type 225
經典條件作用 classical conditioning 209
經典精神分析論 classical psychoanalysis 82
經驗 experience 366
經驗我 empirical me 368
經驗定理 experience corollary 387
經驗效度 empirical validity 258
經驗尋求 experience seeking 252
經驗模式 mode of experience 134
群因素說 group factor theory 456
群因論 group factor theory 456
群體人格 group personality 11
群體和諧 group harmony 501
群體選擇 group selection 499
群體調查分析法 analysis of population investigation 20
腦下腺 pituitary gland 611
腦內啡 endorphins 610
腦垂體 pituitary gland 23,611
腦垂腺 pituitary gland 611
腦垂體-促腎上腺皮質 pituitary-adrenocortical 628
補償 compensation 121
詳察-預斷-控制的循環 circumspection-preemption-control cycle 388
詢問階段 inquiry period 170
詮釋學 hermeneutics 184
詹金斯活動調查表 Jenkins Ac-

tivity Survey 622
資優兒童 gifted child 484
躲避型 avoiding type 126
運作記憶 working memory 391
運動自由度 freedom of movement 303
運動能力 sport intelligence 577
遊戲 play 172
道氏徵候群 Down's syndrome 487
道德判斷 moral judgment 503
道德兩難 moral dilemmas 505
道德性焦慮 moral anxiety 96
過失 slip 165
過度女性化 superfemale 18
過度男性化 supermale 18
過程量表 process scale 408
酬賞學習 reward learning 209
電腦輔助教學 computer-assisted instruction 358
預期 anticipation 384,587
預期 expectancies 316
預期 expectancy 301
預測效度 predictive validity 49, 70

十四 畫

滲透性 permeability 387
厭惡制約法 aversive conditioning 353
厭惡條件作用 aversive conditioning 353
團體治療 group therapy 185
團體特質 syntality trait 205
團體智力測驗 group intelligence test 464
圖式 scheme, schema 479
夢的工作 dream work 163
夢的解釋 dream interpretation 127,163
夢程 dream work 163
實現趨向 actualizing tendency 367
實地研究法 field study method 534
實足年齡 chronological age 465
實際的現實知覺 realistic perception of reality 200
實際能力 actual ability 451,452
實證主義 positivism 184,275,331
實證效度 empirical validity 70, 178
實驗法 experimental method 61, 331
實驗者效應 experimental effect 158
實驗室實驗 laboratory experiment 532
實驗設計 experimental design 328
對單調的敏感性 boredom susceptibility 252
對象 object 94
對象自我 self-as-object 367
對象投注 object cathexis 95
對象喪失認同 object-loss identification 97
態度 attitude 118,207
慣常型利他行為 habitual altruistic behavior 497
構念效度 construct validity 70
構造心理學 structural psychology 183
滿足 satisfaction 128
漸發成熟性事件 maturation event 606
精力充沛對頹廢遲滯 generativity vs. stagnation 145
精子 sperm 16
精神 psyche 112
精神分析 psychoanalysis 82
精神分析論 psychoanalysis 82

精神分析論範型 psychoanalytic paradigm 79
精神分裂症 schizophrenia 8
精神自我 spiritual self 368
精神的內部形象 inward face of psyche 115
精神的外部形象 outward face of psyche 114
精神渲洩說 theory of catharsis 542
精神質-超我機能 psychoticism-superego functioning 215
精細胞 sperm 16
緊張 stress 334,604
緊急型利他行為 emergent altruistic behavior 497
網狀系統 reticular system 217
維也納精神分析協會 Vienna Psychoanalytical Society 121
聚合研究法 aggregation approach 267
語文能力 linguistic intelligence 575
語文智力 linguistic intelligence 575
語文智商 verbal IQ 466
語言分析法 method of language analysis 248
語意分析法 method of semantic differential 411
認可-地位的需要 need to recognition-status 305
認同作用 identification 92,97,181,502
認知 cognition 227
認知方式 cognitive style 579
認知行為療法 cognitive behavior therapy 306,356,396
認知治療 cognitive therapy 396
認知風格 cognitive style 227
認知容量減少假設 cognitive capacity-reduction hypothesis 395
認知結構 cognitive structure 478
認知能力 cognitive ability 454
認知理論 cognitive theories 300
認知發展論 cognitive developmental theory 477
認知類型 cognitive style 227,579
認識 cognition 227
輕度智力落後 mild mental retardation 486
輕度智能不足 mild mental retardation 486
遠離衆人 moving away from people 131
酸葡萄作用 sour grapes mechanism 99
酸葡萄機制 sour grapes mechanism 99
雌激素 estrogen 582
需要 need 33
需要價值 need value 303
需要潛能 need potential 303
需要-壓力方法 need-press method 171
領導能力 leadership intelligence 577

十五 畫

價值的條件 conditions of worth 371
價值研究 Study of Values 259
價值觀 values system 259
劈半信度 split-half reliability 68
增強 reinforcement 275,277
增強方式 schedule of reinforcement 278
德育 moral education 25
徵兆 sign 73
敵意 hostility 388,623
敵意型 hostile type 131
數理智力 logic-mathematical in-

telligence 575
數量遺傳學 quantitative genetics 19
數學能力 logic-mathematical intelligence 575
樞紐特質 cardinal trait 194
模仿 imitation 310
模仿 modeling 355,587
模仿能力 imitation abilty 453
模式識別 pattern recognition 90
樂觀主義 optimism 615
潛伏期 latency stage 103
潛在能力 potential ability 451
潛性內容 latent content 163
潛性夢境 latent content 163
潛意識 unconscious 52,90,91
潛能 potency 412
潛源特質 source trait 202
獎賞 reward 283,288
瘦長型 asthenic type 225
稽查者 censorship 91
範式 paradigm 53,79
範型 paradigm 53,79
範圍定理 range corollary 387
暴力相傳 violence breeds violence 543
編序教學 programmed instruction 357
編碼策略 encoding strategies 316
線索 cue 287
緩衝器理論 buffering model 618
衝動型 impulsive style 227
衝擊性事件 shock event 607
複本信度 alternate-forms reliability 69
調適 accommodation 478
調整 accommodation 478
調整定理 modulation corollary 387
質量守恆 conservation of quality 482
適應 adaptation 478
適應功能 adaptation funtion 241
適應障礙 adjustment disorder 38
震顫麻痺 Parkinson's disease 23
熵原理 principle of entropy 117

十六　畫

學得無助感 learned helplessness 612,614
學習 learning 274
學習理論 theories of learning 315,326
學習論 theories of learning 326
學習論範型 learning paradigm 80,274,326
憑據點 anchoring point 197
操作行為主義 operant behaviorism 275
操作制約作用 operant conditioning 277
操作制約學習 operant conditioning 209
操作性反應 instrumental response 341
操作性行為 operant behavior 277
操作智商 performance IQ 467
操作性條件作用 operant conditioning 277
操作條件作用 operant conditioning 209
整合作用 integration 119
整合學習 integrative learning 209
整體的-特殊的 global-specific 612
整體論 holism 439
機能心理學 functional psychology 183
機能自主 functional autonomy 195
機能完善的個人 full-functioning person 373

機械的或統計的交互作用 mechanistic or statistical interaction 497
機體評價過程 organismic valuing process 370
激活-合成理論 activation-synthesis theory 180
激素 hormone 23
激發水平 arousal levels 22
激發狀態 arousal state 216
激醒狀態 arousal state 216
獨立的需要 need to independence 305
獨立需求 need for identity 136
獨有的行為和思想 characteristic behavior and thought 193
獨有特質 unique trait 194,202
獨特性 unique 192
獨創的反應 original response 170
積極的壓力 eustress 604
親社會行為 prosocial behavior 495
親社會攻擊 prosocial aggression 528,530
親密對孤獨 intimacy vs. isolation 145
親腎上腺皮質素 adrenocorticotrophic hormone 613
親屬性利他行為 kin altruistic behavior 497
親屬選擇 kin selection 498
擁擠 crowding 546
辨別刺激 discriminative stimulus 277
辨別操作 discriminative operant 277
遵守法規取向 law and order orientation 507
選配相同圖形測驗 matching familiar figure test 227
選擇性定理 choice corollary 385
選擇性注意 selective attention 588
遺忘 forgetting 166
遺傳 heredity 51
遺傳力 herilability 19
遺傳中心研究 gene centered approach 19
遺傳型 genotype 10
遺傳特徵 heredity trait 51
錯誤的生活格調 mistaken style of life 125
錯覺相關 illusory correlation 265
霍根移情量表 Hogan Empathy Scale 521
霍爾茲曼墨漬測驗 Holtzman Inkblot Technique 171
閾下刺激 subliminal stimulus 178
閾下知覺 subliminal perception 178
閹割恐懼 fear of castration 180
閹割焦慮 castration anxiety 103
閹割焦慮 fear of castration 180

十七 畫

優越 superiority 123
優越情結 superiority complex 123
優勢反應 dominant response 288
壓力 stress 334,604
壓力源 stressor 605
壓抑 repression 7,97,98
壓抑情結 repressed complexes 205
壓制 suppression 98
壓縮 condensation 164
應對 coping 616
應對策略 coping strategy 616
應激 stress 334,604
環境論 environmentalism 439
環境養成特質 environmental-mold trait 204

癌症傾向人格　cancer prone personality　39,626
繁殖對停滯　generativity vs. stagnation　145
膽汁質　choleric temperament　13
臨床晤談　clinical interview　71
臨床顯著性　clinical significance　65
趨近梯度　approach gradient　296
趨避衝突　approach avoidance conflict　296
避罰服從取向　punishment-obedience orientation　506
還原分析法　reductive-analytic method　80
還原論　reductionism　59,380,439
邁爾斯-布里格斯類型指標　Myers-Briggs Type Indicator　175
隱性　recessiveness　17
隱性基因　recessive gene　17
隱性遺傳　recessive inheritance　17
隱測量　unobtrusive measure　74
黏液質　phlegmatic temperament　13
擴散激活理論　spreading activation model　426

十八　畫

歸根的需要　need for rootedness　136
歸納-假設-演繹法　inductive-hypothetical-deductive method　243
歸納-假設-演繹螺旋式法　inductive-hypotheticae-deductive spiral　243
歸屬和愛的需求　belongingness and love needs　378
簡化分析法　reductive-analytic method　80
簡化論　reductionism　439
職業壓力　occupational stress　606
謹慎性　conscientiousness　34
轉換性　transitivity　482
離差智商　deviation IQ　468
離避梯度　avoidance gradient　296
雙向決定論　two directional determinism　309
雙性性格　androgyny　568
雙重標準　double standard　561
雙重趨避衝突　double approach-avoidance conflict　296
雙趨衝突　approach-approach conflict　295
雙避衝突　avoidance-avoidance conflict　295
魏氏成人智力量表　Wechsler Adult Intelligence Scale　467
魏氏兒童智力量表　Wechsler Intelligence Scale for Children　467
魏氏學前智力量表　Wechsler Preschool and Primary Scale of Intelligence　467
魏貝量表　Wechsler-Bellevus Intelligence Scale　466

十九　畫

穩定的　stable　612
穩態　homeostasis　440
羅氏圖畫挫折研究　Rosenzweig Picture Frustration Study　541
羅克奇氏價值調查表　Rokeach's Values Survey　261
羅夏墨漬測驗　Rorschach Inkblot Test　73,169
邊緣系統　limibic system　217
鏡中自我　looking-glass self　368
關心的品質　virtue of care　145
關聯的需要　need for relatedness　136
類化預期　generalized expectancy

301
類型 type 33
類特質 traitlike 304
願望滿足 wish fulfillment 92

二十 畫

覺醒 arousal 216
覺醒水平 arousal levels 22
警覺 alarm 604
懼蛇症 ophidiophobia 333

二十一 畫

鐮狀細胞貧血症 sickle cell anemia 17
驅力 drive 287
驅力降低 drive reduction 36
驅力降低說 drive-reduction theory 36
驅力減降論 drive-reduction theory 36
驅體我的感覺 sense of bodily self 197

二十二 畫

孿生子法 twin method 20
戀父情結 Electra complex 103
戀母情結 Oedipus complex 92, 103

二十三 畫

變量 variable 57
變項 variable 57
邏輯效度 logical validity 70
邏輯實證主義 logical positivism 380
顯性 dominance 17
顯性內容 manifest content 163
顯性基因 dominant gene 17
顯性焦慮量表 Manifest Anxiety Scale 98,601
顯性夢境 manifest content 163
顯性遺傳 dominant inheritance 17
顯著特質 eminent trait 195
體育 physical education 26
體格 body build 51,212
體格自我效能量表 Physique Self-Efficacy Scale 352
體質性潛源特質 constitutional source trait 204
體質論 constitutionalism 439
體積守恆 conservation of volume 482

二十四 畫

靈活性 mobility 13,218
觀察法 observational method 60, 532
觀察學習 observational learning 310
鑲嵌圖形測驗 Embedded Figure Test 230

英文字母起頭名詞

A型人格 A-type personality 598, 620
A型行為模式 type A behavior pattern 620
A型行為類型 type A behavior pattern 61,620
A型行為類型問卷 Questionnaire of Type A Behaviors 61,622
A型性格 A-type personality 620
ACT 模型 ACT-model 90
B型人格 B-type personality 620
B型行為模式 type B behavior pattern 620
B型行為類型 type B behavior pattern 61
B型性格 B-type personality 620
C型人格 C-type personality 598, 626

C型行為模式　type C behavior pattern　626
C型性格　C-type personality　626
CPC循環　CPC cycle　388
G 因素　G-factor　456
P 方法　P technique　245
P 技術　P technique　245
PDP模型　PDP model　90
Q分類法　Q-sort　409
Q 技術　Q technique　409
R 方法　R technique　244
R 技術　R technique　244
S 因素　S-factor　456
XYY 徵候群　XYY syndrome　18

二、英漢對照

A

A-type personality　A型人格,A型性格　598,620
ACL＝Adjective Check List
ability　能力　451
ability trait　能力特質　204
accidental contingency of reinforcement　偶然隨因增強　283
accommodation　調整　478
accommodation　調適　478
achievement　成就　451
achievement test　成就測驗　469
acquired drive　習得驅力　288
ACTH＝Adrenocorticotrophic hormone
ACT model　ACT模型　90
act psychology　意動心理學,行動心理學　183
act-frequency approach　行為頻率研究法　266
action aggression　動作攻擊　531
activation-synthesis theory　激活-合成理論　180
activity　活動　412
activity product analysis　活動產品分析　74
actualizing tendency　實現趨向　367
adaptation　順應　38,478
adaptational function　適應功能　241
actual ability　實際能力　451,452
Adjective Check List　形容詞檢核表　435
adjustment disorder　適應障礙　38
adolescent egocentrism　青春期自我中心　483
adrenal medulla　腎上腺髓質　611
adrenal-cortical system　腎上腺皮質系統　610
adrenocorticotrophic hormone　促腎上腺皮質激素,親腎上腺皮質素　613
aesthetic education　美育　26
aggregation approach　聚合研究法　267
aggression　攻擊　87,294,388,529
aging stage　老年期　120
aim　目的　94
alarm　警覺　604
albinism　白化病　17
Alienation Test　疏離感測驗　422
alter false belief systems　改變錯誤的信念系統　396
alternate-forms reliability　複本信度　69
altruism　利他主義,利他精神　495
altruistic behavior　利他行為　494,495
altruistic personality　利他人格

522
amplification 放大作用 164
amygdala 杏仁核 537
anaclitic identification 依賴性認同 584
anal stage 肛門期 101
anal-expulsive character 肛門排出型性格 103
anal-retentive character 肛門滯留型性格 101
analysis of document 文獻研究方法 158
analysis of documents 文獻分析法 157
analysis of population investigation 群體調查分析法 20
analytical conceptualizing style 分析考量型 579
analytical psychology 分析心理學 110
anchoring point 固著點,憑據點 197
androgen 雄性激素,雄激素 582
androgyny 雙性性格,男女兼具型 568
anima 陰性基質,阿尼瑪 115
animism 泛靈論,泛靈觀 481
animus 陽性基質,阿尼姆斯 115
ANS＝Autonomic Nervous System
anti-cathexis 反投注 95
anticipation 預期 384,587
anti-intraception 反省察性 68
antisocial aggression 反社會攻擊 528,530
antisocial personality 反社會人格 553
anxiety 焦慮 95,219,388,599
approach avoidance conflict 趨避衝突 296
approach gradient 趨近梯度 296
approach approach conflict 雙趨衝突 295
aptitude 性向,能力傾向 452
aptitude test 性向測驗,能力傾向測驗 469
archetype 原型 114
arousal 覺醒 216
arousal levels 激發水平,覺醒水平 22
arousal state 激發狀態,激醒狀態 216
artificialism 人為主義,人為論 481
ascending reticular activating system 上行網狀激活系統 216
assertive training 自信訓練,信心訓練 356
assessment techniques 評鑑技術 66
assimilation 同化 478
asthenic type 虛弱型,瘦長型 225
athletic type 健壯型,強壯型 225
attachment 依附 102
attentional processes 注意過程 311
attitude 態度 118,207
A-type personality A型人格,A型性格 598,620
automatic processing 自動加工,自動處理 395
autonomic nervous system 自主神經系統 217,600
autonomy vs. shame and doubt 自主行動對羞怯懷疑,自主性對羞怯和疑慮 141
autosome 常染色體 17
aversive conditioning 厭惡制約法,厭惡條件作用 353
avoidance gradient 迴避梯度,離避梯度 296
avoidance-avoidance conflict 雙避衝突 295
avoiding type 躲避型 126

awareness 意識,知曉 366

B

B type personality B型人格,B型性格 620
base line 基線 64
basic anxiety theory 基本焦慮論 128
basic anxiety 基本焦慮 129
basic evil 基本罪惡 129
basic hostility 基本敵意 129
BCS＝behavioral coding system
behavior equation 行為方程 340
behavior genetics 行為遺傳學 19
behavior modification 行為矯正,行為矯正術 353
behavior potential 行為潛能 300
behavior sampling 行為取樣,行為抽樣 73
behavior therapy 行為治療,行為治療法 352
behavioral coding system 行為代碼系統 343
behavioral confirmation 行為證實 372
behavioral assessment 行為評鑑 73
behavioral deficits 行為匱乏 283
behavioral rehearsal 行為預演,行為演練 319,355
being values 生命價值 379
Bell Adjustment Inventory 貝爾適應量表 39
belongingness and love needs 歸屬和愛的需求 378
Bem Sex Role Inventory 貝姆性別角色調查表 568
Binet-Simon Scale 比納-西蒙量表,比西量表 464
biochemical matter 生物化學物質 22
biofeedback 生物反饋,生理回饋 354
biographical method 傳記法 155
biological altruistic behavior 生物性利他行為 496
biological structure 生理結構 51
bionomic stressors 生態壓力源 607
birth order 出生順序 127
birth trauma 出生創傷,產傷 96
bivariate experiment 二變量實驗 243
Blacky Test 布萊克測驗 181
blindness 盲目性 553
body build 體格 51,212
boredom susceptibility 對單調的敏感性 252
BS＝boredom susceptiblity
BSRI＝Bem Sex Role Inventory
buffering model 緩衝器理論 618
Buss technique 巴斯方法 533

C

C type personality C型人格,C型性格 598,626
CA＝chronological age
CAI＝computer assisted instruction
California Preschool Schedule 加利福尼亞學前量表 471
cancer prone personality 癌症傾向人格 39,626
cardinal trait 首要特質,樞紐特質 194
case study 個案研究 405
case study method 個案研究法,個案法 61,153
castration anxiety 閹割焦慮 103
catecholamine 兒茶酚胺 628
catharsis 宣洩,疏導法 85
cathexis 投注 94

censorship 省察,稽查者 91
central trait 中心特質,核心特質 195
chaining 連鎖化 279
changeability 可變性 441
character 性格,品格 14,212
characteristic behavior and thought 獨有的行為和思想 193
characterology 性格學 190
CHD－prone personality 冠心病傾向人格 39
choice corollary 選擇性定理 385
choleric temperament 膽汁質 13
chromosome 染色體 16
chronological age 實足年齡,生理年齡 465
circumspection-preemption-control cycle 詳察-預斷-控制的循環 388
clairvoyance 超感視覺 380
classical conditioning 古典制約學習,經典條件作用 209
classical psychoanalysis 經典精神分析論 82
client 受輔者 374
client-centered therapy 受輔者中心治療法 374
clinical interview 臨床晤談 71
clinical significance 臨床顯著性 65
cognition 認知,認識 227
cognitive ability 認知能力 454
cognitive behavior therapy 認知行為療法 306,356,396
cognitive capacity reduction hypothesis 認知容量減少假設 395
cognitive developmental theory 認知發展論 477
cognitive structure 認知結構 478
cognitive style 認知風格,認知方式,認知類型 227,579
cognitive theories 認知理論 300
cognitive theory of personality 人格的認知論 393
cognitive therapy 認知治療 396
collective unconscious 集體潛意識 114
common trait 共同特質 194,202
company man 公司人 160
compensation 補償 121
competence motivation theory 能力動機理論 36
competence motivation 能力動機 36
competencies 能力 316
complex 情結 113
complex indicators 情結指標,情結指示器 168
compliant type 依從型 131
componential intelligence 組合性智力,成分性智力 459
componential theory of intelligence 智力成分理論 459
composite prosocial orientation 合成式親社會取向 522
computer assisted instruction 計算機輔助教學,電腦輔助教學 358
concrete operational stage 具體運思期,具體運算階段 481
concurrent validity 同時效度 70
condensation 壓縮 164
conditions of worth 價值的條件 371
conscience 良心 93,504
conscientiousness 謹慎性 34
conscious id 意識的本我 205
consequence 結果 343
conservation 守恆 481
conservation law of energy 能量守恆定律 87
conservation of quality 質量守恆 482
conservation of volume 容積守恆,

體積守恆 482
conservation of weight 重量守恆 482
consistent coefficient 一致性係數 69
constitutional source trait 體質性潛源特質 204
constitutionalism 體質論 439
construct validity 構念效度 70
construction corollary 建構定理 385
content analysis 內容分析 158,407
content validity 內容效度 69,251
contingency of reinforcement 後效強化 355
contingency stressors 偶然性壓力源 607
continuity of personality 人格持續性 9
continuous reinforcement 連續強化程式,連續增強 278
control system 控制系統 391
controlled field observation 控制的實地觀察 60
controlled processing 控制加工,控制處理 395
convention 習俗 506
conventional level of morality 習俗道德水平 507
Coopersmith Self-Esteem Inventory 庫珀史密斯自尊量表 433
coping 因應,應對 616
coping strategy 因應策略,應對策略 616
core role structure 核心角色構念 388
core structure 核心構念 388
coronary heart disease 冠心病 620
correlation coefficient 相關係數 63,68
correlation strength 相關強度 63
correlational method 相關法 62
corticotropin releasing factor 促皮質激素釋放因子,促腎上腺皮質激素釋放因子 613
cortisol 皮質醇 582,628
counter transference 反移情,反移情作用 165
counter conditioning 反制約作用,反條件作用 353
CPC cycle CPC 循環 388
creative self 創造性自我 121,125
creativity 創造力 469
credulous attitude 信任態度 390
CRF＝corticotropin releasing factor
criterion of internal consistency 內在一致性標準 153
criterion validity 效度標準,效標效度 70
crowding 擁擠 546
crystallized ability 晶態能力 454
crystallized intelligence 固定智力,晶態智力 204,454
C type personality C型人格,C型性格 598,626
cue 線索 287
cue producing response 索性反應 287
cultural determinism 文化決定論 128
culture fair test 文化公平測驗 470
cultural norm 文化標準 306
cytogenetic method 細胞遺傳學方法 20

D

death instinct 死的本能 87
declarative knowledge 陳述性知識 90
deconditioning 去條件作用 353

deep sleep 深睡眠 179
defensive identification 防禦性認同,防衛性認同 584
deferred imitation 延遲模仿,延後的模仿 479
deindividuation 去個性化,個性弱化 547
delay of gratification 延後享樂,延遲滿足 336
delayed reward 延宕獎賞,延遲獎賞 338
denial 否認 97
density 密度 546
deoxyribonucleic acid 去氧核糖核酸,脫氧核糖核酸 16
dependency 依賴性 573
dependent variable 因變量,依變項 56,57
depression 抑鬱 394,627
despair 失望 146
detached type 超脫型 131
determine 決定傾向 192
determinism 決定論 437
developmental crsis 發展危機 140
deviation IQ 離差智商 468
dichotomy corollary 二分法定理 385
diffusion of responsibility 責任分散 510
DIQ＝deviation IQ
DID＝disinhibition
direct observation 直接觀察 343
discriminant validity 判別效度,區別效度 270
discriminative operant 辨別操作 277
discriminative stimulus 辨別刺激 277
disequilibrium 失衡 478
disinhibition 去抑制 252
displacement 移置 97
dispositional empathy 同理心特質,移情特質 520
distress 消極的壓力 605
DNA＝deoxyribonucleic acid
dominance 顯性,支配性 17,571
dominant gene 顯性基因 17
dominant inheritance 顯性遺傳 17
dominant response 優勢反應 288
dopamine 多巴胺 23
double approach-avoidance conflict 雙重趨避衝突 296
double standard 雙重標準 561
Down's syndrome 唐氏綜合症,道氏徵候群 487
Drawing Yourself Test 描述你的自我測驗 433
dream interpretation 夢的解釋 127,163
dream work 夢的工作,夢程 163
drive 驅力 287
drive reduction 驅力降低 36
drive reduction theory 驅力降低說,驅力減降論 36
duration sampling 時限抽樣,時距取樣 73
dynamic lattice 動力格狀 207
dynamic organization 動力組織 192
dynamic psychology 動力心理學 185
dynamic self-concept 動態的自我概念,動態的自我觀念 394
dynamic trait 動力特質 205
dynamism 動能 134
dyscontrol syndrome 失控症 537
dysplasia type 發育異常型 225

E

E＝expectancy
E′＝specific expectancy

early intervention 早期干預 487
ectomorphy type 外胚葉型 226
Edwards Personal Preference Schedule 愛德華個人偏好量表 251
efficacy expectation 效能期望 315
efficacy induction 效能誘導 349
ego 自我 92,112,180,197,367
ego cathexis 自我投注 94
ego expression 自我表達 205
ego identity 自我同一性 140
ego identity 自我統合 140
ego psychology 自我心理學 139
ego altruism 自我利他精神 497
ego control 自我控制 615
ego defence mechanisms 自我防衛作用,自我防禦機制 96
ego ideal 自我理想 93
ego involved 自我涉入 198
ego resiliency 自我彈性 615
ego centrism 自我中心 480
Electra complex 戀父情結 103
electromyograph 肌電圖,肌電儀 355
elementalism 元素論 439
Embedded Figure Test 鑲嵌圖形測驗 230
emergence of the self as knower 知者自我的顯露 199
emergent altruistic behavior 緊急型利他行為 497
EMG＝electromyograph
eminent trait 顯著特質 195
emotion-focused coping 情緒取向因應方式,著重於情緒的應對 616
emotionality 情緒性 574
empathy 同理心,移情 515
empirical me 經驗我 368
empirical validity 實證效度,經驗效度 70,178,258
encoding strategies 編碼策略 316
endocrine gland 內分泌腺 23
endomorphy type 內胚葉型 226
endorphins 腦內啡 610
engagement-involvement factor 忙碌-投入因素 623
environmental mold trait 環境養成特質 204
environmentalism 環境論 439
epinephrine 腎上腺素 611
epistemic correlation 知識相關 69
EPQ＝Eysenck Personality Questionnaire
EPPS＝Edwards Personal Preference Schedule
equability 均衡性 13,218
equilibration 平衡,均衡 478
equity altruistic behavior 平衡性利他行為 497
erg 能 206
erogenous zone 性感區 100
ES＝experience seeking
esteem needs 自尊需求 378
estrogen 雌激素 582
Eupsychia 理想精神之國 382
eustress 積極的壓力 604
evaluation 評價 412
event sampling 事件取樣,事項抽樣 73,343
evocative interaction 喚起的交互作用 29
exhaustion 衰竭 604
exhaustion event 消耗性事件 606
existential psychology 存在心理學 386
existential research 存在主義的研究 421
Existential Study 存在研究 422
existentialism 存在主義 386
expectancies 預期 316
expectancy 預期 301
experience 經驗 366

experience corollary　經驗定理 387
experience seeking　經驗尋求 252
experimental design　實驗設計 328
experimental effect　實驗者效應 158
experimental method　實驗法 61, 331
exploitative character　剝削性格，掠奪性格 137
expressive behavior　表現性行為 241
expressive movements　表現性動作 247
external　外在的 612
external aim　外在目的 94
external criterion　外在效標 70
external drive　外部驅力 287
extinction　消弱，消退 354
extrasensory perception　超感知覺 380
extraversion　外向，外傾 118
extraversion-introversion　外傾-內傾 214
extropunitive aggression　外罰性攻擊　531
Eysenck Personaltiy Questionnaire　艾森克人格問卷 39,74,256

F

face validity　表面效度 70
factor analysis　因素分析，因素分析法 201,244,456
factor approach　因素取向 456
factor loading　因素負荷 245
factor matrix　因素矩陣 245
factor name　因素命名 245
family　家庭　25
family therapy　家庭治療 185
fantasy cathexis　幻想投注 95
fear　恐懼 141
fear of castration　閹割焦慮，閹割恐懼 180
Fear Survey Schedule　恐懼調查表 345
feature detection　特徵檢測 90
feeling　情感 118
feeling extrovert type　情感外傾型 118
feeling introvert type　情感內傾型 119
feelings of inferiority　自卑感 121
femininity　女性氣質 567
field dependent style　場依存型 579
field independent style　場地依賴型 228,579
field independent style　場地獨立型 228,579
field independent style　場獨立型 228,579
field study method　現場研究法 228,534
field study method　實地研究法，場地依賴型 228
fighting instinct　爭鬥本能　535
first memories　最初記憶 127
five-factor model of personality　人格的五因素模型 36
fixation　固著，固著作用 99
fixed-role therapy　固定角色治療 390
flooding technique　氾濫治療法，恐怖情境法 222
fluid ability　液態能力 454
fluid intellignece　流動智力，液態智力 204,454
FM＝freedom of movement
forced-choice method　迫選法 251
forgetting　遺忘 166
formal operational stage　形式運思期，形式運算階段 482
fragmentation corollary　片斷定理

387
fraternal twins　異卵孿生 16
free association　自由聯想 85,163
free association period　自由聯想階段 169
free will　自由意志 437
freedom of movement　運動自由度 303
friendliness-hostility　友善-敵意 34
friendly love　友愛　516
frustration tolerance　挫折容忍力 199,539
frustration　挫折 538
frustration-aggression hypothesis　挫折-攻擊假說 538
full scale IQ　全量表智商 467
full-functioning person　機能完善的個人　373
functional autonomy　功能獨立,機能自主 195
functional psychology　功能心理學,機能心理學 183
functional analysis　函數分析 275
functions of thought　思想功能 118

G

G-factor　G因素　456
GE＝generalized expectancy
gender　性別　572
gender belief　性別信念 592
gender consistency　性別一致性,性別恆定性 588
gender identity　性別認同,性別認定 588
gender related attitude　性別態度 592
gender schema　性別基模,性別圖式 589
gender stability　性別固定 588
gene　基因 16
gene centered approach　遺傳中心研究 19
general ability　一般能力,普通能力 453
general adaptation syndrome　全身適應性症候群 604
general factor　一般因素,普通因素 456
generality　共性 12
generalized expectancy　類化預期 301
generalized reinforcer　概括性強化物 279
generativity vs. stagnation　精力充沛對頹廢遲滯,繁殖對停滯 145
genital stage　生殖期,兩性期 103
genotype　基因型,遺傳型 10
Gestalt psychology　完形心理學,格式塔心理學 183
getting-learning type　索取依賴型 126
GH＝growth hormone
GHDT＝Goodenough-Harris Drawing Test
gifted child　資優兒童,超常兒童 484
global-specific　整體的-特殊的 612
goal behavior　目標行為　342
goal-oriented identification　目標定向認同 97
good or nice child orientation　好孩子取向 507
Goodenough-Harris Drawing Test　古迪納夫-哈里斯畫人測驗 471
grasping schema　抓握基模,抓握圖式 478
ground plan of the body　身體的基本計畫 174
group factor theory　群因素說,群因論 456
group harmony　群體和諧　501
group intelligence test　團體智力測

驗 464
group personality 群體人格 11
group selection 群體選擇 499
group therapy 團體治療 185
growth hormone 生長激素 23
growth need 成長需求 379
guilt 內疚 519

H

habit 習慣 286,288
habitual altruistic behavior 慣常型利他行為 497
habitual response 習慣反應 214
hard-driving factor 強烈追求因素 623
health psychology 健康心理學 598
healthy style of life 健康的生活格調 125
helping behavior 助人行為 60
helplessness 無助感 627
heredity 遺傳 51
heredity trait 遺傳特徵 51
herilability 遺傳力 19
hermeneutics 詮釋學 184
heterostasis 異態 440
hierarchical model of personality 人格層次模型 212,247
High School Personality questionnaire 高中生人格問卷 19
historical approach to personality 人格的歷史研究 305
hoarding character 囤積性格 137
Hogan Empathy Scale 霍根移情量表 521
holism 整體論 439
Holtzman Inkblot Technique 賀茨曼墨跡測驗,霍爾茲曼墨漬測驗 171
homeostasis 穩態 440
homosexual stage 同性戀期 103
hopelessness 失望感 627
hormone 激素 23
hostile type 敵意型 131
hostility 敵意 388,623
HR＝habitual response
HSPQ＝High School Personality Questionnaire
humanistic culture attitude 人本文化取向 436
humanistic psychology 人本心理學 380
hypothalamus 下丘腦,下視丘,視丘下部 537,610
hypothesis 假設,假說 57
hysteria 癔病,歇斯底里症 85

I

id 本我 91
I_R＝reactive inhibition
ideal self 理想自我,理想我 205,367
identical twins 同卵孿生 16
identification 自居作用,認同作用 97,181,502
identification with an aggressor 強制性認同 97
identity achievement 同一性達成,定向型統合 144
identity diffusion 同一性混淆,迷失型統合 144
identity foreclosure 早閉型統合 144
identity moratorium 未定型統合,合法延緩期 144
identity 同一性 123
identity statuses 同一性態 144
identity vs. role confusion 同一性對角色混淆,自我統合對角色混亂 142
idiographic research 個人記述研究 58
idiot savant 白痴天才,白痴特才 488
IE＝internal vs. external control of

renforcement
IES＝Internal-External Scale
illusory correlation　錯覺相關 265
image　意象 92
imaginal representational system　心象表徵系統 312
imitation　模仿 310
imitation abilty　模仿能力　453
impetus　動量 94
implicit personality theory　內隱人格理論 48
impulsive style　衝動型 227
incompetency　無能感 142
independent variable　自變量,自變項 56,57
individual difference　個別差異 12
individual intelligence test　個別智力測驗 464
individual psychology　個人心理學 110,121
individual trait　個人特質 194
individuality　個性 12
individuality corollary　個性定理 385
individualization　個性化,個別化 112,119,547
inductive-hypothetical-deductive spiral　歸納-假設-演繹螺旋式法 243
inductive-hypothetical-deductive method　歸納-假設-演繹法 243
industry vs. inferiority　勤奮進取對自貶自卑,勤奮感對自卑感 142
inferiority complex　自卑情結 122
information processing theory of personality　人格的信息加工理論,人格的訊息處理論 391
information-processing approach　訊息處理取向,信息加工取向 458
inhibition　抑制 98
inhibition theory　抑制理論 215
iniographic research　特殊規律研究 58
initiative vs. guilt　主動性對罪疚感 141
innate hierarchy of responses　天賦反應等級 287
inquiry period　詢問階段 170
insight therapy　洞察力療法 106
instinct　本能 87
instinctive theory　本能論 110
instrumental aggression　工具性攻擊 531
instrumental response　工具性反應,操作性反應 341
instrumental values　工具性價值觀 261
instrumental-relativist orientation　相對功利取向 507
insulin　胰島素 23
integration　統整,整合作用 119
integrative learning　整合學習 209
integrity vs. despair　自我整合對失望,完美無缺對悲觀沮喪 146
intellect　才智 34
intellectual education　智育 25
intelligence　智力　212
intelligence quotient　智力商數,智商 465
interaction approach　相互作用研究法 267
interjudge reliability　評分者信度 69
internal　內在的 612
internal aim　內在目的 94
internal drive　內部驅力 287
internal locus of control　內控 521
internal vs. external control of reinforcement　強化的內外控 304
Internal-External Scale　內外控量表 347

interpersonal dynamism 人際動能 134
interpersonal theory 人際理論,人際關係論 132
interpersonal trust 人際信任 304
Interpersonal Trust Scale 人際信任量表 348
intervening variable 中介變量,中介變項 63
interview 晤談,訪談 71,344
interview schedule 晤談表 71
interviewee 來訪者,受訪者 71
interviewer 訪員 71
interviewer bias 訪員偏差 71
intimacy vs. isolation 友愛親密對孤僻疏離 145
intropunitive aggression 內罰性攻擊 531
introversion 內向,內傾 118
introversion-extroversion 內外向,內外傾 70
intuiting 直覺 118
intuiting extrovert type 直覺外傾型 118
intuiting introvert type 直覺內傾型 119
inward face of psyche 精神的內部形象 115
IQ＝intelligence quotient
irrationality 非理性 437
irreductionism 非還原論 59

J

ackass theory 公驢理論 388
JAS＝Jenkins Activity Survey
Jenkins Activity Survey 詹金斯活動調查表 622
Junior Eysenck Personality Questionnaire 青少年艾森克個性問卷 220

K

kin altruistic behavior 親屬性利他行為 497
kindness 慈愛 516
kin selection 親屬選擇 498
Klinefelter's syndrome 克林非氏徵候群,睪丸退化症 17
knowability 可知性 441

L

laboratory experiment 實驗室實驗 532
labour education 勞動教育 26
latency stage 潛伏期 103
latent content 潛性內容,潛性夢境 163
law and order orientation 遵守法規取向 507
leadership intelligence 領導能力 577
learned helplessness 學得無助感 612,614
learning 學習 274
learning paradigm 學習論範型 80,274,326
libido 力必多 87,117
libido 欲力 87,117
life instinct 生的本能 87
life recorddata 生活記錄資料 246
life stress 生活壓力 346
light sleep 淺睡眠 179
limibic system 邊緣系統 217
linguistic intelligence 語文能力,語文智力 575
living synthesis 生活綜合 193
locus of control 控制源,控制觀 304
logic-mathematical intelligence 數理智力,數學能力 575
logical positivism 邏輯實證主義

380
logical validity 邏輯效度 70
long-term memory 長時記憶，長期記憶 391
looking-glass self 鏡中自我 368
love of mankind 博愛 517

M

MA＝memtal age
main effect model 主效果理論 618
mandala 曼荼羅 115,116
Manifest Anxiety Scale 顯性焦慮量表 98,601
manifest content 顯性內容，顯性夢境 163
MAO＝monoamine oxidase
marital therapy 婚姻治療 185
marketing character 市場性格 137
Marlowe-Crown Social Desirability Scale 馬洛-克朗社會優點量表 98
MAS＝Manifest Anxiety Scale
masculine protest 男性反抗，男性欽羡 121
masculinity 男性氣概，男性氣質 567
matching familiar figure test 選配相同圖形測驗 227
material self 物質自我 368
maturation event 漸發成熟性事件 606
matarational 成熟期 120
meaninglessness 無意義感 146
measure 測量 66
mechanism of opposites 相反機制 164
mechanistic or statistical interaction 機械的或統計的交互作用 497
mediated generalization 中介類化，間接泛化 291
meditation 冥思 52
melancholic temperament 抑鬱質 13
memory system 記憶系統 391
mental age 心理年齡，智力年齡 465
mental disease 心理疾病 210
mental representation 心理表徵 461
mental retardation 智力落後，智能不足 486
mesomorphy type 中胚葉型 226
messenger ribonucleic acid 信使核糖核酸 16
meta-analysis 元分析 570,572
metacognitive ability 元認知能力，後設認知能力 454
metaerg 外能 206
method of cultural anthropology 文化人類學方法 159
method of language analysis 語言分析法 248
method of psychobiographical analysis 心理傳記分析法 155
method of psychohistorical analysis 心理歷史學分析法 156
method of self-observation 自我觀察法 328
method of semantic differential 語意分析法 411
mild mental retardation 輕度智力落後，輕度智能不足 486
minimal goal level 最低目標水平 306
Minnesota Multiphasic Personality Inventory 明尼蘇達多相人格問卷，明尼蘇達多相人格量表 72,256
mistaken style of life 錯誤的生活格調 125
mixed type 混合型 225
MMPI＝Minnesota Multiphasic Personality Inventory

mobility 靈活性 13,218
modal personality 衆數人格 11
mode of experience 經驗模式 134
model of adaptive control of thought 思維的適應性控制模型 90
model of parallel distributed processing 平行分布加工模型 90
modeling 模仿,示範法 355,587
modeling technique 示範法 222
moderate mental retardation 中度智力落後,中度智能不足 486
modulation corollary 調整定理 387
monoamine oxidase 單胺氧化酶 23
mood 心境 517
moral anxiety 道德性焦慮 96
moral dilemmas 道德兩難 505
moral judgment 道德判斷 503
moral education 德育 25
Morris's Ways to Live Questionnaire 莫里斯氏生活方式問卷 260
motivational processes 動機過程 312
motor reproduction processes 動作復現過程 312
moving against people 反對衆人 131
moving away from people 遠離衆人 131
moving toward people 接近衆人 131
mRNA＝messenger ribonucleic acid
multiple abstract variance analysis method 多重抽象變異數分析法 209
multiple-baseline design 多重基線設計,多基線設計 329
multiple-reinforcement design 多重強化設計 330
multistage testing 多階段施測 466
multistore model of information processing 信息加工多儲存模型 90
multivariate analysis 多變量分析,多變項分析 201
multivariate experiment 多變量實驗 243
Myers-Briggs Type Indicator 邁爾斯-布里格斯類型指標 175

N

narcissistic identification 自戀認同 97
narrowing of attentional focus hypothesis 注意中心變窄假設 395
national character 民族性,國民性 27
natural killer 自然殺傷細胞 628
necessary altruistic behavior 急需型利他行為 497
need 需要 33
need for a frame of orientation 定向需求,定向框架的需要 136
need for identity 獨立需求,同一性的需要 136
need for positive regard 正向關懷的需求,正面關注需求 371
need for relatedness 相屬需求,關聯的需要 136
need for rootedness 生根需求,歸根的需要 136
need for transcendence 超越的需要 136
need potential 需要潛能 303
need to dominance 支配的需要 305
need to independence 獨立的需要

305
need to love and affection　愛與感情的需要 305
need to physical comfort　身體舒適的需要 305
need to protection-dependency　保護-依賴的需要 305
need to recognition-status　認可-地位的需要 305
need value　需要價值 303
need-press method　需要-壓力方法 171
negative correlation　負相關 62
negative identity　反向認同,消極的同一性 143
negative reinforcement　負強化 278
negative reinforcer　負強化物 278
negative transference　負移情 165
neo-psychoanalysis　新精神分析論 82,110
neurosis　神經病 82
neurotic anxiety　神經性焦慮 96
neurotic needs　神經症需要 130
neurotic trends　神經症傾向 130
neuroticism-emotional stability　神經質-情緒穩定性 34
neuroticism-stability　神經質-穩定性　214
no trial learning　無嘗試學習 311
nomothetic research　共同規律研究 58
nonanalytical conceptualizing style　囫圇吞棗型 579
nondirective interview　非導向式晤談 71
nondirective therapy　非指導式治療法 374
nonproductive orientations　非生產性取向 137
nonrapid eye movement sleep　非快速眼動睡眠,非快動眼睡眠 179
non-REM sleep＝nonrapid eye movement sleep
norepinehrine　去甲腎上腺素 611
normative science　規範科學 53
NP＝need potential
NV＝need value

O

O＝organism
object　對象 94
object cathexis　對象投注 95
object permanence　物體恆存性,客體永恆性 479
objective test-data　客觀測驗資料 246
object loss identification　對象喪失認同 97
objectivity　客觀性 439
oblique rotation　斜交旋轉 249
observational learning　觀察學習 310
observational method　觀察法 60,532
occupational stress　職業壓力 606
Oedipus complex　戀母情結 92,103
ommonality corollary　共同性定理 387
onedirectional determinism　單向決定論 308
open system　開放系統 7
operant behavior　操作性行為　277
operant behaviorism　操作行為主義 275
operant conditioning theory of personality　人格的操作條件作用理論 274
operant conditioning　操作制約學習,操作制約作用,操作性條件作用,操作條件作用 277
ophidiophobia　懼蛇症 333

optimism 樂觀主義 615
oral incorporation 口欲含合,口腔併合 101
oral stage 口唇期,口腔期 101
oral-sadistic character 口欲施虐型性格 101
oralincorporative character 口欲含合型性格 101
organic or dynamic interaction 結構的或動力的交互作用 497
organic organization 有機組織 8
organism 有機體 341
organismic valuing process 機體評價過程 370
organization 組織 478
organization corollary 組織定理 385
original response 獨創的反應 170
orthogoanl rotation 正交旋轉 249
outcome expectation 結果期望 315
outward face of psyche 精神的外部形象 114
overcompensation 超補償 122
oversocialized 超社會化 221
ovum 卵子,卵細胞 16

P

P technique P方法,P技術 245
PAC=pituitary advenocortical
pancreas 胰腺 23
pansexualism 泛性論 110
paradigm 範式,範型 53,79
PAQ=Personal Attributes Questionnaire
parasympathetic system 副交感神經系統 600
Parkinson's disease 巴金森氏綜合症,震顫麻痺 23
partial reinforcement 部分強化,部分增強 289
passive-aggressive personality 被動-攻擊人格 554
pattern recognition 形之辨識,模式識別 90
PDP=model of parallel distributed processing
PDP model PDP模型 90
peak experience 高峰經驗 420
Pearson's product-moment correlation coefficient 皮爾遜積差相關係數,皮爾遜積矩相關係數 63
pedigree method 家譜法 20
penis envy 陰莖妒羡,陽具妒羡 103,180
perceived control 自覺控制力 56
perceptual centration 知覺集中傾向 480
perceptual speed 知覺速度 576
performance IQ 作業智商,操作智商 467
permeability 滲透性 387
peripheral motives 外周動機 198
person variable 個人變量 316
persona 人物,人格面具 114
person-centered approach 著重個人的研究 37
person-centered therapy 事人中心治療法,個人中心治療法 374
Personal Attributes Questionnaire 個人屬性問卷 568
personal character 個人性格 136
personal construct 個人構念 384
personal disposition 個人傾向 194
Personal Orientation Inventory 個人取向量表 417
personal history interview 個人史晤談 71
personality 人格 1,8,212
personality adjustment 人格適應 38
personality assessment 人格評鑑

38,66
personality development　人格發展 37,100,282
personality dimension　人格維度 212,214
personality disorder　人格障礙 38
personality dynamic　人格動力 36
personality learning　人格學習 210
personality process　人格過程 37
personality profile　人格剖析圖 37, 251
personality sphere　人格領域 246
personality structure　人格結構 33
personification　人格化 134
phallic stage　性器期 103
phenomenological field　現象場 366
phenomenological method　現象學方法 404
phenomenological paradigm　現象學範型 80,364
phenomenological reality　現象的實在 366
phenotype　表現型,現象型 10
phenylketonuria　苯酮尿症,苯丙酮尿症 17,487
phlegmatic temperament　黏液質 13
physical education　體育 26
physiological need expression　生理需求表達 205
physiological needs　生理需求 378
Physique Self-Efficacy Scale　體格自我效能量表 352
Piers-Harris Children's Self-Concept Scale　皮爾斯-哈里斯兒童自我概念量表 432
pituitary gland　腦垂體,腦垂腺,腦下腺 23,611
pituitary-adrenocortical　腦垂體-促腎上腺皮質 628
PMA＝primary mental abilities
play　遊戲 172
pleasure principle　快樂原則,唯樂原則 87
POI＝Personal Orientation Inventory
poly-X-male syndrome　多X男性徵候群 18
popular response　普遍的反應　170
positive correlation　正相關 62
positive reinforcement　正強化 278
positive reinforcer　正強化物 278
positive self-regard　正向的自我關懷 371
positive transference　正移情 85, 165
positivism　實證主義 184,275,331
post-traumatic stress disorder　災難後壓力障礙 609
postconventional level of morality　後習俗道德水平 507
potency　潛能　412
potential ability　潛在能力 451
preconscious　前意識 91
preconventional level of morality　前習俗道德水平 506
predictive validity　預測效度　49,70
pregenital period　前生殖期 103
preoperational stage　前運思期,前運算階段 480
prepuberal stage　前青春期 120
presexual stage　前性欲期 120
preverbal construct　前言語構念 389
primal defense　原級防衛 131
primal repression　原始的壓抑 97
primary consciousnesses　初級意識 90
primary drive　原始驅力 287
primary factor　初級因素 245
primary generalization　一級泛化

291
primary memory 初級記憶,原初記憶 90
primary mental abilities 基本心理能力 456
primary process 原始過程,原始歷程 92
primary reinforcers 一級強化物,原增強物 279
priming effect 啟動效應,啟動效應 426
priming experiment 啟動實驗 178
principle of coercion to the biosocial mean 生物社會性均數的強制性原則 210
principle of entropy 熵原理 117
principle of equivalence 等值原理 117
proactivity 前動性 440
proactive interaction 超前的交互作用 30
problem-focused coping 問題取向因應方式,著重於問題的應對 616
problem-solving generalized expectancy 問題解決類化預期 304
procedural knowledge 程序性知識 90
process scale 過程量表 408
productive character 生產性格 137
productive orientat!on 生產性取向 137
progesterone 黃體激素,孕酮 582
programmed instruction 程序教學,編序教學 357
projection 投射作用 99
projective technique 投射技術 168
projective test 投射測驗 72,169
prolactin 泌乳激素,催乳素 582
promiscuity 亂婚 145
propriate motives 統我動機 198
propriate striving 統我追求 198
proprium 統我 197
prosocial aggression 利社會攻擊,親社會攻擊 528,530
prosocial behavior 利社會行為,親社會行為 495
prototype 原型 101,461
prototype approach 原型取向 461
psyche 心靈,精神 112
psychic energy 心理能,心理能量 117
psychoanalysis 精神分析,精神分析論 82
psychoanalytic paradigm 精神分析論範型 79
psychogenetics 心理遺傳學 19
psychoimmunlolgy 心理免疫學 628
psychological altruistic behavior 心理性利他行為 496
psychological situation 心理情境 302
psychology of personality 人格心理學 32
psychometrics 心理測量學 462
psychophysical systems 心理物理系統 192
psychophysiological technique 心理生理學技術 74
psychosexual stages 心理性欲階段,性心理發展期 101
psychosocial moratorium 心理社會的合法延緩期 143
psychosocial stages of development 心理社會發展階段 140
psychosomatic disease 心身疾病 619
psychosomatic disorder 心身障礙 619
psychosomatic medicine 心身醫學 619

psychosomatic reaction 心身反應 619
psychoticism-superego functioning 精神質-超我機能 215
P technique P方法,P技術 245
PUK＝phenylketonuria
punishment-obedience orientation 避罰服從取向 506
pure altruism 純利他精神 497
pure ego 純自我 368
Purpose in Life Test 生命目的測驗 422
pyknic type 矮胖型 225

Q

Q-sort Q分類法 409
Q technique Q技術 409
quantitative genetics 數量遺傳學 19
Questionnaire of Type A Behaviors A型行為類型問卷 61,622
questionnaire-data 問卷資料 246

R

R＝response
R technique R技術,R方法 244
range corollary 範圍定理 387
rapid eye movement sleep 快動眼睡眠,快速眼動睡眠 179
rating scale method 評定量表法 408
rational emotive therapy 理情治療法,理情教育治療 420
rationality 理性 437
rationalization 文飾作用,合理化作用 99
Raven's Standard Progressive Matrices Test 瑞文氏非文字推理測驗 470
reaction formation 反向作用 99
reactive inhibition 反應性抑制 216
reactive interaction 反應的交互作用 29
reactivity 反應性 440
real self 真實自我,真實我 367
realistic perception of reality 實際的現實知覺 200
reality anxiety 現實性焦慮 96
reality principle 現實原則 92,184
received aggression 被認可的攻擊 530
receptive character 依賴性格,接納性格 137
recessive gene 隱性基因 17
recessive inheritance 隱性遺傳 17
recessiveness 隱性 17
reciprocal determinism 交互決定論 309
reciprocal altruistic behavior 互惠性利他行為 497
reductionism 還原論,簡化論,化約主義 59,380,439
reductive-analytic method 還原分析法,簡化分析法 80
reflected self 投射自我 368
reflective style 沈思型,思索型 227
reflex action 反射作用 91
regression 退化,退化作用 99
reinforcement theories 強化理論 300
reinforcement value 強化價值 302
reinforcement 強化,增強 216,275,277,586
reinforcer 強化物 278
related coefficient 相關係數 68
reliability 信度 68
REM sleep＝rapid eye movement sleep
Rep Test=Role Construct Repertory Test
repressed complexes 壓抑情結 205

repression　壓抑 7,97,98
repression proper　真正的壓抑 97
research　研究　55
research design　研究設計 46
resistance　抗拒,抵禦 163,604
respondent behavior　反應性行為 276
response　反應 287,341
response set　反應心向,反應定勢 262,409,430
response system　反應系統 392
RET＝rational emotive therapy
retention processes　保持過程 311
reticular system　網狀系統 217
reverse design　可逆設計 329
reversibility　可逆性 481
reward　獎賞 283,288
reward learning　酬賞學習 209
rod and frame test　棒框測驗 230
Rokeach's Values Survey　羅克奇氏價值調查表 261
role confusion　角色混淆 143
Role Construct Repertory Test　角色構念庫測驗 422
role playing　角色扮演 355,502
Rorschach Inkblot Test　羅夏墨漬測驗 73,169
Rosenzweig Picture Frustration Study　羅氏圖畫挫折研究　541
R technique　R技術 244
R technique　R方法 244
ruling-dominant type　統治支配型 126
RV＝reinforcement value

S

safety　安全 128
safety needs　安全需求 378
S factor　S因素　456
S＝stimulation
S^D＝discriminative stimulus
SAM＝sympathetic-adreno-medullary
SAS＝Zung's Self-Administered Anxiety Scale
samadhi　入靜 52
sanguine temperament　多血質 13
satisfaction　滿足 128
schedule of reinforcement　強化程式,增強方式 278
scheduled interview　列表式晤談 71
schema　基模,圖式 479
scheme　基模,圖式 479
schizophrenia　精神分裂症 8
school climate　校風 26
scientific attitude　科學取向 436
secondary consciousnesses　次級意識 90
secondary drive　二級驅力,衍生驅力 287
secondary elaboration　次級精緻化 164
secondary generalization　二級泛化　291
secondary process　次級過程,次級歷程 92
secondary reinforcers　二級強化物,次增強物 279
secondary sex characteristics　次性徵,第二性徵 17
second-order factor　次級因素 245
secondary trait　次要特質 195
selective attention　選擇性注意 588
Self Report Altruism Scale　利他精神自陳量表 522
self　自我,自身 8,33,51,115,197,366,368
self-absorption　自我投入 369
Self-Acceptance Scale　自我接受量表 435

self-acceptance 自我接受 435
self-actualization 自我實現 31
self-actualization needs 自我實現的需求 378
self-as-object 對象自我 367
self-as-process 作為過程的自我 367
self-attention 自我注意 369
self-awareness 自我覺察,自我知曉 139,369
self-behavior 自我行動 431
self-concept 自我概念,自我觀念 368
self-confidence 自信心 571
self-consciousness 自我意識 369
self-defense 自我防衛 369
self-doubt 自我懷疑 141
self-dynamism 自我動能 134
self-efficacy 自我效能,自我效能感 36,315,333,615
self-enhancement 自我提升 372
self-esteem 自尊 369,432
self-estimation 自我評價 369
self-evaluation 自我評價 571
self-generateu rule 自我生成規則 196
self-guided activity 自我引導活動 592
self-guided stressors 自我導引壓力源 607
self-handicapping 自我設限 372
self-identity 自我認同,自我同一性 369,431
self-image 自我意象 369
self-imaginary 自我想像 369
self-monitoring 自我警戒 269
self-objectification 自我客觀化 200
self-perception 自我知覺 369
self-punishment 自我懲罰 314
self-regulation 自我調節 314
self-regulatory systems and plans 自我調節系統和計畫 316
self-report inventory 自陳測驗 72
self-reproduction 自我複製 16
self-reward 自我獎賞 314
self-satisfaction 自我滿意 431
self-schema 自我圖式,自我基模 369,393
self-sentiment 自我情操 207
self-system 自我系統 134
self-verification 自我查證 372
self-worth 自尊,自我價值,自我價值感 553
selfishness 自私關心的品質 145
semi-structured interview 半結構式晤談 71
Sensation Seeking Scale 感覺尋求量表 23,252
sensation seeking 感覺尋求 252
sense of bodily self 驅體我的感覺 197
sense of self as rational coper 自我理智調適感 198
sense of self-esteem 自尊感 198
sense of self-extension 自我擴展感 198
sense of self-identity 自我同一感,自我認同感 197
sense of self-image 自我意象感 198
sensing 感覺 118
sensing extrovert type 感覺外傾型 118
sensing introvert type 感覺內傾型 119
sensorimotor stage 感知運動階段,感覺運動期 479
sensory deprivation 感覺剝奪 215,252,608
sensory system 感覺系統 391
sentiment 情操 206
severe mental retardation 重度智

力落後,重度智能不足 487
sex 性 572
sex-chromosome 性染色體 17
sex-role orientation 性別角色定向 592
sex-role stereotype 性別角色刻板印象 561
sex typing 性別定型,性別角色形成 560,581
sexual love 性愛 516
sexual love 情愛 516
S-factor S因素 456
shadow 陰暗自我,陰影 115
shaping 行為塑造 280
shock event 衝擊性事件 607
short-term memory 短時記憶,短期記憶 391
shuttle box 開閉箱 612
sickle cell anemia 鐮狀細胞貧血症 17
sign 徵兆 73
significant others 重要他人 133
signified 信號物 480
signifier 信號表徵 480
single subject research 單受試者研究,單個被試研究 64
situation 情境 24
Sixteen Personality Factor Questionnaire 卡氏16種人格因素問卷 253
Skinner box 斯肯納箱,斯氏箱 277, 330
slip of the pen 筆誤 166
slip of the tongue 失言,舌誤 166
slip 失誤,過失 165
slit-half reliability 劈半信度 68
social character 社會性格 136
social contract orientation 社會契約取向 507
social-cultural psychoanalysis 社會文化派 110
social class 社會階層,社會階級 26, 474
social comparison 社會比較 314
social deprivation 社會性剝奪,社會剝奪 11
social desirability 社會期許性 251
social desirability bias 社會期許性偏向 262
social interest 社會興趣 125
social learning 社會學習 307
social learning theory 社會學習理論 307
social learning theory of personality 人格的社會學習理論 299
social moral rule 社會公德 500
Social Readjustment Rating Scale 社會適應評定量表 345
social self 社會自我,社會我 368
social skill 社交技能 318
social stressors 社會性壓力源 607
social support 社會支持 618
social desirability bias 社會期許性偏向 262
sociality corollary 社會性定理 387
sociality of personality 人格的社會性 11
socialization 社會化 11
socialized conduct disorder 社會化行為異常 553
socially useful type 社會有益型 126
sociocultural school 社會文化學派 128
sour grapes mechanism 酸葡萄作用,酸葡萄機制 99
source trait 根源特質,潛源特質 202
source 根源 94
spatial intelligence 空間能力,空間智力 576

specific expectancy 特殊預期 301
specific factor 特殊因素 456
specific reflexes 特殊反射 292
specific response 特殊反應 214
specification equation 特徵公式 207
special abilty 特殊能力 453
sperm 精子,精細胞 16
spiritual self 精神自我 368
split-half reliability 折半信度 68
SPM=Raven's Standard Progressive Matrices Test
SR=specific response
SRRS=Social Readjustment Rating Scale
SSS=Sensation Seeking Scale
STAI=State-Trait Anxiety Inventory
sport intelligence 運動能力 577
spreading activation model 擴散激活理論 426
spurious correlation 偽相關,假相關 63
stable 穩定的 612
Stanford-Binet Scale 斯坦福-比納量表,斯比量表 464
state anxiety 狀態焦慮 600
State-Trait Anxiety Inventory 狀態-特質焦慮量表 600
statistical validity 統計效度 70
state anxiety 情境性焦慮 600
stimulation 刺激 340
stimulus gereralization 刺激類化,刺激泛化 291
strength 強度 13
stress 壓力,應激,緊張 334,604
striving for superiority 追求優越,追求卓越 121,123
Strong Vocational Interest Blank 司氏職業興趣量表 39
Stroop effect 斯特魯普效應 426
Stroop Test 斯特魯普測驗 426
structural psychology 結構心理學 183
structural psychology 構造心理學 183
structure-of-intellect theory 智力結構理論 457
structured interview 結構式晤談,結構訪談法 71,144,622
structured learning 結構學習 210
Study of Values 價值研究 259
style of life 生活方式,生活格調 123
subconscious 下意識 90
subjective units dissatisfactory 不愉快主觀單位 223
subjective experience 主觀經驗 364
subjective values 主觀價值 316
subjectivity 主觀性 439
sublimation 昇華作用 99
subliminal perception 閾下知覺 178
subliminal stimulus 閾下刺激 178
super ego 超我 92
Super's Work Values Inventory 塞普爾氏職業價值觀量表 261
superfemale 超雌體,過度女性化 18
superiority 優越 123
superiority complex 優越情結 123
supermale 超雄體,過度男性化 18
suppression 壓制 98
surface trait 表面特質 202
sweet lemon mechanism 甜檸檬作用,甜檸檬機制 99
symbolic function 符號功能 480
symbolic play 象徵性遊戲 480
symbolization 象徵化 164
sympathetic system 交感神經系統 599
sympathetic-adrenomedullary 交

感神經-促腎上腺髓質 628
syntality trait　團體特質 205
systematic desensitization　系統脫敏法 223,353
systematic observation　系統觀察 60
systematic reinforcement　系統強化 354

T

TABP＝Type A Behavior Pattern
TAS＝Test Anxiety Scale
TAS＝thrill and adventure seeking
TAT＝Thematic Apperception Test
Teacher Efficacy Scale　教師效能量表 351
teacher efficacy　教師效能 351
teaching machine　教學機，教學機器 357
temperamental trait　氣質特質 204
Tennessee Self-Concept Scale　田納西自我概念量表 431
tension headache　肌緊張性頭痛 355
terminal values　終極性價值觀 261
TES＝Teacher Efficacy Scale
Test Anxiety Scale　考試焦慮量表 603
test anxiety　測驗焦慮，考試焦慮 602
testing　測驗 66
test-retest reliability　重測信度 68
test-retest reliability　復測信度 68
testosterone　睪固酮 582
Thematic Apperception Test　主題統覺測驗 73,171
theories of learning　學習論，學習理論 315,326
theories of motivation　動機理論 315
theories of personality　人格理論 48
theories of personality type　人格類型論 224
theory of catharsis　精神渲洩說 542
theory of ego development　自我發展理論 138
theory of psychosocial identity　心理社會同一性理論 138
thinking extrovert type　思維外傾型 118
thinking introvert type　思維內傾型 119
thinking　思維 118
third force　第三勢力 376
threat　威脅 388
thrill and adventure seeking　刺激性和冒險性尋求 252
Thurstone Temperament Schedule　瑟斯頓氣質量表 39
thyroid　甲狀腺 23
thyroxine　甲狀腺素 23
tilting-room-tilting-chair test　傾斜小屋傾斜椅子測驗 230
time sampling　時間取樣 343
token economy　代幣制 354
toughness　倔強性 68
trait　特質 33,190,193,202
trait anxiety　特質性焦慮 9,600
trait centered approach　特質中心研究 19
trait paradigm　特質論範型 79
trait theory　特質論 190
traitlike　類特質 304
transcendent function　超越功能 119
transference　移情，移情作用 165
transitivity　轉換性 482
transsexualism　易性癖，換性症 590
trust vs. mistrust　信任對不信任 140

TSCS＝Tennessee Self-Concept Scale
Turner's syndrome　杜氏徵候群，卵巢退化症 17
twin method　孿生子法 20
two factor theory　二因素說，二因論 456
twodirectional determinism　雙向決定論 309
two-factor theory of intelligence　智力二因論　456
type A behavior pattern　A型行為模式，A型行為類型 61,620
type B behavior pattern　B型行為模式，B型行為類型 61,620
type C behavior pattern　C型行為模式 626
type　類型 33

U

uncertainty　不確定感 143
unchangeability　不可變性 441
unconditional positive regard　無條件的正向關懷，無條件積極關注 371
unconscious　潛意識，無意識 52,90,91
undersocialized　社會化不足 221
undersocialized conduct disorder　未社會化行為異常 553
unique　獨特性 192
unique trait　獨有特質 194,202
uniqueness of personality　人格的獨特性 10
unity of personality　人格的整體性 8
universal orientation　普遍原則取向 508
unknowability　不可知性 441
unobtrusive measure　無干擾測量 74
unobtrusive measure　隱測量 74
unstable　不穩定的 612
unstructured interview　非結構式晤談 71
unsystematic observation　非系統觀察 60
unworthiness　無價值感 142

V

validity　效度 69
values system　價值觀 259
variable　變量，變項 57
variable-centered approach　著重變量的研究 37
verbal IQ　語文智商 466
verbal representational system　言語表徵系統 312
vicarious reinforcement　替代性強化，替代性增強 313
Vienna Psychoanalytical Society　維也納精神分析協會 121
violence breeds violence　暴力相傳 543
virtue of care　關心的品質 145
virtue of competence　能力的品質 142
virtue of fidelity　忠誠的品質 143
virtue of hope　希望的品質 141
virtue of love　愛的品質 145
virtue of purpose　目的的品質 142
virtue of will　意志品質 141
virtue of wisdom　智慧的品質 146
visceral brain　內臟腦 217

W

WAIS＝Wechsler Adult Intelligence Scale
WAIS-R＝Wechsler Adult Intelligence Scale Revised
WPPSI＝Wechsler Preschool and Primary Scale of Intelligence

Wechsler Adult Intelligence Scale　韋氏成人智力量表 467
Wechsler Adult Intelligence Scale　魏氏成人智力量表 467
Wechsler Intelligence Scale for Children　韋氏兒童智力量表 467
Wechsler Intelligence Scale for Children　魏氏兒童智力量表 467
Wechsler Preschool and Primary Scale of Intelligence　韋氏學前及學童智力量表 467
Wechsler Preschool and Primary Scale of Intelligence　魏氏學前智力量表 468
Wechsler-Bellevus Intelligence Scale　魏貝量表 466
Wechsler-Bellevus Intelligence Scale　韋克斯勒-貝勒維智力量表 466
Wechsler Adult Intelligence Scale Revised　韋氏成人智力量表修訂版 467
Who Are You Test　你是誰測驗　433
WISC＝Wechsler Intelligence Scale for Children
will therapy　意志治療 365
wish fulfillment　願望滿足 92
wolf children　狼孩,狼童 27
womb　子宮 24
Woodworth Personal Data Sheet　武德沃斯個人資料表 250
word association technique　單字聯想測驗,單詞聯想法 168
working memory　工作記憶,運作記憶 391

X

XXX syndrome　三X徵候群 18
XYY syndrome　XYY徵候群 18

Z

Zeitgeist　時代精神 50
zonal dynamism　生理區域動能 134
zone of proximal development　可能發展區,最近發展區 471
Zung's Self-Administered Anxiety Scale　曾氏焦慮評量表 604
zygote　受精卵 16

人格心理學 / 黃希庭著. -- 第一版. -- 臺北市：
臺灣東華書局，1998
面；　公分. -- (世紀心理學叢書之 9)
參考書目：面
含索引
ISBN 957 - 636 - 948 - 7 (精裝)

1. 人格心理學

173.75　　87010264

張春興主編
世紀心理學叢書 9

人格心理學

著　　者　黃希庭
發 行 人　卓鑫淼
責任編輯　徐萬善　徐憶　劉威德　張毓恬
法律顧問　蕭雄淋律師
出　　版　臺灣東華書局股份有限公司
臺北市重慶南路一段一四七號三樓
發行部：北市峨眉街一〇五號
電話　(02) 23114027
傳真　(02) 23116615
郵撥　00064813
編審部：北市重慶南路一段一四七號七樓
電話　(02) 23890906・23890915
傳真　(02) 23890869
排　　版　玉山電腦排版事業有限公司
印　　刷　正大印書館
出版日期　1998 年 10 月
第一版第一次印刷
行政院新聞局　局版臺業字第 0725 號

定價　新臺幣 750 元整（運費在外）